Zur Garantenpflicht des Compliance-Beauftragten

Europäische Hochschulschriften

European University Studies

Publications Universitaires Européennes

Reihe II **Rechtswissenschaft**

Series II Law

Série II Droit

Band/Volume **5931**

Johannes Sebastian Blassl

Zur Garantenpflicht des Compliance-Beauftragten

Zugleich ein systematisierender Beitrag zu rechtssichernden Organisationspflichten und zur Dogmatik der unechten Unterlassungsdelikte

PL ACADEMIC RESEARCH

Bibliografische Information der Deutschen Nationalbibliothek
Die Deutsche Nationalbibliothek verzeichnet diese Publikation in der Deutschen Nationalbibliografie; detaillierte bibliografische Daten sind im Internet über http://dnb.d-nb.de abrufbar.

Zugl.: Gießen, Univ., FB Rechtswissenschaft, Diss., 2016

D 26
ISSN 0531-7312
ISBN 978-3-631-67511-3 (Print)
E-ISBN 978-3-653-06841-2 (E-PDF)
E-ISBN 978-3-631-70827-9 (EPUB)
E-ISBN 978-3-631-70828-6 (MOBI)
DOI 10.3726/b11295

PL Academic Research ist ein Imprint der Peter Lang GmbH.
Peter Lang – Frankfurt am Main · Bern · Bruxelles · New York · Oxford · Warszawa · Wien

Diese Publikation wurde begutachtet.

www.peterlang.com

Meinen Eltern

Vorwort

Die Arbeit hat im Wintersemester 2015/2016 der Rechtswissenschaftlichen Fakultät der Justus-Liebig-Universität Gießen als Dissertationsschrift vorgelegen. Für die Drucklegung wurde die Arbeit aktualisiert und überarbeitet. Literatur und Rechtsprechung konnten, jedenfalls in Teilen, noch bis einschließlich Dezember 2016 berücksichtigt werden.

Betreut wurde die Arbeit von Herrn Professor Dr. *Thomas Rotsch*, der dankenswerterweise auch deren Thema angeregt hat. Für die Erstellung des Zweitgutachtens gilt mein Dank Herrn Professor Dr. Dr. h.c. Dr. h.c. *Walter Gropp*.

Ein besonderer Dank gilt darüber hinaus meinen Freunden und Kollegen, die mich in vielfältiger Art und Weise bei der Erstellung der Dissertation und auch darüber hinaus unterstützt und begleitet haben.

Meine größte Dankbarkeit aber gilt meinen Eltern, die durch ihre Unterstützung im Studium und auch in der Zeit danach die Erstellung der Arbeit überhaupt erst ermöglicht haben und den Abschluss der Arbeit sowie meinen Werdegang in unterschiedlichster Weise gefördert haben. Ihnen ist diese Arbeit in Verbundenheit und großer Dankbarkeit gewidmet.

Frankfurt am Main, im März 2017 — *Johannes Sebastian Blassl*

„They must consider that great responsibility follows inseparably from great power."

Das Zitat stammt im Originalen aus dem Französischen
und wurde im Jahre 1793 im Rahmen der Französischen Revolution geäußert,
vgl. Collection Générale des Décrets Rendus par la Convention Nationale, Paris 1793, S. 72.

Inhaltsübersicht

Inhaltsverzeichnis

Vierter Teil: Strafrechtliches Einstehenmüssen von Compliance-Beauftragten 329

Abkürzungsverzeichnis

Die verwendeten Abkürzungen folgen den Abkürzungsvorschlägen in: *Kirchner*, Abkürzungsverzeichnis der Rechtssprache, 8. Auflage, Berlin/ Boston 2015. Dort nicht aufgeführte Abkürzungen sowie Abweichungen von den dort vorgeschlagenen werden folgend dargestellt.

bzw.	beziehungsweise
ders.	derselbe
dies.	dieselben
EU	Europäische Union
HRRS	Höchstrichterliche Rechtsprechung Strafrecht
i. S. d.	im Sinne des
KK	Karlsruher Kommentar
MüKo	Münchener Kommentar
NK	Nomos Kommentar
SK	Systematischer Kommentar
WpHGMaAnzV	WpHG-Mitarbeiteranzeigeverordnung
ZIS	Zeitschrift für Internationale Strafrechtsdogmatik

Einführung

A. Einleitung und Problemüberblick

Die Untersuchung beschäftigt sich mit der BSR-Entscheidung[1] des Bundesgerichtshofs aus dem Jahre 2009 und einem dort geäußerten obiter dictum zum Bestehen strafrechtlicher Garantenpflichten von Compliance-Beauftragten, unternehmensbezogene Straftaten zu verhindern.

Die hier durch den BGH vorgenommene Verknüpfung eines (vermeintlichen) „Modethemas Compliance" mit der tief in der Strafrechtsdogmatik verwurzelten Frage nach einer strafrechtlichen Gleichstellung von Tun und Unterlassen, stellt freilich zunächst besondere Herausforderungen an eine sinnhafte thematische Begrenzung:

Die Diskussion um eine strafrechtliche Gleichstellung von Tun und Unterlassen wird bereits seit über 300 Jahren kontrovers geführt. Sie ist kaum noch zu überschauen und bereits Gegenstand vieler wissenschaftlicher Abhandlungen gewesen, jedoch ohne, dass diese bis heute eine auch nur annähernd konsensfähige Lösung hervorgebracht hätten.[2] Die Compliance-Diskussion ist im Gegensatz hierzu vergleichsweise jung[3] und befindet sich aufgrund ihrer Aktualität in einem fortgesetzten Wandel.

Weiterhin kam, um der Thematik gerecht zu werden, nur eine interdisziplinäre Untersuchung in Betracht. Es lassen sich keine belastbaren Aussagen zur strafrechtlichen Haftung von Compliance-Beauftragten treffen, ohne eingehende Erörterung von arbeitsrechtlichen, gesellschaftsrechtlichen und auch betriebswirtschaftlichen Fragestellungen. Eine auf rein strafrechtliche Fragestellungen

---

1 BGH 5 StR 394/08 – Urteil vom 17. Juli 2009, NJW 2009, S. 3173 (3173 ff.).

2 In diesem Sinne auch *Gallas*, Studien zum Unterlassungsdelikt, S. 1: „Eine Arbeit über das Unterlassungsdelikt bedarf heute, so scheint es, einer besonderen Rechtfertigung. Denn kaum ein anderes Gebiet der Strafrechtsdogmatik ist so sehr mit dem Odium belastet, Betätigungsfeld eines zwar unermüdlichen, indessen mehr selbstgenügsamen als fruchtbaren Scharfsinns geworden zu sein"; ähnlich auch *Berster*, Das unechte Unterlassungsdelikt, S. 78: „Seit nunmehr 178 Jahren schreiben Dogmatiker jenes ‚dunkelste Kapitel' des Allgemeinen Teils fort, das mittlerweile – so möchte man meinen – von naturalistischen Spitzfindigkeiten bis hin zu normativistischen Luftschlössern alle nur denkbaren Lösungsansätze durchdekliniert hat, und gleichwohl nicht zu einer von nachhaltigem Konsens getragenen Lösung finden konnte".

3 Vgl. *Eisele*, WM 1993, S. 1021 (1021), mit dem Hinweis, dass sich Compliance auch außerhalb der Bankenwelt zu einem wichtigen Thema entwickeln wird.

beschränkte Untersuchung würde eine sinnhafte Bearbeitung an vielen Punkten nicht möglich machen oder wäre schlicht unzureichend,[4] denn das Strafrecht ist akzessorisch, Garantenpflichten von Compliance-Beauftragten sind es im Besonderen, wie etwa die Berücksichtigung von arbeitsvertraglichen Pflichtverstößen im Rahmen einer Zumutbarkeitsprüfung bei dem Unterlassungsdelikt zeigt.[5]

B. Gang der Darstellung

Die Arbeit beginnt im ersten Teil[6] mit einer Darstellung der Compliance-Diskussion in Deutschland und einer Erläuterung der begrifflichen Grundlagen. Besondere Berücksichtigung haben die in unterschiedlichen Rechtsbereichen bestehenden Vorschriften gefunden, welche die Organisationspflichten für Unternehmen statuieren. Diese verdeutlichen und konkretisieren nicht nur die Compliance-Diskussion, sie eignen sich auch, bei Anhängern einer formellen Rechtspflichtentheorie, grundsätzlich zur Begründung strafrechtlicher Erfolgsabwendungspflichten von Compliance-Beauftragten und der Geschäftsleitung und spielen auch bei dem in der Untersuchung zu Grunde gelegten Modell zur Begründung strafrechtlicher Erfolgsabwendungspflichten im Rahmen der objektiven Zurechnung eine bedeutende Rolle.

Der zweite Teil[7] der Arbeit untersucht die arbeits- und gesellschaftsrechtliche Stellung von Compliance-Beauftragten und ordnet diesen rechtlich ein. Die Untersuchung beschränkt sich an dieser Stelle auf solche außerstrafrechtlichen Aspekte, die eine Relevanz hinsichtlich einer strafrechtlichen Verantwortlichkeit entfalten können. Auf Anknüpfungspunkte der arbeits- bzw. gesellschaftsrechtlichen Darstellung an strafrechtliche Haftungsfragen wird hingewiesen, ohne diese im zweiten Teil näher zu erläutern.

---

4 *Poguntke*, Risiken für Compliance-Beauftragte, S. 566, der am Ende seiner Untersuchung zu den strafrechtlichen Risiken von Compliance-Beauftragten, angelehnt an Goethes Faust, ausführt: „Habe nun, ach! Strafrecht, Arbeits- und Gesellschaftsrecht, Und, leider! auch Ökonomie Durchaus studiert mit heißem Bemühen. Da steh' ich nun, ich armer Tor! Und bin so klug als wie zuvor!"; ebenfalls auf den Bedarf an interdisziplinären Kompetenzen im Forschungsfeld Compliance hinweisend *Hilgendorf*, in: R-Criminal Compliance vor den Aufgaben der Zukunft, S. 31; *Stober*, FS Koch, S. 91 (102 f.).

5 Vgl. unter 4. Teil, C. II. 2.

6 Vgl. unter 1. Teil.

7 Vgl. unter 2. Teil.

Der dritte Teil[8] der Untersuchung beginnt mit einer kurzen geschichtlichen Darstellung der strafrechtlichen Gleichstellungsproblematik von Tun und Unterlassen, gefolgt von einer bewertenden Darstellung der gegenwärtigen Unterlassungsdogmatik. Schwerpunkt ist die Erstellung eines dogmatisch belastbaren und praxistauglichen Modells zur Begründung von Garantenstellungen, das sich als Grundlage für die weitere Bearbeitung eignet. Es wird kein vollständig neues Konzept generiert. Vielmehr werden bestehende Konzepte abgewandelt und systematisch eingeordnet, sodass am Ende ein dogmatisches Fundament zum Vorschein kommt, mit der sich strafrechtliche Erfolgsabwendungspflichten in einer dem Bestimmtheitsgebot in Art. 103 Abs. 2 GG genügenden Weise antizipieren lassen. Dabei soll insbesondere das von der Rechtsprechung im Bereich der unechten Unterlassungsdelikte praktizierte „case-law“ überwunden werden.

Im vierten Teil[9] der Arbeit werden die erarbeiteten Ergebnisse, insbesondere eine funktional-pluralistische, rechtsgüterbezogene Begründung von Garantenstellungen, auf die Person des Compliance-Beauftragten angewendet. Es wird untersucht, unter welchen Voraussetzungen ihn die strafrechtliche Pflicht zur Verhinderung von Straftaten Dritter treffen kann. Für die in diesem Zusammenhang relevante Dogmatik wird auf die Ausarbeitung vorangegangener Teile angeknüpft, ohne diese, um langatmige Wiederholungen und damit verbundene Störungen im Lesefluss zu vermeiden, nochmals darzustellen. Zum Abschluss der Untersuchung werden die gefunden Ergebnisse thesenartig komprimiert und es wird eine Schlussbetrachtung angestellt.

8 Vgl. unter 3. Teil.
9 Vgl. unter 4. Teil.

Erster Teil: Compliance

Um eine genaue Auseinandersetzung mit der Frage zu ermöglichen, ob den Compliance Officer eine Garantenpflicht zur Hinderung Dritter an Straftaten trifft, muss zunächst der Frage nachgegangen werden, welches Begriffsverständnis von Compliance als Arbeitsgrundlage der folgenden Untersuchung dient.[10] Ziel und Zweck ist es nicht, eine allgemeingültige Compliance-Definition zu entwickeln. Es soll lediglich ein für diese Untersuchung fruchtbar zu machendes Verständnis von Compliance entwickelt werden.[11]

A. Begriffsbestimmungen

Die Verwirrung um den Begriff der Compliance ist groß. Es finden sich bereits nach kurzer Beschäftigung mit der Thematik unterschiedliche mit Compliance verbundene Begrifflichkeiten: „Corporate Governance“[12] „Criminal Compliance“[13], „Corporate Compliance“[14], „Corruption Compliance“[15] „Non Compliance“[16], „Cross Compliance“[17] „materielle und formelle Compliance“[18], Compliance im „engen und im weiten Sinne“[19], sowie „Hard- und

10 Dass ein Verständnis von Compliance nicht zwangsläufig dargestellt werden muss, beweisen eindrucksvoll *Kuthe/Rückert/Sickinger*, Compliance-Handbuch Kapitalmarktrecht, S. 1 ff., die auf ca. 500 Seiten – mit Ausnahme eines Satzes im Vorwort – ohne eine Definition von Compliance auskommen.

11 Vgl. hierzu *Rüthers/Fischer*, Rechtstheorie, S. 139: „Um zu einer präzisen Verwendung der Begriffe zu gelangen, bleibt also nichts anderes übrig, als diese zu definieren“.

12 Etwa bei *Rotsch*, in: A/R-Handbuch Wirtschaftsstrafrecht, S. 47.

13 *Rotsch*, ZIS 2010, S. 614 (614 ff.).

14 Etwa *Hauschka*, in: H-Corporate Compliance.

15 Etwa bei *Stanitzek*, Die Bedeutung von Criminal Compliance, S. 31.

16 Etwa *Böhm*, Non-Compliance, S. 1 ff.

17 Hauptsächlich bedeutsam im EU-Recht, wobei es in der Sache um die Erfüllung von Umweltschutzauflagen geht, um Agrarsubventionen zu erhalten, vgl. EG Verordnungen Nr. 73/2009; Nr. 1234/2007; Nr. 1698/2005.

18 *Casper*, Bankrechtstag 2008, S. 139 (140 f.); *Kremer/Klahold*, ZGR 2010, S. 113 (116); *Rodewald/Unger*, BB 2007, S. 1629 (1629).

19 Etwa *Cauers/Haas/Jakob/Kremer/Schartmann/Welp*, DB 2008, S. 2017 (2017); vgl. auch *Bock*, Criminal Compliance, S. 19; ferner *Rathgeber*, Criminal Compliance, S. 26 f., der von einem „weitem“ und einem „engen“ Verständnis von Compliance spricht, wobei

Soft-Compliance"[20]. Häufig werden die Begrifflichkeiten auch miteinander kombiniert.[21] Zwar bezwecken die jeweiligen Diskutanten mit den sprachlichen „Zusätzen" eine inhaltliche Konkretisierung des Compliance-Begriffes, dies gelingt häufig aber deshalb schon nicht, weil im Anschluss Erläuterungen ausbleiben, wie sich das jeweilige Compliance Verständnis von dem anderer differenzieren soll.

Das Wort „Compliance" stammt aus dem angelsächsischen und leitet sich von dem Verb „to comply with" ab, was sich wörtlich mit „etwas befolgen" bzw. „etwas einhalten" übersetzen lässt.[22] Der Begriff ist ohne Übersetzung in die deutsche Rechtssprache eingezogen.[23] Ursprünglich wurde der Begriff „Compliance" in der Medizin verwendet. Dort versteht man darunter die Befolgung

---

sich diese Begrifflichkeiten nicht mit den Begriffen der Compliance im „engen" und im „weiten" Sinne decken.

20 *Mengel*, Compliance und Arbeitsrecht, S. 43, wobei es bei sog. „Hard-Compliance" um die Vermeidung von Strafen und Bußgeldern gehen soll, wobei die „Soft-Compliance" das Unternehmensimage verbessern soll. Konkret soll dies mit Maßnahmen zur Anti-Diskriminierung, zur Verschwiegenheit, zur Förderung von politischer Aktivität und Verbesserung der Medienkontakte erreicht werden, vgl. *Mengel*, Compliance und Arbeitsrecht, S. 52 f.

21 *Rotsch*, ZIS 2010, S. 614 (617); *ders.*, A/R-Handbuch Wirtschaftsstrafrecht, S. 47, spricht von „Criminal Compliance im weiteren Sinne" und „Criminal Compliance im engeren Sinne"; ähnlich *Bock*, Criminal Compliance, S. 23; dagegen *Saliger*, RW 2013, S. 263 (272).

22 Vgl. etwa *Hauschka*, in: H-Corporate Compliance Checklisten, S. VII.

23 Hierzu *Eisele/Faust*, in: S/B/L-Bankrechts-Handbuch, § 109 Rn. 2 Fn. 2, mit dem Hinweis, dass bspw. in Frankreich der Compliance-Begriff trotz seiner romanischen Sprachwurzel durch „Ethique et Conformité" oder durch „Deontologie" ersetzt wurde. Sie weisen weiter darauf hin, dass die Verhaltenspflichten in Unternehmen auch mit den deutschen Worten „Treue" und „Redlichkeit" zutreffend belegt wären. Mit dem folgenden Hinweis auf Art. 19 Abs. 1 EG-Richtlinie über Märkte für Finanzinstrumente 2004/39 vom 21.04.2004, in dem es sinngemäß heißt, Wertpapierfirmen haben „ehrlich, redlich und professionell im bestmöglichen Interesse" ihrer Kunden zu handeln.; vgl. hierzu *Rotsch*, ZIS 2010, S. 614 (614), der von einer „fraglichen Notwendigkeit zur anglizistischen Sprachpanscherei" spricht; vgl. auch *Kuhlen*, Corporate Compliance und Arbeitsrecht, S. 11, der zwar von „rechtsheischenden Anglizismen" spricht, die sich inhaltlich stark ähneln und überschneiden und terminologisch von großer Beliebigkeit seien, jedoch auch darauf hinweist „das der einzig klare Fehler in diesem Zusammenhang der Versuch wäre, deutsche Begriffe zu verwenden".

von therapeutischen Anweisungen durch Patienten.[24] Das deutsche Gesetz nennt zwar in bestimmten Vorschriften den Begriff der Compliance[25], bleibt eine Definition aber schuldig.[26] Auch durch die Rechtsprechung hat der Begriff der Compliance kaum inhaltlichen Konturen erhalten.[27]

Einige sind der Auffassung, die Compliance-Diskussion sei eine „Binsenweisheit",[28] es würde sich bei ihr um „alten Wein in neuen Schläuchen"[29] handeln.[30]

---

24 Etwa *Weber/Gundert-Remy/Schrey*, Patienten-Compliance; vgl. auch *Hauschka*, NJW 2004, S. 257 (257), unter Bezugnahme auf das OLG Hamburg, GRUR-RR 2003, S. 105 (105); *ders.*, AnwBl. 2010, S. 629 (629); *Rotsch*, in: A/R-Handbuch Wirtschaftsstrafrecht, S. 47; *Stober*, NJW 2010, S. 1573 (1573).

25 Im Gesetz genannt wird der Compliance-Begriff in §§ 33 Abs. 1 Satz 2 Nr. 1 und 5, 33b Abs. 5 Nr. 2 WpHG; ferner findet sich der Compliance-Begriff in: § 12 WpDVerOV, § 3 Nr. 1.5 InvestAusbV, § 15 Abs. 1 InhKontrollV; vgl. hierzu *Klopp*, Der Compliance-Beauftragte, S. 21; in der deutschen Rechtssprache tauchte der Begriff „Compliance" erstmals im Jahre 1994 in einer Gesetzesbegründung zum WpHG auf, vgl. BT-Drucksache 12/7918, S. 105.

26 Vgl. *Casper*, FS Schmidt, S. 199 (201), wonach § 33 Abs. 1 Satz 2 Nr. 1 WpHG „apodiktisch" ausführt, die „Compliance-Funktion" solle sicherstellen, dass das Wertpapierdienstleistungsunternehmen selbst und seine Mitarbeiter den Verpflichtungen des WpHG nachkommen, ohne aber auch nur einen Hinweis darauf zu geben, worin diese „Compliance-Funktion" bestehen soll.

27 Darauf hinweisend etwa *Kort*, NZG 2008, S. 81 (82).

28 *Schneider*, ZIP 2003, S. 645 (646), wobei *Schneider* nicht die Compliance-Diskussion als solche kritisiert, vgl. *ders.*, ZIP 2003, S. 645 (646): „Also, viel Lärm um nichts? Mitnichten!" Vielmehr bezeichnet *Schneider* nur die Tatsache, dass Unternehmen, ihre Organmitglieder und ihre Mitarbeiter im Einklang mit dem geltenden Recht handeln sollten, als Binsenweisheit, hält aber die praktische Umsetzung dieser „Binsenweisheit" für schwierig und deswegen im Ergebnis die Diskussion um Compliance für angebracht.

29 *Rieder/Flage*, in: G/I/B-Compliance, 1. Auflage, S. 13; ähnlich auch *Spindler*, WM 2008, S. 905 (905), nach dem es sich bei der Compliance Diskussion im Kern um Altbekanntes handelt, was sich nur unter neuem Namen wiederholt; vgl. auch *Winkelbauer/Alexander*, in: M-G/B-Wirtschaftsstrafrecht, S. 338: „Dabei ist das Gebot der Einhaltung der geltenden Rechtsvorschriften – nichts anderes umschreibt dieses Modewort – wie schon zu früheren Zeiten eine Selbstverständlichkeit."; vgl. auch *Hilgendorf*, ZLR 2011, S. 303 (311): „der Neuigkeitswert von Compliance hält sich in Grenzen".

30 Andere sehen in der aktuellen Diskussion um Compliance eine „Gefahr", vgl. *Bussmann*, in: Wirtschaftskriminalität, S. 69, nach diesem „bemächtigen" sich momentan Juristen des Themas Compliance, deswegen drohe eine überzogene „Formalisierung" und „Bürokratisierung" aller Unternehmensaktivitäten; dagegen *Hüffer/Schneider*,

Was Kritiker einer solchen Compliance-Diskussion anführen, lässt sich zumindest vordergründig gut hören: Versteht man Compliance als Handeln im Einklang mit dem geltenden Recht, als einfache „Rechtsbefolgung", handelt es sich zweifelsohne um eine „Binsenweisheit". Die Pflicht aller Menschen im Einklang mit den geltenden Gesetzen zu handeln, ist Daseinsberechtigung selbiger.[31] Regeln ohne Befolgungsanspruch sind Makulatur. Mit den Kritikern könnte man die Auffassung vertreten, die gesamte Compliance-Diskussion sei verfehlt, beschreibt sie nur die (simple) Tatsache, dass sich jeder rechtmäßig zu verhalten habe. Dass sich auch Unternehmen, deren Umwelt mit dem Ordnungsmechanismus des Rechts ausgestaltet ist und die nicht zuletzt selbst rechtlich verfasst sind, rechtstreu zu verhalten haben, ist eine Selbstverständlichkeit.[32]

Die Verwirklichung dieser „Selbstverständlichkeit" innerhalb komplexer Großorganisationen, deren oberstes Ziel in Gewinnmaximierung liegt, ist alles andere als eine Selbstverständlichkeit. Dies folgt einerseits aus einer kriminogenen Wirkung wettbewerblicher Strukturen, andererseits aus der ungebrochenen Tendenz zur Verrechtlichung wirtschaftlicher und sozialer Sachverhalte, die eine enorme Regelungsmenge mit erheblicher normativer Komplexität nach sich zieht.[33] Hinzukommt, dass anders als bei natürlichen Personen, die grund sätzlich eigenverantwortlich

---

ZIP 2010, S. 55 (55 ff.): „Juristen an die Compliance-Front"; *Kraft*, in: G/K/R-Arbeitsstrafrecht, S. 376, nennt Compliance das „It Girl" der präventiven juristischen Unternehmensberatung.

31 Vgl. auch *Bock*, Criminal Compliance, S. 19: „alles Recht zielt auf Befolgung ab".

32 Teilweise wird in diesem Zusammenhang die aktuelle Compliance-Diskussion wohl etwas pointiert als „Entdeckung des Rechts durch die Betriebswirtschaftslehre" bezeichnet, so *S. Schneider*, Informationspflichten, S. 273; vgl. auch *Jahn*, ZWH 2012, S. 477 (478).

33 So auch *Bergmoser/Theusinger/Gushurst*, BB-Beilage 2008, S. 1 (2); *Rauch*, CZZ 2011, S. 175 (175); *Rotsch*, in: R-Criminal Compliance vor den Aufgaben der Zukunft, S. 13, spricht von einem „nebulösen Feld" des Wirtschaftsstrafrechts, bei dem die Antizipation strafrechtlich relevanten Verhaltens „schwierig, wenn nicht unmöglich ist"; *ders.*, ZIS 2010, S. 614 (615 f.); zugespitzt auch *S. Schneider*, Informationspflichten, S. 272 f.: „Denn die Pflicht zur Compliance bedeutet in diesem Zusammenhang nichts anderes als die Pflicht zu rechtmäßigem Verhalten. Für benachbarte Wissenschaften, insbesondere die Betriebswirtschaftslehre, mag dies eine neue Erkenntnis sein. Aus rechtlicher Sicht aber ist die Tatsache, dass im Rechtsstaat jedes Rechtssubjekt verpflichtet ist, sich rechtmäßig zu verhalten, nicht nur eine Selbstverständlichkeit, sondern Ausgangspunkt jeder weiteren normativen Überlegung"; vgl. hierzu auch mit Beispielen aus der jüngsten Rechtsprechung *Rack*, CB 2015, S. 22 (23).

handeln, nicht nur die Einhaltung von rechtlichen Vorschriften bei arbeitsteilig handelnden Organisationen komplexer ist, sondern, dass auch die Zurechnung strafrechtlicher Verantwortlichkeit sich regelmäßig schwieriger gestaltet.[34] Die im Folgenden dargestellten Vorschriften normieren Organisationsanforderungen an Unternehmen und sollen der Einhaltung anderer Normen dienen. Man könnte zugespitzt auch von „Normenschutz durch Normen" sprechen. Ein Bedarf an Vorschriften, die ihrerseits („nur die Selbstverständlichkeit") Normkonformität absichern sollen, macht deutlich, dass es sich bei der Compliance-Diskussion um weit mehr als um eine „Binsenweisheit" handelt.

Zutreffend bleibt an einer Kritik der Compliance-Diskussion, dass Compliance keinem Selbstzweck dient und in der gegenwärtigen Diskussion häufig die Antwort auf die Frage fehlt, worin die konkrete Besonderheit von Compliance besteht. Eine Besonderheit, die über die allgemein bekannte Information (Binsenweisheit) hinausgeht: „Gesetze sind zu befolgen". Lässt man diese Aussage alleine stehen, handelt es sich bei ihr in der Tat um eine „Binsenweisheit" – um die Pflicht zur Legalität. Interessant wird die Diskussion erst an dem Punkt, an dem die Frage gestellt wird, wie diese Legalitätspflicht durch das Vorhalten privater, zunächst präventiv wirkender Strukturen, zu gewährleisten ist. Compliance steht auch für den Versuch Haftungsrisiken für Unternehmen und persönliche Haftungsrisiken der Unternehmensangehörigen durch Organisation zu reduzieren.

Sachdienlich für den weiteren Verlauf der Arbeit ist es kurz darzustellen, was für die folgende Bearbeitung aus dem der Untersuchung zu Grunde liegenden Compliance-Verständnis ausgenommen wird. Was keineswegs bedeuten soll, dass es nicht wichtige Gründe gibt Nachfolgendes, auch unter dem Begriff der Compliance zu diskutieren. Die vorgenommene Beschränkung dient lediglich einer Eingrenzung des Untersuchungsgegenstandes.

---

34 Vgl. *Assmann*, AG 1994, S. 237 (255); *Lebherz*, Emittenten-Compliance, S. 264; *Lindemann*, Voraussetzungen und Grenzen legitimen Wirtschaftsstrafrechts, S. 238 f.; zu den Deutungsmöglichkeiten des Begriffes der „Verantwortlichkeit" vgl. *Bierbrauer*, Die Zuschreibung von Verantwortlichkeit, S. 20 f.

I. Ethische, moralische und betriebswirtschaftliche Aspekte

Vermehrt werden ethische, moralische[35] und betriebswirtschaftliche[36] Gesichtspunkte und deren Einhaltung unter dem Begriff Compliance diskutiert.[37] Die Forderung nach ethischem Handeln in der Wirtschaft nimmt in der öffentlichen Diskussion verständlicherweise zu. Im Folgenden geht es – um sich auch kurz an der Begriffsschöpfung zu beteiligen – um „juristische Compliance".[38] Moralische, ethische und wirtschaftliche Gesichtspunkte bleiben für die folgende Untersuchung außer Betracht.[39] Der Arbeit wird somit ein rein-rechtlicher Compliance-Begriff

---

35 Vgl. etwa *Dix*, S. ZIS 2011, S. 210 (211); *Mahnhold*, Compliance und Arbeitsrecht, S. 30; *Mengel*, PersF 2008, S. 90 (90 f.); *Momsen*, ZIS 2011, S. 508 (508); *Nestler*, in: K/R/T-Internal Investigations, S. 12; *Roth*, Compliance, S. 1; *Runte/Eckert*, in: B/K-AktG, § 161 Rn. 95 f.; *Schröder*, Kapitalmarktstrafrecht, S. 382 f.; so auch *Hilgendorf*, ZLR 2011, S. 303 (315), nach dem Compliance-Maßnahmen Verstöße gegen Normen des Rechts und der Moral verhindern sollen.

36 Vgl. etwa *Blasche*, CCZ 2009, S. 62 (63); *Schröder*, Kapitalmarktstrafrecht, S. 381 f.

37 Darauf hinweisend auch *Bock*, Criminal Compliance, S. 20, mit Verweis auf *Schneider/Novak*, FS Kreutz, S. 855 (861), bei denen es heißt: „Es geht also nicht um die Frage, was kaufmännisch vernünftig oder betriebswirtschaftlich zu fordern ist. Es geht nicht um Good Practice, sondern es geht um die rechtliche Bestimmung des Inhalts der Compliance-Organisationspflichten."; vgl. auch *Menzies*, Sarbanes-Oxley und Corporate Compliance, S. 2, nach dem Compliance auch für die Einhaltung regulatorischer Standards und die Erfüllung von Anforderungen der Stakeholder zuständig ist.

38 In diesem Zusammenhang auch bezeichnet als „Compliance im weiten Sinne" vgl. *Cauers/Haas/Jakob/Kremer/Schartmann/Welp*, DB 2008, S. 2017 (2017); oder als „Hard Compliance" vgl. *Bock*, Criminal Compliance, S. 20, mit Verweis auf *Mengel*, Compliance und Arbeitsrecht, S. 43.

39 Gute Gründe sprechen dafür, solche Gesichtspunkte bei der Compliance-Diskussion insgesamt auszunehmen, besteht sonst die Gefahr einer Verwässerung des Begriffs; vgl. etwa *Michalke*, StV 2009, S. 245 (245): „Auch und gerade eine gute Compliance fügt diesen Regeln und Gesetzen keine neuen hinzu"; dagegen etwa *Bussmann/Salvenmoser*, CCZ 2008, S. 192 (194), wonach eine wichtige Voraussetzung für eine effiziente Kriminalprävention die Einführung von ethischen Richtlinien ist; ähnlich *Hauschka*, Bankrechtstag 2008, S. 103 (113), der sich für eine ethische Grundlage von Compliance-Programmen ausspricht, wenn man den Mitarbeitern mehr bieten wolle „als das Recht und den Staatsanwalt"; für eine Untrennbarkeit von Compliance und Ethik streitet auch *Wieland*, CCZ 2008, S. 15 (16); vgl. auch *Rotsch*, ZStW 2013, S. 481 (483), nach dem auch „branchenspezifische Standards" oder „ethisch motivierte Absichtsbekundungen" Teile „praktischer Compliance" seien; allgemein zum Verhältnis von Strafrecht und Moral vgl. etwa *Kühl*, FS Jakobs, S. 293 (295 ff.).

zugrunde gelegt.[40] Dies bedeutet nicht, dass etwa die Aufstellung von unternehmensinternen Ethikrichtlinien oder ähnliches nicht auch wichtige und wirksame Compliance-Maßnahmen darstellen können, die somit (mittelbar) auch Einfluss auf den Untersuchungsgegenstand haben können.[41] Ein eingerichtetes Compliance-System kann, über seine Kernaufgabe hinaus – Sicherstellung gesetzlicher Regelbefolgung – auch die Einhaltung von Ethikregeln im Unternehmen (sog. „Bussiness-Ethics") und weiterer interner Unternehmensregeln überwachen.[42]

Compliance soll (hier) als Teil des Rechts verstanden werden und nicht als ein neues Ordnungsinstitut neben dem Recht.[43] Rechtspflichten, die sich aus Gesetzen und Verordnungen ergeben, sind konsequent von moralischen oder ethischen und damit im Ergebnis fakultativen Handlungen zu unterscheiden.[44]

II. Abgrenzung zur Corporate Governance

Häufige Unklarheit herrscht bei der begrifflichen Abgrenzung von Compliance zu der sog. „Corporate Governance". Corporate Governance[45] bezeichnet einen Ordnungsrahmen zur Leitung und Überwachung von Unternehmen.[46]

---

40 Problematisch auch insoweit Ziffer 4.1.3 Deutscher Corporate Governance Kodex, der auch „unternehmensinterne Richtlinien" unter den Begriff der Compliance subsumiert.

41 Vgl. etwa *Bussmann/Salvenmoser*, CCZ 2008, S. 192 (194), wonach eine wichtige Voraussetzung für eine effiziente Kriminalprävention die Einführung von ethischen Richtlinien ist.

42 *Greeve*, in: Strafverteidigung im Rechtsstaat, S. 512 (513); *Hauschka*, ZIP 2004, S. 877 (877); *Mengel*, CCZ 2008, S. 81 (82); *Klopp*, Der Compliance-Beauftragte, S. 23; *Sieg*, FS Buchner, S. 859 (859).

43 So auch *Hamm*, NJW 2010, S. 1332 (1332); *Rotsch*, ZIS 2010, S. 614 (617), spricht von einem „neuen Beschäftigungsgegenstand der Rechtswissenschaft".

44 *Bock*, S. 20 mit Verweis auf *Lösler*, Compliance im Wertpapierdienstleistungskonzern S. 157; so auch *Campos Nave*, Rechtsstaatliche Regeltreue, S. 93, wonach fehlerhafte Unternehmensentscheidungen von Compliance abzugrenzen sind, da diese Teile des „unternehmerischen und wirtschaftlichen Ermessens" sind; hierzu auch *Fuchs*, in: L-Zauberwort Compliance, S. 27 (30 f.).

45 Wörtlich lässt sich der Begriff der „Corporate Governance" mit „Herrschaft im Unternehmen" übersetzen, vgl. *Rathgeber*, Criminal Compliance, S. 36; zur geschichtlichen Entwicklung der „Corporate Governance" in Deutschland *Lohse*, Unternehmerisches Ermessen, S. 1 ff.

46 *Bergmoser/Theusinger/Gushurst*, BB-Beilage 2008, S. 1 (1); *Hauschka*, in: H-Corporate Compliance, S. 2; *Kirschbaum/Wittmann*, JuS 2005, S. 1062 (1062); *Schwalbach/Schwerk*, in: H/S/N-Corporate Citizenship, S. 72.

Corporate Governance steht für die Gesamtheit der Maßnahmen zum „guten und verantwortungsvollen“ Leiten eines Unternehmens.[47] Was hierunter im Einzelnen zu verstehen ist, lässt sich nicht konkret bestimmen. Eine präzise Definition des Begriffes scheint kaum möglich.[48] Weitestgehend unstreitig, umfasst die „Corporate Governance“ auch die Einhaltung interner Unternehmensstandards. Die Erfüllung von nicht der Rechtsordnung zugehörigen Unternehmensrichtlinien geht über das in dieser Untersuchung zugrunde gelegte Compliance-Verständnis und deren Zweck, der Rechtsbefolgung, hinaus.[49] Somit stellt die Corporate Governance ein „Mehr“[50] zur Compliance dar, die ihrerseits ein bedeutender Bestandteil der Corporate Governance ist.[51]

---

47 *Leyens*, in: A/D/L/L/S-Corporate Governance, S. 3 (6); *Rotsch*, in: A/R-Handbuch Wirtschaftsstrafrecht, S. 47 f., mit Hinweis auf *Hauschka*, in: H-Corporate Compliance, S. 2, wobei dieser den Unterschied zwischen „Corporate Governance“ und „Compliance“ in der Perspektive sieht: „Corporate Governance prägt die Sichtweise der Regulierer, wohingegen Compliance den Blickwinkel der Regulierten beschreibt“, vgl. *Hauschka*, in: H-Corporate Compliance, S. 3; dem folgend *Lang/Renz*, in: S/S/L-Handbuch der Vermögensverwaltung, S. 344; zur ökonomischen und politischen Bedeutung des Begriffs vgl. *Martin/Zimmermann*, in: A/D/L/L/S-Corporate Governance, S. 81 (82).

48 Vgl. *Rathgeber*, Criminal Compliance, S. 37 f., der drei unterschiedliche Ansätze der Corporate Governance gegenüberstellt; vgl. auch *Benicke*, Wertpapiervermögensverwaltung, S. 83 ff.

49 Zu Anerkennung von privater Regelsetzung im Zuge einer zunehmenden Privatisierungstendenz vgl. *Klösel*, Compliance-Richtlinien, S. 109 ff.; allgemein zur Wirkungsweise von Unternehmensrichtlinien aus betriebswirtschaftlicher und kriminologischer Sicht *Theile*, ZIS 2008, S. 406 (408 ff.); zur Privatisierung der Strafverfolgung vgl. *Taschke*, in: R-Criminal Compliance vor den Aufgaben der Zukunft, S. 1413; *ders.*, FS Volk, S. 801 (806 ff.).

50 *Hefendehl*, JZ 2006, S. 119 (122), nennt Compliance eine „bedeutende Komponente der Corporate Governance“; *ders.*, ZStW 2007, S. 816 (844); *Campos Nave/Bonenberger*, BB 2008, S. 734 (735), sprechen von einem „wichtigen Baustein zur ordnungsgemäßen Corporate Governance“; so auch *Schneider*, ZIP 2003, S. 645 (647); anders *Fleischer*, CCZ 2008, S. 1 (1), nach dem Compliance nicht nur Bestandteil von Corporate Governance ist, sondern die zentrale Leitungsaufgabe von Corporate Governance darstellt.

51 *Berndt/Hoppler*, BB 2005, S. 2623 (2627); *Buff*, Compliance, S. 66; *Engelhart*, Sanktionierung von Unternehmen, S. 48; *Fleischer*, NZG 2004, S. 1129 (1131); *Groß*, Chief Compliance Officer, S. 38; *Hefendehl*, JZ 2006, S. 119 (122); *Klüppelberg*, Untreuestrafbarkeit des Vorstands, S. 218; *Lebherz*, Emittenten-Compliance, S. 264; *Rathgeber*, Criminal Compliance, S. 63; *Roos*, Compliance Defence, S. 31; *Rotsch*, in: A/R-Handbuch Wirtschaftsstrafrecht, S. 48; *Stanitzek*, Die Bedeutung von Criminal Compliance, S. 29; *Wecker/Galla*, in: W/L-Compliance in der Unternehmerpraxis, S. 50; anders *Hauschka*, in: H-Corporate Compliance, S. 3, der zur Unterscheidung der beiden Begriffe auf einen

Die vorgenommene Beschränkung des Compliance-Begriffs auf ein rechtliches Verständnis ist letztlich dem Thema der Arbeit geschuldet. Strafrechtliche Erfolgsabwendungspflichten folgen aus Unterlassungstatbeständen und grundsätzlich nicht aus freiwilligen Selbstverpflichtungen.[52]

Für Compliance lässt sich ein Dreiklang erkennen: Ausgehend von dem Ziel, das man mit (strafrechtlicher) „Haftungsvermeidung" umschreiben kann, werden Maßnahmen entwickelt, die das Ziel gewährleisten sollen, wobei die Gesamtheit dieser Maßnahmen in einer bestimmten Organisationsform (Compliance-Abteilung) gebündelt werden.[53]

Die Absicht, mit der Unternehmen Compliance-Abteilungen einrichten unterscheidet sich diametral vom Ziel des Strafrechts: Beschreibt man das „Ziel" von Strafrecht mit Rechtsgüterschutz, geht es Unternehmen bei Installation von Compliance-Strukturen um Vermeidung von (finanzieller) Haftung in ihrem wirtschaftlichen Interesse.[54] Der durch Strafrecht bezweckte Rechtsgüterschutz mag häufig eine Begleiterscheinung von Compliance sein. Originäres Schutzziel von Compliance ist wirtschaftliches Interesse.[55] Zu Recht wird darauf hingewiesen,

---

dualistischen Ansatz abstellt; ebenfalls anders *Schwedhelm*, AnwBl 2009, S. 90 (90), nach dem Compliance sich auf alle im Unternehmen Tätigen bezieht und Corporate Governance sich nur auf die Unternehmensleitung bezieht.

52 Vgl. § 13 Abs. 1 StGB und § 8 OWiG; hierzu auch *Bock*, Criminal Compliance, S. 20: „moralische, ethische und wirtschaftliche Gesichtspunkte oder auch der gern bemühte Menschenverstand gelten juristisch nicht."; beachte aber die Herleitung strafrechtlicher Garantenstellung aus der Schaffung von Vertrauenstatbeständen vgl. unter 3. Teil, G. II. 2. a) aa).

53 Ähnlich auch *Hilgendorf*, ZLR 2011, S. 303 (311), der von drei Verwendungsformen des Konzepts Compliance spricht: wörtlicher Sinn, instrumenteller Sinn und organisatorischer Sinn, wobei er auch darauf hinweist, dass diese drei Formen im juristischen Schrifttum in weiten Teilen nicht auseinandergehalten werden; ebenfalls eine dreifache Verwendung des Begriffs Compliance darstellend *Eisele/Faust*, in: S/B/L-Bankrechts-Handbuch, § 109 Rn. 1; vgl. auch *Kort/Lehmann*, in: M/K-Das neue Kapitalanlagegesetzbuch, S. 197 (200); *Kort*, AG 2013, S. 582 (582).

54 *Kölbel*, ZStW 2013, S. 499 (503 f.); vgl. aber *Naucke*, Begriff der politischen Wirtschaftsstraftat, S. 95: „Compliance rechnet mit der selbstsicheren Neigung starker Marktteilnehmer, den im Strafrecht verfestigten Schutz der Freiheit des Einzelnen nicht als völlig normal zu beachten. Compliance ist ein Indiz dafür, dass der natürlichen Freiheit des Einzelnen in einem machtvollen Markt, z. B. dem Finanzmarkt, Überwältigung droht. Diese Organisation schiebt sich schützend zwischen Marktmacht und Freiheit des Einzelnen, mag ihr Ziel oberflächlich auch nur die Minderung des strafrechtlichen Risikos des unternehmerischen Marktteilnehmers sein".

55 *Kölbel*, ZStW 2013, S. 499 (503 f.); *Lösler*, NZG 2005, S. 104 (108).

dass ausgehend vom Unternehmensinteresse, auch in der Deliktsverheimlichung eine Compliance-Funktion liegen kann. Stellt man auf rein wirtschaftliche Faktoren ab, ist eine erfolgreiche Deliktsverheimlichung der Deliktsverhinderung gleichwertig. Durch beides wird Haftungsvermeidung gleichermaßen erreicht.[56]

Compliance lässt sich unter Aussparung nicht rechtlicher Aspekte zunächst wie folgt definieren: Compliance ist die Gesamtheit aller Maßnahmen, die das rechtmäßige Verhalten des Unternehmens und dessen Angehörigen im Hinblick auf alle gesetzlichen Ge- und Verbote gewährleisten sollen.[57]

III. Beschränkung der Compliance auf Unternehmen

Die dargestellte Definition spricht von Unternehmen, sie beschränkt folglich die Compliance-Diskussion auf Unternehmen. Im Folgenden soll kurz skizziert werden, dass eine solche Beschränkung der Diskussion nicht sinnvoll ist, da unnötigerweise andere Anwendungsbereiche von Compliance ausgeklammert werden.

1. Begriff des Unternehmens

Unternehmen lassen sich definieren als „planmäßig zusammengefügte Einheit mehrerer Personen und Sachmittel unter einheitlicher Leitung zur Erreichung des auf eine gewisse Dauer gerichteten arbeitstechnischen Zwecks, Güter oder

---

56 *Kölbel*, ZStW 2013, S. 499 (505).

57 Die vorherrschende Definition von Compliance in Deutschland, zurückgehend auf *Schneider*, ZIP 2003, S. 645 (646); dem folgend *Bürkle*, BB 2005, S. 565 (565); *Bock*, ZIS 2009, S. 68 (68); *Reichert/Ott*, ZIP 2009, S. 2173 (2173 f.); *Passarge*, NZI 2009, S. 86 (86); *ders.*, in: M/S/H/F-Handbuch des Vertriebsrecht, S. 1966; *Samson/Langrock*, DB 2007, S. 1684 (1687); *Dahnz/Grimminger*, Manager und ihr Berufsrisiko, S. 327; *Dann*, AnwBl 2009, S. 84 (84); *Dütz/Thüsing*, Arbeitsrecht, S. 156; *Barton*, RDV 2010, S. 247 (248); *Eisele/Faust*, in: S/B/L-Bankrechts-Handbuch, § 109 Rn. 1; *Eufinger*, CCZ 2012, S. 21 (22); *Gebauer/Kleinert*, in: K/S-Handbuch der Managerhaftung, S. 584; *Gebauer/Niermann*, in: H-Corporate Compliance, S. 942; *Groß*, Chief Compliance Officer, S. 37; *Fleischer*, in: MüKo-GmbHG, § 43 Rn. 143; *ders.*, CCZ 2008, S. 1 (1); *Niesler*, in: G/J/W-Wirtschafts- und Steuerstrafrecht, § 130 OWiG Rn. 9; *Paliero*, FS Tiedemann, S. 503 (512); *Piel*, ZWH 2014, S. 13 (13); *Quentmeier*, Praxishandbuch Compliance, S. 13; *Rau*, Compliance und Unternehmensverantwortlichkeit, S. 21; *Reichert*, ZIS 2011, S. 113 (114); *dies.*, NZG 2014, S. 241 (241); *Rückemann/Neidthardt*, in: H/S-Interdisziplinäre Aspekte von Compliance, S. 191 (191); *Bock*, Criminal Compliance, S. 764, spricht von einem „sich mittlerweile durchsetzenden Verständnis" von Compliance.

Leistungen materieller oder immaterieller Art hervorzubringen oder zur Verfügung zu stellen"[58].[59]

Es ist umstritten, ob zwischen dem Begriff des Unternehmens und dem Begriff des Betriebes notwendigerweise zu unterscheiden ist.[60] Eine darüber hinausgehende Unterscheidung zwischen Unternehmen und Betrieb bedarf es, im Hinblick auf eine Compliance-Diskussion, nicht.[61] Eine Unterscheidung zwischen „Betrieben" und „Unternehmen" würde zu einer unbestimmten und sich schnell verändernden Diskussion einen weiteren Unsicherheitsfaktor hinzufügen, ohne Erkenntnisgewinn zu versprechen. In bestimmten Bereichen, etwa im Arbeitsrecht, mag eine Unterscheidung der Begriffe „Betrieb" und „Unternehmen" Präzisierung bringen, innerhalb der Compliance-Diskussion ist sie nicht vorzunehmen, da ihr wie auch im Strafrecht keine Bedeutung zukommt.[62] Für die

---

58 Diese weite Bestimmung des Unternehmensbegriffs ist im Strafrecht weitestgehend unstreitig vgl. BGHZ 67, 81 (84); *Fischer*, StGB, § 14 Rn. 8; *Lenckner/Perron*, in: S/S-StGB, § 14 Rn. 28 f.; *Radtke*, in: MüKo-StGB, § 14 Rn. 91 f.; *Schünemann*, in: LK-StGB, § 14 Rn. 56 f.; *Tiedemann*, Wirtschaftsstrafrecht AT, S. 6.

59 Zur Kritik an der Verwendung des Unternehmensbegriffs im juristischen Kontext, vgl. *Kudlich*, in: K/K/U-Compliance und Strafrecht, S. 210 Fn. 7: „der Begriff des Unternehmens ist unpräzise, da er kein eindeutiges Korrelat hat, sondern eher eine wirtschaftlich-phänomenologische Beschreibung liefert"; ebenfalls kritisch *Achenbach*, in: K/L/V-Unternehmensstrafrecht, S. 271 (271).

60 Teilweise wird der Begriff des Unternehmens gebraucht, wenn es sich mehr um eine kaufmännische Einrichtung handelt. Der Begriff Betrieb hingegen, wird verwendet wenn es sich um technische Einrichtung handelt; hierzu *Eidam*, in: E-Unternehmen und Strafe, S. 13 ff.; *Schünemann*, in: LK-StGB, § 14 Rn. 57; *Perron*, in: S/S-StGB, § 14 Rn. 28 f., versteht den Begriff des Unternehmens als einen „Komplex von mehreren Betrieben"; *vgl.* auch *Müller-Gugenberger*, in: M-G/B-Wirtschaftsstrafrecht, S. 508, nach denen die Mehrdeutigkeit des Ausdrucks Unternehmen sich auch in der rechtlichen Terminologie wiederfindet und die gesamte Rechtsordnung durchziehe und dem Begriff teilweise sogar innerhalb desselben Paragraphen unterschiedliche Bedeutung zukomme; ausführlich zum Begriff des „Unternehmens" *Lüderssen*, Entkriminalisierung des Wirtschaftsrechts III, S. 143 ff.; *Schmitt-Leonardy*, Unternehmenskriminalität ohne Strafrecht? S. 5 ff.; *dies.*, in: K/L/V-Unternehmensstrafrecht, S. 111 (123 ff.); *Storr*, Der Staat als Unternehmer, S. 35 ff.

61 *Bock*, Criminal Compliance, S. 27, verwendet diese Begrifflichkeiten ebenfalls synonym; so auch *Többens*, NStZ 1999, S. 1 (2 Fn. 22); unterscheidend *Rathgeber*, Criminal Compliance, S. 257 f.

62 § 14 Abs. 2 Satz 2 StGB, § 9 Abs. 2 Satz 2 OWiG stellen klar, dass dem Betrieb das Unternehmen gleichstehe; vgl. ferner *Müller-Gugenberger*, in: M-G/B-Wirtschaftsstrafrecht, S. 511, mit Verweis auf die §§ 75 Nr. 5, 264 Abs. 6, 265b Abs. 1 und 3 Nr. 1

weitere Untersuchung werden die Begriffe „Betrieb" und „Unternehmen" synonym verwendet.

2. *Erweiterung auf „Nicht"-Unternehmen*

Die dargestellte Beschränkung der Compliance auf Unternehmen greift trotz eines weiten Verständnisses des Unternehmensbegriffs zu kurz.[63] Dies lässt sich prägnant an politischen Parteien exemplifizieren:

Politische Parteien unterfallen unstreitig nicht der dargestellten Unternehmensdefinition. Ihr Zweck liegt nicht in der Hervorbringung von Gütern oder Leistungen, sondern in der Einflussnahme auf Prozesse der politischen Willensbildung.[64] Maßnahmen, die das rechtmäßige Verhalten von Parteimitgliedern innerhalb von Parteistrukturen sichern sollen wären folglich nicht unter Compliance-Gesichtspunkten zu diskutieren. Eine solche Unterscheidung wäre allerdings willkürlich: Die Notwendigkeit von Compliance ergibt sich aus komplexen Strukturen und den zu der Beherrschung solcher Strukturen eingesetzten, ebenfalls komplexen Regelungswerke. Dies macht Maßnahmen notwendig, die das rechtmäßige Verhalten innerhalb dieser Strukturen sichern. Die mit zunehmender Komplexität einhergehenden Vorgänge, verbunden mit einer Machtansammlung durch Zentralisierung von Ressourcen, führen zu einer notwendigen Bündelung präventiver Organisationsmaßnahmen innerhalb einer eigenen unabhängigen Struktur, welche die Rechtskonformität gewährleisten und Risiken aus rechtswidrigem Verhalten minimieren sollen. Dargestelltes trifft aber, wenn auf Unternehmen, „erst recht" auf politische Parteien zu und übertrifft die Argumentation hinsichtlich der Notwendigkeit von Compliance für Unternehmen sogar in zwei Punkten: Einerseits, jedenfalls nach einem demokratischen Staatsverständnis, üben politische Parteien regelmäßig mehr Macht und Einfluss als Wirtschaftsunternehmen aus, aufgrund dessen die Machtkonzentration in Teilen sogar höher sein dürfte als in Wirtschaftsunternehmen. Andererseits unterliegen Parteien teilweise sogar strengeren Regeln

---

StGB und § 130 OWiG, die zum Ausdruck bringen, dass Strafrecht unter Betrieb und Unternehmen dasselbe versteht.

63 Vgl. *Ensch*, ZUM 2012, S. 16 (19 ff.), der aufzeigt, dass etwa auch die öffentlich-rechtlichen Rundfunkanstalten über „entsprechende Strukturen" zur Compliance verfügen; vgl. auch *Ohrtmann/Gimnich*, Compliance, S. 43 ff. die im Rahmen des öffentlichen Auftragswesens auf die Notwendigkeit von Compliance hinweisen; ebenfalls gegen eine Beschränkung der Compliance Definition auf Unternehmen *Dolata*, Compliance contra Wirtschaftskriminalität, S. 47 f.

64 Vgl. § 2 Abs. 1 PartG.

als privatwirtschaftliche Unternehmen.[65] Dieser Zweiklang macht deutlich: Wer Compliance für Wirtschaftsunternehmen als notwendig erachtet, muss dies „erst recht" für politische Parteien tun. Anders formuliert: Wer die Notwendigkeit von Compliance-Strukturen innerhalb einer politischen Partei („Political-Compliance") bestreitet, leugnet gleichzeitig die Notwendigkeit und damit die Legitimation von Compliance insgesamt.

Die geschilderte Problematik wird hinsichtlich einer Definition des Wirtschaftsstrafrechts ebenfalls erkannt und eine Beschränkung des Wirtschaftsstrafrechts auf Unternehmen teilweise abgelehnt.[66] Die Compliance-Entwicklung in Deutschland selbst, stützt ebenfalls keine Beschränkung der Compliance auf Unternehmen, so wurde Compliance bis vor wenigen Jahren nur auf vereinzelte Unternehmensbranchen und innerhalb der ausgewählten Unternehmen nur auf bestimmte Bereiche beschränkt.[67] Auch die häufige Verwendung des Begriffspaares „Corporate Compliance"[68], was sich mit „Compliance im Unternehmen" übersetzen lässt, macht deutlich, dass es bei „Compliance" nicht zwingend um die Compliance von Wirtschaftsunternehmen gehen muss, da ansonsten der Zusatz „Corporate" unnötig wäre.

Die Compliance-Diskussion beschränkt sich nicht auf privatwirtschaftliche Strukturen und politische Parteien. Diesem Gedankengang folgt auch der Gesetzgeber, wenn er in § 130 Abs. 2 OWiG klarstellt, dass dieser auch auf alle

---

65 Zu nennen ist beispielhaft das aus Art. 21 Abs. 1 Satz 4 GG und durch die §§ 23 ff. PartG konkretisierte Publizitätsgebot hinsichtlich des Parteienvermögens; vgl. auch die Habilitationsschrift von *Saliger*, Parteiengesetz und Strafrecht: zur Strafbarkeit von Verstößen gegen das Parteiengesetz, insbesondere wegen Untreue gemäß § 266 StGB; vgl. auch *Burgi*, CCZ 2010, S. 41 (43), der darauf hinweist, dass öffentliche Unternehmen nicht nur im gleichen Maße dem Strafrecht unterworfen sind wie privatrechtliche Unternehmen, sondern, dass es bei öffentlichen Unternehmen teilweise zu Strafverschärfung kommen kann, weil verantwortliche Akteure als Amtsträger im Sinne von § 11 Abs. 1 Nr. 2 StGB anzusehen sind.

66 Vgl. etwa *Wittig*, Wirtschaftsstrafrecht, S. 7: „Unternehmenskriminalität ist sicherlich der praktisch wichtigste und dogmatisch bedeutsamste Teil der Wirtschaftskriminalität, aber eben doch nur ein Teil davon".

67 *Rathgeber*, Criminal Compliance, S. 27; erstmals trat Compliance im Bank- und Kapitalmarktrecht in Erscheinung, da dort gesetzliche Pflichten zur Einführung entsprechender Kontrollmechanismen bestanden, vgl. etwa *Früh*, CCZ 2010, S. 121 (121). *Klopp*, Der Compliance-Beauftragte, S. 28; *Lösler*, NZG 2005, S. 104 (104).

68 Etwa *Campos Nave/Bonenberger*, BB 2008, S. 734 (734); *Fleischer*, CCZ 2008, S. 1 (1); *Hauschka*, in: H-Corporate Compliance, *Kort*, NZG 2008, S. 81 (85); *Peemöller/Reinel-Neumann*, BB 2009, S. 206 (206).

Organisationsformen der öffentlichen Verwaltung mit denen diese am Wirtschaftsleben aktiv teilnimmt, anwendbar ist.[69]

Deshalb sollte von „Organisationen“ bzw. von „Angehörigen einer Organisation“ gesprochen werden.[70] Nur bei Verwendung solcher Begrifflichkeiten wird deutlich, dass Compliance nicht nur in Unternehmen stattfindet bzw. stattfinden sollte. Im Folgenden wird häufig von „Unternehmen“ gesprochen, was die vorgenommene Erweiterung auf „Organisation“ nicht negieren soll. Dies ist der pragmatischen Erwägung geschuldet, dass der Großteil des Schrifttums im Zusammenhang mit Compliance und der strafrechtlichen Geschäftsherrenhaftung von Unternehmen spricht und es ansonsten zu unzweckmäßigen Komplikation innerhalb der Literaturangaben kommen würde.

3. Beschränkung durch Ausschluss nicht organisationsbezogener Rechtsrisiken

Ebenso schädlich wie eine Verengung der Compliance-Diskussion auf Wirtschaftsunternehmen ist es, diese zu „überladen“, indem sämtliche Maßnahmen, die der Erfüllung von rechtmäßigem Verhalten dienen, unter Compliance gefasst werden.

Das Streuen des Gehweges mit Salz mag sinnvoll und rechtlich geboten sein, auch um einer Strafbarkeit wegen fahrlässiger Körperverletzung (§ 229 StGB) zu entgehen, sollte aber nicht unter Compliance-Aspekten diskutiert werden. Dies würde die Gefahr begründen, dass sich die gesamte Diskussion in einer

---

69 Vgl. auch *Otto/Fonk*, CCZ 2012, S. 161 (164), die darauf hinweisen, dass für kommunale Unternehmen Compliance-Anforderungen gestellt werden, die über die allgemeinen für private Wirtschaftsunternehmen geltenden Compliance-Anforderungen hinausgehen; hierzu auch *Bock*, Criminal Compliance, S. 29, der zwar Organisationen nennt, in die jeder Mensch eingebunden ist (Schulen, Krankenhäuser, Betriebe, Unternehmen, Vereine), leider aber eine Beantwortung der Frage schuldig bleibt, ob er diese „Organisationen“ auch unter Compliance-Gesichtspunkten diskutieren möchte; zur Compliance in der öffentlichen Verwaltung vgl. auch *Böttger*, FS Wessing, S. 493 (493 ff.); *Fuhrmann*, FS Wagner, S. 109 (109 ff.); *Heuking/Coelln*, DÖV 2012, S. 827 (830 ff.); *Hitzelberger-Kijima*, öAT 2015, 45 (45 ff.); *Neufeld/Hitzelberger-Kijima*, öAT 2015, S. 23 (23 ff.); *Ohrtmann*, Compliance, S. 29 ff.; *Passarge*, NVwZ 2015, S. 252 (252 ff.); *Sonder*, VR 2014, S. 229 (229 ff.); *Stober*, FS Adams, S. 85 (92 ff.); *ders.*, DVBl 2012, S. 391 (393 ff.); *Vogelsang/Nahrstedt/Fuhrmann*, CCZ 2014, S. 181 (181 ff.); *Wilbert*, CCZ 2015, S. 213 (213 ff.).

70 So auch *Hilgendorf*, in: R-Criminal Compliance vor den Aufgaben der Zukunft S. 20 f.; dem folgend *Rotsch*, ZStW 2013, S. 481 (489 f.); zum Organisationsbegriff vgl. jüngst *Eidam*, Der Organisationsgedanke im Strafrecht, S. 12 ff.

„Unschärfe“ verliert. Eine Definition soll regelmäßig eine Abgrenzungsfunktion besitzen. Um einer Konturenlosigkeit des Compliance-Begriffs entgegenzuwirken, sollte ein „Organisationsbezug“ verlangt werden.[71] Es entspricht dem Sinn und Zweck von Compliance, die durch Organisation komplexer werdenden Abläufe rechtssicher zu gestalten. Einen Zustand der Rechtmäßigkeit in einem Unternehmen zu erreichen, ist aufgrund der dort vorhanden Personen- und Interessenvielfalt wesentlich schwerer zu erzielen als bei einzelnen natürlichen Personen.[72] Die Beschränkung auf Unternehmen greift, wie aufgezeigt, zu kurz.[73] Andererseits wird deutlich, dass nicht jedes Verhalten einer Person, das nur auf die Vermeidung von (straf-) rechtlicher Haftung abzielt, unter Compliance-Aspekten zu diskutieren ist.[74]

---

71 Hierzu ausführlich unter 3. Teil, I. II. 4.

72 So auch *Engelhart*, Sanktionierung von Unternehmen und Compliance, S. 45; ähnlich auch *Rotsch*, in: A/R-Handbuch Wirtschaftsstrafrecht, S. 49, bezüglich Unternehmen, mit dem Hinweis, dass das Risiko, sich strafrechtlich relevant zu Verhalten, für den „wirtschaftlich Tätigen“ meist deutlich weniger absehbar ist, als dies in Fragen des „Kernstrafrechts“ der Fall sei; ähnlich *Maschke*, Aufsichtspflichtverletzung in Betrieben und Unternehmen, S. 26, der darauf hinweist, dass eine Zusammenfassung von Personen und Sachmitteln nicht nur Gefahren für Umwelt und Allgemeinheit hervorrufen, sondern darüber hinaus auch „kriminogene“ Wirkung entfalten könne; hierzu auch *Becker/Holzmann*, ZRFC 2011, S. 165 (169 f.); *Bottke*, FS Stöckel, S. 43 (51 ff.); *Kölbel*, ZIS 2013, S. 552 (553 ff.); vgl. auch *Rotsch*, Individuelle Haftung in Großunternehmen, S. 73, der auf „Verantwortungsdiffusität“ in komplexen Großbetrieben hinweist; zur besonderen kriminellen Bedrohung durch Organisationen im Ganzen, vgl. *Bock*, Criminal Compliance, S. 77 ff.

73 Vgl. auch *Rieble*, NZA 2008, S. 796 (798): „Compliance ist kein auf Unternehmen beschränktes Gebot, es gilt für jede Organisation“; vgl. auch *ders.*, myops 16/2012, S. 46 (58 f.), mit dem Hinweis, dass selbst größere Anwaltskanzleien einer Compliance-Organisation bedürfen; *Brouwer*, AnwBl. 2010, S. 663 (665), der auf die Bedeutung von Compliance im ehrenamtlichen Sektor hinweist; vgl. hierzu auch *Rotsch*, ZStW 2013, S. 481 (489 f.).

74 So auch *Rieble*, CCZ 2010, S. 107 (108): „Compliance als organisationale Regeltreueverantwortung, ja als Verkehrssicherungspflicht vor menschlichen Verhaltensgefahren, ist nicht auf Unternehmen beschränkt“; in diesem Sinne auch *Rotsch*, in: R-Handbuch Criminal Compliance, S. 70.

IV. Rechtsgebietsspezifische Präzisierungen

Der Begriff der Compliance ist rechtsgebietsspezifischen Präzisierungen zugänglich.[75] Versteht man Compliance als die Gesamtheit aller Maßnahmen, um ein rechtmäßiges Verhalten im Hinblick auf gesetzliche Gebote und Verbote zu gewährleisten, lässt sich, darauf aufbauend, Compliance weiter eingrenzen.

1. Abgrenzung zum ausländischen Recht

Zunächst einmal fallen unter oben genannte Definition „alle" gesetzlichen Regelungen, so sind für viele Unternehmen häufig ausländische Gesetzesvorschriften zu beachten, etwa wenn sich Unternehmen an einer ausländischen Börse listen lassen, unterfallen sie automatisch dem jeweiligen ausländischen Kapitalmarktrecht.[76] Produziert oder verkauft ein Unternehmen Waren im Ausland, hat es ausländisches Produktions- bzw. Kaufrecht zu beachten.[77] Folglich entstehen für deutsche Unternehmen zahlreiche Berührungspunkte zu ausländischen Rechtsordnungen.[78] Das Risiko, das aus Verstößen gegen ausländische Rechtsvorschriften resultiert, kann nicht hoch genug eingeschätzt werden.[79] Das US-amerikanische Recht bietet umfangreiche Möglichkeiten zur Anknüpfung an Auslandssachverhalte, selbst für Unternehmen, deren Wertpapiere nicht an einer US-Börse gehandelt werden und die nicht unternehmerisch in den USA

---

75 *Bock*, Criminal Compliance, S. 21; auch *Rotsch*, in: A/R-Handbuch Wirtschaftsstrafrecht, S. 48, der darüber hinaus Compliance noch innerhalb des Strafrechts abzugrenzen versucht: „Criminal Compliance im weiten und im engen Sinne".

76 *Klopp*, Der Compliance-Beauftragte, S. 23; *Schneider*, CCZ 2008, S. 18 (18).

77 *Klindt*, CCZ 2008, S. 81 (82).

78 *Bock*, in: R-Compliance-Diskussion, S. 72; *Gerst*, CCZ 2012, S. 1 (1); *Krebs/Eufinger/Jung*, CCZ 2011, S. 213 (215); *Pelz*, in: R-Criminal Compliance vor den Aufgaben der Zukunft, S. 165 f.

79 Vgl. etwa *Senerowitz/Ugarte/Cortez*, wistra 2008, S. 281 (281), die auf die US-amerikanischen Ermittlungsbehörden und ihre teils weitgehenden Ermittlungsmöglichkeiten hinweisen, namentlich auf die amerikanische Börsenaufsichtsbehörde, Securities and Exchange Commission (SEC) und auf das amerikanische Justizministerium, Department of Justice (DOJ); *Bock*, in: R-Compliance-Diskussion, S. 72, spricht von „gefürchteten Eingriffsbefugnissen" der US-amerikanischen Ermittlungsbehörden; zur strikten Durchsetzung strafrechtlicher Sanktionen und zivilrechtlicher Ansprüche durch die US-amerikanischen Ermittlungsbehörden vgl. ferner *Bannenberg*, in: W/J-Handbuch des Wirtschafts- und des Steuerstrafrechts, S. 680 ff.; *Theile*, StV 2011, S. 381 (381); *Wehnert*, FS-Müller, S. 729 (733); vgl. auch *Salvenmoser/Hauschka*, NJW 2010, S. 331 (334), die davon sprechen, dass eine funktionierende Compliance-Organisation die Risiken der Auslandstätigkeit überhaupt erst beherrschbar machen.

tätig sind. Ausreichend ist hierzu, dass Personen oder Unternehmen Handlungen zur Förderung der Korruption innerhalb der USA begehen.[80] Diese weiten Anwendungsmöglichkeiten von US-amerikanischem Recht, insbesondere in Kombination mit der in den USA praktizierten Unternehmensstrafbarkeit[81],

80 Vgl. zur Anwendung US-amerikanischen Rechts in Deutschland, *Cohen/Holland*, CCZ 2008, S. 7 (8); *Ringleb*, in: R/K/L/W-DCGK, Ziffer 4.1.3, Rn. 622 ff.; *Wehnert*, NJW 2009, S. 1190 (1191).

81 Zur Diskussion über die Einführung einer kriminalstrafrechtlichen Verantwortlichkeit juristischer Personen auch in Deutschland vgl. etwa *Alwart*, ZStW 1993, S. 752 (752 ff.); *Böse*, ZStW 2014, S. 132 (132 ff.); *Bottke*, wistra 1997, S. 241 (241 ff.); *Dannecker*, in: W/J-Handbuch des Wirtschafts- und Steuerstrafrechts, S. 62; *ders.*, NJW-Spezial 2008, S. 216 (216 f.); *ders.*, GA 2001, S. 101 (101 ff.); *ders.*, FS Böttcher, S. 465 (465 ff.); *Frisch*, FS Wolter, S. 348 (348 ff.); *v. Freier*, GA 2009, S. 98 (99 ff.); *Heine*, ÖJZ 1996, S. 211 (211 ff.); *Hetzer*, ZRFC 2014, S. 18 (18 ff.); *Hirsch*, ZStW 1995, S. 285 (285 ff.); *Jescheck*, DÖV 1953, S. 539 (539 ff.); *Kindler*, Das Unternehmen als haftender Täter, S. 211; *Klesczewski*, FS Seebode, S. 179 (180 ff.); *Korte*, Juristische Person und strafrechtliche Verantwortung, S. 9 ff.; *Laue*, Jura 2010, S. 339 (339 ff.); *Modlinger*, Korruptionsbekämpfung, S. 23 ff.; *Peglau*, ZRP 2001, S. 406 (407); *Ransiek*, NZWiSt 2012, S. 45 (45 ff.); *Rödiger*, Strafverfolgung von Unternehmen, S. 36 ff.; *Schmitt-Leonardy*, Unternehmenskriminalität ohne Strafrecht? S. 340 f.; *dies.*, ZIS 2015, S. 11 (11 ff.); *Scholz*, ZRP 2000, S. 435 (438); *Schünemann*, in: S-Unternehmenskriminalität, S. 129 (129 ff.); *Stratemwerth*, FS Schmitt, S. 295 (295 ff.); *Trüg*, ZWH 2011, S. 6 (6 ff.); *ders.*, StraFo 2011, S. 471 (471 ff.); *Volk*, JZ 1993, S. 429 (429 ff.); *Wessing*, ZWH 2012, S. 301 (301 ff.); vgl. bereits *Engisch*, 40. Deutscher Juristentag 1953, S. E 7 ff.; *Kohler*, GA 1917, S. 500 (500 ff.); *Marcuse*, GA 1917, S. 478 (478 ff.); die Vorstellung eines Entwurfs eines Verbandsstrafgesetzbuchs (VerbStrG-E) des nordrhein-westfälischen Justizministers *Thomas Kutschaty* am 14.11.2013 auf der Justizministerkonferenz hat der kontrovers geführten Diskussion um die kriminalstrafrechtliche Verantwortlichkeit von juristischen Personen neuen Zündstoff geliefert hierzu *Kutschaty*, ZRP 2013, S. 74 (74 f.); vgl. hierzu das überwiegend kritische literarische Echo zu dem vorgelegten Entwurf *Beulke/Moosmayer*, CCZ 2014, S. 146 (146 ff.); *Frister*, FS Wessing, S. 3 (15 f.); *Grützner*, CCZ 2015, S. 56 (62); *Hamm*, in: J/S-L/S-Das Unternehmensstrafrecht, S. 185 (198); *Hein*, CCZ 2014, S. 75 (75 f.); *Hoven*, ZIS 2014, S. 19 (19 ff.); *dies./Wimmer/Schwarz/Schumann*, NZWiSt 2014, S. 161 (161 ff.); *Jahn/Pietsch*, ZIS 2015, S. 1 (1 ff.); *Leipold*, ZRP 2013, S. 34 (34 ff.); *Löffelmann*, JR 2014, S. 185 (185 ff.); *Odenthal*, FS Wessing, S. 19 (25 ff.); *Peters/Hammes*, ZWH 2015, S. 49 (49 ff.); *Rogall*, GA 2015, S. 260 (261 ff.); *Rübenstahl*, ZRFC 2014, S. 26 (26 ff.); *ders./Tsambikakis*, ZWH 2014, S. 8 (8 ff.); *Schneider*, ZIS 2013, S. 488 (492 ff.); *Schoop/Sidhu*, in: J/S-L/S-Das Unternehmensstrafrecht, S. 137 (137 ff.); *Schünemann*, ZIS 2014, S. 1 (1 ff.); *ders.*, wistra 2015, S. 161 (165); *Willmens*, ZIS 2015, S. 40 (40 ff.); *Witte/Wagner*, BB 2014, S. 643 (643 ff.); *ders.*, WM 2015, S. 161 (165); *Zieschang*, GA 2014, S. 91 (91 ff.); positiv bzgl. des Gesetzesentwurfs *Kubiciel*, ZRP 2014, S. 133 (137); zu der Verfassungsmäßigkeit des Gesetzesentwurfs vgl. *Jahn*, in: J/S-L/S-Das Unternehmensstrafrecht, S. 53 (53 ff.); zu

machen die besondere Bedeutsamkeit internationaler Regelwerke für deutsche Unternehmen deutlich. Compliance kann daher nicht auf Maßnahmen zur Befolgung nationaler Gesetze beschränkt werden. Auch das US-amerikanische Strafrecht kennt, wie das deutsche Strafrecht, eine Strafbarkeit wegen pflichtwidrigen Unterlassens, die dort besonders häufig im Wirtschafts- und Verbandsstrafrecht anzutreffen ist.[82]

2. *Abgrenzung innerhalb der deutschen Rechtsordnung – „Criminal Compliance"*

Die Antwort nach möglichen Garantenpflichten von Compliance-Beauftragten legt zunächst einen Bezug zur sog. „Criminal Compliance"[83] nahe und damit zu Maßnahmen, die ein rechtmäßiges Verhalten im Hinblick auf Verstöße gegen Straf- oder Bußgeldvorschriften gewährleisten sollen. Dies folgt aus Lektüre des § 13 Abs. 1 StGB und seiner Entsprechung in § 8 OWiG. In diesen Vorschriften wird als Tatbestandsvoraussetzung für eine Strafbarkeit wegen Unterlassens normiert, dass sich nur derjenige wegen Unterlassens strafbar machen kann, der „rechtlich dafür einzustehen hat, dass der Erfolg nicht eintritt". Eine Garantenpflicht, die etwa unzulässige Kündigungen verhindern soll, kennt das deutsche Recht nicht. Dies darf nicht darüber hinwegtäuschen, dass mögliche Anknüpfungspunkte für Garantenstellungen regelmäßig außerhalb des Strafrechts zu finden sind. Dazu muss man nicht Anhänger einer formellen Rechtspflichtenlehre und damit einer Begründbarkeit strafrechtlicher Erfolgsabwendungspflichten aus außerstrafrechtlichen Normen sein, etwa bei der überwiegend anerkannten Garantenstellung aus Ingerenz wird durch das Erfordernis der „Pflichtwidrigkeit" häufig ein Bezug zu außerstrafrechtlichen Normen notwendig.[84]

---

den europäischen und internationalen Vorgaben bei der Ausgestaltung eines Verbandssanktionsrechts vgl. *Bärlein/Englerth*, FS Wessing, S. 33 (33 ff.); *Böse*, in: J/S-L/S-Das Unternehmensstrafrecht, S. 88 (88 ff.); *Rönnau/Wegner*, ZRP 2014, S. 158 (158 ff.); zu der Einführung einer sanktionsbefreienden Selbstanzeige im Bereich des Unternehmenssanktionsrechts vgl. *Utz*, NZWiSt 2015, S. 377 (377 ff.).

82 *Dubber*, Einführung in das US-amerikanische Strafrecht, S. 46.

83 *Rotsch*, ZIS 2010, S. 614 (614 ff.); vgl. auch *Bock*, Criminal Compliance; *Rathgeber*, Criminal Compliance; *ders.*, NZWiSt 2014, S. 183 (192); *Saliger*, RW 2013, S. 263 (263 ff.).

84 Hierzu unter 3. Teil, G. II. 1.

3. *Integration des Ordnungswidrigkeitenrechts*

Berücksichtigt man, dass zur Abgrenzung von Ordnungswidrigkeiten und Geldbußen der Begriff der „Kriminal"-Strafe[85] herangezogen wird, mag unter reinen Wortlaut-Gesichtspunkten der Begriff „Criminal" Compliance für etwas unglücklich erachtet werden. Ordnungswidrigkeitenrecht als „Strafrecht im weiteren Sinne"[86] zu bezeichnen und es damit unter Criminal Compliance zu fassen, bildet die bestehenden Abgrenzungsproblematiken zwischen Strafrecht einerseits und Ordnungswidrigkeitenrecht andererseits hingegen nur unzureichend ab.

Eine Unterscheidung zwischen Ordnungswidrigkeiten- und Strafrecht lässt sich zwar nach „rein formalen" Gesichtspunkten vornehmen nämlich danach, ob der Gesetzgeber als Rechtsfolge für Zuwiderhandlungen „Strafe" (Geld- oder Freiheitsstrafe) oder „Geldbuße" androht,[87] wobei eine solch formale Unterscheidung einen Zirkelschluss darstellt.[88] Die Einteilung, was mit Geldstrafe oder Geldbuße geahndet werden soll, setzt ein Verständnis davon voraus, was Straftat bzw. was Ordnungswidrigkeit ist. Bei der Geldbuße soll es sich um keine „Kriminal"-Strafe handeln.[89] Die Bedeutsamkeit des Ordnungswidrigkeitenrechts für die Criminal Compliance folgt unter anderem aus § 30 OWiG, die einzige Vorschrift, die eine unmittelbare „Unternehmenssanktionierung" ermöglicht.[90]

---

85 Zur Abgrenzung der „Kriminal"-Strafe vgl. BVerfGE, 9, 167 (173); 27, 18 (30 ff.); ähnlich auch *Gürtler*, in: G-OWiG, Vor § 1 Rn. 9; Vgl. auch *Bohnert*, Ordnungswidrigkeitenrecht, S. 38: „Geldbuße soll nicht Strafe sein"; zur Abgrenzung von Straftat und Ordnungswidrigkeit vgl. *ders.*, in: KK-OWiG, Einleitung Rn. 50 ff.; zum grundsätzlichen Verhältnis von Straftat und Ordnungswidrigkeit vgl. *Jescheck*, JZ 1959, S. 467 (459 ff.); *Stein*, Straftat und/oder Ordnungswidrigkeit, S. 45 ff. *Volk*, in: K/L/V-Ökonomie versus Recht, S. 177 (179 f.); zu der Frage ob die Verfolgung von Ordnungswidrigkeiten ebenso wie Strafrecht dem Rechtsgüterschutz dient vgl. *Achenbach*, Symposium Haffke, S. 101 (107 ff.).

86 So etwa *Mitsch*, Recht der OWiG, S. 4; vgl. auch *Jescheck/Weigend*, Lehrbuch des Strafrechts, S. 58, mit Hinweis auf BVerfGE 27, 18 (32 ff.). In der Entscheidung stellte das Bundesverfassungsgericht klar, dass die Gesetzgebungskompetenz „Strafrecht" heute nicht nur das Strafrecht im herkömmlichen Sinn erfasse, sondern auch das Ordnungswidrigkeitenrecht; vgl. auch *Rosenkötter/Louis*, Das Recht der Ordnungswidrigkeiten, S. 1.

87 *Gürtler/Seitz*, in: G-OWiG, Einleitung Rn. 9.

88 So auch *Engelhart*, Sanktionierung von Unternehmen und Compliance, S. 631.

89 *Gürtler*, in: G-OWiG, Vor § 1 Rn. 9.

90 *Engelhart*, Sanktionierung von Unternehmen und Compliance, S. 430; *Leitner*, StraFo 2010, S. 323 (328); *Petermann*, Die Bedeutung von Compliance-Maßnahmen, S. 23.

§ 30 OWiG durchbricht somit den Grundsatz „societas delinquere non potest" (eine Gesellschaft kann kein Unrecht begehen).[91]

Criminal Compliance richtet sich vor allem an Organisationen. Es würde Sinn und Zweck (Haftungsvermeidung von Organisationen) konterkarieren, würde die Verhinderung von ordnungswidrigkeitenrechtlicher Verbandshaftung nicht auch unter der sog. „Criminal Compliance" diskutiert werden. Praktisch ist eine solche Unterscheidung ebenfalls widersinnig: Unmittelbarer wirtschaftlicher Schaden und der häufig schwerer wiegende Reputationsverlust sind unabhängig von der Bezeichnung „Geldstrafe" oder „Geldbuße". Diskutiert wird (jedenfalls in der Praxis) nicht, ob eine Geldbuße dasselbe „sozialethische Unwerturteil" widerspiegelt wie eine Geldstrafe. Allein die Höhe der ausgesprochenen Sanktion findet Beachtung.[92]

Dies ändert nichts daran, dass Criminal Compliance ohne Berücksichtigung des Ordnungswidrigkeitenrechts Kernpunkte einer Haftungsvermeidung außer Acht lassen würde,[93] weshalb unter Criminal Compliance Maßnahmen zur Nichtverwirklichung von Straftatbeständen und Ordnungswidrigkeiten zu verstehen sind.[94] Der weiteren Untersuchung wird ein „weiter" Strafrechtsbegriff zugrunde gelegt, der auch Ordnungswidrigkeiten mit umfasst.

---

91 *Többens*, NStZ 1999, S. 1 (2); hierzu auch *Achenbach*, StraFo 2011, S. 422 (428); *ders.*, ZIS 2012, S. 178 (179 f.); *ders.*, wistra 2012, S. 413 (415 f.); *ders.*, wistra 1998, S. 168 (168); *Wegner*, NJW 2001, S. 1979 (1980 ff.); vgl. auch *Jescheck/Weigend*, Lehrbuch des Strafrechts, S. 228 f., die § 30 OWiG und die damit einhergehende Sanktionsmöglichkeit gegen Unternehmen mit dem Hinweis ablehnen, dass Strafen immer persönliche Schuld voraussetzen; zum entgegengesetzten Grundsatz „societas delinquere possunt" wie er im römischen Recht praktiziert wurde vgl. *Engelhart*, NZWiSt 2015, S. 201 (201 f.).

92 Dies mag man pointiert mit dem Satz des Altbundeskanzlers *Helmut Kohl* in einer Pressekonferenz vom 31. August 1984 zusammenfassen: „Entscheidend ist, was hinten rauskommt", zitiert in: Der Spiegel, vom 3. September 1984, Heft 36 S. 20; zum Ausdruck ethischer Missbilligung durch Geldbußen vgl. *Achenbach*, FS Schünemann, S. 1019 (1022 ff.); *Schmoller*, FS Küper, S. 519 (542 f.); allgemein zum Wesen der Strafe als „sozialethische Missbilligung" *Kühl*, FS Otto, S. 63 (72 ff.).

93 Vgl. hierzu *Hauschka*, in: H-Corporate Compliance, S. 8 f., wonach bei Kartellabsprachen der Organmitglieder meist wegen Verletzung der Aufsichtspflicht nach §§ 30, 130 OWiG ermittelt würde und es aufgrund dieser Verfahren zu Bußgeldern in vierstelliger Millionenhöhe gekommen sei.

94 Vgl. auch *Bock*, Criminal Compliance, S. 264 f.

V. Unterscheidung zwischen „Entlastungs- und Belastungskriminalität"?

Teilweise wird im Rahmen der Compliance-Diskussion zwischen sog. „Belastungs- und Entlastungskriminalität" differenziert.[95] So gliedere sich Criminal Compliance nach der Art der zu verhindernden Mitarbeiterstraftaten in zwei Teile: Straftaten, die aus dem Unternehmen heraus zugunsten des Unternehmens begangen werden, sog. „Entlastungskriminalität" und Straftaten, die von Mitarbeitern zum Nachteil des Unternehmens begangen werden, sog. „Belastungskriminalität".[96] Diese Unterscheidung anhand des Tätermotivs entstammt der angelsächsischen kriminologischen Literatur, die zwischen „occupational crime" (Belastungskriminalität) und „corporate crime" (Entlastungskriminalität) unterscheidet.[97] Sie stellt eine Weiterentwicklung der klassischen, im Jahre 1939 von *Sutherland* entwickelten Begrifflichkeit der „white-collar-criminality" dar.[98] Eine solche Unterscheidung innerhalb der Compliance-Diskussion sollte nicht

---

95 *Rotsch*, in: A/R-Handbuch Wirtschaftsstrafrecht, S. 50, wobei dieser mit „Teil" wohl auf *Bock* abstellt, der nicht müde wird, auf den Unterschied zwischen Belastungs- und Entlastungskriminalität im Rahmen der Compliance-Diskussion hinzuweisen vgl. *Bock*, Criminal Compliance, S. 23; *ders.*, in: R-Compliance-Diskussion, S. 63 f.; *ders.*, in: K/K/U-Compliance und Strafrecht, S. 58; *ders.*, ZIS 2009, S. 68 (68); vgl. auch *Ransiek*, in: K/L/V-Unternehmensstrafrecht, S. 285 (305), der Unternehmen grundsätzlich nur für solche Mitarbeiterverstöße verantwortlich machen möchte, die mit dem Ziel begangen werden, dem Unternehmen einen Vorteil zu verschaffen.

96 *Bock*, Criminal Compliance, S. 23, wobei die dort angegebenen Quellen sich eher auf eine Unterscheidung von Straftaten hinsichtlich von Wirtschaftskriminalität beziehen, die Anwendung dieser Unterscheidung auf die Criminal Compliance nimmt *Bock* selbst vor, vgl. die angegebenen Quellen, *Bossard*, in: S-Aktuelle Beiträge zur Wirtschaftskriminalität, S. 87 f.; *Weckert*, in: Betriebskriminalität, S. 7, auch der Verweis auf BGH, Urt. v. 17.07.2009 – 5 StR 394/08 Rn. 27, trägt diese Unterscheidung hinsichtlich Criminal Compliance nicht. In dem Urteil heißt es: „Deren (Compliance Officers) Aufgabengebiet ist die Verhinderung von Rechtsverstößen, insbesondere auch von Straftaten, die aus dem Unternehmen heraus begangen werden und diesem erhebliche Nachteile durch Haftungsrisiken oder Ansehensverlust bringen können." Dies lässt sich nicht als eine vorgenommene Unterscheidung des BGH hinsichtlich Be- und Entlastungskriminalität bzgl. Compliance verstehen. Das Wort „insbesondere" soll an dieser Stelle vielmehr verdeutlichen, dass auch die Verhinderung der sog. „Entlastungskriminalität" in ein Aufgabengebiet des Compliance Officers fällt, die Compliance sich also gerade nicht auf eines der beiden Felder beschränkt.

97 Vgl. *Wittig*, Wirtschaftsstrafrecht, S. 7; *Samson/Langrock*, DB 2007, S. 1684 (1684), sprechen von „eigennützigen" und „altruistisch" motivierten Delikten.

98 Vgl. *Schwind*, Kriminologie, S. 453.

getroffen werden.[99] Es gibt innerhalb funktionierender Rechtsordnungen keine „Entlastungskriminalität" für Unternehmen. Diese haben ein grundsätzliches Interesse, auch zunächst „unternehmensbegünstigende" Straftaten zu verhindern. Solche führen, wie unmittelbare unternehmensschädigende Taten, mittelbar zu negativen rechtlichen Konsequenzen und zu Reputationsverlust und den damit verbundenen negativen wirtschaftlichen Auswirkungen. „Entlastungskriminalität" ist ein theoretisches kontrafaktisches Gedankenkonstrukt und sollte bei der kontrovers geführten Compliance-Diskussion nicht für weitere Unklarheiten sorgen.

VI. Beschränkung auf (strafrechtlich) zulässige Maßnahmen – „Incompliant Compliance"

Die dargestellte Definition spezifiziert die Maßnahmen nicht näher, die innerhalb einer Organisation zur Gewährleistung rechtmäßigen Verhaltens getroffen werden, so stellt sich zunächst die Frage, ob diese Maßnahmen ihrerseits rechtskonform sein müssen, zugespitzt: Muss Compliance „compliant" sein?[100] Diese Frage wurde in der Compliance-Diskussion nur vereinzelt erörtert.[101] Die Praxis ist an dieser Stelle ungleich weiter. Dort häufen sich Fälle „rechtswidriger Compliance": Die Telekom überwachte Privatgespräche ihrer Mitarbeiter, um herauszufinden, ob Mitarbeiter des Unternehmens der Presse vertrauliche

---

99 *Szesny*, in: S/K-Kapitalmarkt Compliance, S. 676; dagegen auch *Rotsch*, in: A/R-Handbuch Wirtschaftsstrafrecht, S. 50, der zu Recht auf die begriffliche Unsinnigkeit dieser Unterscheidung hinweist: „Entlastung wovon?"; vgl. auch *ders.*, in: R-Handbuch Criminal Compliance, S. 44; auch für eine Definition von Wirtschaftskriminalität wird diese Abgrenzung für ungeeignet gehalten, vgl. *Dannecker*, in: W/J-Handbuch des Wirtschafts- und Steuerstrafrechts, S. 14; *Heinz*, in: G-Wirtschaftskriminalität und Wirtschaftsstrafrecht, S. 13 (18); *Mansdörfer*, ZIS 2015, S. 23 (27); *Rönnau*, ZStW 2007, S. 887 (896 f.); zu der strafrechtlichen Bedeutung von Einwilligungen der Unternehmensleitung in strafbares Verhalten untergeordneter Mitarbeiter zu Gunsten des Unternehmens vgl. *Corsten*, Einwilligung in die Untreue, S. 25 ff.; *Hoffmann*, Untreue und Unternehmensinteresse, S. 71 ff.

100 So *Kuhlen*, in: K/K/U-Compliance und Strafrecht, S. 22; vgl. auch *ders.*, FS Lüderssen, S. 649 (649 ff.); ähnlich auch *Maschmann*, in: K/K/U-Compliance und Strafrecht, S. 85: „Compliance muss selbst rechtmäßig sein".

101 Etwa *Rotsch*, ZStW 2013, S. 481 (493 f.); *ders.*, R-Handbuch Criminal Compliance, S. 75 f.; vgl. auch *Hilgendorf*, in: R-Criminal Compliance vor den Aufgaben der Zukunft, S. 20; *Taschke*, NZWiSt 2012, S. 89 (94); ferner ArbG Berlin vom 18.02.2010, Az.: 38 Ca 12879/09, zu rechtswidrigen Überwachungsmaßnahmen und Datenabgleichen eines leitenden Compliance-Mitarbeiters.

Informationen zuspielen. Bei der Deutschen Bahn wurden Zahlungsströme aus dem Unternehmen mit Bankverbindungen sämtlicher Mitarbeiter verglichen, um etwaige Bestechungen zu ermitteln. Lidl und Aldi filmten ihre Mitarbeiter zur Aufdeckung von Diebstählen.[102]

1. Arbeitsrechtlich zulässige Compliance

Als Einstieg mag folgendes Beispiel dienen: Eine Compliance-Abteilung erlangt mit Zweifeln behafte Informationen, nach denen sich ein Unternehmensmitarbeiter wegen Bestechung gemäß § 299 Abs. 2 StGB strafbar gemacht haben könnte und führt daraufhin eine sog. „Internal Investigation"[103] durch. Diese interne Ermittlung vermag den Sachverhalt nicht näher aufzuklären, sodass begründete Zweifel an der Schuld des Unternehmensmitarbeiters verbleiben. Trotzdem rät die Compliance-Abteilung der Unternehmensführung zur sofortigen (außerordentlichen) Kündigung des Mitarbeiters, dem die Geschäftsleitung nachkommt. Solche Verdachtskündigungen[104] sind unter engen rechtlichen Rahmenbedingungen zulässig.[105]

Eine Verdachtskündigung setzt zunächst „dringenden Verdacht"[106] voraus, dass entsprechender Mitarbeiter eine Straftat begangen hat. Ein Verdacht ist

---

102 Zu dieser exemplarischen Zusammenstellung vgl. *Maschmann*, NZA-Beilage 2012, S. 50 (51); Zur Strafbarkeit von Mitarbeiterüberwachungen, vgl. *Eisele*, ZIS 2012, S. 402 (402 ff.).

103 Ein unnötiger Anglizismus, da sich der Begriff ohne Verluste direkt ins Deutsche übersetzen lässt mit: „Interne Ermittlungen"; zum Begriff der „Internal Investigation" und dessen verschiedenen Definitionsansätzen vgl. *Greco/Caracas*, NStZ 2015, S. 7 (7 f.); *Hugger*, ZHR 2015, S. 214 (215); *Leipold*, FS Schiller, S. 418 (418 ff.); *Leitner*, FS Schiller, S. 430 (430 f.); *Nestler*, in: K/R/T-Internal Investigations, S. 8 ff.; *Theile*, FS Kühne, S. 489 (489 ff.); *ders./Gatter/Wiesenack*, GA 2014, S. 803 (803 ff.); zu den Strafbarkeitsrisiken, wie sie beim Durchführen von internen Untersuchungen auftreten vgl. *Reeb*, Internal Investigations, S. 77 ff.; *Weiß*, CCZ 2014, S. 136 (136 ff.); vgl. auch *Roxin/Schünemann*, Strafverfahrensrecht, S. 195, die in diesem Zusammenhang von einem „prekären" Verhältnis zur staatlichen Strafverfolgung sprechen; zu den internen Ermittlungen im Rahmen der Siemens-Affäre vgl. *Jahn*, StV 2009, S. 41 (42 ff.); zu einer relativen Verpflichtung seitens des Vorstandes Internal Investigations durchzuführen vgl. *Hart-Hönig*, FS Kühl, S. 281 (284 ff.).

104 Zum Begriff der „Verdachtskündigung" vgl. *Dörner*, in: A/P/S-Kündigungsrecht, § 626 BGB Rn. 345; *Huber/Uzuner*, NZWiSt 2016, S. 94 (94 f.).

105 Zu den Voraussetzungen im einzelnen etwa *Eisenbeis*, in: M/E/L-Handbuch Kündigungsrecht, S. 808 ff.; *Kliemt*, FS Wessing, S. 833 (836).

106 BAG, NZA 1986, S. 674 (676).

dringend, wenn eine überwiegende Wahrscheinlichkeit besteht, dass der Arbeitnehmer die in Frage stehende Straftat begangen hat.[107] An dieser überwiegenden Wahrscheinlichkeit fehlt es hier, da begründete Zweifel an der Tatbegehung durch den Mitarbeiter bestehen. Folglich wäre eine solche Kündigung arbeitsrechtlich unzulässig.[108]

Fraglich ist nun, ob man diese arbeitsrechtlich unzulässige Verdachtskündigung als eine Compliance-Maßnahme verstehen kann und sollte. Von ihrem Ziel her definiert, liegt eine Compliance-Maßnahme vor: Durch Kündigung des Mitarbeiters und dem damit verbundenen Ausschluss aus dem Tätigkeitskreis des Unternehmens wird erreicht, dass der Mitarbeiter zukünftig keine weiteren Straftaten im Zusammenhang mit der Tätigkeit des Unternehmens begeht. Zeigt sich die Unzulässigkeit der Kündigung, hat der Mitarbeiter einen Anspruch auf Lohnzahlung (sog. Annahmeverzugslohn) für den Zeitraum der Nichtbeschäftigung und einen Anspruch auf Wiedereinstellung.[109]

Dargestellt wurde beispielhaft die Verdachtskündigung, die den Arbeitgebern die Möglichkeit einräumt, Mitarbeitern fristlos zu kündigen, wenn lediglich ein begründeter Verdacht besteht, dass der Arbeitnehmer eine Straftat begangen hat. Rechtskräftig festgestellt werden muss dies nicht.[110] Das Arbeitsrecht stellt somit Instrumente zur Verfügung, die man als Compliance-Maßnahmen betrachten kann Strafrechtlich zulässige Compliance.

Auch Strafrecht lässt weite Spielräume, um Straftaten zu verhindern.[111] Es billigt die Durchführung von Maßnahmen zur Verhinderung von Rechtsverstößen, sogar so weit, dass die Verwirklichung von Unrechtstatbeständen nicht

---

107 Vgl. BAG, NZA 1986, S. 674 (676).

108 Zu den einzelnen Wirksamkeitsvoraussetzungen einer solchen „Verdachtskündigung", insbesondere auch bei dem Verdacht von Compliance Verstößen des Mitarbeiters vgl. *Bissels/Lützeler*, BB 2012, S. 189 (192); vgl. ferner zu Kündigungen wegen Straftaten, die im vermeintlichen Interesse des Unternehmens begangen werden, *Göpfert/Landauer*, NZA Beilage 2011, S. 16 (16 ff.); *Rolf/Waskowski*, CB 2014, S. 479 (480 f.)

109 Vgl. etwa *Brox/Rüthers/Henssler*, Arbeitsrecht, S. 201; *Linck*, in: S-Arbeitsrechts-Handbuch, S. 1756 f.; *Löwisch/ Caspers/ Klumpp*, Arbeitsrecht, S. 169.

110 Deswegen auch vielfach kritisiert, vgl. beispielhaft *Deinert*, AuR 2005, S. 285 (286 ff.).

111 Von manchen als „zu weit" kritisiert, vgl. etwa die Diskussion zu einer sozialethischen Beschränkung der Notwehr- und Nothilferechte bei extremem Missverhältnis zwischen Eingriffs- und Erhaltungsgut, hierzu *Engländer*, Grund und Grenzen der Nothilfe, S. 356 ff.; *Grünewald*, ZStW 2010, S. 51 (67 ff.); *Roxin*, Strafrecht AT, Band I, S. 683 ff.; *ders.*, ZStW 1981, S. 68 (94 ff.); *Sengbusch*, Die Subsidiarität der Notwehr, S. 216 ff.; zur Beschränkung des Notwehrrechts bei der Verteidigung von (geringwertigen) Sachen

sanktioniert wird, wenn hierdurch drohendes Unrecht abgewendet wird bzw. abgewendet werden soll, selbst einer Abwägung der sich kompetitiven Rechtsgüter (Eingriffs- und Erhaltungsgut) bedarf es häufig nicht. Gedanken des Individualschutzes und der Rechtsbewährung gehen so weit, dass der „angerichtete Schaden erheblich größer sein darf, als der abgewehrte"[112]. Insoweit schafft Strafrecht Erlaubnistatbestände, die Rechtsgutsverletzungen bei Vorliegen eines Rechtfertigungsgrundes gestatten.

2. Compliance als Instrument der Rechtsbewährung

Die Rechtsordnung legitimiert Verhalten, sofern es der Rechtsbewährung dient. Sie hält, wie kurz für Straf- und Arbeitsrecht skizziert, probate und im Falle des Strafrechts auch „scharfe" Mittel bereit.[113] Fraglich ist, ob Maßnahmen, die über die durch die Rechtsordnung eingeräumten Spielräume zur Rechtsbewährung hinausgehen, als Compliance-Maßnahmen verstanden werden können und sollten. Die Beantwortung gibt die Zielvorgabe von Compliance selbst, die sich mit „Haftungsvermeidung" zusammenfassen lässt.

3. Bestimmung der Konsequenzen rechtlicher Haftung

Die Frage, die sich anschließt, ist die nach einer qualitativen Unterscheidung von „Haftung". Haftung wird umfassend als zivil-, ordnungswidrigkeiten- und strafrechtliche Haftung des Unternehmens und aller Unternehmensangehörigen verstanden. Compliance beschränkt sich nicht auf Haftungsvermeidung der Unternehmensführung.[114]

Stellt man Haftungen undifferenziert nebeneinander, wäre kein neuer Rechtsbruch unter Compliance zu fassen, um einen etwaig bevorstehenden Rechtsbruch zu verhindern. Der neue Rechtsverstoß würde ebenfalls ein Haftungsrisiko schaffen und dem Ziel der Haftungsvermeidung zuwiderlaufen. Anders lautet

---

vgl. *Renzikowski*, Notstand und Notwehr, S. 312 ff.; *Stiller*, Grenzen des Notwehrrechts bei der Verteidigung von Sachwerten, S. 144 ff.

112 *Roxin*, Strafrecht AT, Band I, S. 655.

113 Zum Rechtsbewährungsprinzip im Strafrecht *Roxin*, FS Kühl, S. 391 (393 ff.); zu Sanktionsmöglichkeiten im Arbeitsrecht vgl. etwa *Gerig/Tsesis*, CCZ 2015, S. 268 (270 f.).

114 Vgl. hierzu *Hauschka*, ZRP 2006, S. 258 (258), der einen amerikanischen Anwalt zitiert: „Compliance ist die Kunst der Unternehmensjuristen, dem Vorstand den Knast zu ersparen"; vgl. auch die pointierte Bemerkung von *Moosmayer*, CCZ 2015, S. 50 (50), der das Ziel von Compliance – Haftungsvermeidung – als „cover my ass" bezeichnet.

das Ergebnis bei Zugrundelegung eines qualitativ-unterscheidenden Haftungsbegriffs. Rechtswidrige Maßnahmen fallen unter den Compliance-Begriff, sofern sie dem Ziel einer „Haftungserleichterung" dienen.[115] Haftungserleichternd wirken Maßnahmen nur, wenn durch sie eine geringere Haftung entsteht als die verhinderte Tat ausgelöst hätte.[116] Daraus folgt die Frage nach der Bestimmbarkeit von Haftung oder anders ausgedrückt, nach den quantitativen Folgen von Rechtsbrüchen. Haftungsantizipation endet nicht mit einer Vorhersage über mögliche Haftungseintritte, sondern bedarf darüber hinausgehend auch der Quantifizierung etwaiger Haftung.

Praktisch mag schon die Antizipation des Haftungseintritts, mit erheblichen tatsächlichen und rechtlichen Schwierigkeiten verbunden sein. Das Prognostizieren von Haftungsfolgen dürfte mit noch größerer Unsicherheit behaftet sein.[117] Wobei die Schwierigkeiten einer verlässlichen Vorhersage des Haftungseintritts Überlegungen zu Haftungsfolgen zwingend machen. Stehen massive Haftungsfolgen im Raum, selbst wenn der haftungsbegründende Rechtsverstoß unwahrscheinlich ist, muss an dieser Stelle vorsichtig operiert werden. Compliance ist insoweit auch rechtliche Risikoanalyse und „Haftungsorakel". Für Unternehmensführungen ist nicht nur interessant, ob es zu einem Bußgeld- oder Strafverfahren kommen kann, sondern auch, die Kosten mit dem Verfahren voraussichtlich verbunden sind und

---

115 Vgl. *Maschmann*, NZA Beilage 2012, S. 50 (50), nach dem durch Compliance die Haftung der Geschäftsleitung vermieden oder „verringert" werden soll; vgl. auch *Rotsch*, in: A/R-Handbuch Wirtschaftsstrafrecht, S. 58, dieser differenziert zwischen „Verantwortlichkeitsprävention" und „Haftungsprävention", wobei in diesem Zusammenhang von „vermeiden" gesprochen wird. Ob darunter auch „verringern" fällt, wird nicht ausgeführt; ähnlich auch *Weber-Rey*, in: K/L/V-Unternehmensstrafrecht, S. 321 (326): „strafhinderndes oder strafmilderndes Element".

116 Insofern wäre bspw. die Erschießung eines Mitarbeiters zur Verhinderung einer Bestechung nicht unter Compliance zu subsumieren, da eine solche Erschießung im Ergebnis ein „Mehr" an Haftung mit sich bringen würde, als die so verhinderte Bestechung. Eine solche Maßnahme wäre nicht am Ziel von Compliance (Haftungserleichterung) ausgerichtet.

117 Zu den Schwierigkeiten, die die Frage nach dem „ob" der Haftung mit sich bringt vgl. *Rotsch*, in: A/R-Handbuch Wirtschaftsstrafrecht, S. 49; *Eidam*, ZStW 2015, S. 120 (121); vgl. auch *Rathgeber*, Criminal Compliance, S. 42, mit dem Hinweis, dass sich die Schadenshöhe überschlagsweise aus den gesetzlich normierten Sanktionen und einschlägigen Erfahrungswerten aus Rechtsprechung und Verwaltungspraxis bestimmen lassen; vgl. auch *Hammen*, ZIS 2014, S. 303 (303 ff.), mit einem fiktiven Beispielsfall zur mangelnden Vorhersehbarkeit strafrechtlicher Haftung im Insiderstrafrecht.

in welcher Höhe Bußgelder oder Strafzahlungen zu erwarten sind. Der Frage nach einer antizipierten Quantifizierung von möglichen Haftungen geht auch *Bock* nach, er nennt dies „Schadenserwartungswert".[118]

Somit wird deutlich, dass in Ausnahmekonstellationen, in denen keine rechtmäßigen Alternativen zur Verfügung stehen, sich auch rechtswidrige Maßnahmen unter Compliance subsumieren lassen, sofern die Wahrscheinlichkeit des Haftungseintritts und der Haftungsfolgen der rechtswidrigen Compliance hinter den erwarteten Folgen des zu verhindernden Rechtsverstoßes, unter Berücksichtigung von dessen Eintrittswahrscheinlichkeit, zurückbleibt. Zusätzlich ist die Wahrscheinlichkeit zu berücksichtigten, mit der die rechtswidrige Maßnahme den bevorstehenden Rechtsverstoß verhindert. Strafrechtliche Haftung wiegt im Rahmen einer antizipierten Quantifizierung regelmäßig schwerer als zivilrechtliche Haftung. Bei derartigen Haftungsprognosen ist nicht auf reine monetäre Aspekte abzustellen, vielmehr sind auch mögliche Reputationsschäden des Unternehmens mit zu berücksichtigen, die mittelbar zu finanziellen Verlusten führen, die die Höhe der Strafzahlung bzw. des Schadensersatzes um ein Vielfaches übersteigen können.[119] Auch Reputationsschäden bei Bekanntwerden strafrechtlicher Verstöße dürften Imageverluste im Rahmen von zivilrechtlicher Haftung regelmäßig überwiegen.[120] Folglich können Compliance-Maßnahmen ihrerseits selbst rechtswidrig sein, sofern die Absicht vorliegt, durch entsprechende Maßnahmen im Ergebnis eine Haftungsminderung zu erzielen.

Die Rechtsordnung verlangt solche „incomplianten" Compliance-Maßnahmen nicht. § 130 OWiG spricht von „zumutbaren" Aufsichtsmaßnahmen. Zumutbar

118 *Bock*, Criminal Compliance, S. 486 weist weiterhin auf die „kaum zu überwindenden methodischen Schwierigkeiten bei der Erarbeitung von Eintrittswahrscheinlichkeiten und potentiellen Schadensumfängen" hin, hält solche Quantifizierungen allerdings für notwendig: „nicht vor einer Quantifizierung drücken"; vgl. hierzu auch *Schmitt-Leonardy*, in: J/S-L/S- Das Unternehmensstrafrecht, S. 251 (274 f.).

119 Insbesondere besteht über direkte Haftungsfragen hinaus noch die Gefahr, dass sich das Unternehmen zivilrechtlich schadensersatzpflichtig macht. In Betracht kommen hier insbesondere Vertragsstrafen, Schadensersatz, Unterlassungsansprüche, Unwirksamkeit und Rückabwicklung von Verträgen; vgl. auch *Withus*, ZCG 2010, S. 71 (72).

120 Vgl. etwa *Jahn*, in: K/S-Handbuch Managerhaftung, S. 1204: „die wahre Hinrichtung findet in den Medien statt"; vgl. auch *Früh*, CCZ 2010, S. 121 (122), nach dem die Reputationsschäden ein Unternehmen unter dem Strich viel „teurer" zu stehen kommen als strafrechtliche Sanktionen; hierzu auch *Taschke*, StV 2007, S. 495 (497 f.).

sind nur rechtlich zulässige Maßnahmen.[121] Dies deckt sich insoweit mit strafrechtlicher Dogmatik: Die Verwirklichung eines Straftatbestandes wird nicht als Unrecht qualifiziert, wenn dies zur Abwendung anderer strafrechtlicher Erfolge geschieht, der Abwendende kann gerechtfertigt oder entschuldigt sein. (Straf-) Rechtlich verlangt wird eine Erfolgsverhinderung durch Verwirklichung eines Straftatbestandes grundsätzlich nicht.[122] Compliance muss nicht „compliant" sein, solange die rechtswidrige Maßnahme dem Ziel einer Haftungserleichterung nicht zuwiderläuft. Alle Maßnahmen fallen unter den Compliance-Begriff, sofern sie darauf abzielen eine Haftung zu diminuieren oder zu verhindern.

VII. Präventive und repressive Compliance

Hierbei geht es um die Frage: „Wo endet Compliance?". Richtigerweise beschränkt sich Compliance nicht auf die Prävention von Rechtsverstößen, vielmehr geht es um eine holistische Begleitung des Phänomens „Gesetzesverstöße" in Organisationen.[123]

Wird innerhalb einer Organisation ein Rechtsverstoß bekannt, endet damit die Compliance nicht. Vielmehr muss versucht werden, die Folgen eines solchen Rechtsbruchs für die betroffene Organisation so gering wie möglich zu halten (Haftungsbeschränkung). Unter repressiven Gesichtspunkten kommt Compliance keine eigenständige Bedeutung zu, wenn das Gesetz eine reine Gefährdungshaftung statuiert. Wirkt der bloße Verletzungserfolg haftungsauslösend, ohne dass es einer

---

121 *Bock*, CCZ 2010, S. 161 (165); *Gürtler*, in: G-OWiG, § 130 Rn. 12; *Niesler*, in: G/J/W-Wirtschafts- und Steuerstrafrecht, § 130 OWiG Rn. 44; *Rogall*, in: KK-OWiG, § 130 Rn. 38.

122 So auch *Bock*, CCZ 2010, S. 161 (165); zu den strafrechtlichen Grenzen bei der Mitarbeiterüberwachung vgl. etwa *Rudkowski/Schreiber*, Aufklärung von Compliance-Verstößen, S. 3.

123 Zu den repressiven Aspekten von Compliance vgl. *Rotsch*, Criminal Compliance vor den Aufgaben der Zukunft, S. 9 f.; *ders.*, in: R-Handbuch Criminal Compliance, S. 64 ff.; vgl. ferner *Bosch/Colbus/Harbusch*, WuW 2009, S. 740 (741); *Dann*, AnwBl 2009, S. 84 (84); *Eidam*, in: E-Unternehmen und Strafe, S. 909; *Schneider*, NZG 2010, S. 1201 (1201); *Inderst*, in: G/I/B-Compliance, S. 125 ff.; *Kofler-Senoner*, in: L-Zauberwort Compliance, S. 61 (64); *Martín*, in: K/K/U-Compliance und Strafrecht, S. 51; *Momsen*, ZIS 2011, S. 508 (509); *Nestler*, in: K/R/T-Internal Investigations, S. 12 f.; *Reichert*, ZIS 2011, S. 113 (113); *Rummer*, CB 2015, S. 468 (469); *Scherp*, CB 2013, S. 168 (169 f.); *Theile*, ZIS 2013, S. 378 (384); *Bittmann*, Criminal Compliance vor den Aufgaben der Zukunft, S. 149, möchte repressive Gesichtspunkte nicht unter den Compliance-Begriff fassen, da er eine „Verwässerung" des Begriffsverständnisses befürchtet.

(nachweisbaren) Pflichtverletzung bedarf, kann Compliance nur präventiv zur Verhinderung des Verletzungserfolges wirken.[124]

Compliance-Abteilungen können interne Ermittlungen durchführen, um Art und Umfang des Rechtsverstoßes zu ermitteln (sog. „Internal Investigations"). Begreift man diese internen Ermittlungen als eigenständigen Teil neben Compliance, ändert sich die Zielsetzung – einer Begrenzung von Haftung der jeweiligen Organisation – nicht. Die Compliance-Abteilung kann eine Zusammenarbeit mit den Strafverfolgungsbehörden koordinieren, da auch eine solche Zusammenarbeit sich regelmäßig haftungsverringernd auswirkt.

1. Persönliche Haftung

Es sind bekannte und praktizierte Grundsätze des deutschen Strafverfahrens, dass der kooperative Angeklagte einen sog. „Strafbonus" erhält.[125] § 46 b Abs. 1 StGB i. V. m. § 100 a Abs. 2 StPO i. V. m. § 49 Abs. 1 StGB enthält darüber hinausgehend einen besonderen gesetzlich verbrieften Minderungsgrund, nach dem Strafe gemildert werden kann.[126]

Wurde von einem Unternehmensmitarbeiter ein Amtsträger bestochen (§ 334 Abs. 1 StGB) und leistet der Unternehmensmitarbeiter einen wesentlichen Beitrag zu den Ermittlungen, kommt für ihn eine Milderung der Strafe in Betracht (Haftungsverringerung).[127] Darüber hinaus räumt § 46 b Abs. 1 Satz 4 StGB die Möglichkeit ein, gänzlich von Strafe abzusehen. Es kann also im Rahmen von repressiver Compliance nicht nur zu einer Haftungsbeschränkung, sondern zur vollständigen Haftungsvermeidung kommen.[128] Aufgabe einer Compliance-Abteilung

---

124 Vgl. hierzu *Bachmann*, Gesellschaftsrecht in der Diskussion 2007, S. 83, der als Beispiel für eine reine Gefährdungshaftung § 833 Abs. 1 BGB nennt, wonach der Halter eines nicht nutzbringenden Tieres (Luxustier) Schadensersatz leisten muss, ungeachtet der Frage, ob ihn eine Pflichtverletzung trifft.

125 Vgl. etwa *Schäfer/Sander/van Gemmeren*, Praxis der Strafzumessung, S. 126, wonach wesentliche Gesichtspunkte der Strafzumessung Aufklärungshilfe und Geständnis der Täter sind.

126 Der Rechtsgedanke, der in dieser Vorschrift zum Ausdruck kommt, stammt aus dem BtMG und wurde dort 1982 durch den § 31 BtMG verbrieft. § 46 b StGB wurde erst Ende 2009 eingeführt, hierzu *Fischer*, StGB, § 46 b Rn. 1 f.; *Frank/Titz*, ZRP 2009, S. 137 (138 ff.).

127 § 46 b Abs. 1 Satz 3 StGB stellt klar, dass § 46 b StGB auch auf eigene Taten des Täters Anwendung findet.

128 Zu der Frage, inwieweit strafrechtliche „Präventivberatung" zu einem Ausschluss von Strafbarkeiten, etwa wegen eines unvermeidlichen Verbotsirrtums, führen kann vgl.

ist es, Ermittlungsverfahren zu begleiten und gegebenenfalls zu lenken, sodass am Ende die Vermeidung oder wenigstens eine Beschränkung von Haftung steht. Freilich bestehen erhebliche Aufgabenüberschneidungen mit originärer Strafverteidigung. Häufig verfügen Compliance-Abteilungen, insbesondere dann, wenn sie den Rechtsverstoß selbst aufgedeckt haben, über einen Wissensvorsprung und über einen vertieften Einblick in die jeweilige Organisationsstruktur gegenüber dem Strafverteidiger und den Ermittlungsbehörden, weshalb sie sich besonders Gut zur Aufklärung eignen.

2. Haftung des Unternehmens

Das deutsche Strafrecht kennt keine Strafbarkeit von juristischen Personen. Allerdings regelt § 30 OWiG eine ordnungswidrigkeitenrechtliche Verantwortlichkeit von Unternehmen. Bei der Vermeidung einer Haftung nach §§ 30, 130 OWiG kommt Compliance regelmäßig eine in präventiver Hinsicht herausragende Bedeutung zu.[129] So können sich wirksame Compliance-Programme bei § 130 OWiG tatbestandsausschließend und bei § 30 OWiG sanktionsmildernd auswirken.[130]

§ 30 OWiG verlangt eine sog. „Anknüpfungstat". Anknüpfungstat im Sinne von § 30 OWiG kann jede Ordnungswidrigkeit oder Straftat sein.[131] Durch diese unbegrenzte Bezugnahme hinsichtlich der Anknüpfungstat wird eine umfassende Möglichkeit zur Sanktionierung des Unternehmens gegeben. Im Wirtschaftsstrafrecht sind viele relevante Tatbestände nicht zentral im StGB geregelt, sondern dezentral in fachbezogenen Gesetzen verstreut.[132] Hinzu kommt, dass

---

Kudlich/Wittig, ZWH 2013, S. 253 (253 ff.); hierzu auch *Schäfer/Lang*, BKR 2011, S. 239 (241 f.); *Bott/Milde*, ZRFC 2012, S. 180 (180 ff.).

129 Vgl. *Rathgeber*, Criminal Compliance, S. 305 f., nach dem sich aus Urteilen zu § 130 OWiG abstrakte Standards ableiten lassen, die den tatsächlichen Funktionen von Compliance im Wesentlichen entsprechen; ebenfalls auf die „erhebliche Bedeutung" des § 130 OWiG in der Compliance Diskussion hinweisend, *John*, ZWH 2015, S. 380 (382); *Mansdörfer*, Theorie des Wirtschaftsstrafrechts, S. 334.

130 *Kämpfer*, FS Wessing, S. 55 (58 f.); *Kölbel*, ZStW 2013, S. 499 (510 Fn. 45); *Kubiciel*, FS Wessing, S. 69 (70 f.); eine Bußgeldminderung durch Compliance-Programme findet sich auch international in vielen Rechtsordnungen, vgl. hierzu etwa *Eufinger*, RIW 2015, S. 46 (49 ff.) mit dem Beispiel Kanada.

131 *Lemke/Mosbacher*, OWiG, § 30 Rn. 43 f.; *Rebmann/Roth/Herrmann*, OWiG, § 30 Rn. 23 f.; *Wieser*, OWiG, § 30 Nr. 7.

132 *Müller-Gugenberger*, in: M-G/B-Wirtschaftsstrafrecht, S. 1; *Tiedemann*, Wirtschaftsstrafrecht AT, S. 6; *Wittig*, Wirtschaftsstrafrecht, S. 3.

große Teile des Wirtschaftsstrafrechts akzessorisch sind, also von außerstrafrechtlichen Regelungen abhängig.[133] Somit ermöglicht § 30 OWiG eine umfassende Bezugnahme auf Verstöße gegen strafrechtliche und mittelbar auch auf außerstrafrechtliche Vorschriften, die dann dem Unternehmen zugerechnet werden.

a) Präventive Compliance

Besondere Bedeutung als Anknüpfungstat im Sinne des § 30 OWiG kommt § 130 OWiG zu.[134] Die Vorschrift regelt die Verantwortlichkeit des Geschäftsherrn bei der Verletzung seiner Aufsichtspflichten.[135] § 130 OWiG ist ein sog. „echtes Unterlassungsdelikt", der Tatbestand beschreibt das Unterlassen der erforderlichen Aufsichtsmaßnahmen. Compliance kann den Vorwurf einer Aufsichtspflichtverletzung im Sinne des § 130 OWiG entkräften.[136] Compliance lässt sich nämlich als Maßnahmen zur Aufsicht im Unternehmen begreifen.

Allerdings verlangt § 130 OWiG weder die Einrichtung einer Compliance-Abteilung, noch führt eine eingerichtete Compliance-Abteilung a priori zu einem Haftungsausschluss aus § 130 OWiG.[137] Der Nachweis einer organisatorischen Aufsichtspflichtverletzung bei Vorhalten einer Organisationsstruktur zur Verhinderung von Rechtsverstößen (Compliance-Abteilung) dürfte schwierig zu führen sein.[138]

---

133 *Tiedemann*, Wirtschaftsstrafrecht AT, S. 1; hierzu auch *Ressmann*, Die insolvenzstrafrechtlichen Krisenbegriffe, S. 47 ff; ausführlich zur Akzessorietät des Wirtschaftsstrafrechts vgl. *Wagner, M.*: Die Akzessorietät des Wirtschaftsstrafrechts, S. 4 ff.

134 *Anette Kaufmann*, Pflichtverletzungen im Unternehmen, S. 190; *Schlemminger/Oexle*, CB 2016, S. 25 (27); *Schmitz/Taschke*, WiB 1997, S. 1169 (1170); vgl. auch *Rogall*, in: KK-OWiG, § 30 Rn. 75: „die Aufsichtspflichtverletzung nach § 130 OWiG ist die in der Praxis bedeutsamste Anknüpfungstat"; dies verkennend *Kempf*, Kritische Justiz 2003, S. 462 (463); *Pieth*, Kritische Justiz 2014, S. 276 (278).

135 Vgl. *Engelhart*, Sanktionierung von Unternehmen und Compliance, S. 398; die Kritik an § 130 OWiG ist groß, *Schünemann*, Unternehmenskriminalität, S. 116, bezeichnet etwa die Vorschrift des § 130 OWiG als „dogmatische Missgeburt".

136 *Dreher*, VersR 2004, S. 1 (4); *Engelhart*, Sanktionierung von Unternehmen und Compliance, S. 403; *Hauschka*, NJW 2004, S. 257 (260); *Pampel*, BB 2007, S. 1636 (1638); *Rathgeber*, Criminal Compliance, S. 302; *Wessing*, FS Volk, S. 867 (876).

137 Vgl. hierzu 1. Teil, C. X. 2.

138 Vgl. auch *Bosch/Colbus/Harbusch*, WuW 2009, S. 740 (748), mit dem Hinweis, Compliance-Programme können Verwirklichung des Tatbestandes von § 130 OWiG verhindern.

Compliance geht über die geforderten Aufsichtsmaßnahmen in § 130 OWiG hinaus. Zunächst richtet sich die Vorschrift des § 130 OWiG an Leitungspersonen, wohingegen Compliance sich an alle Angehörigen einer Organisation richtet.[139] Diese Beschränkung wird allerdings teilweise durch § 9 OWiG nivelliert, indem die Vorschrift personenkreisbezogene Tatbestände auf solche Personen erweitert, die für den eigentlichen Normadressaten handeln.[140] Darüber hinaus knüpft § 30 OWiG nur an solche Taten an, die im vermeintlichen Unternehmensinteresse begangen werden (sog. „Entlastungskriminalität"). Taten, die sich gegen das Unternehmen richten (sog. „Belastungskriminalität")[141], stellen keine tauglichen Anknüpfungstaten im Sinne des § 30 OWiG dar.[142] Compliance ist allerdings auf die Verhinderung von Be- und Entlastungskriminalität ausgerichtet.[143] Alle Aufsichtsmaßnahmen, die eine Unternehmensführung veranlasst, damit die Unternehmensmitarbeiter keine Straf- oder Bußgeldvorschriften verletzen, sind Compliance.[144]

Somit ist das von § 130 OWiG geforderte Verhalten stets ein Teil von Compliance. Die eigentliche Compliance als solche geht aber, wie dargestellt, über die Bedeutung von § 130 OWiG hinaus. Compliance-Abteilungen sollten ihre Aufsichtsmaßnahmen an der Rechtsprechung zu § 130 OWiG orientieren, sodass der Vorwurf der Aufsichtspflichtverletzung im Rahmen des § 130 OWiG regelmäßig entfällt.[145]

---

139 *Niesler*, in: G/J/W-Wirtschafts- und Steuerstrafrecht, § 130 OWiG Rn. 9.

140 Vgl. *Gürtler*, in: G-OWiG, § 9 Rn. 2.

141 Im Rahmen des § 130 OWiG wird in diesem Zusammenhang auch häufig von sog. „Exzesstaten" gesprochen.

142 *Müller*, Stellung der juristischen Person im OWiR, S. 77 f.; *Rogall*, in: KK-OWiG, § 30 Rn. 95; *Schünemann*, Unternehmenskriminalität und Strafrecht, S. 253; anders *Rebmann/Roth/Herrmann*, OWiG, § 30 Rn. 34, nach denen § 30 OWiG auch Anwendung findet, wenn sich die Tat des Vertreters gegen die juristische Person selbst richtet.

143 Siehe oben 1. Teil, A. V.

144 Sofern Compliance im Rahmen des Ordnungswidrigkeitenrechts thematisiert wird, geschieht dies regelmäßig unter § 130 OWiG, vgl. *Niesler*, in: G/J/W-Wirtschafts- und Steuerstrafrecht, § 130 OWiG Rn. 9; *Gürtler*, in: G-OWiG, § 130 Rn. 9.

145 Zwar sind die Anforderungen der genauen Aufsichtspflicht je nach Einzelfall zu ermitteln, die Rechtsprechung gibt den Unternehmen allerdings konkrete Elemente an die Hand: Wiederholung regelmäßiger Mitarbeiterschulungen, schriftliche Belehrungen der Mitarbeiter, stichprobenartige, überraschende Prüfungen, um die Entdeckungsmöglichkeiten von Verstößen zu verdeutlichen, vgl. *Bosch/Colbus/Harbusch*, WuW 2009, S. 740 (743) m. w. N.; vgl auch *Bock*, in: R-Handbuch Criminal Compliance, S. 273 ff.

b) *Repressive Compliance*

Bei repressiven Aspekten von Compliance kann zunächst zwischen unternehmensinternen repressiven Gesichtspunkten und unternehmensexternen Aspekten differenziert werden.

aa) Externe Sanktionierung

Compliance kommt im Rahmen einer Sanktionsbemessung ein bedeutender Anwendungsbereich zu,[146] etwa im Verfahren zur Bemessung der Höhe der Geldbuße, mit der ein Unternehmen belegt werden soll. Es geht im Rahmen einer Sanktionsbemessung zwar zunächst um die Bedeutung des Verstoßes gegen § 30 OWiG, sodann wird der Vorwurf untersucht, der das Unternehmen als solches trifft.[147] Im Rahmen dieser Prüfung findet auch das „Nachtatverhalten" des Unternehmens Berücksichtigung. Kooperiert das Unternehmen bei der Ermittlung des relevanten Sachverhalts, kann dies strafmildernd, also haftungsbeschränkend wirken.

Weiterhin bringt Compliance zum Ausdruck, dass das Unternehmen Rechtsverstöße analysiert und Maßnahmen ergreift, um rechtswidriges Verhalten innerhalb des Unternehmens zukünftig zu verhindern.[148] Compliance drückt besondere Affinität eines Unternehmens zur Regeltreue aus. Es ist an dem Unternehmen und dessen Compliance-Abteilung darzulegen, dass die Tat eines Unternehmensangehörigen einen bedauerlichen Einzelfall darstellt und nicht Ausdruck eines generell nachlässigen Umgangs mit der Einhaltung von Rechtsvorschriften ist.[149]

---

146 *Dreher*, VersR 2004, S. 1 (4); *Engelhart*, Sanktionierung von Unternehmen und Compliance, S. 440; *Sieber*, FS Tiedemann, S. 449 (471); zur Rechtspflicht des Vorstands zur Kooperation mit den Ermittlungsbehörden vgl. *Kremer*, FS Schneider, S. 701 (705).

147 *Brender*, Verbandstäterschaft, S. 156 ff.; *Engelhart*, Sanktionierung von Unternehmen und Compliance, S. 435.

148 So auch *Engelhart*, Sanktionierung von Unternehmen und Compliance, S. 441; vgl. auch *Mutschler-Siebert/Dorschfeldt*, BB 2015, S. 642 (644 f.); zu einem Reformvorschlag der §§ 30, 130 OWiG um dort eine obligatorische Strafmilderung festzuschreiben, sofern im Unternehmen Compliance-Maßnahmen vorhanden sind vgl. *Krause/Albien*, BB 2015, S. 1795 (1795 f.).

149 Ähnlich *Rotsch*, R-Criminal Compliance vor den Aufgaben der Zukunft, S. 9, mit dem Hinweis, dass „gelebte Compliance" eine Indizienfunktion für Beweggründe, Gesinnung und Ziele des Täters entfaltet, der im Rahmen einer Sanktionsbemessung gemäß § 46 Abs. 2 StGB eine Bedeutung zukommt; zu der Berücksichtigung von Compliance-Maßnahmen vgl. § 5 des NRW-Entwurfs für ein Verbandsstrafgesetzbuch; hierzu *Fischer/Hoven*, ZIS 2015, S. 32 (35 f.); zur „Enthaftung" durch eine sorgfältige Betriebsorganisation vgl. bereits *Jescheck*, ZStW 1953, S. 496 (509 f.).

Dient Compliance nicht primär der Haftungsvermeidung durch Rechtstreue, sondern dazu delinquente Strukturen im Unternehmen zu überdecken, um nach außen kein negatives Bild des Unternehmens durch Bekanntwerden von Rechtsverstößen entstehen zu lassen (sog. „Pseudo-Compliance“[150]), mag dies dem Ziel der Haftungsvermeidung kurzfristig zuträglich sein. Mittelfristig gilt, dass sich bei Bekanntwerden solcher „Pseudo-Compliance“ die Haftung gegenüber dem eigentlichen Rechtsverstoß noch verschärfen kann, indem die im Unternehmen strukturell angelegte Verdeckung von Rechtsverstößen sich negativ auf die Bemessung etwaiger Bußgelder auswirkt, bei denen das sog. Nachtatverhalten mitberücksichtigt wird, das sich grundsätzlich auch sanktionsschärfend auswirken kann.[151]

Die aufgezeigten Möglichkeiten der Haftungsvermeidung bzw. Haftungsverringerung sind keine Entwicklungen, die erst durch Compliance angestoßen wurden. Es sind grundsätzliche Zumessungskriterien von Sanktionen. Compliance muss in repressiver Hinsicht einen Beitrag zur „Haftungsoptimierung“, also ein „Nachtatverhalten“, gewährleisten, das sich sanktionsmildernd auswirkt.

bb) Interne Sanktionierung

Grundsätzlich können Verstöße von Unternehmensmitarbeitern durch das Unternehmen selbst sanktioniert werden.[152] Unternehmen besitzen zwar keine Strafgewalt, sie können allerdings arbeitsrechtliche Sanktionierungen und zivilrechtliche

---

150 Häufig wird von „window-dressing“ (wörtlich übersetzt: Schaufensterdekoration) gesprochen, wenn Compliance nur darauf abzielt, Kunden, Investoren und der übrigen Öffentlichkeit das Image eines verantwortungsbewussten Unternehmens vorzuspielen, vgl. *Engelhart*, Sanktionierung von Unternehmen, S. 441; *Nell*, ZRP 2008, S. 149 (150); *Pape*, CCZ 2009, S. 233 (236); vgl. auch *Rotsch*, in: R-Handbuch Criminal Compliance, S. 73 „Feigenblatt-Compliance“.

151 Vgl. etwa BGH, NStZ 2010, S. 692 (692); *Miebach*, in: MüKo-StGB, § 46 Rn. 123 ff.; auch eine mögliche Strafbarkeit wegen sog. „Anschlussdelikte“, etwa Begünstigung gemäß § 257 Abs. 1 StGB, Strafvereitlung gemäß § 258 Abs. 1 StGB oder Geldwäsche gemäß § 261 Abs. 1 StGB stehen im Raum, die ihrerseits zu einem „Mehr“ an Haftung führen können.

152 Kritisch zu einer internen Sanktionierung durch die Unternehmen selbst, *Samson/Langrock*, DB 2007, S. 1684 (1688): „Andererseits jedoch ist diese Strategie außerordentlich kontraproduktiv, wenn es darum geht, Straftäter zu einer Umkehr und zur Rückkehr zum Recht zu veranlassen. Die rigide Art des Umgangs mit aufgeklärten Wirtschaftsstraftaten führt i. d. R. dazu, dass der Täter geradezu davon abgehalten wird, sich gegenüber der Geschäftsleitung zu offenbaren“; allgemein zu unternehmensinternen Sanktionen vgl. *Rohregger*, in: L-Zauberwort Compliance, S. 111 (116 f.); *Spehl/Momsen/Grützner*, CCZ 2015, S. 77 (77 ff.).

Schadensersatzansprüche gegen Unternehmensmitarbeiter geltend machen, sollten diese im Zusammenhang mit ihrer Tätigkeit Straftaten begehen.

Solche unternehmensinternen Sanktionen mögen in der Rechtstheorie „unterhalb" strafrechtlicher Sanktionierung stehen, in der Praxis treffen Angestellte Kündigungen häufig härter als die Verurteilung zu einer Geld- oder Bewährungsstrafe, so nehmen insbesondere zivilrechtliche Schadensersatzansprüche im Gegensatz zu Geldstrafen keine Rücksicht auf persönliche Vermögensverhältnisse.[153] Die Ankündigung und offene Praktizierung solcher zivilen- bzw. arbeitsrechtlichen Sanktionen, verstanden als eine Nulltoleranzstrategie[154] des Unternehmens gegenüber rechtswidrigem Verhalten, dürfte somit einen Abschreckungseffekt innerhalb des Unternehmens entfalten, der über die negative Generalprävention von Strafrecht hinausgeht. Compliance ist nur glaubhaft, wenn sie diejenigen, die rechtsbrüchig werden, sanktioniert.[155]

B. Effektivität von Compliance

Fragen nach Effektivität und Wirkung von Compliance wurden bisher kaum thematisiert.[156] Aussagen wie „If you think Compliance is expensive, try Non-Compliance"[157] klingen zunächst gut, stehen aber (zunächst) als empirisch

---

153 Zu den Möglichkeiten einer Kündigung wegen Verletzung von Compliance-Regeln vgl. etwa *Benecke/Groß*, BB 2015, S. 693 (694 ff.); *Mengel*, Compliance und Arbeitsrecht, S. 131 ff.; allgemein zum Verhältnis zivil- und strafrechtlicher „Sanktionierung" vgl. *Haffke*, FS Roxin, S. 955 (958 ff.).

154 Häufig wird der englische Terminus „Zero Tolerance Policy" verwendet. Der Begriff stammt aus der Kriminologie und folgt dem Ansatz einer problemverstärkenden Spirale sozialer Desorganisation (sog. „Broken windows"-Ansatz), der ein kriminal- und ordnungspolitisches Konzept der sog. „zero tolerance" gegenüber abweichendem Verhalten nahelegt, vgl. *M. Bock*, in: G-Kriminologie, S. 148; *Kunz*, Kriminologie, S. 348 ff.

155 So auch *Bock*, Criminal Compliance, S. 726; *Hopson/Graham Koehler*, CCZ 2008, S. 208 (212); *Vogt*, NJOZ 2009, S. 4206 (4209).

156 Vgl. *Bock*, Criminal Compliance, S. 472; *Engelhart*, Sanktionierung von Unternehmen, S. 518; *Lösler*, WM 2007, S. 676 (676); *Pape*, CCZ 2009, S. 233 (233); *ders.*, Rechtspflichten zur Verhaltenssteuerung, S. 19; *Rodewald/Unger*, BB 2007, S. 1629 (1629); *Spindler*, WM 2008, S. 905 (918); *ders.*, RW 2013, 292 (323 f.), spricht im Zusammenhang mit der defizitären Studienlage in Deutschland zur Effektivität von Compliance von „sozialwissenschaftlich-empirisch bzw. rechtstatsächlichem Nirwana".

157 So *Campos Nave/Bonenberger*, BB 2008, S. 734 (734); *Kraft*, in: G/K/R-Arbeitsstrafrecht, S. 377; *Roth*, ZRFC 2014, S. 132 (136); kritisch zu hohen Kosten für Compliance

unbelegte Aussagen dar. Mit der Aussage „Compliance is expensive“ ist freilich nicht die Regelbefolgung als solche gemeint, sondern die Installierung eines Systems, das selbige sichern soll. Rechtsbefolgung ist gratis.

I. Theorie der „besseren“ Rechtsbefolgung

Teilweise wird in der Literatur ein mittelbarer finanzieller Vorteil von Compliance mit dem schlichten Hinweis bejaht, es käme durch Rechtsverstöße von Mitarbeitern zu hohen finanzielle Schäden für das Unternehmen. Unzweifelhaft sind verhängte Bußgelder gegen Unternehmen hoch, der damit häufig einhergehende Reputationsschaden und die verbundenen wirtschaftlichen Einbußen regelmäßig noch größer. Eine solche Argumentation ist allerdings verkürzt: Beantwortet sie weder die Frage nach Notwendigkeit noch nach Wirksamkeit von Compliance. Notwendig ist Compliance nur, wenn sie auch wirkt, wenn im Ergebnis also eine Haftungsvermeidung oder eine Haftungsminderung steht, die sich auf Compliance zurückführen lässt. Compliance beruht auf der Hypothese, dass die Installierung unternehmenseigener Maßnahmen und Prozesse, die legales Verhalten der Unternehmensangehörigen sichern sollen, zu einer Verbesserung der Einhaltung rechtlicher Vorgaben im Unternehmen führt.[158] Konkret muss die Frage beantwortet werden, ob Bußgelder nicht oder nur geringer angefallen wären, wenn betroffene Unternehmen hinreichend Compliance „betrieben“ hätten.

II. Unzureichende Studienlage

Compliance-Programme wird man nur anhand von Einzelkriterien beurteilten können.[159] Die einzelnen Compliance-Maßnahmen müssen getrennt auf ihre Wirksamkeit untersucht werden.[160] Darüber hinaus müssen Vergleichsgrößen zwischen Unternehmen mit ähnlichen Organisationsstrukturen gebildet werden.[161]

---

vgl. etwa *Arzt*, FS Stöckel, S. 15 (35 ff.); hierzu auch *Lewisch*, in: L-Zauberwort Compliance, S. 1 (12 f.).

158 *Pape*, CCZ 2009, S. 233 (233).

159 So auch *Eisele/Faust*, in: S/B/L-Bankrechts-Handbuch, § 109 Rn. 123.

160 So wurde bspw. in einer Studie versucht, die Effektivität eines sog. Hinweisgebersystems („Whistleblowing“) zu ermitteln – mit einem ernüchternden Ergebnis: in fast keinem der angezeigten Fälle kam es zu einer Verurteilung, vgl. *Backes/Lindemann*, Staatlich organisierte Anonymität als Ermittlungsmethode bei Korruptions- und Wirtschaftsdelikten, S. 1 ff.

161 *Lösler*, WM 2007, S. 676 (678).

1. Nationale Studienlage

Die aktuelle Studienlage in Deutschland bezüglich einer Wirksamkeit von Compliance zur Verhinderung von Rechtsverstößen mit „defizitär" zu beschreiben, würde dieser schmeicheln, sie ist praktisch nicht vorhanden.[162] Es finden sich lediglich Studien, die versucht haben zu analysieren, ob die Einhaltung des Deutschen Corporate Governance Kodex den Börsenkurs des Unternehmens beeinflusst.[163] Teilweise wird eine Effektivitäts- und Effizienzmessung von Compliance als kaum möglich eingestuft.[164] Worauf die unzureichende Studienlage in Deutschland zur Wirksamkeit von Compliance zurückzuführen ist, lässt sich nicht klar beantworten. Die empirischen Schwierigkeiten für diesen Bereich vergleichbare und damit aussagekräftige Studien zu entwickeln, sind sicherlich groß, insbesondere dürften die unterschiedlichen Unternehmensstrukturen und die in den Unternehmen verschiedenen Compliance-Programme ein nur schwer zu überwindendes Hindernis darstellen.[165] Als besondere Schwierigkeit erweist sich, dass Unternehmen, die effektive und umfängliche Kontrollmaßnahmen zur Verhinderung von Straftaten vorhalten, häufiger Straftaten entdecken, als solche, die nur wenige Kontrollmaßnahmen vorhalten (sog. „Kontrollparadoxon").[166] Die Problematik hinsichtlich einer Vergleichbarkeit einzelner Maßnahmen und der Dunkelziffer sind keine Compliance-spezifische Schwierigkeit, sondern allgemeine Anforderungen an eine empirische Forschung. Hinzu kommt, das

---

162 So auch *Bussmann*, FS Achenbach, S. 57 (67); vgl. aber *Pape*, Rechtspflichten zur Verhaltensteuerung, S. 154 ff., mit einem Versuch der Untersuchung zur Wirksamkeit von Compliance-Maßnahmen, wobei dieser in seiner Untersuchung fast ausschließlich auf ausländische Studien zurückgreift, deren Übertragbarkeit auf Deutschland aufgrund der unterschiedlichen Rechtssysteme und unterschiedlicher Unternehmenskultur nur sehr eingeschränkt möglich ist; vgl. auch *Holzmann*, Betrug und Korruption im Experiment, S. 135 ff.; *Hüchtebrock*, FS Schiller, S. 316 (327 f.); *Kölbel*, ZStW 2013, S. 499 (513 ff.); *Schweikert*, Generische Compliance-Risiken, S. 7 ff.

163 Vgl. *Engelhart*, Sanktionierung von Unternehmen, S. 519, der auf die Studien von *Bassen/Kleinschmidt/Prigge/Zöllner*, DBW 2006, S. 375 (375 ff.); *Drobetz/Schillhofer/Zimmermann*, ZfB 2004, S. 5 (5 ff.); *Nowak/Rott/Mahr*, ZGR 2005, S. 252 (252 ff.); *Zimmermann/Goncharov/Werner*, Compliance with the German Corporate Governance Code, S. 1 ff., verweist.

164 Die Schwierigkeiten einer solchen Analyse beschreiben *Eisele/Faust*, in: S/B/L-Bankrechts-Handbuch, § 109 Rn. 123 ff.

165 Vgl. etwa *Schneider*, ZIP 2003, S. 645 (646 f.), der darauf hinweist, dass etwa Compliance in einem Kreditinstitut völlig anders aussehe als bei einem Chemiekonzern.

166 Vgl. etwa *Bussmann/Nestler/Salvenmoser*, Wirtschaftskriminalität 2011, S. 6.

Compliance in Deutschland ein relativ junges Phänomen ist, sodass etwaige Studien folgen können.

2. *Internationale Studienlage*

Zwar lassen sich zu dem Thema einige internationale Studien ausfindig machen, deren Übertragbarkeit auf deutsche Compliance-Programme muss im Hinblick auf die national unterschiedlichen Regelungswerke angezweifelt werden. Die vorhandenen internationalen Studien zeigen, wie berechtigt Fragen einer Effektivitäts- und Effizienzmessung von Compliance sind. Drei von vier der amerikanischen Studien kommen zu dem Ergebnis, dass Compliance im Hinblick auf begangene Rechtsverstöße im Unternehmen wirkungslos ist.[167] Insbesondere bei repressiven Compliance-Aspekten sollte deren Wirksamkeit allerdings zu dokumentieren sein, wenn es aufgrund installierter Compliance-Systeme zu Strafmilderungen kommt.

Die Frage nach der Wirksamkeit von Compliance nicht zu stellen oder sie dahingehend zu beantworten, ein solcher Nachweis sei nicht zu führen, ist Wasser auf die Mühlen der Kritiker einer Compliance-Diskussion. Insoweit mag es Kritiker der Compliance-Diskussion befeuert haben, dass in der Literatur teilweise bis in kleinste Verästelungen dogmatische Theorien zu Compliance entwickelt wurden, ohne zuvor die Frage zu beantworten oder auch nur aufzuwerfen, inwieweit Compliance überhaupt wirksam ist. Die Literatur beweist eindrucksvoll, dass sie diese breite Diskussionen führen kann, ohne die Frage nach deren Notwendigkeit zu stellen. Die Untersuchung kann nur, wie hiermit geschehen, die Frage nach Wirksamkeit von Compliance aufwerfen, zu ihrer Beantwortung sind empirische Studien notwendig, die nicht Gegenstand dieser Untersuchung sind.

C. Rechtliche Organisationspflichten zur Rechtsgewährleistung

Die Rechtsordnung normiert teilweise Organisationspflichten für Unternehmen zur Gewährleistung gesetzeskonformen Verhaltens. Solche Normen können als „Compliance-Vorschriften" bezeichnet werden. Eine gesetzliche Vorschrift, die

167 *Pape*, CCZ 2009, S. 233 (233 ff.) m. w. N., der vier Studien zur Wirksamkeit von Compliance darstellt, wonach nur eine der Studien einen Effekt von Compliance aufzeigt; zu einer zweifelhaften Effizienz von Compliance-Programmen vgl. *Harbarth*, ZHR 2015, S. 136 (155); *Hefendehl*, JZ 2006, S. 119 (123); *ders.*, ZStW 2007, S. 816 (846); *Schünemann*, FS Tiedemann, S. 429 (444); zu weiteren Studien vgl. *Kölbel*, in: R-Handbuch Criminal Compliance, S. 1428 ff.

eine Pflicht zur „umfassenden" Compliance enthält, existiert nicht.[168] Klarstellend sei angemerkt, dass sich eine etwaige „Compliance-Pflicht" nicht auf die Selbstverständlichkeit beschränkt, geltendes Recht zu beachten, sondern auch und insbesondere die Pflicht gemeint ist, Maßnahmen vorzunehmen, um diese Rechtstreue zu gewährleisten.

Ausschnitte dieser gesetzlichen Organisationspflichten werden dargestellt. Dies dient nicht nur einer Konkretisierung der Compliance-Diskussion: Zur Begründung der strafrechtlichen Geschäftsherrenhaftung werden teilweise die einem Unternehmen gesetzlich auferlegten Pflichten herangezogen.[169] Ebenfalls werden teilweise zivilrechtliche (Organisations-) Pflichten herangezogen, um strafrechtliche Erfolgsabwendungspflichten zu begründen.[170] Der VI. Zivilsenat des BGH folgt neuerdings (wieder) einer formell-rechtlichen Bestimmung von strafrechtlichen Erfolgsabwendungspflichten, wenn er zur

---

168 Vgl. *Bergmoser/Theusinger/Gushurst*, BB Beilage 2008, S. 1 (3); *Kreuder*, CCZ 2008, S. 166 (166); *Schneider/S. Schneider*, ZIP 2007, S. 2061 (2062).

169 *Böse*, NStZ 2003, S. 636 (638); *Fischer*, StGB, § 13 Rn. 27; *Schneider*, in: S-GmbHG, § 43 Rn. 358; kritisch zur Rechtspflicht des Aufsichtsrates, Straftaten der AG zu verhindern *Cramer*, FS Stree/Wessels, S. 563 (585 f.); vgl. BGH, NJW 2012, S. 3439 (3341 f.), zur Prüfung strafrechtlicher Erfolgsabwendungspflichten aus § 43 GmbHG und § 93 AktG. Im Ergebnis verneint der BGH mit Hinweis auf die lediglich unternehmensschützende Richtung genannter Vorschriften strafrechtliche Erfolgsabwendungspflichten; dem folgend *Jacobi*, NJ 2012, S. 432 (432); eine Garantenstellung aus gesetzlichen Organisationspflichten aufgrund des damit lediglich bezweckten Schutzes von Unternehmensinteressen ebenfalls ablehnend *Wolf*, BB 2011, S. 1353 (1359).

170 Vgl. *Grünewald*, Zivilrechtlich begründete Garantenpflichten, S. 139; kritisch dazu *Spindler*, Unternehmensorganisationspflichten, S. 881; *Seelmann*, GA 1989, S. 241 (256). Der BGH lässt in seiner berühmten Lederspray-Entscheidung die Frage offen, inwieweit zivilrechtliche Pflichten auch strafrechtliche Handlungspflichten begründen können, BGHSt 37 106 (115): „In der Tat spricht manches dafür, daß dieselben Pflichten, die für die zivilrechtliche Produkthaftung maßgebend sind, auch die Grundlage strafrechtlicher Verantwortlichkeit bilden, zumal die Verpflichtung zum Ersatz produkthaftfehlerbedingter Schäden als ein Fall der deliktischen Haftung (§ 823 ff. BGB) begriffen wird. Andererseits dürfen die schadensersatzorientierten Haftungsprinzipien des Zivilrechts nicht unbesehen zur Bestimmung strafrechtlicher Verantwortlichkeit benutzt werden. Ob und inwieweit die zivilrechtlichen Pflichten zur Schadensverhütung mit den die strafrechtliche Haftung begründenden übereinstimmen, braucht nicht entschieden zu werden".

Prüfung einer Garantenstellung des Geschäftsführers auf außerstrafrechtliche Vorschriften (§ 43 Abs. 1 GmbHG, § 93 Abs. 1 Satz 1 AktG) abstellt.[171]

Inwieweit sich solche Erfolgsabwendungspflichten aus sämtlichen in der Rechtsordnung verankerten Pflichten (sog. „formelle Rechtspflichtentheorie) herleiten lassen, wird an anderer Stelle erörtert.[172] Allerdings erkennen selbst Gegner einer formell-gesetzlichen Begründbarkeit strafrechtlicher Erfolgsabwendungspflichten an, dass außerstrafrechtliche Rechtspflichten eine Indizienwirkung hinsichtlich strafrechtlicher Erfolgsabwendungspflichten entfalten,[173] weshalb außerstrafrechtliche Pflichten mittelbar geeignet sein können, ein Unterlassen in seinem Unrechtsgehalt strafrechtlich einem Tun gleichzustellen.[174] Aus genannten Gründen werden folgend öffentlich-rechtliche und zivilrechtliche Normen dargestellt, sofern sie außerstrafrechtliche Organisationspflichten im Hinblick auf die Einhaltung rechtlicher Vorgaben begründen und zur Begründung strafrechtlicher Erfolgsabwendungspflichten grundsätzlich geeignet sind.

Bock und *Rotsch* halten die Diskussion um eine allgemeine Pflicht zur Compliance für „wenig sinnvoll“[175], „unergiebig“[176] und „müßig“[177]. Beide begründen dies unter anderem damit, dass bezüglich der konkreten Ausgestaltung einer Compliance-Organisation ein großer Ermessensspielraum bestehe und keine spezielle Maßnahme rechtlich verpflichtend sei.[178] Hinsichtlich der Ermittlung konkret verpflichtender Einzelmaßnahmen ist eine solche Diskussion sicherlich unergiebig. Nimmt man allerdings eine Rechtspflicht zur Compliance an, würde jedes Unternehmen, das keinerlei Maßnahmen zu Verhinderung von Rechtsverstößen unternimmt pflichtwidrig handeln.[179] Ein solches – dann pflichtwidriges – Unterlassen von Compliance könnte für Unternehmen erhebliche

---

171 BGH, Urt. v. 10.07.2012 – VI ZR 341/10 Rn. 22 f.; ausführlich zu dem Urteil vgl. unter 3. Teil, I. II. 2. b.

172 Vgl. hierzu unter 3. Teil, A. I. a) und b).

173 Vgl. etwa *Rudolphi*, Gleichstellungsproblematik, S. 30 „Immerhin können sie aber – und darin liegt wohl der richtige Kern aller Rechtspflichtlehren – ein mehr oder weniger starkes Anzeichen für das Bestehen auch einer strafrechtlichen Erfolgsabwendungspflicht sein“.

174 *Rudolphi*, Gleichstellungsproblematik, S. 30.

175 *Rotsch*, in: A/R-Handbuch Wirtschaftsstrafrecht, S. 55.

176 *Bock*, Criminal Compliance, S. 585.

177 *Rotsch*, in: R-Handbuch Criminal Compliance, S. 89.

178 *Bock*, Criminal Compliance, S. 585; *Rotsch*, in: A/R-Handbuch Wirtschaftsstrafrecht, S. 54.

179 Vgl. hierzu bereits BGHSt 25, 158 (163).

zivilrechtliche Haftungsfolgen mit sich bringen, sofern es aufgrund des Unterlassens von Compliance zu Schädigungen Dritter käme.[180]

I. Geldwäsche

Hauptzweck des Gesetzes über das Aufspüren von Gewinnen aus schweren Straftaten (GwG) ist die Verhinderung der Einführung von Geldern aus der Kriminalität in den legalen Finanzkreislauf. Hierdurch sollen die organisierte Kriminalität bekämpft und die Finanzierung des Terrorismus verhindert werden.[181] § 9 GwG[182] ist für die Compliance-Diskussion gleich mehrfach interessant. Zunächst ist die Zahl der durch die Vorschrift Verpflichteten relativ groß. In den Adressatenkreis der Norm fallen sämtliche Kreditinstitute, Finanzdienstleistungsinstitute, Versicherungsunternehmen, Kapitalanlagegesellschaften, Rechtsanwälte und Notare (sofern sie an bestimmten Geschäften mitwirken), Wirtschaftsprüfer, vereidigte Buchprüfer, Steuerberater, Steuerbevollmächtigte, Immobilienmakler und Spielbanken.[183] Darüber hinaus enthält die Vorschrift konkret gefasste Einzelmaßnahmen, welche die aus ihr Verpflichten vornehmen müssen, um bestimmte Straftaten zu verhindern:

1. Die Bestellung eines Geldwäschebeauftragten (§ 9 Abs. 2 Nr. 1 Satz 1 GwG).
2. Die Entwicklung und Aktualisierung angemessener geschäfts- und kundenbezogener Sicherungssysteme und Kontrollen, die der Verhinderung der Geldwäsche und der Terrorismusfinanzierung dienen (§ 9 Abs. 2 Nr. 2 Satz 1 GwG).
3. Verfahren und Informationen zur Unterrichtung der Beschäftigten über Typologien und aktuelle Methoden der Geldwäsche und der Terrorismusfinanzierung und die zur Verhinderung von Geldwäsche und Terrorismusfinanzierung bestehenden Pflichten durch geeignete Maßnahmen (§ 9 Abs. 2 Nr. 3 GwG).
4. Geeignete risikoorientierte Maßnahmen zur Prüfung der Zuverlässigkeit der Beschäftigten (§ 9 Abs. 2 Nr. 4 Satz 1).

---

180 *Hauschka*, ZIP 2004, S. 877 (878); *Klopp*, Der Compliance-Beauftragte, S. 67; *Lorenz*, in: R-Rechtliche Grundlagen des Risikomanagements, S. 22 f.

181 *Sethe*, in: S/S/L-Handbuch der Vermögensverwaltung, S. 357; *Bausch/Voller*, Geldwäsche-Compliance für Güterhändler, S. 223.

182 Von einer vollständigen Wiedergabe der Vorschrift wurde aufgrund ihres Umfangs abgesehen.

183 Vgl. § 2 Abs. 1 Nr. 1–12 GwG.

Die in § 9 Abs. 2 GwG aufgeführten Maßnahmen sind nicht für alle genannten Unternehmen bzw. Einzelpersonen obligatorisch. Die Bestellung eines Geldwäschebeauftragten ist nur für Finanzunternehmen und Spielbanken imperativ vorgeschrieben. Mit diesem risikoorientierten Ansatz, der eine Unterscheidung in verschiedene Gruppen von Verpflichteten erlaubt, sollen je nach Gefährdungsgrad hinsichtlich Geldwäschehandlungen die jeweils entsprechenden Präventionsmaßnahmen vorgenommen werden.[184]

Die genannten Maßnahmen beziehen sich zunächst auf die Verhinderung der Geldwäsche und der Terrorismusfinanzierung. Terrorismusfinanzierung umfasst gemäß § 1 Abs. 2 Nr. 1a GwG die Verhinderung der Bildung terroristischer Vereinigungen (§ 129a StGB) und gemäß § 1 Abs. 2 Nr. 2 GwG die Verhinderung der Vorbereitung einer schweren staatsgefährdenden Gewalttat (89a StGB). Häufig übersehen wird die Verweisung des § 1 Abs. 2 Nr. 1b GwG auf die Artikel 1–3 des Rahmenbeschlusses der EU 2002/475/JI vom 13. Juni 2002 zur Terrorismusbekämpfung.[185] Danach müssen die in § 9 Abs. 2 GwG genannten internen Sicherungsmaßnahmen nicht nur der Bekämpfung von Geldwäsche und Terrorismusfinanzierung dienen. Vielmehr erstreckt sich der Schutz gemäß Artikel 3 EU-Rahmenbeschluss 2002/475/JI auf viele weitere Straftaten.[186] Zwar finden sich die

---

184 Vgl. *Diergarten*, Geldwäsche, S. 219; vgl. auch *Hetzer*, EuZW 2008, S. 560 (563), nach dem der konkrete Umfang der Maßnahmen vom Risiko des jeweiligen Vertragspartners, der Geschäftsbeziehung oder der Transaktion abhängt; kritisch zu diesem risikoorientierten Ansatz, weil auch in Niedrigrisikofällen weite Pflichten bestünden, *Klugmann*, NJW 2012, S. 641 (645).

185 Siehe bspw. *Rathgeber*, Criminal Compliance, S. 109, der den Schutzzweck des GwG allein in der Verhinderung der Geldwäsche und der Terrorismusfinanzierung sieht.

186 Beispielhaft seien genannt: Angriffe auf das Leben einer Person, die zum Tode führen können; Angriffe auf die körperliche Unversehrtheit einer Person; Entführung oder Geiselnahme; schwerwiegende Zerstörungen an einer Regierungseinrichtung oder einer öffentlichen Einrichtung, einem Verkehrsmittel, einer Infrastruktur einschließlich eines Informatiksystems, einer festen Plattform, die sich auf dem Festlandsockel befindet, einem allgemein zugänglichen Ort oder vom Privateigentum, die Menschenleben gefährden oder zu erheblichen wirtschaftlichen Verlusten führen können; Kapern von Luft- und Wasserfahrzeugen oder von anderen öffentlichen Verkehrsmitteln oder Gütertransportmitteln; Herstellung, Besitz, Erwerb, Beförderung oder Bereitstellung oder Verwendung von Schusswaffen, Sprengstoffen, atomaren, biologischen und chemischen Waffen sowie die Forschung und Entwicklung im Zusammenhang mit biologischen und chemischen Waffen; Freisetzung gefährlicher Stoffe oder Herbeiführen von Bränden, Überschwemmungen oder Explosionen, wenn dadurch das Leben von Menschen gefährdet wird; Störung oder Unterbrechung der Versorgung mit Wasser, Strom oder anderen lebenswichtigen

Straftaten aufgezählt auch in § 129a Abs. 1 und 2 StGB, diese Vorschrift setzt die Bildung einer terroristischen Vereinigung voraus. Im Rahmenbeschluss 2002/475/JI kommt es nicht darauf an, ob die Straftaten von einer Einzelperson oder einer Vereinigung begangen werden.[187]

Somit richtet sich die Vorschrift des § 9 Abs. 2 GwG an einen breiten Adressatenkreis, knüpft über den genannten EU-Rahmenbeschluss an zahlreiche Straftatbestände an und verpflichtet zu relativ konkret gefassten Maßnahmen, die zur Verhinderung bestimmter Straftaten installiert werden müssen. Ein Verstoß gegen die Pflichten des § 9 Abs. 2 GwG ist nicht bußgeldbewehrt. Es droht eine Gewerbeuntersagung wegen Unzuverlässigkeit gem. § 35 GewO, wenn die durch § 9 GwG Verpflichteten ihren Verpflichtungen nicht nachkommen.[188] Insofern verpflichtet § 9 GwG zu bestimmten Compliance-Maßnahmen.

II. Kreditwesen

Anwendung findet das Kreditwesengesetz (KWG) gemäß § 1 Abs. 1b KWG auf alle Kredit- und Finanzdienstleistungsinstitute sowie gemäß § 53 Abs. 1 KWG auf rechtlich unselbstständige Zweigniederlassungen von Unternehmen in Deutschland mit Sitz in einem Drittstaat. Sinn und Zweck des KWG ist es, durch vorbeugende Überwachung allgemein das Entstehen von Schäden im Kreditwesen zu verhindern.[189] Das KWG schafft keine gesetzliche Grundlage zur Überwachung einzelner Kreditgeschäfte. Es gibt vielmehr eine bestimmte innere Struktur vor und stellt grundsätzliche Anforderungen an Kreditinstitute.[190]

---

natürlichen Ressourcen, wenn dadurch das Leben von Menschen gefährdet wird, vgl. Art. 1 Abs. 1 a) – h); kritisch hierzu *Engelhart*, Sanktionierung von Unternehmen, S. 507, der die Verweisung in § 1 Abs. 2 Nr. 1b GwG als einen „der Normklarheit vollkommen abträglichen Verweis“ bezeichnet.

187 Vgl. *Warius*, in: H-GwG, § 1 Rn. 12.

188 *Häberle*, in: E/K-Nebengesetze StGB, § 9 GwG Rn. 1; *Helmrich*, NJW 2009, S. 3686 (3689).

189 Vgl. *Fischer*, in: B/F/S-M-KWG, Einführung Rn. 120; vgl. aber *Wundenberg*, Compliance und die prinzipiengeleitete Aufsicht, S. 101: „Die bankenaufsichtsrechtlichen Anforderungen an die Compliance präsentieren sich sehr blass“.

190 Vgl. *Fischer*, in: B/F/S-M-KWG, Einführung Rn. 130 f., wobei dieser ebenfalls darauf hinweist, dass ein „liberales Aufsichtskonzept“ des KWG aufgrund von Internationalisierung, Globalisierung, rapider Entwicklung hochkomplexer Finanzinstrumente und durch die Harmonisierung von internationalen Anforderungen nicht mehr wirklich bestehe, vielmehr sei es heute eine „extrem detailliert geregelte Rechtsmaterie“.

1. *§ 25a KWG*

> „Ein Institut muss über eine ordnungsgemäße Geschäftsorganisation verfügen, die die Einhaltung der vom Institut zu beachtenden gesetzlichen Bestimmungen und der betriebswirtschaftlichen Notwendigkeiten gewährleistet. Die Geschäftsleiter sind für die ordnungsgemäße Geschäftsorganisation des Instituts verantwortlich", § 25a Abs. 1 Sätze 1 und 2 KWG.

§ 25a KWG stellt die zentrale Norm des Bankenaufsichtsrechts dar.[191] § 25a Abs. 1 KWG normiert allgemeine Pflichten einer Geschäftsorganisation.[192] Die in § 25a KWG normierte Pflicht der Geschäftsleitung, für eine ordnungsgemäße Geschäftsorganisation zu sorgen, wurde 2014 in § 25a KWG eingefügt.[193] Flankiert wird § 25a KWG durch die in den §§ 25c – 25h KWG geregelten Organisationspflichten. Weitere organisatorische Pflichten zum Handels- und Anlagenbuch sind in § 1a KWG geregelt. Das Rundschreiben der BaFin zu den Mindestanforderungen an das Risikomanagement (MaRisk) konkretisiert die Vorgaben des § 25a KWG.[194] Ziel der in § 25a KWG normierten Geschäftsorganisation ist die Einhaltung der die Institution treffenden gesetzlichen Bestimmungen.[195] Die organisatorischen Pflichten des § 25a KWG bestehen hauptsächlich in der Einrichtung eines angemessenen und wirksamen Risikomanagements. Weiterhin verlangt § 25a KWG die Einrichtung von Kontrollverfahren, bestehend aus einem internen Kontrollsystem und einer internen Revision, wobei in Literatur, Rechtsprechung und Gesetzgebung keine einheitlichen Begrifflichkeiten zu den Themenkomplexen Risikomanagement, ordnungsgemäße Geschäftsführung oder Interne Revision existieren,[196] ob das Risikomanagement, wie von § 25a Abs. 1 Satz 3 KWG verlangt, angemessen ist, hängt von Art, Umfang, Komplexität und Risikogehalt der Geschäftstätigkeit ab. Die Auslegung, was angemessen ist, erfolgt durch die Verwaltung auf Basis

---

191 *Hilke*, Risiko und Bankenaufsicht, S. 272; *Sanio*, FS Rudolph, S. 15 (26); vgl. auch *Wundenberg*, Compliance und die prinzipiengeleitete Aufsicht, S. 215: „§ 25a KWG ist ein Musterbeispiel einer prinzipien-orientierten Regulierung. Die aufsichtsrechtlichen Organisationsanforderungen sind allesamt als qualitative Zielvorgaben formuliert, die jeweils um allgemein gehaltene Organisationsvorgaben ergänzt werden".

192 Vgl. *Braun/Wolfgarten*, B/F/S-M-KWG, § 25a Rn. 1; *Langen*, in: S/A-KWG, § 25a Rn. 3.

193 Vgl. *Glawisching-Quinke*, in: S/K-Kapitalmarkt Compliance, S. 412.

194 Rundschreiben der BaFin Mindestanforderungen an das Risikomanagement (MaRisk), in der Fassung vom 14. Dezember 2012.

195 *Schröder*, ZStW 2011, S. 771 (779).

196 *Braun/Wolfgarten*, in: B/F/S-M-KWG, § 25a Rn. 106.

der Mindestanforderungen an das Risikomanagement (MaRisk), die als norm-interpretierende Vorschriften die Auffassung der Verwaltung wiedergeben, was angemessen ist.[197] Umstritten ist, auf die Einhaltung welcher gesetzlichen Bestimmungen sich § 25a KWG bezieht. Eng ausgelegt, bezieht sich § 25a KWG nur auf die Einhaltung der Vorschriften des KWG. In strafrechtlicher Hinsicht kämen Verstöße gegen die Straftatbestände der §§ 54 ff. KWG bzw. der Ordnungswidrigkeiten gemäß § 56 KWG in Betracht. Bei weiter Auslegung fallen unter den Schutzzweck des § 25a KWG alle gesetzlichen Bestimmungen, die dem Schutz der anvertrauten Vermögenswerte, der ordnungsmäßigen Durchführung der Bankgeschäfte und Finanzdienstleistungen sowie der Vermeidung von Nachteilen für die Gesamtwirtschaft durch Missstände im Kredit- und Finanzdienstleistungswesen dienen.[198] Die weiteste Auslegung bezieht alle gesetzlichen Bestimmungen, auch ohne Bezug zum Bank- und Finanzdienstleistungsrecht, in den Schutzzweck des § 25a Abs. 1 KWG ein.[199]

Sinnvoll ist eine weite Auslegung im Sinne der Einhaltung aller für Kreditinstitute einschlägigen gesetzlichen Bestimmungen. Die durch § 25a Abs. 1 KWG normierten Organisationspflichten dienen nicht nur dem Schutz der Anleger, sondern ebenfalls der Sicherstellung einer ordnungsgemäßen Durchführung der Geschäfte und der Vermeidung von Nachteilen für die Gesamtwirtschaft durch Missstände im Kredit- und Finanzdienstleistungswesen.[200] Auch aus den Gesetzesbegründungen zu § 25a Abs. 1 KWG ergibt sich, dass der Gesetzgeber eine weite Auslegung über die Vorschriften des KWG hinaus vornehmen wollte, da er in der entsprechenden Begründung von „einschlägigen Gesetzen und Bestimmungen" spricht.[201] Eine Auslegung des § 25a Abs. 1 KWG, nach der alle gesetzlichen Vorschriften in den Anwendungsbereich rücken, greift zu weit und entspricht nicht der Absicht des Gesetzgebers, der mit der Neufassung des § 25a Abs. 1 KWG die Pflicht zur Einhaltung von Gesetzen mit spezifischem Bezug zum Bankenwesen verdeutlichen wollte.[202]

---

197 *Braun/Wolfgarten*, in: B/F/S-M-KWG, § 25a Rn. 109 f.

198 *Braun/Wolfgarten*, in: B/F/S-M-KWG, § 25a Rn. 1; *Lösler*, NZG 2005, S. 104 (106), nach dem die in § 25a KWG normierte Organisationspflicht sich auf alle „einschlägigen" Gesetze und Bestimmungen bezieht; so auch *Eisele/Faust*, in: S/B/L-Bankrechts-Handbuch, § 109 Rn. 93.

199 *Langen*, in: S/A-KWG, § 25a Rn. 48.

200 *Braun/Wolfgarten*, B/F/S-M-KWG, § 25a Rn. 38; *Lösler*, NZG 2005, S. 104 (106).

201 *Braun/Wolfgarten*, B/F/S-M-KWG, § 25a Rn. 38; *Lösler*, NZG 2005, S. 104 (106).

202 Vgl. BT-Drucksache 15/3641, S. 74: „Bereits der bestehende Absatz 1 Satz 1 Nr. 1 verlangt, dass ein Institut über geeignete Regelungen zur Einhaltung der gesetzlichen

2. § 25c Abs. 1 KWG

> „Institute (...) müssen unbeschadet der in § 25a Absatz 1 dieses Gesetzes und der in § 9 Absatz 1 und 2 des Geldwäschegesetzes aufgeführten Pflichten über ein angemessenes Risikomanagement sowie über Verfahren und Grundsätze verfügen, die der Verhinderung von Geldwäsche, Terrorismusfinanzierung oder sonstiger strafbarer Handlungen, die zu einer Gefährdung des Vermögens des Instituts führen können, dienen. Sie haben dafür angemessene geschäfts- und kundenbezogene Sicherungssysteme zu schaffen und zu aktualisieren sowie Kontrollen durchzuführen", § 25c Abs. 1 KWG.

Die Vorschrift wurde 2011 durch das Gesetz zur Umsetzung der Zweiten E-Geld-Richtlinie neu gefasst. Durch die Substitution des Begriffs der „betrügerischen Handlung" wie er in der alten Fassung der Vorschrift zu finden war, durch „sonstiger strafbare Handlungen" wurde der Anwendungsbereich der Vorschrift erheblich ausgeweitet. In der Vergangenheit war es Gegenstand streitiger Auseinandersetzungen, was unter dem Begriff der „betrügerischen Handlungen" zu verstehen ist.[203] Diese Diskussion hat der Gesetzgeber mit der Aufnahme der „sonstigen strafbaren Handlungen" in den Gesetzeswortlaut beendet. Konkretisiert wird die Vorschrift durch ein Rundschreiben der BaFin.[204] Nach dem Rundschreiben sind von dem Begriff der „sonstigen strafbaren Handlung" alle vorsätzlich begangenen strafbaren Handlungen erfasst, die zu einer wesentlichen Gefährdung des Vermögens des Instituts führen können.[205] Das Rundschreiben nennt Straftatbestände, die es als „sonstige strafbaren Handlungen" im Sinne von § 25c KWG klassifiziert,[206] wobei in dem Rundschreiben keine enumerative Bezeichnung von

Bestimmungen verfügen muss. Der neue Absatz 1 Satz 1 enthält daher keine materielle Änderung. Die von den Instituten einzuhaltenden gesetzlichen Bestimmungen sind in erster Linie die für die Institute einschlägigen aufsichtsrechtlichen Gesetze"; ähnlich auch *Braun/Wolfgarten*, B/F/S-M-KWG, § 25a Rn. 42.

203 Vgl. etwa bei *Rathgeber*, Criminal Compliance, S. 118 ff.; wobei auch früher schon unstreitig war, dass mit dem Begriff der „betrügerischen Handlung" nicht nur der Betrug im Sinne des § 263 Abs. 1 StGB erfasst wird; vgl. auch *Gößmann*, Bankrechtstag 2008, S. 179 (185); *Roller/Hendel*, VuR 2006, S. 390 (391).

204 BaFin-Rundschreiben 7/2011 (GW) vom 16.11.2011.

205 BaFin-Rundschreiben 7/2011 (GW) vom 16.11.2011, Nr. 2; vgl. auch *Bocker/Senf/Nell*, CCZ 2012, S. 18 (18); ausführlich zu dem Begriff der „sonstigen strafbaren Handlungen" in § 25c KWG vgl. *Schröder/Bergmann*, ZBB 2011, S. 255 (255 ff.).

206 Das Gesamtsystem der Betrugs- und Untreuetatbestände nach §§ 263 ff. StGB als Zentraldelikte, wobei nicht Voraussetzung ist, dass diese nur das Vermögen als Individualrechtsgut schützen (vgl. § 265 StGB) Diebstahl (§§ 242 ff. StGB), Unterschlagung (§ 246 StGB), Raub und räuberische Erpressung (§§ 249 ff. StGB)

strafbaren Handlungen vorgenommen wird, was durch den im Rundschreiben verwendeten Wortlaut „unter anderen“ deutlich wird.[207]

Im Ergebnis erfasst § 25c KWG alle strafbaren Handlungen, solange diese zu einer Vermögensgefährdung des Institutes führen können, anderes wäre mit dem Wortlaut der Vorschrift unvereinbar. Zum Begriff der Vermögensgefährdung wird im Rundschreiben angeführt, dass er nicht mit dem Begriff der Vermögensgefährdung aus der Betrugsdogmatik übereinstimme, vielmehr umfasse der Begriff der Vermögensgefährdung im Sinne des 25c KWG auch Reputationsschäden, die dem Unternehmen durch strafbare Handlungen entstehen können.[208]

Fraglich ist, inwieweit es zu einer „wesentlichen“ Vermögensgefährdung durch die strafbare Handlung kommen muss. Im Gesetzeswortlaut findet sich der Begriff „wesentlich“ nicht, er taucht lediglich in einem Rundschreiben der BaFin auf.[209] Bei diesen Rundschreiben der BaFin handelt es sich lediglich um eine Kundgabe der Rechtsauffassung der Verwaltung, weswegen den Schreiben grundsätzlich keine rechtliche Bindungswirkung zukommt.[210] Diese normeninterpretierenden Schreiben können allerdings zur Gesetzesinterpretation herangezogen werden und erlangen hierdurch eine nicht zu unterschätzende praktische Bedeutung, die sie in ihrer faktischen Bindungswirkung häufig auf eine Stufe mit Gesetzen stellt.[211] Unabhängig davon, ob man Rundschreiben der BaFin für verbindlich

---

sonstige Delikte des Wirtschaftsstrafrechts, die Allgemeininteressen in Wirtschaft und Verwaltung schützen (wie die Funktionsfähigkeit des bargeldlosen Zahlungsverkehrs (§ 266b StGB) oder den Schutz des Vertrauens der Allgemeinheit in den Kapitalmarkt (§ 264a StGB) Korruption (§§ 331 ff. StGB Vorteilsannahme, Bestechlichkeit) sowie Insolvenzstraftaten (§§ 283 ff. StGB), Steuerstraftaten (§§ 369 ff. AO) sowie Begünstigung (§ 257 StGB) und Straftaten gegen den Wettbewerb (§§ 298 ff. StGB) Ausspähen und Abfangen von Daten, Identitätsdiebstahl etc. (§§ 202a ff. StGB), vgl. BaFin-Rundschreiben 7/2011 (GW) vom 16.11.2011, Nr. 2.

207 BaFin-Rundschreiben 7/2011 (GW) vom 16.11.2011, Nr. 2.

208 BaFin-Rundschreiben 7/2011 (GW) vom 16.11.2011, Nr. 2.

209 BaFin-Rundschreiben 7/2011 (GW) vom 16.11.2011, Nr. 2.

210 *Braun/Wolfgarten*, B/F/S-M-KWG, § 25a Rn. 48; *Langen*, in: S/A-KWG, § 25a Rn. 8; vgl. ferner *Fischer*, in: S/B/L-Bankrechts-Handbuch, § 126 Rn. 28, wonach es derzeit ca. 500 allgemeine Verlautbarungen der BaFin geben dürfte, die für Kreditinstitute Bedeutung haben.

211 *Birnbaum/Kütemeier*, WM 2011, S. 293 (299); *Braun/Wolfgarten*, B/F/S-M-KWG, § 25a Rn. 48; *Höhns*, Aufsicht über Finanzdienstleister, S. 157; *Langen*, in: S/A-KWG, § 25a Rn. 8; kritisch zu den veröffentlichten Rundschreiben der BaFin aufgrund mangelnder gesetzlicher Ermächtigung *Dreher*, in: FAZ, 17.09.2009, Nr. 216, S. 22: „Die BaFin geriert sich als Ersatzgesetzgeber“; ebenfalls kritisch zur Arbeit der BaFin vgl. *Feigen*, in: Strafverteidigung im Rechtsstaat, S. 466 (466): „Sonderstaatsanwaltschaft

erachtet oder nicht, sollte über den Gesetzeswortlaut hinaus eine „wesentliche" Vermögensgefährdung gefordert werden. Ansonsten wird über die Einbeziehung von mittelbaren Vermögensgefährdungen in Form von Reputationsrisiken, jede Straftat, welche im Umfeld des Unternehmens begangen wird, mittelbar zu einem Risiko für die Reputation des Unternehmens und damit zu einer Vermögensgefährdung.[212] Ab wann eine Vermögensgefährdung als wesentlich anzusehen ist, ließe sich dann nur in Bezug auf das jeweilige Unternehmen beurteilen.[213]

Hierzu sollte eine auf die jeweilige Risikosituation bezogene Festlegung vorgenommen werden, welche zwischen einer quantitativen und qualitativen Risikokomponente unterscheidet. Die quantitative Komponente sollte aufgrund einer Gefährdungsanalyse eine zu erwartende Schadensbelastung bei Straftaten angeben.[214] Die qualitative Komponente soll Auswirkungen auf die betriebliche Ordnung und die Signalwirkung gegenüber Mitarbeitern berücksichtigen.[215]

Ab wann die geschäfts- und kundenbezogenen Sicherungssysteme als angemessen im Sinne des § 25c Abs. 1 Satz 2 KWG zu bezeichnen sind, lässt sich ebenfalls nur im Hinblick auf das jeweilige Unternehmen beantworten, weswegen sich der Umfang der durch § 25c KWG vorgeschrieben Maßnahmen nach der „institutsspezifischen Schadenseintrittwahrscheinlichkeit" richtet.[216] Die durch § 25c KWG normierten Compliance-Pflichten sind, obwohl auf die „institutsspezifische" Anwendung hingewiesen wird, relativ konkret gefasst: Zunächst ist eine Gefährdungsanalyse hinsichtlich der dem jeweiligen Institut anhaftenden Risiken, bezüglich des Risikos der Geldwäsche, der Terrorismusfinanzierung und der sonstigen strafbaren Handlungen zu erstellen. Diese Gefährdungsanalyse soll zentral, also von einer Stelle, erstellt werden.[217] Dabei muss hinreichend berücksichtigt werden, dass die Risiken der Geldwäsche, der Terrorismusfinanzierung und der sonstigen strafbaren Handlungen grundlegend unterschiedliche sind.[218]

---

mit überschießendem Strafverfolgungsinteresse"; ähnlich kritisch *Gerson*; ZWH 2014, S. 298 (302); vgl. auch *Becker/Canzler*, NZG 2014, S. 1090 (1096); *Eggers*, BB 2015, S. 651 (652); zur Bußgeldpraxis der BaFin vgl. ferner *Kindermann/Bast*, CB 2014, S. 298 (298 ff.).

212 Vgl. *Achtelik*, in: B/F/S-M-KWG, § 25c Rn. 6: „Insbesondere durch den Verweis auf die Reputationsrisiken wird deutlich, dass auch mittelbare Vermögensgefährdungen ausreichen können".

213 So auch *Zentes/Wybitul*, CCZ 2011, S. 90 (91).

214 *Bocker/Senf/Nell*, CCZ 2012, S. 18 (20).

215 *Bocker/Senf/Nell*, CCZ 2012, S. 18 (20).

216 *Zentes/Wybitul*, CCZ 2011, S. 90 (91).

217 BT-Drucksache 17/3023, S. 62.

218 *Achtelik*, in: H-GwG, § 25c Rn. 13; *Zentes/Wybitul*, CCZ 2011, S. 90 (92).

Die übrigen Pflichten folgen direkt aus dem Wortlaut der Vorschrift:

> „Kreditinstitute haben angemessene Datenverarbeitungssysteme zu betreiben und zu aktualisieren, mittels derer sie in der Lage sind, Geschäftsbeziehungen und einzelne Transaktionen im Zahlungsverkehr zu erkennen, die auf Grund des öffentlich und im Kreditinstitut verfügbaren Erfahrungswissens über die Methoden der Geldwäsche, der Terrorismusfinanzierung und sonstigen strafbaren Handlungen im Sinne des Absatzes 1 Satz 1 als zweifelhaft oder ungewöhnlich anzusehen sind", § 25c Abs. 2 Satz 1 KWG.

> „Jeder Sachverhalt, der nach Absatz 2 Satz 1 als zweifelhaft oder ungewöhnlich anzusehen ist, ist vom Institut zu untersuchen, um das Risiko der jeweiligen Geschäftsbeziehungen oder Transaktionen überwachen, einschätzen und gegebenenfalls das Vorliegen eines nach § 11 Absatz 1 des Geldwäschegesetzes meldepflichtigen Sachverhalts oder die Erstattung einer Strafanzeige gemäß § 158 der Strafprozessordnung prüfen zu können. Über diese Sachverhalte hat das Institut angemessene Informationen nach Maßgabe des § 8 des Geldwäschegesetzes aufzuzeichnen und aufzubewahren, die für die Darlegung gegenüber der Bundesanstalt erforderlich sind, dass diese Sachverhalte nicht darauf schließen lassen, dass eine Tat nach § 261 des Strafgesetzbuchs oder eine Terrorismusfinanzierung begangen oder versucht wurde oder wird", § 25c Abs. 3 Satz 1 und 2 KWG.

> „Institute haben einen der Geschäftsleitung unmittelbar nachgeordneten Geldwäschebeauftragten zu bestellen. Dieser ist für die Durchführung der Vorschriften zur Bekämpfung und Verhinderung der Geldwäsche und der Terrorismusfinanzierung zuständig sowie der Ansprechpartner für die Strafverfolgungsbehörden, das Bundeskriminalamt – Zentralstelle für Verdachtsmeldungen – und die Bundesanstalt. Der Geldwäschebeauftragte hat der Geschäftsleitung direkt und unmittelbar zu berichten", § 25c Abs. 4 Satz 1 und 2 KWG.

Somit normiert die Vorschrift konkrete Compliance-Maßnahmen für sämtliche Kredit- und Finanzdienstleistungsinstitute. Diese Maßnahmen dienen der Verhinderung sämtlicher Straftaten, durch die das Vermögen des Instituts wesentlich gefährdet wird. Bei den in § 25c Abs. 4a und 4b Satz 2 KWG statuierten weiteren Organisationspflichten droht über die Strafvorschrift des § 54a Abs. 1 KWG[219] eine Freiheitsstrafe bis zu fünf Jahren, falls den dort genannten Organisationsanforderungen nicht nachgekommen und hierdurch eine Bestandsgefährdung des Kreditinstituts herbeigeführt wird. § 25a KWG schreibt Compliance für

---

219 Zu der Vorschrift vgl. *Kasiske*, ZIS 2013, S. 257 (257 ff.); *Michalke*, FS Schiller, S. 493 (502 f.); *Rack*, CB 2013, S. 322 (322 ff.); *ders.*, CB 2013, S. 368 (368 ff.); *ders.*, CB 2014, S. 9 (9 ff.); *Volk*, FS Schiller, S. 672 (672 ff.); kritisch zu der Norm vgl. *Hamm/Richter*, WM 2013, S. 865 (868): „gefährdungsqualifiziertes Unterlassungsdelikt"; „ein Novum, dessen strafrechtsdogmatische und kriminalpolitische Legitimation nicht einmal in Ansätzen durchdacht ist"; in diesem Sinne auch *Hamm*, FS Kühl, S. 262 (275).

Kreditinstitute vor. Die Ausgestaltung des Risikomanagements hängt von Art, Umfang, Komplexität und Risikogehalt der Geschäftstätigkeit ab. § 25c KWG nennt konkrete Pflichten, die zur Verhinderungen von Straftaten, die zu einer wesentlichen Vermögensgefährdung des Instituts führen können, erfüllt werden müssen.

III. Wertpapierdienstleistungen

> „Ein Wertpapierdienstleistungsunternehmen muss die organisatorischen Pflichten nach § 25a Abs. 1 und 4 des Kreditwesengesetzes einhalten. Darüber hinaus muss es angemessene Grundsätze aufstellen, Mittel vorhalten und Verfahren einrichten, die darauf ausgerichtet sind, sicherzustellen, dass das Wertpapierdienstleistungsunternehmen selbst und seine Mitarbeiter den Verpflichtungen dieses Gesetzes nachkommen, wobei insbesondere eine dauerhafte und wirksame Compliance-Funktion einzurichten ist, die ihre Aufgaben unabhängig wahrnehmen kann", § 33 Abs. 1 WpHG.

§ 33 Abs. 1 S. 2 Nr. 1 WpHG verlangt von Wertpapierdienstleistungsunternehmen, eine fortgesetzt tätige, dauerhafte und unabhängige Compliance-Funktion einzurichten und diese in ihren Arbeits- und Organisationsanweisungen festzuhalten.[220] Konkretisiert wird diese Vorschrift durch die §§ 12 und 13 WpDVerOV.[221] Der durch das Finanzmarktrichtlinien-Umsetzungsgesetz (FRUG) im Jahre 2007 neu gefasste § 33 WpHG stellt die Compliance für den Wertpapierhandelssektor auf eine breite gesetzliche Grundlage.[222] Der Anwendungsbereich des § 33 WpHG beschränkt sich auf Wertpapierdienstleistungsunternehmen. Legal definiert gemäß § 2 Abs. 4 WpHG, sind dies Kreditinstitute, Finanzdienstleistungsinstitute und nach § 53 Abs. 1 Satz 1 KWG tätige Unternehmen, die Wertpapierdienstleistungen allein oder zusammen mit Wertpapiernebendienstleistungen gewerbsmäßig oder in einem Umfang erbringen, der einen in kaufmännischer Weise eingerichteten Geschäftsbetrieb erfordert. Gemäß § 53 Abs. 1 Satz 1 KWG kommen Unternehmen mit Sitz im Ausland, die eine Zweigstelle im Inland unterhalten, die Bankgeschäfte betreibt oder Finanzdienstleistungen erbringt, hinzu.

---

220 *Koller*, in: A/S-WpHG, § 33 Rn. 18 m. w. N.; zum Begriff des Wertpapiers vgl. *Lehmann*, Finanzinstrumente, S. 11.

221 *Röh*, BB 2008, S. 398 (400).

222 *Röh*, BB 2008, S. 398 (410); insoweit wird er als Grundnorm für Compliance eingestuft, vgl. *Lösler*, NZG 2005, S. 104 (104); *Poppe*, in: I/P/B-Compliance, S. 7 f.; *Schaefer/Baumann*, NJW 2010, S. 3601 (3602).

§ 33 Abs. 1 WpHG verlangt zunächst die Einhaltung der organisatorischen Pflichten nach § 25a Abs. 1 und 4 KWG.[223] Gemäß § 33 Abs. 1 Satz 2 Nr. 1 WpHG haben Wertpapierhandelsunternehmen angemessene Grundsätze aufzustellen, Mittel vorzuhalten und Verfahren einzurichten, die darauf ausgerichtet sind, sicherzustellen, dass das Wertpapierdienstleistungsunternehmen selbst und ihre Mitarbeiter den Verpflichtungen des WpHG nachkommen. Hierzu gehört unter anderem das Einrichten einer dauerhaften und wirksamen Compliance-Funktion, die ihre Aufgaben unabhängig wahrnimmt. Aus den genannten Vorschriften ergeben sich Anhaltspunkte, wie eine Compliance-Organisation aufzubauen ist. Unklar bleibt, welche Maßnahmen konkret vorzunehmen sind. Aus der Vorschrift lässt sich entnehmen, dass Compliance grundsätzlich[224] von einer selbstständigen Abteilung durchgeführt werden soll.[225] Dies folgt aus dem Wortlaut der Vorschrift: „unabhängig wahrnehmen kann". Die Compliance-Funktion darf grundsätzlich nicht an andere Abteilungen im Unternehmen, etwa die Rechts- oder Revisionsabteilung, angebunden werden.[226]

Weiterhin umfasst die in § 33 Abs. 1 Satz 2 Nr. 1 WpHG gesetzlich vorgeschriebene Compliance das Benennen eines sog. „Compliance-Beauftragten". Das Wertpapierdienstleistungsunternehmen, hat grundsätzlich[227] einen Mitarbeiter zu beauftragen, der die Compliance-Funktionen wahrnimmt und für die Berichte an

---

223 Siehe oben 1. Teil, C. II. 1.

224 Sofern die Einrichtung einer selbstständigen Compliance-Abteilung nicht unverhältnismäßig ist. Nach dem Rundschreiben der BaFin, Mindestanforderungen an die Compliance-Funktion (MaComp), BT 1.3.3.4 Nr. 2 in der Fassung vom 30.11.2012, kann ausnahmsweise von dem Einrichten einer selbstständigen Organisationseinheit abgesehen werden, wenn es aufgrund der Größe des Unternehmens oder Art, Umfang, Komplexität oder Risikogehalt der Geschäftstätigkeit des Unternehmens oder Art und Spektrum der angebotenen Dienstleistungen nach Abwägung der durch die compliance-relevanten bestehenden Interessenkonflikte unverhältnismäßig wäre, eine selbstständige Organisationseinheit einzurichten.

225 *Koller*, in: A/S-WpHG, § 33 Rn. 18 m. w. N.

226 *Eisele/Faust*, in: S/B/L-Bankrechts-Handbuch, § 109 Rn. 112, die auf Überwachungslücken, sog. „Black Holes" hinweisen, die entstehen können, falls man die Compliance-Abteilung an andere Unternehmensabteilungen angliedert; *Koller*, in: A/S WpHG, § 33 Rn. 18.

227 Gemäß § 12 Abs. 5 WpDVerOV entfällt diese Vorgabe soweit das Wertpapierdienstleistungsunternehmen darlegen kann, dass die Benennung aufgrund Art, Umfang und Komplexität der Geschäftstätigkeit oder der Art und des Spektrums seiner Wertpapierdienstleistungen unverhältnismäßig ist und die ordnungsgemäße Erfüllung der Compliance-Funktion nicht gefährdet ist.

die Geschäftsleitung und das Aufsichtsorgan gemäß § 33 Abs. 1 Satz 2 Nr. 5 WpHG verantwortlich ist. Dies ergibt sich auch aus § 12 Abs. 4 Satz 1 WpDVerOV. Darüber hinaus bestimmt der 2012 neu eingeführte 34d Abs. 3 Satz 1 WpHG, dass ein Compliance-Beauftragter die erforderliche Sachkunde und die erforderliche Zuverlässigkeit besitzen muss.[228] Somit stellt § 33 Abs. 1 WpHG eine gesetzliche Normierung von Compliance dar. Überschätzt werden sollte die Vorschrift in ihrer Bedeutung für die Compliance-Diskussion nicht. § 33 Abs. 1 WpHG enthält eine doppelte Beschränkung: Einerseits richtet sich die Vorschrift nur an Wertpapierdienstleistungsunternehmen, andererseits verlangt sie nur Maßnahmen, die vor Verstößen gegen das WpHG selbst schützen. Die nach dem § 33 Abs. 1 WpHG geforderten Maßnahmen haben nicht das Ziel, etwa strafrechtliche Verstöße innerhalb des Wertpapierdienstleistungsunternehmens zu verhindern, so verbleibt der durch § 33 Abs. 1 WpHG normierten Compliance ein begrenzter praktischer Anwendungsbereich.[229] §§ 25a Abs. 1, 25c KWG gehen in ihrem Anwendungsbereich zweifach über den Anwendungsbereich des § 33 Abs. 1 WpHG hinaus. Die Vorschriften der §§ 25a Abs. 1, 25c KWG beziehen sich auf einen größeren Adressatenkreis (sämtliche Kredit- und Finanzdienstleistungsinstitute) wohingegen von § 33 Abs. 1 WpHG nur solche Kredit- und Finanzdienstleistungsinstitute erfasst sind, die Wertpapierdienstleistungen erbringen. Darüber hinaus bezieht sich § 33 Abs. 1 WpHG nur auf Maßnahmen, die Verstöße gegen das WpHG verhindern sollen, § 25a Abs. 1 KWG hingegen auf Maßnahmen, um Verstöße gegen gesetzliche Bestimmungen zu verhindern, die dem Schutz der Einleger, der Sicherstellung einer ordnungsgemäßen Durchführung der Geschäfte und der Vermeidung von Nachteilen für die Gesamtwirtschaft durch Missstände im Kredit- und Finanzdienstleistungswesen dienen.[230] § 25c KWG nennt im Gegensatz zu § 33 Abs. 1

---

228 Konkretisiert wird die Vorschrift über „die Verordnung über den Einsatz von Mitarbeitern in der Anlageberatung, als Vertriebsbeauftragte oder als Compliance-Beauftragte und über die Anzeigepflichten nach § 34d des Wertpapierhandelsgesetzes", besonders interessant in diesem Zusammenhang ist § 4 Abs. 1 Nr. 3WpHGMaAnzV, wonach Compliance-Beauftragter grundsätzlich nur sein kann, wer ein abgeschlossenes rechtswissenschaftliches Studium, ein auf Finanzdienstleistungen ausgerichtetes Wirtschaftsstudium oder ein Abschlusszeugnis als Bankbetriebswirt vorzuweisen hat; zu § 34d WpHG und WpHGMaAnzV im Allgemeinen vgl. *Begner*, BKR 2012, S. 95 (95 ff.).

229 Vgl. aber *Vogel*, FS Jakobs, S. 731 (745 f.), der in den vom WpHG statuierten organisatorischen Pflichten den „Vorschein eines neuen Strafrechtsmodells" erblickt.

230 Zu den einzelnen Gesetzen, die vom Schutzbereich des § 25a Abs. 1 KWG erfasst sind, vgl. BT-Drucksache 15/3641, S. 74: Kreditwesengesetz, Wertpapierhandelsgesetz, Investmentgesetz, Gesetz über Bausparkassen, Depotgesetz, Geldwäschegesetz, Gesetz

WpHG konkrete Maßnahmen, die sich auf die Verhinderung von Strafrechtsverstößen beziehen, solange die Straftaten das Vermögen des Instituts wesentlich gefährden.

IV. Kapitalgesellschaften

Eine Verpflichtung für deutsche Aktiengesellschaften, Compliance zu betreiben könnte aus dem AktG folgen. Eine normierte Pflicht für Aktiengesellschaften ein Compliance-System einzurichten, findet sich im Aktiengesetz nicht, selbst die Pflicht des Vorstandes, durch organisatorische Vorkehrungen für die Einhaltung gesetzlicher Bestimmungen von Unternehmensangehörigen zu sorgen, findet sich nicht expressis verbis im Aktiengesetz.[231]

Vielmehr wird eine solche Pflicht des Vorstandes aus einer Zusammenschau verschiedener Normen aus dem AktG hergeleitet.[232] Aus welchen Normen sich eine Verpflichtung des Vorstandes ergibt, durch organisatorische Vorkehrungen für die Einhaltung gesetzlicher Bestimmungen von Unternehmensangehörigen zu sorgen, ist Gegenstand einer andauernden Diskussion:

1. § 91 Abs. 2 AktG

> „Der Vorstand hat geeignete Maßnahmen zu treffen, insbesondere ein Überwachungssystem einzurichten, damit den Fortbestand der Gesellschaft gefährdende Entwicklungen früh erkannt werden", § 91 Abs. 2 AktG.

Inwieweit die Vorschrift des § 91 Abs. 2 AktG eine Verpflichtung zur Compliance enthält, ist umstritten. § 91 Abs. 2 AktG normiert, soweit unstreitig, die Verpflichtung zur Etablierung eines Risikomanagementsystems.[233] Der Umfang eines solchen Risikomanagementsystems ist umstritten. Es lassen sich zwei grundsätzliche Meinungen herausarbeiten:

über die Pfandbriefe und verwandten Schuldverschreibungen öffentlich-rechtlicher Kreditinstitute, Schiffsbankgesetz, Hypothekenbankgesetz und die zur Durchführung dieser Gesetze erlassenen Rechtsverordnungen. Darüber hinaus können jedoch weitere gesetzliche (z. B. § 91 Abs. 2 Aktiengesetz, § 34 Genossenschaftsgesetz) oder aus dem Postulat ordnungsgemäßer Geschäftsführung ableitbare organisatorische Pflichten bestehen.

231 So auch *Fleischer*, in: S/S-AktG, § 91 Rn. 47; *Winter*, FS Hüffer, S. 1103 (1104).

232 Vgl. unter 1. Teil, C. IV. 5.

233 Zur grundsätzlichen Pflicht des Vorstandes einer Aktiengesellschaft ein Risikomanagementsystem einzuführen, *Strieder*, BB 2009, S. 1002 (1004).

a) *Pflicht zum umfassenden Risikomanagementsystem*

Einer Ansicht nach verlangt § 91 Abs. 2 AktG die Einrichtung eines umfassenden Risikomanagementsystems, das sämtliche für das Unternehmen relevante Risiken ohne Ansicht ihrer Intensität abwenden soll.[234] Würde man ein „umfassendes" Risikomanagement einfordern, läge hierin auch die Pflicht zur Einrichtung eines Compliance-Systems.[235] Ein umfassendes Risikomanagement ohne die Berücksichtigung von Risiken, die der Aktiengesellschaft durch Kriminalität entstehen, könnte nicht als „umfassend" bezeichnet werden.[236] Dass ein „umfassendes" Risikomanagement nicht ohne Compliance auskommt, wird von den Befürwortern eines „umfassenden" Risikomanagementsystems häufig verkannt.

Verfechter dieser Ansicht führen als Hauptargument an, dass eine ausschließliche Konzentration auf bestandsgefährdenden Risiken nicht möglich sei, da zunächst eine sachgerechte Selektion der bestandsgefährdenden Risiken notwendig ist.[237] Es sei eine Identifikation aller Risiken notwendig, um anschließend eine Risikobewertung vorzunehmen, die zutage fördert, welche der bestehenden Risiken bestandsgefährdend sind. Befürworter dieser Ansicht sehen sich durch die Einführung des Bilanzmodernisierungsgesetzes 2009 (BilMoG) bestärkt, welches durch Art. 1 Nr. 34 c BilMoG den § 289 Abs. 5 HBG anfügt:

> „Kapitalgesellschaften im Sinn des § 264d haben im Lagebericht die wesentlichen Merkmale des internen Kontroll- und des Risikomanagementsystems im Hinblick auf den Rechnungslegungsprozess zu beschreiben."

Durch den Wortlaut des § 289 Abs. 5 HGB, dem im Vergleich zu § 91 Abs. 2 AktG der Hinweis auf bestandsgefährdende Risiken fehlt, leiten Befürworter der dargestellten Ansicht die Pflicht zu einem umfassenden Risikomanagementsystem ab.[238]

---

234 *Hommelhoff/Mattheus*, BB 2007, S. 2787 (2788); *Lück*, DB 1998, S. 8 (11); *Preußner/Becker*, NZG 2002, S. 846 (851); *Säcker*, NJW 2008, S. 3313 (3315); vgl. auch neuerdings *Spindler*, FS Hüffer, S. 985 (992), der unter europarechtlichen Gesichtspunkten argumentiert und zu dem Ergebnis kommt, dass sich ein Unternehmen nicht mehr auf ein System zurückziehen kann, das lediglich bestandsgefährdende Risiken erkennt.

235 So auch *Spindler*, WM 2008, S. 905 (906): „Denn die Meidung von Sanktionen und Schäden infolge von Gesetzesverletzungen und Rechtsverstößen scheint sich wie selbstverständlich in das Gebäude eines Risikomanagementsystems einzufügen".

236 Vgl. BT-Drucksache 13/9712, S. 15; *Fleischer*, in: S/S-AktG, § 91 Rn. 43; *Spindler*, FS Hüffer, S. 985 (992).

237 Vgl. etwa *Dolezik/Drewes*, DB 2003, S. 1005 (1006).

238 Vgl. etwa *Spindler*, WM 2008, S. 905 (906 f.).

b) Beschränkung auf „bestandsgefährdende" Rechtsrisiken

Einer anderen Ansicht nach eignet sich § 91 Abs. 2 AktG nicht zur Begründung einer Compliance-Pflicht für Aktiengesellschaften, da die Vorschrift nur „bestandsgefährdende" (Rechts-)Risiken erfasst.[239] Danach wäre eine AG nur verpflichtet, Compliance in dem Umfang zu betreiben, soweit bestandsgefährdende Entwicklungen durch Rechtsverstöße zu verhindern sind. Bestandsgefährdend sind Entwicklungen, wenn sie die Vermögens-, Finanz- und Ertragslage der Gesellschaft so stark treffen können, dass sie ein Insolvenzrisiko hervorrufen oder verschärfen.[240] Zwar wird auch vertreten, dass eine Entwicklung schon bestandsgefährdend sei, wenn sich diese nur wesentlich auf die Ertragslage des Unternehmens auswirken würde,[241] eine solche Auslegung würde dem Gesetzeswortlaut des § 91 Abs. 2 AktG widersprechen, der den „Fortbestand" der Gesellschaft nennt.[242]

Im Hinblick auf die Criminal Compliance gilt folgendes zu beachten: Entgegen weitläufiger Äußerungen führen die im OWiG und im Strafrecht vorgesehenen Sanktionen regelmäßig zu keiner „Bestandsgefährdung" von Aktiengesellschaften.[243] Als unmittelbar bestandsgefährdend können nur solche Sanktionen eingestuft werden, die der Gesellschaft die rechtliche Grundlage entziehen (z.B. Widerruf einer betriebsnotwendigen Konzession) oder die finanzielle Sanktionen in einer Höhe zur Folge hätten, dass der Gesellschaft die Insolvenz droht. Zwar mögen finanzielle Sanktionen Unternehmen wirtschaftlich stark belasten, zu einer Bestandsgefährdung führen sie regelmäßig nicht. Schon die Sanktionshöhe berücksichtigt die finanzielle Leistungsfähigkeit des sanktionierten Unternehmens, um eine Insolvenz zu verhindern, so wird bei der Verhängung einer Unternehmensgeldbuße nach

---

239 *Fleischer*, in: S/S-AktG, § 91 Rn. 32; *ders.*, BB 2008, S. 1070 (1072); *Jakobus*, Vorstandspflicht zum Risikomanagement, S. 113 f.; *Kort*, in: H/W-AktG, § 91 Rn. 35 ff.; *Mertens/Cahn*, in: KK-AktG, § 91 Rn. 20; *Pahlke*, NJW 2002, S. 1680 (1682).

240 *Eckert*, in: W-AktG, § 91 Rn. 7 m. w. N.; vgl. auch *Rathgeber*, Criminal Compliance, S. 203 ff.

241 So etwa *Berg*, AG 2007, S. 271 (276); *Kort*, in: H/W-AktG, § 91 Rn. 38; *Spindler*, in: MüKo-AktG, § 91 Rn. 20; in diesem Sinne auch der Gesetzgeber: „die sich auf die Vermögens-, Finanz- und Ertragslage der Gesellschaft oder des Konzerns wesentlich auswirken", vgl. BT-Drucksache 13/9712, S. 15.

242 Zu dem Streit, ab wann eine Bestandsgefährdung vorliegt, vgl. ausführlich *Rathgeber*, Criminal Compliance, S. 203 ff. m. w. N.

243 *Bachmann/Prüfer*, ZRP 2005, S. 109 (110); *Bürkle*, BB 2005, S. 565 (569); *Hauschka*, ZIP 2004, S. 877 (878); *Immenga*, FS Schwark, S. 199 (201). *Klopp*, Der Compliance-Beauftragte, S. 71.

§ 30 OWiG regelmäßig die Vorschrift § 17 Abs. 3 Satz 2 OWiG[244] von der Rechtsprechung angewendet.[245] Aufgrund der regelmäßig hohen Unternehmenswerte von Aktiengesellschaften werden buß- und strafrechtliche Sanktionen in der Regel kein Insolvenzrisiko begründen oder verschärfen. Die Höhe einer solchen Sanktion muss stets im Zusammenhang mit dem Marktwert des Unternehmens gesehen werden, so mag man die gegen den Chip-Hersteller Intel von der EU-Kommission verhängte Geldbuße in Höhe von 1.06 Milliarden Euro zunächst als wesentlich und damit auch als bestandsgefährdend ansehen, vergleicht man diese mit dem aktuell geschätzten Marktwert von Intel, ca. 110 Milliarden Euro, wird deutlich, dass die Geldbuße nicht einmal 1 % Prozent des Unternehmenswerts ausmacht, weswegen diese keine unmittelbare Bestandsgefährdung eintreten lassen.[246]

Zu einer „Todesstrafe" für Unternehmen aufgrund von Strafzahlungen kommt es in aller Regel nicht.[247] Zwar gehen insbesondere die von der EU-Kommission verhängten Kartellstrafen teilweise weit über eine Milliarde Euro hinaus,[248] zu Insolvenzen aufgrund dieser Kartellstrafen ist es bisher jedoch nicht gekommen.

---

244 „Auch die wirtschaftlichen Verhältnisse des Täters kommen in Betracht".

245 Vgl. OLG Hamm, wistra 2000, S. 393 (395); OLG Hamm, wistra 2000, S. 433 (434); OLG Frankfurt, openJur 2012, 69978, S. 1 (3); dem zustimmend *Görtz*, WiJ 2013, S. 38 (43).

246 Vgl. FAZ, 14.05.2009, Nr. 111, S. 11, wonach die verhängte Geldbuße ca. 4 % des Jahresumsatzes von Intel im Jahre 2008 entspricht.

247 Wobei eine solche „Todesstrafe" für Unternehmen existiert, vgl. für die Aktiengesellschaft: § 396 Abs. 1 Satz 1 AktG: „Gefährdet eine Aktiengesellschaft oder Kommanditgesellschaft auf Aktien durch gesetzwidriges Verhalten ihrer Verwaltungsträger das Gemeinwohl und sorgen der Aufsichtsrat und die Hauptversammlung nicht für eine Abberufung der Verwaltungsträger, so kann die Gesellschaft auf Antrag der zuständigen obersten Landesbehörde des Landes, in dem die Gesellschaft ihren Sitz hat, durch Urteil aufgelöst werden."; entsprechende Regeln existieren für die GmbH, § 62 Abs. 1 GmbH und für die Genossenschaft, § 81 Abs. 1 GenG; vgl. aber auch *Hüffer*, AktG, § 396 Rn. 1, wonach diese Vorschriften noch keine praktische Anwendung erfahren haben; hierzu auch *Kelker*, FS Krey, S. 221 (235).

248 Etwa 1.71 Milliarden Euro für Manipulation der Interbanken-Zinssätze Libor und Euribor (Bankkartell), vgl. FAZ, 05.12.2013, Nr. 283, S. 1; Bildschirmkartell 1.47 Milliarden Euro, vgl. FAZ, 06.12.2012, Nr. 285, S. 11; Autoglaskartell 1.38 Milliarden Euro vgl. taz, 13.11.2008, S. 8, wobei diese Gesamtstrafen sich unter den am Kartell beteiligten Unternehmen aufteilen; ebenfalls auf „eindrucksvolle Verbandsgeldbußen" im Kompetenzbereich der europäischen Wettbewerbshüter hinweisend *Wiesenack/Klein*, in: E/K/T-Sanktionsdurchgriff im Unternehmensverbund S. 5 (7).

c) *Keine Compliance-Pflicht aus § 91 Abs. 2 AktG*

Die Verpflichtung einer Aktiengesellschaft gemäß § 91 Abs. 2 AktG zu einem umfassenden Risikomanagementsystem und damit auch zur Compliance besteht nicht. Hiergegen spricht zunächst der eindeutige Gesetzeswortlaut, nach dem nur Maßnahmen zur Überwachung von „bestandsgefährdenden" Risiken gefordert werden. In der Regel führen Sanktionen gegen Aktiengesellschaften nicht zu einer Bestandsgefährdung derselben.[249]

Auch aus der Einführung von § 289 Abs. 5 HGB lässt sich keine Pflicht zur Installierung eines umfassenden Risikosystems aus § 91 Abs. 2 AktG herleiten. In den Gesetzesmaterialien zu § 289 Abs. 5 HGB hat der Reformgesetzgeber eine Verpflichtung zum Ausbau eingerichteter Risikofrüherkennungssysteme abgelehnt.[250] Auch der Wortlaut von § 289 Abs. 5 HGB selbst vermag nicht die Pflicht zur Einführung eines „umfassenden" Risikomanagementsystems zu belegen. § 289 Abs. 5 HGB enthält nur eine Verpflichtung wesentliche Merkmale eines Risikomanagementsystems zu beschreiben. Die Vorschrift trifft keine Aussage darüber, in welchem Umfang ein solches System zu betreiben ist. Von den Befürwortern eines umfassenden Risikomanagementsystems wird häufig verkannt, dass die Gegner dieser Ansicht nicht die grundsätzliche Verpflichtung zu einem Risikomanagementsystem ablehnen, sondern sich die Ablehnung nur auf die Pflicht zu einem „umfassenden" Risikomanagement bezieht. Art. 91 Abs. 2 AktG normiert grundsätzlich keine Pflicht zur Einrichtung eines umfassenden Risikomanagementsystems und somit auch keine (umfassende) Pflicht zur Compliance.[251] Lediglich solche Risiken, die den Bestand der Aktiengesellschaft als solches gefährden, werden von § 91 Abs. 2 AktG erfasst, deswegen fordert § 91 Abs. 2 AktG lediglich ein Risikofrüherkennungssystem

---

249 Vgl. aber BT-Drucksache 13/9712, S. 15: „Zu den Fortbestand der Gesellschaft gefährdenden Entwicklungen gehören insbesondere risikobehaftete Geschäfte, Unrichtigkeiten der Rechnungslegung und Verstöße gegen gesetzliche Vorschriften, die sich auf die Vermögens-, Finanz- und Ertragslage der Gesellschaft oder des Konzerns wesentlich auswirken.", hier weist der Gesetzgeber darauf hin, dass auch Verstöße gegen gesetzliche Vorschriften zu einer Bestandsgefährdung führen können.

250 BT-Drucksache 16/10067, S. 76; *Fleischer*, in: S/S-AktG, § 91 Rn. 35.

251 So auch *Bürger/Israel*, in: B/K-AktG, § 91 Rn. 12; *Mertens/Cahn*, in: KK-AktG, § 91 Rn. 20; vgl. auch *Hüffer*, AktG, § 91 Rn. 8, nach dem die Einrichtung des von § 91 Abs. 2 AktG geforderten Systems gerade kein allgemeines „risk management" darstellt; anders *Dreher*, FS Hüffer, S. 162 (171): „Im Ergebnis ist die Pflicht zur Einrichtung einer Compliancefunktion für alle Aktiengesellschaften dogmatisch schon in § 91 Abs. 2 AktG zu verorten".

zur Erfassung bestandsgefährdender Risiken. Festzuhalten bleibt, dass § 91 Abs. 2 AktG eine Pflicht zur Criminal Compliance in dem Umfang enthält, als das durch den Verstoß gegen Straf- oder Bußgeldnormen der Fortbestand der Aktiengesellschaft bedroht ist.

2. *§ 76 Abs. 1 AktG i. V. m. § 93 Abs. 1 Satz 1 AktG*

> „Der Vorstand hat unter eigener Verantwortung die Gesellschaft zu leiten", § 76 Abs. 1 AktG.
>
> „Die Vorstandsmitglieder haben bei ihrer Geschäftsführung die Sorgfalt eines ordentlichen und gewissenhaften Geschäftsleiters anzuwenden", § 93 Abs. 1 Satz 1 AktG.

§ 76 Abs. 1 AktG normiert die Pflicht des Vorstandes, unter eigener Verantwortung sein Unternehmen zu leiten. Gemäß § 93 Abs. 1 Satz 1 AktG hat der Vorstand bei seiner Geschäftsführung die Sorgfalt eines ordentlichen und gewissenhaften Geschäftsleiters anzuwenden.[252] Diese beiden Normen definieren im Zusammenspiel generalklauselartig objektive Verhaltenspflichten des Vorstands.[253]

§ 93 Abs. 1 Satz 1 AktG kommt eine doppelte Bedeutung zu. Die Vorschrift gibt zunächst einen Sorgfaltsmaßstab für die organische Vorstandshaftung vor. Darüber hinaus umschreibt sie Verhaltenspflichten des Vorstandes, aus denen die Rechtsprechung und die Rechtslehre situationsbezogene Einzelpflichten ableiten.[254] Die darzustellenden Grundsätze gelten über § 43 Abs. 1 GmbHG und über § 34 Abs. 1 Satz 1 GenG auch für Gesellschaften mit beschränkter Haftung und für Genossenschaften.[255] Eine der aus § 93 Abs. 1 Satz 1 AktG hergeleiteten Verhaltenspflichten ist die sog. „Legalitätspflicht" des Vorstandes. Diese Pflicht

---

252 Die Vorschrift des § 93 Abs. 1 Satz 1 knüpft an den allgemeinen Verhaltensstandard des § 347 Abs. 1 HGB (Sorgfalt eines ordentlichen Kaufmanns) an, vgl. *Hüffer*, AktG, § 93 Rn. 4.

253 *Bergmoser/Theusinger/Gushurst*, BB Beilage 2008, S. 1 (3); zur Leitungsaufgabe des Vorstands im Aktienrecht vgl. etwa *Fleischer*, ZIP 2003, S. 1 (1 ff.).

254 *Eckert*, in: W-AktG, § 93 Rn. 5; *Fleischer*, in: S/S-AktG, § 93 Rn. 10; *Mertens/Cahn*, in: KK-AktG, § 93 Rn. 11; anders *Hüffer*, AktG, § 93 Rn. 3a, nach dem § 93 Abs. 1 AktG als bloßer Verschuldensmaßstab aufzufassen ist und sich die objektive Pflicht zur sorgfältigen Unternehmensleitung aus § 76 Abs. 1 AktG ergibt, wobei *Hüffer* selbst darauf hinweist, dass sich hieraus keine praktische Relevanz entfalte und es sich um eine rein dogmatische Frage handelt.

255 OLG Celle, NZG 2000, S. 1178 (1179); *Fleischer*, in: MüKo-GmbH, § 43 Rn. 6; *Koppensteiner/Gruber*, in: R/S-L-GmbHG, § 43 Rn. 7; *Zöllner/Noak*, in: B/H-GmbHG, § 43 Rn. 7.

bindet den Vorstand an die Satzung der Gesellschaft und an bestehende Rechtsnormen, neben anderen auch an die Normen des Straf- und Ordnungswidrigkeitenrechts.[256]

Dass ein Vorstand einer Aktiengesellschaft an Recht und Gesetz gebunden ist, könnte man wiederum als „Binsenweisheit" bezeichnen.[257] Hierin erschöpft sich die sog. „Legalitätspflicht" des Vorstandes allerdings nicht. Vielmehr folgt aus der „Legalitätspflicht" des Vorstandes eine Pflicht zur „Legalitätskontrolle": Die Verpflichtung, sich nicht nur selbst rechtskonform zu verhalten, sondern ein gesetzeskonformes Verhalten der Aktiengesellschaft und deren Mitarbeiter im Geschäftsverkehr zu gewährleisten.[258]

Der Umfang dieser Pflicht zur „Legalitätskontrolle" ergibt sich nicht aus dem Aktiengesetz und ist Gegenstand andauender Diskussionen. Übereinstimmung

---

256 *Berg*, AG 2007, S. 271 (274); *Fleischer*, in: S/S-AktG, § 93 Rn. 14; *Landwehrmann*, in: NK-AktG, § 93 Rn. 10; *Wybitul*, BB 2009, S. 2590 (2591 f.).

257 *Langenbucher*, ZBB 2013, S. 16 (21), spricht von einer „juristischen Banalität"; zur Legalitätspflicht des Vorstandes vgl. etwa *Fleischer*, ZIP 2005, S. 141 (143 ff.); *Wiesner*, in: H-B-Münchener Handbuch des Gesellschaftsrechts, S. 299; allerdings scheint diese „Banalität" noch nicht überall angekommen zu sein. Im Jahre 2010 sah sich etwa das OLG Düsseldorf noch bemüßigt auszuführen, dass dem Vorstand eines Unternehmens bei der Gesetzesbefolgung kein Ermessen zustehe und der Normunterworfene zwingendes Recht nicht nach Opportunitätsaspekten relativieren oder modifizieren dürfe vgl. OLG Düsseldorf, AG 2010, S. 126 (128).

258 BGHZ 125, 366 (372); *Bürkle*, CCZ 2015, S. 52 (53); *Engelhart*, Sanktionierung von Unternehmen, S. 500; *Fleischer*, CCZ 2008, S. 1 (1 f.); *Glich/Schautes*, in: M/G-Wirtschaftsstrafrecht, S. 127; *Goette*, ZHR 2011, S. 388 (400); *Hauschka*, Bankrechtstag 2008, S. 103 (114); *Hopt*, in: H/W-AktG, § 93 Rn. 89; *Kindler*, in: R-Compliance-Diskussion, S. 1 (2); *Kock/Dinkel*, NZG 2004, S. 441 (442); *Landwehrmann*, in: NK-AktG, § 93 Rn. 11; *Lohbeck*, Haftung in Verletzermehrheit, S. 44; *Meier-Greve*, CCZ 2010, S. 216 (216); *Merkt*, NJW 2014, S. 2310 (2313); *Pahlke*, NJW 2002, S. 1680 (1683); *Rieder/Falge*, in: I/B/P-Compliance, S. 16; *Rodewald/Unger*, BB 2006, S. 113 (113); *Semler*, ZGR 2004, S. 631 (646); *Schmidt*, BB 2009, S. 1295 (1296); *Tschierschke*, in: E/K/T-Sanktionsdurchgriff im Unternehmensverbund, S. 137 (142); *Zimmermann*, WM 2008, S. 433 (435); auch bezeichnet als „Legalitätsdurchsetzungspflicht", vgl. *Harbarth*, ZHR 2016, S. 136 (147 ff.); vgl. auch *Kort*, in: H/W-AktG, § 76 Rn. 47, der auf die Organisations- und Überwachungsplichten etwa im Hinblick auf die Aufsichtspflichtverletzung nach § 130 OWiG hinweist, die sich aus § 76 Abs. 1 AktG ergeben; zu den Grenzen dieser Legalitätspflicht des Vorstandes vgl. *Habersack*, FS Schneider, S. 429 (441); kritisch zu einer überzogenen Anwendung der Legalitätspflicht vgl. *Bachmann*, Gesellschaftsrecht in der Diskussion 2007, S. 76 f. m. w. N.; vgl. auch *ders.*, ZIP 2014, S. 579 (580 ff.).

besteht insoweit, als der Vorstand einer Aktiengesellschaft pflichtwidrig handelt, wenn er keine organisatorischen Maßnahmen zur Legalitätskontrolle ergreift.[259] Bezüglich der Frage, ob ein System zur Legalitätskontrolle eingerichtet wird, besteht folglich kein Entschließungsermessen seitens des Vorstandes. Dem steht ein durch die Rechtsprechung unter Zustimmung der Literatur eingeräumter, großer Spielraum hinsichtlich des Auswahlermessens, wie die Legalitätskontrolle auszugestalten ist, gegenüber. Das Ermessen ist Ausfluss des allgemeinen unternehmerischen Ermessens, das der Dynamik im Marktgeschehen Rechnung tragen soll.[260] Die aus § 76 AktG resultierende Eigenverantwortung des Vorstandes schließt einen notwendigen Spielraum für unternehmerisches Entscheidungsermessen auch im Hinblick auf ein System zur Legalitätskontrolle ein.[261]

Aus der Pflicht zur Legalitätskontrolle resultiert keine Verpflichtung des Vorstandes, bestimmte Organisationsformen oder Prozesse vorzuhalten, um der Legalitätspflicht aus §§ 76 Abs. 1, 93 Abs. 1 Satz 1 AktG nachzukommen. Man mag beispielsweise unter vielen Gesichtspunkten die Einrichtung einer unabhängigen und selbstständigen Compliance-Abteilung in Aktiengesellschaften einer gewissen Größe für sinnvoll erachten, rechtlich vorgeschrieben ist dies nicht.[262] Aufgrund des großen Spielraums bei der Pflichterfüllung zur Legalitätskontrolle resultiert eine unbefriedigende Antwort im Hinblick auf konkrete Anforderungen der Compliance. Es besteht eine theoretische Pflicht des Vorstandes zur Compliance innerhalb der Aktiengesellschaft. Art und Ausführung sind aufgrund des weiten unternehmerischen Ermessens und des Einzelfallbezugs stark variabel. Insoweit vermag hierüber keine, über eine theoretische Verpflichtung hinausgehende Konturierung des Compliance erzielt werden, wobei die Ableitung einer „theoretischen Compliance-Pflicht" sich in ihrem Anwendungsbereich wegen entsprechender Vorschriften im GmbH- und im Genossenschaftsrecht (§ 43 Abs. 1 GmbHG und § 34 Abs. 1 Satz 1 GenG) nicht auf Aktiengesellschaften beschränkt, sondern auch für alle Gesellschaften mit beschränkter Haftung und für alle Genossenschaften gilt. Somit unterliegen zwar in Deutschland sämtliche Kapitalgesellschaften einer

---

259 *Fleischer*, CCZ 2008, S. 1 (3); *Landwehrmann*, in: NK-AktG, § 93 Rn. 75; *Rathgeber*, Criminal Compliance, S. 161.

260 *Bicker*, ZWH 2013, S. 473 (474), *Koppensteiner/Gruber*, in: R/S-L-GmbHG, § 43 Rn. 16; *Spindler*, in: MüKo-AktG, § 93 Rn. 35, wobei dieser noch weitergeht und von einem „richterlich nicht zu kontrollierendem Freiraum" für unternehmerische Entscheidungen spricht.

261 BGHZ 135, 244 (253); *Hüffer*, AktG, § 93 Rn. 4a; *Spindler*, in: MüKo-AktG, § 93 Rn. 35.

262 In diesem Sinne auch *Fleischer*, in: MüKo-GmbHG, § 43 Rn. 147.

grundsätzlichen Pflicht zur Compliance, Bestandteil dieser Pflicht sind allerdings keine konkreten Einzelmaßnahmen.

3. *Ermessensreduzierung bezüglich der rechtsichernden Organisationsstruktur*

Bürkle wählt einen anderen Anknüpfungspunkt und versucht, eine Compliance-Pflicht aus dem eingeräumten Ermessen des Vorstandes zu entwickeln. Dieser habe im Rahmen unternehmerischer Entscheidungen ein weitgehendes Ermessen. Teil des Ermessens sei die Ausgestaltung der rechtssichernden Organisationsstruktur im Unternehmen.[263] Das unternehmerische Organisationsermessen existiere nicht unbegrenzt, sondern werde durch die Legalitätspflicht des Vorstands eingeschränkt, das ihn zu rechtssichernden organisatorischen Maßnahmen verpflichtet.[264] Nach *Bürkle* besteht kein Entschließungsermessen, „ob" der Vorstand ein Compliance-System einrichte, hierzu sei er vielmehr verpflichtet.[265] Bezüglich konkreter Maßnahmen habe der Vorstand zwar grundsätzlich ein Auswahlermessen, das durch spezialgesetzliche Regelungen und Branchenstandards reduziert werde.[266] Darüber hinaus begrenze § 91 Abs. 2 AktG aber das Ermessen des Vorstandes, sofern Rechtsverstöße erhebliches Gefährdungspotenzial beinhalten, müsse er Organisationsformen vorhalten, die diesen präventiv entgegenwirken.[267]

4. *§ 161 Abs. 1 AktG i. V. m. dem Deutschen Corporate Governance Kodex*

> „Vorstand und Aufsichtsrat der börsennotierten Gesellschaft erklären jährlich, dass den vom Bundesministerium der Justiz im amtlichen Teil des Bundesanzeigers bekannt gemachten Empfehlungen der „Regierungskommission Deutscher Corporate Governance

---

263 *Bürkle*, BB 2005, S. 565 (569); vgl. auch BGHZ 135, 244 (253), wonach „dem Vorstand bei der Leitung der Geschäfte des Gesellschaftsunternehmens ein weiter Handlungsspielraum zugebilligt werden muß, ohne den eine unternehmerische Tätigkeit schlechterdings nicht denkbar ist. Dazu gehört neben dem bewußten Eingehen geschäftlicher Risiken grundsätzlich auch die Gefahr von Fehlbeurteilungen und Fehleinschätzungen, der jeder Unternehmensleiter, mag er auch noch so verantwortungsbewußt handeln, ausgesetzt ist".

264 *Bürkle*, BB 2005, S. 565 (569); *Fleischer*, BB 2004, S. 2645 (2646); *Pant*, VersR 2004, S. 690 (691).

265 *Bürkle*, BB 2005, S. 565 (569); ähnlich auch *Merkt*, ZIP 2014, S. 1705 (1711).

266 *Bürkle*, BB 2005, S. 565 (569); *ders.*, in: H-Corporate Compliance, S. 143; vgl. auch *Bachmann*, ZIP 2014, S. 579 (580 f.).

267 *Bürkle*, BB 2005, S. 565 (569 f.).

Kodex“ entsprochen wurde und wird oder welche Empfehlungen nicht angewendet wurden oder werden und warum nicht“, § 161 Abs. 1 Satz 1 AktG.

Bereits der Wortlaut („Empfehlungen“) des § 161 Abs. 1 Satz 1 AktG macht deutlich, dass es sich bei dem Deutschen Corporate Governance Kodex (DCGK) nicht um zwingendes Recht handelt. Er ist weder Gesetz[268] noch Rechtsverordnung, weswegen er unabhängig von seinem Inhalt keine Rechtspflicht zur Compliance statuiert. Der DCGK enthält lediglich Empfehlungen zur guten Unternehmensführung.[269] Laut der Einleitung des DCGK verfolgt dieser das Ziel, das Vertrauen internationaler und nationaler Anleger, Kunden, Mitarbeiter und der Öffentlichkeit in die Leitung und Überwachung deutscher börsennotierter Gesellschaften zu fördern.

Teilweise wird vertreten, dass der DCGK i. V. m. § 161 AktG eine Rechtspflicht zur Implementierung eines Compliance-Systems statuiere.[270] § 161 Abs. 1 AktG begründet eine Erklärungspflicht für den Vorstand und den Aufsichtsrat von Aktiengesellschaften zu erklären, ob und in welchem Umfang der DCGK angewandt wird.[271] Dabei haben Vorstand und Aufsichtsrat einmal im Jahr darzulegen, ob sie die DCGK-Empfehlungen vollständig beachten, davon teilweise abweichen oder ob sie die Empfehlungen des DCGK ablehnen. Wird teilweise von den Empfehlungen des DCGK abgewichen oder wird dieser vollständig abgelehnt, haben Vorstand und Aufsichtsrat gemäß § 161 Abs. 1 Satz 1 AktG die Pflicht zu erklären, warum sie konkrete Empfehlungen nicht beachtet haben. Ausreichend hierfür sind knappe Angaben der wesentlichen, die einzelnen Abweichungen tragenden, Erwägungen.[272]

---

268 Insoweit verwunderlich *Wecker/Galla*, in: W/L-Compliance in der Unternehmerpraxis, S. 50, die Ziffer 4.1.3 DCKG als „Legal“-Definition von Compliance betrachten.

269 OLG München, ZIP 2009, S. 133 (134); LG München I, ZIP 2007, S. 2360 (2360); *Epe*, CCZ 2008, S. 28 (30); *Bachmann*, WM 2002, S. 2137 (2143); *ders.*, AG 2012, S. 565 (565 ff.); aufschlussreich auch *Bergmoser/Theusinger/Gushurst*, BB Beilage 2008, S. 1 (5): „da dieser weder Gesetz noch Rechtsverordnung noch eine behördliche Allgemeinverfügung ist“; vgl. auch *Lüderssen*, FS Schiller, S. 474 (490); zu der Bedeutung des DCKG für das Merkmal der Pflichtwidrigkeit im Rahmen der Untreue vgl. *Schlösser/Dörfler*, wistra 2007, S. 326 (326 ff.).

270 *Bergmoser/Theusinger/Gushurst*, BB Beilage 2008, S. 1 (5); *Bürkle*, VW 2004, S. 830 (830); *ders.*, BB 2007, S. 1797 (1798); *Campos Nave/Bonenberger*, BB 2008, S. 734 (735); *Dreher*, FS Hüffer, S. 162 (168); *Kort*, NZG 2008, S. 81 (83).

271 Vgl. etwa *Hüffer*, AktG, § 161 Rn. 10; zur Verfassungsmäßigkeit der Vorschrift vgl. *Hanfland*, Haftungsrisiken im Zusammenhang mit § 161 AktG, S. 123 ff.

272 *Bachmann*, ZIP 2010, S. 1517 (1518); *Hüffer*, AktG, § 161 Rn. 17a; *Lutter*, in: KK-AktG, § 161 Rn. 87; häufig auch beschrieben mit „comply or explain“, vgl. hierzu *Habersack*,

Der DCGK besteht aus drei sich teilweise überschneidenden Bereichen: einen das geltende Recht beschreibenden Teil, einen Empfehlungs- und einen Anregungsteil.[273] Ziffer 4.1.3 DCGK gehört zu dem Teil, der das bestehende Recht beschreibt:[274]

> „Der Vorstand hat für die Einhaltung der gesetzlichen Bestimmungen und der unternehmensinternen Richtlinien zu sorgen und wirkt auf deren Beachtung durch die Konzernunternehmen hin (Compliance)“, Ziffer 4.1.3 DCGK.

Die in Ziffer 4.1.3 DCGK genannte Pflicht zur Einhaltung gesetzlicher Bestimmungen entspricht der Pflicht der Vorstandsmitglieder zur sorgfältigen Leitung des Unternehmens (§§ 76 Abs. 1, 93 Abs. 1 Satz 1 AktG). Ebenfalls wird vertreten, dass die jährliche Pflicht einer öffentlichen Erklärung zur Einhaltung des DCGK zu einem „faktischen Befolgungszwang“ führt, da sich das Bekenntnis zur Nichtbefolgung des DCGK negativ auf den öffentlichen Ruf der Aktiengesellschaft und auf ihren Börsenkurs auswirken würde.[275] § 161 Abs. 1 AktG stellt eine verbindliche Rechtsnorm dar, in deren Wortlaut die Möglichkeit zur Nichtbefolgung des DCGK aufgeführt wird. § 161 Abs. 1 AktG bringt zum Ausdruck, dass keine Rechtspflicht zur Einführung eines Compliance-Systems aus dem DCGK folgt, da § 161 Abs. 1 AktG den Fall der Nichtbefolgung des DCGK vorsieht. Ziffer 4.1.3 DCGK stellt mangels des Wortes „soll“ keine Empfehlung dar, sondern ist deklaratorischer Natur, beschreibt die bestehende Rechtslage, die eine Compliance-Pflicht für Kapitalgesellschaften umfasst.

Der Frage, ob sich eine „faktische“ Compliance-Pflicht aus § 161 Abs. 1 AktG i. V. m. 4.1.3 DCGK zu Compliance ergibt, soll nicht weiter nachgegangen werden. Die Vertreter dieser Auffassung räumen mit der Verwendung des Wortes „faktisch“ ein, dass es sich um keine „Rechtspflicht“ zur Compliance handelt. Häufig verkannt wird, dass sich die Entsprechungserklärung des § 161 AktG nur auf den empfehlenden Teil des DCGK bezieht. Diese Empfehlungen kennzeichnet der DCGK durch die Verwendung des Wortes „soll“.[276] Eine Erklärung nach § 161 Abs. 1 AktG muss also nicht enthalten, ob der Vorstand die

---

NJW-Beilage 2012, S. 94 (95); *Hopt*, FS Hoffmann-Becking, S. 563 (567 f.); *Lüderssen*, in: K/L/V-Gemeinwohl im Wirtschaftsstrafrecht, S. 259 (263 ff.).

273 *Ringleb*, in: R/K/L/W-DCGK, Vorbem. Rn. 41 ff.

274 *v. Werner/Ringleb*, in: R/K/L/W-DCGK, Ziffer 4.1.3 Rn. 615.

275 So etwa *Bergmoser/Theusinger/Gushurst*, BB Beilage 2008, S. 1 (5); auf den möglichen faktischen Zwang durch den DCGK hinweisend auch *Liese*, BB Beilage 2008, S. 17 (20).

276 *Ringleb*, in: R/K/L/W-DCGK, Rn. 1506.

Ziffer 4.1.3 DCGK (Compliance) erfüllt, da es sich nur um eine Beschreibung der geltenden Rechtslage und nicht um eine Empfehlung handelt, erscheint auch unter diesem Gesichtspunkt die Konstruktion einer „faktischen Compliance-Pflicht", die sich angeblich aus dem DCGK herleitet, fragwürdig. Dies belegt allerdings die oben dargestellte Compliance-Pflicht aus §§ 76 Abs. 1, 93 Abs. 1 Satz 1 AktG, die anscheinend auch der Gesetzgeber für normiert erachtet, wenn er Compliance für Aktiengesellschaften im DCGK als Teil der geltenden Rechtslage darstellt.

5. *Rechtspflicht zur rechtsichernden Organisationsstruktur für Kapitalgesellschaften*

Die in der Literatur herrschende Lehre nimmt eine Pflicht zur Compliance für Aktiengesellschaften an. Die einzelnen Modelle, die eine solche Pflicht begründen sollen, variieren.[277] Der Großteil der Literatur leitet eine Compliance-Pflicht von der Leitungs- und Organisationsverantwortung des Vorstandes aus §§ 76 Abs. 1, 93 Abs. 1 AktG her.[278] Darüber hinaus besteht eine solche Pflicht zur Compliance

277 Darauf hinweisend auch *Dreher*, FS Hüffer, S. 161 (168).

278 *Arnold*, ZGR 2014, S. 76 (79); *Bachmann*, Gesellschaftsrecht in der Diskussion, S. 74; *Bay/Seeburg*, in: B/H-Compliance-Management-System, S. 200; *Bicker*, AG 2014, S. 8 (8 f.); *ders.*, AG 2012, S. 542 (543); *Bürgers*, ZHR 2015, S. 174 (175); *Bürkle*, BB 2005, S. 565 (570); *ders.*, BB 2007, S. 1797 (1798); *von Busekist/Hein*, CCZ 2012, S. 41 (43); *Casper*, Bankrechtstag 2008, S. 139 (151); *Dreher*, AG 2006, S. 213 (214); *Fleischer*, AG 2003, S. 291 (300); *ders.*, NZG 2004, S. 1129 (1131); *ders.*, CCZ 2008, S. 1 (3); *ders.*, in: MüKo-GmbHG, § 43 Rn. 143 f.; *ders.*, NJW 2009, S. 2337 (2338); *ders./Schmolke*, WM 2012, S. 1013 (1016); *Groß*, Der Compliance-Officer, S. 56; *B.* Grunewald, NZG 2013, S. 841 (841 f.); *Habersack*, AG 2014, S. 1 (2 f.); *ders.*, FS Möschel, S. 1175 (1175); *Hemeling*, ZHR 2011, S. 368 (370); *Holzhausen*, in: H/S-Interdisziplinäre Aspekte von Compliance, S. 11 (32 f.); *Ihrig/Schäfer*, Rechte und Pflichten des Vorstands, S. 194 f.; *Kindler*, in: R-Compliance-Diskussion, S. 15; *ders.*, FS Roth, S. 367 (377); *Kort*, FS Hopt, S. 983 (983); *Lebherz*, Emittenten-Compliance, S. 402; *Liese*, BB Beilage 2008, S. 17 (18); *Mertens/Cahn*, in: KK-AktG, § 91 Rn. 35; *Oesterle*, Beschlagnahme anwaltlicher Unterlagen, S. 123 f.; *Reichert*, FS Hoffmann-Becking, S. 943 (947); *ders./Ott*, ZIP 2009, S. 2173 (2173); *Rieder/Jerg*, CCZ 2010, S. 201 (202); *Scharf*, Compliance in Kredit- und Finanzdienstleistungsinstituten, S. 13; *Schürrle/Olbers*, CCZ 2010, S. 102 (102); *Schulz*, in: B/H-Compliance-Management-System, S. 236; *Schröpfer*, Compliance im Aktienkonzern, S. 102; *Seibt/Cziupka*, AG 2015, S. 93 (94 f.); *Szesny*, FS Wessing, S. 469 (472); *Verse*, ZHR 2011, S. 401 (404); *Vetter*, DB 2007, S. 1963 (1964); *Winter*, FS Hüffer, S. 1103 (1104); *Fleischer*, in: S/S AktG, § 91 Rn. 47, führt aus,

gemäß § 43 Abs. 1 GmbHG ebenfalls für alle Gesellschaften mit beschränkter Haftung. Zu beachten ist, dass es insbesondere bei kleinen Gesellschaften häufig branchenunüblich sein wird, ein eigenes Compliance-System einzurichten. Dies ändert allerdings nicht an der Verpflichtung des Geschäftsführers einer GmbH über § 43 Abs. 1 GmbHG, Maßnahmen zu ergreifen, um das rechtmäßige Verhalten seiner Gesellschaft zu gewährleisten.[279]

Die unterschiedlichen dogmatischen Herleitungen außer Betracht gelassen,[280] besteht eine Rechtspflicht zur Compliance für Kapitalgesellschaften. Diese Pflicht für Kapitalgesellschaften ergibt sich nicht aus einer Rechtsanalogie, sondern folgt aus dem Gesetz. Zunächst besteht nach § 91 Abs. 2 AktG die Pflicht des Vorstandes, solchen Entwicklungen entgegenzuwirken, die zu einer Bestandsgefährdung des Unternehmens führen könnten. Im Hinblick auf die Compliance Diskussion mag man § 91 Abs. 2 AktG als lex specialis zu der aus §§ 76 Abs. 1, 93 Abs. 1 AktG resultierenden Legalitätspflicht des Vorstandes sehen. Diese Legalitätspflicht beinhaltet neben der Pflicht zu eigenem rechtmäßigem Verhalten des Vorstandes ebenfalls die Pflicht des Vorstandes zur Legalitätskontrolle. Die Ausgestaltung dieser Legalitätskontrolle hängt von unterschiedlichen Faktoren ab und liegt grundsätzlich im Ermessen des Vorstandes.

Aufgrund des weiten Ermessens des Vorstandes bei Umsetzung und Ausgestaltung der Compliance-Funktion vermag eine Compliance-Pflicht deshalb auch

---

dass eine Compliance-Pflicht des Vorstandes „heute allgemein anerkannt" wäre; ebenso *Hüffer*, FS Roth, S. 299 (303), der dies als „heute herrschenden Standpunkt" bezeichnet; anders *Spindler*, WM 2008, S. 905 (906 f.), der die Pflicht einer Aktiengesellschaft zur Compliance über § 91 AktG herleitet; vgl. auch *Fischer*, StraFo 2010, S. 329 (336); aus der Rechtsprechung neuerdings für eine Compliance-Pflicht von Aktiengesellschaften LG München I, NZWiSt 2014, S. 183 (187) Besprechungen bei *Fleischer*, NZG 2014, S. 321 (321 ff.); *Kuhlen*, NZWiSt 2015, S. 121 (124 ff.); *Markfort*, ZRC 2014, S. 180 (180 ff.); *Oppenheim*, DStR 2014, S. 1063 (1063 ff.); *Simon/Merkelbach*, AG 2014, S. 318 (318 ff.).

279 *Bachmann*, Gesellschaftsrecht in der Diskussion 2007, S. 92; *Haas*, in: Z/J-GmbHG, § 43 Rn. 124; *ders./Ziemons*, in: M-GmbHG, § 43 Rn. 75d; *Kort*, GmbHR 2013, S. 566 (566); *Schneider*, in: S-GmbHG, § 43 Rn. 361; auf die eingeschränkte Übertragbarkeit der aktienrechtlichen Grundlagen auf die GmBH, insbesondere bei kleinen Gesellschaften hinweisend *Fleischer*, in: MüKo-GmbHG, § 43 Rn. 145.

280 Vgl. aber *Dreher*, FS Hüffer, S. 161 (169), mit dem Hinweis, dass eine Verortung der Compliance-Pflicht in § 91 Abs. 2 AktG die Compliance gemäß § 317 Abs. 4 HGB mit in die Abschlussprüfung einbezieht. Bei einer Herleitung der Compliance-Pflicht über §§ 76 Abs. 1, 93 Abs. 1 AktG wäre die Compliance nicht Bestandteil der Abschlussprüfung.

nicht, wie teilweise angeführt, die unternehmerische Betätigungsfreiheit in unzulässiger Weise zu beinträchtigen.[281] Das Ermessen hinsichtlich der konkreten organisatorischen Ausgestaltung wird durch verschiedene Faktoren begrenzt: durch spezialgesetzliche Regelungen, durch Branchenstandards und durch die Pflicht zur Verhinderung bestandsgefährdender Entwicklungen aus § 91 Abs. 2 AktG.

Für deutsche Kapitalgesellschaften besteht eine Pflicht zu Compliance. Diese umfasst keine Verpflichtung zu spezifischen rechtssichernden Systemen oder zu konkreten organisatorischen Maßnahmen. Insoweit ist die Bezeichnung der im Unternehmen eingerichteten Organisationsformen zur Gewährleistung von rechtmäßigem Verhalten frei und nicht zwingend unter dem Begriff der Compliance zu führen. Das Unterlassen jeglicher Aufsichtsmaßnahmen zur Sicherung rechtskonformen Verhaltens von Kapitalgesellschaften und deren Mitarbeiter ist rechtlich unzulässig.

V. Versicherungsunternehmen

> „Versicherungsunternehmen müssen über eine ordnungsgemäße Geschäftsorganisation verfügen, welche die Einhaltung der von ihnen zu beachtenden Gesetze und Verordnungen sowie der aufsichtsbehördlichen Anforderungen gewährleistet", § 64a Abs. 1 Satz 1 VAG.

§ 64a VAG gilt gemäß § 1 Abs. 1 VAG für sämtliche Versicherungsunternehmen. Begleitet werden die in § 64 VAG normierten Pflichten durch § 55c VAG, der eine Pflicht zur fristgebunden Vorlage eines Risiko- und Revisionsberichts enthält. Die BaFin hat 2009 ein Rundschreiben (MaRisk VA) herausgegeben, das unter anderem die Regelung des § 64a VAG konkretisiert und ihr einen flexiblen und praxisnahen Rahmen für die Ausgestaltung des Risikomanagements der beaufsichtigten Unternehmen vorgibt.[282] Der Gesetzgeber wollte mit der 2008 erfolgten Neuregelung des § 64a VAG unter anderem eine Angleichung an das Bankenaufsichtsrecht erreichen,[283] weswegen sich bei der Neuregelung des § 64a VAG bewusst an § 25a KWG orientiert wurde. § 64a VAG statuiert eine Compliance-Pflicht für Versicherungsunternehmen. Darüber hinaus ist ebenso wie bei § 25a KWG umstritten, auf die Einhaltung welcher Normen sich § 64a VAG bezieht, also ob sich die Vorschrift nur auf Regelungen mit speziellem Bezug zur Versicherungstätigkeit

---

281 So aber *Wilhelm*, Ausmaß der erforderlichen Aufsicht, S. 98; *Wuttke*, Straftäter im Betrieb, S. 77.

282 *Kaulbach*, in: F/K/B/P-VAG, Anhang zu § 64a Nr. 1.

283 BT-Drucksache 16/6518, S. 15; zur beabsichtigten Neuregelungen im VAG vgl. *Dreher*, WM 2015, S. 649 (653 ff.).

und Versicherungsinteressen bezieht oder auf die gesamte Rechtsordnung.[284] Die Diskussion wird hauptsächlich unter Bezugnahme auf die Debatte im Rahmen des § 25a KWG geführt, weshalb an dieser Stelle darauf verwiesen wird.[285] Im Ergebnis wird man wie bei § 25a KWG auch bei § 64a VAG einen inhaltlichen Bezug zu dem jeweiligen Rechtsgebiet, hier dem Versicherungsrecht, fordern. Sinn und Zweck der Vorschrift ist es, die Einhaltung spezifischer Normen des Versicherungsrechts zu gewährleisten. Auch für § 64a VAG gilt die doppelte Einschränkung: Der Anwendungsbereich erstreckt sich nur auf Unternehmen der Versicherungswirtschaft und die Normen, zu deren Einhaltung Maßnahmen getroffen müssen, sind nur solche, die einen spezifischen Bezug zur Versicherungswirtschaft aufweisen.

VI. Umweltschutz

Auch im Umweltrecht finden sich gesetzlich normierte Organisationspflichten der betroffenen Betriebe, die ein gesetzeskonformes Verhalten der Mitarbeiter gewährleisten sollen. Dies ist unter anderem der Tatsache geschuldet, dass Umweltschutz sich nicht alleine durch technische Maßnahmen bewerkstelligen lässt.[286] *Spindler* wies im Jahre 2001 in seiner Habilitationsschrift darauf hin, dass organisatorische Maßnahmen durch die Unternehmen selbst unabdingbare Voraussetzung für wirksamen Umweltschutz sind.[287] Als besonders bedeutsame Vorschrift, und häufig im Zusammenhang mit Compliance genannt, sticht die Vorschrift des § 52b BImSchG heraus.

§ 52b Gesetz zum Schutz vor schädlichen Umwelteinwirkungen durch Luftverunreinigungen, Geräusche, Erschütterungen und ähnliche Vorgänge

> „(…) ist der zuständigen Behörde anzuzeigen, wer von ihnen nach den Bestimmungen über die Geschäftsführungsbefugnis für die Gesellschaft die Pflichten des Betreibers der genehmigungsbedürftigen Anlage wahrnimmt, die ihm nach diesem Gesetz und nach den auf Grund dieses Gesetzes erlassenen Rechtsverordnungen und allgemeinen Verwaltungsvorschriften obliegen.“, § 52b Abs. 1 Satz 1 BImSchG.

> „Der Betreiber der genehmigungsbedürftigen Anlage (…) hat der zuständigen Behörde mitzuteilen, auf welche Weise sichergestellt ist, dass die dem Schutz vor schädlichen Umwelteinwirkungen und vor sonstigen Gefahren, erheblichen Nachteilen und erheblichen Belästigungen dienenden Vorschriften und Anordnungen beim Betrieb beachtet werden“, § 52b Abs. 2 BImSchG.

---

284 Vgl. hierzu *Bürkle*, in: Handbuch des Versicherungsaufsichtsrechts, S. 188; *Kaulbach*, in: F/K/B/P-VAG, § 64 a Rn. 9.

285 Vgl. oben 1. Teil, C. II. 1.

286 Vgl. *Spindler*, in: F-BImSchG, § 52a Rn. 1.

287 *Spindler*, Unternehmensorganisationspflichten, S. 15 f.

Die Vorschrift des § 52b BImSchG gilt seit 02.05.2013. Sie ist identisch mit dem früheren § 52a BImSchG. § 52a BImSchG n. F. wurde zur Umsetzung einer EU-Richtlinie neu eingefügt.[288] § 52b BImSchG ist identisch mit § 58 KrWG[289], weswegen die folgenden Ausführungen entsprechend gelten. Beide Normen erfassen sämtliche genehmigungsbedürftigen Anlagen nach § 4 BImschG. Entscheidend ist allein die immissionsschutzrechtliche Genehmigungsbedürftigkeit, es kommt nicht darauf an, ob eine Konzession beantragt oder erteilt wurde.[290] Umstritten ist, ob § 52b BImschG und § 58 KrWG Organisationspflichten und damit auch eine Pflicht zur Compliance für nach dem Immissionsschutzrecht genehmigungspflichtige Anlagen statuiert.

Einer Ansicht nach normiert § 52b BImSchG lediglich Mitteilungspflichten und keine darüber hinausgehenden Organisationspflichten. Zwar gehe § 52b BImSchG von dem Bestehen bestimmter Organisationspflichten aus und knüpfe auch an diese Pflichten an, begründe sie aber nicht.[291] Die Mitteilungspflichten des § 52b beziehen sich hauptsächlich auf die in § 5 BImSchG normierten Betreiberpflichten zur Gefahrenabwehr.[292] In § 5 BImSchG geht es um die Vermeidung bzw. Begrenzung von schädlichen Umwelteinwirkungen. Nach dieser Auffassung käme § 52b BImschG keine gesonderte Bedeutung für die Frage nach einer Compliance-Pflicht zu.

Vertreten wird auch, dass aus § 52b BImschG direkt eine Pflicht zur „angemessenen Unternehmensorganisation" folgt.[293] Aus der Pflicht zu einer „angemessenen Unternehmensorganisation" folge wiederum die Pflicht zur Compliance.[294]

288 Richtlinie 2010/75/EU des Europäischen Parlaments und des Rates vom 24. November 2010 über Industrieemissionen (integrierte Vermeidung und Verminderung der Umweltverschmutzung) zu den gesamten Änderungen des BImSchG durch die EU Richtlinie vgl. *Jarass*, NVwZ 2013, S. 169 (169 ff.).

289 § 58 Kreislaufwirtschaftsgesetz, ebenfalls gültig seit 02.05.2013. Die Vorschrift ersetzt den vorher gleichlautenden § 53 KrWG.

290 *Schwertner*, in: H/R-BImSchG, § 52 Rn. 1.

291 *Feldhaus*, BImSchG, § 52a Rn. 4; *ders.*, NVwZ 1991, S. 927 (928); *Fluck/Laubinger*, in: U/L/R-BImschG, § 52a Rn. B 4; *Hansmann/Röckinghausen*, in: L/R-Umweltrecht, § 52a BImSchG Rn. 14; *Jarass*, BImschG § 52a Rn. 7; *Spindler*, in: F-BImSchG, § 52a Rn. 2.

292 *Fluck/Laubinger*, in: U/L/R-BImschG, § 52a Rn. B 4; wobei innerhalb dieser Auffassung umstritten ist, ob sich die Mitteilungspflichten des § 52b Abs. 2 auf § 5 BImSchG beschränken oder ob es sich vielmehr um eine „umweltschutzrechtliche Betriebs-organisation" handelt, vgl. hierzu etwa *Feldhaus*, NVwZ 1991, S. 927 (929).

293 *Schneider*, ZGR 1996, S. 225 (229); *ders.*, ZIP 2003, S. 645 (649).

294 *Schneider*, ZIP 2003, S. 645 (649), wobei dieser den hinter § 52b BImschG stehenden Rechtsgedanken verallgemeinern möchte: „Der hinter diesen Einzelvorschriften stehende Rechtsgedanke lässt sich verallgemeinern".

Der Gedankengang, dem *Schneider* folgt, den er aber nur unzureichend zum Ausdruck bringt, ist folgender: § 52b BImSchG normiert eine Mitteilungspflicht bezüglich der jeweiligen Betriebsorganisation. Einer Mitteilungspflicht nachkommen können Unternehmen sinnhaft nur, wenn sie eine entsprechende betriebliche Organisation eingerichtet haben. Gegenstand der Mitteilungen kann nur sein, was zuvor in den Unternehmen etabliert worden ist.[295]

Sinn, Zweck und letztlich auch der Gesetzeswortlaut von § 52b BImSchG tragen diese Interpretation nicht.[296] Zwar geht § 52b BImSchG von bestehenden Organisationspflichten aus, begründet diese aber nicht. § 52b BImSchG bezieht sich zunächst auf § 5 BImschG und die dort normierten Pflichten.[297] Nach § 5 Abs. 1 BImSchG sind Betriebe so zu errichten und zu betreiben, dass:

> „schädliche Umwelteinwirkungen und sonstige Gefahren, erhebliche Nachteile und erhebliche Belästigungen für die Allgemeinheit und die Nachbarschaft nicht hervorgerufen werden können; Vorsorge gegen schädliche Umwelteinwirkungen und sonstige Gefahren, erhebliche Nachteile und erhebliche Belästigungen getroffen wird, insbesondere durch die dem Stand der Technik entsprechenden Maßnahmen; Abfälle vermieden, nicht zu vermeidende Abfälle verwertet und nicht zu verwertende Abfälle ohne Beeinträchtigung des Wohls der Allgemeinheit beseitigt werden; Energie sparsam und effizient verwendet wird."

§ 5 BImSchG normiert somit das Erfordernis einer umweltschutzsichernden Betriebsorganisation.[298] Im Hinblick auf Compliance lässt festhalten: § 52b BImSchG berührt die Organisationspflichten eines Betriebes nur hinsichtlich einer Informationspflicht. Durch § 5 BImSchG werden bestimmte Ziele festgelegt, wobei die einzelnen Maßnahmen, mithilfe derer Ziele erreicht werden sollen, dem Anlagenbetreiber überlassen werden.[299] Somit besteht für Anlagen[300] im Sinne des BImSchG eine Pflicht Maßnahmen vorzuhalten, die eine umweltschutzsichernde Betriebsorganisation gewährleisten.

---

295 *Adams/Johannsen*, BB 1996, S. 1017 (1020).

296 Vgl. BT-Drucksache 11/4909, S. 37 und S. 46 f.

297 *Fluck/Laubinger*, in: U/L/R-BImschG, § 52a Rn. B 4; *Jarass*, BImschG § 52a Rn. 7; *Spindler*, in: F-BImSchG, § 52a Rn. 1.

298 Vgl. *Feldhaus*, NVwZ 1991, S. 927 (929), nach dem sich die Reichweite der Betriebsorganisation so weit erstreckt wie die materiellen Grundpflichten, deren Erfüllung sie sicherstellen soll.

299 *Jarass*, BImschG, § 5 Rn. 2.

300 Für die nicht genehmigungsbedürftigen Anlagen werden die Pflichten der Betreiber in § 22 BImSchG festgelegt.

VII. „Beauftragtenwesen“

Die Rechtsordnung verlangt an bestimmten Stellen die Bestellung eines sog. „Beauftragten“.[301] Diesen Beauftragten wird, neben anderen Aufgaben, häufig rechtlich zugewiesen, für die Einhaltung bestimmter gesetzlicher Bestimmungen im Unternehmen Sorge zu tragen, so sind beispielsweise der Immissionsschutzbeauftragte, der Störfallbeauftragte, der Datenschutzbeauftragte und der Abfallbeauftragte verpflichtet, auf die Einhaltung der Vorschriften des Gesetzes, das ihre Bestellung vorschreibt und der aufgrund des Gesetzes erlassenen Rechtsverordnungen hinzuwirken.[302] Das Gesetz verpflichtet an dieser Stelle zu einer bestimmten Compliance-Maßnahme, nämlich zu der Bestellung eines Beauftragten, der für die Einhaltung des spezifischen Aufsichtsrechts Sorge zu tragen hat.

Über die reine Bestellung eines Beauftragten hinaus werden keine konkreten Maßnahmen vorgegeben, etwa wie konkret der Beauftragte die Einhaltung des jeweiligen Aufsichtsrechts sicherstellen soll. Eine allgemeine Rechtspflicht zur Compliance lässt sich hieraus nicht ableiten, insbesondere da von den Beauftragten nicht verlangt wird auf die Einhaltung sämtlicher für das Unternehmen relevanter Rechtsvorschriften hinzuwirken, sondern lediglich die Befolgung des speziellen Aufsichtsrechts zu sichern. Die Pflicht zur Bestellung von Beauftragten soll der Abwehr von Gefahren dienen, wie sie bei Verstößen gegen rechtliche Vorgaben entstehen, die Betriebe regulieren sollen, die aufgrund ihrer Tätigkeit besondere Gefahren für die Allgemeinheit darstellen.

VIII. Arbeitsrecht

Im Arbeitsrecht finden sich Compliance-relevante Organisationspflichten des Arbeitgebers. *Bock* nennt § 618 Abs. 1 BGB, § 62 Abs. I HGB und § 3 ArbSchG.[303] Besondere Beachtung verdient die arbeitsrechtliche Vorschrift des § 12 AGG.

> „Der Arbeitgeber ist verpflichtet, die erforderlichen Maßnahmen zum Schutz vor Benachteiligungen wegen eines in § 1 genannten Grundes zu treffen. Dieser Schutz umfasst auch vorbeugende Maßnahmen“, § 12 Abs. 1 AGG.

---

301 Beispielhaft seien genannt: der Immissionsschutzbeauftragte, § 53 BImSchG; der Sicherheitsbeauftragte, § 22 SGB VII; der Abfallbeauftragte, § 59 KrWG; der Strahlenschutzbeauftragte, § 31 StrlSchV; der Gefahrgutbeauftragte, § 3 GbV; der Gewässerschutzbeauftragte, § 64 WHG; der Geldwäschebeauftragte, § 9 GwG.

302 Vgl. § 54 Abs. 1 Nr. 3 BImSchG; § 58b Abs. 1 Nr. 3 BImSchG; § 4g Abs. 1 BDSG; § 60 Abs. 1 Nr. 2 KrWG.

303 *Bock*, Criminal Compliance, S. 526 f.

Die in § 1 AGG genannten Gründe sind: Rasse, ethnische Herkunft, Geschlecht, Religion, Weltanschauung, Behinderung, Alter und sexuelle Identität.

> „Der Arbeitgeber soll in geeigneter Art und Weise, insbesondere im Rahmen der beruflichen Aus- und Fortbildung, auf die Unzulässigkeit solcher Benachteiligungen hinweisen und darauf hinwirken, dass diese unterbleiben. Hat der Arbeitgeber seine Beschäftigten in geeigneter Weise zum Zwecke der Verhinderung von Benachteiligung geschult, gilt dies als Erfüllung seiner Pflichten nach Absatz 1", § 12 Abs. 2 AGG.

Die Vorschrift begründet konkrete Handlungspflichten des Arbeitgebers zur Verhinderung oder Beseitigung von Diskriminierung seiner Beschäftigten.[304] Diese Schutzpflichten des Arbeitgebers werden als Compliance-relevant betrachtet.[305] Teilweise wird darüber hinausgehend § 12 Abs. 1 AGG sogar als ein gesetzlicher Zwang zur Compliance verstanden.[306] Unter Bezugnahme auf „alle" Arbeitgeber ist der Kreis der durch die Vorschrift Verpflichteten groß. Die in § 12 Abs. 1 AGG verlangten „erforderlichen Maßnahmen" sind nicht näher konkretisiert und liegen im Ermessen des jeweiligen Arbeitgebers, weswegen § 12 Abs. 1 AGG keine Konkretisierung etwaiger Compliance-Pflichten verspricht.[307]

Für die Praxis kommt § 12 Abs. 2 Satz 2 AGG große Bedeutung zu, wonach der Arbeitgeber seine Verpflichtung aus § 12 Abs. 1 AGG erfüllt, wenn er seine Mitarbeiter in „geeigneter Weise geschult" hat.[308] Begrüßenswert ist, dass der Gesetzgeber durch explizite Nennung von Mitarbeiterschulungen in § 12 Abs. 2 Satz 2 AGG eine konkrete Maßnahme nennt, mit der der Arbeitgeber seinen organisatorischen Pflichten aus § 12 Abs. 1 AGG nachkommen kann. Solche konkret gefassten Organisationspflichten, die bei ihrer Erfüllung zu einer Haftungsentlastung in zivil- und in strafrechtlicher Hinsicht führen, finden sich in der deutschen Rechtsordnung nur selten.

---

304 *Bauer/Göpfert/Krieger*, AGG, § 12 Rn. 1; *Buschmann*, in: D/B-AGG, § 12 Rn. 6.

305 *Adomeit/Mohr*, AGG, § 12 Rn. 13; *Bauer/Göpfert/Krieger*, AGG, § 12 Rn. 4.

306 *Mengel*, CCZ 2008, S. 85 (85); *dies./Hagermeister*, BB 2006, S. 2466 (2467).

307 *Bauer/Göpfert/Krieger*, in: A/M-AGG, § 12 Rn. 7; *Buschmann*, in: D/B-AGG, § 12 Rn. 11; *Göpfert/Siegrist*, ZIP 2006, S. 1710 (1714).

308 Vgl. *Stein*, in: A/M-AGG, § 12 Rn. 4; auf die Einschränkungen der Entlastung des § 12 Abs. 2 Satz 2 AGG hinweisend *Buschmann*, in: D/B-AGG, § 12 Rn. 20; zu den einzelnen Anforderungen an die Schulung vgl. *Bauer/Göpfert/Krieger*, in: A/M-AGG, § 12 Rn. 16 ff.

IX. Bürgerliches Recht

Organisationspflichten für Unternehmen folgen mittelbar auch aus dem bürgerlichen Recht.[309]

1. *§ 831 BGB – Haftung für den Verrichtungsgehilfen*

> „Wer einen anderen zu einer Verrichtung bestellt, ist zum Ersatz des Schadens verpflichtet, den der andere in Ausführung der Verrichtung einem Dritten widerrechtlich zufügt. Die Ersatzpflicht tritt nicht ein, wenn der Geschäftsherr bei der Auswahl der bestellten Person und, sofern er Vorrichtungen oder Gerätschaften zu beschaffen oder die Ausführung der Verrichtung zu leiten hat, bei der Beschaffung oder der Leitung die im Verkehr erforderliche Sorgfalt beobachtet oder wenn der Schaden auch bei Anwendung dieser Sorgfalt entstanden sein würde", § 831 Abs. 1 BGB.

Die Vorschrift des § 831 BGB begründet eine Haftung für die Verletzung von Organisationspflichten. Grund der Haftung wegen der Verletzung von Organisationspflichten ist, dass der Geschäftsherr nicht selbst tätig wird, sondern sich Hilfspersonen zur Erfüllung bedient, deren Handlungen er grundsätzlich beherrschen (steuern) kann.[310] Kommt es zu einer Rechtsgutsverletzung durch eine unerlaubte Handlung eines Gehilfen, haftet der Geschäftsherr über § 831 Abs. 1 BGB selbst.

Von dieser Haftung kann er sich exkulpieren, wenn er gemäß § 831 Abs. 1 Satz 2 BGB seinen Gehilfen mit der „im Verkehr erforderlichen Sorgfalt" überwacht hat. Die Vorschrift nennt zur Entlastung zwar nur die Beachtung der im Verkehr erforderlichen Sorgfalt bei der Auswahl des Verrichtungsgehilfen, hierunter fällt, mittlerweile unstreitig, auch die sog. „Überwachungssorgfalt".[311] So setzt die Haftung des Geschäftsherrn im Ergebnis voraus, dass dieser seine Überwachungspflichten verletzt und es in Folge dieser Verletzung zu einer unerlaubten rechtswidrigen

---

309 So auch *Bock*, Criminal Compliance, S. 564; *Dreher*, ZGR 1992, S. 22 (27 f.); *Engelhart*, Sanktionierung von Unternehmen, S. 508; *Lang/Renz*, in: S/S/L-Handbuch der Vermögensverwaltung, S. 335 f.

310 *Belling*, in: S-BGB, § 831 Rn. 2.

311 So bereits schon RGZ 128, 150 (153), das auf den Grundsatz hinweist, dass „nur ein wohlbeaufsichtigtes Personal als ein wohlausgewähltes gelten darf"; dem folgend BGHZ 8, 239 (243); BGH, NJW-RR 1996, S. 867 (868); BGH, NJW 2003, S. 288 (290); *Belling*, in: S-BGB, § 831 Rn. 156; *Brox/Walker*, Besonderes Schuldrecht, S. 555; *Krause*, in: S-BGB, § 831 Rn. 45; *Sprau*, in: P-BGB, § 831 Rn. 13; *Wagner*, in: MüKo-BGB, § 831 Rn. 34.

Tat des Überwachten kommt.[312] § 831 Abs. 1 BGB normiert somit eine zivilrechtliche Haftung, falls der Geschäftsherr die erforderliche Mitarbeiteraufsicht im Unternehmen unterlässt, sofern durch den zu Beaufsichtigten ein widerrechtlicher Schaden entsteht.[313]

2. *Schadensersatzpflicht aus § 823 Abs. 1 BGB*

§ 823 Abs. 1 BGB dehnt die Haftung des § 831 BGB wegen Verletzung betrieblicher Organisationspflichten weiter aus.[314] Vielfach wird sogar behauptet, die eigentliche Haftung wegen Verletzung der betrieblichen Organisationspflichten finde grundsätzlich nur über § 823 Abs. 1 BGB statt, weswegen § 831 BGB kaum praktische Bedeutung besitze und ein „Schattendasein fristet".[315]

> „Wer vorsätzlich oder fahrlässig das Leben, den Körper, die Gesundheit, die Freiheit, das Eigentum oder ein sonstiges Recht eines anderen widerrechtlich verletzt, ist dem anderen zum Ersatz des daraus entstehenden Schadens verpflichtet", § 823 Abs. 1 BGB.

Die Rechtsprechung leitet aus § 823 Abs. 1 BGB die Pflicht von Unternehmern her, innerbetriebliche Abläufe so zu organisieren, dass Schädigungen von Dritten durch Unternehmensmitarbeiter im „gebotenen Umfang" vermieden werden. Die Mitarbeiter im Unternehmen seien „im gebotenen Umfang" zu instruieren und die sorgfältige Ausführung der übertragenen Tätigkeit zu überwachen.[316] Somit begründet auch § 823 Abs. 1 BGB Organisationspflichten im Unternehmen, die bei einem Verstoß eine Haftung begründen können. Eine Exkulpation der juristischen Person wie in § 831 Abs. 1 Satz 2 BGB sieht § 823 Abs. 1 BGB nicht vor. Indem die Haftung der Unternehmensleitung wegen Schäden aus organisatorischen Pflichtverletzung auf § 823 Abs. 1 BGB zurückgeführt wird, entfällt die Möglichkeit zur Exkulpation des Geschäftsherrn über § 831 Abs. 1 Satz 2 BGB.[317]

---

312 *Belling*, in: S-BGB, § 831 Rn. 3.

313 *Hauschka*, Bankrechtstag 2008, S. 103 (115 f.), nennt § 831 BGB eine „Compliance-Norm", da sie in der Compliance-Terminologie die Funktion der Schadensprävention durch richtige Auswahl von Verrichtungsgehilfen wahrnimmt.

314 So *Wagner*, in: MüKo-BGB, § 823 Rn. 78; was teilweise sehr kritisch gesehen wird, zur Kritik vgl. statt vieler *Belling*, in: S-BGB, § 831 Rn. 11.

315 So *Wagner*, in: MüKo-BGB, § 831 Rn. 2 m. w. N.

316 Etwa RGZ 53, 276 (281 f.); 89, 136 (137 f.); BGHZ 4, 1 (2); 17, 214 (220 f.).

317 *Belling*, in: S-BGB, § 831 Rn. 21.

3. *Unternehmenshaftung aus § 31 BGB*

§ 31 BGB stellt eine Zurechnungsnorm dar, die unter bestimmten Voraussetzungen das Unternehmen direkt haften lässt:

> „Der Verein ist für den Schaden verantwortlich, den der Vorstand, ein Mitglied des Vorstands oder ein anderer verfassungsmäßig berufener Vertreter durch eine in Ausführung der ihm zustehenden Verrichtungen begangene, zum Schadensersatz verpflichtende Handlung einem Dritten zufügt", § 31 BGB.

Die Vorschrift bezieht sich auf sämtliche juristischen Personen des Privatrechts und des öffentlichen Rechts.[318] Die Rechtsprechung erweitert den Anwendungsbereich von § 31 BGB, der sich dem Wortlaut nach nur auf den Vorstand und verfassungsmäßige Vertreter erstreckt, auch auf andere Leitungspersonen im Unternehmen.[319] Liegt ein Organisationsmangel vor, kommt hierfür regelmäßig nur ein Mitarbeiter mit Organisationsgewalt in Betracht, da Mitarbeitern ohne Organisationsgewalt regelmäßig die Möglichkeit zur mangelhaften Unternehmensorganisation fehlt. Die Kompetenz zur Einflussnahme auf die Organisationsstruktur im Unternehmen dürfte regelmäßig als Anknüpfungspunkt dienen, die Eigenschaft als leitender Mitarbeiter im Sinne des § 31 BGB anzunehmen. Damit haftet das Unternehmen über § 823 Abs. 1 BGB i. V. m. § 31 BGB regelmäßig für Schäden aus organisatorischen Pflichtverletzungen.[320]

---

318 *Reuter*, in: MüKo-BGB, § 31 Rn. 11 m. w. N.; ausführlich hierzu *Weick*, in: S-BGB, § 31 Rn. 42 ff.; die Anwendbarkeit auf juristische Personen des öffentlichen Rechts ergibt sich aus § 89 Abs. 1 BGB.

319 RGZ 89, 136 (137 f.); 162, 129 (166); 163, 21 (30); BGHZ 13, 198 (202); 24, 200 (213); vgl. auch BGHZ 49, 19 (21): „es genügt, dass dem Vertreter durch die allgemeine Betriebsregelung und Handhabung bedeutsame, wesensmäßige Funktionen der juristischen Person zur selbstständigen, eigenverantwortlichen Erfüllung zugewiesen sind, dass er also die juristische Person auf diese Weise repräsentiert".

320 Kritisch zu dieser ausgedehnten Unternehmenshaftung *Wagner*, in: MüKo-BGB, § 823 Rn. 82, der bemängelt, dass durch die extensive Anwendung des § 31 BGB der dezentralisierte Entlastungsbeweis des § 831 BGB wieder rückgängig gemacht wird; zum Ganzen vgl. *Spindler*, Unternehmensorganisationspflichten, S. 601 ff.; vgl. auch *Bachmann*, NJW-Beilage 2014, S. 43 (46), der kritisiert, dass § 31 BGB zu einer Art Schuldbeitritt führt und die Haftung des Verbandes neben die Organhaftung tritt und diese nicht ablöst.

4. *Einbeziehung zivilrechtlichen Organisationsverschuldens nach §§ 31, 823, 831 BGB in die Criminal Compliance*

Die zivilgerichtliche Rechtsprechung hat sich in Fällen der §§ 31, 823, 831 BGB regelmäßig mit der Frage auseinanderzusetzen, ob der Geschäftsherr oder eine Leitungsperson die Unternehmensmitarbeiter mit der im Verkehr erforderlichen Sorgfalt überwacht hat. Hierzu muss das Gericht, bezogen auf den konkreten Einzelfall, entscheiden, ob es die vorgenommene Überwachung als ausreichend erachtet oder nicht.

Aus diesen Einzelfallentscheidungen lassen sich keine allgemein verpflichtenden Vorgaben zur Compliance ableiten. Eine Auswertung der zivilrechtlichen Rechtsprechung bei vergleichbarer Unternehmensstruktur mag in diesem Bereich ein ungefähres Konstrukt dessen ergeben, was die Rechtsprechung als eine „ausreichende" Überwachung der Unternehmensmitarbeiter ansieht bzw. welche Überwachung sie für unzureichend erachtet und damit Hinweise zu einer konkreten Ausgestaltung der Organisationspflichten zur Sicherung regelkonformen Mitarbeiterverhaltens liefern. Eine gesicherte höchstrichterliche zivilrechtliche Rechtsprechung bezüglich der Bestimmung von Aufsichts- und Organisationspflichten im Unternehmen wäre insbesondere auch für das Strafrecht interessant.[321] Genügt eine Aufsicht im Unternehmen zivilrechtlichen Anforderungen, kann also zivilrechtliche keine Organisationspflichtverletzung festgestellt werden, dürfte es, unter ultima ratio-Gesichtspunkten schwierig sein, eine strafrechtlich relevante Organisationspflichtverletzung zu bejahen.

Im Zivilrecht wie auch im Strafrecht wird hinsichtlich der unbestimmten Rechtsbegriffe um Auslegung und Anwendung gestritten, weswegen der Gewinn für die Compliance-Diskussion nicht überschätzt werden sollte.[322] Die zivilrechtliche Haftung wegen Verletzung von Organisationspflichten im Unternehmen ist umstritten.[323] Im Ergebnis wird über §§ 31, 823, 831 BGB eine umfassende und teilweise ausschweifende zivilrechtliche Haftung für die schädigende Verletzung von Unternehmensorganisationspflichten statuiert. Die Bedeutung für strafrechtliche Garantenstellungen scheint bereits an dieser Stelle durch, wenn man

---

321 So auch *Bock*, Criminal Compliance, S. 565 f.; allgemein zum Rechtsgüterschutz durch das Zivilrecht vgl. *Dreier*, Kompensation und Prävention, S. 413 ff.

322 Ebenfalls kritisch zur Übertragung solcher von der Rechtsprechung aufgestellten zivilrechtlichen Organisationspflichten, *Bock*, Criminal Compliance, S. 566; *Engelhart*, Sanktionierung von Unternehmen, S. 509.

323 Vgl. hierzu ausführlich *Spindler*, Unternehmensorganisationspflichten, S. 689 ff.

den im Deliktsrecht entwickelten Grundsatz der „Verkehrssicherungspflichten" betrachtet, wonach jeder:

> „der eine Gefahrenlage, gleich welcher Art, schafft, grundsätzlich verpflichtet ist, die notwendigen und zumutbaren Vorkehrungen zu treffen, um eine Schädigung anderer möglichst zu verhindern. Die rechtlich gebotene Verkehrssicherung umfasst diejenigen Maßnahmen, die ein umsichtiger und verständiger, in vernünftigen Grenzen vorsichtiger Mensch für notwendig und ausreichend hält, um andere vor Schäden zu bewahren."[324]

Diese Definition der zivilrechtlichen Verkehrssicherungspflichten könnte sich wortgleich in einem Strafurteil zur Begründung einer Überwachergarantenstellung aufgrund der Eröffnung oder Unterhaltung einer Gefahrenquelle wiederfinden, deswegen werden Verkehrssicherungspflichten teilweise als „gemeinsames Institut"[325] von Straf- und Zivilrecht oder als eine Gruppe von Garantenpflichten[326], die sich aus Gesetz (§§ 823, 831 BGB) ergeben, angesehen.

X. Criminal Compliance – strafrechtliche Organisationspflichten?

Jede Rechtsnorm, die für ihren Bruch Sanktionen androht, wie bei Straf- und Ordnungswidrigkeitsvorschriften der Fall, ist Pflicht zur Rechtsbefolgung.[327]

Zugespitzt bringt dies *Hilgendorf* auf den Punkt:

> „Konsequente Anhänger einer strafrechtlichen Non-Compliance finden sich wohl nur in Strafvollzugsanstalten und in psychiatrischen Kliniken".[328]

Dies beantwortet pointiert die Frage nach einer Pflicht zur (Straf-) Rechtsbefolgung. Wie diese Rechtsbefolgungspflicht sicherzustellen ist, wird vom Straf- und Ordnungswidrigkeitenrecht nicht unmittelbar beantwortet. Dies mag daran liegen, dass das Strafrecht (noch) keine Strafbarkeit von juristischen Personen

---

324 Dies stellt die ständige Rechtsprechung des BGH dar, vgl. nur BGH, NJW 2013, S. 48 (48); NJW 2010, S. 610 (611); NJW 2008, S. 3775 (3776); NJW 2007, S. 1683 (1684); NJW 2006, S. 610 (611) jeweils m. w. N.

325 *v. Bar*, Verkehrspflichten, S. 11 ff.; *Seelmann*, in: S-Vielfalt des Rechts, S. 85 (88); *Welp*, Vorangegangenes Tun, S. 245.

326 *Arzt*, JA 1980, S. 647 (651); *Grünewald*, Zivilrechtlich begründete Garantenpflichten, S. 34; kritisch hinsichtlich einer Übertragung von zivilrechtlichen Verkehrssicherungspflichten in ein „strafrechtliches Pflichtenprogramm".

327 *Bock*, Criminal Compliance, S. 277.

328 *Hilgendorf*, ZLR 2011, S. 303 (311); *ders.*, in: R-Criminal Compliance vor den Aufgaben der Zukunft, S. 21.

kennt und die Erfüllung der Pflicht zur Strafrechtsbefolgung von Individualpersonen häufig keiner besonderen organisatorischen Institution bedarf.

1. Mittelbare Organisationspflichten aus § 13 Abs. 1 StGB

Mittelbar können sich aus (fast) jedem Straftatbestand Organisationspflichten ergeben: Auch die im Folgenden näher zu untersuchende Strafbarkeit wegen Unterlassens gemäß § 13 Abs. 1 StGB lässt sich unter anderem als Aufsichtspflicht über Dritte begreifen.[329] Insoweit mag die strafrechtliche Rechtsprechung in den Fällen, in denen sie eine Strafbarkeit wegen Unterlassens der erforderlichen

---

329 Wobei eine solche strafrechtliche Aufsichtspflicht über Dritte erheblichen Einschränkungen unterliegt. Von der Garantenstellung abgesehen, scheidet insbesondere durch das Korrektiv der sog. „hypothetischen" Kausalität („Quasikausalität") in vielen Fällen eine strafrechtliche Haftung wegen unterlassener Aufsicht aus. In der Regel ist bei Delikten, die Dritte vorsätzlich begehen, der Nachweis nur schwer zu erbringen, der Dritte hätte die vorsätzliche Tat nicht begangen, wenn er nur genügend beaufsichtigt worden wäre. Ähnlich auch *Achenbach*, in: A/R-Handbuch Wirtschaftsstrafrecht, S. 35; vgl. *Schaefer/Baumann*, NJW 2011, S. 3601 (3604), mit dem Hinweis, dass es nicht möglich ist, in solchen Fällen auf Grund einer Risikoerhöhungslehre weniger strenge Anforderungen an den Kausalitätsnachweis zu stellen; zum problematischen Kausalitätsnachweis bei der strafrechtlichen Unterlassungshaftung von Compliance-Beauftragten vgl. auch *Held*, CCZ 2009, S. 231 (232); *Kraft/Winkler*, CCZ 2009, S. 29 (32 f.). Sofern die fahrlässige Begehungsweise nicht mit Strafe bedroht ist, muss die Deliktsverhinderung vorsätzlich unterlassen werden. Hierzu ist erforderlich, dass der Unterlassende das deliktische Drittverhalten mindestens für möglich hält und den damit einhergehenden Erfolg zumindest billigt (Eventualvorsatz); vgl. hierzu *Rotsch*, in: M/G-Wirtschaftsstrafrecht, S. 37, der kritisch von einer „extensiven Zuschreibungspraxis" des BGH bei der Feststellung des dolus eventualis spricht; *ders.*, in: R-Handbuch Criminal Compliance, S. 153: „pragmatische Zuschreibungspraxis"; zu verschiedenen strafrechtlichen „Zuschreibungsweisen" vgl. *Günther*, in: P/B/G/J/K/M/N/S-Rationalität und Empathie, S. 9 (15 ff.); zur Wissenszurechnung im Unternehmen allgemein vgl. etwa *Schwintowski*, ZIP 2015, S. 617 (618). Die Möglichkeit eines Fahrlässigkeitsvorwurfes verbleibt zwar grundsätzlich, allerdings kennt das Wirtschaftsstrafrecht an vielen Stellen gerade keine Fahrlässigkeitsstrafbarkeit, etwa im Bereich der Vermögensdelikte. Hierzu ebenfalls *Achenbach*, in: A/R-Handbuch Wirtschaftsstrafrecht, S. 35; *Hefendehl*, JZ 2004, S. 18 (21); *Tiedemann*, Wirtschaftsstrafrecht AT, S. 25; vgl. aber § 264 Abs. 4 StGB, der teilweise als „fahrlässiges Vermögensdelikt" aufgefasst wird, etwa von *Hefendehl*, Kollektive Rechtsgüter, S. 377, wobei dieser gleichzeitig auf rechtsstaatliche und systematische Bedenken im Zusammenhang mit § 264 Abs. 4 StGB aufmerksam macht.

Aufsichtsmaßnahmen behandelt, Anhaltspunkte liefern, welche Organisationspflichten sie erwartet, um eine Strafbarkeit durch unterlassene Organisation abzuwenden.[330] Nochmals sei auf den begrenzten Aussagegehalt solcher Entscheidungen hingewiesen, da diese nur den Einzelfall im Auge haben und regelmäßig nicht anderen Konstellationen „übergestülpt" werden können.

2. *Organisationspflichten im Ordnungswidrigkeitenrecht*

Ein direkt normenbezogener Anknüpfungspunkt zu einer möglichen Compliance-Pflicht findet sich nur in § 130 OWiG:

> „Wer als Inhaber eines Betriebes oder Unternehmens vorsätzlich oder fahrlässig die Aufsichtsmaßnahmen unterlässt, die erforderlich sind, um in dem Betrieb oder Unternehmen Zuwiderhandlungen gegen Pflichten zu verhindern, die den Inhaber treffen und deren Verletzung mit Strafe oder Geldbuße bedroht ist, handelt ordnungswidrig, wenn eine solche Zuwiderhandlung begangen wird, die durch gehörige Aufsicht verhindert oder wesentlich erschwert worden wäre. Zu den erforderlichen Aufsichtsmaßnahmen gehören auch die Bestellung, sorgfältige Auswahl und Überwachung von Aufsichtspersonen", § 130 Abs. 1 OWiG.[331]

Diese Vorschrift stellt die einzige Norm im deutschen Straf- und Ordnungswidrigkeitenrecht dar, die unmittelbar das Unterlassen von erforderlichen Aufsichtsmaßnahmen im Unternehmen sanktioniert. Bezüglich einer Diskussion um Criminal Compliance erlangt sie deshalb eine herausragende Bedeutung.[332]

---

330 Vgl. hierzu beispielhaft Bay OLG, VRS 1982, S. 390 (391), das für die Aufsichtspflicht im Speditionsunternehmen zur Einhaltung der Lenk- und Ruhzeiten begrüßenswert konkret ausführt: „Der Unternehmer ist somit verpflichtet, seine kaufmännische Disposition jedenfalls so zu treffen, dass unter der Berücksichtigung des Bestimmungsorts, der Streckenführung, der Zeiten der An- und Abfahrt sowie der Be- und Entladung dem Fahrer die Einhaltung der Lenk- und Ruhezeiten möglich ist. Er hat außerdem seine Fahrer eindringlich und wiederholt zu belehren, dass sie die Sozialbestimmungen im Straßenverkehr einzuhalten haben und auf die Folgen der Verstöße hinzuweisen. Er hat ferner seine Fahrer regelmäßig zu überwachen. Die bloß stichprobenweise Kontrolle (…) reicht insoweit nicht aus"; dem folgend Bay OLG, VRS 1982, S. 302 (303); OLG Hamm, VRS 1983, S. 67 (69); OLG Köln, VRS 1983, S. 313 (314); OLG Düsseldorf, NVZ 2007, S. 322 (323); OLG Düsseldorf, NJW 2008, S. 930 (931), sodass man hinsichtlich dieser speziellen Unternehmensorganisationspflicht von einer gefestigten obergerichtlichen Rechtsprechung ausgehen kann.

331 Zu § 130 OWiG vgl. bereits oben 1. Teil, C. X. 2.

332 Vgl. auch *Bock*, Criminal Compliance, S. 280 „die einzig (i. w. S.) strafrechtlich explizierte Unternehmensorganisationsnorm ist § 130 OWiG"; *ders.*, ZIS 2009, S. 68 (68) „§ 130 OWiG als zentrale Norm der Criminal Compliance"; zustimmend *Caracas*,

a) *Dogmatische Konzeption und Rechtsgut von § 130 OWiG*

Unstreitig normiert § 130 OWiG lediglich eine subsidiäre Haftung. Derjenige, der als unterlassender Garant, Mittäter oder Teilnehmer wegen einer Zuwiderhandlung im Sinne des § 130 OWiG verantwortlich ist, wird nicht zusätzlich über § 130 OWiG für das Unterlassen von Aufsichtsmaßnahmen sanktioniert, die diese Zuwiderhandlung hätten verhindern können.[333]

§ 130 OWiG dient der Verstärkung des Rechtsgüterschutzes gegenüber betriebsbezogenen Zuwiderhandlungen.[334] Schutzgüter der Vorschrift sind die jeweils von den einzelnen betriebsbezogenen Straf- und Ordnungswidrigkeitenrecht geschützten Rechtsgüter deren Verletzung auch über § 130 OWiG sanktioniert werden kann.[335] Teilweise wird das geschützte Rechtsgut darüber hinausgehend in dem Interesse der Allgemeinheit an der Schaffung und Aufrechterhaltung einer innerbetrieblichen Organisationsform gesehen, mit welcher der von einem Unternehmen als Zusammenfassung von Personen und Produktionsmitteln ausgehenden Gefahren begegnet werden soll.[336] § 130 OWiG verlagert den Rechtsgüterschutz vor, da die Vorschrift den Betriebsinhaber dazu anhält, Zuwiderhandlungen präventiv durch entsprechende Aufsichtsmaßnahmen zu begegnen.[337]

CCZ 2015, S. 167 (167); ähnlich *Engelhart*, RW 2013, S. 208 (219): „Der Idee von Compliance am nächsten kommt § 130 OWiG"; zur Anwendung von § 130 OWiG auf Sachverhalte mit Auslandsbezug vgl. *Caracas*, CCZ 2015, S. 218 (218 ff.).

333 BayObLG, wistra 1999, S. 71 (73 f.); *Achenbach*, in: A/R-Handbuch Wirtschaftsstrafrecht, S. 36; *ders.*, in: FK-Kartellrecht, Vorbem. § 81 Rn. 66; *Dannecker*, NStZ 1985, S. 49 (56); *Niesler*, in: G/J/W-Wirtschafts- und Steuerstrafrecht, § 130 OWiG Rn. 13; *Ransiek*, Unternehmensstrafrecht, S. 98 f.; *Schünemann*, wistra 1982, S. 41 (47); OLG Hamm, NStZ-RR 1997, S. 21 (21); *Theile/Petermann*, JuS 2011, S. 496 (497); *Wittig*, Wirtschaftsstrafrecht, S. 72.

334 Zum Merkmal der Betriebsbezogenheit vgl. unter 4. Teil, D. IV.

335 *Gürtler*, in: G-OWiG, § 130 Rn. 3a; *Hermanns/Kleier*, Grenzen der Aufsichtspflichten, S. 6; *Kohlmann/Ostermann*, wistra 1990, S. 121 (124); *Rogall*, in: ZStW 1986, S. 573 (587); *Theile/Petermann*, JuS 2011, S. 496 (497).

336 BGH, NJW 1991, S. 1801 (1803); *Helmrich*, wistra 2010, S. 331 (332); zum Streitstand im Einzelnen vgl. *Rogall*, in: KK-OWiG, § 130 Rn. 12 ff. m. w. N.

337 *Niesler*, in: G/J/W-Wirtschafts- und Steuerstrafrecht, § 130 OWiG Rn. 7; vgl. auch *Gürtler*, in: G-OWiG, § 130 Rn. 3a; anders BGHZ 125, 366 (373): „Schutzgut dieser Vorschrift ist in erster Linie das Interesse der Allgemeinheit an der Schaffung und Aufrechterhaltung einer innerbetrieblichen Organisationsform, mit der den von einem Unternehmen als der Zusammenfassung von Personen und Produktionsmitteln ausgehenden Gefahren begegnet wird," wobei der BGH, in „zweiter Linie" den Schutzzweck von § 130 OWiG auch in dem Schutz individueller Rechtsgüter sieht,

Voraussetzung für eine Zuwiderhandlung im Sinne des § 130 OWiG ist zunächst die rechtswidrige Erfüllung der objektiven und subjektiven Tatbestandsmerkmale einer Straf- oder Ordnungswidrigkeitennorm.[338] Die genannte „Zuwiderhandlung" stellt eine objektive Bedingung der Ahndbarkeit dar.[339] Die Bezeichnung „objektive Strafbarkeitsbedingung" ist unzutreffend, da es sich bei § 130 OWiG um einen Tatbestand des Ordnungswidrigkeitenrechts handelt.[340] Auf die konkrete Zuwiderhandlung müssen sich weder Vorsatz noch Fahrlässigkeit des Aufsichtspflichtigen beziehen. Der Täter muss nicht vorhersehen, dass es als Folge der ungenügenden Aufsicht in Zukunft zu einem bestimmten Verstoß kommt.[341]

Einigkeit besteht insoweit, dass es sich bei § 130 OWiG um ein sog. „echtes" Unterlassungsdelikt handelt.[342] Umstritten ist, ob § 130 OWiG ein abstraktes oder konkretes Gefährdungsdelikt darstellt.[343] Relevant wird die Frage nach Abstraktheit oder Konkretheit der Gefährdung lediglich im Bereich des Vorsatzes: Fasst man § 130 OWiG als abstraktes Gefährdungsdelikt auf,[344] müssen sich Vorsatz oder Fahrlässigkeit nur auf das Unterlassen der jeweiligen erforderlichen Aufsichtsmaßnahme erstrecken. Betrachtet man § 130 OWiG als konkretes Gefährdungsdelikt[345],

---

deren Verletzung durch die einzelnen Straf- und Ordnungswidrigkeitsvorschriften verhindert werden soll.

338 *Bohnert*, OWiG, § 130 Rn. 26; *Gürtler*, in: G-OWiG, § 130 Rn. 18; *Helmrich*, wistra 2010, S. 331 (332); *Rotsch*, in: M/G-Wirtschaftsstrafrecht, S. 40.

339 BGH, wistra 2003, S. 465 (465); BGH, NStZ 1985, S. 77 (77); OLG Frankfurt, wistra 1985, S. 38 (39); *Adam*, wistra 2003, S. 285 (286); *Brenner*, VR 2009, S. 157 (158); *Grützner/Leisch*, DB 2012, S. 787 (788); *Rogall*, in: KK-OWiG, § 130 Rn. 18; *Schaefer/Baumann*, NJW 2011, S. 3601 (3604); *Schmid*, in: M-G/B-Wirtschaftsstrafrecht, S. 924; *Thiemann*, Aufsichtspflichtverletzungen, S. 129; *Tiedemann*, Wirtschaftsstrafrecht AT, S. 109; *Többens*, NStZ 1999, S. 1 (4).

340 Hierzu auch *Rotsch*, in: M/G-Wirtschaftsstrafrecht, S. 40.

341 *Bohnert*, OWiG. § 130 Rn. 2; *Rogall*, in: KK-OWiG, § 130 Rn. 38; *Többens*, NStZ 1999, S. 1 (4).

342 *Bock*, ZIS 2009, S. 68 (72); *Bohnert*, OWiG, § 130 Rn. 2; *Niesler*, in: G/J/W-Wirtschafts- und Steuerstrafrecht, § 130 OWiG Rn. 5; *Rogall*, in: KK-OWiG, § 130 Rn. 15; *Rotsch*, in: M/G-Wirtschaftsstrafrecht, S. 40; *Theile/Petermann*, JuS 2011, S. 496 (497); *Wittig*, Wirtschaftsstrafrecht, S. 74.

343 Vgl. etwa *Bock*, ZIS 2009, S. 68 (72); *Rogall*, in: KK-OWiG, § 130 Rn. 15.

344 So etwa *Adam*, wistra 2003, S. 285 (289); *Bohnert*, OWiG, § 130 Rn. 2; *Bottke*, wistra 1991, S. 52 (54); *Helmrich*, wistra 2010, S. 331 (333 f.).

345 So etwa OLG Düsseldorf, WuW 2007, S. 265 (268); *Achenbach*, JuS 1990, S. 601 (603 Fn. 30); *Bock*, Criminal Compliance, S. 366; *ders.*, ZIS 2009, S. 68 (72); *Gürtler*, in: G-OWiG, § 130 Rn. 9; *Rogall*, in: KK-OWiG, § 130 Rn. 17; *ders.*, ZStW 1986, S. 573 (599).

müssen sich Vorsatz oder Fahrlässigkeit auf „die betriebsbezogene typische Gefahr von Zuwiderhandlungen in einem bestimmten Pflichtenkreis" erstrecken. Der Pflichtverstoß (Unterlassen der erforderlichen Aufsicht) muss sich als Realisierung einer Gefahr darstellen, die für den Aufsichtspflichtigen wenigstens nach Art und Umfang erkennbar war, wobei kein Vorsatz bzw. Fahrlässigkeit hinsichtlich der konkreten Zuwiderhandlung erforderlich ist.[346]

Somit bleibt die konkrete Zuwiderhandlung auch bei Einstufung des § 130 OWiG als konkretes Gefährdungsdelikt eine objektive Bedingung der Ahndbarkeit. Die konkrete Gefahr, die den tatbestandlichen Erfolg des § 130 OWiG auszeichnet, wäre die „Zuwiderhandlungsgefahr". Die Einordnung von § 130 OWiG als konkretes Gefährdungsdelikt und die damit verbundene teleologische Reduktion der Norm überzeugt und setzt sich (deswegen) im Schrifttum zunehmend durch.[347] Bei anderer Interpretation wäre die Vorschrift nur schwerlich mit dem in Art. 103 Abs. 2 GG enthaltenen Bestimmtheitsgrundsatz zu vereinbaren, da durch die Herausnahme der Zuwiderhandlung aus dem Tatbestand die als Grundlage der Ahndung allein verbleibende Aufsichtspflicht als solche „völlig konturlos" bleibt.[348] Hinzu kommt, dass die unterlassene Aufsichtsmaßnahme einen eingetretenen Schaden nicht hätte verhindern müssen. Nach dem Gesetzeswortlaut reicht es aus, dass die Zuwiderhandlung „wesentlich erschwert" worden wäre. Dies ersetzt den bei unechten Unterlassungsdelikten notwendigen, hypothetischen Kausalzusammenhang durch bloße Risikoerhöhung.[349] Hinzu kommt, dass die fahrlässige Aufsichtspflichtverletzung eine Haftung nach § 130 OWiG begründet. Dies bedingt den Widerspruch, dass der Unternehmensleiter für eigenes fahrlässiges Tun mangels Fahrlässigkeitsstrafbarkeit nicht haftet, da entsprechende Handlung nur bei

---

346 *Aichberger/Schwartz*, DStR 2015, S. 1691 (1696); *Rettenmaier/Palm*, NJOZ 2010, S. 1414 (1415); *Rogall*, in: KK-OWiG, § 130 Rn. 36.

347 *Achenbach*, wistra 1998, S. 296 (299); *Bock*, ZIS 2009, S. 68 (72); *Gürtler*, in: G-OWiG, § 130 Rn. 9; *Niesler*, in: G/J/W-Wirtschafts- und Steuerstrafrecht, § 130 OWiG Rn. 6; *Rogall*, in: KK-OWiG, § 130 Rn. 17; *Wittig*, Wirtschaftsstrafrecht, S. 76 f.

348 *Schünemann*, wistra 1982, S. 41 (48), bezeichnet die Vorschrift in diesem Zusammenhang als „völlige Fehlkonstruktion"; ebenfalls Zweifel an der Verfassungsmäßigkeit von § 130 OWiG wegen Verstoßes gegen den Bestimmtheitsgrundsatz äußern *Kohlmann/Ostermann*, wistra 1990, S. 121 (130).

349 *Kiesel/Böhringer*, BB 2012, S. 1190 (1192); *Niesler*, in: G/J/W-Wirtschafts- und Steuerstrafrecht, § 130 OWiG Rn. 65; *Momsen*, in: M/G-Wirtschaftsstrafrecht, S. 76; *Schaefer/Baumann*, NJW 2011, S. 3601 (3604); anders *Rotsch*, in: M/G-Wirtschaftsstrafrecht, S. 41 der von Kausalität zwischen Aufsichtspflichtverletzung und Zuwiderhandlung spricht.

vorsätzlicher Begehung unter Strafe gestellt ist, vgl. § 15 StGB, § 10 OWiG. Trotzdem könnte er aus § 130 OWiG haften, wenn er es fahrlässig unterlassen hat andere durch die gebotene Aufsicht an einer Handlung zu hindern, an der er eventuell selbst beteiligt war.[350] Materiell kann somit § 130 OWiG auch als Surrogat einer fehlenden Fahrlässigkeitshaftung dienen.[351]

Würde man § 130 OWiG als abstraktes Gefährdungsdelikt ansehen, könnte bereits das fahrlässige Unterlassen einer nicht für die jeweilige Zuwiderhandlung kausalen Aufsichtsmaßnahme eine Haftung aus § 130 OWiG begründen. Handlungsgebot hinter dem Unterlassungstatbestand des § 130 OWiG wäre: „Du musst deinen Betrieb ordentlich beaufsichtigen". Eine solche umfassende Sanktionierung des (fahrlässigen und nicht kausalen) Unterlassens von nicht näher bestimmten Aufsichtsmaßnahmen im Betrieb ist nicht mit dem Bestimmtheitsgrundsatz vereinbar. Somit ist § 130 OWiG als konkretes Gefährdungsdelikt aufzufassen, weswegen sich Vorsatz oder Fahrlässigkeit auf die betriebsbezogene typische Gefahr von Zuwiderhandlungen in einem bestimmten Pflichtenkreis erstrecken müssen. Trotz der Auslegung des § 130 OWiG als konkretem Gefährdungsdelikt erweitert dieser die Anknüpfungspunkte für eine Haftung der Unternehmensleitung erheblich.

b) Täterkreis von § 130 OWiG

Die Vorschrift begrenzt den in Frage kommenden Täterkreis auf den „Inhaber eines Betriebes oder Unternehmens".[352] Somit wäre die weitgreifende Vorschrift des § 130 OWiG auf einen relativ engen Täterkreis begrenzt. § 9 OWiG dehnt den in Frage kommenden Täterkreises aus und erweitert den Kreis der Normadressaten von § 130 OWiG:

> „Handelt jemand als vertretungsberechtigtes Organ einer juristischen Person oder als Mitglied eines solchen Organs, als vertretungsberechtigter Gesellschafter einer rechtsfähigen Personengesellschaft oder als gesetzlicher Vertreter eines anderen, so ist ein Gesetz, nach dem besondere persönliche Eigenschaften, Verhältnisse oder Umstände

---

350 *Huff*, Freizeichnung von strafrechtlicher Verantwortlichkeit, S. 59; *Ransiek*, Unternehmensstrafrecht, S. 99; *Rogall*, in: KK-OWiG, § 130 Rn. 109.

351 *Ransiek*, Unternehmensstrafrecht, S. 100.

352 § 130 OWiG Abs. 2 stellt öffentliche Unternehmen den Unternehmen und Betrieben gleich; zum Inhaber von Konzernen (Verbindung mehrere Unternehmen) als möglicher Täter vgl. *Caracas*, Verantwortlichkeit in internationalen Konzernstrukturen, S. 64 ff.; *Koch*, AG 2009, S. 564 (564 ff.); *ders.*, ZHR 2007, S. 554 (570 ff.); *Rogall*, in: KK-OWiG, § 130 Rn. 25 ff.; *Tschierschke*, Sanktionierung des Unternehmensverbundes, S. 59 ff.

(besondere persönliche Merkmale) die Möglichkeit der Ahndung begründen, auch auf den Vertreter anzuwenden, wenn diese Merkmale zwar nicht bei ihm, aber bei dem Vertretenen vorliegen", § 9 Abs. 1 OWiG.

„Ist jemand von dem Inhaber eines Betriebes oder einem sonst dazu Befugten beauftragt, den Betrieb ganz oder zum Teil zu leiten, oder ausdrücklich beauftragt, in eigener Verantwortung Aufgaben wahrzunehmen, die dem Inhaber des Betriebes obliegen, und handelt er auf Grund dieses Auftrages, so ist ein Gesetz, nach dem besondere persönliche Merkmale die Möglichkeit der Ahndung begründen, auch auf den Beauftragten anzuwenden, wenn diese Merkmale zwar nicht bei ihm, aber bei dem Inhaber des Betriebes vorliegen", § 9 Abs. 2 OWiG.

Die Vorschrift stimmt sachlich mit § 14 StGB überein. Über den Rechtsgrund der Vorschrift bestehen Meinungsverschiedenheiten[353], die allerdings keine Auswirkungen auf die praktische Anwendung der Norm entfalten.[354] § 9 OWiG unterscheidet zwischen der gesetzlichen Vertretung in Absatz 1 und der gewillkürten Vertretung (sog. Substitutenhaftung) in Absatz 2.[355]

Rechtsfolge des § 14 StGB und § 9 OWiG ist, dass Straf- bzw. Bußgeldvorschriften auch auf Personen anwendbar sind, die nicht von dem Tatbestand der Vorschrift erfasst sind. Somit modifizieren § 14 StGB und § 9 OWiG die jeweilige Norm.[356] Im Ergebnis erweitert die Vorschrift den Täterkreis des § 130 OWiG über den Unternehmensinhaber hinaus auf gesetzliche Unternehmensvertreter und auf die Unternehmensleitung. Taugliche Täter im Sinne des § 130 OWiG können somit Unternehmensinhaber, gesetzliche Vertreter oder die Unternehmensleitung sein. Schwierig zu beantworten in diesem Zusammenhang ist die Frage, ab welcher Position im Unternehmen ein Mitarbeiter zur Unternehmensleitung gehört, zumal § 9 Abs. 2 Nr. 1 OWiG auch explizit die „Teilleitung" des Unternehmens nennt. Diese Abgrenzungsschwierigkeiten verstärken sich bei Großunternehmen, die sich regelmäßig in viele Teilbereiche aufgliedern.

---

353 *Fischer*, StGB, § 14 Rn. 1b; *Kühl*, StGB, § 14 Rn. 1; zum gesamten Streitstand vgl. *Rogall*, in: KK-OWiG, § 9 Rn. 13 ff., ferner *Schünemann*, in: LK-StGB, § 14 Rn. 5 ff., der den Rechtsgrund in einer Garantenstellung sieht.

354 Vgl. auch *Kühl*, StGB, § 14 Rn. 1; *Rogall*, in: KK-OWiG, § 9 Rn. 14.

355 *Rogall*, in: KK-OWiG, § 9 Rn. 21; zu den einzelnen Vertretungsformen und deren Voraussetzungen vgl. *Schünemann*, in: LK-StGB, § 14 Rn. 44 ff.; zu der Frage, ob der Geldwäschebeauftragte von § 9 Abs. 2 OWiG erfasst wird vgl. *Rütters/Wagner*, NZWiSt 2015, S. 282 (285 f.).

356 So auch *Schmucker*, ZJS 2011, S. 30 (32); wobei teilweise vertreten wird, dass die Vorschrift in Verbindung mit einer Straf- bzw. Bußgeldvorschrift einen eigenen Tatbestand schaffe vgl. *Radtke*, in: MüKo-StGB, § 14 Rn. 1 m. w. N.

Anknüpfungspunkt einer solchen Abgrenzung sollte insbesondere die Frage nach eigenen Leitungskompetenzen im Unternehmen sein. Der Mitarbeiter muss innerhalb seines ihm zugewiesenen Aufgabenkreises zu selbstständigen Entscheidungen befugt sein, darf also bei einzelnen Entscheidungen zur Leitung seines Aufgabenbereiches nicht auf vorherige Anleitungen angewiesen sein.[357]

c) Pflichten, die den Inhaber treffen

Die Zuwiderhandlung als Anknüpfungstat im Rahmen des § 130 OWiG muss eine betriebsbezogene Pflicht verletzen, die den Inhaber trifft.[358] Unproblematisch fallen hierunter Verstöße gegen Sonderpflichten, die den Betriebsinhaber in seiner Stellung als solchen treffen, beispielsweise Pflichten als Arbeitgeber, Kfz-Halter, Grundstückseigentümer, Anlagenbetreiber usw.[359] Darüber hinaus können auch sog. „Jedermannspflichten" eine Pflichtverletzung im Sinne des § 130 OWiG darstellen, solange die konkrete Pflicht auch den Inhaber des Unternehmens trifft.[360] Eine allgemeingültige Eingrenzung von Sachverhalten, die eine Pflichtverletzung begründen können, die den Inhaber als solchen trifft, ist nicht möglich. Inhaber von Kernkraftwerken treffen andere betriebliche Pflichten als Inhaber von Frisiersalons.

Bei Verstoß gegen sog. „Jedermannspflichten" muss die Pflichtverletzung mit der Führung des Unternehmens im Zusammenhang stehen und sich im Tätigkeitskreis des Unternehmens konkretisieren.[361] Der Gesetzgeber hält Pflichtverletzungen mit höchstpersönlichem Einschlag und solche, die keinen Bezug zur wirtschaftlichen Betätigung des Unternehmens aufweisen, nicht für vom Anwendungsbereich des § 130 OWiG erfasst.[362] Darunter sind Taten zu verstehen, die lediglich zu eigennützigen Zwecken (sog. Exzesstaten) begangen werden und

---

357 *Marxen/Böse*, in: NK-StGB, § 14 Rn. 60; *Bottke*, wistra 1991, S. 52 (53).

358 OLG Düsseldorf, wistra 1991, S. 275 (277); *Helmrich*, wistra 2010, S. 331 (332); *Gürtler*, in: G-OWiG, § 130 Rn. 18.

359 *Gürtler*, in: G-OWiG, § 130 Rn. 18; *Passarge*, in: M/S/H/F-Handbuch des Vertriebsrechts, S. 1937; *Rathgeber*, Criminal Compliance, S. 281.

360 *Achenbach*, FS Amelung, S. 367 (380); *ders.*, in: FK-Kartellrecht, Vorbem. § 81 GWB; *Grützner/Leisch*, DB 2012, S. 787 (788); *Gürtler*, in: G-OWiG, § 130 Rn. 18; wobei dies bis zu Änderung der Vorschrift im Jahre 2007 noch strittig war hierzu *Rogall*, in: KK-OWiG, § 130 Rn. 77 ff. m. w. N.

361 *Achenbach*, in: A/R-Handbuch Wirtschaftsstrafrecht, S. 35; *Bock*, Criminal Compliance, S. 368; *Gürtler*, in: G-OWiG, § 130 Rn. 18; *Senge*, in: E/K-Nebengesetze StGB, § 130 OWiG Rn. 21.

362 BT-Drucksache 16/3656, S. 14.

solche, die sich ausschließlich gegen Rechtsgüter des eigenen Unternehmens richten.[363] Eine Herausnahme von „Exzesstaten“[364] wird in der ursprünglichen Gesetzesbegründung aus dem Jahre 1967 deutlich, in der es wörtlich heißt:

> „Ohne Zweifel können nur bestimmte Zuwiderhandlungen zur Ahndung wegen Verletzung der Aufsichtspflicht führen. Dem Geschäftsherrn und den ihm gleichgestellten Personen kann nicht zugemutet werden, über die in dem Betrieb tätigen Personen wie über Pflegebefohlene zu wachen und darauf zu achten, daß sie sich im Betrieb straflos führen, also z. B. keinen Diebstahl, keine Beleidigung, keine Körperverletzung, kein Sittlichkeitsdelikt usw. begehen. Die Aufsichtspflicht des Geschäftsherrn so weit auszudehnen, wäre weder angemessen noch notwendig.“[365]

Insoweit bedarf es auch im Ordnungswidrigkeitenrecht einer Konkretisierung des Merkmals der „Betriebsbezogenheit“.[366]

d) Die erforderliche Aufsicht

Compliance kann tatbestandsausschließend im Hinblick auf § 130 OWiG wirken.[367] Um über § 130 OWiG zu einer möglichen Konkretisierung der Compliance-Anforderungen im Unternehmen zu gelangen, stellt sich die Frage, welche Aufsichtsmaßnahmen konkret erforderlich sind, um der in § 130 OWiG normierten Handlungspflicht zu genügen. § 130 OWiG konkretisiert die erforderlichen Aufsichtsmaßnahmen nicht näher. Diese Unbestimmtheit führte in der Literatur zu erwähnten Bedenken hinsichtlich der Verfassungsgemäßheit der Norm.[368] Nach § 130 Abs. 1 Satz 2 OWiG gehören zu den erforderlichen Aufsichtsmaßnahmen auch die Bestellung, sorgfältige Auswahl und Überwachung von Aufsichtspersonen. Das Wort „auch“ macht in diesem Zusammenhang deutlich, dass es sich um eine beispielhafte und nicht um eine enumerative Beschreibung von einzelnen Organisationsmaßnahmen handelt.

---

363 *Gürtler*, in: G-OWiG, § 130 Rn. 18; *Helmrich*, wistra 2010, S. 331 (333); *Rogall*, in: KK-OWiG, § 130 Rn. 44.

364 Vgl. hierzu *Blassl*, CCZ 2016, S. 201 (201 ff.); Zur Abgrenzung von Exzesstaten bei § 130 OWiG vgl. die Darstellung bei *Rathgeber*, Criminal Compliance, S. 289 ff.; allgemein zur Unterscheidung von exzess- und systemisch bedingten Risiken im Rahmen von Compliance vgl. *Bussmann*, CCZ 2016, S. 50 (51).

365 BT-Drucksache 05/1269, S. 68.

366 Vgl. hierzu 3. Teil, I. II. 4.

367 Siehe oben 1. Teil, A. VII. 2.

368 *Kohlmann/Ostermann*, wistra 1990, S. 121 (130); *Schünemann*, wistra 1982, S. 41 (48); anders *Rogall*, in: KK-OWiG, § 130 Rn. 39.

Unstreitig verlangt die Vorschrift nicht eine bestimmte (Mindest-) Aufsicht für alle Unternehmen. Es hängt vom Einzelfall ab, welche Aufsichtsmaßnahmen situativ geboten sind.[369] Art und Umfang der erforderlichen Aufsicht richten sich insbesondere nach Größe des Betriebs, Maß der Gefährdung durch die betriebliche Tätigkeit, Kognitionen aus der Vergangenheit, Anzahl und Komplexität der durch den Betrieb zu beachtenden Rechtsvorschriften und Anfälligkeit der Betriebsstrukturen für Rechtsverstöße („Gefahrgeneigtheit").[370]

Ungenügend ist eine Aufsicht, wenn keinerlei Aufsichtsmaßnahmen ergriffen wurden und es zu einer Zuwiderhandlung kommt.[371] Nicht verlangt wird eine umfassende Aufsicht, die auch Taten verhindert, zu denen der Täter fest und unter allen Umständen entschlossen ist („omnimodo facturus").[372] Zwar können auch vorsätzliche Zuwiderhandlungen Anknüpfungstaten im Sinne von § 130 Abs. 1 OWiG sein, dies erschwert den Nachweis im Einzelnen, die Tat wäre durch gehörige Aufsicht wesentlich erschwert worden, auch wenn der Täter zur Tat bereits entschlossen war.

Ebenfalls wird rechtlich nicht verlangt, rechtswidrige Maßnahmen durchzuführen, um die Aufsichtspflicht aus § 130 OWiG zu erfüllen.[373] Dies folgt auch aus dem Begriff der „gehörigen Aufsicht" in § 130 Abs. 1 OWiG.[374] Art und Umfang der Aufsichtspflichten werden letztlich durch die Rechtsprechung bestimmt, die sich zuweilen (leider) darauf beschränkt festzustellen, dass die im Einzelfall konkret ergriffene Aufsichtsmaßnahme unzureichend war, ohne festzustellen,

---

369 BGH, NStZ 1986, S. 34 (34); OLG Frankfurt, NJW-RR 1993, S. 231 (231); *Brenner*, VR 2009, S. 157 (160); *Gürtler*, in: G-OWiG, § 130 Rn. 18; *Krause*, StraFo 2011, S. 437 (440); *Niesler*, in: G/J/W-Wirtschafts- und Steuerstrafrecht, § 130 OWiG Rn. 9; *Rettenmaier/Palm*, NJOZ 2010, S. 1414 (1415); *Rogall*, in: KK-OWiG, § 130 Rn. 40; auch bezeichnet als „Proportionalitätsprinzip" vgl. *Bürkle*, *CCZ* 2008, S. 50 (55).

370 OLG Düsseldorf, wistra 1999, S. 115 (116); wistra 1991, S. 38 (39); OLG Koblenz, MDR 1973, S. 606 (607); OLG Zweibrücken, NStZ-RR 1998, S. 311 (311); OLG Jena, NStZ 2006, S. 533 (534); OLG Köln, wistra 1994, S. 315 (315); *Brenner*, VR 2009, S. 157 (160); *Bussmann/Matschke*, CCZ 2009, S. 132 (132); *Gürtler*, in: G-OWiG, § 130 Rn. 18; *Otto*, wistra 1995, S. 323 (324); *ders.*, Jura 1998, S. 409 (418); *Rogall*, in: KK-OWiG, § 130 Rn. 40; *Wirtz*, WuW 2001, S. 342 (343).

371 Vgl. hierzu schon BGHSt 25, 158 (163): „das Unterlassen jeglicher Aufsichtsmaßnahme ist jedenfalls unter keinem Gesichtspunkt gerechtfertigt"; ebenso *Göß-wein/Hohmann*, BB 2011, S. 963 (964).

372 *Rogall*, in: KK-OWiG, § 130 Rn. 44; anders *Rathgeber*, Criminal Compliance, S. 293.

373 So auch *Rogall*, in: KK-OWiG, § 130 Rn. 38.

374 *Otto*, Jura 1998, S. 409 (414); *Rogall*, in: KK-OWiG, § 130 Rn. 49.

welcher Aufsicht die konkrete Situation bedurft hätte.[375] Die Aufsichtspflicht umfasst, die Mitarbeiter je nach Anforderung an die konkrete Stelle sorgfältig auszuwählen (Auswahlsorgfalt), sie fortlaufend über gesetzliche Vorschriften zu unterrichten (Schulungen) und ihnen einen eindeutigen Verantwortungsbereich zuzuweisen.[376] Darüber hinaus sind regelmäßige Stichproben im Unternehmen durchzuführen,[377] wobei genannte Maßnahmen erst ab einer gewissen Unternehmensgröße als verpflichtend im Sinne des § 130 OWiG angesehen werden können. Die Intensität, mit der solche Maßnahmen durchgeführt werden müssen, steigt mit der Unternehmensgröße an. Weitere konkrete Maßnahmen lassen sich der auf Einzelfälle bezogenen Rechtsprechung nicht entnehmen.

e) Unmittelbare Unternehmenssanktionierung

Der Gesetzgeber hat im Juni 2013 die mögliche Sanktionshöhe des § 130 OWiG durch die Einfügung von § 130 Abs. 3 Satz 2 OWiG, der auf den ebenfalls neugefassten § 30 OWiG verweist, verzehnfacht.[378] § 30 OWiG regelt eine direkte Sanktionierung von Unternehmen:

> „Hat jemand als vertretungsberechtigtes Organ einer juristischen Person (...) eine Straftat oder Ordnungswidrigkeit begangen, durch die Pflichten, welche die juristische Person oder die Personenvereinigung treffen, verletzt worden sind oder die juristische Person oder die Personenvereinigung bereichert worden ist oder werden sollte, so kann gegen diese eine Geldbuße festgesetzt werden", § 30 Abs. 1 OWiG.

---

375 *Rogall*, in: KK-OWiG, § 130 Rn. 41; anders OLG Jena, NStZ 2006, S. 533 (534), das ein Urteil aufhob, weil dieses keine Angaben zu „Betriebsaufbau und -organisation, zur Aufgabenverteilung innerhalb des Betriebes sowie zu Art und Umfang der vom Betroffenen durchgeführten Kontrollmaßnahmen" enthielt; zur selben Problematik im US-amerikanischen Rechtsraum vgl. *von Hein*, Rezeption US-amerikanischen Gesellschaftsrecht, S. 548 f.

376 BGHSt 9, 319 (323); OLG Düsseldorf, wistra 1991, S. 38 (39); wistra 1999, S. 115 (116); *Achenbach*, in: A/R-Handbuch Wirtschaftsstrafrecht, S. 39 f.; *ders.*, NZWiSt 2012, S. 321 (324); *Rogall*, in: KK-OWiG, § 130 Rn. 41; zu den einzelnen Aufsichtspflichten vgl. auch *Sonnenberg*, Verletzung der Aufsichtspflicht in Betrieben, S. 83 ff.

377 BGHSt 25, 158 (163); OLG Köln, wistra 1994, S. 315 (315); BayObLG, NJW 2002, S. 766 (767); OLG Hamm, wistra 2002, S. 274 (275); OLG Stuttgart, wistra 1987, S. 35 (35); *Achenbach*, in: A/R-Handbuch Wirtschaftsstrafrecht, S. 40; *Harbarth/Brechtel*, ZIP 2016, S. 241 (242); *Rogall*, in: KK-OWiG, § 130 Rn. 41.

378 Vgl. Art. 4 Nr. 1a, 2a Achtes Gesetz zur Änderung des Gesetzes gegen Wettbewerbsbeschränkungen vom 26. Juni 2013; zum Diskussionsentwurf der dem Gesetz zu Grunde liegt vgl. *Moosmayer/Gropp-Stadler*, NZWiSt 2012, S. 241 (241 ff.).

„Die Geldbuße beträgt im Falle einer vorsätzlichen Straftat bis zu zehn Millionen Euro, im Falle einer fahrlässigen Straftat bis zu fünf Millionen Euro", § 30 Abs. 2 OWiG.

Auf dogmatische Fragen einer Schuld- und Handlungsfähigkeit von Unternehmen bzw. ordnungswidrigkeitenrechtliche Fragen nach der „Vorwerfbarkeit", die eine Sanktionierung von Unternehmen mit sich bringt, soll nicht näher eingegangen werden.[379] Die umstrittene Frage, ob § 30 OWiG einen eigenen Tatbestand darstellt oder lediglich eine Zurechnung normiert, stellt einen weiteren Brandherd dar, an dem sich der Streit nach einer Unternehmensstrafbarkeit entzündet.[380]

Die herrschende Meinung versteht § 30 OWiG als Zurechnungsnorm, wobei das Verständnis dieser Zurechnung variiert.[381] Die Verletzung der erforderlichen Aufsicht im Sinne von § 130 OWiG stellt nach allgemeiner Auffassung eine betriebsbezogene Anknüpfungstat im Sinne von § 30 Abs. 1 OWiG dar.[382] § 30 Abs. 1 Nr. 1–5 OWiG zählen die sanktionsfähigen Adressaten im Sinn der Vorschrift auf.

---

379 Zu diesen Fragen vgl. etwa *Baumann*, BB 1966, S. 1237 (1239 f.); *Böse*, FS Jakobs, S. 15 (18 ff.); *Eidam*, Straftäter Unternehmen, S. 91 ff.; *Greco*, Strafprozesstheorie und materielle Rechtskraft, S. 671 f.; *Jakobs*, FS Lüderssen, S. 559 (568); *Mansdörfer*, in: J/S-L/S-Das Unternehmensstrafrecht, S. 113 (120 ff.); *Neumann*, in: K/L/V-Unternehmensstrafrecht, S. 13 (15 ff.); *Otto*, Strafbarkeit von Unternehmen und Verbänden, S. 15 ff.; *Sachs*, in: K/L/V-Unternehmensstrafrecht, S. 195 (199 ff.); *Schünemann*, GA 2015, S. 274 (276 ff.); *Schulz*, FS Schiller, S. 573 (575 ff.); *Trüg*, wistra 2010, S. 241 (243); *Vogel*, StV 2012, S. 427 (427 ff.); zur Frage der „Straffähigkeit" von Unternehmen vgl. *Wohlers*, in: K/L/V-Unternehmensstrafrecht, S. 231 (238 ff.); zu der Frage nach Täterschaft und Teilnahme in einem Verbandsstrafrecht vgl. *Kulhanek*, ZStW 2015, S. 303 (307 ff.).

380 *Schroth*, wistra 1986, S. 158 (163), spricht von einem „dogmatischen Vakuum", das § 30 OWiG umgibt; *Schünemann*, FS Tiedemann, S. 429 (429), nennt die Frage nach einer Strafbarkeit von Unternehmen „den vielleicht meistdiskutierten Komplex des Wirtschaftsstrafrechts wenn nicht der gesamten Strafrechtsdogmatik"; zu vorhandenen „Sanktionen" im Straf- und Strafprozessrecht, insbesondere des Verfalls und des dinglichen Arrests vgl. *I. Roxin*, in: K/L/V-Unternehmensstrafrecht, S. 37 (38 ff.); *Theile*, in: R-Handbuch Criminal Compliance, S. 1448 ff.; zu nichtstrafrechtlichen Sanktionen bei Wirtschaftskriminalität vgl. ferner *Kretschmer*, ZWH 2013, S. 481 (481 ff.).

381 BGHSt 46, 207 (211); *Bohnert*, OWiG, § 30 Rn. 5; *Brender*, Neuregelung der Verbandstäterschaft, S. 122; *Engelhart*, Sanktionierung von Unternehmen, S. 373 ff.; *Gürtler*, in: G-OWiG, Vor § 29a Rn. 12; *Heine*, ZStrR 2001, S. 22 (35); *Mitsch*, Recht der OWiG, S. 166; *Müller*, Stellung der juristischen Person im OWiR, S. 19; *Ransiek*, NZWiSt 2012, S. 45 (51); *Rogall*, in: KK-OWiG, § 30 Rn. 2 ff.; *Schmidt*, wistra 1990, S. 131 (133); *Thieß*, Ordnungswidrigkeitenrecht, S. 102. *Tiedemann*, NJW 1988, S. 1169 (1172).

382 Vgl. nur BGH, wistra 1986, S. 111 (112); *Tiedemann*, NJW 1998, S. 1169 (1173).

Diese Aufzählung wirkt faktisch nicht begrenzend, da sie praktisch jede Unternehmensform erfasst.[383] Die Anknüpfungstat muss von einem „Repräsentanten" des Unternehmens begangen worden sein. Gemeint sind gesetzliche Vertreter des Unternehmens und Personen, die eine Leitungsfunktion im Unternehmen ausüben. Insoweit unterscheidet sich § 30 OWiG nicht ersichtlich von § 9 OWiG, der die Organ- und Vertreterhaftung regelt. Der Gesetzgeber sollte im Hinblick auf die Rechtseinheit und Rechtsklarheit überlegen, die Normen insoweit in ihrem Wortlaut anzugleichen.[384]

Die Anknüpfungstat, die durch einen Repräsentanten des Unternehmens begangen wird, muss Pflichten verletzen, die das Unternehmen treffen. Hier zeigt sich ein Bezug zu § 130 OWiG, der von Pflichten spricht, die den Inhaber eines Unternehmens treffen. Die Pflichten, die einen Inhaber des Unternehmens treffen und die Pflichten, die das Unternehmen selbst treffen, sind identisch, sodass an dieser Stelle eine sachliche Übereinstimmung besteht: Sowohl Pflichtverletzung des § 130 OWiG als auch die des § 30 OWiG müssen einen funktionalen Zusammenhang zwischen der Tat und der betrieblichen Tätigkeit aufweisen. Insofern gelten die Ausführungen zu § 130 OWiG entsprechend.

§ 30 OWiG geht insofern über § 130 OWiG hinaus, als er die angestrebte oder eingetretene Bereicherung des Unternehmens auch bei sonst fehlendem Betriebsbezug miterfasst. Kommt es zu einer solchen Bereicherung oder wird eine solche beabsichtigt, muss es sich nicht um eine betriebsbezogene Zuwiderhandlung handeln.[385]

f) Haftungsgebilde der §§ 9, 30 und 130 OWiG

Im Ergebnis können über §§ 9, 30 und 130 OWiG Verstöße von Unternehmensmitarbeitern dem Unternehmen zugerechnet werden. Funktion, Struktur und Auslegung ähneln der zivilrechtlichen Haftung aus §§ 31, 823 Abs. 1, 831 BGB. Diese Haftungsverschiebung vom Individualtäter bzw. Individualschädiger zu dessen Organisation beruht auf grundsätzlichen Überlegung, dass durch arbeitsteiliges

---

383 *Engelhart*, Sanktionierung von Unternehmen, S. 389; vgl. auch *Achenbach*, wistra 2002, S. 441 (442 f.).

384 Vgl. hierzu *Többens*, NStZ 1999, S. 1 (7), unter Einbeziehung von § 130 OWiG: „Die Vorschriften stehen in einem engen Sachzusammenhang, innerhalb dessen sich erst die Tragweite der einzelnen Regelungen erschließt".

385 *Eidam*, wistra 2003, S. 447 (454); *Gürtler*, in: G-OWiG, § 30 Rn. 22; *Niesler*, in: G/J/W-Wirtschafts- und Steuerstrafrecht, § 30 OWiG Rn. 41; *Rogall*, in: KK-OWiG, § 30 Rn. 79; *Többens*, NStZ 1999, S. 1 (6).

Zusammenwirken besondere Risiken entstehen, mit denen besondere Organisationspflichten korrespondieren.[386] Zwar rechnet § 130 OWiG nicht den Verstoß als solches zu, sondern nur das Unterlassen der erforderlichen Aufsicht, im Rahmen der Bußgeldbemessung wird regelmäßig auch die Bedeutung der Zuwiderhandlung im Unternehmen berücksichtigt.[387] So wird faktisch nicht (nur) das Unterlassen der erforderlichen Aufsicht sanktioniert. Vielmehr rückt die konkrete Zuwiderhandlung in den Mittelpunkt der Sanktionierung. Liegt eine (nachweisbare) Zuwiderhandlung vor, kann § 130 OWiG angewendet werden, da die Norm das fahrlässige Unterlassen der erforderlichen Aufsicht sanktioniert. Kausalität ersetzt die Vorschrift durch Risikoerhöhung („wesentlich erschwert“).

Darüber hinaus ist es nach allgemeiner Auffassung nicht notwendig, die Zuwiderhandlung einem bestimmten Täter im Unternehmen zuzuordnen. Die Detektion eines Sachverhalts, nach dem eine Zuwiderhandlung von einem Unternehmensangehörigen oder von einem Beauftragten des Unternehmens begangen worden ist, soll ausreichen.[388] Im Rahmen der Haftung von §§ 30, 130 OWiG kann es sogar zu einem „doppelten Täterverzicht“ kommen: Der konkrete Täter, der die Zuwiderhandlung im Sinne des § 130 OWiG begangen hat, muss nicht ermittelt werden. Darüber hinaus kann auch nach § 30 OWiG sanktioniert werden (sog. „anonyme Verbandsgeldbuße“), wenn der Täter der Anknüpfungstat, etwa der Aufsichtspflichtige im Sinne des § 130 OWiG, nicht ermittelt werden kann.[389] Im Ergebnis kommt es in diesen Konstellationen zu einem vollständigen Verzicht von individueller Verantwortung, es findet eine Zurechnung einer Zuwiderhandlung statt, ohne die Klärung einer Individualverantwortlichkeit.[390] Das ist „Unternehmensstrafrecht“ par

---

386 BGHZ 125, 366 (373); *Bachmann*, Gesellschaftsrecht in der Diskussion 2007, S. 71.

387 KG, wistra 1999, S. 357 (359); OLG Celle, NStZ-RR 2007, S. 215 (215); *Gürtler*, in: G-OWiG, § 30 Rn. 28a; *Rogall*, in: KK-OWiG, § 130 Rn. 106.

388 *Gürtler*, in: G-OWiG, § 130 Rn. 20; *Niesler*, in: G/J/W-Wirtschafts- und Steuerstrafrecht, § 130 OWiG Rn. 61; *Rogall*, in: KK-OWiG, § 130 Rn. 94; *Senge*, in: E/K-Nebengesetze StGB, § 130 OWiG Rn. 24.

389 BGH, NStZ 1994, S. 346 (346); *Achenbach*, in: A/R-Handbuch Wirtschaftsstrafrecht, S. 13; *Göhler*, wistra 1991, S. 207 (209); *Gürtler*, in: G-OWiG, § 30 Rn. 40; *Niesler*, in: G/J/W-Wirtschafts- und Steuerstrafrecht, § 30 OWiG Rn. 55; *Rogall*, in: KK-OWiG, § 30 Rn. 102 ff.

390 Diese sehr weitreichende Sanktionsmöglichkeit über §§ 9, 30, 130 OWiG wird häufig verkannt, vgl. etwa *Bachmann*, Gesellschaftsrecht in der Diskussion 2007, S. 199, der für gewisse Bereiche die Einführung einer Unternehmenssanktion fordert, die nicht vom Nachweis einer individuellen Anknüpfungstat abhängt, obwohl die Möglichkeit zu solchen Sanktionen über §§ 9, 30, 130 OWiG besteht; allgemein kritisch

excellence. Letztlich wird eine wirksame Beschränkung dieser Verbandshaftung nur über das Merkmal des „Betriebsbezugs" erzielt.

Im Ergebnis können über §§ 9, 30 und 130 OWiG Unternehmen für Zuwiderhandlungen ihrer Angehörigen sanktioniert werden, sofern die Zuwiderhandlung einen funktionellen Bezug zum Unternehmen aufweist. Würde man §§ 9, 30 und 130 OWiG bei gegenwärtiger Auslegung in Literatur und Anwendung durch die Rechtsprechung zu einer Norm zusammenfassen, könnte diese lauten:

> „Begeht ein Unternehmensangehöriger oder Beauftragter eines Unternehmens, welches zumindest fahrlässig nicht im erforderlichen Umfang beaufsichtigt wurde, eine Straftat oder Ordnungswidrigkeit, welche im funktionellen Bezug zum Unternehmen steht, kann gegen das Unternehmen eine Geldbuße von bis zu zehn Millionen Euro festgesetzt werden."

g) Sanktionierung von Unternehmen in der Praxis nach dem OWiG

Einigermaßen verwundert es, dass trotz des weiten Anwendungsbereichs der §§ 9, 30 und 130 OWiG diesen in der Praxis keine herausragende Bedeutung zukommt.[391] Daten zur Anwendungspraxis der Unternehmensgeldbuße liegen nur in begrenztem Umfang vor, da die Polizeiliche Kriminalstatistik keine Ordnungswidrigkeiten erfasst.[392] Aus dem Gewerbezentralregister ergibt sich, dass im Zeitraum von 2000–2008 nur 1,3 % der nach § 30 OWiG verhängten Bußgelder über 50.000 Euro lagen.[393] Das Justizministerium Nordrhein-Westfalen hat eine Praxisbefragung bei 19 der dort ansässigen Staatsanwaltschaften durchgeführt, um Kenntnisse zur realen Sanktionspraxis von Unternehmen zu gewinnen.[394] Im Zeitraum von 2006–2011 kam es nach Meldung der Staatsanwaltschaften zu insgesamt 27 Verfahren, in denen es zu einer Geldbuße gegen ein Unternehmens nach § 30 OWiG gekommen ist, wobei zehn Staatsanwaltschaften im Zeitraum von 2006–2011 nicht ein Verfahren zur Verhängung einer Unternehmensgeldbuße durchgeführt

---

zu einer „Hypertrophie im Ordnungswidrigkeitenrecht" vgl. *Weber*, ZStW 1980, S. 313 (333 ff.)

391 Darauf hinweisend auch *Krems*, ZIS 2015, S. 5 (6); zu einer praktischen Anwendung des „ordnungswidrigkeitenrechtlichen Normentrias" vgl. die Festsetzung der Unternehmensgeldbuße gegenüber der Etex-Holding GmbH über § 30 Abs. 1 OWiG i. V. m. § 130 Abs. 1 OWiG i. V. m. § 9 Abs. 2 Nr. 1 OWiG; hierzu auch *Theile*, in: E/K/T-Sanktionsdurchgriff im Unternehmensverbund, S. 73 (73 ff.).

392 *Engelhart*, Sanktionierung von Unternehmen, S. 490; generell existiert in Deutschland keine zuverlässige und aussagekräftige Datenlage zur Wirtschaftskriminalität, vgl. *Achenbach*, FS Tiedemann, S. 47 (52); *Boers*, MschrKrim 2001, S. 335 (336).

393 Vgl. *Engelhart*, Sanktionierung von Unternehmen, S. 493 Tabelle 10.

394 *Kutschaty*, ZRP 2013, S. 74 (74).

hatten.[395] Von 1995–2004 gaben 51 von 84 Staatsanwaltschaften an, überhaupt kein Verfahren nach § 30 OWiG durchgeführt zu haben.[396]

Den Gründen für die praktisch geringe Relevanz[397] der Unternehmensgeldbuße soll nicht weiter nachgegangen werden. Ein Grund mag darin liegen, dass die §§ 9, 30 und 130 OWiG keinen in sich geschlossenen systematischen Komplex bilden. Der Rechtsanwender ist gezwungen, sich den Zusammenhang der Normen aus einer Analyse der Einzelregelungen selbst zu erschließen. Die tatbestandlichen Voraussetzungen der §§ 9, 30 und 130 OWiG sind nicht bruchlos aufeinander abgestimmt, sondern weisen Diskrepanzen auf, welche sich erst im detailgenauen Vergleich der Normen untereinander erschließen.[398]

Die aktuelle Erhöhung des Bußgeldrahmens in § 30 OWiG mag dazu führen, dass die Unternehmensgeldbuße mehr in das Blickfeld der Ermittlungsbehörden und der Gerichte gerückt wird.[399] Sinnvoller wäre es gewesen, § 30 OWiG dahingehend zu ändern, die enthaltene absolute Obergrenze vollständig zu streichen und eine Verhältnisgrenze, etwa 10% des im vorausgegangenen Geschäftsjahr erzielten Gesamtumsatzes des Unternehmens, als Haftungsgrenze einzuführen.[400] Bei der stetig geführten Diskussion um die Einführung eines Unternehmensstrafrechts sollte berücksichtigt finden, dass ein breites gesetzliches Fundament zur direkten Sanktionierung von Unternehmen besteht, ob man diese im Ordnungswidrigkeitenrecht, wie bisher, festmacht oder besser direkt im Strafrecht verankern sollte, ist eine rechtstheoretische Frage. Eine Verankerung

---

395 *Kutschaty*, ZRP 2013, S. 74 (74 f.).

396 *Kirch-Heim*, Sanktionen gegen Unternehmen, S. 244.

397 Eine Ausnahme bilden die Kartellbehörden, die zwar nur wenige Unternehmen mit Bußgeldern nach § 30 OWiG belegen, diese Bußgelder liegen fast durchweg im Bereich von mehreren Millionen Euro, vgl. hierzu *Engelhart*, Sanktionierung von Unternehmen, S. 491; *Korte*, NStZ 1997, S. 513 (518).

398 So auch *Achenbach*, FS Stree/Wessels, S. 545 (545), wobei sich dieser auf die gesamten unternehmensbezogenen Sanktionen im deutschen Straf- und Ordnungswidrigkeitenrecht bezieht.

399 *Gößmann*, Bankrechtstag 2008, S. 179 (221), spricht von einer „häufig übersehenen Vorschrift".

400 Eine solche Regelung besteht im deutschen Kartellrecht, vgl. § 81 Abs. 4 Satz 2 GWB „die Geldbuße darf 10 vom Hundert des im der Behördenentscheidung vorausgegangenen Geschäftsjahr erzielten Gesamtumsatzes des Unternehmens oder der Unternehmensvereinigung nicht übersteigen. Bei der Ermittlung des Gesamtumsatzes ist der weltweite Umsatz aller natürlichen und juristischen Personen zugrunde zu legen, die als wirtschaftliche Einheit operieren. Die Höhe des Gesamtumsatzes kann geschätzt werden".

der Unternehmenssanktionierung im Kernstrafrecht könnte dazu beitragen, die Möglichkeit der Sanktionierung von Unternehmen mehr in den Mittelpunkt von staatsanwaltschaftlichen und gerichtlichen Tätigkeiten zu rücken.

Nun statuieren die §§ 9, 30, und 130 OWiG eine weite Unternehmenssanktionierung, die insbesondere durch die Erhöhung des Bußgeldrahmens auf zehn Millionen Euro und die Möglichkeit, die rechtswidrig erlangten Gewinne des Unternehmens über § 29a OWiG abzuschöpfen, zu empfindlichen Geldbußen selbst für Großunternehmen führen kann. Das Ordnungswidrigkeitenrecht stellt damit ein „scharfes Schwert" zur Sanktionierung von Unternehmen bereit, benutzt wird es selten.[401]

Relevant begrenztes Merkmal einer Unternehmenshaftung aus §§ 9, 30 und 130 OWiG ist allein das Erfordernis der „betriebsbezogenen" Zuwiderhandlung. § 130 OWiG begründet die widerlegbare Vermutung, dass durch mangelnde betriebliche Aufsicht eine betriebsbezogene Zuwiderhandlung stattgefunden hat. Die Haftung aus § 130 OWiG weist Parallelen zu § 831 Abs. 1 Satz 2 BGB auf, der von der erforderlichen Sorgfalt bei der „Leitung" spricht. Nur unterscheidet sich die Beweislast: Gemäß § 831 Abs. 1 Satz 2 BGB muss der Anspruchsgegner darlegen, dass er seine Verrichtungsgehilfen (Mitarbeiter) ordentlich beaufsichtigt hat (Beibringungsgrundsatz).[402] Bei § 130 OWiG gilt zwar gemäß § 244 Abs. 2 StPO i. V. m. § 46 Abs. 1 OWiG der Amtsermittlungsgrundsatz, der

---

401 *Jahn*, ZWH 2012, S. 1 (3), spricht von einer „kleinen Unternehmensstrafe"; vgl. auch *Arzt*, in: K/L/V-Wirtschaftsstrafrecht und Moral, S. 177 (183): „Die Täterrolle ist dagegen für eine juristische Person strafrechtlich nicht vorgesehen, außer in peripherer Form im OWiG"; vgl. auch *Bussmann/Matschke*, CCZ 2009, S. 132 (133), nach denen aufgrund der interpretationsoffenen Formulierung des § 130 OWiG ein „haftungsrechtliches Damokles-Schwert" über Unternehmen schwebt; *Petermann*, in: E/K/T-Sanktionsdurchgriff im Unternehmensverbund, S. 98 (102), bezeichnet die Troika der §§ 9, 30, 130 OWiG als „schlagkräftige Einheit"; in diesem Sinne auch *Dörr*, K/L/V-Unternehmensstrafrecht, S. 23 (34): „Das Instrumentarium für die Sanktionierung von Unternehmen ist heute schon vorhanden, man muss es nur anwenden können"; *Altenburg/Peukert*, BB 2014, S. 649 (649), bezeichnen die Vorschriften als das „deutsche Pendant zum Unternehmensstrafrecht"; so auch *Hohmuth*, GmbHR 2014, S. 1249 (1250); für eine Sanktionierung über § 130 OWiG anstelle eines strafrechtlichen Ermittlungsverfahrens auch *Heine*, FS Lampe, S. 577 (594 ff.); *I. Roxin*, FS Wolter, S. 451 (464); in diesem Sinne auch für § 30 OWiG *Taschke*, in: J/S-L/S-Das Unternehmensstrafrecht, S. 41 (52).

402 Die Regelung des § 831 Abs. 1 Satz 2 BGB enthält eine Übertragung der Kausalitäts- und Verschuldensvermutung (Beweislastumkehr) zu Lasten des Anspruchsgegners vgl. etwa *Belling*, in: S-BGB, § 831 Rn. 178.

grundsätzlich dazu verpflichtet zu beweisen, dass die „erforderliche" Aufsicht unterlassen wurde, „begnügen" sich die Gerichte insbesondere bei § 130 OWiG häufig mit der Feststellung, dass die konkrete Aufsicht unzureichend war, ohne darzustellen, welche Aufsicht erforderlich gewesen wäre.[403] Häufig geschieht dies, indem zirkelschlussartig von dem Vorliegen einer betrieblichen Zuwiderhandlung auf mangelnde Aufsicht geschlossen wird. Dies führt dazu, dass die Unternehmensleitung darlegen muss, sie habe ausreichend beaufsichtigt.

h) *Rechtspflicht zu Compliance aus §§ 30, 130 OWiG*

Unter dem, zugegeben nur theoretischen, da kaum angewandten, Damoklesschwert einer Haftung aus §§ 9, 30, und 130 OWiG erscheint Compliance zwar besonders sinnvoll, eine Rechtspflicht zur Compliance lässt sich aus diesen Normen nicht herleiten. Zwar sanktioniert § 130 OWiG das Unterlassen der erforderlichen Aufsicht im Unternehmen und damit letztlich das Unterlassen von Compliance, die Sanktionierung greift aber erst, wenn es im Unternehmen zu einer Verletzung von Straf- oder Bußgeldvorschriften gekommen ist. Die Rechtspflicht aus § 130 OWiG zur Compliance entsteht also quasi erst mit der Verwirklichung der Zuwiderhandlung und erlischt im Anschluss an diese wieder, weswegen die §§ 30, 130 OWiG keine dauerhafte Rechtspflicht zur Compliance begründen können.[404]

---

403 *Bussmann/Matschke*, CCZ 2009, S. 132 (132); *Adam*, wistra 2003, S. 285 (288); *Hauschka*, BB 2007, S. 165 (166); *Hauschka/Greeve*, BB 2007, S. 165 (166); *Schaefer/Baumann*, NJW 2011, S. 3601 (3604).

404 Eine Rechtspflicht zur Compliance aus § 130 OWiG im Ergebnis ebenfalls ablehnend *Eisele/Faust*, in: S/B/L-Bankrechts-Handbuch, § 109 Rn. 5 Fn. 2; *Engelhart*, Sanktionierung von Unternehmen, S. 510; *Hauschka*, Bankrechtstag 2008, S. 103 (115); *ders.*, ZIP 2004, S. 877 (878); *Immenga*, FS Schwark, S. 199 (200); *Kremer/Klahold*, ZGR 2010, S. 113 (119); *Klopp*, Der Compliance-Beauftragte, S. 69; *Lebherz*, Emittenten-Compliance, S. 394; *Lösler*, Compliance im Wertpapierdienstleistungskonzern S. 132 f.; *Niesler*, in: G/J/W-Wirtschafts- und Steuerstrafrecht, § 130 OWiG Rn. 12; *Wilhelm*, ZRFC 2013, S. 133 (135): anders *Liese*, BB Beilage 2008, S. 17 (21), der in § 130 OWiG die Pflicht erblickt durch ordnungsgemäße Organisation des Unternehmens Rechtsverletzungen zu vermeiden; ebenfalls eine Rechtspflicht zur Einrichtung einer Compliance-Struktur aus § 130 OWiG bejahend *Bachmann*, Gesellschaftsrecht in der Diskussion, S. 70; *Dreher*, FS Konzen, S. 85 (97); *Moosmayer*, NJW 2012, S. 3013 (3013 f.); *Schmidt*, Compliance in Kapitalgesellschaften, S. 70 f.; *Taschke*, in: R-Criminal Compliance vor den Aufgaben der Zukunft, S. 67.

XI. Zusammenhang sanktions- und zivilrechtlicher Organisationsforderungen

Dargestellte Organisationsanforderungen normieren in rechtlichen sowie unternehmerischen Teilbereichen eine rechtliche Verpflichtung zu Compliance. Die gesetzlich normierten Pflichten, Maßnahmen zu Verhinderung von Rechtsverstößen zu ergreifen, sind allerdings in ihrem Adressatenkreis beschränkt, wobei sich die Beschränkungen entweder an dem Tätigkeitsbereich der Unternehmen (etwa der Erbringung von Wertpapierdienstleistungen) oder an der gesellschaftsrechtlichen Ausgestaltung (etwa bei Aktiengesellschaften) knüpft. Darüber hinaus enthalten die dargestellten gesetzlichen Organisationsanforderungen häufig eine Einschränkung in ihrem Zielbereich, indem sie nur Maßnahmen zur Gewährleistung der Befolgung des jeweilig spezifischen Aufsichtsrechts verlangen. Hierfür lassen sich in den dargestellten Organisationsanforderungen teilweise konkret-verpflichtende Einzelmaßnahmen ausmachen. Dies darf nicht darüber hinwegtäuschen, dass grundsätzlich aber die Frage nach Art, Umfang und Ausgestaltung der jeweiligen Compliance eine unternehmerische Ermessensentscheidung darstellt.

Zu beachten bleibt eine Organisationsverantwortlichkeit der Unternehmensführung, für das rechtstreue Verhalten des Unternehmens und dessen Mitarbeiter zu sorgen. Eine Haftung wegen fehlerhafter Unternehmensorganisation ist sowohl im Zivilrecht (etwa über §§ 31, 823, 831 BGB) als auch im Ordnungswidrigkeitenrecht (über §§ 9, 30, 130 OWiG) möglich. Einigermaßen überraschend sind die fast identischen Grundstrukturen, nach denen fehlerhafte Unternehmensorganisation im Zivil- und im Ordnungswidrigkeitenrecht „sanktioniert" wird.[405] Die zugrundeliegenden materiellen Wertungen und die theoretischen Grundlagen für die Herleitung solcher Unternehmensorganisationspflichten stimmen im Zivil- und im Ordnungswidrigkeitenrecht also weitestgehend überein, da sich Gedanken

---

405 Hierzu auch *Bachmann*, Gesellschaftsrecht in der Diskussion, S. 70; in diesem Sinne auch *Grünewald*, Zivilrechtlich begründete Garantenpflichten, S. 45 f.; anders *Kuhlen*, NZWiSt 2015, S. 161 (163 ff.); auf eine allgemeine „Funktionsüberschneidung" von Zivil- und Strafrecht hinweisend *Seelmann*, in: H/H/W-Die Rechtsgutstheorie, S. 261 (263); zu der Fragen nach der einheitlichen Bestimmung eines Sorgfaltsmaßstabes im Zivil- und im Strafrecht vgl. *Kuhlen*, Fragen einer strafrechtlichen Produkthaftung, S. 87 ff.; für eine Annäherung des Strafrechts an das Zivilrecht zur Detektion von objektiven Sorgfaltspflichtverletzungen *Hilgendorf*, Strafrechtliche Produzentenhaftung, S. 146 ff.; kritisch zur Ableitung strafrechtlicher Zuständigkeiten aus anderen Rechtsgebieten, wegen verschiedener Zielsetzung vgl. *Hassemer*, Produktverantwortung, S. 65 f.; in diesem Sinne auch *Vorholt*, Behördliche Stellungnahmen in der strafrechtlichen Produkthaftung, S. 167.

von Gefahrschaffung, von Vertrauens- bzw. von Verhaltenserwartungen sowie Gedanken von Herrschafts- bzw. Zuständigkeitsbereichen in beiden Rechtsgebieten finden.[406]

Die tatbestandlichen Haftungsvoraussetzungen mögen, oberflächlich betrachtet, unterschiedlich sein, so verlangt eine zivilrechtliche Haftung einen Schaden, die ordnungswidrigkeitenrechtliche Haftung hingegen die Verletzung einer einen Straf- oder Ordnungswidrigkeitennorm. Allerdings löst auch ein betriebsbezogener Straf- oder Bußgeldverstoß regelmäßig einen Vermögensschaden aus. Man mag die fortschreitende Verrechtlichung von Unternehmensorganisationen im Hinblick auf deren legales Verhalten dem Grunde nach und in ihrer jetzigen Ausgestaltung bedauern.[407] Diese Verrechtlichung führt jedenfalls zu einer faktischen Pflicht für Unternehmen, ab einer gewissen Größe, ein Compliance-System einzuführen, will man nicht blind in rechtliche und finanzielle Haftung laufen.

D. Rechtspflicht zur Compliance aus Gesamtanalogie

Uwe Schneider vertritt die Auffassung, dass eine Pflicht aller Unternehmen zur Einrichtung einer Compliance-Organisation besteht.[408] Nach dieser im Jahre 2003 geäußerten Auffassung ist kaum eine wissenschaftliche Abhandlung zum Thema Compliance erschienen, die sich nicht mehr oder minder ausführlich mit der Frage auseinandersetzt, ob eine allgemeine, aus einer Analogie heraus begründete Rechtspflicht für alle deutschen Unternehmen besteht, eine Compliance-Organisation einzurichten.[409]

---

406 *Grünewald*, Zivilrechtlich begründete Garantenpflichten, S. 34, wobei diese einen Vergleich zwischen Garantenpflichten und Verkehrssicherungspflichten zieht; vgl. hierzu auch BGH, NStZ 1990, S. 587 (590).

407 So etwa *Bachmann*, Gesellschaftsrecht in der Diskussion 2007, S. 71; *Hauschka*, ZIP 2004, S. 877 (878); kritisch zur „unbesehenen Übernahme" von zivilrechtlichen Verkehrspflichten in strafrechtliche Pflichtenprogramme, vgl. *Spindler*, Unternehmensorganisationspflichten, S. 880 ff.

408 *Schneider*, ZGR 1996, S. 225 (230); *ders.*, ZIP 2003, S. 645, (648); *ders.*, NZG 2009, S. 1321 (1323); *ders./v. Buttlar*, ZIP 2004, S. 1621 (1622); *ders./S. Schneider*, ZIP 2007, S, 2061 (2056); vgl. bereits im Ansatz *ders.*, ZHR 1979, S. 485 (507 ff.).

409 Vgl. etwa *Abendroth*, Prolegomena einer strafrechtlichen Bewertung von Corporate Governance, S. 130 ff.; *Böhm*, Non-Compliance, S. 60 ff.; *Engelhart*, Sanktionierung von Unternehmen, S. 510 f.; *Geiser*, Leitungspflichten des Vorstandes, S. 42 ff.; *Faber*, Anreizbasierte Regulierung, S. 98 ff.; *Groß*, Chief Compliance Officer, S. 44 ff.; *Huber*, Reichweite konzernbezogener Compliance-Pflichten, S. 89; *Klopp*, Der Compliance-Beauftragte, S. 64 ff.; *Kutschelis*, Korruptionsprävention

Dem Aufsatz wird immerhin zugeschrieben, die Compliance-Diskussion in Deutschland ernsthaft eröffnet zu haben.[410] Beinahe sämtliche Arbeiten kommen im Ergebnis dazu, dass keine allgemeine Rechtspflicht zur Einrichtung einer Compliance-Organisation für alle Unternehmen besteht.[411]

Die Theorie einer Gesamtanalogie[412] besagt, dass für sämtliche Unternehmen eine Verpflichtung zur Einrichtung einer Compliance-Organisation besteht.[413]

---

und Geschäftsleiterpflichten, S. 124 ff.; *Lebherz*, Emittenten-Compliance, S. 418 ff.; *Lenze*, Compliance, Internal Investigations und Beschuldigtenrechte, S. 28 f.; *Petermann*, Die Bedeutung von Compliance-Maßnahmen, S. 76 ff.; *Pietrek*, Die strafrechtliche Verantwortlichkeit des Betriebsinhabers, S. 80 ff; *Rathgeber*, Criminal Compliance, S. 340 ff.; *Schlieker*, Compliance und Verfassung, S. 50 ff.; *Schröpfer*, Compliance im Aktienkonzern, S. 75 ff.; *Sonnenberg*, Verletzung der Aufsichtspflicht in Betrieben, S. 123 ff.; *Wilhelm*, Ausmaß der erforderlichen Aufsichtsmaßnahmen, S. 96 ff.; *Wuttke*, Straftäter im Betrieb, S. 76 f; *Zapfe*, Compliance und Strafverfahren, S. 16 ff.; *Bock*, Criminal Compliance, S. 585, hält den Streit um eine Rechtspflicht von Compliance für unergiebig, da dieser nichts über eine Rechtspflicht zu Einführung von bestimmten Maßnahmen aussage.

410 *Hauschka*, ZIP 2004, S. 877 (877).

411 *Abendroth*, Prolegomena einer strafrechtlichen Bewertung von Corporate Governance, S. 139 f.; *Böhm*, Non-Compliance, S. 61; *Engelhart*, Sanktionierung von Unternehmen, S. 511; *Faber*, Anreizbasierte Regulierung, S. 100; *Geiser*, Leitungspflichten des Vorstandes, S. 49; *Huber*, Reichweite konzernbezogener Compliance-Pflichten, S. 90 f.; *Klopp*, Der Compliance-Beauftragte, S. 71 f.; *Kutschelis*, Korruptionsprävention und Geschäftsleiterpflichten, S. 125; *Lenze*, Compliance, Internal Investigations und Beschuldigtenrechte, S. 28 f.; *Lebherz*, Emittenten-Compliance, S. 423; *Petermann*, Die Bedeutung von Compliance-Maßnahmen, S. 104; *Rathgeber*, Criminal Compliance, S. 346; *Schröpfer*, Compliance im Aktienkonzern, S. 84 f.; *Wilhelm*, Ausmaß der erforderlichen Aufsichtsmaßnahmen, S. 96; *Wuttke*, Straftäter im Betrieb, S. 77; *Zapfe*, Compliance und Strafverfahren, S. 22; anders nur *Pietrek*, Die strafrechtliche Verantwortlichkeit des Betriebsinhabers, S. 97, die eine umfassende Pflicht aller Unternehmen unabhängig von Größe und Komplexität zur Implementierung eines Compliance-Systems annimmt.

412 Häufig auch als Rechtsanalogie bezeichnet, bei der konträr zur Gesetzesanalogie nicht eine einzelne Vorschrift ausgelegt wird, vielmehr wird ein Rechtsgedanke aus einem Komplex von Rechtsnormen hergeleitet, vgl. *Larenz*, Methodenlehre, S. 383 f.; *Röhl/Röhl*, Allgemeine Rechtslehre, S. 634; *Rüthers/Fischer/Birk*, Rechtstheorie, S. 521.

413 *Schneider*, ZGR 1996, S. 225 (230); *ders.*, ZIP 2003, S. 645, (648); *ders./v. Buttlar*, ZIP 2004, S. 1621 (1622); *ders./S. Schneider*, ZIP 2007, S, 2061 (2056), vgl. bereits *Schneider*, FS 100 Jahre GmbH, S. 473 (479); *ders.*, DB 1993, S. 1909 (1915); ähnlich

Diese Verpflichtung ergibt sich nach *Schneider* aus dem Gesellschaftsrecht, mittelbar aus § 130 OWiG und aus einer Reihe von Spezialnormen.[414] Dem wird entgegengehalten, es handele sich bei den Vorschriften (nur) um spezialgesetzliche Bestimmungen, die ohnehin nur auf bestimmte Unternehmen Anwendung finden und deshalb für eine allgemeine Verpflichtung zur Compliance nicht ausreichen.[415] Diese Kritik verkennt allerdings schon den Sinn einer Analogie: Sinnvoraussetzung einer jeden Rechtsanalogie ist das Ausfüllen einer gesetzlichen Regelungslücke.[416] Würden die Vorschriften ohnehin auf alle Unternehmen Anwendung finden, bedürfte es einer solchen Rechtsanalogie schon nicht. Die in Rede stehende Gesetzeslücke liegt gerade darin, dass keine Vorschrift verpflichtend für sämtliche Unternehmen die Einrichtung einer Compliance-Organisation vorsieht. In Teilen gibt es, wie dargestellt, sektorale Organisationspflichten, die die Rechtsbefolgung als solche sichern sollen.

Durch einen Analogieschluss hin zu einer Compliance-Pflicht würden die genannten Spezialnormen generalisiert werden. Diese Generalisierung gründet sich auf der Bewertung, dass die Unterschiede zwischen gesetzlich geregelten und nicht geregelten Fällen nicht gewichtig genug sind, um eine unterschiedliche Behandlung zu rechtfertigen.[417] Die von *Schneider* herangezogenen Normen § 91 Abs. 2 AktG, § 52a Abs. 2 BImSchG a. F., § 53 KrW-/AbfG a. F. und § 14 Abs. 2 GwG, welche die Gesamtanalogie begründen sollen, sind in ihrer Zusammenschau nicht geeignet, eine solche Analogie zu begründen. Dies liegt nicht daran, dass sie unterschiedliche Bereiche regeln, sondern daran, dass hinter den Vorschriften kein einheitlicher Grundgedanke steht, der Voraussetzung für eine Rechtsanalogie ist:[418]

So bezieht sich etwa § 91 Abs. 2 AktG auf bestandsgefährdende Entwicklungen, knüpft somit also an die Intensität gewisser Vorgänge an oder auf Compliance

---

auch *Rieble*, NZA 2008, S. 796 (798): „Die Rechtstreueverantwortung (Compliance) verlangt von jeder arbeitsteilig agierenden Organisation, dass sie Vorkehrungen zur Regeltreue der eingesetzten ‚Mitarbeiter' trifft. Der Sache nach handelt es sich um eine Form der Verkehrssicherungspflicht für die Eröffnung einer Gefahrenquelle".

414 *Schneider*, ZIP 2003, S. 645 (648 f.), wobei er konkret die Vorschriften § 91 Abs. 2 AktG, § 52a Abs. 2 BImSchG, § 53 KrW-/AbfG und § 14 Abs. 2 GwG nennt.

415 *Bachmann/Prüfer*, ZRP 2005, S. 109 (111); *Harbarth*, ZHR 2015, S. 136 (139); *Hauschka*, in: H-Corporate Compliance, S. 10; *Kremer/Klahold*, ZGR 2010, S. 113 (119).

416 Vgl. nur *Müller/Christensen*, Juristische Methodik Band I, S. 388.

417 *Zippelius*, Juristische Methodenlehre, S. 55.

418 *Röhl/Röhl*, Allgemeine Rechtslehre, S. 634; *Rüthers/Fischer/Birk*, Rechtstheorie, S. 521.

bezogen, auf die Intensität der Auswirkungen von Rechtsverstößen im Unternehmen. § 52a Abs. 2 BImSchG a. F. soll eine umweltschutzsichernde Betriebsorganisation gewährleisten, stellt also auf Art der zu verhindernden Rechtsverstöße ab. Vielmehr wäre jede Norm für sich zu betrachten und die Frage zu stellen, ob diese nicht dazu geeignet sein kann, im Einzelfall eine Analogie und damit Anwendung auf andere Unternehmensbereiche zu begründen. Die Bildung solcher „Einzelanalogien" setzt wie die Gesamtanalogie eine vergleichbare Interessenlage voraus. An dieser vergleichbaren Interessenlage dürfte es regelmäßig fehlen, da herangezogene Normen unternehmensspezifischen Gefahren begegnen wollen, die dem durch sie geregelten Bereich anhaften.

Es sind Konstellationen denkbar, in denen eine vergleichbare Interessenlage besteht, was eine analoge Anwendung einzelner Organisationsvorschriften auf nicht erfasste Organisationen ermöglicht, so hat das VG Frankfurt am Main den für Kreditinstitute geltenden § 25a KWG auf ein Versicherungsunternehmen angewendet mit der Begründung, dass nach internationalem Verständnis Versicherungsunternehmen auch Finanzdienstleistungsunternehmen sind.[419] Nach deutschem Recht sind sie dies nicht.

Weiterhin muss die Nicht-Erfassung einer bestimmten Organisation eine planwidrige Regelunglücke darstellen, da der Gesetzgeber sich nicht bewusst gegen nähere Organisationspflichten in dem konkreten Bereich entschieden hat. Zwar können unproblematisch Regelungslücken hinsichtlich rechtlicher Unternehmensorganisation unterstellt werden, die Planwidrigkeit dieser Lücken erscheint hingegen fragwürdig. Näher liegt der Schluss, dass der Gesetzgeber nur bestimmte Bereiche mit bestimmten Organisationsanforderungen zur Gewährleistung rechtmäßigen Verhaltens versehen wollte und dort begrenzte Compliance vorzuschreiben, wo Verstöße gegen Rechtsnormen besonders gravierende Auswirkungen entfalten können oder aufgrund von Komplexität oder Gefahrgeneigtheit der betrieblichen Tätigkeit besonders wahrscheinlich sind.[420] Im Ergebnis kann keine Gesamtanalogie über die genannten Vorschriften hergeleitet werden, die eine Pflicht für alle Unternehmen begründet, eine Compliance-Organisation einzurichten.[421]

---

419 VG Frankfurt am Main, WM 2004, S. 2157 (2160).

420 So auch *Bachmann*, Gesellschaftsrecht in der Diskussion, S. 74 f.; *Lang*, Corporate Compliance, S. 73.

421 Diese im Ergebnis auch verneinend *Bachmann*, Gesellschaftsrecht in der Diskussion 2007, S. 75; *ders./Prüfer*, ZRP 2005, S. 109 (111); *Bürkle*, BB 2005, S. 565 (567); *Gößwein/Hohmann*, BB 2011, S. 963 (963); *Hauschka*, in: H-Corporate Compliance, S. 10; *ders.*, NJW 2004, S. 257 (261); *Kort*, FS Roth, S. 407 (410); *Kremer/Klahold*, ZGR 2010,

E. Compliance in ausländischen Rechtsordnungen

In Zeiten der Globalisierung agieren Unternehmen häufig nicht mehr nur im nationalen Raum. Unternehmen, die im Ausland tätig sind müssen ausländisches Recht beachten. Die damit einhergehenden rechtlichen Schwierigkeiten lassen die Einrichtung einer Compliance-Organisation unverzichtbar erscheinen.[422]

Darüber hinaus schreiben ausländische Rechtsordnungen teilweise, für deutsche Verhältnisse recht detailliert, die Einrichtung von Compliance-Systemen vor. Hier stellt sich nicht mehr die Frage nach dem „Ob“ von Compliance, sondern nur nach dem „Wie“ von Compliance.[423] Zu nennen sind insbesondere der US-amerikanische Sarbanes-Oxley-Act (SOA)[424], der US-amerikanische Foreign Corrupt Practices Act (FCPA)[425] und der UK Bribery Act[426], so stellt sich für im Ausland agierende Unternehmen nicht die Frage nach einer Rechtspflicht zu bestimmten Compliance-Maßnahmen aus deutschem Recht, da sie durch ausländisches Recht dazu verpflichtet werden, bestimmte Maßnahmen zu treffen, um Rechtsverstößen vorzubeugen.

S. 113 (119); *Kröger*, Korruptionsschäden, S. 46; *Weber-Rey*, AG 2008, S. 345 (358); *Wiedemann*, ZGR 2011, S. 183 (199 f.); *Zieglmeier*, NJW 2015, S. 1914 (1917); vgl. auch *Dierlamm*, in: I/B/P-Compliance, S. 607, mit dem Hinweis, dass eine Pflicht zur Implementierung von Compliance-Programmen als Anknüpfungspunkt für eine Unterlassungsstrafbarkeit dienen könnte. Dies könnte im Zusammenspiel mit der ausufernden Auslegung des Untreuestraftatbestandes zu einer „Generalklausel par excellence für die Strafbarkeit von Rechtsverstößen im Wirtschaftsleben“ führen.

422 Vgl. *Schneider*, CCZ 2008, S. 18 (18), nach dem die Unternehmensleitungen dabei „nicht zu beneiden“ sind, da es schon schwierig genug sei, inländisches Recht zu beachten; zu den Anforderungen an außenwirtschaftliche Compliance-Programme vgl. *Sachs/Krebs*, CCZ 2013, S. 60 (60 ff.); vgl. auch beispielhaft *Ahlbrecht/Schlei*, WM 2015, S. 128 (128 ff.) zum chinesischen Wirtschaftsstrafrecht als Compliancefaktor.

423 So auch *Hauschka*, Bankrechtstag 2008, S. 103 (124), mit dem Hinweis, dass sich bei Betrachtung ausländischer Rechtsvorschriften die Frage, ob man auf ein Compliance-Programm verzichten kann, ohnehin nicht mehr stelle; hierzu auch *Hölters/Hölters*, in: H-Handbuch Unternehmenskauf, S. 1075 f.

424 Hierzu *Bussmann/Matschke*, CCZ 2008, S. 88 (89 f.); *Gruson/Kubicek*, AG 2003, S. 337 (337 ff.); *Schneider*, FS Heinz, S. 663 (673 f.); *Weiß*, ZWH 2014, S. 289 (289 ff.).

425 Vgl. *Cohen/Holland*, CCZ 2008, S. 7 (7 ff.); *Kraft*, FS Wessing, S. 79 (80 ff.).

426 Zum UK Bribery Act und dessen Bedeutung für deutsche Unternehmen vgl. *Hugger/Röhrich*, BB 2010, S. 2643 (2643 ff.); *Kappel/Lagodny*, StV 2012, S. 695 (696 ff.); *Rotsch*, in: A/R-Handbuch Wirtschaftsstrafrecht, S. 56; *ders./Wagner*, in: R-Handbuch Criminal Compliance, S. 1122 ff.; *Süße/Püschel*, ZRFC 2015, S. 82 (82 ff.); *Weiß*, ZWH 2014, S. 289 (289 ff.).

F. Entwicklung und Herkunft von Compliance

Bereits im Januar 1993 wies *Dieter Eisele* darauf hin, dass sich Compliance zu einem wichtigen Thema, auch außerhalb der Bankenwelt, entwickeln würde.[427] Ursprünglich stammt Compliance aus der angloamerikanischen Bankenwelt. Aufgrund des schon relativ früh erkannten hohen Risikos von Bankgeschäften wurde der Begriff Compliance dort in den 80er Jahren verwendet.[428] Zuvor wurden in den 50er und 60er Jahren Compliance-Programme von amerikanischen Unternehmen entwickelt, aufgrund der dort vermehrt durchgeführten Kartellverfahren. Diese Programme dienten allerdings ausschließlich der Vermeidung von Kartellrechtsverstößen.[429] Die Compliance-Entwicklung in den USA zeigt, dass Compliance-Bemühungen der Unternehmen häufig direktes Resultat von Wirtschaftsskandalen sind.[430]

In Deutschland trat Compliance erwähnenswert Anfang der 90er Jahre im Banken- und Finanzsektor in Erscheinung.[431] Zu Beginn der 90er Jahre ging es (noch) nicht um eine umfassende Rechtsbefolgung der entsprechenden Institute. Es sollte einer bankenspezifischen Insiderproblematik entgegengewirkt werden.[432] Durch die Verabschiedung des Wertpapierhandelsgesetzes im Juli 1994[433] wurde die Compliance-Entwicklung im Bankenbereich weiter vorangetrieben. Erst mit Einführung des WpHG wurde durch § 14 Abs. 1 WpHG i. V. m. § 38 Abs. 1 WpHG überhaupt eine strafrechtliche Sanktionierung (Freiheitsstrafe bis fünf Jahre oder

427 *Eisele*, WM 1993, S. 1021 (1021).

428 *Buffo/Brünjes*, CCZ 2008, S. 108 (108); *Bürkle*, BB 2005, S. 565 (565); *Fleischer*, AG 2003, S. 291 (299); *Klopp*, Der Compliance-Beauftragte, S. 25; *Lösler*, NZG 2005, S. 104 (104); *Mengel/Hagermeister*, BB 2006, S. 2466 (2466).

429 *Engelhart*, Sanktionierung von Unternehmen, S. 285 f.; *Pohlmann*, FS Vitzthum, S. 17 (18); zu der Entwicklung des US-amerikanischen „Antitrustrechts" vgl. *Wurmnest*, Marktmacht und Verdrängungsmissbrauch, S. 21 ff.

430 *Engelhart*, Sanktionierung von Unternehmen, S. 288; allgemein zur „regulierten Selbstregulierung" und damit zu den „Vorläufern" von Compliance vgl. *Collin*, JZ 2011, S. 274 (275 ff.).

431 *Früh*, CCZ 2010, S. 121 (121); *Gebauer/Niermann*, in: H-Corporate Compliance, S. 942; *Huber*, Reichweite konzernbezogener Compliance-Pflichten, S. 31; *Klopp*, Der Compliance-Beauftragte, S. 28.

432 Vgl. *Engelhart*, Sanktionierung von Unternehmen, S. 496; *Grohnert*, Grundlagen einer Compliance-Organisation, S. 6; *Kalss*, in: L-Zauberwort Compliance, S. 47 (48 ff.).

433 BGBl. I 1994, 1749 (1749 ff.).

Geldstrafe) des Insiderhandels eingeführt.[434] Zuvor waren Insidergeschäfte straflos und konnten dementsprechend nicht strafrechtlich geahndet werden, eine zivilrechtliche Haftung war aufgrund verschiedener Problematiken unwirksam.[435] Gleichzeitig mit Einführung der Strafbarkeit wegen Insiderhandels statuierte das WpHG zahlreiche Organisationspflichten für betroffene Unternehmen.[436]

Mit Änderung des WpHG im Juli 2007 wird der Begriff Compliance erstmals in der deutschen Rechtssprache verwendet.[437] Die BaFin hat im Jahre 2010 ein Rundschreiben veröffentlicht, das die aus § 33 Abs. 1 Satz 2 Nr. 1 WpHG stammende Compliance-Funktion konkretisiert.[438] Teilweise wird diesem Rundschreiben zugetraut, auch eine Wirkung auf Bereiche außerhalb des Wertpapierhandelssektors bezüglich einer Konkretisierung von Compliance zu entfalten.[439]

G. Compliance-Maßnahmen

Wie dargestellt ist ein Verständnis von Compliance als reine Rechtsbefolgung verkürzt. Vielmehr sind darunter auch spezifische Maßnahmen zu verstehen, die diese Rechtsbefolgung innerhalb einer Organisation sicherstellen sollen. Folglich bleibt die Frage, welche Maßnahmen dies im Einzelnen sein können. Zielführend ist es, zunächst festzustellen, nach welchen Kriterien Maßnahmen als Compliance-Maßnahmen zu klassifizieren sind. Unstreitig stellen nicht sämtliche organisatorischen Maßnahmen im Unternehmen Compliance-Maßnahmen dar. Meist wird vom Ziel der Maßnahme her eine Unterscheidung versucht: Danach

---

434 Vgl. hierzu *Baedorff*, Merkmal der Verwendung von Insiderinformationen, S. 19 ff., die unter anderem darstellt, dass der deutsche Gesetzgeber jahrelang die Schaffung einer strafrechtlichen Sanktionierung des Insiderhandels abgelehnt hat und erst durch die EG Richtlinie 89/592/EWG dazu verpflichtet wurde ein „Insidergesetz“ zu erlassen, wobei die Richtlinie nicht zwingend eine strafrechtliche Sanktionierung des Insiderhandels verlangte; allgemein zum Verbot von Insidergeschäften vgl. *Schmidtke*, Die kapitalmarktrechtliche Regulierung, S. 319 ff.; zu strafrechtlichen Kausalitäts- und Zurechnungsfragen im Insiderstrafrecht vgl. etwa *Ransiek*, FS Otto, S. 715 (715 ff.).

435 *Baedorff*, Merkmal der Verwendung von Insider-informationen, S. 19; *Vogel*, in: A/S WpHG, Vor § 38 Rn. 1.

436 Siehe oben 1. Teil, C. III.

437 Vgl. § 33 Abs. 1 Satz 2 Nr. 1 WpHG.

438 BaFin, Rundschreiben 4/2010 v. 07.06.2010 (MaComp) in der Fassung vom 30.11.2012.

439 *Engelhart*, ZIP 2010, S. 1832 (1840); *Klopp*, Der Compliance-Beauftragte, S. 31; *Lösler*, WM 2010, S. 1917 (1389).

sind solche Maßnahmen Compliance, sofern ihr Ziel darin besteht die Rechtsbefolgung innerhalb der Organisation zu gewährleisten,[440] wobei, wie dargestellt, Ziel nicht die abstrakte Rechtsbefolgung, sondern Vermeidung oder wenigstens Beschränkung von Haftung sein sollte oder im Falle von Criminal Compliance, die Vermeidung strafrechtlicher Verantwortlichkeit.[441]

Es erscheint fraglich, ob allein die Absicht der Rechtsbefolgung bzw. Haftungsvermeidung ausreicht oder ob die Maßnahmen nicht eine gewisse Geeignetheit aufweisen müssen, um Rechtsverstößen präventiv entgegenzuwirken. Hierzu müsste die konkrete Maßnahme die Erreichung der Rechtsbefolgung fördern. Schwierig zu erbringen ist der Nachweis eine bestimmte Maßnahme fördere die Rechtsbefolgung im Unternehmen, weswegen im Umkehrschluss argumentiert werden sollte und eine Maßnahme als Compliance-Maßnahmen zu definieren ist, solange sie zur Förderung der Rechtstreue im Unternehmen nicht ungeeignet ist.

Insofern kann eine Einschränkung dahingehend erreicht werden, dass nicht unreflektiert sämtliche Organisationsmaßnahmen eines Unternehmens unter Compliance gefasst werden. Es sollte bei Compliance nicht um „Aufsicht der Aufsicht willen" gehen. Aufsichtsmaßnahmen, die (nachweislich) keine Verhaltensbeeinflussung zur Rechtstreue bewirken, sind keine Compliance-Maßnahmen.[442] Compliance-Maßnahmen sind wie folgt zu definieren:

Sämtliche Maßnahmen, die auf Prävention oder Aufklärung von Rechtsverstößen mit dem Ziel einer Haftungsvermeidung oder Haftungserleichterung einer Organisation und ihrer Angehörigen gerichtet sind und hierzu nicht völlig ungeeignet sind. Unbestritten gibt es kein „fit for all" Compliance-System. Jedes funktionsfähige und ökonomisch sinnvolle Compliance-System hat sich an individuellen Organisationsstrukturen und deren möglichen Konfliktbereichen mit der Rechtsordnung zu orientieren (Rechtsrisiken).[443] Dabei sind spezifische Aspekte wie Größe, Struktur und Branche der Organisation zu berücksichtigen.

---

440 Ähnlich *Hilgendorf*, in: R-Criminal Compliance vor den Aufgaben der Zukunft, S. 20, der von Maßnahmen spricht, die auf Vermeidung von Strafbarkeitsrisiken „gerichtet sind"; noch enger *Rotsch*, in: R-Criminal Compliance vor den Aufgaben der Zukunft, S. 10; *ders.*, in: A/R-Handbuch Wirtschaftsstrafrecht, S. 48: „notwendige" Maßnahmen.

441 Siehe oben 1. Teil, A. VI.

442 So auch *Rogall*, in: KK-OWiG, § 130 Rn. 43, in Bezug auf die Geeignetheit von Aufsichtsmaßnahmen im Rahmen des § 130 OWiG.

443 So auch *Lück*, ZRFC 2015, S. 18 (19 f.); *Salvenmoser/Hauschka*, NJW 2010, S. 331 (334); *Schockenhoff*, ZHR 2016, S. 197 (207); *Spoerr/Gäde*, CCZ 2016, S. 77 (78); *Wirth/Krause*, CB 2015, S. 27 (31).

Darüber hinaus spielen Grad der Internationalisierung, die „Gefahrgeneigtheit“ des Unternehmens und Art und Umfang der in der Organisation vorgekommen Rechtsverstöße entscheidende Rollen.[444] Zu beachten ist, dass ein Großteil der entwickelten Modelle zur Umsetzung eines Compliance-Systems sich auf Großunternehmen bezieht. Zwar wird vereinzelt auf die besondere Bedeutung von Compliance für den Mittelstand hingewiesen,[445] an brauchbaren Compliance-Modellen für kleinere Unternehmen ist in der einschlägigen Literatur jedoch wenig zu finden.[446]

Als Mindest-Compliance in Unternehmen muss eine Zusammenstellung der Normen erfolgen, die durch das Unternehmen und seine Angehörigen zu befolgen sind. Im Hinblick auf die Einhaltung strafrechtlicher Normen (Criminal Compliance) sind grundsätzlich alle strafrechtlich relevanten Vorschriften zu beachten. Ausgenommen sind nur die sog. „echten Sonderdelikte“, sofern diese mangels eines besonderen persönlichen Merkmals der spezifischen Unternehmensangehörigen keine Strafbarkeit begründen können.[447] Im Rahmen einer sog. Risikoanalyse (auch Bestandsaufnahme genannt) sollte festgestellt werden, inwieweit durch die spezifischen Eigenarten und Tätigkeiten des Unternehmens eine Verletzung der zuvor als relevant ermittelten Normen wahrscheinlich ist.[448] Nicht jeder Normverstoß innerhalb eines Unternehmens ist gleich wahrscheinlich. Maßnahmen, die sich nicht an derartigen Wahrscheinlichkeiten orientieren, sind entweder überflüssig oder unzureichend. Ist es zu Rechtsverstößen innerhalb eines

444 Vgl. etwa *Hauschka*, in: H-Corporate-Compliance, S. 19 f.; *Sünner*, CCZ 2015, S. 2 (2).

445 Etwa *Behringer/Meyer*, ZRFC 2015, S. 113 (113 ff.); *Rotsch*, ZIS 2010, S. 614 (614).

446 Vgl. beispielhaft *Engelhart*, Sanktionierung von Unternehmen, S. 714 „Die nachfolgenden Ausführungen (...) beziehen sich daher insbesondere auf große Unternehmen mit einer entsprechend komplexen Organisation“; vgl. auch *Hauschka*, BB 2004, S. 1178 (1179), nach dem Compliance-Modelle nach angelsächsischen Vorbild zwar ausgefeilt sind, damit aber ein enormer Aufwand an Zeit und Kosten verbunden ist, der für viele kleinere und größere Unternehmen in Deutschland ein erhebliches Problem darstellt; hierzu auch *Poepping*, in: J/S-L/S-Das Unternehmensstrafrecht, S. 333 (342).

447 So ist bspw. § 404 AktG (Verletzung der Geheimhaltungspflicht) ein echtes Sonderdelikt, dessen Täter nur Vorstands- oder Aufsichtsratsmitglieder sein können, eine Beachtung der Vorschrift durch Nichtaktiengesellschaften ist somit entbehrlich.

448 So auch *Feierl-Giedenbacher/Mair*, in: L-Zauberwort Compliance, S. 15 (21); *Hauschka*, Gesellschaftsrecht in der Diskussion 2007, S. 57; *ders./Greeve*, BB 2007, S. 165 (166); *Koukol*, in: L-Zauberwort Compliance, S. 35 (43); vgl. auch *Heißner*, Erfolgsfaktor Integrität, S. 120 f.; *Kulhanek*, ZWH 2015, S. 94 (97).

Unternehmens gekommen, sind die Maßnahmen insbesondere an einer Verhinderung derartiger Verstöße auszurichten.

Auf einzelne Maßnahmen, die im Anschluss an die Risikoanalyse vorgenommen werden könnten, etwa Mitarbeiterschulungen[449], Bestellen eines Compliance-Beauftragten[450], Einrichten von „Whistleblower-Hotlines"[451], „Commitment" der Unternehmensführung[452], stichprobenartige Kontrollen, das Einziehen sog. „Chinese Walls"[453], Compliance-Handbücher usw. soll nicht näher eingegangen werden. Auch die mit den einzelnen Maßnahmen verbundenen, teils erheblichen rechtlichen Problematiken, wie etwa Fragen des Datenschutzes, sollen nicht näher beleuchtet werden.[454]

Die Anzahl der Anglizismen bei obiger Aufzählung macht deutlich, dass ein Großteil dieser Maßnahmen dem angelsächsischen Raum entstammt. Auf die personelle Ausgestaltung von Compliance-Abteilungen, insbesondere auf die Person des Compliance-Beauftragten, wird im zweiten Teil der Arbeit ausführlich eingegangen. An dieser Stelle sei nochmals darauf hingewiesen, dass zwar für Kapitalgesellschaften eine Pflicht zur Compliance besteht, hieraus jedoch keine Pflicht zur Vornahme spezifischer Maßnahmen folgt.

---

449 Etwa bei vgl. *Lampert*, in: H-Corporate Compliance, S. 172 f.

450 Ausführlich zur Person des Compliance-Beauftragten vgl. 2. Teil.

451 Wörtlich übersetzt: „In die Pfeife blasen", wobei der Begriff insbesondere dann verwendet wurde, wenn der Schiedsrichter ein Spiel abpfiff, vgl. *Pittroff*, Whistle-Blowing-Systeme, S. 9; allgemein lässt sich der Begriff definieren als das Verhalten eines Insiders, der auf Missstände in seiner Organisation intern oder extern hinweist vgl. *Simonet*, RdA 2013, S. 236 (236) m. w. N.; zur Gesamtthematik des Whistleblowing und den Definitionsschwierigkeiten des Begriffs vgl. ferner *von Busekist/Fahrig*, BB 2013, S. 119 (119 ff.).

452 Der Begriff umschreibt ein „mit voller Überzeugung hinter der Sache stehen", wobei mit der „Sache" die Regeltreue im Unternehmen gemeint ist, vgl. hierzu *Hauschka*, DB 2006, S. 1143 (1144); *ders.*, Gesellschaftsrecht in der Diskussion 2007, S. 59; *Schulz/Muth*, CB 2014, S. 265 (267); häufig auch als „Policy Statement" oder „Mission-Statement" bezeichnet vgl. *Lampert*, in: H-Corporate Compliance, S. 169 f.

453 Auch Informationsbarrieren genannt, dies sind organisatorische Maßnahmen, die verhindern sollen, dass vertrauliche Informationen, die in einem Geschäftsbereich anfallen, für Personen in anderen Geschäftsbereichen zugänglich sind vgl. *Eisele/Faust*, in: S/B/L-Bankrechts-Handbuch, § 109 Rn. 141–148a; auch „Vertraulichkeitsbereiche" genannt vgl. *Casper*, FS-Schmidt, S. 199 (202); *Rothenhöfer*, in: K/W-Bank- und Kapitalmarktrecht, S. 220 ff; ausführlich zu „Chinese Walls" vgl. *Lösler*, Compliance im Wertpapierdienstleitungskonzern, S. 73 ff.

454 Vgl. hierzu etwa *Schmidl*, in: S-S/B/S-Compliance Officer, S. 147 ff.

H. Ziel und Funktion von Compliance

Wie dargestellt, geht es bei Compliance um Haftungsvermeidung und Haftungsbegrenzung. Darüber hinaus erfüllt ein funktionierendes Compliance-System weitere Funktionen, genannt sei etwa die sog. „Marketingfunktion" von Compliance.[455] Originäres Ziel von Compliance ist Haftungsvermeidung bzw. Haftungsverringerung. Damit wird auch den mit Haftung einhergehenden Reputationsverlusten von Unternehmen entgegengewirkt.

Die „Marketingfunktion" von Compliance kann über das reine Abwenden von Reputationsschäden hinausgehen und zu einem „Reputationsbonus" führen. Viele Unternehmen, insbesondere Finanzdienstleistungsunternehmen, sind auf das Vertrauen von Investoren angewiesen. Halten entsprechende Unternehmen effektive Compliance-Abteilungen vor, besteht die Möglichkeit, hiermit für sich zu werben, um das Vertrauen der Investoren zu erhöhen.[456] Dies kann dazu führen, dass sich Compliance-Abteilungen nicht nur in der Form wirtschaftlich rentieren, indem sie für eine Vermeidung von finanziellen Schäden sorgen, vielmehr kann sich auch durch die damit verbundene Vertrauensbildung ein Wettbewerbsvorteil ergeben.[457]

I. Notwendigkeit von (Criminal) Compliance

Compliance dokumentiert Schwäche und Stärke von Strafrecht zugleich: Aus arbeitsteiligem Zusammenwirken unter Ansammlung von sachlichen Mitteln in Organisationen folgt eine Risikoerhöhung zu Normverletzungen. Staatsapparate sind ohnmächtig, diese globalisierten Organisationen von zentralisierten ökonomischen Prozesse zu beherrschen,[458] so steht fortschreitender wirtschaftlicher

---

455 Vgl. etwa *Frisch*, in: D/K/P-Handbuch zum deutschen und europäischen Bankrecht, S. 201; *Klebeck/Zollinger*, BB 2013, S. 458 (458); *Kort*, NZG 2008, S. 81 (81); *Lösler*, NZG 2005, S. 104 (105); *Steinmeyer/Späth*, in: W/S/G-Handbuch Compliance-Management, S. 248; *Vogt*, Arbeitsrecht im Konzern, S. 271; vgl. auch *Schneider*, ZIP 2003, S. 645 (648): „Compliance dient drittens der Sicherung des Vertrauens der Geschäftspartner; und Ziel von Compliance ist viertens, das Unternehmen als gutes Investment im Kapitalmarkt und als „good corporate citizen" in der Öffentlichkeit darzustellen".

456 In dem Sinne auch *Heckenberger/Schulz*, in: M-Compliance-Risikoanalyse, S. 146; vgl. auch *Hölters*, H-AktG, § 93 Rn. 91: „Die Einrichtung einer Compliance-Organisation soll das Vertrauen der Geschäftspartner und des Marktes in das Unternehmen stärken".

457 Ebenfalls zu einem möglichen Wettbewerbsvorteil von Compliance vgl. *Campos Nave/Bonenberger*, BB 2008, S. 734 (734).

458 In diesem Sinne auch *Schünemann*, GA 2003, S. 299 (299), der von einer „globalen Anarchie" spricht, da nationales Recht zur Kontrolle einer denationalisierten

Globalisierung keine entsprechende Rechtsglobalisierung gegenüber. Zusätzlich hierzu hemmen komplexe, hochtechnifizierte, kollektive Wirtschaftsprozesse individualstrafrechtliche Zurechnung, machen sie teilweise gar unmöglich.[459]

Volkswirtschaft nicht in der Lage sei; *Fischer*, ZStW 2011, S. 816 (818), spricht von einem „Systemversagen" des Strafrechts; *Dierlamm*, CCZ 2014, S. 194 (195), spricht von „unübersehbare Herausforderungen" der Strafverfolgung; *Lüderssen*, in: K/L/V-Wirtschaftsstrafrecht und Moral, S. 211 (235), spricht von einer „experimentellen Anwendung" des Strafrechts auf ökonomische Prozesse; ähnlich auch *Demetrio*, FS Beulke, S. 369 (371); *Hassemer*, in: K/L/V-Handlungsfreiheit des Unternehmers, S. 29 (43); anders *Fischer*, in: K/L/V-Wirtschaftsstrafrecht und Moral, S. 190 (198): „(...) aus welchen Gründen das bestehende System strafrechtlicher Zuschreibung von individueller Verantwortung im Grundsatz nicht geeignet sein sollte, die beschriebenen Risikien zu strukturieren und in einer Legitimität erzeugenden Weise normative Standards durchzusetzen"; anders auch *Hart-Hönig*, in: Strafverteidigung im Rechtsstaat, S. 530 (550), der von einem „globalisierten Strafrecht" spricht; hierzu auch *Sánchez*, Expansion des Strafrechts, S. 45 ff.; zu unzureichenden personellen und materiellen Ressourcen innerhalb der Strafjustiz zur effektiven Bekämpfung von Wirtschaftskriminalität vgl. BGH, Urt. v. 02.12.2005 – 5 StR 119/05, Rn. 45: „Nach der Erfahrung des Senats kommt es bei einer Vielzahl von großen Wirtschaftsstrafverfahren dazu, dass eine dem Unrechtsgehalt schwerwiegender Korruptions- und Steuerhinterziehungsdelikte adäquate Bestrafung allein deswegen nicht erfolgen kann, weil für die gebotene Aufklärung derart komplexer Sachverhalte keine ausreichenden justiziellen Ressourcen zur Verfügung stehen. (...) Dem in § 56 Abs. 3 StGB zum Ausdruck gekommenen Anliegen des Gesetzgebers, das Vertrauen der Bevölkerung in die Unverbrüchlichkeit des Rechts vor einer Erschütterung durch unangemessen milde Sanktionen zu bewahren, kann im Bereich des überwiegend tatsächlich und rechtlich schwierigen Wirtschafts- und Steuerstrafrechts nach Eindruck des Senats nur durch eine spürbare Stärkung der Justiz in diesem Bereich Rechnung getragen werden. Nur auf diese Weise – nicht durch bloße Gesetzesverschärfungen – wird es möglich sein, dem drohenden Ungleichgewicht zwischen der Strafpraxis bei der allgemeinen Kriminalität und der Strafpraxis in Steuer- und Wirtschaftsstrafverfahren entgegenzutreten und dem berechtigten besonderen öffentlichen Interesse an einer effektiven Strafverfolgung schwerwiegender Wirtschaftskriminalität gerecht zu werden."; vgl. hierzu auch *Bremel*, Banken und Pflichten, S. 186 ff.

459 Zur mangelnden Steuerungsfähigkeit des Strafrechts hinsichtlich von Wirtschaftsprozessen *Herzog*, Gesellschaftliche Unsicherheit, S. 158; *Jahn*, in: K/L/V-Ökonomie versus Recht, S. 157 (167 f.); *ders.*, in: S/R-Wirtschaftsstrafrecht: Plage oder Gewinn, S. 19 (25 ff.); *Kubiciel*, ZIS 2013, S. 53 (59); *Lüderssen*, StV 2009, S. 486 (494); *Wohlers*, ZStW 2011, S. 791 (794 f.); ähnlich auch *Theile*, in: K/L/V-Unternehmensstrafrecht, S. 175 (185): „Ab einem bestimmten Punkt mag dann zweifelhaft sein, ob das Strafrecht die ihm traditionell eigene Funktion der kontrafaktischen Stabilisierung

Diese zunehmende Unfähigkeit zur Kontrolle privater Strukturen setzt eine staatstheoretische Konzeption, nach der das Gewaltmonopol beim Staat liegt und den rechtspositivistischen Rechtsbegriff, einem erhöhtem Rechtfertigungsdruck aus: Denn dort, wo sich ein (legitimer) Herrschaftsanspruch des Staates nicht mehr durchsetzt, verliert er schließlich seine Berechtigung.[460]

---

enttäuschter Erwartungen erfüllen kann"; vgl. auch *Lüderssen*, in: K/L/V-Handlungsfreiheit des Unternehmers, S. 241 (316): „Dort, wo nur hoch differenzierte Steuerungsinstrumente greifen, muss das Strafrecht als Instanz für die Unterscheidung von Recht und Unrecht versagen"; dagegen *Rönnau*, in: S/R-Wirtschaftsstrafrecht: Plage oder Gewinn, S. 9 (15 ff.); *Schünemann*, wistra 2015, S. 161 (162); kritisch zum Strafrecht als politisches Steuerungsinstrument auch *Albrecht*, in: B/L-Vom Guten, das noch stets das Böse schafft, S. 255 (255 f.): „Angesichts dessen ist der Überfrachtung des Strafrechts mit politisch aufgeladenen Steuerungsansprüchen eine deutliche Absage zu erteilen. (...) Das primär auf die Entscheidung von Individualkonflikten angelegte Strafrecht kann hier nicht greifen. Der Auftrag zum rein symbolischen Rechtsgüterschutz – mehr bleibt nicht übrig – zerstört die Geltungsgrundlage des rechtsstaatlichen Strafrechts"; zu einer Veränderung der Funktion von Strafrecht vgl. *Zabel*, in: S-Rechtssicherheit durch Rechtswissenschaft, S. 219 (232): „In dem Maße, in dem die Kultur der Rechtssicherheit die Logik der Prävention übernimmt, müssen sich das Legitimationskonzept des Strafrechts und seine gesellschaftliche Funktion verändern".

460 Vgl. aber *Volk*, FS Widmaier, S. 987 (994): „Das ist die Frage nach Alternativen zum Strafrecht und seiner Subsidiarität. Sie lässt sich ökonomisch stellen, aber nicht beantworten. Die Effizienz der Regelungsformen ist empirisch nicht überprüfbar, und vor allem ist Effizienz kein Kriterium für Legitimität"; allgemeiner zur Legitimation staatlicher Macht vgl. *Gierhake*, Der Zusammenhang von Freiheit, Sicherheit und Strafe, S. 48 ff.; auf das Entstehen neuer, privater Regelungsformen, etwa „Rechtsetzung" durch multinationale Konzerne, hinweisend *Klösel*, Compliance-Richtlinien, S. 108 f.: „Diese auf allen Regelungsebenen nachvollziehbare Privatisierung des Rechts konfrontiert die rechtspositivistischen Positionen, wollen diese ihre rechtstheoretische Plausibilität als kontrafaktische Beschreibung der Rechtswirklichkeit nicht verlieren, mit der Aufgabe, ein flexibleres Konzept eines staatszentrierten Rechtsbegriffes zu entwerfen, das auch die Vielzahl neuartiger privater Regeln erfasst."; *Albrecht*, FS Hassemer, S. 3 (6), spricht von „Rechtsauflösung" und nennt hierfür zwei Gründe: Die „zunehmende Überlagerung des Rechtssystems durch das System der Wirtschaft" und die „parallele Entwicklung einer entfesselten Globalisierung der Wirtschaft"; ähnlich auch *Herzog*, in: N/P-Kritik und Rechtfertigung des Strafrechts, S. 117 (121): „Ungeachtet aller Anstrengungen nationaler Wirtschafts- und Finanzpolitiken und der Bemühungen internationaler Organisationen hat sich auf dem Kapitalmarkt weitgehend der Wunschtraum vieler Ökonomen von einem staatsfreien und damit interventionsfreien Markt erfüllt"; vgl. auch *Lindemann*, in:

Die Reaktion seitens der Rechtsprechung und des Gesetzgebers auf die unzureichende internationale Steuerungsarchitektur und die damit erkannte eigene Ohnmacht macht (Criminal) Compliance unverzichtbar: Legislative und Judikative versuchen ihren, von ihnen freilich selbst als unzureichend erkannten Einfluss, durch eine „umfassende" Anwendung von nationalem (Straf-) Recht – häufig unter der Außerachtlassung strafrechtlicher Subsidiaritätsgedanken – auszugleichen.[461] Das Strafrecht wird hierbei als ein Instrument zur Risikosteuerung von wirtschaftlichen Prozessen angewendet, da man es für vermeintlich „stärker" erachtet als das „gewöhnliches" Aufsichtsrecht.[462] Diese Umwandlung von „klassischem"

K/L/V-Gemeinwohl im Wirtschaftsstrafrecht, S. 279 (288): „Die aufgezeigten Tendenzen erscheinen in der Gesamtschau geeignet, die Berechtigung der Erhebung des staatlichen Strafanspruches im Bereich des Wirtschaftsstrafrechts dauerhaft infrage zu stellen"; allgemein zur Legitimität als Rechtfertigung von Herrschaft vgl. *Schliesky*, Souveränität und Legitimität von Herrschaftsgewalt, S. 149 ff.

461 Kritisch zu einer „Hypertrophie des Strafrechts" *Rotsch*, GS Eckert, S. 711 (717 ff.); vgl. auch bereits *Arthur Kaufmann*, FS Henkel, S. 89 (103); *Tiedemann*, in: T-Multinationale Unternehmen, S. 1 (67); vgl. auch *Pawlik*, FS Jakobs, S. 469 (494): „Weitaus wahrscheinlicher ist, daß der gegenwärtige Trend zu feinsinniger Ausziselierung im einzelnen bei gleichzeitigem Schwund der systematischen Disziplin im ganzen fortsetzen wird. Das Ergebnis wäre eine weitere Verstärkung jenes Eklektizismus, den manche bereits in der gegenwärtigen Strafrechtsdogmatik am Werk sehen und mit dem sich in der Praxis der Strafrechtspflege buchstäblich alles – bei Lichte besehen als nichts – begründen läßt"; *Schmitz*, in: K/L/V-Unternehmensstrafrecht, S. 311 (315), spricht von einer „extensiven Auslegung ‚klassischer' Zurechnungsregeln"; so auch *Lampe*, ZStW 1994, S. 683 (685): „Denn die eigentliche Crux liegt darin, daß die Strafrechtsdogmatik bisher auf jede systemische Delinquenz mit einem auf Einzeltäter zugeschnittenen Instrumentarium reagiert".; vgl. auch *Hamm*, in: K/L/V-Handlungsfreiheit des Unternehmers, S. 44 (50): „Dieses Verständnis vom möglichst flächendeckenden Einsatz des Strafrechts beseelt dann eben auch Staatsanwälte und Strafrichter, wenn sie sich besonders gern mit solchen Tatbeständen befassen, die mit ihrem knetbaren Wortlaut in jede noch offene Ritze hineinpassen"; vgl. auch *Jahn/Ziemann*, JZ 2014, S. 943 (946); zu einer „fehlenden" Kriminalisierung von Korruptionsstraftaten noch bis in die 80er Jahre hinein vgl. *Taschke*, NZWiSt 2012, S. 9 (10 ff.).

462 In diesem Sinne auch *Jahn*, wistra 2013, S. 41 (41): „(...) auf ein Strafrecht, dem allein es noch zugetraut wird, ein Gegengewicht zu den die Zivilgesellschaft in den Abgrund reißenden Schwerkräften der Finanzmärkte bilden zu können"; ähnlich auch *Ransiek/Hüls*, ZGR 2009, S. 157 (157): „Strafrecht zur Regulierung wirtschaftlichen Verhaltens hat Konjunktur"; so auch *Vogel*, FS Weber, S. 395 (396): „Zunehmend wird das Strafrecht gegen Wirtschaftskorruption in Stellung gebracht"; vgl. auch *Prittwitz*, in: K/L/V-Handlungsfreiheit des Unternehmers, S. 53 (57): „das Strafrecht

fragmentarischen Strafrecht, hin zu einem „funktionalen" wirtschaftspolitischen Steuerungsinstrument verkehrt die „ultima ratio" Funktion von Strafrecht in ihr Gegenteil.[463]

---

soll nur dort einen legitimen Platz einnehmen, wo – aus welchen Gründen auch immer – das Regelungs- oder auch Sanktionspotential dieses Rechtsgebiets nicht ausreichend erscheint"; kritisch *Lüderssen*, Entkriminalisierung des Wirtschaftsrechts, S. 7: „(…) daß es eher die Logik totalitärer Staaten ist, dort mit dem Strafrecht zu arbeiten, wo die Regelungen und Praxis der primär zuständigen Rechtsgebiete nicht gefallen"; vgl. auch *ders.*, in: K/L/V-Ökonomie versus Recht, S. 241 (279); zu einer strukturellen Koppelung von materiellem Strafrecht und Unternehmen vgl. *Theile*, Wirtschaftskriminalität und Strafverfahren, S. 78 f; zu verwaltungsrechtlichen Alternativen zum Wirtschaftsstrafrecht vgl. etwa *Uwer*, in: K/L/V-Handlungsfreiheit des Unternehmers, S. 127 (127 ff.); zu der geänderten Sensibilität in der Rechtsprechung bezüglich Wirtschaftskriminalität vgl. BGH, NJW 1985, S. 2405 (2406): „Von einem deutschen Unternehmer kann zwar nicht erwartet werden, daß er in den Ländern, in denen staatliche Aufträge nur durch Bestechung der zuständigen Staatsorgane zu erlangen sind, auf dieses Mittel völlig verzichtet und damit das Geschäft weniger gewissenhaften Konkurrenten überläßt. Er wird daher seinen Angestellten und Handelsvertretern, die bei der Bewerbung um solche Aufträge in ortsüblicher Weise mit Schmiergeldern arbeiten, nicht den Vorwurf einer Verletzung ihrer Dienst- oder Vertragspflichten machen können; er wird ihnen unter Umständen sogar die von ihnen verauslagten Schmiergelder gem. §§ 670, 675 BGB, 87d HGB ersetzen müssen"; für einen umfassenden strafrechtlichen Vermögensschutz plädiert *Schünemann*, in: S-Die sogenannte Finanzkrise, S. 71 (85), da das Zivilrecht „geradzu zum Vehikel der Tatbegehung" werde.

463 Aufschlussreich *Hassemer*, Produktverantwortung, S. 54, nach dem durch eine „Entformalisierung" von Garantenstellungen strafrechtlich diejenigen erfasst werden können, die gesteigert riskant handeln und ihnen damit eine Schadensverhinderungspflicht auferlegt wird. Somit nehme das Strafrecht seine Garantien von der Bestimmtheit von Verhaltensanforderungen und der Erwartungssicherheit zurück, was im Sinne einer an rechtstaatlichen Garantien orientierten Strafrechtspflege anachronistisch sei. Diese Strategie verhelfe dem Strafrecht zu „Problemlösungskapazitäten", die es vorher nie hatte und mache es zu einem „Instrument der flexiblen präventiven Intervention in Gefahrenlagen."; kritisch zu einer Funktionalisierung des Strafrechts vgl. auch *ders.*, StV 1982, S. 275 (280): „Eine Strafrechtspflege, die sich mit dem Rücken zur Wand gegen Bedrohungen ihrer Funktionsfähigkeit verteidigt, kann Konfliktverarbeitung nicht formalisiert, sie kann sie nur parteiisch und rücksichtslos betreiben"; vgl. auch *ders.*, ZIS 2006, S. 266 (270): „Das Strafrecht nähert sich dem Recht der Gefahrenabwehr an, und es gibt die traditionelle Klarheit und Bestimmtheit seiner Grenzziehungen an eine einzelfallorientierte Abwägungsdogmatik ab"; gegen die „Argumentationsfigur der Funktionstüchtigkeit der Strafrechtspflege" auch *I. Roxin*, FS Schünemann, S. 940 (954); *Sommer*, StraFo 2014, S. 441 (443 f.);

Es wird damit versucht den beschriebenen Zurechnungsproblemen durch strafrechtsdogmatische Konstruktionen, wie der „mittelbaren Täterschaft kraft Organisationsherrschaft“ oder der „Geschäftsherrenhaftung“ zu begegnen. Dies geschieht freilich häufig unter Aufgabe strafrechtlicher Dogmatik, damit eine Zurechnung im Einzelfall gelingen kann.[464] Diese in Wirtschaftsstrafverfahren häufig bis an ihre Grenzen gedehnte und flexibilisierte Strafrechtsdogmatik, die damit teilweise (unbewusst) einem Dezisionismus folgt, verbunden mit einer extensiven praktischen Anwendung von Strafrecht auf (riskante) Wirtschaftsprozesse macht eine Antizipation von strafrechtlicher Verantwortlichkeit so schwierig, dass Organisationen ab einer bestimmten Größe und Komplexität

---

differenziert zu einer „Funktionalisierung“ des Strafrechts und der damit verbundenen Risiken, aber auch möglicher Vorteile vgl. *Gaede*. Wistra 2016, S. 89 (89 ff.); *Prittwitz*, StV 1991, S. 435 (437 ff.); *ders.*, Symposium Haffke, S. 185 (189 ff.); *ders.*, ZIS 2012, S. 217 (219 f.); *Tiedemann*, FS Dünnebier, S. 519 (539 f.); vgl. auch *Fischer*, in: H/N/W-Bankrechtstag 2012, S. 129 (132): „Unser Strafrecht ist nicht für ‚Systeme‘ gemacht, sondern für einzelne Menschen, konkrete Handlung, individuelle Schuld.“; kritisch auch *Rotsch*, ZIS 2010, S. 1 (7): „Strafrecht also zum Risikosteuerungs- und -bewältigungsinstrument verkommt“; vgl. auch *ders.*, in: R-Handbuch Criminal Compliance, S. 77 f.; hierzu auch *Günther/Prittwitz*, FS Hassemer, S. 331 (343); zur Steuerungsfunktion des Wirtschaftsstrafrechts vgl. auch *Prittwitz*, in: P/B/G/J/K/M/N/S-Rationalität und Empathie, S. 111 (124 f.); allgemein zur Risikosteuerung im „Recht“ vgl. *Thiel*, Die „Entgrenzung“ der Gefahrenabwehr, S. 72: „Die Folgen rechtlicher Risikosteuerung sind nicht weniger ungewiss als die Risiken selbst“; auch vgl. ferner *Scheerer*, in: B/L-Vom Guten, das noch stets das Böse schafft, S. 69 (75 f.): „Das moderne, das soziale Strafrecht, das sich so empirisch gerierte, schrumpfte nicht auf einen Minimalbestand, sondern expandierte wie nie zuvor in seiner Geschichte. Statt des versprochenen Rationalisierungs- erlebte es einen Irrationalisierungsschub, statt der Flurbereinigung ein grenzenloses Wuchern“.

464 Vgl. *Rotsch*, ZIS 2009, S. 549 (551): „so erwächst die Konstruktion der Organisationsherrschaft zu einem schlagkräftigen Werkzeug der Bekämpfung moderner Kriminalitätsphänomene. Dass dieses Werkzeug auch dogmatisch überzeugt, ist damit nicht gesagt“; vgl. auch *ders.*, wistra 1999, S. 368 (372): „Da Politik nun aber einmal sehr viel mit Populismus zu tun hat, muß sich Kernstrafrecht das Abschleifen traditioneller Zurechnungsprinzipien gefallen lassen, um überhaupt seiner Befriedigungsfunktion nachkommen zu können“; kritisch zur Organisationsherrschaft auch *Gropp*, JuS 1996, S. 13 (15 f.); *Renzikowski*, FS Schünemann, S. 495 (504 ff.); *Otto*, Jura 2001, S. 753 (755 ff.); vgl. auch *Albrecht*, Der Weg in die Sicherheitsgesellschaft, S. 697: „wird vermutet, dass sich die Folgen organisierten Handelns den geltenden strafrechtlichen Zurechnungsregeln wie Kausalität, Schuld und Haftung tendenziell entziehen“.

sich ohne rechtssichernde Organisationsstrukturen einem unkalkulierbaren Haftungsrisiko ausliefern.[465]

J. Fazit

Compliance lässt sich mit der herrschenden Meinung in Deutschland als die Gesamtheit aller Maßnahmen, die das rechtmäßige Verhalten der Organisation und deren Angehörigen im Hinblick auf alle gesetzlichen Ge- und Verbote gewährleisten sollen, definieren. Im Anschluss an die genannte Definition lässt sich Criminal Compliance definieren als die Gesamtheit aller Maßnahmen, die das rechtmäßige Verhalten der Organisation und deren Angehörigen im Hinblick auf alle strafgesetzlichen Ge- und Verbote gewährleisten sollen. Das Ziel von (Criminal) Compliance lässt sich soweit mit (strafrechtlicher) „Haftungsvermeidung" umschreiben, hierzu werden Maßnahmen entwickelt, die dieses Ziel gewährleisten sollen, wobei diese Maßnahmen in ihrer Gesamtheit regelmäßig in einer bestimmten Organisationsform (Compliance-Abteilung) gebündelt werden.[466]

Für sämtliche Organisationen ab einer gewissen Größenordnung und Komplexität ist von einer faktischen Pflicht zu Compliance auszugehen, da sich die Organisation ansonsten einem kaum noch zu tragenden Haftungsrisiko aufgrund von Rechtsverstößen ausgesetzt sehen würde.

---

465 Ähnlich *Rotsch*, ZIS 2010, S. 614 (615 f.), der in Bezug auf das Wirtschaftsstrafrecht von einem „nebulösen" Rechtsgebiet spricht, bei dem in weiten Bereichen keine verlässlichen Aussagen über drohende Strafbarkeit existieren; vgl. auch *Hassemer*, Produktverantwortung, S. 74: „Die systemische Durchsichtigkeit und begriffliche Klarheit des Strafrechts darf nicht zum Zwecke diffuser Modernisierung aufs Spiel gesetzt werden."; zum Begriff des „modernen Strafrechts" vgl. *ders.*, ZRP 1992, S. 378 (379 ff.); *ders.*, JuS 1987, S. 257 (265); *Hilgendorf*, Strafrechtliche Produzentenhaftung, S. 57, sieht als zentrales Problem der Rechtsanwendung in einer „Risikogesellschaft" die Gefahr einer Flexibilisierung von „bewährter überkommenen Strafrechtsdogmatik zum Zweck der Pönalisierung von Risikoproduzenten"; ähnlich auch *Heine*, FS Eser, S. 51 (59 f.): „Es geht also offenbar nicht mehr darum, individuelle Handlungen in sozialen Verantwortungsbereichen zu identifizieren, sondern darum, kollektive Aktivitäten einer Organisation bestimmten Individualpersonen zuzurechnen."; allgemein zum Strafrecht in der „Risikogesellschaft" vgl. *Prittwitz*, Strafrecht und Risiko, S. 49 ff.; *Reus*, Das Recht in der Risikogesellschaft, S. 71 ff.

466 Zu einer anderen aktuelleren Definition von Criminal Compliance vgl. *Rotsch*, in: R-Handbuch Criminal Compliance, S. 76.

Den dargestellten Normen kommt eine Relevanz bei der Beantwortung der Frage zu, ob es aufgrund einer pflichtwidrigen Unternehmensorganisation zu einer strafrechtlichen Haftung der Unternehmensleitung oder des Compliance-Beauftragten kommen kann.

Die bisherige Literatur und Rechtsprechung zu §§ 9, 30 und 130 OWiG ist grundsätzlich geeignet, der Compliance-Diskussion etwas schärfere Konturen zu geben, da in diesem Zusammenhang schon Fragen dahingehend beantwortet wurden, was eine erforderliche, also eine rechtlich gebilligte Unternehmensaufsicht verlangt oder umgekehrt, wann eine solche Aufsicht, rechtlich betrachtet, unzureichend ist.

Zweiter Teil: Compliance-Beauftragte

Wird innerhalb einer Organisation ein Compliance-System installiert, orientiert sich die Ausgestaltung, wie dargestellt, an den spezifischen Rechtsrisiken der jeweiligen Organisation. Trotz der Individualität der jeweiligen Rechtsrisiken und der damit verbundenen spezifischen Ausgestaltung des Compliance-Programms werden sämtliche Programme nicht ohne die Bestellung von Personen auskommen, die für Gestaltung und Umsetzung des Compliance-Programms verantwortlich sind.[1] *Groß* und *Klopp* haben im Jahre 2012 Untersuchungen über gesellschafts- und arbeitsrechtliche Fragestellungen rund um die Person des Compliance-Beauftragten geliefert.[2]

Die für Compliance verantwortlichen Personen werden in aller Regel konkret benannt. Diese Benennung ist nicht nur dem wirtschaftlichen Grundsatz der Produktivitätssteigerung durch Arbeitsteilung geschuldet. Vielmehr soll die durch Arbeitsteilung bedingte Delegation von Aufgaben zu einer Haftungserleichterung (bzw. Haftungsminimierung) innerhalb der Organisation führen.[3] Diese Delegation kann vertikal und horizontal erfolgen. Unter horizontaler Delegation ist die Verteilung von Aufgaben innerhalb einer Unternehmensebene,

---

1 So auch *Hemeling*, CCZ 2010, S. 21 (23); *Inderst*, I/B/P-Compliance, S. 110, bezeichnet den Compliance-Beauftragten als „Nukleus" der Compliance-Organisation.

2 *Groß*, Chief Compliance Officer; *Klopp*, Der Compliance-Beauftragte.

3 So auch *Fissenewert*, in: F-Compliance für den Mittelstand, S. 128; *Rodewald/Unger*, BB 2006, S. 113 (115); *Schulze*, NJW 2014, S. 3484 (3484); *Urban*, GWR 2013, S. 106 (106); wobei umstritten ist, ob Konsequenz aus arbeitsteiligem Handeln zwingend eine „Hemmung" strafrechtlicher Zurechnung bedingt oder ob es nicht zu einer „Verantwortungsvervielfachung" kommt, vgl. *Heine*, Strafrechtliche Verantwortlichkeit von Unternehmen, S. 34 f.; *Meier*, NJW 1992, S. 3193 (3197); *Rotsch*, Individuelle Haftung in Großunternehmen, S. 82; vgl. auch *ders.*, FS I. Roxin, S. 485, (492 f.); *ders.*, wistra 1999, S. 321 (325); *Schmidt-Salzer*, NJW 1988, S. 1937 (1942); *Seelmann*, NJW 1990, S. 1257 (1260); teilweise wird in diesem Zusammenhang, von „organisierter Unverantwortlichkeit" gesprochen, etwa *Leipold*, NJW-Spezial 2008, S. 216 (216 f.); *Rotsch*, in: R-Criminal Compliance vor den Aufgaben der Zukunft, S. 5; *ders.*, ZIS 2010, S. 614 (616). *Schünemann*, wistra 1982, S. 41 (42); *ders.*, Unternehmenskriminalität, S. 34, spricht von Verwandlung der „Organisierung der Verantwortlichkeit" in die „organisierte Unverantwortlichkeit"; wobei diese Begrifflichkeit zurückgeht auf *Beck*, Die organisierte Unverantwortlichkeit, S. 103 ff.; *Kuhlen*, FS BGH, S. 647 (667), spricht vom „Täterkloning"; vgl. auch *Beckemper*, in: K/L/V-Unternehmensstrafrecht, S. 277 (281).

etwa der Geschäftsleitung, zu verstehen. Von vertikaler Delegation wird gesprochen, wenn Aufgaben auf nachgeordnete Unternehmensebenen, etwa vom Vorstand auf die Rechtsabteilung, übertragen werden.[4]

Zu einer durch Delegation bezweckten Haftungserleichterung kommt es nur, wenn Personen bestimmte Verantwortungsbereiche eindeutig und nachprüfbar zugewiesen werden. Bei der Delegation von Aufgaben der Unternehmensleitung ist zu beachten, dass es stets nur um eine Reduzierung, nie um einen Ausschluss der Haftung gehen kann. Ein vollständiger Haftungsausschluss durch Delegation ist nicht möglich (Prinzip der Allzuständigkeit und Gesamtverantwortung der Geschäftsleitung).[5] Von diesen Erwägungen geleitet, wird jede Unternehmensführung, die sich zur Einführung eines Compliance-Programms entscheidet, konkrete Personen benennen, die für die Umsetzung des Programms verantwortlich sind.[6]

Die im Folgenden dargestellten Ausführungen befassen sich mit arbeits- und gesellschaftsrechtlichen Aspekten der Tätigkeit eines Compliance-Beauftragten. Inwieweit strafrechtliche Erfolgsabwendungspflichten und deren Begründbarkeit akzessorisch zu den im Folgenden dargestellten zivilrechtlichen Gesichtspunkten sind, wird an anderer Stelle der Arbeit erörtert.[7]

---

4 Zu den Begrifflichkeiten der „horizontalen" und „vertikalen" Delegation vgl. *Eisele/Faust*, in: S/B/L-Bankrechts-Handbuch, § 109 Rn. 99; *Fischer*, B/F/S-M-KWG, § 36 Rn. 15; *Rack*, CB 2016, S. 16 (17 ff.); *Schulze*, NJW 2014, S. 3484 (3484); *Urban*, GWR 2013, S. 106 (107).

5 Vgl. etwa BGH, wistra 1990, S. 97 (98); BGH, NJW 2001, S. 969, (970 f.); BGHZ 133, 370, (376 f.); *Aichberger/Schwartz*, DStR 2015, S. 1758 (1759); *Bock*, Criminal Compliance, S. 750; *Demuth/Schneider*, BB 1970, S. 642 (649); *Dreher/Schaaf*, WM 2008, S. 1765 (1766); *Fleischer*, MüKo-GmbHG, § 43 Rn. 112; *Gößwein/Hohmann*, BB 2011, S. 963 (965); *Hastenrath*, CB 2016, S. 6 (9 f.); *Hauschka*, NJW 2004, S. 257 (259); *Moosmayer*, Compliance, S. 42; *Rack*, CB 2014, S. 279 (285); *Rodewald/Unger*, BB 2006, S. 113 (115); *Rolshoven/Hense*, BKR 2009, S. 425 (427); *Spindler*, MüKo-AktG, § 93 Rn. 32; *Urban*, GWR 2013, S. 106 (106); vgl. auch *Harm*, Compliance im Wertpapierdienstleistungsunternehmen, S. 105, der von einem „deutlichen Absinken" der Überwachungsanforderungen der Geschäftsleitung spricht, wenn diese einen qualifizierten und gut eingewiesenen Compliance-Beauftragten bestellt.

6 Im Bereich der Wertpapierdienstleistungen ist die Benennung einer konkreten Person als Compliance-Beauftragter gesetzlich vorgeschrieben, vgl. § 34d Abs. 3 Satz 2 WpHG und § 12 Abs. 4 Satz 1 WpDVerOV.

7 Vgl. unter 4. Teil, E. III.

A. Begrifflich Annäherung

Die innerhalb eines Unternehmens für Compliance verantwortlichen Personen werden in der Praxis unterschiedlich bezeichnet: „Compliance Officer“[8], „Chief Compliance Officer“[9] „Compliance-Manager“[10], „Compliance-Beauftragter“[11], oder „Compliance-Agent“[12]. Diese Begrifflichkeiten werden teilweise synonym verwendet, teilweise wird versucht, durch die Verwendung einer bestimmten Begrifflichkeit eine Konkretisierung hinsichtlich der hierarchischen Stellung der jeweiligen Person innerhalb des Compliance-Programms zu erreichen.

I. Literatur

Die einschlägige Literatur verwendet die Begrifflichkeiten unterschiedlich. Vereinzelt wird sogar die Bezeichnung als „Compliance-Beauftragter“ mit dem Hinweis abgelehnt, dass diese Bezeichnung eine nicht bestehende Sachidentität zwischen Compliance-Beauftragten und gesetzlich Beauftragten suggeriere.[13]

Andere nehmen wiederrum eine vollständige Sachidentität zwischen dem „Compliance Officer“ und dem „Compliance-Beauftragten“ an.[14] Teilweise wird versucht, durch unterschiedliche Bezeichnungen eine Konkretisierung bezüglich der Stellung innerhalb des für Compliance verantwortlichen Personenkreises zu erreichen. Der Compliance Officer wird etwa als eine Unterkategorie der Compliance-Beauftragten aufgefasst, wobei der Compliance Officer dann als „zentraler“ Compliance-Beauftragter im Unternehmen verstanden wird, unter dem

---

8 BGHSt 54, 44 (49); *Buffo/Brünjes*, CCZ 2008, S. 108 (108 ff.); *Rolshoven/Hense*, BKR 2009, S. 425 (427).

9 Vgl. etwa *Ebersoll*, CCZ 2013, S. 129 (131); *Gößwein/Hohmann*, BB 2011, S. 963 (963); *Moosmayer*, Compliance, S. 121 f.; *Weber-Rey*, NZG 2013, S. 766 (770).

10 Vgl. etwa *Hauschka*, NJW 2004, S. 257 (257); *ders.*, Bankrechtstag 2008, S. 103 (127); *Illing/Umnuß*, CCZ 2009, S. 1 (1).

11 LSG BadWürtt, NZS 2013, S. 462 (462); *Auerbach/Jost*, in: H/W-Handbuch Corporate Governance, S. 663; *Schaefer/Baumann*, NJW 2011, S. 3601 (3601); *Schäfer*, BKR 2011, S. 187 (188).

12 Vgl. etwa *Rieble*, CCZ 2010, S. 1 (1).

13 So *Geiser*, Leitungspflichten des Vorstandes, S. 196.

14 *Buffo/Brünjes*, CCZ 2008, S. 108 (108 ff.); *Fett*, S/Z-Kapitalmarktrecht, § 33 WpHG Rn. 23 ff.; *Fissenewert*, in: F-Compliance für den Mittelstand, S. 181; *Grützner/Jakob*, Compliance von A-Z, Stichwort: Compliance-Officer und Compliance-Beauftragter; *Klopp*, Der Compliance-Beauftragte, S. 68; *Poguntke*, Risiken für Compliance-Beauftragte, S. 40 ff.; *Prittwitz*, in: Compliance und Strafrecht, S. 125 (132).

die dezentralen Compliance-Beauftragten arbeiten.[15] Der zentrale Compliance-Beauftragte (Compliance Officer) soll eine „Mittlerfunktion" zwischen Unternehmensleitung und dezentralen Compliance-Beauftragten wahrnehmen.[16] Eine solche Unterscheidung ist freilich nur dann sinnhaft, wenn im Unternehmen ein sog. Drei-Ebenen-Compliance-System (Geschäftsführung, zentraler Compliance-Beauftragter, dezentrale Compliance-Beauftragte) besteht. Denkbar wäre aber auch etwa ein System, in dem (dezentrale) Compliance-Beauftragte direkt an die Geschäftsführung bzw. ein zuständiges Vorstandsmitglied berichten (Zwei-Ebenen-System).[17] Häufig wird für den zentralen Compliance-Beauftragten auch die Bezeichnung des „Chief Compliance Officer"[18] verwendet, wobei diese Bezeichnung zur Unterscheidung einer hierarchischen Stellung der Compliance-Verantwortlichen vorzugswürdig erscheint, da das Wort „Chief" (übersetzbar mit: Chef, Leiter, Anführer, Vorgesetzter) von seiner begrifflichen Bedeutung bereits ein Subordinationsverhältnis zum Ausdruck bringt. In kleineren Unternehmen, in denen nur ein Mitarbeiter für Compliance verantwortlich ist, besteht keine Notwendigkeit zu weiteren begrifflichen Spezifizierungen. Der gesamten Compliance-Diskussion würde es eine wünschenswerte Klarheit verleihen, unterschiedliche Begrifflichkeiten nur dort zu verwenden, wo sie zu einer inhaltlichen Abgrenzung auch notwendig sind.

Auch Vertreter einer differenzierten Begriffsbedeutung von Compliance Officer und (dezentralen) Compliance-Beauftragten räumen ein, dass sich die Frage nach einer Garantenpflicht grundsätzlich bei allen Compliance-Beauftragten,

---

15 *Bürkle*, in: H-Corporate Compliance, S. 144; *ders.*, CCZ 2010, S. 4 (7); *Rotsch*, FS I. Roxin, S. 485 (490); *ders.*, in: A/R Handbuch Wirtschaftsstrafrecht, S. 66; anders *Fecker/Kinzl*, CCZ 2010, S. 13 (14), die den Compliance-Officer mit einem verfehlten Hinweis auf *Bürkle*, in: H-Corporate Compliance, S. 144 f., der diese Begrifflichkeiten gerade anders verwendet, als „Chief Compliance Officer" und die dezentralen Compliance-Beauftragten als „Compliance-Officer" bezeichnen; von „dezentralen Compliance-Officer" sprechend *Groß*, Chief Compliance-Officer, S. 61; *Schrott*, Unterlassungszurechnung, S. 307; *Stanitzek*, Die Bedeutung von Criminal Compliance, S. 52.

16 *Rotsch*, FS I. Roxin, S. 485 (490).

17 Hierzu *Mengel*, in: G/P-Stichwort Arbeitsrecht, Compliance Rn. 26.

18 *Fleischer*, BB 2008, S. 1070 (1072); *Geiser*, Leitungspflichten des Vorstandes, S. 203; *Groß*, Chief Compliance Officer, S. 61; *Hastenrath*, CCZ 2011, S. 32 (34); *Inderst*, in: I/B/P-Compliance, S. 121; *Wolf*, DStR 2006, S. 1995 (1996); so auch *Bock*, Criminal Compliance, S. 745 f., der die Mitarbeiter einer Compliance-Abteilung als „Compliance Officer" bezeichnet und den Leiter der Compliance-Abteilung als „Chief Compliance Officer".

also auch bei dezentral Beauftragten, stellt.[19] Allerdings wird in sofern – freilich nicht zu Unrecht – auch darauf hingewiesen, dass die Antwort auf die Frage nach einer Garantenpflicht (auch) von der jeweiligen Stellung des Compliance-Beauftragten innerhalb des Unternehmens bzw. in der Compliance-Struktur abhängig ist und für verschiedene Compliance-Verantwortliche auch unterschiedlich zu beantworten ist.[20]

Um der Anreicherung der Compliance-Diskussion mit Anglizismen nicht weiter Vorschub zu leisten, wird im Folgenden zunächst von „Compliance-Beauftragten" gesprochen, wobei hiermit – bei mehrstufigen Compliance-Systemen – der Compliance-Beauftragte gemeint ist, der direkt unterhalb der Unternehmensführung angesiedelt ist (der sog. Chief Compliance Officer bzw. Compliance-Verantwortliche der zweiten Stufe). Im deutschen Recht wird ebenfalls der Begriff „Compliance-Beauftragter" verwendet.[21]

II. Bundesgerichtshof

In seiner Entscheidung vom 17. Juni 2009 spricht der BGH von „Compliance Officers" und führt dazu wörtlich aus:

> „Eine solche, neuerdings in Großunternehmen als ‚Compliance' bezeichnete Ausrichtung, wird im Wirtschaftsleben mittlerweile dadurch umgesetzt, dass so genannte ‚Compliance Officers' geschaffen werden (vgl. BGHSt 52, 323, 335; *Hauschka*, Corporate Compliance 2007 S. 2 ff.). Deren Aufgabengebiet ist die Verhinderung von Rechtsverstößen, insbesondere auch von Straftaten, die aus dem Unternehmen heraus begangen werden und diesem erhebliche Nachteile durch Haftungsrisiken oder Ansehensverlust bringen können (vgl. *Bürkle* in *Hauschka* aaO S. 128 ff.). Derartige Beauftragte wird regelmäßig strafrechtlich eine Garantenpflicht im Sinne des § 13 Abs. 1 StGB treffen, solche im Zusammenhang mit der Tätigkeit des Unternehmens stehende Straftaten von Unternehmensangehörigen zu verhindern. Dies ist die notwendige Kehrseite ihrer gegenüber der Unternehmensleitung übernommenen Pflicht, Rechtsverstöße und insbesondere Straftaten zu unterbinden (vgl. *Kraft/Winkler* CCZ 2009, 29, 32)", BGHSt 54, 44 (49).

Diese Ausführungen des BGH sind unter mehreren Gesichtspunkten bezüglich einer Konkretisierung von Compliance-Verantwortlichen problematisch:

---

19 Vgl. *Rotsch*, FS I. Roxin, S. 485 (490): „Die Frage der Garantenpflicht stellt sich grundsätzlich aber bei allen Compliance-Beauftragten eines Unternehmens, also nicht nur beim Compliance-Officer."; vgl. auch *ders.*, A/R Handbuch Wirtschaftsstrafrecht, S. 66.

20 So *Rotsch*, in: R-Handbuch Criminal Compliance, S. 155.

21 Vgl. § 34d Abs. 3 Satz 1 WpHG, § 12 Abs. 3 Satz 2 und Abs. 4 Satz 1 WpDVerOV, § 3 Abs. 1 Satz 1 WpHGMaAnzV.

Zunächst schreibt der BGH einer ganzen Berufsgruppe eine Garantenpflicht zu, für die weder ein gesetzliches umschriebenes, noch ein feststehendes oder auch nur vorgeprägtes Berufsbild existiert.[22] Folglich ist schon keine hinreichende Abgrenzung dahingehend möglich, welche Funktionen im Einzelnen von einer Person ausgeübt werden müssen, damit sie im Sinne des BGH als Compliance Officer zu klassifizieren ist. Allein auf die Bezeichnung irgendeiner Stelle als „Compliance Officer" kann es jedenfalls nicht ankommen. Umso mehr darf die Einlassung eines an der Urteilsfindung beteiligten BGH-Richters überraschen, dass es unter anderem auf die Verleihung einer entsprechenden Dienstbezeichnung ankomme.[23] Die Zuschreibung strafrechtlicher Erfolgsabwendungspflichten anhand von formalen Berufsbezeichnungen stellt einen Formalismus dar und ist schon mit dem strafrechtlichen Schuldprinzip unvereinbar.

Der BGH nimmt in seinem Urteil namentlich Bezug auf *Bürkle*, welcher eine Spezifizierung bezüglich des Compliance Officers als zentralem Compliance-Beauftragten vornimmt.[24] Diese von *Bürkle* vorgenommene Abgrenzung von Compliance-Beauftragten und Compliance Officers ist keineswegs allgemein anerkannt. Im Gegenteil verwendet ein Großteil der Literatur die

---

22 Auf ein unklares Berufsbild von Compliance-Beauftragten ebenfalls hinweisend *Berndt*, StV 2009, S. 689 (691); *G. Dannecker/Dannecker*, JZ 2010, S. 981 (988); *G. Dannecker*, in: R-Handbuch Criminal Compliance, S. 198; *Deutscher*, WM 2010, S. 1387 (1391); *Fecker/Kinzl*, CCZ 2010, S. 13 (14 f.); *Fissenewert*, in: F-Compliance für den Mittelstand, S. 173; *Frisch*, EWiR 2010, S. 95 (96); *Geiger*, CCZ 2011, S. 170 (171); *Hombrecher*, JA 2012, S. 535 (537); *Hüffer/Schneider*, ZIP 2010, S. 55 (55); *Klopp*, Der Compliance-Beauftragte, S. 269 f.; *Kraft*, wistra 2010, S. 81 (84); *Kraft/Winkler*, CCZ 2009, S. 29 (31); *Langenhahn*, Verantwortlichkeit des Compliance Officers, S. 53; *Michalke*, AnwBl 2010, S. 666 (668); *Raus/Lützeler*, CCZ 2012, S. 96 (96); *Rieder*, FS Goette, S. 413 (415 f.); *Rolshoven/Hense*, BKR 2009, S. 425 (426); *Schulz/Renz*, BB 2012, S. 2511 (2511); *Wilhelm*, Ausmaß der erforderlichen Aufsichtsmaßnahmen, S. 137; *Wolf*, BB 2011, S. 1353 (1358); vgl. auch *Bülte*, Vorgesetztenverantwortlichkeit im Strafrecht, S. 163, der in Anlehnung an *Belling* hinsichtlich einer strafrechtlichen Konkretisierung von Compliance-Beauftragten von einem „blutleeren Gespenst" spricht; anders *Renz*, ZRFC 2014, S. 38 (38), der von einem „deutlich geschärften Berufsbild" spricht.

23 *Raum*, CCZ 2012, S. 197 (197): „Maßgeblicher Zeitpunkt ist die Aufnahme der Tätigkeit und die Verleihung einer entsprechenden Dienstbezeichnung"; dagegen zu Recht *Hennecke*, FS Wessing, S. 557 (561).

24 Vgl. BGHSt 54, 44 (49), mit Hinweis auf *Bürkle*, in: H-Corporate Compliance, 1. Auflage, S. 128 ff.

Bezeichnungen synonym, was durch eine wechselseitige Verwendung der Bezeichnungen deutlich wird.[25]

Somit bleibt offen – dies wurde bisher bei der Diskussion des Urteils übersehen –, ob der BGH den Compliance Officer ebenso wie *Bürkle* als zentralen Compliance-Beauftragten verstanden haben möchte und insofern eine Garantenpflicht des zentralen (Chief) Compliance Officers annimmt, oder ob er, wie große Teile der Literatur, keinen sachlichen Unterschied zwischen Compliance Officer und Compliance-Beauftragten vornimmt und eine Garantenpflicht für sämtliche Compliance-Beauftragte, also zentrale und dezentrale, annimmt. Diese Frage können letztlich nur die Mitglieder des Fünften Strafsenats selbst beantworten. Diese undifferenzierte Verweisungstechnik des BGH ist zu kritisieren.[26] Mit dem Verweis auf „*Bürkle* in *Hauschka*, Corporate Compliance 2007, S. 128 ff." nimmt der BGH wohl Bezug auf das gesamte Kapitel „Unternehmensinterne Selbstkontrolle durch Compliance-Beauftragte". § 267 Abs. 1 Satz 1 StPO verlangt zwar, dass die Darstellung der Urteilsgründe ohne Heranziehung weiterer Quellen lesbar, klar, erschöpfend und aus sich heraus verständlich ist.[27] § 267 StPO findet allerdings nach unbestrittener Auffassung keine Anwendung auf obiter dicta[28], da diese lediglich „Randbemerkungen" darstellen, die das vorliegende Urteil nicht tragen.[29]

Allein aufgrund des Verweises lässt sich freilich nicht herleiten, der BGH lege auch das bei *Bürkle* dargestellte Verständnis von Compliance-Beauftragten seinem obiter dictum zugrunde. Insofern bleibt die Frage, was der BGH unter einem Compliance Officer versteht bzw. verstanden haben möchte, weitestgehend im Dunkeln. Dies ist insoweit nicht erstaunlich, als es im zu Grunde liegenden Fall nicht um einen Compliance Officer, sondern um den Leiter einer Innenrevision einer Anstalt des öffentlichen Rechts ging. Insofern hatte der BGH im entschiedenen Fall schon nicht die Möglichkeit, sich mit

---

25 Die Begriffe im Wechsel verwenden etwa *Buffo/Brünjes*, CCZ 2008, S. 108 (108 ff.); *Fett*, S/Z-Kapitalmarktrecht, § 33 WpHG Rn. 23 ff.; *Fissenewert*, in: F-Compliance für den Mittelstand, S. 181; *Grützner/Jakob*, Compliance von A-Z, Stichwort: Compliance-Officer und Compliance-Beauftragter; *Kruse*, Compliance und Rechtsstaat, S. 73; *Poguntke*, Risiken für Compliance-Beauftragte, S. 43; *Prittwitz*, in: Compliance und Strafrecht, 125 (132); *Vetter*, FS Westphalen, S. 719 (731).

26 In diesem Sinne auch *Rotsch*, FS I. Roxin, S. 485 (499): „unter zudem sehr verkürzter Bezugnahme auf einige Literaturstellen".

27 BGHSt 33, 59 (60); *Kuckein*, in: KK-StPO, § 267 Rn. 3; *Velten*, in: SK-StPO, § 267 Rn. 12.

28 Wörtlich übersetzt: „nebenbei Gesagtes".

29 *Kanzler*, DStR 2013, S. 1505 (1506).

Eigenheiten und Spezifika einer für Compliance verantwortlichen Person auseinanderzusetzen.

III. Problematik von obiter dicta

Dies führt zu einem Grundproblem von obiter dicta selbst: Sie sind rechtlich unüberprüfbar[30] und müssen sich an keinen rechtlichen Vorgaben, etwa § 267 StPO, messen lassen. Weder besteht die Möglichkeit einer Revision oder Rechtsbeschwerde gegen ein obiter dictum,[31] noch kann es aufgrund eines obiter dictums zu einer Divergenzvorlage[32] gemäß § 132 Abs. 2 GVG kommen.

Die Äußerung von Rechtsansichten erfolgt ohne Bezugnahme auf einen konkreten Fall. Häufig weisen die entschiedenen Fälle sogar kaum Gemeinsamkeiten auf, sodass es schon an einer grundsätzlichen Vergleichbarkeit des entschiedenen Falles mit zukünftigen Fällen fehlt, zu denen eine Rechtsansicht geäußert wird.[33] Folglich ist die geäußerte Rechtsansicht häufig nur verkürzt dargestellt und dogmatisch oft unzureichend fundiert. Auf die allgemeinen rechtlichen Problematiken von obiter dicta, insbesondere ob sie generell einen Verstoß gegen das Gewaltenteilungsprinzip darstellen,[34] soll nicht

---

30 Wobei dies für viele Entscheidungen des Bundesgerichtshofs gilt.

31 Hierzu *Schlüter*, Das Obiter dictum, S. 41 f. m. w. N.

32 Eine Vorlage an den Großen Senat bzw. an die Vereinigten Großen Senate, wenn ein Senat von der Rechtsauffassung eines anderen abweichen will. Diese Vorlagepflicht soll die Einheitlichkeit der höchstrichterlichen Rechtsprechung gewährleisten vgl. etwa *Kudlich/Oğlakcıoğlu*, in: S-Rechtssicherheit durch Rechtswissenschaft, S. 171 (186); *Meyer-Goßner*, StPO, § 132 Rn 13.

33 Besonders deutlich wird dies in BGHSt 40, 218 (218 ff.). In dem Mauerschützenprozess ging es unter anderem um den Missbrauch staatlicher Machtbefugnisse. Hierzu führte der BGH aus, dass er die hier angewandte Rechtsfigur der „mittelbaren Täterschaft kraft Beherrschung eines organisierten Machtapparates" auch „in Fällen mafiaähnlich organisierten Verbrechens" anwenden möchte. Nun mag man schon mit guten Gründen die Vergleichbarkeit der Strukturen in der DDR mit denen einer „Mafiaorganisation" bezweifeln. Die vom BGH erklärte Anwendbarkeit auch auf Wirtschaftsunternehmen („Auch das Problem der Verantwortlichkeit beim Betrieb wirtschaftlicher Unternehmen läßt sich so lösen") zeigt die Beliebigkeit, mit der obiter dicta bestimmte Rechtsfragen allgemein verbindlich beantworten zu suchen. Auf eine Begründung, warum auf die DDR, auf die Mafia und auf Wirtschaftsunternehmen dieselbe Rechtsfigur Anwendung finden soll, verzichtet der BGH.

34 Vieles spricht dafür; ähnlich *Kanzler*, DStR 2013, S. 1505 (1506): „mit dem obiter dictum werden die Koordinaten zwischen Legislative und Judikative verschoben".

weiter eingegangen werden.[35] Somit ergibt sich weder aus dem obiter dictum noch durch die Zusammenschau mit den darin aufgeführten Verweisen eine hinreichende Konkretisierung, was der BGH unter einem Compliance Officer versteht. Zum Tätigkeitsprofil eines Compliance Officers führt der BGH lediglich an, dass dessen Aufgabengebiet auch die Verhinderung von Rechtsverstößen, die aus dem Unternehmen heraus begangen werden, erfasst.[36]

B. Besetzung der Compliance-Funktion

Am Beginn steht die Frage nach der Besetzung einer Stelle mit einem Compliance-Beauftragten. Wie bei allen neu geschaffenen Tätigkeitsfeldern bieten sich auch hier verschiedene Alternativen.

I. Interne oder externe Besetzung

Es bietet sich die Möglichkeit, einen im Unternehmen tätigen Mitarbeiter (interne Besetzung) mit der Compliance-Funktion zu betrauen oder einen neuen Mitarbeiter als Compliance-Beauftragten einzustellen (externe Besetzung). Die Stelle des Compliance-Beauftragten mit einem geeigneten Mitarbeiter aus dem Unternehmen zu besetzen hat den Vorteil, dass ein solcher Mitarbeiter mit der Unternehmensstruktur vertraut ist und das Kerngeschäft, betriebsspezifische Abläufe sowie interne Prozesse kennt.[37] Hinzukommen ein bei der Compliance-Tätigkeit nicht zu unterschätzendes bestehendes Vertrauensverhältnis zu den übrigen Unternehmensmitarbeitern sowie Kenntnisse der Unternehmenskultur und Unternehmenswerte.[38]

---

35 Vgl. *Lamprecht*, NJW 1998, S. 1039 (1039), mit dem pointierten Hinweis „die Rechtsprechung sei gegen das obiter dictum ebenso wenig gefeit wie der Mensch gegen eine gelegentliche Diarrhö"; ebenfalls kritisch zu obiter dicta *Schlüter*, Das Obiter dictum, S. 57 „derartigen Regelbildungen fehlt von vornherein die ‚Richtigkeitsgewähr', die jede richterliche Rechtsfindung erst aus der Bindung und Erprobung am konkreten Einzelfall gewinnt"; auch kritisch *Dörner*, NZA 2007, S. 57 (58): „Obiter dicta haben die Schwäche, zur konkreten Rechtsfindung des Einzelfalls nichts beizutragen, die Leser regelmäßig zu verwirren und häufig späteren Erkenntnissen im Wege zu stehen"; kritisch auch *Fezer*, FS Küper, S. 45 (59 ff.); allgemein zu obiter dicta in Strafsachen *Lilie*, Obiter dictum und Divergenzausgleich in Strafsachen, S. 7 ff.

36 BGHSt 54, 44 (49).

37 *Bürkle*, in: H-Corporate Compliance, S. 149; *Buffo/Brünjes*, CCZ 2008, S. 108 (109); *Bock*, Criminal Compliance, S. 755; *Klopp*, Der Compliance-Beauftragte, S. 155.

38 *Bürkle*, in: H-Corporate Compliance, S. 149; *Buffo/Brünjes*, CCZ 2008, S. 108 (109); *Klopp*, Der Compliance-Beauftragte, S. 155.

Gegen eine interne Besetzung wird angeführt, dass entsprechende Personen aufgrund ihrer bisherigen Erfahrungen im Unternehmen häufig nicht die notwendige Objektivität mit sich bringen, die eine wirksame Compliance-Funktion verlangt.[39] Bei einer internen Besetzung schließt sich die Frage an, ob der betreffende Mitarbeiter aus seiner bisherigen Tätigkeit herausgenommen wird und die Compliance-Funktion in Vollzeit ausübt oder die Compliance-Tätigkeit neben seinen bisherigen Aufgaben wahrnimmt.[40] Die Möglichkeit, eine Compliance-Funktion durch einen Mitarbeiter in Teilzeit wahrnehmen zu lassen, besteht sogar für den gesetzlich verpflichtend zu bestellenden Compliance-Beauftragten in Wertpapierdienstleistungsunternehmen.[41]

Wegen gewisser inhaltlicher Überschneidungen besteht die sinnvolle Möglichkeit, den Compliance-Beauftragten ebenfalls als Geldwäschebeauftragten gemäß § 9 Abs. 2 GwG zu bestellen,[42] wobei das Bestellen eines Mitarbeiters, der die Compliance-Funktion in Teilzeit ausübt bzw. die Funktion des Geldwäschebeauftragten zusätzlich wahrnimmt, sich nur für kleine Unternehmen anbietet, die aufgrund ihrer Tätigkeit keinen erhöhten Rechtsrisiken ausgesetzt sind. Die Bestellung zum Compliance-Beauftragten in Teilzeit sollte mit einer Beschränkung der bisherigen Aufgaben einhergehen. Die Entscheidung, ob eine Compliance-Tätigkeit im „Nebenamt" ausgeübt werden sollte, hängt letztlich von Größe und Risiko für Rechtsverstöße des jeweiligen Unternehmens ab.[43]

---

39 *Bürkle*, in: H-Corporate Compliance, S. 149; *Buffo/Brünjes*, CCZ 2008, S. 108 (109); *Klopp*, Der Compliance-Beauftragte, S. 155; *Bock*, Criminal Compliance, S. 754.

40 *Klopp*, Der Compliance-Beauftragte, S. 153; *Moosmayer*, AnwBl. 2010, S. 634 (634).

41 Darauf hinweisend BaFin, Rundschreiben 4/2010 vom 07.06.2010 (MaComp) in der Fassung vom 30.11.2012, S. 39 ff., wobei dies laut dem Rundschreiben eine Ausnahme darstellt, die gesondert zu begründen ist.

42 *Casper*, Bankrechtstag 2008, S. 139 (156); *Göres*, ZRFC 2011, S. 179 (182); *Lösler*, WM 2008, S. 1098 (1100); *ders.*, Compliance im Wertpapierdienstleistungsunternehmen, S. 189; BaFin, Rundschreiben 4/2010 vom 07.06.2010 (MaComp) in der Fassung vom 30.11.2012, S. 41; für eine enge Zusammenarbeit zwischen Compliance- und Geldwäschebeauftragtem vgl. *Peper*, ZFGK 2012, S. 554 (554 ff.); auf die Ähnlichkeit zwischen Compliance- und Geldwäschebeauftragtem ebenfalls hinweisend *Casper*, FS Schmidt, S. 199 (204); *Bock*, Criminal Compliance, S. 746 f.; *Schröder*, ZBB 2013, 312 (318).

43 *Maschmann*, AuA 2009, S. 72 (73).

II. Mitglied der Geschäftsführung als Compliance-Beauftragter

Möglich ist es auch, ein Mitglied der Unternehmensleitung als Compliance-Beauftragten zu bestellen,[44] hiermit soll häufig ein besonders positiver Imageeffekt erzielt werden: Man sei im Unternehmen besonders „compliant". Dies zeichne sich aus, dass Compliance zur „Chefsache" erklärt wird. Für eine Beauftragung eines Mitglieds der Unternehmensführung als Compliance-Beauftragtem spricht, dass die gesetzliche Pflicht zur Compliance bei Kapitalgesellschaften eine originäre Pflicht der Unternehmensleitung darstellt. Zwar können Externe beauftragt werden, um sämtliche Compliance-Maßnahmen durchzuführen, trotzdem verbleibt auf Grundlage der Organisationsverantwortung der Unternehmensleitung eine „Restpflicht" zur Compliance.[45] Man könnte argumentieren, da sich der Vorstand bzw. die Unternehmensführung ohnehin mit Compliance befassen muss, könnte aus pragmatischen Erwägungen heraus direkt ein Mitglied der Unternehmensführung zum Compliance-Beauftragten bestellt werden, zumal aufgrund des in Vorständen vorherrschenden „Ressortprinzips"[46] einem Vorstandsmitglied das Ressort Compliance ohnehin (auch bei Beauftragung Externer) zugeteilt wird. Durch horizontale Delegation des Compliance-Ressorts wandeln die übrigen Vorstandsmitglieder ihre Gesamtverantwortung zur Erfüllung ihrer Pflicht zur Legalitätskontrolle der Gesellschaft in eine allgemeine Aufsichts- und Beobachtungspflicht gegenüber dem verantwortlichen Vorstandsmitglied um.[47] Gegen eine solche Besetzung wird ein möglicher Interessenkonflikt zwischen „Umsatz- und Überwachungsverantwortung" eingewendet,[48] wobei das Argument nicht trifft: Die Geschäftsführung betreibt Compliance, da sie das wirtschaftliche Risiko von Rechtsverstößen erkannt hat. Dies zeigt, dass die Unterstellung, sie bewerte kurzfristigen Umsatz höher als Rechtstreue, regelmäßig unpassend ist. Stellt die Geschäftsführung generell Umsatz über Rechtstreue, vermag auch ein Compliance-Beauftragter, der nicht der Geschäftsführung angehört, sich nicht gegen diese

44 Insbesondere bei kleinen Unternehmen mit nur einem Geschäftsführer besteht die sinnvolle Möglichkeit, diesen zum Compliance-Beauftragten zu bestellen.

45 *Bürkle*, in: H-Corporate Compliance, S. 142 m. w. N.

46 Zum aktienrechtlichen Ressortprinzip vgl. etwa *Habersack*, WM 2005, S. 2360 (2364).

47 *Bank*, in: P/B/S/S-W-Haftung von Unternehmensorganen, S. 74 f.; *Bürkle*, in: H-Corporate Compliance, S. 142.

48 *Hauschka*, BB 2004, S. 1178 (1180); ähnlich *Harm*, Compliance im Wertpapierdienstleistungsunternehmen, S. 65 f., der anführt, dass der Compliance-Beauftragte auch die Geschäftsführung zu überwachen hat und sich somit im Falle einer Ämterdoppelung selbst zu überwachen hätte; so auch *Groß*, Chief Compliance Officer, S. 105.

zu behaupten, da die endgültige Entscheidungskompetenz stets beim Vorstand verbleibt.

Bürkle führt an, die Bestellung eines Compliance-Beauftragten unterhalb der Geschäftsführung sei sinnvoll, da ein „Haftungspuffer“ für die Unternehmensführung entstehe.[49] Von einer ethischen Fragwürdigkeit, Personen als „Haftungspuffer“ einzusetzen und dem dahinter zu erblickendem Verständnis von Compliance, diese lediglich als Strategie der Geschäftsleitung zu begreifen, eigene Haftung zu vermeiden, einmal abgesehen, trägt das Argument auch die Zielvorgabe von Compliance nicht: Die besteht, wie dargestellt, in Haftungsvermeidung oder Haftungserleichterung, nicht in reiner Haftungsverlagerung auf nachgeordnete Unternehmensebenen.[50]

Trotzdem erscheint die Bestellung eines Mitglieds der Geschäftsführung zum Compliance-Beauftragten bei größeren Unternehmen zweifelhaft, da eine solche Aufgabendoppelung regelmäßig an der tatsächlichen Arbeitsbelastung, die mit der Führungstätigkeit und der Wahrnehmung der Compliance-Funktion verbunden ist, scheitern dürfte. Hiervon zu unterscheiden ist die Konstellation, in der zwar ein Vorstandsmitglied formal zum Compliance-Beauftragten bestellt wird, aber nur administrative Aufgaben wahrnimmt und sich andere mit der eigentlichen Umsetzung von Compliance-Maßnahmen befassen.

Für kleinere Unternehmen kann es sinnvoll sein, ein Mitglied der Unternehmensleitung mit der Compliance-Funktion zu betrauen, vor allem wenn nötige Fachkompetenzen (etwa vertiefte Rechtskenntnisse) in den unteren Unternehmensetagen nur gering ausgeprägt sind. Für Wertpapierdienstleistungsunternehmen besteht ebenfalls die Möglichkeit, ein Mitglied der Geschäftsführung zum Compliance-Beauftragten zu benennen.[51]

---

49 *Bürkle*, in: H-Corporate Compliance, S. 161; vgl. hierzu aber *Rotsch*, in: R-Criminal Compliance vor den Aufgaben der Zukunft, S. 5, nach dem der BGH in seiner Rechtsprechung in Wahrheit keine „top down“-Zurechnung von strafrechtlicher Verantwortung im Unternehmen vornehme, sondern lediglich eine „top“-Zurechnung. Insofern könnte ein Compliance-Beauftragter nicht mehr als „Haftungspuffer“ fungieren, wenn der BGH bei seiner Zurechnung auf Ebene der Unternehmensleitung startet und dort auch endet.

50 Vgl. hierzu *Rotsch*, in: R-Criminal Compliance vor den Aufgaben der Zukunft, S. 6, der die teilweise Anlegung von Compliance-Maßnahmen auf reine Haftungsverlagerung und nicht auf Haftungsvermeidung kritisiert; *ders.*, FS Samson, S. 141 (157), mit dem Hinweis, dass einzelne Compliance-Maßnahmen nichts Anderes darstellen als „Verschiebemaßnahmen“ zur Abwälzung strafrechtlicher Verantwortung; vgl. auch *ders.*, ZStW 2014, S. 481 (487).

51 *Klopp*, Der Compliance-Beauftragte, S. 157; *Sandmann*, CCZ 2008, S. 104 (106); *Langfritz*, in: S/K-Kapitalmarkt Compliance, S. 475; BaFin, Rundschreiben 4/2010 vom

C. Verfügbarkeit über die Compliance-Funktion

Grundsätzlich besteht für Unternehmen, unabhängig von ihrer Größe, die Möglichkeit, eine externe Person als Compliance-Beauftragten zu bestellen (sog. „Outsourcing"). Auch für den durch Gesetz verpflichtend zu bestellenden Compliance-Beauftragten im Wertpapierdienstleistungsunternehmen ist eine Auslagerung auf eine externe Person unter bestimmten Voraussetzungen rechtlich möglich.[52] Folglich sind erst recht die Auslagerung von Compliance und die damit eventuell verbundene Bestellung eines externen Compliance-Beauftragten für Kapitalgesellschaften außerhalb des Wertpapierdienstleistungsbereichs rechtlich zulässig.

Fraglich ist, ob eine Beauftragung Externer sinnvoll ist. Auch an dieser Stelle gibt es keine Pauschalantworten. Die Bestellung von externen Rechtsanwälten als Compliance-Beauftragte bringt den Vorteil mit sich, dass diese gemäß § 43a Abs. 2 BRAO zur Verschwiegenheit verpflichtet sind. Somit können sie sich in späteren Prozessen, bei denen es um etwaige Rechtsverstöße im Unternehmen geht, auf ihr Zeugnisverweigerungsrecht gemäß § 53 Abs. 1 Nr. 3 StPO berufen.[53] Weiterhin werden als Vorteile einer externen Beauftragung die Erwartung nach hohen Qualifikationen der externen Person und deren besondere Neutralität genannt.[54]

07.06.2010 (MaComp) in der Fassung vom 30.11.2012, S. 39 f., danach kann die Funktion des Compliance-Beauftragten in Personalunion mit der Funktion des Geschäftsleiters erfolgen, auch wenn dieser in die operative Tätigkeit des Unternehmens eingebunden ist; anders *Harm*, Compliance im Wertpapierdienstleistungsunternehmen, S. 65, der eine solche Ämterdoppelung aufgrund des Risikos von Interessenkonflikten ablehnt.

52 *Eisele/Faust*, in: S/B/L-Bankrechts-Handbuch, § 109 Rn. 102b; *Fuchs*, in: F-WpHG, § 33 Rn. 169; BaFin, Rundschreiben 4/2010 vom 07.06.2010 (MaComp) in der Fassung vom 30.11.2012, S. 40, verweist insofern auf die Anforderungen zur Auslagerung in § 25a Abs. 2 KWG und 33 Abs. 2 WpHG; anders *Spindler*, WM 2008, S. 905, 913, der die Auslagerung aller Compliance-Aufgaben für zulässig erachtet, der Compliance-Beauftragte müsste allerdings „im" Unternehmen angesiedelt werden, wobei sich die Frage anschließt, welchen Sinn ein Compliance-Beauftragter im Unternehmen haben soll, wenn sämtliche Compliance-Aufgaben ausgelagert sind; ein Outsourcing der Compliance für Wertpapierdienstleistungsunternehmen vollständig ablehnend *Casper*, Bankrechtstag 2008, S. 139 (158); kritisch auch *Moosmayer*, in: R-Handbuch Criminal Compliance, S. 210 f.

53 *Hild*, AnwBl. 2010, S. 641 (641); *Hobelsberger*, in: R-Compliance-Diskussion, S. 35.

54 Vgl. *Berstein/Klein*, CCZ 2014, S. 284 (284); *Klopp*, Der Compliance-Beauftragte, S. 159; *Mengel*, in: G/P-StichwortK Arbeitsrecht, Compliance Rn. 28.

Darüber hinaus sei ein extern Beauftragter regelmäßig unabhängiger gegenüber der Geschäftsführung als ein intern Beschäftigter.[55]

Als negativer Aspekt wird angeführt, dass ein externer Compliance-Beauftragter regelmäßig mehrere Unternehmen in dieser Funktion betreut, was zu Informationskonzentrationen bei dem Beauftragten führen kann, der in Interessenkonflikte münden kann.[56] Darüber hinaus besitzen Unternehmensexterne weniger unternehmensindividuelle Kenntnisse und müssen Überwachung und Betreuung des Unternehmens von außerhalb, ohne Einbindung in den Unternehmensalltag, vornehmen.[57]

Ob Compliance vollständig oder nur teilweise ausgelagert wird oder ob sie komplett im Unternehmen verbleibt, ist eine Einzelfallentscheidung.[58] Der teilweise vorgebrachte Vorschlag, die Compliance-Funktion in Teilen intern und in Teilen extern vorzunehmen,[59] um die jeweiligen Vorteile zu erhalten und die Nachteile abzumildern, eignet sich aufgrund des hohen finanziellen Aufwands nur für Großunternehmen. Zu beachten bleibt, dass grundsätzliche Überwachungspflichten bei der Geschäftsführung verbleiben, selbst bei vollständiger Auslagerung sämtlicher Compliance-Maßnahmen auf Dritte.[60]

---

55 *Bock*, Criminal Compliance, S. 754.

56 *Fuchs*, in: F-WpHG, § 33 Rn. 169; *Klopp*, Der Compliance-Beauftragte, S. 159.

57 *Bürkle*, in: H-Corporate Compliance, S. 155; *Klopp*, Der Compliance-Beauftragte, S. 159; *Kort*, in: S/R-Krakauer-Augsburger Rechtsstudien, S. 189 (201); *Kudlich/Wittig*, ZWH 2013, S. 303 (304); *Moosmayer*, AnwBl. 2010, S. 634 (636).

58 Vgl. etwa *Bürkle*, in: H-Corporate Compliance, S. 155 f.; *Klopp*, Der Compliance-Beauftragte, S. 160, die sich für ein „partielles Outsourcing", etwa zur Durchführung von Schulungen, aussprechen; ebenfalls zur Auslagerung der Compliance-Funktion vgl. *Berstein/Klein*, CCZ 2014, S. 284 (284 ff.); *Harbarth*, ZHR 2015, S. 136 (165); *Hauschka*, FS Wessing, S. 481 (481 ff.); *Laue/Brandt*, BB 2016, S. 1002 (1002 ff.).

59 Zu einem solchen „Mischmodell" vgl. *Bock*, Criminal Compliance, S. 755; *Klopp*, Der Compliance-Beauftragte, S. 161; vgl. hierzu bereits auch *Weitbrecht*, WiB, S. 855 (858 ff.).

60 *Bürkle*, in: H-Corporate Compliance, S. 155; *Fleischer*, CCZ 2008, S. 1 (3); *Goette/Goette*, DStR 2016, S. 815 (816); *Lösler*, WM 2010, S. 1917 (1918); *Nolte/Becker*, BB Beilage 2008, S. 23 (26 f.); *Rodewald/Unger*, BB 2006, S. 113 (115); *Schneider/S. Schneider*, ZIP 2007, S. 2061 (2065); *Spindler*, WM 2008, S. 905 (909).

D. Compliance-Beauftragte in Wertpapierdienstleistungsunternehmen

Bereits angesprochen wurde der Compliance-Beauftragte im Wertpapierdienstleistungsunternehmen. Das WpHG schreibt als einziges Gesetz die Benennung eines Compliance-Beauftragten vor, deswegen wird der Compliance-Beauftragte im Wertpapierdienstleistungsunternehmen zuweilen als „Urvater" aller Compliance-Beauftragten bezeichnet.[61] Zwar entfalten die Grundsätze für Compliance-Beauftragte im Sinne des WpHG keine unmittelbare Wirkung auf andere Compliance-Beauftragte, jedoch können die dort normierten und entwickelten Grundsätze in Teilen auf andere Compliance-Beauftragte übertragen werden, sofern man im Blick behält, dass Ursprung der Grundsätze eine spezifische Konstellation aus dem Bereich des Wertpapierhandels ist.

I. Konkretisierung durch Vorschriften des Wertpapierhandelssektors

> „Ein Wertpapierdienstleistungsunternehmen darf einen Mitarbeiter nur dann mit der Verantwortlichkeit für die Compliance-Funktion (…) und für die Berichte an die Geschäftsleitung (…) betrauen (Compliance-Beauftragter), wenn dieser sachkundig ist und über die für die Tätigkeit erforderliche Zuverlässigkeit verfügt. Das Wertpapierdienstleistungsunternehmen muss der Bundesanstalt den Mitarbeiter anzeigen, bevor der Mitarbeiter die Tätigkeit nach Satz 1 aufnimmt", § 34d Abs. 3 WpHG.

Zweck der Vorschrift ist die Verpflichtung von Wertpapierdienstleistungsunternehmen, nur geeignete Mitarbeiter als Compliance-Beauftragte einzusetzen.[62] Gemäß § 34d Abs. 3 Satz 2 WpHG muss der BaFin der konkrete Mitarbeiter mitgeteilt werden, der die Funktion als Compliance-Beauftragter wahrnimmt. Die genannten Anforderungen an Compliance-Beauftragte „Sachkunde" und „Zuverlässigkeit" stellen unbestimmte Rechtsbegriffe dar, die zu einer Konkretisierung der Compliance-Funktion wenig beitragen. Gemäß § 34d Abs. 6 Nr. 2 WpHG kann die BaFin die näheren Anforderungen an Sachkunde und Zuverlässigkeit des Compliance-Beauftragten durch Rechtsverordnung regeln. Dies hat die BaFin mit der „Verordnung über den Einsatz von Mitarbeitern in der Anlageberatung, als Vertriebsbeauftragte oder als Compliance-Beauftragte und über die Anzeigepflichten nach § 34d des Wertpapierhandelsgesetzes" (WpHGMaAnzV) im Dezember 2011 getan.

---

61 *Meier-Greve*, CCZ 2010, S. 216 (219).

62 BT-Drucksache, 17/3628, S. 22; *Koller*, A/S-WpHG, § 34d Rn. 2.

Dort wird in § 3 Abs. 1 Satz 2 Nr. 1 WpHGMaAnzV aufgeführt, dass der Compliance-Beauftragte rechtliche Kenntnisse über den Bereich des Wertpapierhandels besitzen muss, wobei die Verordnung in begrüßenswerter Konkretheit detailliert aufzählt, welche rechtlichen Kenntnisse vorhanden sein müssen.[63] In § 3 Abs. 1 Satz 2 Nr. 2 WpHGMaAnzV sind fachliche Kenntnisse[64] aufgezählt, die ein Compliance-Beauftragter im Wertpapierdienstleistungsunternehmen besitzen muss.[65] § 4 Nr. 3 WpHGMaAnzV führt aus, dass die verlangte Sachkunde als nachgewiesen gilt, wenn die Person ein abgeschlossenes Jurastudium, einen abgeschlossenen wirtschaftswissenschaftlichen Studiengang der Fachrichtung Banken, Finanzdienstleistungen oder Kapitalmarkt oder einen Abschluss als Bankbetriebswirt hat.

---

63 Rechtsvorschriften, die vom Wertpapierdienstleistungsunternehmen bei der Erbringung von Wertpapierdienstleistungen und Wertpapiernebendienstleistungen einzuhalten sind; Verwaltungsvorschriften, die von der BaFin zur Konkretisierung des Wertpapierhandelsgesetzes erlassen worden sind; Kenntnisse der Anforderungen und Ausgestaltung angemessener Prozesse von Wertpapierdienstleistungsunternehmen zur Verhinderung und zur Aufdeckung von Verstößen gegen aufsichtsrechtliche Bestimmungen; Kenntnisse der Aufgaben und Verantwortlichkeiten und Befugnisse der Compliance-Funktion und des Compliance-Beauftragten, soweit Mitarbeiter des Wertpapierdienstleistungsunternehmens aufgrund ihrer Tätigkeit Kenntnis von Insiderinformationen erlangen können; Kenntnisse der Handelsüberwachung und soweit von dem Wertpapierdienstleistungsunternehmen Wertpapierdienstleistungen mit Auslandsbezug erbracht werden, Kenntnisse der hierbei zu beachtenden besonderen rechtlichen Anforderungen, vgl. § 3 Abs. 1 Satz 2 Nr. 1a–f WpHGMaAnzV; wobei hierzu auch Kenntnisse über das KWG und InvG zählen, sowie Kenntnisse der einschlägigen Rechtsprechung, zum Beispiel zur Offenlegung von Zuwendungen und Provisionen, vgl. *Begner*, BKR 2012, S. 95 (97).

64 Trefflich kann man darüber streiten, ob hinsichtlich einer Compliance-Tätigkeit eine Unterscheidung zwischen rechtlichen und fachlichen Kenntnissen möglich ist.

65 Kenntnisse der Grundzüge der Organisation und Zuständigkeiten der BaFin; Kenntnisse sämtlicher Arten von Wertpapierdienstleistungen, die durch das Wertpapierdienstleistungsunternehmen erbracht werden, sowie der von ihnen ausgehenden Risiken; Kenntnisse der Funktionsweisen und Risiken der Arten von Finanzinstrumenten, in denen das Wertpapierdienstleistungsunternehmen Wertpapierdienstleistungen erbringt; Erkennen möglicher Interessenkonflikte und ihrer Ursachen und Kenntnisse verschiedener Ausgestaltungsmöglichkeiten von Vertriebsvorgaben sowie der Aufbau- und Ablauforganisation des Wertpapierdienstleistungsunternehmens und von Wertpapierdienstleistungsunternehmen im Allgemeinen, vgl. § 3 Abs. 1 Satz 2 Nr. 2a–e WpHGMaAnzV.

Zur Zuverlässigkeit von Compliance-Beauftragten führt § 6 WpHGMaAnzV aus, dass diese regelmäßig nicht bei Personen besteht, die in den letzten fünf Jahren vor Beginn einer anzeigepflichtigen Tätigkeit wegen eines Verbrechens oder wegen Diebstahls, Unterschlagung, Erpressung, Betrugs, Untreue, Geldwäsche, Urkundenfälschung, Hehlerei, Wuchers, einer Insolvenzstraftat, einer Steuerhinterziehung oder einer Straftat nach dem WpHG rechtskräftig verurteilt worden sind.

Ebenfalls konkret erwähnt wird der Compliance-Beauftragte in § 12 Abs. 3 und 4 WpDVerOV. Dort heißt es unter anderem: Der Compliance-Beauftragte muss berechtigt sein, geeignete und erforderliche vorläufige Maßnahmen zu treffen, um eine konkrete Gefahr der Beeinträchtigung von Kundeninteressen bei der Erbringung von Wertpapierdienstleistungen abzuwenden. Das Wertpapierdienstleistungsunternehmen muss einen Compliance-Beauftragten benennen, der für die Compliance-Funktion sowie für die Berichte an die Geschäftsleitung und das Aufsichtsorgan verantwortlich ist. Die mit der Compliance-Funktion betrauten Personen müssen über die für eine ordnungsgemäße und unabhängige Erfüllung ihrer Aufgaben erforderlichen Fachkenntnisse, Mittel und Kompetenzen sowie über Zugang zu allen für ihre Tätigkeit relevanten Informationen verfügen. Sie dürfen weder an Wertpapierdienstleistungen beteiligt sein, die sie überwachen, noch darf die Art und Weise ihrer Vergütung eine Beeinträchtigung ihrer Unvoreingenommenheit bewirken oder wahrscheinlich erscheinen lassen.[66]

Nun kann kritisch angemerkt werden, dargestellte Verordnungen bilden Selbstverständlichkeiten ab: Auch ohne Verordnung wäre klar, dass ein Compliance-Beauftragter Kenntnisse der einschlägigen Rechtsvorschriften besitzen muss und möglichst nicht wegen Untreue und Geldwäsche vorbestraft sein sollte. Richtig ist, dass in den Verordnungen teilweise nur Grundsätze wiedergegeben werden, die bei der Pflichtendelegation im Unternehmen ohnehin maßgeblich sind.[67] Über solche Selbstverständlichkeiten hinaus bieten die dargestellten Ausschnitte der Verordnungen begrüßenswerte Konkretisierungen bezüglich des Berufsbildes von Compliance-Beauftragten. Hervorzuheben ist, dass die Vergütung von Compliance-Beauftragten erfolgsunabhängig erfolgen sollte (keine Boni), um eine Unabhängigkeit der Compliance vom jeweiligen

66 Vgl. § 12 Abs. 3 und 4 WpDVerOV.

67 Vgl. etwa *Hauschka*, AG 2004, S. 461 (466): „Die unerlässliche Pflichtendelegation hat bekanntlich an sachgerecht ausgewählte, kompetente, belehrte und eingearbeitete Mitarbeiter zu erfolgen, denen zur Erfüllung der delegierten Pflichten die nötigen Mittel zu gewähren sind.“; in diesem Sinne auch *Fleischer*, AG 2003, S. 291 (292 ff.).

Geschäftsergebnis zu gewährleisten,[68] wobei dies im Einzelnen umstritten ist, teilweise werden variable Vergütungsstrukturen eines Compliance-Beauftragten für zulässig erachtet, solange diese mit dem Gesamtgeschäftsergebnis verknüpft werden und nicht in Abhängigkeit von Abschlüssen einzelner Geschäftsbereiche gezahlt werden,[69] eine Unsicherheit, der man sich mit Vereinbarung eines höheren Grundgehalts leicht entledigen könnte.

Insbesondere für die Frage nach einer möglichen Strafbarkeit wegen Unterlassens sind die durch die Verordnung geforderten weiten Befugnisse des Compliance-Beauftragten relevant. Dieser soll berechtigt sein, geeignete und erforderliche Maßnahmen zu treffen, um eine konkrete Gefahr der Beeinträchtigung von Kundeninteressen bei der Erbringung von Wertpapierdienstleistungen abzuwenden. Dies legt eine Beschützergarantenstellung von Compliance-Beauftragten in Wertpapierdienstleistungsunternehmen für die Rechtsgüter der Kunden nahe.[70]

Die in den Verordnungen dargestellten Anforderungen an Compliance-Beauftragte lassen sich für Compliance-Beauftragte außerhalb des Wertpapierhandelssektors fruchtbar machen. Hierbei sind die geforderten spezifischen Rechtskenntnisse an den jeweiligen Tätigkeitsbereich der Organisation anzupassen. Erfolgsunabhängige Vergütung, Möglichkeit zur unabhängigen Aufgabenerfüllung, weiter Kompetenzbereich, insbesondere Kompetenz zur Untersagung rechtlich riskanter Geschäfte, einschlägige Berufserfahrung, rechtliche und/oder wirtschaftliche Ausbildung und Zuverlässigkeit sind Anhaltspunkte für die Tätigkeit von Compliance-Beauftragten, die innerhalb jedes Compliance-Systems Berücksichtigung finden sollten.

---

68 So auch *Lösler*, NZG 2005, S. 104 (107); *Spindler*, WM 2008, S. 905 (910); widersprüchlich *Harm*, Compliance im Wertpapierdienstleistungsunternehmen, S. 65, der Bonuszahlungen an Compliance-Beauftragte nicht ausschließen will, folgend aber eine „Standardprämie" in Form eines höheren Gehalts vorschlägt, wobei es sich gerade nicht um eine erfolgsabhängige Vergütung, sondern um eine Erhöhung des Grundgehalts handeln würde.

69 *Casper*, Bankrechtstag 2008, S. 139 (149 f.); *Hauschka*, Bankrechtstag 2008, S. 103 (128); *Röh*, BB 2008, S. 398 (403); *Thierfelder*, in: H/B-Der Compliance Officer, S. 23.

70 Hierzu unter 4. Teil, A. III. 4. b).

II. Weisungsgebundenheit des Compliance-Beauftragten gegenüber der Unternehmensführung im Wertpapierdienstleistungsunternehmen

Die Diskussion um eine etwaige Weisungsunabhängigkeit des Compliance-Beauftragten entzündet sich im Wertpapierhandelsrecht an der dort gesetzlich vorgeschriebenen Benennung eines Compliance-Beauftragten und der damit verbundenen, höchst umstrittenen Stellung als gesetzlichem Beauftragten.[71] Die gesetzlich vorgeschriebene Compliance-Funktion in Wertpapierdienstleistungsunternehmen bezieht sich unstreitig nur auf Einhaltung des WpHG, insofern bezieht sich die Diskussion um eine Weisungsfreiheit nur auf die Tätigkeit des Compliance-Beauftragten hinsichtlich der Einhaltung von Vorgaben, die durch das WpHG selbst statuiert werden.[72] Eine etwaige Weisungsfreiheit des Compliance-Beauftragten könnte normativ aus der Vorschrift des § 33 Abs. 1 S. 2 Nr. 2 WpHG hergeleitet werden:

> „(...) wobei insbesondere eine dauerhafte und wirksame Compliance-Funktion einzurichten ist, die ihre Aufgaben unabhängig wahrnehmen kann".

In § 12 Abs. 4 Satz 3 WpDVerOV heißt es ferner:

> „Die mit der Compliance-Funktion betrauten Personen müssen über die für eine ordnungsgemäße und unabhängige Erfüllung ihrer (...) Fachkenntnisse, Mittel und Kompetenzen sowie über Zugang zu allen für ihre Tätigkeit relevanten Informationen verfügen".

In einem den § 33 WpHG konkretisierenden Rundschreiben der BaFin heißt es:

> „Die Compliance-Funktion erfüllt ihre Aufgaben unabhängig von den anderen Geschäftsbereichen des Wertpapierdienstleistungsunternehmens und ihre Überwachungsaufgaben unabhängig von der Geschäftsleitung".[73]

Sowohl Gesetz, Rechtsverordnung als auch Rundschreiben betonen die „Unabhängigkeit" der Compliance-Funktion und damit die „Unabhängigkeit" des Compliance-Beauftragten, der bedeutender Bestandteil der Compliance-Funktion ist. Teilweise wird vertreten, dass Bestandteil dieser Unabhängigkeit eine Weisungsfreiheit des Compliance-Beauftragten gegenüber der Geschäftsführung

71 Hierzu unter 2. Teil, G.

72 *Klopp*, Der Compliance-Beauftragte, S. 199.

73 BaFin-Rundschreiben, 4/2010 (WA) vom 30.11.2012, BT 1.3.3 Nr. 1.

ist.[74] Gestützt wird eine Weisungsfreiheit des Compliance-Beauftragten auf einen Vergleich mit den gesetzlichen Beauftragten.[75] Es besteht, wie gezeigt, Uneinigkeit darüber, ob der Compliance-Beauftragte im Wertpapierdienstleistungsunternehmen überhaupt als gesetzlich Beauftragter zu klassifizieren ist. Diese Stellung als gesetzlich Beauftragter lässt sich wie dargelegt mit guten Argumenten bejahen. Allerdings greift mit der Stellung als gesetzlich Beauftragter kein Automatismus, der zu einer Weisungsunabhängigkeit führt.[76]

Auch eine Wortlautauslegung des verwendeten Begriffs „Unabhängigkeit" führt nicht zu einer Weisungsfreiheit des Compliance-Beauftragten, zumal der Gesetzgeber regelmäßig das Wort „weisungsfrei" verwendet hat, wenn er bestimmten Gruppen eine solche zubilligen möchte.[77] Sinnentleert wird der Begriff „Unabhängigkeit" nicht, folgt aus ihm jedenfalls eine Vergütungsstruktur des Compliance-Beauftragten, die dessen Tätigkeit nicht beeinflusst und das Verbot einer Mitwirkung des Compliance-Beauftragten am operativen Wertpapierhandelsgeschäft beinhaltet.

Insofern gelangt man weder durch Gesetzesauslegung noch durch die Stellung als gesetzlich Beauftragter zu einer vollständigen oder nur teilweisen Weisungsunabhängigkeit des Compliance-Beauftragten gegenüber der Unternehmensleitung im Wertpapierdienstleistungssektor.[78]

---

74 *Eisele/Faust*, S/B/L-Bankrecht-Handbuch, § 109 Rn. 99; *Krieger/Günther*, NZA 2010, S. 367 (370); *Kumpan*, Der Interessenkonflikt im deutschen Privatrecht, S. 197 ff.; *Meier-Greve*, CCZ 2010, S. 216 (221): *Mengel/Hagemeister*, BB 2007, S. 1386 (1386); *Veil*, WM 2008, S. 1093 (1097).

75 *Veil*, WM 2008, S. 1093 (1097).

76 Wobei dies umstritten ist, vgl. *Haouache*, Unternehmensbeauftragte, S. 40 m. w. N.

77 *Klopp*, Der Compliance-Beauftragte, S. 200, mit den Beispielen des Datenschutzbeauftragten und des Tierschutzbeauftragten, die gemäß § 4f Abs. 3 Satz 2 BDSG bzw. § 8b Abs. 6 Satz 1 „weisungsfrei" gestellt werden; ebenfalls auf die terminologischen Abweichungen hinweisend *Illing/Umnuß*, CCZ 2009, S. 1 (3); *Lösler*, Compliance im Wertpapierdienstleistungskonzern, S. 195; *Spindler*, WM 2008, S. 905 (911).

78 Ebenfalls die Weisungsbefugnis der Geschäftsführung gegenüber dem Compliance-Beauftragten bejahend *Bürkle*, in: H-Corporate Compliance, S. 147 f.; *Casper*, Bankrechtstag 2008, S. 139 (152); *ders.*, FS Schmidt, S. 199 (205); *Dann/Mengel*, NJW 2010, S. 3265 (3266); *Geiser*, Leitungspflichten des Vorstandes, S. 205; *Giesen*, CCZ 2009, S. 102 (104); *Harm*, Compliance im Wertpapierdienstleistungsunternehmen, S. 120; *Hense/Renz*, CCZ 2008, S. 181 (185); *Klopp*, Der Compliance-Beauftragte, S. 204; *Kraft/Winkler*, CCZ 2009, S. 29 (31); *Lösler*, NZG 2005, S. 104 (107); *ders.*, WM 2008, S. 1098 (1104); *ders.*, Compliance im Wertpapierdienstleistungskonzern, S. 194; *ders.*, WM 2007, S. 676 (679); *Rodewald/Unger*, BB 2007, S. 1629 (1632); *Röh*, BB 2008, S. 398 (403);

E. Anforderungen an Compliance-Beauftragte

Compliance-Beauftragte müssen aufgrund ihrer Schlüsselposition innerhalb einer Compliance-Organisation vielfältige Eigenschaften besitzen, so soll der Compliance-Beauftragte ein „juristischer Supermann" sein, da er nicht nur über umfassende Rechtskenntnisse verfügen muss, sondern über Qualitäten eines Detektivs, Managers, und Seelsorgers in sich vereinen müsse.[79]

I. Soziale Kompetenzen („Soft Skills")

Unter „Soft Skills" versteht man menschliche Eigenschaften, Fähigkeiten und Persönlichkeitszüge, die für die jeweilige Berufsausübung nötig oder hilfreich sind.[80] Unbestritten muss ein Compliance-Beauftragter aufgrund seiner vielfältigen Beschäftigung und dem damit verbunden häufigen Mitarbeiterkontakt ein hohes Maß an sozialer Kompetenz aufweisen, um seine Aufgaben wirksam zu erfüllen. Auf soziale Kompetenzen, häufig auch als „Soft Skills" bezeichnet, soll nicht näher eingegangen werden, insbesondere, weil die Ausprägungen von sozialen Kompetenzen für mögliche Garantenpflichten irrrelevant sind. Hinzukommt, dass die genannten „Soft Skills", die ein Compliance-Beauftragter mit sich bringen sollte, häufig deckungsgleich mit den Sozialkompetenzen für Führungskräfte sind. Als soziale Kompetenzen, die ein Compliance-Beauftragter mit sich bringen sollte, werden unter anderem, Durchsetzungs-, Organisations-, Kommunikations- und Konfliktfähigkeiten genannt.[81]

Zur Zuverlässigkeit eines Compliance-Beauftragten kann der hinter § 6 WpHGMaAnzV stehende Gedanke herangezogen werden, nach dem die Zuverlässigkeit eines Compliance-Beauftragten ausscheidet, wenn dieser in den letzten fünf Jahren ein Verbrechen oder eine Tat begangen hat, die einen wirtschaftlichen

---

Rönnau/Schneider, ZIP 2010, S. 53 (57); *Rolshoven/Hense*, BKR 2009, S. 425 (427); *Spindler*, WM 2008, S. 905 (911); *Wolf*, BB 2011, S. 1353 (1356).

79 *Bachmann*, Gesellschaftsrecht in der Diskussion 2007, S. 72.

80 *Fritzemeyer*, NJW 2006, S. 2825 (2825).

81 *Buffo/Brünjes*, CCZ 2008, S. 108 (109); *Bürkle*, in: H-Corporate Compliance, S. 149; *Eisele/Faust*, in: S/B/L-Bankrechts-Handbuch, § 109 Rn. 164; *Klopp*, Der Compliance-Beauftragte, S. 167 f.; *Moosmayer*, Compliance, S. 40; *Roth*, Compliance, S. 3; vgl. ausführlich *Groß*, Chief Compliance Officer, S. 92 ff. m. w. N.; ähnlich auch *Inderst*, in: I/B/P- Compliance, S. 110 f. die davon spricht, dass sich das Persönlichkeitsprofil eines Compliance-Beauftragten durch Standfestigkeit, Konfliktfähigkeit, Mut und Vertrauen auszeichnen sollte; in diesem Sinne auch *Brettschneider*, in: R/H-Wertpapier-Compliance, S. 29: „vor allem braucht ein Compliance-Officer Mut"; ähnlich *Böckelmann*, in: B/H-Compliance-Management-Systeme, S. 29: „Zivilcourage und Standfestigkeit".

Zusammenhang aufweist. Die Vorschrift richtet sich an Wertpapierdienstleistungsunternehmen, weswegen sie unter anderem Straftaten mit kapitalmarktrechtlichen Bezügen zur Vermutung der Unzuverlässigkeit anführt. Dies könnte bei Unternehmen aus anderen Branchen entsprechend angepasst werden, so dürfte ein Compliance-Beauftragter, der wegen Verstößen gegen das Betäubungsmittelgesetz verurteilt wurde, nicht die notwendige Zuverlässigkeit besitzen, um als Compliance-Beauftragter in einem Pharmaunternehmen tätig zu werden.

II. Fachliche Kompetenzen („Hard Skills")

In Abgrenzung zu den „Soft Skills" versteht man unter den sog. „Hard Skills" die jeweiligen fachspezifischen Kompetenzen und Kenntnisse einer Person, die für die jeweilige Berufsausübung nötig oder hilfreich sind.[82] Die in einer juristischen Dissertation hiermit geäußerte Empfehlung, die Position des Compliance-Beauftragten möglichst mit einem Juristen zu besetzen, mag kaum zu verwundern. Eine Besetzung der Position mit einem Juristen ist nicht zwingend, erscheint unter der zunehmenden gesetzlichen Regelungsdichte für Unternehmen und der damit einhergehenden „Verrechtlichung" von Wirtschaftsprozessen sinnvoll.[83] Unstreitig verlangt die Tätigkeit als Compliance-Beauftragter juristischen und wirtschaftlichen Sachverstand. Die Besetzung der Stelle mit einem Juristen ohne tiefergehende betriebswirtschaftliche Kenntnisse ist genauso unzureichend, wie die Besetzung mit einem Betriebswirt ohne tiefergehende juristische Kenntnisse.[84] Im Ergebnis verbleibt die Frage, sofern man keine Personen mit einer Ausbildung als Jurist und Betriebswirt zur Verfügung hat, ob man eher einem Betriebswirt zutraut, sich vertiefte juristische Kenntnisse anzueignen oder einem Juristen zutraut, sich vertiefte betriebswirtschaftliche Kenntnisse zuzulegen. Dies ist eine Wertungsfrage, deren Beantwortung im Ermessen des jeweiligen Unternehmens liegt. Beachtet werden sollte aber, dass neben arbeitsrechtlichen und wirtschaftsrechtlichen Fragestellungen, mit denen sich rechtlich geschulte

---

82 *Fritzemeyer*, NJW 2006, S. 2825 (2825).

83 Vgl. *Bürkle*, in: H-Corporate Compliance, S. 148; *ders.*, BB 2004, S. 2158 (2160); *Geiser*, Leitungspflichten des Vorstandes, S. 201; *Glich/Schautes*, in: M/G-Wirtschaftsstrafrecht, S. 130 Fn. 20; *Gößmann*, Bankrechtstag 2008, S. 179 (222); *Moosmayer*, NJW 2012, S. 3013 (3015 f.); *ders.*, Compliance, S. 40; anders *Inderst*, in: I/B/P-Compliance, S. 112 f., die sich eher für Personen mit Fachkenntnissen aus der jeweiligen Branche, als für Juristen, ausspricht.

84 *Groß*, Chief Compliance Officer, S. 97; *Hauschka*, BB 2004, S. 1178 (1180); *Jäger/Rödl/Campos Nave*, Praxishandbuch Corporate Compliance, S. 405; *Klopp*, Der Compliance-Beauftragte, S. 166.

Betriebswirte in Teilen auskennen dürften, sich im Bereich von Compliance auch Fragen nach strafrechtlicher Haftung (Criminal Compliance) häufen. Betriebswirte, die über arbeits- und wirtschaftsrechtliche Kenntnisse hinaus auch über vertiefte (wirtschafts-) strafrechtliche Kenntnisse verfügen, dürften die Ausnahme darstellen,[85] stellt selbst Juristen die Beherrschung mehrerer Rechtsgebiete vor eine schwierige Aufgabe.

Kritisch muss andererseits der kurzzeitige, mittlerweile wieder abgeklungene, Trend hinterfragt werden, Staatsanwälte als Compliance-Beauftragte zu bestellen.[86] Mögen diese zwar aufgrund ihrer Tätigkeit Erfahrungen in Ermittlungstätigkeiten und im (Wirtschafts-) Strafrecht besitzen, dürften ihnen häufig Kenntnisse der Betriebswirtschaft und andere über das Strafrecht hinausgehende Rechtskenntnisse fehlen.[87] Für die Frage nach einer möglichen Strafbarkeit wegen Unterlassens kann die Frage, ob es sich bei betreffender Person um einen Juristen oder um einen Nichtjuristen handelt, relevant werden, insbesondere bei der Frage, gegen welche betrieblichen Vorgänge der Compliance-Beauftragte vorgeht. Hier dürfte die Zuschreibung des notwendigen Vorsatzes bezüglich der Rechtswidrigkeit der zu verhindernden Handlung zu einem Juristen leichter fallen zu als einem Nicht-Juristen.

Unbestritten muss ein Compliance-Beauftragter neben juristischen und betriebswirtschaftlichen Kenntnissen der englischen Sprache mächtig sein, sofern die Tätigkeit der Organisation internationale Berührungen aufweist.[88] Mitarbeiter, die als Compliance-Beauftragte benannt werden, sollten über „einschlägige" Berufserfahrung verfügen. Was unter „einschlägig" zu verstehen ist, wird unterschiedlich bewertet. Ein Pauschalerfordernis, wonach nur Mitarbeiter mit direkten Erfahrungen

---

85 Vgl. *Hüffer/Schneider*, ZIP 2010, S. 55 (55), die sich für Juristen als Compliance-Beauftragte und gegen „akademisch aufgerüstete Kaufleute" aussprechen: „Da reibt man sich die Augen. Wieso denn Betriebswirte?"; anders *Fett*, S/Z-Kapitalmarktrecht, § 33 WpHG Rn. 22, nach dem sich neben Juristen insbesondere auch Bankmitarbeiter mit Erfahrungen in Handelstätigkeiten zum Compliance-Beauftragten eignen.

86 *Groß*, Chief Compliance Officer, S. 98 f.; *Klopp*, Der Compliance-Beauftragte, S. 164; *Kort*, NZG 2008, S. 81 (85).

87 Ebenso kritisch *Bürkle*, in: H-Corporate Compliance, S. 149, mit dem Hinweis, dass es den Mitarbeitern schwerer fallen dürfte, zu einem ehemaligen Staatsanwalt das notwendige Vertrauen aufzubauen, insbesondere, wenn Mitarbeiter damit rechnen müssten, dass dieser am Ende seiner Tätigkeit wieder als Staatsanwalt arbeitet.

88 *Buffo/Brünjes*, CCZ 2008, S. 108 (120); *Fritzemeyer*, NJW 2006, S. 2825 (2827), mit dem Hinweis, dass teilweise selbst Verträge zwischen zwei deutschen Unternehmen in englischer Sprache geschlossen werden; *Groß*, Chief Compliance Officer, S. 99; *Ulrich*, ZRFC 2013, S. 86 (88).

aus Compliance-Abteilungen in Frage kommen besteht nicht. Berufsanfänger sollten für die Position des Compliance-Beauftragten ausscheiden. Der Umfang der erforderlichen Berufserfahrung hängt im Ergebnis von Größe, Branche und rechtlicher Risikosituation der jeweiligen Organisation ab.

F. Aufgaben von Compliance-Beauftragten

Compliance-Beauftragte nehmen innerhalb des Compliance-Systems eine zentrale Rolle, wenn nicht die zentrale Rolle, wahr.[89] Bedeutsam insbesondere für eine etwaige Strafbarkeit wegen Unterlassens sind die Aufgaben, die der Compliance-Beauftragte innerhalb der Compliance-Struktur faktisch wahrnimmt bzw. die ihm rechtlich zugewiesen sind. Ein gesetzlich konkret bestimmter Aufgabenkreis für Compliance-Beauftragte existiert, mit gewissen Einschränkungen für Wertpapierdienstleistungsunternehmen, nicht.[90]

Aufgrund des weiten unternehmerischen Ermessensspielraums bei der Ausgestaltung der Compliance-Funktion ist es allenfalls möglich, „typische" Aufgaben eines Compliance-Beauftragten zu beschreiben. Das Tätigkeitsprofil eines Compliance-Beauftragten in einem international operierenden Dax-Konzern sieht anders aus als das eines Compliance-Beauftragten in einem mittelständischen Unternehmen mit 20 Mitarbeitern,[91] weswegen im Folgenden grundsätzliche Aufgabenbereiche ihrer Art nach umrissen werden, ohne dass es möglich ist, aufgrund der Unternehmensindividualitäten konkrete Einzelaufgaben herauszuarbeiten.

Moosmayer unterteilt die Aufgaben von Compliance-Beauftragten in drei Kategoiren: Prävention, Aufdeckung und Reaktion.[92] Wobei auch an dieser Aufteilung der repressive Aspekt der Compliance deutlich wird. *Lösler* nennt fünf Funktionen von Compliance und Funktionen von Compliance-Beauftragten:

---

89 So auch *Beste*, in: G/I/B-Compliance, S. 140; *Schulz/Renz*, BB 2012, S. 2511 (2511).

90 *Geiger*, CCZ 2011, S. 170 (171); *Rieder*, FS Goette, S. 413 (415 f.); vgl. auch *Schürrle/Olbers*, CCZ 2010, S. 102 (102 f.), nach denen die Aufgabe von Compliance-Beauftragten unter anderem darin bestehe „auf andere aufzupassen".

91 Die folgenden Ausführungen gelten hauptsächlich für größere Unternehmen und für solche, die aufgrund ihrer unternehmerischen Tätigkeit mit erhöhten Rechtsrisiken konfrontiert sind.

92 *Moosmayer*, Compliance, S. 39; dem folgend *Langenhahn*, Verantwortlichkeit des Compliance Officers, S. 57; ähnlich *Schaupensteiner*, NZA-Beilage 2011, S. 8 (12), der von drei Grundfunktionen der Compliance spricht: Prävention (Risikovorsorge), Repression (Aufklärung) und Reaktion (Ahndung).

Schutzfunktion, Beratungs- bzw. Informationsfunktion, Qualitätssicherungs- bzw. Innovationsfunktion, Überwachungsfunktion und Marketingfunktion.[93] Inwieweit solche Einteilungen sinnvoll und überschneidungsfrei möglich sind soll nicht erörtert werden.

I. Prävention

Wesentlichste Funktion eines Compliance-Beauftragten ist es Rechtsverstößen präventiv entgegen zu wirken, um das Unternehmen vor negativen Folgen solcher Rechtsverstöße zu schützen, weswegen häufig von der „Schutzfunktion" von Compliance gesprochen wird.[94] Am Anfang der Tätigkeit von Compliance-Beauftragten steht die Implementierung einer effektiven Compliance-Struktur.[95] Hierzu hat der Compliance-Beauftragte zunächst eine unternehmensspezifische Risikoanalyse bezüglich der Wahrscheinlichkeit organisationsbezogener Rechtsverstöße auszuarbeiten.[96] Sinnvollerweise sollte er die relevanten Vorschriften zusammentragen, gegen die zukünftige Verstöße möglich erscheinen. Diese Normen lassen sich in zwei Kategorien einteilen: Rechtsnormen, die für alle Unternehmen Haftungsrisiken mit sich bringen, wie etwa §§ 30, 130 OWiG und solche, die nur für branchenspezifische Unternehmen haftungsrelevant sind, etwa der Insiderhandel gemäß § 14 Abs. 1 WpHG i. V. m. § 38 Abs. 1 WpHG. Im Anschluss an das Zusammenstellen der relevanten Vorschriften hat der Compliance-Beauftragte zu prognostizieren, mit welcher Wahrscheinlichkeit bestimmte Rechtsverstöße zukünftig eintreten. Dazu sind etwaige Haftungsfolgen, wie Höhe des zu erwartenden Bußgelds mit zu berücksichtigen. Als nächstes folgt die Ausarbeitung

---

93 *Lösler*, NZG 2005, S. 104 (104).

94 *Barton*, jurisPR-StrafR 23/2009, Anm. 1; *Eisele/Faust*, S/B/L-Bankrechts-Handbuch, § 109 Rn. 4; *Hauschka/Spiekermann*, in: H-Corporate Compliance, S. 405; *Kort*, NZG 2008, S. 81 (81); *Lösler*, NZG 2005, S. 104 (104); *Lösler*, WM 2007, S. 676 (679); *Mengel/Hagermeister*, BB 2006, S. 2466 (2467); *Wagner*, CCZ 2009, S. 8 (11).

95 *Bürkle*, BB 2005, S. 565 (565); *ders.*, BB 2007, S. 1797 (1799); *Campos Nave/Bonenberger*, BB 2008, S. 734 (735); *Dann*, ZRFC 2011, S. 155 (156); *ders./Mengel*, NJW 2010, S. 3265 (3266); *Fecker/Kinzl*, CCZ 2010, S. 13 (16); *Fleischer*, BB 2008, S. 1070 (1072); *ders.*, CCZ 2008, S. 1 (3); *Itzen*, BB-Beilage 2008, S. 12 (14); *Kraft/Winkler*, CCZ 2009, S. 29 (31); *Moosmayer*, Compliance, S. 39; *Rübenstahl*, NZG 2009, S. 1341 (1342); *Steffek*, ZRFC 2009, S. 249 (251); *Wiederholt/Walter*, BB 2011, S. 968 (972); *Winter*, Vorstandsorganisation und Compliance, S. 49.

96 *Bergmoser/Theusinger/Gushurst*, BB-Beilage 2008, S. 1 (9); *Hauschka*, DB 2006, S. 1143 (1144); *Rodewald/Unger*, BB 2006, S. 113 (116); *Lampert*, BB 2002, S, 2237 (2239); *Liese*, BB-Beilage 2008, S, 17 (21); *I. Roxin*, StV 2012, S. 116 (116); *Sandmann*, CCZ 2015, S. 70 (75).

spezifischer Maßnahmen, mit denen festgestellte Risiken vermindert werden können, wobei wahrscheinliche Rechtsverstöße mit erwartungsgemäß hoher Haftung im Rahmen einer Prävention bevorzugt zu berücksichtigen sind. Auf mögliche Einzelmaßnahmen soll mangels ihrer Verallgemeinerungsfähigkeit nicht näher eingegangen werden.[97]

II. Beratung

Compliance-Beauftragte nehmen eine Beratungsfunktion wahr.[98] Diese sollte sinnvollerweise nicht nur präventiv zur Verhinderung von Rechtsverstößen eingesetzt werden, sondern auch nach erfolgten Rechtsverstößen bei der Frage, wie mit einem entdeckten Rechtsverstoß umgegangen werden soll. Teil der Beratungsfunktion ist die Aufklärung der Mitarbeiter hinsichtlich der spezifischen Gefahren von Rechtsverstößen, die mit ihrer jeweiligen Tätigkeit einhergehen. Diese tätigkeitsspezifischen rechtlichen Risikoanalysen sollten regelmäßig eine Aufklärung des Mitarbeiters über zivil- und strafrechtliche Konsequenzen, die bei Rechtsverstößen drohen, enthalten, wozu insbesondere auch die Information über arbeitsrechtliche Konsequenzen, wie die Möglichkeit einer fristlosen Kündigung, selbst bei „kleineren" Rechtsverstößen zählt.[99]

III. Informationssteuerung

Compliance-Beauftragte müssen sicherzustellen, dass sie Informationen über haftungsrelevante Sachverhalte erhalten.[100] Dafür ist ein System innerhalb der Organisation zu installieren, das den Erhalt der wesentlichen Informationen gewährleistet. Bei größeren Unternehmen stellt dies eine nicht zu unterschätzende Schwierigkeit dar. Unzweckmäßig ist es, den Compliance-Beauftragten mit sämtlichen anfallenden Informationen zu „überhäufen". Vielmehr muss im installierten Informationssystem eine Filterung erfolgen. Dies kann, sofern vorhanden, durch Mitarbeiter der Compliance-Abteilung oder durch die Einweisung der übrigen

---

97 Zu einzelnen möglichen Maßnahmen siehe oben 1. Teil, G.

98 *Auerbach/Jost*, in: H/W-Handbuch Corporate Governance, S. 672; *Bürkle*, in: B-Compliance in Versicherungsunternehmen, § 1 Rn. 145 ff.; *Fett*, S/Z-Kapitalmarktrecht, § 33 WpHG Rn. 20; *Lösler*, NZG 2005, S. 104 (105); *Hense/Renz*, CCZ 2008, S. 181 (182); *Schlicht*, BKR 2006, S. 469 (471); *Spindler*, WM 2008, S. 905 (911).

99 Vgl. hierzu etwa die Rechtsprechung im Fall „*Emmely*" BAG NZA 2010, S. 1227 (1227 ff.).

100 *Bürkle*, B-Compliance in Versicherungsunternehmen, § 1 Rn. 168; *Hahn*, ZCG 2010, S. 26 (26); *Lösler*, WM 2007, S. 676 (681); *Zingel*, BKR 2010, S. 500 (503).

Mitarbeiter, bei bestimmten Anhaltspunkten Sachverhalte zu berichten, erfolgen. Insoweit kommt es zu einem „Spagat“ zwischen Erhalt aller haftungsrelevanten Informationen und einer Überflutung mit sämtlichen im Unternehmen anfallenden Daten. In Wertpapierdienstleistungsunternehmen ist aufgrund der dort zur Vermeidung des Insiderhandels zu installierenden Vertraulichkeitsbereiche (sog. „Chinese Walls“) dafür Sorge zu tragen, dass auf den Informationswegen zum Compliance-Beauftragten die Vertraulichkeitsbereiche gewahrt bleiben.

IV. Kontrollfunktion

Zu den Aufgaben eines Compliance-Beauftragten gehören die laufende Kontrolle der installierten Maßnahmen sowie eine Beurteilung der Effektivität und Angemessenheit der Maßnahmen bezüglich der Vermeidung von Rechtsverstößen.[101] Art und Umfang solcher Kontrollen lassen sich ebenfalls nicht pauschal festlegen. Als Minimalanforderung kann eine stichprobenartige Überprüfung der einzelnen Compliance-Maßnahmen festgehalten werden. Die Rechtsprechung zu § 130 OWiG zeigt, dass die Mindestaufsichtspflicht im Unternehmen stichprobenartige Kontrollen der einzelnen Maßnahmen erfasst.[102] Die zeitlichen Abstände sind von der jeweiligen Risikolage des Unternehmens abhängig. Die inhaltliche Ausgestaltung dieser Kontrollen liegt im unternehmerischen Ermessen, solange durch die Kontrollen nicht selbst Rechtsvorschriften verletzt werden, so können etwa sog. „Mock Dawn Raids“ (vorgetäuschte behördliche Durchsuchungen) schnell in strafbare Amtsanmaßung oder Urkundenfälschung münden.[103] Der mit vorgetäuschten Durchsuchungen einhergehende Vertrauensverlust zwischen Unternehmensführung und Angestellten dürfte das Betriebsklima nachhaltig beschädigen.

---

101 *Auerbach/Jost*, in: H/W-Handbuch Corporate Governance, S. 673; *Bürkle*, in: B-Compliance in Versicherungsunternehmen, § 1 Rn. 143 f.; *Eisele/Faust*, in: S/B/L-Bankrechts-Handbuch, § 109 Rn. 182; *Fleischer*, CCZ 2008, S. 1 (2); *Lampert*, in: H-Corporate Compliance, S. 175; *Rieder/Falge*, BB 2013, S. 778 (778).

102 BGHSt 25, 158 (163); OLG Köln, wistra 1994, S. 315 (315); BayObLG, NJW 2002, S. 766 (767); OLG Hamm, wistra 2002, S. 274 (275); OLG Stuttgart, wistra 1987, S. 35 (35).

103 Vgl. *Lampert/Matthey*, in: H-Corporate Compliance, S. 634; *Lampert*, BB 2002, S. 2237 (2242); zu den einzelnen strafrechtlichen Risiken solcher „Mock Dawn Raids“ vgl. *Gildhoff/Zumdick*, BB 2012, S. 1178 (1181 ff.).

V. Dokumentation

Ein wichtiger Bestandteil der Tätigkeit eines Compliance-Beauftragten ist die sorgfältige Dokumentation sämtlicher haftungsrelevanter Sachverhalte, der einzelnen Organisationsmaßnahmen und die Dokumentation einer überschneidungsfreien Aufgabenzuteilung.[104] Für eine Haftungserleichterung ist die Bedeutung einer sorgfältigen Dokumentation nicht zu unterschätzen, insbesondere durch eine klare Aufgabenverteilung und Begrenzung der Tätigkeitsbereiche wird es möglich, im drohenden Haftungsfall darzulegen, welche Personen nicht an den haftungsrelevanten Tätigkeiten beteiligt waren.

Verschwiegen werden soll nicht, dass eine solche Dokumentation keine Einbahnstraße zur Haftungserleichterung darstellt. Es besteht die Gefahr, durch eine ausführliche Dokumentation erst auf weitere haftungsrelevante Gesichtspunkte hinzuweisen.[105] Trotz dieser Bedenken kommt einer sorgfältigen Dokumentation im Rahmen der Compliance eine herausragende Bedeutung zu. Rechtliche Verantwortungsverschiebung bei faktischer Aufgabendelegation stellt keinen Automatismus dar.[106] Neben die Aufgabendelegation muss eine (nachweisbare) überschneidungsfreie Kompetenzzuweisung innerhalb der Organisation treten. Mit Blick auf eine teilweise gesetzliche Beweislast der Unternehmensführung kann mit einer sorgfältigen Dokumentation eine Haftungsentlastung der Unternehmensführung erreicht werden, indem die Dokumentation darlegt, dass die Unternehmensleitung kein Organisationsverschulden trifft.[107] Die Widerlegung

104 *Fecker/Kinzel*, CCZ 2010, S. 13 (18); *Hauschka*, DB 2006, S. 1143 (1146); *ders./Galster/Marschlich*, CCZ 2014, S. 242 (247); *Juhnke*, ZRFC 2011, S. 172 (174); *Kiethe*, GmbHR 2007, S. 393 (399 f.); *Voland*, BB 2015, S. 67 (71); *Volz*, in: T-Compliance, S. 15; *Wybitul*, BB 2009, S. 2263 (2264).

105 Zu diesem Aspekt vgl. *Hauschka*, BB 2004, S. 1178 (1180): „Man darf auch die deutsche Gründlichkeit nicht unterschätzen, welche den Strafverfolgern schon Leitzordner mit sauber beschrifteten Rückenschildern ‚Hinterzogene Steuern 1999–2001', ‚Kartellabsprachen 2001' oder ‚Vernichtete Unterlagen 2002' beschert haben"; vgl. auch *ders.*, CCZ 2014, S. 165 (170): „Wenn im Unternehmen die Verstöße umfänglich dokumentiert sind, und morgen kommt die Hausdurchsuchung, dann hat das Unternehmen den Fahndern die gesamten Beweise lückenlos geliefert".

106 In diesem Sinne auch *Fischer*, Bankrechtstag 2012, S. 129 (140): „durch Delegation allein entfällt nicht die strafrechtliche Verantwortlichkeit".

107 *Bürkle*, in: H-Corporate Compliance, S. 146; *Hauschka*, AG 2004, S. 461 (464 f.); *Kiethe*, GmbHR 2007, S. 393 (400): „Eine sorgfältige Dokumentation führt aus der ‚Beweislastfalle"; *Rodewald/Unger*, BB 2007, S. 113 (115).

eines Organisationsverschuldens kann sowohl zivilrechtliche (§ 93 AktG) als auch strafrechtliche Haftung (etwa § 130 OWiG) abwenden.

VI. Sanktionierung

Wurde ein Rechtsverstoß im Unternehmen festgestellt, stellt sich die Frage nach dem weiteren Vorgehen des Compliance-Beauftragten. Zwar wäre es möglich, den Compliance-Beauftragten arbeitsvertraglich zu berechtigen, eigenmächtig betriebliche Sanktionen bei Rechtsverstößen bis hin zur fristlosen Kündigung zu verhängen. Derartige arbeitsvertragliche Ausgestaltungen dürften allerdings die praktische Ausnahme bilden. Regelmäßig informiert der Compliance-Beauftragte die Unternehmensleitung über den eingetretenen Rechtsverstoß, woraufhin die Unternehmensführung letztverantwortlich über etwaige Sanktionen entscheidet.[108] Allerdings sollte der Compliance-Beauftragte bei Informierung der Unternehmensführung über eingetretene Rechtsverstöße Vorschläge unterbereiten, welche Konsequenzen dem Rechtsverstoß folgen sollten.[109]

G. Der Compliance-Beauftragte – ein (gesetzlicher) Unternehmensbeauftragter?

Das deutsche Recht verpflichtet in spezialgesetzlichen Regelungen dazu, in öffentlichen und privaten Organisationen sog. „Beauftragte“ zu benennen, ob aus diesem gesetzlichen Auftrag eine Garantenstellung für den gesetzlich Beauftragten folgt, ist umstritten.[110] Nimmt man, vorerst ungeprüft, Garantenpflichten

---

108 *Bürkle*, in: H-Corporate Compliance, S. 146; *Casper*, FS Schmidt, S. 199 (210); *Eisele/Faust*, Bankrechtshandbuch, § 109 Rn. 105; *Groß*, Chief Compliance Officer, S. 89; *Illing/Umnuß*, CCZ 2009, S. 1 (4); *Kraft/Winkler*, CCZ 2009, S. 29 (31); *Krieger/Günther*, NZA 2010, S. 367 (371); *Rodewald/Unger*, BB 2007, S. 1629 (1632); *Spindler*, WM 2008, S. 905 (911).

109 So auch *Spindler*, WM 2008, S. 905 (911).

110 Eine Garantenstellung von Betriebsbeauftragten bejahend OLG Frankfurt, NJW 1987, S. 2753 (2756); *Böse*, NStZ 2003, S. 636 (639); *Campos Nave/Vogel*, BB 2009, S. 2546 (2548); *Dahs*, NStZ 1986, S. 97 (100); *Hünnekens*, in: L/R-Umweltrecht, § 65 WHG Rn. 31; *Kuhlen*, in: A-Individuelle Verantwortung, S. 72 (87 f.); *Kraft/Winkler*, CCZ 2009, S. 29 (32); *Salje*, BB 1993, S. 2297 (2299); *Schmitz*, in: MüKo StGB, Vor §§ 324 ff. Rn. 124; *Vierhaus*, NStZ 1991, S. 466 (467); wobei darüber hinaus gestritten wird, ob der Betriebsbeauftragte bei Unterlassen seiner gesetzlichen Pflichten nicht als Täter, sondern als Teilnehmer zu bestrafen ist, vgl. *Häberle*, in: E/K-Nebengesetze StGB, § 60 KrWG Rn. 5 m. w. N.; unterscheidend für die einzelnen Betriebsbeauftragten *Rehbinder*, ZGR 1989, S. 305 (332); *ders.*, ZHR 2001, S. 1 (16).

von Betriebsbeauftragten an, sind diese unstreitig ihrem Umfang nach stark begrenzt. Sie erschöpfen sich in der ordnungsgemäßen Überwachung des gesetzlich zugewiesenen Bereichs und wahrheitsgemäßen Information der Unternehmensleitung.[111]

Konstituierendes Merkmal eines jeden gesetzlich Beauftragten ist der gesetzliche Bestellungszwang.[112] Es existieren, wie dargestellt, in Teilen Compliance-Pflichten, etwa für Kapitalgesellschaften. Die Pflicht zu bestimmten Compliance-Maßnahmen, vorliegend die Bestellung eines Compliance-Beauftragten, existiert nur im Wertpapierhandelssektor. Dort ergibt sich die Verpflichtung zur Bestellung eines Compliance-Beauftragten, formell-gesetzlich geregelt, aus § 33 Abs. 1 Satz 2 Nr. 1 und 5 WpHG i. V. m. 34d Abs. 3 WpHG.[113] Somit scheidet eine Klassifizierung von Compliance-Beauftragten außerhalb des Wertpapierhandelssektors als gesetzliche Beauftragte mangels eines gesetzlichen Bestellungszwangs aus.[114] Insofern können die entwickelten Grundsätze hinsichtlich einer Garantenstellung der gesetzlich Beauftragten nicht unmittelbar auf Compliance-Beauftragte übertragen werden.

Eine Klassifizierung von Compliance-Beauftragten als gesetzlich Beauftragte kommt folglich nur für den Compliance-Beauftragten im Wertpapierdienstleistungsunternehmen in Betracht. Der gesetzliche Bestellungszwang stellt zwar eine notwendige Bedingung zur Klassifizierung einer Person als gesetzlich Beauftragten dar, ist aber unstreitig nicht ausreichend, um eine Stellung als gesetzlich Beauftragter zu begründen. Damit endet das übereinstimmende Verständnis von Unternehmensbeauftragten.

Ein eindeutiger und belastbar Rechtsbegriff, was unter einem gesetzlich Beauftragten zu verstehen ist, existiert bis heute nicht.[115] Häufig wird der gesetzlich Beauftragte als Funktionsträger beschrieben, der durch das Unternehmen zum

111 *Schmitz*, MüKo StGB, Vor §§ 324 ff. Rn. 124 m. w. N.; für den Gewässerschutzbeauftragten *Rudolphi*, FS Lackner, S. 863 (877).

112 Vgl. etwa *Kloepfer*, DB 1993, S. 1125 (1126); *Kuhlen*, in: A-Individuelle Verantwortung, S. 71 (71); *Rehbinder*, ZGR 1989, S. 305, (311 f.); *Salje*, BB 1993, S. 2297 (2297).

113 Nicht „nur" aus Rechtsverordnung (§ 12 Abs. 4 Satz 1 WpDVerOV), so aber *Klopp*, Der Compliance-Beauftragte, S. 128 f.

114 *Spindler*, RW 2013, S. 292 (314); *Hauschka*, CCZ 2014, S. 165 (167), anders *Meier-Greve*, CCZ 2010, S. 216 (219).

115 *Casper*, FS Schmidt, S. 199 (212); *Klopp*, Der Compliance-Beauftragte, S. 122; *Rehbinder*, ZGR 1989, S. 305 (315); vgl. auch *Haouache*, Unternehmensbeauftragte, S. 24 ff., der die verschiedenen Modelle zur Klassifizierung von Unternehmensbeauftragte darstellt.

Schutz von Allgemeinbelangen zwingend zu bestellen ist, kraft seiner gesetzlichen Verankerung eine herausgehobene Stellung im Unternehmen besitzt und durch seine Tätigkeit die behördliche Überwachung ergänzt.[116] Es lassen sich drei begriffsbildende Merkmale eines gesetzlich Beauftragten herauslesen: Gesetzlicher Bestellungszwang, durch Gesetz zugewiesene Aufgaben und Kompetenzen und Ausrichtung der Tätigkeit an Allgemeinwohlbelangen.[117] Wie dargestellt, besteht ein gesetzlicher Bestellungszwang für den Compliance-Beauftragten im Wertpapierdienstleistungsunternehmen, sodass nach den verbleibenden Merkmalen von gesetzlicher Zuweisung von Aufgaben und Kompetenzen und Schutz von Allgemeinwohlbelangen zu fragen ist.

I. Gesetzliche Zuweisung von Aufgaben und Kompetenzen

Nun werden dem Compliance-Beauftragten im Wertpapierdienstleistungsunternehmen gesetzlich Aufgaben zugewiesen. Zu nennen ist die gesetzliche Pflicht des Compliance-Beauftragten mindestens einmal jährlich der Geschäftsleitung über die Angemessenheit und Wirksamkeit der Compliance-Maßnahmen zu berichten.[118] § 12 WpDVerOV legt fest, dass der Compliance-Beauftragte die Angemessenheit und Wirksamkeit der Compliance-Funktion und die zur Behebung von Defiziten getroffenen Maßnahmen überwachen und bewerten muss. Weiterhin muss er die Mitarbeiter im Hinblick auf die Einhaltung des WpHG beraten und unterstützen.[119] In § 12 Abs. 4 Satz 3 WpDVerOV wird klargestellt, dass ihm die nötigen Kompetenzen zur Erfüllung seiner Aufgaben einzuräumen sind. Gemäß§ 12 Abs. 3 Satz 2 WpDVerOV muss der Compliance-Beauftragte berechtigt sein, geeignete und erforderliche vorläufige Maßnahmen zu treffen, um eine konkrete Gefahr der Beeinträchtigung von Kundeninteressen bei der Erbringung von Wertpapierdienstleistungen oder Wertpapiernebendienstleistungen abzuwenden. Folglich besteht eine gesetzliche Zuweisung von Aufgaben und Kompetenzen an den Compliance-Beauftragten.

---

116 *Haouache*, Unternehmensbeauftragte, S. 24; *Harm*, Compliance im Wertpapierdienstleistungsunternehmen, S. 67; *Griese*, in: K-Personalbuch, Sichtwort: Betriebsbeauftragte, Rn. 1; *Klopp*, Der Compliance-Beauftragte, S. 122; *Schmidt*, Compliance in Kapitalgesellschaften, S. 147.

117 *Casper*, FS Schmidt, S. 199 (212); *Dreher*, FS Claussen, S. 69 (71); *Groß*, Chief Compliance Officer, S. 71; *Klopp*, Der Compliance-Beauftragte, S. 122; *Lösler*, WM 2008, S. 1098 (1100).

118 Vgl. § 12 Abs. 1 Satz 1 WpDVerOV i. V. m. § 33 Abs. 1 Satz 2 Nr. 5 WpHG.

119 Vgl. § 12 Abs. 3 Satz 1 i. V. m. § 12 Abs. 4 Satz 1 i. V. m. § 12 Abs. 1 Satz 1 WpDVerOV.

Nun wird eingewandt, diese Pflichten könne der Compliance-Beauftragte nicht gegen die Geschäftsleitung „durchsetzen“.[120] Im Kern geht es um die Unabhängigkeit des Compliance-Beauftragten bei Erfüllung der gesetzlich zugewiesenen Aufgaben und inwieweit er bei ihrer Erfüllung weisungsfrei handeln kann. Es ist umstritten, ob die Unabhängigkeit von der Geschäftsleitung ein konstituierendes Merkmal eines gesetzlich Beauftragten ist.[121] Eine Weisungsfreiheit des Geldwäsche- oder des Strahlenschutzbeauftragten gegenüber der Unternehmensführung wird überwiegend abgelehnt.[122] Im Ergebnis eignet sich „Weisungsfreiheit“ nicht als Kriterium, um Personen als gesetzlich Beauftragte zu qualifizieren, insbesondere wird nicht deutlich, wie weit eine solche „Weisungsfreiheit“ gegenüber der Unternehmensführung gehen soll. Hinzu kommt die Uneinigkeit über die Frage, ob das Merkmal „Weisungsfreiheit“ ein konstituierendes Merkmal eines gesetzlich Beauftragten ist oder ob nicht aus der Stellung als Unternehmensbeauftragter die Weisungsfreiheit erst resultiert.[123] Insofern sollte zwar eine gesetzliche Aufgabenzuweisung verlangt werden, das Merkmal „Weisungsfreiheit“ stellt kein taugliches Kriterium zur Abgrenzung von Unternehmensbeauftragten gegenüber den übrigen Unternehmensangehörigen dar.[124]

II. Schutz von Belangen des Allgemeinwohls

Unbestritten dient der Compliance-Beauftragte den Interessen des Wertpapierdienstleistungsunternehmens. Fraglich ist, ob er darüber hinaus Belangen des Allgemeinwohls verpflichtet ist, ob seine Tätigkeit im öffentlichen Interesse liegt. In der Literatur wird teils mit abenteuerlichen Argumentationsgebilden versucht, eine solche Verpflichtung des Compliance-Beauftragten gegenüber öffentlichen Belangen zu verneinen.[125] Es entsteht der Eindruck, die Argumentation ist

---

120 *Casper*, FS Schmidt, S. 199 (213); *Klopp*, Der Compliance-Beauftragte, S. 130 f.; *Lösler*, WM 2007, S. 676 (679); *Rolshoven/Hense*, BKR 2009, S. 425 (427).

121 *Haouache*, Unternehmensbeauftragte, S. 26 f.; *Harm*, Compliance im Wertpapierdienstleistungsunternehmen, S. 72 f.

122 *Haouache*, Unternehmensbeauftragte, S. 26 f.; *Langweg*, GwG, § 14 Rn. 33 f.; *Rehbinder*, ZGR 1989, S. 305 (361).

123 *Dreher*, FS Claussen, S. 69 (72); *Haouache*, Unternehmensbeauftragte, S. 40; *Klopp*, Der Compliance-Beauftragte, S. 203; *Rehbinder*, ZGR 1989, S. 305 (325 f.).

124 Siehe oben 2. Teil, G. I.

125 Apodiktisch etwa *Casper*, FS Schmidt, S. 199 (213), der ohne Begründung feststellt: „Nach der hier vertretenen Auffassung ist die Einhaltung der Vorschriften des WpHG in erster Linie im Interesse des Unternehmens geboten“; ebenfalls den Schutz von Allgemeinwohlbelangen verneinend *Klopp*, Der Compliance-Beauftragte, S. 126 ff.;

eher einer Kritik an dem Beauftragtenwesen insgesamt geschuldet. Man möchte den Compliance-Beauftragten nicht unter eine Kategorie subsumieren, der man ohnehin kritisch gegenübersteht. Eine unideologische Betrachtung führt zu dem Ergebnis, dass Compliance-Beauftragte im Wertpapierdienstleistungsunternehmen auch öffentlichen Interessen verpflichtet sind, namentlich sind dies Interessen der Öffentlichkeit an der Gewährleistung funktionsfähiger Kapitalmärkte und der Schutz der Anleger.[126] Die Schutzfunktion gegenüber den Anlegern findet sich normiert in § 12 Abs. 3 Satz 2 WpDVerOV. Dort heißt es:

> „Der Compliance-Beauftragte (...) muss berechtigt sein, geeignete und erforderliche vorläufige Maßnahmen zu treffen, um eine konkrete Gefahr der Beeinträchtigung von Kundeninteressen bei der Erbringung von Wertpapierdienstleistungen oder Wertpapiernebendienstleistungen abzuwenden."

Der für Wertpapierdienstleistungsunternehmen verpflichtend zu bestellende Compliance-Beauftragte soll gemäß § 33 Abs. 1 Satz Nr. 1 WpHG für die Einhaltung der Vorschriften des WpHG sorgen. Das WpHG soll die Funktionsfähigkeit des Finanzplatzes Deutschland und seine internationale Wettbewerbsfähigkeit bewahren, das Vertrauen der Anleger stärken und diese vor Schädigung schützen.[127] Somit dient das WpHG selbst öffentlichen Interessen. Einer Tätigkeit, welche die Einhaltung von Vorschriften gewährleisten soll, die im öffentlichen Interesse stehen, selbst das Merkmal des öffentlichen Interesses abzusprechen, ist widersinnig.[128] Zwar ist ein

---

Lösler, WM 2008, S. 1198, (1102); *Rönnau/Schneider*, ZIP 2010, S. 53 (56); *Rolshoven/Hense*, BKR 2009, S. 425 (427); vgl. ferner *Gößmann*, Bankrechtstag 2008, S. 179 (218), der zwar die Wahrnehmung von öffentlichen Interessen durch den Compliance-Beauftragten bejaht, ihm aber gleichwohl die Eigenschaft als gesetzlich Beauftragtem abspricht, da ihm die typisch abgetrennte Interessenausrichtung eines Geldwäschebeauftragten fehlt.

126 Auf die möglichen öffentlichen Interessen ebenfalls hinweisend *Casper*, FS Schmidt, S. 199 (213); *Harm*, Compliance im Wertpapierdienstleistungsunternehmen, S. 78; *Klopp*, Der Compliance-Beauftragte, S. 126; Kort, FS Hopt, S. 983 (985); *Lösler*, WM 2008, S. 1198 (1102); *Veil*, WM 2008, S. 1093, (1097); allgemein zu der Funktionsfähigkeit der Kreditwirtschaft als schützenswertes Rechtsgut vgl. *Bottke*, wistra 1991, S. 1 (9); *Hefendehl*, in: H/H/W-Die Rechtsgutstheorie, S. 119 (122 f.); *Thiele*, Finanzaufsicht, S. 91 ff.; *Volk*, FS Roxin, S. 215 (216 ff.); vgl. auch *Ekkenga*, Anlegerschutz, Rechnungslegung und Kapitalmarkt, S. 31 f.

127 BT-Drucksache. 12/6679, S. 1 und 33 f.; *Meyer/Paetzel*, in: KK-WpHG, § 33 Rn. 2; *Zimmer*, in: S/Z-Kapitalmarktrechts, § 1 WpHG Rn. 4.

128 Zum Schutz des öffentlichen Interesses durch den Compliance-Beauftragten *Harm*, Compliance im Wertpapierdienstleistungsunternehmen, S. 78 ff.; *Lösler*, Compliance im Wertpapierdienstleistungskonzern S. 188; *Veil*, WM 2008, S. 1093, (1097).

Compliance-Beauftragter im Wertpapierdienstleistungsunternehmen regelmäßig im öffentlichen und im unternehmerischen Interesse tätig. Diese Interessendopplung schließt den Allgemeinwohlbezug der Tätigkeit nicht aus.

Zwar wird angeführt, der Schutz von Allgemeininteressen durch den Compliance-Beauftragten sei lediglich „Reflex" einer nur dem Unternehmen verpflichteten Compliance-Organisation.[129] Rechtskonformes Verhalten des Unternehmens liegt selbst im Unternehmensinteresse, weswegen jeder Compliance-Beauftragte oder Betriebsbeauftragte auch im Unternehmensinteresse handelt, wenn er dessen Rechtskonformität sichert. An keinem Punkt der Diskussion wird verlangt, dass Unternehmensbeauftragte ausschließlich im öffentlichen Interesse tätig sein müssen. Im Umkehrschluss würde dies bedeuten, Strahlenschutzbeauftragte seien keine Betriebsbeauftragten, wenn neben dem Schutz der Öffentlichkeit vor ionisierender Strahlung auch Unternehmensinteressen mit beachtet werden, deswegen kann von Unternehmensbeauftragten gesprochen werden, wenn neben den Unternehmensinteressen auch öffentliche Interessen geschützt werden sollen. Insofern lassen sich Compliance-Beauftragte im Wertpapierdienstleistungsunternehmen, entgegen der vorherrschenden Ansicht,[130] unter die Gruppe der gesetzlich Beauftragten subsumieren.[131] Sie erfüllen sämtliche drei Merkmale: (auch) Allgemeinwohlbezug, gesetzlicher Bestellungszwang und gesetzliche Zuweisung von Aufgaben.

Für die Frage nach einer Garantenstellung des Compliance-Beauftragten im Wertpapierdienstleistungsunternehmen bedeutet dies, dass grundsätzliche Erwägungen zur Begründung der Garantenstellung von gesetzlich Beauftragten

---

129 Von einem solchen „Regelungsreflex" sprechen etwa *Campos Nave/Vogel*, BB 2009, S. 2546 (2548); *Casper*, FS Schmidt, 199 (213); *ders.*, Bankrechtstag 2008, S. 139 (151 f.); *Klopp*, Der Compliance-Beauftragte, S. 126 f.; *Lösler*, WM 2008, S. 1198, (1102); *Rönnau/Schneider*, ZIP 2010, S. 53 (56); *Rößler*, WM 2011, S. 918 (921); *Rolshoven/Hense*, BKR 2009, S. 425 (427); vgl. auch *Kort*, FS Roth, S. 407 (409): „Es ist mit Nachdruck zu betonen, dass Compliance (…) keine Veranstaltung im Interesse des Allgemeinwohls ist".

130 *Bürkle*, CCZ 2010, S. 4 (11); *Casper*, FS Schmidt, S. 199 (215); *ders.*, Bankrechtstag 2008, S. 139 (151); *Campos Nave/ Vogel*, BB 2009, S. 2546 (2548); *Deutscher*, WM 2010, S. 1387 (1391); *Hense/Renz*, CCZ 2008, S. 181 (185); *Klopp*, Der Compliance-Beauftragte, S. 131; *Kort*, FS Roth, S. 407 (410); *Lösler*, WM 2008, S. 1198 (1100); *Rönnau/Schneider*, ZIP 2010, S. 53 (57 f.); *Rolshoven/Hense*, BKR 2009, S. 425 (427); *Spindler*, WM 2008, S. 905 (909); *Wolf*, BB 2011, S. 1353 (1357).

131 So auch *Harm*, Compliance im Wertpapierdienstleistungsunternehmen, S. 87; *Hauschka*, Bankrechtstag 2008, S. 103 (127); *Lebherz*, Emittenten-Compliance, S. 332; *Meier-Greve*, CCZ 2010, S. 216 (219 f.); *Veil*, WM 2008, S. 1093 (1097).

herangezogen werden können. Compliance-Beauftragte in anderen Wirtschaftsbereichen fallen mangels gesetzlichen Bestellungszwangs nicht unter die Kategorie der Unternehmensbeauftragten, für sie könnten Erwägungen zu etwaigen Garantenstellungen der Betriebsbeauftragten allenfalls mit gewissen Abstrichen fruchtbar gemacht werden.[132]

H. Arbeitsrechtliche Stellung des Compliance-Beauftragten

Wird auf eine Auslagerung der Compliance-Funktion verzichtet und kein Mitglied der Geschäftsführung zum Compliance-Beauftragten bestellt, schließt sich die Frage einer arbeitsrechtlichen Bewertung der Stellung des Compliance-Beauftragten an.

I. Eigenschaft als Arbeitnehmer

Unstreitig handelt es sich bei dem Compliance-Beauftragten nicht um ein Gesellschaftsorgan.[133] Die Möglichkeit, Gesellschaftsorgane (etwa ein Vorstandsmitglied) als Compliance-Beauftragten zu bestellen, bleibt davon unberührt.[134] Das Bestehen der Arbeitnehmereigenschaft von Compliance-Beauftragten wird teilweise unter dem Gesichtspunkt der Weisungsungebundenheit diskutiert,[135] ernsthaft bestritten wird die Eigenschaft des Compliance-Beauftragten als Arbeitnehmer nicht.[136] Ein gewisses Maß an fachlicher Weisungsunabhängigkeit ist für Führungskräfte in Großunternehmen typisch und zu deren Aufgabenerfüllung notwendig, sorgt aber nicht für einen Verlust der Eigenschaft als Arbeitnehmer.

---

132 Vgl. unter 4. Teil, C. 1.

133 *Groß*, Chief Compliance Officer, S. 65; eindeutig *Hauschka*, Bankrechtstag 2008, S. 103 (127): „Doch lässt die gesetzliche Verfassung der Kapitalgesellschaften hier keinen Spielraum. Organe einer Aktiengesellschaft sind eben nur Vorstand, Aufsichtsrat und die Hauptversammlung. Sie lassen sich nicht durch Rechtsentwicklung beliebig erweitern".

134 Zu der Frage ob nicht sogar Mitglieder der Geschäftsleitung unter den Arbeitnehmerbegriff fallen vgl. *Kort*, NZG 2013, S. 601 (601 ff.).

135 Etwa bei *Giesen*, CCZ 2009, S. 102 (105); *Groß*, Chief Compliance Officer, S. 68 ff.; *Klopp*, Der Compliance-Beauftragte, S. 197 f.

136 Die Arbeitnehmereigenschaft des Compliance-Beauftragten bejahend etwa *Favoccia/Richter*, AG 2010, S. 137 (138); *Dann/Mengel*, NJW 2010, S. 3265 (3266); *Dendorf*, in: M-Arbeitsrecht, § 35 Rn. 288; *Fecker/Kinzl*, CCZ 2010, S. 13 (16); *Giesen*, CCZ 2009, S. 102 (106); *Groß*, Chief Compliance Officer, S. 69; *Illing/Umnuß*, CCZ 2009, S. 1 (6); *Klopp*, Der Compliance-Beauftragte, S. 133 f.; *Lackhoff/Schulz*, CCZ 2010, S. 81 (87).

II. Leitender Angestellter im Sinne des § 5 Abs. 3 BetrVG

Die Stellung des Compliance-Beauftragten wird häufig als die eines „leitenden Angestellten“ im Sinne des § 5 Abs. 3 Nr. 3 BetrVG klassifiziert,[137] bedarf allerdings einer Einzelfallbetrachtung des jeweiligen Arbeitsverhältnisses.[138] Vieles spricht dafür, Compliance-Beauftragten in größeren Unternehmen, die eine Compliance-Abteilungen leiten, direkt unterhalb der Geschäftsführung angesiedelt sind und mit ausreichend Kompetenzen versehen sind, unter den Wortlaut des § 5 Abs. 3 Satz 2 Nr. 3 BetrVG zu subsumieren:

> „Leitender Angestellter ist, wer nach Arbeitsvertrag und Stellung im Unternehmen oder im Betrieb regelmäßig sonstige Aufgaben wahrnimmt, die für den Bestand und die Entwicklung des Unternehmens oder eines Betriebs von Bedeutung sind und deren Erfüllung besondere Erfahrungen und Kenntnisse voraussetzt, wenn er dabei entweder die Entscheidungen im Wesentlichen frei von Weisungen trifft oder sie maßgeblich beeinflusst.“

Der Frage, ob der Compliance-Beauftragte im Verhältnis zu den übrigen Arbeitnehmern einen erweiterten Kündigungsschutz genießt, soll nicht weiter nachgegangen werden, da sich aus deren Beantwortung keine unmittelbaren strafrechtlichen Konsequenzen ergeben.[139] Bei einer strafrechtlichen Prüfung nach der Zumutbarkeit normgemäßen Verhaltens kann die Frage allerdings Berücksichtigung finden, ob sich Compliance-Beauftragte, etwa bei einer externen Strafanzeige, der Gefahr eines Arbeitsplatzverlustes aussetzen.

---

137 *Fabian/Mengel*, in: B/H-Der Compliance Officer, S. 169; *Groß*, Chief Compliance Officer, S. 70; *Harm*, Compliance in Wertpapierdienstleistungsunternehmen, S. 169; *Krieger/Günther*, NZA 2010, S. 367 (371); anders mit ausführlicher Begründung *Klopp*, Der Compliance-Beauftragte, S. 135 ff.

138 Vgl. *Klopp*, Der Compliance-Beauftragte, S. 135, der darauf hinweist, dass grundsätzlich jeder Compliance-Beauftragte mit der entsprechenden arbeitsvertraglichen Gestaltung und der Zuweisung von Aufgaben und Befugnissen zu einem leitenden Angestellten gemacht werden kann; allgemein zum Begriff des „leitenden Angestellten“ *Sandmann*, Die Haftung von Arbeitnehmern, Geschäftsführern und leitenden Angestellten, S. 500 ff.

139 Zur der Frage nach einem besonderen Kündigungsschutz von Compliance-Beauftragten vgl. *Groß*, Chief Compliance Officer, S. 144 ff.; *Klopp*, Der Compliance-Beauftragte, S. 297 ff.; *Langfritz*, in: S/K-Kapitalmarkt Compliance, S. 470.

I. Hierarchische Stellung des Compliance-Beauftragten

Unterstellt, dass weder ein Mitglied der Geschäftsleitung noch eine externe Person mit der Compliance-Funktion betraut wird, stellt sich die Frage nach der hierarchischen Ansiedlung des zentralen Compliance-Beauftragten innerhalb der Unternehmensstruktur. Mangels gesetzlichen Bestellungszwangs, existiert keine gesetzliche Regelung, wie etwa für den Datenschutz- oder den Geldwäschebeauftragten,[140] welche die Stellung des zentralen Compliance-Beauftragten innerhalb der Unternehmenshierarchie vorschreibt.

Der Compliance-Beauftragte wird von der Unternehmensleitung eingesetzt und sollte dieser nach allgemeiner Auffassung hierarchisch direkt untergeordnet sein,[141] obligatorisch ist eine solche Stellung des Compliance-Beauftragten freilich nicht,[142] die Entscheidung liegt im freien unternehmerischen Ermessen.

Bei der Frage nach einer Garantenstellung des Compliance-Beauftragten geht es auch um eine von der Geschäftsleitung abgeleitete Stellung. Insofern ist die hierarchische Position des Compliance-Beauftragten innerhalb der Unternehmensstruktur für eine mögliche Garantenstellung relevant. Eine von der Geschäftsführung abgeleitete Garantenstellung wird, pauschalisiert ausgedrückt, umso wahrscheinlicher, umso näher die bekleidete Position an der der Geschäftsleitung angesiedelt ist.

Die Begründungen, weswegen Compliance-Beauftragte eine hohe Position im Unternehmen bekleiden sollen, sind allerdings häufig unzureichend, denn der einfache Hinweis – je höher die Stellung, umso effektiver die Compliance-Funktion[143] – ist nicht nur inhaltsleer, sondern trifft sämtliche Tätigkeiten mit

---

140 Vgl. § 4f Abs. 3 BDSG, § 25c Abs. 4 Satz 1 KWG.

141 *Bürkle*, in: H-Corporate Compliance, S. 147; *Glaser*, ZRFC 2015, S. 56 (57); *Glasmachers/Stierle*, ZRFC 2010, S. 168 (169); *Groß*, Chief Compliance Officer, S. 61; *Harm*, Compliance in Wertpapierdienstleistungsunternehmen, S. 85 f.; *Hauschka*, ZIP 2004, S. 877 (881); *Kasiske*, Wirtschaftsstrafrecht, S. 20; *Klopp*, Der Compliance-Beauftragte, S. 183; *Kraft/Winkler*, CCZ 2009, S. 29 (31); *Langfritz*, in: S/K-Kapitalmarkt Compliance, S. 472; *Lösler*, Compliance im Wertpapierdienstleistungskonzern S. 196; *ders.*, WM 2008, S. 1098 (1103); *Meier*, NZA 2011, S. 779 (781); *Rönnau/Schneider*, ZIP 2010, S. 53 (57); *Zingel*, BKR 2010, S. 500 (502 f.).

142 So aber *Bürkle*, in: H-Corporate Compliance, S. 147 „Um die Bedeutung der Corporate Compliance zu dokumentieren und einen effektiven Informationsfluss zu gewährleisten, muss der Compliance-Beauftragte der Unternehmensleitung direkt unterstellt werden"; ähnlich *Lösler*, Compliance im Wertpapierdienstleistungskonzern S. 196: „nicht nur sinnvoll geradezu geboten".

143 So *Klopp*, Der Compliance-Beauftragte, S. 183, wobei dieser weitere Gründe für eine möglichst hohe Positionierung des Compliance-Beauftragten nennt.

administrativen Elementen. Das tragende Argument für eine Ansiedlung der Compliance-Funktion direkt unterhalb der Geschäftsebene begründet sich in der Funktion von Compliance selbst. Diese soll das rechtskonforme Verhalten des gesamten Unternehmens bzw. dessen Mitarbeiter gewährleisten, so wäre es zulässig, die Compliance-Funktion innerhalb einer bestimmten Unternehmensabteilung anzusiedeln. Dies wäre aufgrund der in größeren Unternehmen üblichen Unabhängigkeit einzelner Abteilungen unzweckmäßig, deswegen sollte die Compliance-Abteilung vom operativen Geschäft getrennt sein und der Compliance-Beauftragte nicht in die zu überwachenden Fachabteilungen eingebunden werden.[144] Hinzu kommt, dass eine hohe hierarchische Ansiedlung innerhalb der Unternehmensstruktur, die für Compliance besonders bedeutsame Unabhängigkeit fördert.

In Wertpapierdienstleistungsunternehmen ist eine Positionierung der Compliance-Abteilung unterhalb der Geschäftsführung und oberhalb der einzelnen Abteilungen aufgrund der dort installierten Vertraulichkeitsbereiche („Chinese Walls“) zwischen den einzelnen Abteilungen obligatorisch.[145] Diese Informationsbarrieren stellen organisatorische Maßnahmen dar, die gewährleisten sollen, dass vertrauliche Informationen, die in einem Geschäftsbereich anfallen, anderen Geschäftsbereichen nicht zur Verfügung stehen.[146] Diese Vertraulichkeitsbereiche stellen eine wesentliche Compliance-Maßnahme zur Verhinderung des Insiderhandels innerhalb von Wertpapierdienstleistungsunternehmen dar. Ein Compliance-Beauftragter kann seinen Aufgaben nur hinreichend nachkommen, wenn er über diesen Vertraulichkeitsbereichen steht und Zugang zu allen relevanten Informationen erhält.[147]

---

144 *Casper*, Bankrechtstag 2008, S. 139 (147); *Fecker/Kinzl*, CCZ 2010, S. 13 (16); *Früh*, CCZ 2010, S. 121 (123); *Groß*, Chief Compliance Officer, S. 104 f.; *Illing/Umnuß*, CCZ 2009, S. 1 (4); *Klopp*, Der Compliance-Beauftragte, S. 207; *Krieger/Günther*, NZA 2010, S. 367 (370); *Langfritz*, in: S/K-Kapitalmarkt Compliance, S. 472; *Lösler*, WM 2008, S. 1098 (1103); *Riechers*, in: H/S-Interdisziplinäre Aspekte von Compliance, S. 141 (160); *von Saenger/Vinnen*, in: I/B/P-Compliance, S. 312 f.

145 *Harm*, Compliance in Wertpapierdienstleistungsunternehmen, S. 85; *Klopp*, Der Compliance-Beauftragte, S. 182; *Lösler*, Compliance im Wertpapierdienstleistungskonzern S. 196.

146 Statt vieler *Eisele/Faust*, S/B/L-Bankrechts-Handbuch, § 109 Rn. 141.

147 So auch § 12 Abs. 4 Satz 3 WpDVerOV.

J. Unabhängigkeit von Compliance-Beauftragten

Mit Einsetzung des Compliance-Beauftragten entsteht ein kompetenzrechtliches Spannungsfeld zwischen Unternehmensleitung und Compliance-Beauftragten. Die Unternehmensleitung muss nicht nur für ein legales Verhalten des Unternehmens sorgen, sie ist darüber hinaus zum Erwirtschaften von Gewinnen verantwortlich. Der Compliance-Beauftragte soll bei seiner Tätigkeit (lediglich) das rechtskonforme Verhalten des Unternehmens im Blick haben. Durch die Kombination von rechtlichen und wirtschaftlichen Pflichten der Unternehmensleitung auf der einen und der Pflicht des Compliance-Beauftragten, für Rechtskonformität zu sorgen, auf der anderen Seite, entsteht zwischen Unternehmensleitung und Compliance-Beauftragten ein Spannungsverhältnis. Ein Spannungsverhältnis zwischen Rechtskonformität und Wirtschaftlichkeit ist vielen unternehmerischen Entscheidungen immanent. In der Regel wird das Spannungsverhältnis auf Ebene der Geschäftsleitung aufgelöst, indem rechtliche Risiken gegen wirtschaftliche Erwartungen abgewogen werden.

Für gesetzlich Beauftragte wird eine Weisungsfreiheit gegenüber der Unternehmensführung diskutiert.[148] § 33 Abs. 1 S. Nr. 2 WpHG spricht von einer „unabhängigen" Compliance-Funktion. Wie gezeigt, handelt es sich bei dem Compliance-Beauftragten im Wertpapierdienstleistungsunternehmen um einen gesetzlich Beauftragten. Bei den übrigen Compliance-Beauftragten handelt es sich mangels gesetzlichen Bestellungszwangs nicht um gesetzlich Beauftragte. Aufgrund gewisser systemischer Überschneidungen zwischen gesetzlich Beauftragten und Compliance-Beauftragten – beide sollen die Einhaltung von Rechtsvorschriften sicherstellen – lassen sich Grundgedanken zur Unabhängigkeit eingeschränkt übertragen, ob und in welchem Umfang eine Weisungsfreiheit von Compliance-Beauftragten besteht, ist eine Frage der Balance zwischen dem wünschenswerten Zustand der Geschäftsnähe und einer unabhängigen Compliance-Funktion.[149]

I. Weisungsrecht der Unternehmensführung

Wie durch die Bezeichnung schon zum Ausdruck gebracht, leitet die Unternehmensleitung das Unternehmen. Sie ist grundsätzlich allen Mitarbeitern weisungsberechtigt, folglich auch den Compliance-Beauftragten.[150] Sofern eine Weisungsunabhängigkeit

148 *Haouache*, Unternehmensbeauftragte, S. 39 ff. m. w. N.

149 *Eisele/Faust*, in: S/B/L-Bankrechts-Handbuch, § 109 Rn. 104; *Klopp*, Der Compliance-Beauftragte, S. 195.

150 Zum Weisungsrecht der Unternehmensleitung vgl. etwa *Konzen*, NJW 1989, S. 2977 (2977 ff.).

des Compliance-Beauftragten gegenüber der Unternehmensführung diskutiert wird, geht es nur um eine teilweise, von der Unternehmensführung selbst eingeräumte, Weisungsfreiheit. Die Unternehmensführung kann sich, wie gezeigt, der Verantwortung zur Legalitätskontrolle nicht vollständig entäußern, insofern wäre es widersinnig, dem Compliance-Beauftragten eine vollständige Weisungsunabhängigkeit einzuräumen, wenn die Letztverantwortung und damit auch Verantwortlichkeit bei der Unternehmensführung verbleibt. Ansonsten könnte es zu einer Haftung der Unternehmensführung für Sachverhalte kommen, auf die sie mangels Weisungsrecht keinen Einfluss mehr hat. Insofern wird bei der Diskussion um eine etwaige Weisungsfreiheit von Compliance-Beauftragten häufig zwischen fachlicher und organisatorischer Weisungsfreiheit differenziert,[151] wobei diese Unterscheidung nicht überschneidungsfrei zum Ausdruck bringt, wann es sich um organisatorische und wann um fachliche Weisungen handelt:

Der Chefarzt unterliegt mangels medizinischer Sachkenntnisse des Krankenhausträgers keinem fachlichen Weisungsrecht, sondern nur einem organisatorischen Weisungsrecht des Krankenhausträgers, der auch seine Einstellung und gegebenenfalls seine Entlassung vornimmt, ihm weisungsbefugt bezüglich der Patientenzuteilung, der abzuleistenden Dienststunden sowie der Festlegung von Erholungsurlaub ist. Der Krankenhausträger entscheidet ebenfalls über die Zuteilung von medizinischem Fachpersonal und über die Anschaffung von medizinischen Geräten. In der Ausübung seiner Tätigkeit, der Behandlung von Patienten, ist der Chefarzt unabhängig von Weisungen des Krankenhausträgers. Wie an diesem Beispiel deutlich wird, ist eine fachliche Weisungsunabhängigkeit geboten, wenn der Vorgesetzte nicht über die nötige Fachkompetenz verfügt, um fachliche Weisungen zu erteilen. Diese Übertragung auf die Tätigkeit eines Compliance-Beauftragten scheint problematisch, da es bedeutete, die Unternehmensleitung verfüge nicht über nötige Fachkompetenz, um Maßnahmen zu ergreifen, die das rechtskonforme Verhalten des Unternehmens und dessen Mitarbeiter sichern sollen.

Selbst die gesetzlich eingeräumten Kompetenzen für Compliance-Beauftragte in Wertpapierdienstleistungsunternehmen begründen keine Weisungsfreiheit des Compliance-Beauftragten gegenüber der Unternehmensführung. Folglich besteht erst recht keine obligatorische Weisungsunabhängigkeit für Compliance-Beauftragte in den übrigen Wirtschaftsbereichen.

---

151 *Dann/Mengel*, NJW 2010, S. 3265 (3266); *Groß*, Chief Compliance Officer, S. 106 ff.; *Illing/Umnuß*, CCZ 2009, S. 1 (4); *Krieger/Günther*, NZA 2010, S. 367 (370); *Lösler*, NZG 2005, S. 104 (107); *Röh*, BB 2008, S. 398 (403).

Selbst wenn man diese Vorschriften, wie teilweise diskutiert, analog auf die übrigen Wirtschaftsbereiche ausdehnen würde, käme es zu keiner Weisungsfreiheit des Compliance-Beauftragten gegenüber der Unternehmensleitung, da selbst deren direkte Anwendung keine Weisungsunabhängigkeit zu begründen vermag. Aufgrund der spezifischen Tätigkeit eines Compliance-Beauftragten und der damit verbundenen ständigen „Nähe" zu Rechtsverstößen, sollte, sofern nicht nur „Schein"-Compliance betrieben wird, ein Compliance-Beauftragter ein gewisses Maß an Unabhängigkeit von der Unternehmensführung besitzen.[152]

II. Kassationsrecht der Unternehmensleitung

Aus der bestehenden Weisungsbefugnis der Unternehmensleitung resultiert ein Kassationsrecht gegenüber den vom Compliance-Beauftragten durchgeführten oder zur Durchführung beabsichtigten Maßnahmen.[153] Diese Letztentscheidungsbefugnis berechtigt den Vorstand, Maßnahmen des Compliance-Beauftragten aufzuheben oder sie nicht zu genehmigen. Ebenfalls kann die Unternehmensleitung die Wahrnehmung ihrer Compliance-Verantwortung jederzeit (wieder) an sich ziehen.[154]

III. Abhängigkeit gegenüber den übrigen Unternehmensangehörigen

Unstreitig soll der Compliance-Beauftragte unterhalb der Geschäftsführungsebene keinen weiteren Weisungen, etwa durch leitende Angestellte, unterliegen.[155] Gegenüber den Compliance-Beauftragten im Wertpapierdienstleistungsunternehmen

---

152 *Bürkle/Fecker*, NZA 2007, S. 589 (590); *Fecker/Kinzl*, CCZ 2010, S. 13 (16), sprechen von einer „erheblich ausgedünnten Weisungsunterworfenheit"; *Gößwein/Hohmann*, BB 2011, S. 963 (966); *Krieger/Günther*, NZA 2010, S. 367 (370); *Meier-Greve*, CCZ 2010, S. 216 (217); allgemein zu der Problematik einer Vorstandsüberwachung auch durch die Compliance-Funktion vgl. *Blassl*, ZRFC 2016, S. 205 (205 ff.).

153 *Eisele/Faust*, in: S/B/L-Bankrechts-Handbuch, § 109 Rn. 99; *Groß*, Chief Compliance Officer S. 112 ff.; *Hense/Renz*, CCZ 2008, S. 181 (185); *Illing/Umnuß*, CCZ 2009, S. 1 (3); *Klopp*, Der Compliance-Beauftragte, S. 193; *Lösler*, WM 2010, S. 1917 (1918); *ders.*, WM 2008, S. 1098 (1104); *ders.*, WM 2007, S. 676 (679); *ders.*, NZG 2005, S. 104 (107); *Rönnau/Schneider*, ZIP 2010, S. 53 (57).

154 *Hense/Renz*, CCZ 2008, S. 181 (185); *Lösler*, WM 2007, S. 676 (679); *ders.*, NZG 2005, S. 104 (107).

155 *Casper*, FS Schmidt, S. 199 (210); *Engelhart*, ZIP 2010, S. 1832 (1836); *Fett*, S/Z-Kapitalmarktrecht, § 33 WpHG Rn. 25; *Groß*, Chief Compliance Officer, S. 109; *Herzog/Stephan*, ZRFC 2009, S. 242 (246); *Klopp*, Der Compliance-Beauftragte, S. 205; *Krieger/Günther*, ZRFC 2011, S. 149 (151); *Langfritz*, S/K-Kapitalmarkt Compliance,

wäre eine Weisungsabhängigkeit gegenüber anderen Angestellten im Unternehmen aufgrund der dargestellten Vorschriften rechtlich unzulässig. Für die übrigen Compliance-Beauftragten wäre eine solche Weisungsgebundenheit zwar nicht rechtlich unzulässig, würde aber die Ausübung einer effektiven Compliance-Funktion faktisch stark einschränken, da die Einräumung eines Weisungsrechts der „Überwachten" gegenüber den „Überwachern" kontraproduktiv wäre, könnten sich so die „Überwachten" durch Ausübung ihres Weisungsrechts der Überwachung entziehen. Ein Unternehmen, das den Compliance-Beauftragten unter das Direktionsrecht, etwa der Abteilungsleiter, setzt, muss sich den Vorwurf gefallen lassen, Compliance nur aus Marketinggründen (sog. „window-dressing) zu betreiben.

K. Befugnisse, Kompetenzen und Rechte

Relevant für eine mögliche Strafbarkeit wegen Unterlassens sind die dem Compliance-Beauftragten eingeräumten Kompetenzen und Weisungsbefugnisse. Diesen kommt regelmäßig bereits bei der Frage nach einem „tatbestandlichen Unterlassen" Bedeutung zu: Eine Strafbarkeit wegen Unterlassens setzt nicht nur die abstrakte Handlungsmöglichkeit voraus, sondern stellt im nächsten Schritt auf die „individuelle Handlungsfähigkeit" ab, so ist für die Frage, ob ein Compliance-Beauftragter im Sinne des § 13 StGB etwas „unterlässt", entscheidend, welche rechtlichen Befugnisse und faktischen Möglichkeiten ihm zum Handeln eingeräumt sind.[156] Pauschalisierend sei bereits an dieser Stelle angemerkt werden, dass ein Strafbarkeitsrisiko wegen Unterlassens in Relation zu den eingeräumten Kompetenzen und faktischen Handlungsmöglichkeiten ansteigt.

Abgesehen von den Compliance-Beauftragten in Wertpapierdienstleistungsunternehmen, existieren hierzu keine gesetzlichen Vorgaben. Somit verbleibt es grundsätzlich im unternehmerischen Ermessen, mit welchen Befugnissen ein Compliance-Beauftragter ausgestattet wird.

I. Abgeleitete Pflicht zur Legalitätskontrolle

Ausgehend von der Verantwortung der Unternehmensleitung, für regelkonformes Verhalten der Unternehmensmitarbeiter in betrieblichen Zusammenhängen Sorge zu tragen, delegiert diese bestimmte Überwachungspflichten auf

---

S. 472; *Röh*, BB 2008, S. 398 (403); *Olbertz*, AuA 2014, S. 400 (402); *Schäfer*, BKR 2011, S. 45 (48); *Spindler*, WM 2008, S. 905 (911).

156 Vgl. *Rotsch*, FS I. Roxin, S. 485 (497).

den Compliance-Beauftragten.[157] Zu beachten ist gilt hierbei, dass stets eine gewisse Compliance-Verantwortung als delegationsfestes Merkmal bei der Unternehmensleitung verbleibt, sich diese also nicht durch Delegation ihrer Compliance-Verantwortung vollständig entledigen kann.[158]

In der Theorie kann die Geschäftsführung den Compliance-Beauftragten mit sämtlichen ihr selbst zustehenden und delegierbaren Kompetenzen ausstatten. Das andere Extrem wäre ein Compliance-Beauftragter ohne jegliche Befugnisse, um durch die reine Benennung eines Compliance-Beauftragten einen positiven Marketingeffekt zu erzielen.

II. Eskalationsrecht

Bei dem sog. Eskalationsrecht soll es sich um die „wohl wesentlichste Kompetenz" des Compliance-Beauftragten handeln.[159] Unter dem Eskalationsrecht des Compliance-Beauftragten ist das Recht zur Adressierung von Compliance-Risiken, Rechtsverstößen und sonstigen relevanten Konflikten an höhere Ebenen im Unternehmen bis hin zur Unternehmensleitung zu verstehen.[160] Da es Compliance-Beauftragten nicht freisteht, bekannt gewordene Rechtsverstöße an höhere Unternehmensebenen zu „eskalieren", sollte in diesem Zusammenhang besser von einer „Eskalationspflicht" des Compliance-Beauftragten gesprochen werden.[161]

III. Weisungsbefugnisse gegenüber der Unternehmensführung

Mangels gesetzlicher Kompetenzzuweisung verfügen Compliance-Beauftragte über keine Weisungsbefugnisse gegenüber der Unternehmensleitung, selbst im Wertpapierdienstleistungsunternehmen, wo Position und Aufgaben gesetzlich normiert sind, ergibt sich aus den Rechtsvorschriften kein Weisungsrecht gegenüber der Unternehmensleitung. Daran vermag auch die etwaige Stellung als leitender Angestellter nichts zu ändern. Es besteht folglich keine Rechtspflicht der Unternehmensführung, Vorschläge des Compliance-Beauftragten umzusetzen. Die Pflicht

---

157 Vgl. statt vieler *Klopp*, Der Compliance-Beauftragte, S. 189 m. w. N.

158 *Klopp*, Der Compliance-Beauftragte, S. 198.

159 *Groß*, Chief Compliance Officer, S. 118; *Klopp*, Der Compliance-Beauftragte, S. 221 f.; *Lösler*, WM 2008, S. 1098 (1104); *ders.*, NZG 2005, S. 104 (108).

160 Vgl. *Kort*, FS Roth, S. 407 (420); *Lösler*, WM 2008, S. 1098 (1104); *ders.*, WM 2007, S. 676 (679).

161 Ähnlich *Klopp*, Der Compliance-Beauftragte, S. 222; *Rönnau/Schneider*, ZIP 2010, S. 53 (59); vgl. hierzu auch unter 2. Teil, L. II. 1.

der Unternehmensführung zur Legalitätskontrolle könnte sich allerdings zu einer faktischen Befolgungspflicht von Vorschlägen des Compliance-Beauftragten verdichten. Ähnlich argumentiert *Harm*, der konzediert, Compliance-Beauftragte seien zwar der Geschäftsleitung nicht formell weisungsbefugt, aber eine faktische Pflicht der Geschäftsleitung besteht, die Vorschläge des Compliance-Beauftragten umzusetzen oder die Nichtumsetzung zumindest entsprechend (gut) zu begründen.[162] Diese faktische Pflicht entstehe aus der öffentlich-rechtlich abgesicherten Stellung des Compliance-Beauftragten, seiner Verpflichtung zum Schutz von Allgemeinwohlbelangen, seiner hohen Sachkunde und Erfahrung. *Harm* bezieht sich auf Compliance-Beauftragte in Wertpapierdienstleistungsunternehmen. Unter haftungsrechtlichen Gesichtspunkten, insbesondere mit Blick auf §§ 9, 30, 130 OWiG und §§ 823, 831 BGB trifft diese Argumentation auch außerhalb von Wertpapierdienstleistungsunternehmen zu.

Maßnahmen, welche vom Compliance-Beauftragten an die Unternehmensführung herangetragen werden, um rechtstreues Verhalten der Unternehmensmitarbeiter zu gewährleisten, können rechtlich zulässig abgelehnt werden. Kommt es in der Zukunft zu Rechtsverstößen im Unternehmen, wird sich die Unternehmensführung letztlich dem Vorwurf der fehlerhaften Unternehmensorganisation und der mit dem Vorwurf einhergehenden straf- und zivilrechtlichen Haftung ausgesetzt sehen. Der Vorwurf – Unterlassen der gebotenen Aufsicht – dürfte sich schwer widerlegen lassen, wenn der „eigene" Compliance-Beauftragte die Vornahme bestimmter Compliance-Maßnahmen angemahnt hatte, insbesondere die Forderung, sämtliche Compliance-Tätigkeiten sorgfältig zu dokumentieren, kann dafür sorgen, dass solche „Nichtumsetzungen" von vorgeschlagenen Maßnahmen ebenfalls dokumentiert werden und folglich in Gerichtsverfahren nachweisbar sind. Somit kann von einer faktischen Pflicht der Unternehmensführung gesprochen werden, die Vorschläge des Compliance-Beauftragten zur Legalitätskontrolle umzusetzen bzw. der Umsetzung nicht zu widersprechen.

162 *Harm*, Compliance in Wertpapierdienstleistungsunternehmen, S. 114 f.; in diesem Sinne auch *Fecker/Kinzl*, CCZ 2009, S. 13 (16), nach denen aufgrund der Position und des Sachverstandes des Compliance-Beauftragten Fakten geschaffen werden, mit denen Sachverhalte strukturiert, Probleme analysiert und darauf aufbauend Vorschläge unterbreitet werden, an denen die Unternehmensführung nicht vorbeigehen kann.

IV. Rechtsverstöße der Unternehmensleitung – Recht zur Eskalation an das Aufsichtsorgan?

Soll der intern eingesetzte Compliance-Beauftragte für das rechtskonforme Verhalten sämtlicher Unternehmensangehöriger sorgen, fällt hierunter auch die Überwachung der Unternehmensleitung. Wie gezeigt bestehen organisatorische und fachliche Weisungsrechte der Unternehmensführung gegenüber dem Compliance-Beauftragten. Diese Weisungsgebundenheit des Compliance-Beauftragten führt zu unauflösbaren Interessenskonflikten, wenn die Unternehmensleitung selbst in rechtswidrige Prozesse verwickelt ist oder Diskrepanzen bestehen, wie mit aufgedeckten Rechtsverstößen im Unternehmen verfahren werden soll. Zur Auflösung oder wenigstens zur Abmilderung des Interessenkonflikts bieten sich zwei Optionen: Man nimmt die Überwachung der Unternehmensführung aus dem Tätigkeitsgebiet des Compliance-Beauftragten heraus oder räumt dem Compliance-Beauftragten einen Bereich ein, in dem er gegenüber der Unternehmensleitung teilweise weisungsfrei agieren kann.

Die Gefahr von Rechtsverstößen durch die Unternehmensleitung und die durch die dortige Machtkonzentration bedingten erheblichen Auswirkungen dieser Rechtsverstöße hat der Gesetzgeber lange vor der Compliance-Diskussion erkannt und das Instrument der Aufsichtsräte eingeführt.[163] Man könnte den Aufsichtsrat als eine gesetzlich vorgeschriebene Compliance-Einrichtung bezeichnen. Für Aktiengesellschaften ist das Organ des Aufsichtsrates zwingend gemäß § 30 Abs. 1 Satz 1 AktG vorgeschrieben. Für Gesellschaften mit beschränkter Haftung ist unter bestimmten Voraussetzungen die Einrichtung eines Aufsichtsrates ebenfalls gesetzlich vorgeschrieben.[164] Die Konstellation zwischen rechtlich vorgeschriebener Compliance bei Kapitalgesellschaften in Kombination mit dem obligatorischen Organ des Aufsichtsrates führt zu der Frage, ob sich aus dieser Situation Rechte des Compliance-Beauftragten herleiten lassen, namentlich eine teilweise Unabhängigkeit gegenüber dem Vorstand dahingehend, am Vorstand vorbei den Aufsichtsrat zu informieren, wenn er den begründeten Verdacht hat,

163 Zu den Überwachungsaufgaben des Aufsichtsrates vgl. *Lohse*, Unternehmerisches Ermessen, S. 106 ff.; *Schneider*, ZIP 2016, S. 70 (71 f.); zur strafrechtlichen Unterlassungshaftung des Aufsichtsrates, insbesondere für die Nichtverhinderung von Rechtsverstößen des Vorstandes vgl. *Krause*, NStZ 2011, S. 57 (60 f.); *ders.*, FS Wessing, S. 241 (241 ff.); *Lüderssen*, FS Lampe, S. 727 (738 ff.).

164 Wobei es grundsätzlich auf die Anzahl der Arbeitnehmer ankommt. Ab 500 Arbeitnehmern besteht eine solche Pflicht, sofern keine andere Mitbestimmungsform gesetzlich geregelt ist vgl. *Habersack*, in: MüKo-AktG, § 111 Rn. 5; *Nießen*, NJW-Spezial 2008, S. 367 (367).

der Vorstand oder Teile des Vorstandes verhalten sich rechtswidrig. Ein solches „Informationsvermittlungsrecht“ könnte sich entweder aus dem Recht des Aufsichtsrats zu einer vorstandsunabhängigen Informationsbeschaffung ergeben oder aus einem dem Compliance-Beauftragten zustehenden Recht zur unmittelbaren Eskalation an das Aufsichtsorgan.[165]

Interessant für eine Darstellung der Kompetenzen des Compliance-Beauftragten ist lediglich die Frage nach einem Eskalationsrecht des Compliance-Beauftragten, unabhängig vom Vorstand direkt an den Aufsichtsrat zu berichten,[166] weswegen die Frage nach einem Recht des Aufsichtsrates zur vorstandsunabhängigen Informationsbeschaffung, aus dem ein Informationsrecht des Aufsichtsrats gegenüber dem Compliance-Beauftragten folgen könnte, nicht weiter erörtert werden soll.

Eine vollständige Ablehnung eines direkten Berichtsrechts an das Aufsichtsorgan wird nicht vertreten. Begründet wird ein solches Berichtsrecht damit, dass eine effektive Compliance-Funktion nicht mehr möglich sei, wenn es zu Interessenskonflikten zwischen dem Compliance-Beauftragten und dem Vorstand kommt, insbesondere dann, wenn Teile des Vorstandes selbst in rechtswidrige Prozesse verwickelt sind. Für diese Konstellation wird ein direktes Berichtsrecht des Compliance-Beauftragten vorbei am Vorstand an den Aufsichtsrat angenommen.[167] Gestritten wird, in welchem Umfang das Berichtsrecht Einschränkungen unterliegt. Differenziert wird teilweise zwischen der Konstellation, dass ein einzelnes Mitglied des Vorstandes in rechtswidrige Prozesse verwickelt ist und der Konstellation in der der gesamte Vorstand involviert ist, wobei für den Fall, dass nur ein Vorstandsmitglied betroffen ist, zunächst an den Vorstandsvorsitzenden

---

165 Vgl. *Groß*, Chief Compliance Officer, S. 119; allgemein zur vorstandsunabhängiger Informationsbeschaffung durch den Aufsichtsrat vgl. *Leyens*, Information des Aufsichtsrats, S. 158 ff.

166 Zu der ebenfalls umstrittenen Frage, ob der Aufsichtsrat die Befugnis zur vorstandsunabhängigen Informationsbeschaffung bezüglich der Compliance im Unternehmen hat, vgl. *Groß*, Chief Compliance Officer, S. 119 ff. m. w. N.

167 *Casper*, Bankrechtstag 2008, S. 139 (154 f.); *ders.*, FS Schmidt, S. 199 (207); *Favoccia/Richter*, AG 2010, S. 137 (140); *Fecker/Kinzl*, CCZ 2010, S. 13 (17); *Groß*, Chief Compliance Officer, S. 132 f.; *Illing/Umnuß*, CCZ 2009, S. 1 (4); *Klopp*, Der Compliance-Beauftragte, S. 217; *Krieger/Günther*, NZA 2010, S. 367 (372); *Lackhoff/Schulz*, CCZ 2010, S. 81 (87); *Meier*, NZA 2011, S. 779 (781); *Raus/Lützeler*, CCZ 2012, S. 96 (99); *Rodewald/Unger*, BB 2007, S. 1629 (1632); *Röh*, BB 2008, S. 398 (403); *Rönnau/Schneider*, ZIP 2010, S. 53 (60); *Sandmann*, CCZ 2008, S. 104 (107); *Schlicht*, BKR 2006, S. 469 (475); *Schmidt*, Compliance in Kapitalgesellschaften, S. 158.

berichtet werden soll und nur bei dessen Untätigkeit an den Aufsichtsrat.[168] Auch der BGH spricht in seiner BSR-Entscheidung die Möglichkeit an, Rechtsverstößen einzelner Vorstandsmitglieder durch Informierung des Vorstandsvorsitzenden oder des Aufsichtsrates entgegenzuwirken.[169] In dem BSR-Fall lag die beschriebene Konstellation vor, bei der ein Vorstandsmitglied maßgeblich an den rechtswidrigen Abrechnungen beteiligt war.[170] Für Wertpapierdienstleistungsunternehmen könnte sich eine Berichtspflicht und ein damit einhergehendes Berichtsrecht aus § 33 Abs. 1 S. 2 Nr. 5 WpHG ergeben:

> „muss es sicherstellen, dass die Geschäftsleitung und das Aufsichtsorgan in angemessenen Zeitabständen, zumindest einmal jährlich, Berichte der mit der Compliance-Funktion betrauten Mitarbeiter (...) erhalten".

Dem wird entgegengehalten, die Vorschrift ändere nichts an einer ausschließlich den Vorstand treffenden Informationspflicht gegenüber dem Aufsichtsrat. Der Vorstand sei durch die Vorschrift nur verpflichtet, den erhaltenen Compliance-Bericht dem Aufsichtsorgan vorzulegen.[171] Im Ergebnis lassen sich mit dem Wortlaut der Vorschrift beide Auslegungen begründen, weswegen die Vorschrift weder zur Anerkennung eines Berichtsrechts noch zu dessen Ablehnung taugt.

Reduziert auf die wesentlichen Elemente stehen sich die Forderung nach einer möglichst effektiven Compliance einerseits und einen systemwidrigen Eingriff in die kapitalrechtliche Organstruktur andererseits gegenüber. Durch ein direktes Berichtsrecht des Compliance-Beauftragten an den Aufsichtsrat würde das gesellschaftsrechtliche Kompetenzgefüge verletzt, welches durch eine strikte Unterscheidung von Aufsichtsrat – als das den Vorstand überwachende Organ – und Vorstand – als geschäftsführendem Organ – gekennzeichnet ist.[172]

---

168 Vgl. etwa *Casper*, Bankrechtstag 2008, S. 139 (154 f.); *Fecker/Kinzl*, CCZ 2010, S. 13 (17); *Geiser*, Leitungspflichten des Vorstandes, S. 211; *Wilhelm*, Ausmaß der erforderlichen Aufsichtsmaßnahmen, S. 132.

169 BGH, Urt. v. 17.07.2009 – 5 StR 394/08, Rn. 31: „Da der Angeklagte die betrügerische Handlung des Vorstands G. ohne weiteres durch die Unterrichtung des Vorstandsvorsitzenden oder des Aufsichtsratsvorsitzenden hätte unterbinden können und ihm dies auch zumutbar war".

170 BGH, Urt. v. 17.07.2009 – 5 StR 394/08, Rn. 31.

171 So etwa *Fett*, S/Z-Kapitalmarktrecht, § 33 WpHG Rn. 33; *Groß*, Chief Compliance Officer, S. 127; *Hense/Renz*, CCZ 2008, S. 181 (183); *Spindler*, WM 2008, S. 905 (914); ähnlich *Raus/Lützeler*, CCZ 2012, S. 96 (97).

172 Vgl. etwa *Habersack*, in: MüKo-AktG, Vor § 95 Rn. 1; *Lutter*, in: A/D/L/L/S-Corporate Governance, S. 139 (143 f.).

Sinnvoll erscheint es, ein direktes Berichtsrecht des Compliance-Beauftragten an den Aufsichtsrat einzuräumen und es nach Art und Umfang zu begrenzen: Die Funktion des Aufsichtsrates besteht in der Überwachung des Vorstandes und nicht in der Überwachung der gesamten Gesellschaft. Vor diesem Hintergrund erscheint es sinnhaft, das Berichtsrecht des Compliance-Beauftragten auf solche Themen zu beschränken, die unmittelbar mit einer Überwachung des Vorstandes selbst zusammenhängen. Denkbar ist die mangelhafte Wahrnehmung der Compliance-Funktion durch den Vorstand, beispielsweise das Unterlassen notwendiger Compliance-Maßnahmen oder die Beteiligung des Vorstandes an Rechtsverstößen. Der Art nach geht es um ein anlassbezogenes Berichtsrecht und nicht um eine periodische Berichtspflicht gegenüber dem Aufsichtsorgan. Der Compliance-Beauftragte darf den Vorstand nur „übergehen", wenn er konkrete Hinweise auf ein rechtliches Fehlverhalten innerhalb des Vorstandes hat.

Als weitere Konfliktfälle zwischen Vorstand und Compliance-Beauftragtem sind ein rechtswidriges Verhalten des Vorstandes selbst und Beurteilungsdiskrepanzen im Umgang mit Rechtsverstößen von Mitarbeitern denkbar. Ebenfalls denkbar ist die Ablehnung vorgeschlagener Compliance-Maßnahmen ohne hinreichende Begründung durch den Vorstand. Diese beiden Fallkonstellationen sollten zu einem unmittelbaren Berichtsrecht des Compliance-Beauftragten an den Aufsichtsrat führen, sofern das Verhalten des Vorstandes eine unter Haftungsaspekten unzureichende Betriebsorganisation darstellt.[173] Anderes wäre mit dem Grundsatz, dass Compliance eine nicht vollständig delegierbare Leitungsaufgabe des Vorstandes ist, unvereinbar. Ansonsten wäre es Compliance-Beauftragten möglich, sich in jedem Fall von Diskrepanzen bezüglich der konkreten Ausgestaltung der Compliance-Funktion über den Vorstand hinweg mit dem Aufsichtsrat in Verbindung zu setzen.

Zu berücksichtigen bleibt, dass eine Berichterstattung am Vorstand vorbei an das Aufsichtsorgan regelmäßig das Vertrauensverhältnis zwischen Vorstand und Compliance-Beauftragtem irreparabel beschädigen dürfte. Die dargestellte Problematik erledigt sich, wenn man ein Zwei-Ebenen-Modell für Compliance wählt: Ein Vorstandsmitglied, das für die Compliance verantwortlich zeichnet und dem dezentrale Compliance-Beauftragte direkt unterstellt sind, kann an den Aufsichtsrat berichten, ohne das aktienrechtliche Kompetenzgefüge zu verletzen.

---

173 Anders BaFin, Rundschreiben 4/2010 vom 07.06.2010 (MaComp) in der Fassung vom 30.11.2012, S. 27, dort heißt es: „Eine Verpflichtung, Compliance-Berichte ohne vorherige Information der Geschäftsleitung unmittelbar an das Aufsichtsorgan zu übermitteln, besteht nicht".

V. Einsichts-, Zutritts- und Auskunftsrechte

Soll nicht nur „Schein-Compliance“ betrieben werden, sind Compliance-Beauftragten umfassende Einsichts-, Zutritts- und Auskunftsrechte zu grundsätzlich allen im Unternehmensbetrieb anfallenden Informationen zu gewähren.[174] Dies bezieht sich auf Unterlagen und Aufzeichnungen im Unternehmen, vor allem auf solche Unternehmen vorhandenen elektronischen Daten. Man mag in bestimmten Branchen, etwa bei Technologiekonzernen, spezifische Ausnahmen machen, wenn es um technische Details geht, sofern ein besonderes Geheimhaltungsbedürfnis besteht. Solche Ausnahmen sollten sparsam eingesetzt werden, da mit jeder Beschneidung der Informationsmöglichkeiten die Effektivität der Compliance gefährdet wird. Mit den Informationsrechten des Compliance-Beauftragten korrespondiert die Pflicht der übrigen Unternehmensangehörigen, gewünschte Informationen zur Verfügung zu stellen.[175]

VI. Weisungsbefugnisse gegenüber Unternehmensangehörigen

Grundsätzlich werden Compliance-Beauftragten über die genannte Einsichts- Zutritts- und Auskunftsrechte keine weiteren Weisungsbefugnisse gegenüber anderen Unternehmensangehörigen zugewiesen.[176] Selbst für den obligatorisch zu bestellenden Compliance-Beauftragten im Wertpapierdienstleistungsunternehmen ergibt sich aus der gesetzlichen Ausgestaltung der Compliance-Funktion kein

---

174 *Daum*, in: B/H-Compliance-Management-Systeme, S. 56; *Eisele/Faust*, in: S/B/L-Bankrechts-Handbuch, § 109 Rn. 107; *Geiger*, PharmR 2011, S. 262 (270); *Krieger/Günther*, NZA 2010, S. 367 (371); *Langfritz*, S/K-Kapitalmarkt Compliance, S. 478; *Lösler*, WM 2008, S. 1098 (1104); *ders.*, NZA 2005, S. 104 (108); *Meier*, NZA 2011, S. 779 (781); *Rönnau/Schneider*, ZIP 2010, S. 53 (57); *Röh*, BB 2008, S. 398 (403); *Schlicht*, BKR 2006, S. 469 (470 f.); *Schulz/Galster*, in: B/H-Der Compliance Officer, S. 124; *Spindler*, WM 2008, S. 905 (911); *Sünner*, CCZ 2014, 91 (91); für Compliance-Beauftragte in Wertpapierdienstleistungsunternehmen sind Einsichts- Zutritts- und Auskunftsrechte in § 12 Abs. Satz 3 WpDVerOV geregelt: „(...) sowie über Zugang zu allen für ihre Tätigkeit relevanten Informationen verfügen“.

175 *Eisele/Faust*, in: S/B/L-Bankrechts-Handbuch, § 109 Rn. 102; *Lösler*, WM 2008, S. 1098 (1102).

176 *Engelhart*, ZIP 2010, S. 1832 (1840); *Favoccia/Richter* AG 2010, S. 137 (138 f.); *Fecker/Kinzl*, CCZ 2010, S. 13 (16); *Giesen*, CCZ 2009, S. 102 (105); *Illing/Umnuß*, CCZ 2009, S. 1 (4); *Kraft/Winkler*, CCZ 2009, S. 29 (31); *Lösler*, WM 2008, S. 1098 (1102); *Rönnau/Schneider*, ZIP 2010, S. 53 (57); *Schmitt-Leonardy*, Unternehmenskriminalität ohne Strafrecht? S. 259.

Weisungsrecht des Compliance-Beauftragten gegenüber anderen Unternehmensmitarbeitern.[177]

Leitet ein zentraler Compliance-Beauftragter eine Compliance-Abteilung, stehen ihm gegenüber den Mitarbeitern der Compliance-Abteilung grundsätzlich dieselben Weisungsbefugnisse zu wie den übrigen Abteilungsleitern. Es steht der Unternehmensleitung frei, den Compliance-Beauftragten mit weiteren Kompetenzen auszustatten, etwa für die Ahndung von Rechtsverstößen in disziplinarrechtlicher Art oder für die Entscheidung, ob und wie die Kenntniserlangung von Straftaten im Unternehmen gegenüber den Ermittlungsbehörden kommuniziert werden soll.[178] Für den Compliance-Beauftragten im Wertpapierdienstleistungsunternehmen wird sinnvollerweise vertreten, dieser solle befugt sein, die Vornahme konkreter Wertpapiergeschäfte zu verbieten, falls er hierdurch Verstöße gegen das WpHG befürchtet.[179] Eine sinngemäße Übertragung solcher Untersagungskompetenzen auf andere risikobehaftete Unternehmensvorgänge in andere Branchen scheint angebracht. Damit kann direkter gegen rechtlich riskante Vorgänge eingeschritten werden, als dies bei einer vorherigen Informierung der Unternehmensleitung der Fall wäre.

VII. Recht zur externen Anzeige

Wie dargestellt, ist der Compliance-Beauftragte grundsätzlich zur internen Anzeige von Rechtsverstößen verpflichtet.[180] Pflichten zur externen Anzeige bestehen über § 138 StGB nur für den Compliance-Beauftragten im Wertpapierdienstleistungsunternehmen gegenüber der BaFin und dort auch nur in begrenztem Umfang.[181] Die Frage nach dem Recht zu einer externen Anzeige betrifft nicht nur Compliance-Beauftragte, sondern grundsätzlich alle Arbeitnehmer, deswegen wird zunächst geklärt, inwieweit Arbeitnehmer berechtigt sind Rechtsverstöße, die im Zusammenhang mit der betrieblichen Tätigkeit bekannt werden, an Dritte

177 *Langfritz*, in: S/K-Kapitalmarkt Compliance, S. 467 f.

178 *Giesen*, CCZ 2009, S. 102 (105).

179 *Harm*, Compliance in Wertpapierdienstleistungsunternehmen, S. 58; *Langfritz*, in: S/K-Kapitalmarkt Compliance, S. 468; *Veil*, WM 2008, S. 1093 (1098); so auch *Eisele/Faust*, in: S/B/L-Bankrechts-Handbuch, § 109 Rn. 105: „Eine solche ausnahmsweise Delegation ist beispielsweise in der Wertpapier-Compliance das Stornierungsrecht von Wertpapiergeschäften mit der Eskalationsmöglichkeit zur Geschäftsleitung".

180 Siehe oben 2. Teil, K. II.

181 Vgl. unten 2. Teil, L. II. 4.

zu offenbaren, ohne ihre arbeitsvertraglichen Pflichten zu verletzen,[182] wobei als Dritte insbesondere Polizei, Staatsanwaltschaft, Finanzämter, Umweltbehörden und die BaFin in Betracht kommen. Anschließend werden die für Arbeitnehmer festgestellten Grundsätze auf ihre Übertragbarkeit auf Compliance-Beauftragte hin überprüft.

1. Anzeigerecht des Arbeitnehmers

Jedem Bürger steht das Recht zu, Rechtsverstöße anzuzeigen. Bei der Diskussion um ein Anzeigerecht des Arbeitnehmers wird häufig nicht deutlich, dass ein Anzeigerecht mangels gesetzlichen Verbotes unproblematisch besteht. Es leitet sich aus der Meinungsfreiheit gemäß Art. 5 Abs. 1 Satz 1 GG und aus dem Grundrecht auf freie Entfaltung der Persönlichkeit in Verbindung mit dem Rechtsstaatprinzip gemäß Art. 2 Abs. 1 GG i. V. m. Art. 20 Abs. 3 GG ab.[183] Darüber hinaus werden teilweise die Gewissensfreiheit gemäß Art. 4 Abs. 1 GG und das Petitionsrecht nach Art. 17 GG zur Begründung eines externen Anzeigerechts von Arbeitnehmern herangezogen.[184]

Unabhängig von einer näheren Durchdringung der Grundrechtsdogmatik bezüglich der Frage, welches der genannten Grundrechte im Hinblick auf ein Anzeigerecht spezieller sein mag,[185] wird deutlich, dass ein Anzeigerecht auf breiter verfassungsrechtlicher Grundlage steht. Dementsprechend nimmt ein Arbeitnehmer mit Erstattung einer Anzeige ein von der Rechtsordnung eingeräumtes Grundrecht wahr. Die Diskussion dreht sich um die Frage, ob ein Arbeitnehmer, der sein Anzeigerecht gebraucht, arbeitsrechtliche Konsequenzen, bis hin zur Kündigung zu befürchten hat. Zugespitzt: Whistleblowing = Kündigung?

---

182 Häufig auch als „externes Whistleblowing“ oder „Reporting Out“ bezeichnet, vgl. zu zweitem *Fleischer/Schmolke*, WM 2012, S. 1013 (1020); *Maume/Haffke*, ZIP 2016, S. 199 (199 f.)

183 BVerfG, NJW 2001, S. 3474 (3475); BAG, NZA 2004, S. 427 (429 f.); *Favoccia/Richter*, AG 2010, S. 137 (142); *Groß*, Chief Compliance Officer, S. 136 f.; *Herbert/Oberrath*, NZA 2005, S. 193 (196 f.); *Klasen/Schaefer*, BB 2012, S. 641 (643); *Klopp*, Der Compliance-Beauftragte, S. 243; *Müller*, NZA 2002, S. 424 (429 f.); vgl. ausführlich *Graser*, Whistleblowing, S. 108 ff.

184 *Deiseroth*, AuR 2002, S. 161 (166); *Graser*, Whistleblowing, S. 126 ff.; *Groß*, Chief Compliance Officer, S. 136 f.; *Herbert/Oberrath*, NZA 2005, S. 193 (197); *Klopp*, Der Compliance-Beauftragte, S. 243 f.; *Müller*, NZA 2002, S. 424 (430 f.); *Wiese*, FS Otto, S. 621 (634).

185 Von der Beantwortung dieser Frage hat auch das Bundesarbeitsgericht Abstand genommen, vgl. BAG, NZA 2004, S. 427 (430).

2. *Beschränkung des Anzeigerechts*

Das breite verfassungsrechtliche Fundament des Anzeigerechts steht die aus dem Arbeitsvertrag resultierende, in § 241 Abs. 2 BGB konkretisierte, Rücksichtnahmepflicht des Arbeitnehmers gegenüber.[186] Hinter der Rücksichtnahmepflicht des Arbeitnehmers steht die durch Art. 12 Abs. 1 GG geschützte unternehmerische Freiheit des Arbeitgebers, nur mit Arbeitnehmern zusammenzuarbeiten, deren Handeln sich nach dem Unternehmensinteresse ausrichtet. Somit stehen sich das grundrechtlich untermauerte Anzeigerecht des Arbeitnehmers und die unternehmerische Freiheit des Arbeitgebers aus Art. 12 Abs. 1 GG, nur mit solchen Arbeitnehmern zusammen zu arbeiten, die auch im Interesse des Unternehmens handeln, gegenüber.[187] Die Rücksichtnahmepflicht des Arbeitnehmers findet ihre konkrete Ausgestaltung in der „Loyalitätspflicht", der „Schadenabwendungspflicht" und in der „Verschwiegenheitspflicht" des Arbeitnehmers.[188]

Die Loyalitätspflicht verlangt vom Arbeitnehmer, dass er sein Verhalten so ausrichtet, dass Interessen des Arbeitgebers nicht verletzt werden. Der Arbeitnehmer hat grundsätzlich alle kritischen Meinungsäußerungen über den Arbeitgeber zu unterlassen, soweit sie geeignet sind, den Betriebsfrieden, das Vertrauensverhältnis zum Arbeitgeber oder dessen geschäftliche Beziehungen konkret zu stören.[189] Eine externe Anzeige von Regelverstößen im Unternehmen ist regelmäßig geeignet, den Betriebsfrieden erheblich zu stören, etwaige Geschäftsbeziehungen negativ zu beeinträchtigen und nachhaltig das Vertrauensverhältnis zwischen Arbeitgeber und Arbeitnehmer zu beschädigen.

Die Schadensabwendungspflicht verpflichtet den Arbeitnehmer, alles zu unterlassen, was dem Arbeitgeber schaden könnte.[190] Das Offenbaren von betrieblichen Rechtsverstößen gegenüber staatlichen Stellen mit Eingriffsbefugnissen birgt die Gefahr von erheblichen Nachteilen in Form von zivil- und strafrechtlicher Haftung für den Arbeitgeber.

Die Verschwiegenheitspflicht verpflichtet den Arbeitnehmer, Stillschweigen über Vorgänge und Tatsachen zu bewahren, von denen er im Zusammenhang

---

186 Früher auch als Treuepflicht bezeichnet, vgl. etwa BGHSt 5, 187 (189); *Dütz/Thüsing*, Arbeitsrecht, S. 71.

187 Vgl. BAG, NZA 2004, S. 427 (429); ähnlich *Mahnhold*, NZA 2008, S. 737 (738).

188 *Groß*, Chief Compliance-Officer, S. 137 f.; *Herbert/Oberrath*, NZA 2005, S. 193 (195); *Illing/Umnuß*, CCZ 2009, 1 (5); *Gilch/Pelz*, CCZ 2008, S. 131 (135).

189 *Herbert/Oberrath*, NZA 2005, S. 193 (195); *Linck*, in: S-ArbeitsrechtsH, S. 522.

190 Zu der Frage was unter „unternehmensschädigendem Verhalten" zu verstehen ist, vgl. *Brinkmann*, in: H/S-Interdisziplinäre Aspekte von Compliance, S. 175 (175 f.).

mit seiner betrieblichen Tätigkeit Kenntnis erlangt.[191] Hierunter fallen Tatsachen und Vorgänge, die nur einem begrenzten Personenkreis zugänglich sind, nicht solche, die offenkundig sind und an deren Geheimhaltung der Arbeitgeber kein berechtigtes Interesse hat.[192] Fraglich erscheint, ob das Nicht-Anzeigen von rechtswidrigem Verhalten ein „berechtigtes" Interesse des Arbeitgebers darstellt.[193] Im Ergebnis begründen Loyalitäts- und Schadensabwendungspflicht eine Einschränkung des externen Anzeigerechts der Arbeitnehmer, weswegen die Frage, ob ein Verschweigen von Rechtsverstößen ein „berechtigtes" Interesse von Arbeitgebern darstellt, dahinstehen kann.

Folglich eignet sich eine externe Anzeige von Rechtsverstößen seitens des Arbeitgebers grundsätzlich, die Rücksichtnahmepflichten des Arbeitnehmers gegenüber seinem Arbeitgeber zu verletzten. Aufgrund von arbeitsvertraglichen Pflichtverletzungen kann der Arbeitgeber zur fristlosen Kündigung aus wichtigem Grund gemäß § 626 BGB berechtigt sein.[194]

3. Ausgleich zwischen Anzeigerecht und Rücksichtnahmepflicht

Wie dargestellt, besteht ein Spannungsverhältnis zwischen Anzeigerecht und Rücksichtnahmepflicht des Arbeitnehmers. Rechtsprechung und Literatur sind bemüht, unter Berücksichtigung des Spannungsverhältnisse Kriterien aufzustellen, die zwar das beschriebene Spannungsverhältnis nicht auflösen können, aber Rechtssicherheit bezüglich der arbeitsrechtlichen Konsequenzen von externen Anzeigen schaffen sollen.

a) Schrittweises Vorgehen

Grundsätzlich wird von anzeigewilligen Arbeitnehmern verlangt, etwaige Rechtsverstöße als milderes Mittel zunächst unternehmensintern zu eskalieren, bevor der Weg einer externen Anzeige beschritten wird.[195] Wie diese innerbetrieblichen

---

191 *Herbert/Oberrath*, NZA 2005, S. 193 (195); *Klopp*, Der Compliance-Beauftragte, S. 239; *Lösler*, WM 2007, S. 676 (677); *Müller*, NZA 2002, S. 424 (429).

192 *Dütz/Thüsing*, Arbeitsrecht, S. 73; *Klopp*, Der Compliance-Beauftragte, S. 239; *Linck*, in: S-Arbeitsrechts-Handbuch, S. 527; *Richters/Wodtke*, NZA-RR 2003, S. 281 (282); *Simonet*, Whistleblowingsysteme, S. 38; *Wiese*, FS Otto, S. 621 (626).

193 Bejahend *Klopp*, Der Compliance-Beauftragte, S. 241.

194 *Müller*, NZA 2002, S. 424 (431); *von Busekist/Fahrig*, BB 2013, S. 119 (122).

195 BAG, NZA 2004, S. 427 (430); LAG Köln, GWR 2013, S. 32 (32); *Berkowsky*, NZA-RR 2001, S. 1 (16); *Bürkle*, CCZ 2010, S. 4 (11); *ders.*, DB 2004, S. 2158 (2159); *Dann/Mengel*, NJW 2010, S. 3265 (3267); *Denck*, DB 1980, S. 2132 (2132); *Forst*, NJW 2011, S. 3477 (3481); *Gach/Rützel*, BB 1997, S. 1959 (1961); *Gänßle*, Kritische Justiz 2007,

Klärungsversuche konkret aussehen sollen, wird unterschiedlich gesehen: Teilweise wird vertreten, der Arbeitnehmer solle zunächst prüfen, ob die Möglichkeit besteht, dem Rechtsverstoß im Rahmen der Selbsthilfe nachzukommen.[196] Als nächstes sei die Unternehmensleitung zu informieren. Interveniert diese nicht, soll, sofern vorhanden, als nächster unternehmensinterner Schritt die Arbeitnehmervertretung informiert werden.[197] Solche wiederholten innerbetrieblichen Abhilfemaßnahmen des Arbeitnehmers zu verlangen, scheidet schon aufgrund der damit häufig verbundenen rechtlichen Unzulässigkeit aus: Die Selbsthilfe des Arbeitnehmers scheitert regelmäßig an dessen faktisch nur sehr eingeschränkten Möglichkeiten, Rechtsverstöße Dritter abzustellen.[198] Eine Informierung des Betriebsrates über Rechtsverstöße Dritter setzt eine Beschwerdebefugnis voraus, die nur vorliegt, wenn eigene Rechtsgüter des Beschwerdeführers beeinträchtigt sind.[199] An einer solchen persönlichen Betroffenheit des Arbeitnehmers wird es in der Regel fehlen.[200]

Aufgrund des beschriebenen Spannungsverhältnisses, unter Berücksichtigung des grundrechtlich fundierten Anzeigerechts, ist es unverhältnismäßig, den anzeigewilligen Arbeitnehmer nicht nur auf ein vorrangiges betriebsinternes Vorgehen zu verweisen, sondern darüber hinaus das betriebsinterne Vorgehen in verschiedene Stationen zu unterteilen (Selbsthilfe, Unternehmensleitung, Betriebsrat), die von dem Arbeitnehmer durchlaufen werden müssen, bevor er sein verfassungsmäßiges Recht auf externe Anzeigenerstattung wahrnehmen darf. Das Erfordernis einer zunächst betriebsinternen Anzeige des Arbeitnehmers gegenüber der

---

S. 265 (277); *Grabenwarter*, in: M/D-GG, Art. 5 Rn. 186; *Groneberg*, Whistleblowing, S. 247; *Herbert/Oberrath*, NZA 2005, S. 193 (197); *Lebherz*, Emittenten-Compliance, S. 289; *Lösler*, WM 2007, S. 676 (678); *Müller-Glöge*, in: ErfK-Arbeitsrecht, § 626 BGB Rn. 64; *Rudkowski*, CCZ 2013, S. 204 (206); *Stein*, BB 2004, S. 1961 (1963 f.); *von Busekist/Fahrig*, BB 2013, S. 119 (122); *Wiese*, FS Otto, S. 621 (639); *Wisskirchen/Jordan/Bissels*, DB 2005, S. 2190 (2193); *Wlotzke*, FS Hilger/Stumpf, S. 723 (752); *Zimmer/Seebacher*, CCZ 2013, S. 31 (32).

196 *Denck*, DB 1980, S. 2132 (2132); *Herbert/Oberrath*, NZA 2005, S. 193 (197); *Müller*, NZA 2002, S. 424 (434); *Wiese*, FS Otto, S. 621 (641); *Wisskirchen/Jordan/Bissels*, DB 2005, S. 2190 (2193); *Wlotzke*, FS Hilger/Stumpf, S. 723 (751).

197 *Denck*, DB 1980, S. 2132 (2133 ff.); *Lösler*, WM 2007, S. 676 (678); *Preis/Reinfeld*, AuR 1989, S. 361 (372).

198 Ähnlich *Preis/Reinfeld*, AuR 1989, S. 361 (372).

199 *Herbert/Oberrath*, NZA 2005, S. 193 (197); *Müller*, NZA 2002, S. 424 (435); *Preis/Reinfeld*, AuR 1989, S. 361 (372).

200 So auch *Deiseroth/Derleder*, ZRP 2008, S. 248 (249); *Klopp*, Der Compliance-Beauftragte, S. 245 f.

Unternehmensleitung stellt eine grundsätzlich noch zulässige Einschränkung des Anzeigerechtes des Arbeitnehmers dar. Ein darüber hinausgehendes, wiederholtes innerbetriebliches Vorgehen des anzeigewilligen Arbeitnehmers ist nicht erforderlich. Vom dargestellten Erfordernis eines vorgeschalteten betriebsinternen Klärungsversuches werden Ausnahmen anerkannt. Beim Verdacht von „schwerwiegenden“ Rechtsverstößen soll eine direkte Anzeige ohne vorherigen innerbetrieblichen Klärungsversuch zulässig sein.[201] Das Merkmal „schwerwiegend“ ist unbestimmt. Wünschenswert wäre an dieser Stelle eine Konkretisierung seitens der Rechtsprechung, ab wann anzeigewillige Arbeitnehmer von „schwerwiegenden“ Straftaten ausgehen können.[202]

Als weitere Ausnahme eines innerbetrieblichen Klärungsversuchs wird die Konstellation anerkannt, in der der Arbeitgeber Kenntnis von dem Rechtsverstoß hat, oder sich darüber in grob fahrlässiger Unkenntnis befindet.[203] Eine vorherige betriebsinterne Eskalation ist ebenfalls entbehrlich, wenn es sich bei dem anzuzeigenden Sachverhalt um einen Rechtsverstoß der Unternehmensführung selbst handelt.[204] An dieser Stelle sollte eine Unterscheidung hinsichtlich fahrlässiger und vorsätzlicher Rechtsverstöße vorgenommen werden: Begeht die Unternehmensführung vorsätzlich Rechtsverstöße, ist mit Abhilfe ihrerseits nicht zu rechnen und eine interne Anzeige entbehrlich. Stehen fahrlässige Rechtsverstöße seitens der Unternehmensführung im Raum, ist eine interne Anzeige nicht per se aussichtslos. Es besteht die Möglichkeit, dass die Unternehmensführung – auf ihr fahrlässiges Verhalten hingewiesen – dies künftig unterlässt.

---

201 BAG, NZA 2004, S. 427 (430); NZA 2007, S. 502 (503); *Müller*, NZA 2002, S. 424 (436); *Müller-Glöge*, in: ErfK-Arbeitsrecht, § 626 BGB Rn. 65; *Stein*, BB 2004, S. 1961 (1962); *Wiese*, FS Otto, S. 621 (639); *Wisskirchen/Jordan/Bissels*, DB 2005, S. 2190 (2193).

202 Beispielsweise könnte man alle Verbrechen als „schwerwiegende“ Straftaten einstufen. Für die im Wirtschaftsleben besonders relevanten Vermögensdelikte könnte eine Grenze in absoluten Zahlen gezogen werden. Zur Festlegung einer solchen Grenze würde sich etwa eine Orientierung an § 263 Abs. 3 Satz 2 Nr. 2 StGB eignen, bei dem der BGH einen Vermögensverlust großen Ausmaßes ab einem Wert von 50.000 Euro annimmt, vgl. BGHSt 48, 360 (361); wistra 2009, S. 236 (237).

203 Vgl. LAG Baden-Württemberg, NZA 1987, S. 756 (756); *Klopp*, Der Compliance-Beauftragte, S. 247; *Müller*, NZA 2002, S. 424 (436); *Simonet*, Whistleblowingsysteme, S. 62; *Stein*, BB 2004, S. 1961 (1963).

204 BAG, NZA 2004, S. 427 (430); NZA 2007, S. 502 (503); *Illing/Umnuß*, CCZ 2009, S. 1 (5); *Preis/Reinfeld*, AuR 1989, S. 361 (373); *Simonet*, Whistleblowingsysteme, S. 62.

Begründet das Unterlassen einer externen Anzeige die Gefahr einer Strafbarkeit des Arbeitnehmers, kann der Rechtsverstoß unmittelbar extern anzeigt werden, ohne dass eine Pflichtverletzung gegenüber dem Arbeitgeber entsteht.[205] Die Rücksichtnahmepflichten gegenüber dem Arbeitgeber treten hinter dem Interesse des Arbeitnehmers zurück, selbst straflos zu bleiben. Als Anknüpfungspunkt einer Strafbarkeit wegen Unterlassens einer externen Anzeige kommt nicht nur § 138 StGB in seinem beschränkten Straftatenkatalog in Betracht. Besteht eine Garantenstellung des Arbeitnehmers, kann aus dieser die Garantenpflicht folgen, Straftaten Dritter zu verhindern. Als konkrete Ausgestaltung dieser Handlungspflicht dürfte dann, mangels eigener Eingriffsbefugnisse, häufig nur die externe Anzeige verbleiben, wobei auch im Rahmen der strafrechtlich konkret verlangten Erfolgsabwendungshandlung zu untersuchen ist, ob für diese eine interne Anzeige genügt oder ob es im Rahmen einer bestmöglichen Erfolgsabwendung einer externen Anzeige bedarf.[206]

b) Keine leichtfertig falschen Anzeigen

Unbestritten begründen wissentlich unwahre oder leichtfertig falsche Angaben eine arbeitsvertragliche Pflichtverletzung gegenüber dem Arbeitgeber.[207] Bei vorsätzlich falschen Anzeigen ist der Arbeitnehmer nicht schützenwert und der Arbeitgeber zur Kündigung berechtigt. Es stellt keine Wahrnehmung berechtigter Interessen dar, falsche Anzeigen zu erstatten. Dieser Wertung folgt auch der Gesetzgeber, indem er ein solches Verhalten durch § 164 StGB unter Strafe stellt.

Schwieriger zu beantworten ist die Frage nach der Auslegung, wann eine Anzeige unter Nennung „leichtfertig falscher Angaben“[208] erstattet wurde.[209] Ob die Anzeige im Ergebnis zu einer Verurteilung führt, ist für die Frage der

---

205 BAG, NZA 2004, S. 427 (430); *Groneberg*, Whistleblowing, S. 248; *Groß*, Der Chief Compliance Officer, S. 139 f.; *Klopp*, Der Compliance-Beauftragte, S. 248; *Simonet*, Whistleblowingsysteme, S. 62; *Stein*, BB 2004, S. 1961 (1962); *Wiese*, FS Otto, S. 621 (639); *Wisskirchen/Jordan/Bissels*, DB 2005, S. 2190 (2193).

206 Vgl. hierzu unter 3. Teil, C. III.

207 BVerfG, NZA 2001, S. 888 (890); BAG, NJOZ 2013, S. 1064 (1068); BAG, NZA 2004, S. 427 (429); NZA 2007, S. 502 (504); LAG Hamm, DB 2004, S. 442 (442); *Favoccia/Richter*, AG 2010, S. 137 (143); *Gach/Rützel*, BB 1997, S. 1959 (1959 f.); *Herbert/Oberrath*, NZA 2005, S. 193 (197 f.); *Leuchten*, ZRP 2012, S. 142 (143); *Momsen*, in: R-Criminal Compliance vor den Aufgaben der Zukunft, S. 56; *Müller*, NZA 2002, S. 424 (435); *Müller-Glöge*, in: ErfK-Arbeitsrecht, § 626 BGB Rn. 65; *Preis*, in: S-BGB, § 626 Rn. 31; *Stein*, BB 2004, S. 1961 (1963).

208 So BVerfG, NZA 2001, S. 888 (890).

209 Darauf hinweisend auch *Leuchten*, ZRP 2012, S. 142 (143).

Leichtfertigkeit einer Anzeige nicht entscheidend.[210] Ergebnisse von Ermittlungsverfahren und Ausgänge von Strafverfahren hängen nicht nur davon ab, ob die erhobenen Vorwürfe zutreffen. Anklage oder Verurteilung können aus zahlreichen anderen Gründen unterbleiben. Sinn eines Ermittlungs- und gegebenenfalls eines Strafprozesses ist es, die bei Anzeigeerstattung offene Frage der Tatbegehung aufzuklären.[211]

Die Bestimmung, ab wann eine Anzeige als „leichtfertig" gilt, hängt wesentlich von der Beantwortung der Frage ab, ob und gegebenenfalls welche Nachforschungs- und Prüfungspflichten den Arbeitnehmer hinsichtlich der Legitimation seiner Anzeige treffen.[212] Ein leichtfertiger Irrtum des Arbeitnehmers ist nicht nur über tatsächliche Sachverhalte, sondern ebenso über rechtliche Fragen möglich, also inwieweit das zur Anzeige beabsichtigte Verhalten rechtswidrig ist.

Dabei folgt aus den Rücksichtnahmepflichten, vor Anzeigenerstattung Erkundigungen über die Rechtslage einzuholen, sofern der Arbeitnehmer berechtigte Zweifel an der strafrechtlichen Relevanz des von ihm zur Anzeige beabsichtigten Verhaltens hat.[213] Regelmäßig ist vom Arbeitnehmer eine sorgfältige und gewissenhafte Prüfung im Rahmen seines Erfahrungshorizonts und seiner Informationsbeschaffungsmöglichkeiten zu fordern, um den Vorwurf der grob fahrlässigen Falschanzeige zu entkräften.[214]

---

210 EGMR, NJW 2011, S. 3501 (3504); BVerfG, NJW 1987, S. 1929 (1929); BAG, NZA 2007, S. 502 (504); NZA 2004, S. 427 (429); *Mengel*, in: G/P-Stichwort Arbeitsrecht, Whistleblowing Rn. 16; *Stein*, BB 2004, S. 1961 (1963); *Ulber*, NZA 2011, S. 962 (963); *Wiese*, FS Otto, S. 621 (637).

211 BAG, NZA 2007, S. 502 (504); *Müller-Glöge*, in: ErfK-Arbeitsrecht, § 626 BGB Rn. 64; *Ulber* NZA 2011, S. 962 (963).

212 *Gach/Rützel*, BB 1997, S. 1959 (1960); *Müller*, NZA 2002, S. 424 (435); *Simonet*, Whistleblowingsysteme, S. 59.

213 LAG Berlin, DB 1961, S. 576 (576); *Gach/Rützel*, BB 1997, S. 1959 (1960); *Graser*, Whistleblowing S. 215; *Sasse*, NZA 2008, S. 990 (992); dies ablehnend *Leuchten*, ZRP 2012, S. 142 (143).

214 *Gach/Rützel*, BB 1997, S. 1959 (1960); ähnlich LAG Frankfurt, NZA 1992, S. 124 (124): „Eine die ordentliche Kündigung an sich rechtfertigende ‚leichtfertige' (Straf-) Anzeigeerstattung gegenüber Arbeitskollegen liegt auch dann vor, wenn die erhobenen Beschuldigungen aus der Sicht eines vernünftig urteilenden Dritten nicht nachvollziehbar und/oder auf den ersten Blick in keiner Weise sachlich fundiert sind oder der Anzeigeerstatter insoweit objektiv unrichtige Behauptungen gerade auch deshalb fälschlich aufstellt, weil er sie nicht einmal in einem ihm unter den konkreten Umständen persönlich zumutbaren Umfang vorher auf ihre Richtigkeit hin überprüft hatte"; zu der Frage, ob man anstatt von „leichtfertig" besser von grober Fahrlässigkeit sprechen sollte vgl. *Leuchten*, ZRP 2012, S. 142 (143 f.).

c) Keine Schädigungsmotive

Liegt keine leichtfertige Falschanzeige vor und hat der Arbeitnehmer einen innerbetrieblichen Klärungsversuch unternommen oder war ein solcher unter den genannten Voraussetzungen entbehrlich, kann die externe Anzeige trotzdem einen zur Kündigung berechtigenden Pflichtverstoß des Arbeitnehmers begründen. Dies soll der Fall sein, wenn die Anzeige aus einer verwerflichen Motivation wie Rache oder Schädigungsabsicht erfolgt oder mit ihr sachfremde Ziele, wie Schikane oder Diffamierung der Vorgesetzten verfolgt werden.[215] Dies scheint unter arbeitsrechtlichen Gesichtspunkten angebracht. Eine externe Anzeige mit dem Ziel der Diffamierung zerstört das Vertrauensverhältnis zwischen Arbeitnehmer und Arbeitgeber nachhaltig.

Im Verhältnis Staat-Bürger spielt die Motivation des Anzeigenden keine Rolle. Im Verhältnis zwischen Arbeitgeber und Arbeitnehmer ist eine solche Motivation hingegen bedeutsam, da sie Rückschlüsse auf das Vertrauensverhältnis zwischen Arbeitnehmer und Arbeitgeber zulässt.[216] Der Hinweis, das Kriterium der inneren Motivation sei schwer bestimmbar,[217] ist sachlich korrekt, trifft aber sämtliche subjektiven Tatbestandselemente.

d) Anzeige von Bagatelldelikten

Anzeigen, die nicht zu einer strafrechtlichen Verurteilung führen, begründen, wie gezeigt, nicht stets einen Pflichtverstoß gegenüber dem Arbeitgeber. Umgekehrt verhindert selbst die Anzeige eines wahren rechtswidrigen Sachverhalts nicht immer eine Pflichtverletzung gegenüber dem Arbeitgeber, selbst wenn die Anzeige zu einer rechtskräftigen Verurteilung führt, kann eine Kündigung wegen dieser Anzeige rechtmäßig sein. Wie dargestellt ist dies der Fall, wenn die Anzeige aus Schädigungsmotiven gestellt wird.

Darüber hinaus verletzt das Anzeigen von betrieblichen Bagatellverstößen im Rahmen einer Interessenabwägung regelmäßig die Rücksichtnahmepflichten

---

215 BAG, NJW 2004, S. 1547 (1549); *Gach/Rützel*, BB 1997, S. 1959 (1960); *Herbert/Oberrath*, NZA 2005, S. 193 (198); *Mengel*, CCZ 2012, S. 146 (151); *Müller*, NZA 2002, S. 424 (435); *Rudkowski*, CCZ 2013, S. 204 (206); *Simon/Schilling*, BB 2011, S. 2421 (2423); *Simonet*, Whistleblowingsysteme, S. 63 f.; *ders.*, RdA 2013, S. 236 (237); *Stein*, BB 2004, S. 1961 (1962 f.); *Ulber*, NZA 2011, S. 962 (963); *von Busekist/Fahrig*, BB 2013, S. 119 (221); *Wiese*, FS Otto, S. 621 (639).

216 Hierzwischen nicht deutlich abgrenzend *Rudkowski*, CCZ 2013, S. 204 (206).

217 *Berthold*, Whistleblowing, S. 74; *Mengel*, CCZ 2012, S. 146 (151).

des Arbeitnehmers gegenüber dem Arbeitgeber.[218] Berücksichtigt werden muss die breite verfassungsrechtliche Fundierung eines Anzeigerechts. Dieser wird dadurch Rechnung getragen, dass es keine feste Bagatellgrenze gibt, sondern es einer Interessenabwägung im Einzelfall bedarf.[219]

Eine valide Bagatellgrenze würde die Interessenabwägung entfallen lassen und stattdessen einen weiteren Automatismus zwischen Straf- und Arbeitsrecht schaffen und bestehende Wertungskonflikte zwischen Straf- und Arbeitsrecht an einer weiteren Stelle verankern.[220] Zu beachten ist ferner, dass die Anzeige von Bagatelldelikten den Verdacht nahelegt, die Anzeige erfolge aus Schädigungsmotiven.[221] Zwingend sind solche Schädigungsmotive bei Anzeigen von Bagatelldelikten nicht. Diese können auch Ausdruck einer besonderen Affinität zur Rechtstreue sein.

Im Ergebnis lässt sich festhalten, dass der Ausgang von Ermittlung bzw. Strafverfahren Indizienwirkung bezüglich der Legitimation einer Anzeige entfalten kann. Eine Pflichtverletzung des anzeigenden Arbeitnehmers kann bei festgestelltem Rechtsverstoß bestehen und bei festgestellter Unschuld zu verneinen sein. Zu beachten ist, dass jenseits ihrer Effektivität bezüglich der Prävention von Straftaten, eine im Unternehmen eingerichtete „Whistleblowing-Hotline" im Rahmen der Interessenabwägung die Pflicht des anzeigewilligen Arbeitnehmers zur innerbetrieblichen Anzeige verstärkt. Bestehen konkret ausgebaute interne Informationswege, ist der anzeigewillige Arbeitgeber stärker an ein innerbetriebliches Vorgehen gebunden.[222]

---

218 Zeigt ein Arbeitnehmer seinen Vorgesetzten wahrheitsgemäß wegen eines Parkverstoßes auf einer Dienstreise an, wird, auch wenn keine Schädigungsmotive festgestellt werden konnten, die Interessenabwägung regelmäßig zu Gunsten des Arbeitgebers ausfallen.

219 Gegen eine feste Bagatellgrenze *Rudkowski*, CCZ 2013, S. 204 (207); ebenfalls gegen solche Bagatellgrenzen, allerdings im Zusammenhang mit Kündigungen wegen Straftaten vgl. *Göpfert/Landauer*, NZA-Beilage 2011, S. 16 (19); *Walker*, NZA 2009, S. 921 (925); für eine Bagatellgrenze hinsichtlich strafrechtlicher Erfolgsabwendungspflichten von Compliance-Beauftragten, allerdings ohne Begründung *Langenhahn*, Verantwortlichkeit des Compliance Officers, S. 214.

220 Ähnlich *Göpfert/Landauer*, NZA-Beilage 2011, S. 16 (19).

221 So auch *Rudkowski*, CCZ 2013, S. 204 (207).

222 Ähnlich *Klasen/Schaefer*, BB 2012, S. 641 (647).

4. *Übertragung auf den Compliance-Beauftragten*

Für die Übertragung des Dargestellten auf den Compliance-Beauftragten bieten sich drei Möglichkeiten:

- Die unveränderte Übertragung der für Arbeitnehmer geltenden Grundsätze;
- eine Beschränkung des externen Anzeigerechts im Vergleich zu den dargelegten Prinzipien;
- oder eine Erweiterung des externen Anzeigerechts.[223]

Im Zentrum der Antwort welche der drei Möglichkeiten für Compliance-Beauftragte einschlägig ist, steht ebenfalls die Interessenabwägung zwischen dem öffentlichen Interesse an der Anzeige von Rechtsverstößen, dem grundrechtlich verbrieften Anzeigerecht des Compliance-Beauftragten und dem unternehmerischen Interesse an interner Sachverhaltsklärung. Richtigerweise sollten externe Anzeigerechte von Compliance-Beauftragten gegenüber den übrigen Arbeitnehmern eingeschränkt werden.[224] Von einer vollständigen Versagung des externen Anzeigerechts eines Compliance-Beauftragten hingegen kann keine Rede sein.[225] Ein intensiver und undifferenzierter Eingriff in die Grundrechtspositionen des Compliance-Beauftragten, insbesondere seiner Meinungsfreiheit aus Art. 5 Abs. 1 Satz 1 GG, wäre verfassungsrechtlich nicht gerechtfertigt. In Rede steht folglich ein Ausgleich zwischen dem grundrechtlich geschützten Anzeigerecht des Compliance-Beauftragten und dem durch

---

223 Die bisherigen Darstellungen bearbeiten ohne Begründung entweder nur die Frage nach einer Beschränkung des externen Anzeigerechts, so etwa *Klopp*, Der Compliance-Beauftragte, S. 249 ff.: „Verschärfung der Anforderungen" oder eine Erweiterung des Anzeigerechts, so etwa *Groß*, Chief Compliance Officer, S. 140 ff.: „weniger restriktive Anforderungen"; ebenso *Harm*, Compliance im Wertpapierdienstleistungsunternehmen, S. 145 ff.; zu einer ausführlichen Darstellung der Problematik vgl. auch *Blassl*, CB 2016, S. 298 (301 ff.).

224 So auch *Bürkle*, CCZ 2010, S. 4 (11); *Casper*, FS Schmidt, S. 199 (212); *Dann/Mengel*, NJW 2010, S. 3265 (3267); *Illing/Umnuß*, CCZ 2009, S. 1 (5); *Klopp*, Der Compliance-Beauftragte, S. 249 f.; *Krieger/Günther*, NZA 2010, S. 362 (372 f.); *Raus/Lützeler*, CCZ 2012, S. 96 (101); *Rönnau/Schneider*, ZIP 2010, S. 53 (60); anders *Favoccia/Richter*, AG 2010, S. 137 (143); für die unveränderte Anwendung der Grundsätze zum Anzeigerecht von Arbeitnehmern, *Groß*, Chief Compliance Officer, S. 141 f.; *Lebherz*, Emittenten-Compliance, S. 328.

225 So aber ohne nähere Begründung *Casper*, FS Schmidt, S. 199 (212); *Rodewald/Unger*, BB 2007, S. 1629 (1632), bezeichnen ein Recht des Compliance-Beauftragten zur externen Anzeige als „abwegig".

Art. 12 Abs. 1 GG flankierten Interesse des Arbeitgebers betriebliche Rechtsverstöße intern abzustellen.

Für eine Beschränkung des externen Anzeigerechts gegenüber den dargestellten Grundsätzen für Arbeitnehmer bestehen mehrere Anknüpfungspunkte: Zunächst liegt eine Beschränkung des Anzeigerechts des Compliance-Beauftragten auch im öffentlichen Interesse. Außerhalb des Wertpapierhandelssektors sind Unternehmen nicht verpflichtet, Compliance-Beauftragte einzusetzen.[226] Compliance-Beauftragte werden im wirtschaftlichen Interesse des Unternehmens ernannt, um es vor finanziellen und reputativen Schäden durch Rechtsverstöße zu schützen. Begründet die Benennung eines Compliance-Beauftragten die Gefahr, dass Haftungsverschärfungen auftreten können, indem der Compliance-Beauftragte betriebliche Rechtsverstöße, mit denen er aufgrund seiner Tätigkeit häufiger als jeder andere Arbeitnehmer konfrontiert ist, extern zur Anzeige bringt, wäre für Unternehmen die Einrichtung von Compliance-Systemen unter Haftungsaspekten kontraproduktiv. Eine externe Anzeige konterkariert häufig den Zweck von Compliance – die Vermeidung von finanziellen Schäden und Reputationsverlust durch Rechtsverstöße. Im Ergebnis könnten Unternehmen von der Schaffung einer Compliance-Position im Unternehmen absehen, was zu einer geringeren Selbstüberwachung in Wirtschaftsunternehmen führen würde. An einem solchen „Weniger" der Selbstüberwachung besteht kein Interesse der Öffentlichkeit. Insofern wird das dargestellte Spannungsverhältnis zwischen dem öffentlichen Interesse am Anzeigen von Rechtsverstößen und dem unternehmerischen Interesse an interner Sachverhaltsklärung entschärft, da auch die Einrichtung einer Compliance-Position im öffentlichen Interesse liegt.

Methodisch lässt sich eine Beschränkung des externen Anzeigerechts mit der besonderen Stellung von Compliance-Beauftragten im Unternehmen herleiten.[227] Die für Arbeitnehmer dargestellten Beschränkungen des externen Anzeigerechts begründen sich aus den arbeitsvertraglichen Rücksichtnahmepflichten. Diese Rücksichtnahmepflichten bedürfen aufgrund der besonderen Stellung des Compliance-Beauftragten einer Ausweitung.[228] Ein arbeitsrechtlicher Grundsatz ist, dass in Arbeitsverhältnissen, die von einem besonderen Vertrauen zwischen

---

226 Zwar besteht wie gezeigt eine Pflicht zur Compliance für Kapitalgesellschaften, bei deren Ausgestaltung diese allerdings völlig frei sind und folglich nicht rechtlich verpflichtet sind einen Compliance-Beauftragten zu ernennen.

227 Eine solche Herleitung gelingt nur, wenn der Compliance-Beauftragte eine Position ähnlich der hier beschriebenen, direkt unterhalb der Geschäftsführung mit weitgehenden Einsichts-, Zutritts- und Auskunftsrechten wahrnimmt.

228 Ähnlich auch *Klopp*, Der Compliance-Beauftragte, S. 250 f.

Arbeitnehmer und Arbeitgeber getragen werden, der Umfang der Nebenpflichten zur Rücksichtnahme größer ist als in den übrigen Beschäftigungsverhältnissen.[229] Konkrete Anhaltspunkte für ein gesteigertes Vertrauen und damit für eine Erweiterung der Nebenpflichten sind eine hohe hierarchische Stellung im Unternehmen und ein Bezug der Tätigkeit zu dem Überwachen anderer Mitarbeiter.[230]

Die hohe hierarchische Stellung des Compliance-Beauftragten – regelmäßig direkt unterhalb der Geschäftsleitung – und dessen weitreichende Kompetenzen zur Informationsbeschaffung, (Einsichts- Zutritts- und Auskunftsrechte) erweitern seine arbeitsvertraglichen Pflichten zur Rücksichtnahme. Auch die spezifische Tätigkeit des Compliance-Beauftragten als solche, die in der Überwachung anderer Mitarbeiter liegt, begründet eine Ausweitung der Rücksichtnahmepflichten.

Durch eine teilweise Delegation der Überwachungsverantwortung auf den Compliance-Beauftragten entsteht ein besonderes Vertrauensverhältnis zwischen Unternehmensleitung und Compliance-Beauftragtem, das sich ebenfalls in einer Erweiterung der Rücksichtnahmepflichten des Compliance-Beauftragten niederschlägt. Die Tätigkeit eines Compliance-Beauftragten stellt aufgrund deren Nähe zu Rechtsverstößen im Betrieb eine besonders sensible Tätigkeit dar. Seitens der Unternehmensführung muss ein intensives Vertrauensverhältnis zu dem Compliance-Beauftragten bestehen, das über die Vertrauensstellung übriger (leitender) Angestellter hinausgeht. Fraglich ist nun, wie sich eine solche Ausweitung der Rücksichtnahmepflichten konkret niederschlägt.

a) Bindung an schrittweises Vorgehen

Eine stärkere Bindung des Compliance-Beauftragten an den Grundsatz des gestuften Vorgehens wird deutlich, indem man die für Arbeitnehmer zulässigen Ausnahmen zu einem internen Vorgehen auf deren Anwendbarkeit bezüglich des Compliance-Beauftragten überprüft.

aa) Eigene Strafbarkeit durch Nichtanzeige

Wie gezeigt, darf der Arbeitnehmer Rechtsverstöße ohne betrieblichen Klärungsversuch extern anzeigen, wenn er sich durch das Unterlassen einer externen Anzeige selbst in die Gefahr einer Strafbarkeit bringen würde. Nichts anderes kann

229 Vgl. etwa *Linck*, in: S-Arbeitsrecht Handbuch, § 53 Rn. 4.

230 Ähnlich *Lützeler/Müller-Sartori*, CCZ 2011, S. 19 (19); *Mengel*, Compliance und Arbeitsrecht, S. 118.

auch für den Compliance-Beauftragten gelten: Die arbeitsvertragliche Rücksichtnahmepflicht des Compliance-Beauftragten endet dort, wo er gezwungen wäre, durch sie Rechtsverstöße in eigener Person zu begehen, insbesondere unter der folgend untersuchten Möglichkeit, als strafrechtlicher Garant wegen der Nichtverhinderung von Straftaten von Unternehmensangehörigen bestraft zu werden, muss der Compliance-Beauftragte, sofern strafrechtlich, als konkrete Erfolgsabwendung eine externe Anzeige verlangt wird, diese vornehmen können, ohne sich hierdurch eine arbeitsvertragliche Pflichtverletzung vorwerfen zu lassen. Insoweit besteht eine Akzessorietät des Arbeitsrechts zum Strafrecht. Von daher besteht diese Ausnahme im selben Umfang für den Compliance-Beauftragten wie für die übrigen Arbeitnehmer.

bb) Schwerwiegende Rechtsverstöße

Schwieriger gestaltet sich die Beantwortung der Frage nach einem sofortigen externen Anzeigerecht von Compliance-Beauftragten bei „schwerwiegenden" Rechtsverstößen, das für Arbeitnehmer anerkannt wird.[231] Von der angesprochenen Definitionsschwierigkeit des Merkmals „schwerwiegend" abgesehen, kann dem Compliance-Beauftragten ein solches Anzeigerecht nicht gänzlich abgesprochen werden.[232] Dies würde dazu führen, dass Compliance-Beauftragte, abgesehen von den in § 138 StGB normierten Fällen, auch bei der Gefahr von schwersten Schäden für die Allgemeinheit mit einer direkten externen Anzeige arbeitsvertragliche Pflichten zur Rücksichtnahme verletzen würde. Letztlich steht auch hier eine Einzelfallbetrachtung an, bei der die besondere Vertrauensstellung des Compliance-Beauftragten gegenüber der Geschäftsleitung eine einschränkende Auslegung des Merkmals „schwerwiegend" gebietet.[233]

Die Doppelung, in diesem Zusammenhang von „besonders schwerwiegenden Rechtsverstößen" zu sprechen, die den Compliance-Beauftragten zur unmittelbaren externen Anzeige berechtigt, bringt wenig Klarheit, macht aber deutlich, dass selbst dann, wenn ein Rechtsverstoß so schwerwiegend ist, dass er einen gewöhnlichen Arbeitnehmer zur sofortigen externen Anzeige berechtigten würde, es für den Compliance-Beauftragten nochmals einer gesonderten Abwägung im Lichte seiner besonderen Rücksichtnahmepflichten bedarf.

---

231 Siehe oben 2. Teil, K. VII.

232 *Raus/Lützeler*, CCZ 2012, S. 96 (101).

233 Für eine Einzelfallabwägung auch *Barton*, jurisPR-StrafR 23/2009, Anm. 1 „Je schwerwiegender somit die Schäden sind, die dem Unternehmen oder Dritten durch die Straftat drohen, umso eher wird man von dem Compliance-Officer verlangen müssen, die Strafverfolgungsbehörden einzuschalten".

cc) Kenntnis oder fahrlässige Unkenntnis des Arbeitgebers

Für die dargestellte Ausnahme eines innerbetrieblichen Klärungsversuchs, bei Kenntnis des Arbeitgebers vom Rechtsverstoß oder seiner grob fahrlässigen Unkenntnis darüber, ist für Compliance-Beauftragte ebenfalls eine Einschränkung erforderlich. Hat die Unternehmensleitung Kenntnis von dem Rechtsverstoß, folgt aus den gesteigerten Rücksichtnahmepflichten des Compliance-Beauftragten das Erfordernis, an die Unternehmensleitung heranzutreten und dieser erneut die Möglichkeit einzuräumen, den betreffenden Rechtsverstoß abzustellen. Erst dann kann eine externe Anzeige gerechtfertigt sein.[234]

Für den Fall der grob fahrlässigen Unkenntnis der Unternehmensführung ist der Compliance-Beauftragte erst recht verpflichtet, zunächst die Unternehmensleitung zu informieren. Compliance-Beauftragte werden eingesetzt, um der Unternehmensführung über betriebliche Rechtsverstöße zu berichten. Damit möchte die Unternehmensführung dem Vorwurf fahrlässiger Unkenntnis bezüglich betrieblicher Rechtsverstöße entgehen. Insofern wäre es widersinnig, wenn sich Compliance-Beauftragte auf fahrlässige Unkenntnis der Unternehmensführung wegen betrieblicher Rechtsverstöße berufen könnten. Vergleichbar wäre dies mit einem Anwalt, der sich auf fahrlässige Unkenntnis seines Mandanten über Rechtsfragen beruft, zu deren Beantwortung er selbst mandatiert wurde.

b) Keine leichtfertigen Anzeigen

Besonders hohe Anforderungen sind an die Pflicht des Compliance-Beauftragten zu stellen, keine leichtfertigen Anzeigen zu tätigen, die sich später als falsch erweisen. Bei Compliance-Beauftragten handelt es sich häufig um Juristen oder um juristisch geschulte Mitarbeiter. Insofern kann verlangt werden, vor Erstattung einer Anzeige die Rechtslage eingehend zu erörtern und nicht leichtfertig Sachverhalte extern zur Anzeige zu bringen, die sich im Nachhinein als nicht rechtswidrig erweisen.

Aus den erwähnten Einsichts-, Zutritts- und Auskunftsrechten resultieren intensive Nachforschungs- und Prüfungspflichten bezüglich der tatsächlichen Legitimation einer Anzeige, so folgen für Compliance-Beauftragte nicht nur aufgrund seiner rechtlichen Ausbildung, sondern auch aufgrund seiner Ermittlungsbefugnisse im Unternehmen hohe Anforderungen an die rechtliche Bewertung und tatsächliche Sachverhaltsermittlung. Praktisch dürfte für Compliance-Beauftragte,

234 Wobei auch hier die Qualität des Rechtsverstoßes eine entscheidende Rolle spielen dürfte.

die sich zur externen Anzeige eines Sachverhaltes entschließen, der sich im Nachhinein als falsch oder nicht rechtswidrig erweist, die Luft im Hinblick auf eine arbeitsvertragliche Pflichtverletzung „dünn“ werden. Insofern begründet eine externe Anzeige ein hohes Risiko für das Arbeitsverhältnis von Compliance-Beauftragten.

c) Schädigungsmotive und Bagatelldelikte

Hierzu gelten grundsätzlich die für sämtliche Arbeitnehmer dargestellten Grundsätze. Anzeigen aus der Motivlage heraus, den Arbeitgeber zu schädigen, begründen einen Verstoß gegen die Rücksichtnahmepflichten des Compliance-Beauftragten, auch wenn sich die Anzeige im Verfahren als berechtigt erweist.

Die genannten Bedenken gegen eine valide Bagatellgrenze greifen auch hier. Aus der Erweiterung der Rücksichtnahmepflichten folgt eine Ausdehnung der Bagatellgrenze dahingehend, dass im Rahmen der vorzunehmenden Interessenabwägung regelmäßig ein Pflichtverstoß des Compliance-Beauftragten anzunehmen sein wird, wenn es sich bei den extern angezeigten Rechtsverstößen nicht um Rechtsverstöße mit einer erheblichen Bedeutung handelt.

d) Rechtsverstöße der Unternehmensführung

Bei fahrlässigen Rechtsverstößen der Unternehmensleitung ist der Compliance-Beauftragte wie die übrigen Arbeitnehmer auf eine betriebsinterne Anzeige zu verweisen.[235]

Die Problematik eines arbeitsrechtlich zulässigen Vorgehens bei vorsätzlichen Rechtsbrüchen der Unternehmensleitung ist verwandt mit der Frage nach einem Eskalationsrecht des Compliance-Beauftragten bei Rechtsverstößen des Vorstandes an den Aufsichtsrat, wobei zu beachten ist, dass die Unterrichtung des Aufsichtsrates regelmäßig zu einer irreparablen Beschädigung des Vertrauensverhältnisses zwischen Vorstand und Compliance-Beauftragtem führt. Die Unterrichtung von Behörden über rechtswidriges Verhalten der Unternehmensführung dürfte das Vertrauen zwischen Unternehmensleitung und Compliance-Beauftragtem regelmäßig völlig zerstören und eine weitere effektive Zusammenarbeit unmöglich machen.

Insofern sind an ein externes Anzeigen von Rechtsverstößen der Unternehmensleitung durch den Compliance-Beauftragten besonders strenge Anforderungen zu stellen. Er muss zunächst sämtliche sinnvollen innerbetrieblichen Möglichkeiten zur Abhilfe ausschöpfen: Informierung der übrigen, nicht in den

---

235 Vgl. BGH, Urt. v. 17.07.2009 – 5 StR 394/08 Rn. 31.

Rechtsverstoß verwickelten Mitglieder der Unternehmensführung, sofern vorhanden, Unterrichtung des Aufsichtsrates und des Betriebsrates.[236] Sogar einen „zur Rechtstreue anmahnenden Vortrag“ bei der Unternehmensführung zu halten, wird in dieser Zusammenhang vorgeschlagen.[237] Die in diesem Zusammenhang häufig genannte Möglichkeit der Amtsniederlegung[238] geht an der Problematik vorbei. Folgt aus einer wahrheitsgemäßen externen Anzeige der Unternehmensführung regelmäßig ebenfalls „nur“ eine Entlassung aus dem Arbeitsverhältnis, wird nicht deutlich, warum ein Compliance-Beauftragter eine Amtsniederlegung einer externen Anzeige vorziehen sollte, zumal etwaige strafrechtliche Haftungsrisiken, etwa wegen des Unterlassens einer externen Anzeige, auch bei einer Amtsniederlegung bestehen bleiben.

Die Konstellationen, in denen der Compliance-Beauftragte alle genannten internen Abhilfemöglichkeiten ausgeschöpft hat, die Unternehmensführung ihr rechtswidriges Verhalten aber fortsetzt, dürften sich auf ein Minimum beschränken. Für diese Situation muss der Compliance-Beauftragte im Einzelfall abwägen, ob er sich dem hohen arbeitsrechtlichen Risiko einer externen Anzeige aussetzt.

Compliance-Beauftragten kann ein solches externes Anzeigerecht nach Ausschöpfung aller internen Abhilfemaßnahmen bei schwersten, andauernden Rechtsverstößen durch die Unternehmensführung nicht versagt werden. Dies wäre mit Blick auf das grundrechtlich fundierte Anzeigerecht unverhältnismäßig.[239] Faktisch, unabhängig von einem arbeitsrechtlichen Pflichtenverstoß, ist bei einer externen Anzeige der Unternehmensführung durch den Compliance-Beauftragten keine sinnhafte Fortsetzung des Arbeitsverhältnisses mehr möglich, weswegen, eine strafrechtliche Garantenpflicht zur externen Anzeige ungeprüft unterstellt,

---

236 Vgl. *Casper*, FS Schmidt, S. 199 (207); *Favoccia/Richter*, AG 2010, S. 137 (140); *Fecker/Kinzl*, CCZ 2010, S. 13 (17); *Thomas*, CCZ 2009, S. 239 (240); ferner BGH, Urt. v. 17.07.2009 – 5 StR 394/08, Rn. 31.

237 So *Klopp*, Der Compliance-Beauftragte, S. 258, wobei dieser konzediert, dass ein solcher Vortrag in der Sache regelmäßig wirkungslos bleiben dürfte.

238 *Bürkle*, in: H-Corporate Compliance, S. 147; *Groß*, Chief Compliance Officer, S. 142; *Harm*, Compliance im Wertpapierdienstleistungsunternehmen, S. 139; *Klopp*, Der Compliance-Beauftragte, S. 258.

239 So aber *Klopp*, Der Compliance-Beauftragte, S. 258, der aufgrund der „sensiblen Position“ des Compliance-Beauftragten eine externe Anzeige der Unternehmensführung gänzlich ausschließt, außer der Compliance-Beauftragte würde sich durch das Unterlassen der Anzeige selbst rechtswidrig verhalten.

im Rahmen einer strafrechtlichen Prüfung Zumutbarkeiterwägungen anzustellen sind, welche die Beendigung des Arbeitsverhältnisses mit berücksichtigen.

e) Situation im Wertpapierdienstleistungsunternehmen

Fraglich ist, ob die vertretenen Beschränkungen des externen Anzeigerechts auch für den Compliance-Beauftragten im Wertpapierdienstleistungsunternehmen Anwendung finden. Dieser erfüllt die Merkmale eines gesetzlich Beauftragten, was die Ausrichtung der Tätigkeit auch im öffentlichen Interesse, namentlich der Gewährleistung funktionsfähiger Kapitalmärkte und dem Schutz der Anleger, beinhaltet.

Bei eventuell veränderter Anwendbarkeit der genannten Grundsätze kann es nur um Rechtsverstöße gegen das WpHG gehen. Der verpflichtend zu bestellende Compliance-Beauftragte im Wertpapierdienstleistungsunternehmen ist kraft öffentlich-rechtlicher Norm für die Einhaltung des WpHG zuständig. Zwar kann ihm zugewiesen werden, auch für die Einhaltung anderer Rechtsvorschriften Sorge zu tragen, in dieser Funktion steht er aber den übrigen freiwillig bestellten Compliance-Beauftragten gleich, ob der Compliance-Beauftragte in seiner öffentlich-rechtlich zugewiesenen Funktion als „Hüter" des WpHG tätig wird oder versucht, bestimmte riskante Anlagegeschäfte zu unterbinden, um etwa die Verwirklichung von § 266 StGB zu verhindern, wird in der Praxis häufig zu kaum überwindbaren Abgrenzungsschwierigkeiten führen.

Trotzdem kommen weniger einschränkende Anforderungen an ein externes Anzeigerecht nur in Ausübung der öffentlich-rechtlich zugewiesenen Funktion (Einhaltung des WpHG) in Betracht. Zu Recht wird darauf hingewiesen, dass die institutionelle und operative Funktionsfähigkeit von Kapitalmärkten regelmäßig nicht durch einzelne Verstöße gegen die Verhaltenspflichten des WpHG gefährdet werden.[240] Sollten in Ausnahmefällen die organisatorischen Vorkehrungen innerhalb des Unternehmens derart mangelhaft sein, dass eine rechtmäßige Erbringung von Wertpapierdienstleistungen kaum möglich ist oder permanent gegen Vorschriften des WpHG verstoßen wird, soll nach vorherigem innerbetrieblichem Abhilfeversuch eine externe Anzeige arbeitsrechtlich zulässig sein.[241]

240 *Harm*, Compliance im Wertpapierdienstleistungsunternehmen, S. 145; *Klopp*, Der Compliance-Beauftragte, S. 252; *Lösler*, WM 2007, S. 676 (678).

241 *Harm*, Compliance im Wertpapierdienstleistungsunternehmen, S. 139 f.; kritisch hierzu *Klopp*, Der Compliance-Beauftragte, S. 253, nach dem sich hieraus keine rechtssicheren Verhaltensanweisungen für den Compliance-Beauftragten herleiten lassen.

Die Berücksichtigung der öffentlich-rechtlichen Funktion des Compliance-Beauftragten im Wertpapierdienstleistungsunternehmen kann bei der Interessenabwägung dazu führen, dass die arbeitsvertraglichen Rücksichtnahmepflichten hinter dem öffentlichen Interesse am Schutz der Kapitalmärkte zurücktreten müssen. Vollkommen trägt die oben genannte Argumentation, ein solches Anzeigerecht bestehe nur, wenn der Kapitalmarkt als Ganzes bedroht sei, nicht, so schützt der Kapitalanlagebetrug gemäß § 264a StGB nach umstrittener Auffassung auch die Funktionsfähigkeit des Kapitalmarktes.[242] Nur wird freilich nicht ernsthaft vertreten, eine Bestrafung aus § 264a StGB setze voraus, dass die unrichtigen vorteilhaften Angaben im Sinne von § 264a Abs. 1 StGB zu einer Gefährdung des Kapitalmarktes als solchem führen müssten.[243] Vielmehr werden sog. „Universalrechtsgüter"[244] verletzt, wenn punktuelle Verletzungen vorliegen, ohne dass eine Beeinflussung des Gesamtsystems erfolgen müsste.[245] Eine externe Anzeige nur für zulässig zu erachten, wenn sie eine Gefährdung des Gesamtsystems Kapitalmarkt verhindert, würde zu einer faktischen Unzulässigkeit solcher Anzeigen mangels Gesamtgefährdung führen. Auch erschließt sich nicht, warum eine „punktuelle Verletzung" eines Universalrechtsguts zwar eine Strafbarkeit begründen, für ein externes Anzeigerecht des Compliance-Beauftragten aber nicht ausreichen soll. Für Compliance-Beauftragte im Wertpapierhandelssektor besteht kraft seiner öffentlich-rechtlichen Funktion ein externes Anzeigerecht bei Verstößen gegen das WpHG, sofern zuvor ein innerbetrieblicher Klärungsversuch unternommen wurde.[246] Bei Verstößen gegen andere Rechtsvorschriften gelten für ihn dieselben Grundsätze wie für die übrigen Compliance-Beauftragten.

---

242 Zum Meinungsstand vgl. *Wohlers*, in: MüKo-StGB, § 264a Rn. 1 ff. m. w. N.; allgemein zu den geschützten Rechtsgütern im Kapitalmarktrecht vgl. ausführlich *Hellgardt*, Kapitalmarktdeliktsrecht, S. 165 ff.

243 Zu dieser Problematik vgl. auch *Roxin*, Strafrecht AT, Band I, S. 38; zu der Frage wann ein „ausreichende" Gefährdung eines kollektiven Rechtsguts eintritt vgl. *Bottke*, ZRP 1998, S. 215 (216): „Zureichende Gefährdung ist gegeben, wenn und weil bei infinit häufiger Wiederholungen oder Imitation des inkriminierten Aktes die Funktionstauglichkeit des Subsystems paralysiert werden würde".

244 Zum Begriff der Universalrechtsgüter vgl. etwa *Müssig*, Schutz abstrakter Rechtsgüter, S. 3 ff.; *Hassemer*, NStZ 1989, S. 553 (557); *Meliá*, FS Jakobs, S. 27 (42 f.).

245 *Roxin*, Strafrecht AT, Band I, S. 39.

246 Regelmäßiger Ansprechpartner dürfte in diesen Fällen die BaFin sein.

f) Bekanntgabe an die Medien

Wendet sich der Compliance-Beauftragten mit betrieblichen Rechtsverstößen an die Presse, begründet dies regelmäßig einen Verstoß gegen seine gesteigerten arbeitsvertraglichen Rücksichtnahmepflichten. Es dürfte stets das mildere Mittel und im Rahmen einer strafrechtliche Erfolgsverhinderung auch das effektivere Mittel sein, sich mit seiner Anzeige an die zuständigen Behörden zu wenden.[247]

L. Informationspflichten

Compliance-Beauftragte treffen Berichtspflichten gegenüber der Unternehmensleitung. Diese Berichtspflichten lassen sich als „materieller Kern" und als „Standardinstrument" zwischen der Geschäftsleitung und Compliance-Beauftragtem verstehen.[248]

I. Periodische Berichterstattung an die Unternehmensleitung

Zu unterscheiden von einer Pflicht des Compliance-Beauftragten, mögliche Rechtsverstöße an die Unternehmensleitung zu eskalieren, ist die grundsätzliche Berichtspflicht des Compliance-Beauftragten. Die Pflicht zur Eskalation von Rechtsverstößen ist anlassbezogen. Bei der nicht anlassbezogenen Berichtspflicht des Compliance-Beauftragten handelt es sich um eine periodisch wiederkehrende Pflicht. In Wertpapierdienstleistungsunternehmen besteht gemäß § 33 Abs. 1 Satz 2 Nr. 5 WpHG eine periodische Berichtspflicht des Compliance-Beauftragten gegenüber der Unternehmensführung:

> „(...) sicherstellen, dass die Geschäftsleitung und das Aufsichtsorgan in angemessenen Zeitabständen, zumindest einmal jährlich, Berichte der mit der Compliance-Funktion betrauten Mitarbeiter über die Angemessenheit und Wirksamkeit der Grundsätze, Mittel und Verfahren nach Nummer 1 erhalten, die insbesondere angeben, ob zur Behebung von Verstößen des Wertpapierdienstleistungsunternehmens oder seiner Mitarbeiter gegen Verpflichtungen dieses Gesetzes oder zur Beseitigung des Risikos eines solchen Verstoßes geeignete Maßnahmen ergriffen wurden."

Dieser turnusmäßige Compliance-Bericht ist vorrangig eine auf die Zukunft gerichtete Analyse der Risikolage des Unternehmens bezüglich etwaiger Verstöße gegen das WpHG und weniger eine Wiedergabe der in der Vergangenheit durchgeführten

247 *Graser*, Whistleblowing, S. 237; *Herbert/Oberrath*, NZA 2005, S. 193 (198 f.); *Preis/Reinfeld*, ArbuR 1989, S. 361 (373); *Wiese*, FS Otto, S. 621 (638).

248 So *Klopp*, Der Compliance-Beauftragte, S. 212.

Compliance-Maßnahmen.[249] Außerhalb des Wertpapierhandelssektors existiert keine gesetzliche Berichtspflicht für Compliance-Beauftragte. Es wird vorgeschlagen, zur inhaltlichen Ausgestaltung der periodischen Berichtspflicht § 33 Abs. 1 Satz 2 Nr. 5 WpHG für Unternehmen außerhalb des Wertpapierhandelssektors heranzuziehen.[250] In der Regel wird eine solche periodische Berichtspflicht im Arbeitsvertrag des Compliance-Beauftragten fixiert. Sollte eine Berichtspflicht nicht im Vertrag festgelegt sein, ergibt sie sich aus der grundsätzlichen Pflicht von Arbeitnehmern, ihren Arbeitgeber über Umstände, die im Zusammenhang mit ihrer vertraglich geschuldeten Arbeitsaufgabe stehen, zu unterrichten.[251] Hauptaufgabe des Compliance-Beauftragten ist die Vermeidung von Rechtsverstößen im Unternehmen. Insofern ist er verpflichtet, über den momentanen Zustand im Hinblick auf Rechtsverstöße zu informieren, wobei es in der Regel einer Aufforderung des Arbeitgebers zur Auskunftserteilung bedarf.[252] Deswegen sollte klarstellend im Arbeitsvertrag die Pflicht zum unaufgeforderten, periodischen Bericht an die Geschäftsführung fixiert werden, damit es keiner Aufforderung durch die Unternehmensleitung bedarf.

II. Anzeigepflichten bei Rechtsverstößen

Erlangt der Compliance-Beauftragte Kenntnis über einen betrieblichen Rechtsverstoß, stellt sich die Frage, ob er verpflichtet ist, besagten Rechtsverstoß anzuzeigen und ob eine solche Anzeige intern oder extern zu erfolgen hat, wobei „Anzeigen“ den Wortsinn nach als Mitteilung eines Sachverhaltes an Dritte, und nicht im strafprozessualen Sinne (§ 158 Abs. 1 StPO), verstanden werden soll. Die Frage nach Anzeigepflichten von Arbeitnehmern, Rechtsverstöße innerhalb des eigenen Unternehmens anzuzeigen, ist keine Compliance-spezifische Problematik. Sie stellt sich für den Compliance-Beauftragten in erhöhter Relevanz, da dieser aufgrund seiner Tätigkeit häufiger mit Rechtsverstößen konfrontiert wird als übrige Arbeitnehmer.

---

249 So auch *Sandmann*, CCZ 2008, S. 104 (107).

250 *Fecker/Kinzl*, CCZ 2010, S. 12 (17 Fn. 63); *Illing/Umnuß*, CCZ 2009, S. 1 (4); *Klopp*, Der Compliance-Beauftragte, S. 213; *Raus/Lützeler*, CCZ 2012, S. 96 (97 f.).

251 *Illing/Umnuß*, CCZ 2009, S. 1 (4); *Klopp*, Der Compliance-Beauftragte, S. 213; *Lützeler/Müller-Sartori*, CCZ 2011, S. 19 (19 f.); *Raus/Lützeler*, CCZ 2012, S. 96 (97); *Reichold*, in: MüKo-ArbR, § 49 Rn. 5.

252 Vgl. *Dann/Schmidt*, NJW 2009, S. 1851 (1852); *Fritz/Nolden*, CCZ 2010, S. 170 (170); *Illing/Umnuß*, CCZ 2009, S. 1 (4); *Klopp*, Der Compliance-Beauftragte, S. 213.

1. Interne Anzeige

Spiegelbildlich folgt aus dem dargestellten Eskalationsrecht des Compliance-Beauftragten eine Eskalationspflicht. Der Compliance-Beauftragte ist verpflichtet eine höhere Hierarchieebene bzw. die Geschäftsleitung über Rechtsverstöße in Kenntnis zu setzen.[253] Regelmäßig dürfte diese Pflicht zur internen Anzeige von Rechtsverstößen in dem Arbeitsvertrag des Compliance-Beauftragten verankert sein, selbst wenn eine interne Anzeigepflicht nicht im Arbeitsvertrag festgehalten ist, ergibt sich diese aus den vertraglichen Nebenpflichten. Eine solche interne Anzeigepflicht für entdeckte betriebliche Rechtsverstöße gegenüber dem Arbeitgeber besteht grundsätzlich für alle Arbeitnehmer.[254] Diese Pflicht zur internen Anzeige von Rechtsverstößen wird aus der Loyalitätspflicht und seiner Schadenabwendungspflicht gegenüber dem Arbeitgeber hergeleitet.[255] Ergibt sich eine solche Nebenpflicht aus den Arbeitsverträgen der übrigen Arbeitnehmer, resultiert sie erst recht aus dem Arbeitsvertrag eines Compliance-Beauftragten, dessen Hauptleistungspflicht in der Verhinderung von Rechtsverstößen besteht.

2. Beschränkung interner Anzeigepflichten

Von dieser internen Anzeigepflicht der Arbeitnehmer werden drei Ausnahmen anerkannt: Es soll eine sog. Bagatellgrenze gelten, bei der Bagatellverstöße, etwa Diebstahl weniger Büroklammern, nicht von der Anzeigepflicht umfasst wird. Eine Anzeigepflicht liegt umso näher, je stärker der Verdacht und je schwerwiegender der (vermutete) Rechtsverstoß ist. Während der festgestellte Rechtsverstoß bei Überschreiten einer gewissen Bagatellgrenze eskaliert werden muss, ist dies bei vagen Hinweisen auf einen etwaigen (leichten) Normverstoß nicht immer der Fall.[256]

Darüber hinaus soll keine Pflicht des Arbeitnehmers bestehen sich selbst zu belasten und ein Verzicht auf eine interne Anzeige soll möglich sein, wenn der Arbeitgeber Kenntnis von dem Rechtsverstoß hat oder sich in grob fahrlässiger

253 Häufig auch „internes Whistleblowing" oder „Reporting Up" genannt, zu zweitem vgl. *Fleischer/Schmolke*, WM 2012, S. 1013 (1019).

254 *Bürkle*, CCZ 2010, S. 4 (9); *Brodil*, in: L-Zauberwort Compliance, S. 89 (92 f.); *Illing/Umnuß*, CCZ 2009, S. 1 (5); *Klopp*, Der Compliance-Beauftragte, S. 234; *Schulz*, BB 2011, S. 629 (631); *Weber*, in: H/S-Interdisziplinäre Aspekte von Compliance, S. 67 (79).

255 Zu den Begrifflichkeiten vgl. *Herbert/Oberrath*, NZA 2005, S. 193 (195).

256 *Rönnau/Schneider*, ZIP 2010, S. 53 (59).

Unkenntnis darüber befindet.[257] Ob die genannten Einschränkungen der internen Anzeigepflicht auch für Compliance-Beauftragte gelten, muss bezweifelt werden, insbesondere kann dieser, selbst bei grober fahrlässiger Unkenntnis der Unternehmensführung, nicht davon absehen, Rechtsverstöße intern anzuzeigen. Zweck seiner Tätigkeit ist eine Entlastung der Geschäftsleitung von ihrer Legalitätskontrollpflicht. Durch die teilweise Delegation dieser Überwachungsverantwortung auf den Compliance-Beauftragten möchte die Geschäftsleitung dem Vorwurf der fahrlässigen Unkenntnis von Rechtsverstößen, der letztlich nichts anders darstellt als den Vorwurf unzureichender Aufsicht, entgegentreten.

Selbstbezichtigung kann hingegen auch Compliance-Beauftragten nicht abverlangt werden.[258] Die Einziehung einer Bagatellgrenze bei Rechtsverstößen unterhalb einer gewissen Grenze nicht durch den Compliance-Beauftragten zu eskalieren, kann sinnvoll sein. Zunächst kann ein solcher Bagatellvorbehalt das Entstehen eines „betriebliches Denunziantentums" verhindern.[259] Darüber hinaus wäre eine ungefilterte Berichtspflicht des Compliance-Beauftragten an die Geschäftsführung ineffizient: Ob der Vorstand eines Dax-Konzerns detailliert über Parkverstöße seiner Mitarbeiter während deren Berufsausübung durch den Compliance-Beauftragte unterrichtet werden sollte, darf bezweifelt werden. Allerdings sollten, auch im Hinblick auf eine wirksame Delegation durch klare Kompetenzzuweisung, klare Regelungen getroffen werden, ab welchem „Schwellenwert" Rechtsverstöße an die Geschäftsführung zu eskalieren sind. In Zweifelsfällen sollte der Compliance-Beauftragte stets an die Geschäftsführung berichten.

3. *Externe Anzeige*

Die aktuelle Problematik der externen Anzeige von Rechtsverstößen im Unternehmen und die den Anzeigen häufig folgende Kündigung werden unter dem Begriff des „Whistleblowing" diskutiert.[260] Eine gesetzliche Anzeigepflicht besteht in § 138

257 Vgl. *Klopp*, Der Compliance-Beauftragte, S. 234 m. w. N.

258 Dies folgt aus dem „nemo tenetur se ipsum accusare"-Grundsatz, wonach niemand verpflichtet ist, sich selbst zu belasten. Gesetzlich findet dieser Grundsatz seinen Niederschlag in § 55 Abs. 1 StPO für Zeugen und in § 136 Abs. 1 Satz 2 StPO für den Angeklagten.

259 *Klopp*, Der Compliance-Beauftragte, S. 234 m. w. N.

260 Zum Begriff des „Whistleblowing" vgl. etwa *Hefendehl*, FS Amelung, S. 617 (618 ff.); *Weber-Rey*, AG 2006, S. 406 (407). Aktuell wird, angestoßen durch die EU, über die Einführung einer staatlichen Whistleblower-Prämie diskutiert. Zur Diskussion

StGB, der die Nichtanzeige geplanter Straftaten mit Strafe bedroht. § 138 StGB normiert als echtes Unterlassungsdelikt keine allgemeine Verpflichtung, bekanntgewordene Straftaten anzuzeigen. Mit Strafe bedroht sind lediglich die Nichtanzeige der dort aufgezählten Delikte und dies nur, wenn die Möglichkeit besteht, die Tat durch Anzeige noch abzuwenden,[261] wobei ein Blick in den Katalog des § 138 Abs. 1 und 2 StGB zeigt, dass die dort aufgezählten Straftatbestände mangels wirtschaftsstrafrechtlicher Bezüge von untergeordnete Rolle für Compliance-Beauftragte sind. Darüber hinaus bestehen grundsätzlich keine weiteren gesetzlichen Pflichten zu einer externen Strafanzeige.[262]

4. *Externe Anzeigepflichten für Compliance-Beauftragte im Wertpapierdienstleistungsunternehmen*

Für Wertpapierdienstleistungsunternehmen besteht eine gesetzliche Anzeigepflicht über § 138 StGB hinaus gemäß § 10 Abs. Satz 1 WpHG.[263] Nach dieser Vorschrift sind Wertpapierdienstleistungsunternehmen verpflichtet, sobald sie Tatsachen feststellen, die den Verdacht der Marktmanipulation, den Verdacht von Insidergeschäften oder den Handel mit bestimmten ungedeckten Leerverkäufen und sog. „Credit Default Swap" begründen, die BaFin zu informieren. Sinnvoll ist es aufgrund ihrer Sachnähe die im Wertpapierdienstleistungsunternehmen verpflichtend einzurichtende Compliance-Funktion auch mit der externen Anzeigepflicht nach § 10 WpHG zu betrauen.[264] Eine Pflicht, den Compliance-Beauftragten mit

---

vgl. etwa *Buchert*, CCZ 2013, S. 144 (144 ff.); wobei darauf hingewiesen sei, dass im Folgenden keine Erörterung der umfangreichen „Whistleblowing-Problematik" stattfinden soll, vielmehr geht es um die spezifische Frage von internen und externen Anzeigepflichten bzw. Anzeigerechten des Compliance-Beauftragten. Dass es sich bei der „Whistleblowing-Problematik" keineswegs um eine „nur" aktuelle Problematik handelt, zeigt *Forst*, NJW 2011, S. 3477 (3478): („Das ‚whistleblowing' ist kein Kind unserer Zeit"), mit einem Urteil des königlichen Landgerichts Berlin vom 03.04.1901, in dem dieses feststellt, dass die Strafanzeige eines Mitarbeiters gegenüber seinem Arbeitgeber zwar „vom moralischen Standpunkte zu verurteilen" sei, eine Entlassung des Mitarbeiters aber nicht rechtfertigt.

261 Vgl. etwa *Hanack*, in: LK-StGB, § 138 Rn. 5: zur Rechtzeitigkeit einer Anzeige einer geplanten Straftat vgl. *Rudolphi*, FS Roxin, S. 827 (827 ff.).

262 *Klein*, RDG 2010, S. 172 (176); *Rummer*, CB 2016, S. 39 (39); *Schaupensteiner*, NZA-Beilage 2011, S. 8 (14); *Scheicht/Loy*, DB 2015, S. 803 (803); *Wettner/Mann*, DStR 2014, S. 655 (655).

263 Eine weitere gesetzliche Anzeigepflicht besteht für bestimmte Finanzunternehmen für den Verdacht der Geldwäsche gemäß § 11 GwG.

264 So auch *Schwintek*, WM 2005, S. 861 (864).

Anzeigen nach § 10 WpHG zu befassen, besteht grundsätzlich nicht, da sich § 10 WpHG an Wertpapierdienstleistungsunternehmen allgemein und nicht unmittelbar an bestimmte Personen richtet.[265] Allerdings ist der Compliance-Beauftragte im Wertpapierdienstleistungsunternehmen gesetzlich zwingend zu bestellen. Ihm obliegt, für die Einhaltung der Vorschriften des WpHG und damit für den Schutz des Kapitalmarktes insgesamt, Sorge zu tragen. Mit § 10 WpHG wird in einem beschränkten Umfang eine Anzeigepflicht für Verstöße gegen das WpHG installiert. Insofern lässt sich eine externe Anzeigepflicht des Compliance-Beauftragten aus §§ 10 Abs. 1 Satz 1, 33 Abs. 1 Satz 2 WpHG ableiten, sofern die Geschäftsführung ihrer Anzeigepflicht aus § 10 Abs. 1 Satz 1 WpHG nicht selbst nachkommt.

Liegt der Verdacht einer Tat im Sinne von § 10 Abs. 1 Satz 1 WpHG vor, muss der Compliance-Beauftragte zunächst die Geschäftsführung informieren (falls vorhanden, anschließend das Aufsichtsorgan). Unterlässt die Geschäftsführung eine Anzeige bei der BaFin ist der Compliance-Beauftragte aufgrund seiner öffentlich-rechtlichen Stellung dazu verpflichtet, den Vorgang selbst der BaFin anzuzeigen.[266] Das häufig vorgebrachte Argument,[267] eine solche externe Anzeige würde das Vertrauensverhältnis zwischen Geschäftsführung und Compliance-Beauftragten irreparabel beschädigen, trägt in dieser besonderen Konstellation nicht. Die Geschäftsführung würde bei Unterlassen einer Anzeige nach § 10 Abs. 1 Satz 1 WpHG selbst rechtsbrüchig werden. Ein Vertrauen in das Geheimhalten von Rechtsverstößen ist nicht schützenswert und insofern kein Argument gegen eine externe Anzeigepflicht.

So bestehen für die beschriebenen Konstellationen in Wertpapierdienstleistungsunternehmen für Compliance-Beauftragte eingeschränkte Anzeigepflichten gegenüber der BaFin. Ein Verstoß gegen solche Anzeigepflichten gegenüber einer Behörde stellt regelmäßig eine Ordnungswidrigkeit dar.[268] In den übrigen Wirtschaftsbereichen existieren keine über § 138 StGB hinausgehenden Anzeigepflichten für Compliance-Beauftragte.

---

265 *Casper*, Bankrechtstag 2008, S. 139 (154); *Eisele/Faust*, in: S/B/L-Bankrechts-Handbuch, § 109 Rn. 99; *Klopp*, Der Compliance-Beauftragte, S. 237; *Lösler*, WM 2007, S. 676 (682); *Rönnau/Schneider*, ZIP 2010, S. 53 (60); *Schäfer*, in: S-Compliance, S. 103; *Schwintek*, WM 2005, S. 861 (864).

266 Ähnlich *Harm*, Compliance in Wertpapierdienstleistungsunternehmen, S. 146.

267 Etwa *Lösler*, WM 2007, S. 676 (682).

268 *Böse*, Wirtschaftsaufsicht und Strafverfolgung, S. 204 m. w. N.

M. Verhältnis des Compliance-Beauftragten zum Betriebsrat

Der Compliance-Beauftragte bewegt sich aufgrund seiner Überwachungs- und Kontrollfunktionen regelmäßig in einem Spannungsverhältnis zum Betriebsrat als Instrument der Arbeitnehmerinteressenvertretung. Verstärkt wird das Spannungsverhältnis durch eine teilweise Aufgabenüberlagerung von Compliance-Beauftragtem und Betriebsrat.[269]

So heißt es sinngemäß in § 80 Abs. 1 Satz 1 BetrVG: Der Betriebsrat hat darüber zu wachen, dass die zugunsten der Arbeitnehmer geltenden Gesetze, Verordnungen, Unfallverhütungsvorschriften, Tarifverträge und Betriebsvereinbarungen durchgeführt werden. In welchem rechtlichen Verhältnis Compliance-Beauftragter und Betriebsrat zueinanderstehen und die damit verbunden Auswirkungen auf die Effektivität von Compliance sollen nicht näher untersucht werden. Eine solche Untersuchung verspricht mit Blick auf etwaige Garantenpflichten keine weiteren Erkenntnisse.[270] Es bestehen keine rechtlichen Pflichten, etwa eine Berichtspflicht, zwischen Compliance-Beauftragten und Betriebsrat. Eine andere Frage ist, ob Compliance überhaupt ohne oder gegen die Zustimmung des Betriebsrates durchführbar ist. Gewisse Compliance-Maßnahmen bedürfen aufgrund betriebsverfassungsrechtlicher Arbeitnehmerschutzvorschriften der Zustimmung des Betriebsrates, selbst die Durchführung von Compliance-Maßnahmen ohne Einholung der erforderlichen Mitbestimmung des Betriebsrates entfaltet keine strafrechtliche Relevanz, da es sich um rein arbeitsrechtliche Mitbestimmungspflichten handelt.

N. Zivilrechtliche Haftung wegen Unterlassen

Interessant ist die Möglichkeit einer deliktischen Haftung des Compliance-Beauftragten. Wie gezeigt, ähneln sich Strukturen der deliktischen Haftung im Zivilrecht und der ordnungswidrigkeitenrechtlichen Haftung für mangelnde Unternehmensorganisation.[271] *Klopp* weist zu Recht auf mögliche mittelbare zivilrechtliche Folgen der BSR-Entscheidung für die zivilrechtliche Haftung des

---

269 Allgemein zu den Rechtspflichten des Betriebsrats vgl. *Belling*, Die Haftung des Betriebsrats, S. 319 ff.

270 Vgl. ausführlich zum Verhältnis des Compliance-Beauftragten zum Betriebsrat *Groß*, Chief Compliance Officer, S. 151 ff.; *Klopp*, Der Compliance-Beauftragte, S. 351 ff.; vgl. auch *Wybitul*, CB 2015, S. 77 (77 ff.).

271 Siehe oben 1. Teil, C. XI.

Compliance-Beauftragten bzw. dessen Arbeitgeber hin.[272] Konkret kommt eine Haftung des Compliance-Beauftragten über § 823 BGB in Betracht. Der Tatbestand des § 823 Abs. 1 BGB lässt sich, insoweit unbestritten, auch durch Unterlassen verwirklichen. Hierfür bedarf es, wie im Strafrecht auch, einer Garantenstellung, aus der in dem konkreten Fall eine Rechtspflicht zum Handeln erwächst.[273] Der anzutreffenden Konstellation, dass das Unterlassen des Compliance-Beauftragten in strafrechtlicher Hinsicht teilweise als Beihilfe bewertet wird, wird durch § 830 BGB begegnet, die Vorschrift stellt Anstifter und Gehilfen den Mittätern gleich und begründet so einen „deliktischen Einheitstäter".

Weiterhin ist die zivilrechtliche Haftung wegen Unterlassens über § 823 Abs. 2 BGB i. V. m. einem Schutzgesetz möglich, sofern durch Verletzung des Schutzgesetzes ein ersatzfähiger Schaden im zivilrechtlichen Sinne entstanden ist. Als Schutzgesetze kommen grundsätzlich sämtliche Straftatbestände in Betracht,[274] die ihrerseits durch Unterlassen verwirklicht werden können, sofern eine strafrechtliche Garantenpflicht besteht.

O. Kategorisierung der für Compliance „verantwortlichen" Personen

Stellt man sich die Frage, wie denn die Compliance-Verantwortung im Unternehmen verteilt ist und wie sich diese delegieren lässt, kann man zur Beantwortung grundsätzlich auf eine gestufte Einteilung hinweisen:

Primär für die Compliance ist zunächst die Unternehmensleitung selbst verantwortlich (1. Stufe). Diese kann Teile ihrer Compliance-Verantwortung auf nachgelagerte Unternehmensebenen delegieren. Bei größeren Unternehmen ist hier etwa zunächst an eine Delegation an einen zentralen Compliance-Beauftragten (2. Stufe)[275] zu denken, der dann eine „Mittlerfunktion" zwischen der Unternehmensleitung und der dritten „Compliance-Ebene" (3. Stufe) innehat, auf

272 *Klopp*, Der Compliance-Beauftragte, S. 268; in diesem Sinne auch *Zimmermann*, BB 2011, S. 634 (636).

273 Vgl. etwa *Hager*, in: S-BGB, § 823 Rn. H5.

274 Wobei umstritten ist, ob die Straf- oder Bußgeldbewehrung einer Vorschrift notwendige oder hinreichende Voraussetzung für die Annahme des Schutzgesetzcharakters ist, vgl. *Maier-Reimer*, NJW 2007, S. 3157 (3157).

275 Auch als Compliance-Officer bzw. Chief Compliance Officer bezeichnet.

welcher dann die dezentralen Compliance-Beauftragten im Unternehmen angesiedelt sind.[276]

Freilich handelt es sich bei dieser Einteilung doch um eine solche von eher theoretischer Natur. Für große Unternehmen und insbesondere auch für Banken ist sie insoweit nur bedingt hilfreich, da dort Compliance-Abteilungen mittlerweile teils mehrere hundert Mitarbeiter „stark" sind und sich hier häufig eher vier-, fünf- oder noch mehr Ebenen umfassende Compliance-Systeme etabliert haben. Gerade in (Groß-) Banken wird häufig in sog. „Compliance-Teams" gearbeitet, die zwar für die gesamte Geschäftstätigkeit der Bank zuständig sind, deren Aufgabenbereich sich aber konkret auf die Verhinderung von Rechtsverstößen auf einem konkreten Gebiet (etwa Antikorruption oder AML[277]) beschränkt.

Für kleinere Unternehmen, bei denen entweder ein Mitglied der Geschäftsführung die Compliance-Verantwortung (mit-) wahrnimmt oder es dort lediglich eine einzige mit Compliance beauftragte Person gibt, ist die genannte Unterscheidung ebenfalls ungeeignet.

Allerdings spricht durchaus viel dafür, dass gerade bei größeren Unternehmen – sofern die Leitung der Compliance-Funktion nicht direkt auf Ebene der Geschäftsleitung angesiedelt ist – die Compliance im Unternehmen in einer Person unterhalb der Geschäftsführung „zusammenlaufen" zu lassen.[278] Hierdurch kann gerade im Konzern und in international aufgestellten Unternehmen eine „homogene" Compliance-Kultur gefördert werden,[279] auch können hierdurch die Auswirkungen möglicher Interessenkonflikte bei den dezentralen Compliance-Beauftragten zumindest begrenzt werden.[280]

---

276 *Rotsch*, FS I. Roxin, S. 485 (489), spricht davon, dass sich dieses Drei-Ebenen-System – jedenfalls theoretisch – etabliert habe, mit einem Verweis auf *Bürkle*, in: H-Corporate Compliance, 2. Auflage 2010, S. 141 ff.; freilich weist *Bürkle* (neuerdings) allerdings selbst daraufhin, dass in jüngerer Zeit die Funktion des zentralen Compliance Officers zunehmend eher (direkt) auf der Ebene der Unternehmensleitung angesiedelt wird (also ein „Zwei-Ebenen-System") vgl. *Bürkle*, in: B/H-Der Compliance Officer, S. 7; zu einer Compliance-Organisation in einem Konzern in sog. „Matrix Strukturen", die allerdings dem hier genannten „3-Stufen-Modell" ähnelt, vgl. *Bicker*, AG 2012, S. 542 (547 ff.); *Schockenhoff*, ZHR 2016, S. 197 (207 ff.).

277 AML steht für Anti-money laundering, was übersetzt soviel bedeutet wie Geldwäscheprävention.

278 Vgl. hierzu etwa *Gößwein/Hohmann*, BB 2011, 963 (966).

279 *Bürkle*, in: B/H-Der Compliance Officer, S. 6.

280 *Bürkle*, in: B/H-Der Compliance Officer, S. 6 f.

Hauptvorteile eines zentralen (Chief) Compliance Officers im Unternehmen dürfte aber sein, dass damit eine ordnungsgemäße und damit rechtssichere partielle Delegation der Geschäftsleiterverantwortung bezüglich der Compliance möglich ist, als dies der Fall wäre, wenn die Geschäftsführung jeweils in „Bruchstücken" ihrer Compliance-Verantwortung direkt auf dezentrale Compliance-Beauftragte delegiert. Anzumerken bleibt aber, dass der hier erwähnte Vorteil einer „rechtsicheren Delegation" sich freilich nur positiv für die Unternehmensführung auswirkt, denn damit wird das Problem einer Aufteilung der Compliance-Verantwortung auf verschiedene dezentrale Compliance-Beauftragte lediglich auf die 2. Ebene des (Chief) Compliance Officer verlagert, der dann dafür die Verantwortung trägt, in welcher Art und Weise die Compliance-Funktion auf verschiedene dezentrale Compliance-Beauftragte „aufgeteilt" werden soll.

Zu denken wäre auch an ein Organisationsmodell, bei dem die Compliance-Verantwortung von der Unternehmensleitung direkt an die einzelnen Funktionsbereiche des Unternehmens delegiert wird. Jeder dieser einzelnen „Funktionsbereiche" im Unternehmen ist dann für die Compliance-Angelegenheiten in dem jeweiligen Bereich eigenverantwortlich zuständig.[281]

P. Bestimmung eines konkreten Compliance-Beauftragten für die weitere Untersuchung

Für die weitere Untersuchung wird anhand des bereits Dargestellten ein Compliance-Beauftragter zu Grunde gelegt, der im Unternehmen beschäftigt ist, kein Mitglied der Unternehmensleitung ist und dieser hierarchisch unmittelbar untergeordnet ist. Mit dem oben skizzierten „Drei-Stufen-Modell" würde man folglich von einem zentralen Compliance-Beauftragten der zweiten Stufe sprechen, einem (Chief) Compliance Officer.

Dieser unterliegt regelmäßig keinen Weisungen außerhalb der Geschäftsführungsebene, verfügt selbst gegenüber den anderen Unternehmensmitarbeitern, ausgenommen den Mitarbeitern einer etwaigen Compliance-Abteilung, (nur) über sog. „Einsichts-, Zutritts- und Auskunftsrechte".

Darüber hinaus besitzt er jedoch die Kompetenz gegenüber den Unternehmensangehörigen rechtlich risikobehaftete Geschäfte vorläufig zu untersagen, bis sich die Geschäftsführung mit dem entsprechenden Vorgang befassen konnte. Dieser (Chief) Compliance Officer ist arbeitsvertraglich verpflichtet periodisch sowie

281 Dieses Organisationsmodell befürworten etwa *Gößwein/Hohmann*, BB 2011, S. 963, (966 f.).

anlassbezogen („ad hoc“) die Unternehmensführung über die umgesetzte Compliance, über erkannte rechtliche Risiken sowie über festgestellte Rechtsverstöße aufzuklären.

Q. Fazit

Den Bezeichnungen „Compliance Officer“ und „Compliance-Beauftragter“ kommt, jedenfalls bei gegenwärtiger Verwendung in der Praxis und der ganz überwiegenden Literatur, keine hinreichend deutliche Abgrenzungsfunktion zu, die Begrifflichkeiten werden in der Praxis und in der Literatur vollkommen willkürlich verwendet. Völlig zu Recht weist *Rotsch*[282] daraufhin, dass wenn man die Frage nach einer möglichen Strafbarkeit wegen der Nichthinderung von Dritten an Straftaten durch einen konkreten Compliance-Beauftragten beantworten möchte, es freilich einen (erheblichen) Unterschied macht, welche Position und damit auch welche Zuständigkeiten und Kompetenzen der in Rede stehende Compliance-Beauftragte innerhalb eines unternehmensinternen Compliance-Systems innehat.[283]

Für die Bestellung eines Compliance-Beauftragten gibt es grundsätzlich verschiedene Möglichkeiten, insbesondere eine interne oder eine externe Besetzung, sowie das Benennen eines Mitgliedes der Unternehmensführung als Compliance-Beauftragter.

Das Aufgabengebiet eines Compliance-Beauftragten lässt sich in die Bereiche Prävention, Beratung, Informationssteuerung, Kontrollfunktion, Dokumentation und Sanktionierung unterteilen.

Compliance-Beauftragte in Wertpapierdienstleistungsunternehmen sind als gesetzlich Beauftragte zu klassifizieren, da sie sämtliche konstituierenden Merkmale eines gesetzlich Beauftragten aufweisen.

---

282 Vgl. *Rotsch*, in: R-Handbuch Criminal Compliance, S. 155.

283 *Rotsch*, in: R-Handbuch Criminal Compliance, S. 89, spricht davon, dass beim Betrachten der strafrechtlichen Verantwortlichkeit von Compliance-Beauftragten die „Begriffsverwendung“ hinsichtlich der Compliance-Verantwortlichen geklärt sein sollte. Für die Beantwortung der Frage nach einer strafrechtlichen Verantwortung eines konkreten Compliance-Beauftragten sind zwar dessen Stellung im Unternehmen, sowie auch seine konkreten Zuständigkeiten zweifelsohne von einer erheblichen Bedeutung, ob man hierzu allerdings dann im „Vorfeld“ zunächst auch die Begrifflichkeiten zwingend „scharf“ abgrenzen muss bzw. aufgrund der verschiedenen Compliance-System in der Praxis überhaupt schon sinnhaft abgrenzen kann, darf bezweifelt werden.

Die Abwägung, wann ein Compliance-Beauftragter berechtigt ist, Rechtsverstöße extern anzuzeigen fällt dahingehend aus, dass die externen Anzeigerechte des Compliance-Beauftragten nur eingeschränkt, im Vergleich zu den Anzeigerechten der übrigen Arbeitnehmer, bestehen.

Auch ohne ausdrückliche vertragliche Fixierung folgt bereits aus dem Arbeitsvertrag eines Compliance-Beauftragten, dass dieser verpflichtet ist, ihm bekanntwerdende Rechtsverstöße im Unternehmen gegenüber der Unternehmensleitung anzuzeigen.

Dritter Teil: Dogmatik der unechten Unterlassungsdelikte

oder

„Das dunkelste Kapitel in der Dogmatik des Allgemeinen Teils“[1]

Um sich der Frage zu nähern, ob Compliance-Beauftragte eine strafrechtliche Garantenpflicht im Sinne des § 13 Abs. 1 StGB trifft, Straftaten von Unternehmensangehörigen im Zusammenhang mit deren betrieblicher Tätigkeit zu verhindern,[2] muss zunächst die Dogmatik der Unterlassungsdelikte in den Mittelpunkt der Ausführungen rücken. Die Untersuchung beschränkt sich mit ergebnisorientiertem Blick auf dogmatische Fragen, auf die aktuelle Gesetzeslage, die gefestigte Rechtsprechung und Ausschnitte der Literatur. Darüber hinausgehende, teils grundlegende Fragen, etwa ob die Lösung der Gleichstellungsproblematik in den Allgemeinen oder in den Besonderen Teil des Strafgesetzbuches gehört, sollen nicht näher erörtert werden.[3]

---

1 *Roxin*, Strafrecht AT, Band II, S. 711; ähnlich auch *Jakobs*, Strafrecht AT, S. 799: „Die Bestimmung des Garanten ist eine der schwierigsten Aufgaben der Dogmatik des AT“.

2 So BGH, Urt. v. 17.07.2009 – 5 StR 394/08, Rn. 27.

3 Indem man § 13 StGB abschafft, würden sog. „unechte Unterlassungsdelikte“ entfallen und man könnte im Besonderen Teil entweder eigene (echte) Unterlassungstatbestände schaffen oder aber wie beim Versuch, in dem jeweiligen Begehungstatbestand angeben, ob und gegebenenfalls unter welchen Voraussetzungen auch eine Tatbestandsverwirklichung durch Unterlassen möglich ist. Dies würde nicht zu einer Lösung, sondern nur zu einer Verlagerung der Gleichstellungsproblematik führen, da eine Wertung, wann ein Unterlassen einem Tun in seinem Unrechtsgehalt gleichsteht, auch nicht beantwortet wird, so etwa *Kaufmann*, Dogmatik der Unterlassungsdelikte, S. 315 ff., der die Lösung des Gleichstellungsproblem nur im Besonderen Teil des StGB für möglich erachtet „denn das Unterlassungsdelikt läßt sich nicht ungestraft auf das Prokrustesbett der Begehungsdogmatik spannen“; auch *Weber*, ZStW 1984, S. 376 (387), spricht sich für die Normierung von Unterlassungsdelikten im Besonderen Teil aus: „Jedenfalls sollte jede Möglichkeit dieser Art genutzt werden“; dagegen *Henkel*, MschKrim 1961, S. 178 (182 ff.); zu dieser Frage vgl. auch *Grünewald*, ZStW 1958, S. 412 (424 ff.); *Rudolphi*, Gleichstellungsproblematik, S. 54 ff.; allgemein zu der Gesetzestechnik Abstraktionsfähiges in sog. „Allgemeinen Teilen“ zusammenzufassen vgl. *Kubiciel*, Die Wissenschaft vom Besonderen Teil, S. 287 ff.; *Lepsius*, in: J/L-Rechtswissenschaftstheorie, S. 1 (27 ff.); *Schapp*, Rechtstheorie 2001, S. 305 (310 ff.); *Schünemann*, FS Bockelmann, S. 117 (117 ff.); *Tiedemann*, in: T-Wirtschaftsstrafrecht in der Europäischen Union, S. 3 (9 ff.); *ders.*, FS Baumann, S. 7 (7 ff.).

Ebenso soll die in der Strafrechtswissenschaft prominent[4] vertretene Ansicht, das Merkmal der Garantenstellung, etwa bezeichnet als „Sonderverantwortlichkeit", als Zurechnungsgrund auch auf die Begehungsdelikte anzuwenden und damit die „Rumpelkammer für ungelöste Tatbestands- und Rechtfertigungsprobleme"[5] – die objektive Zurechnung – abzulösen, nicht näher diskutiert werden. Anspruch der Untersuchung ist es nicht, eine neue, eigenständige Dogmatik strafrechtlich relevanten Unterlassens zu entwickeln.[6] Es soll ein dogmatisches Ausgangsbild gezeichnet werden, von dem sich im folgenden vierten Teil, der Antwort genährt werden kann, unter welchen Voraussetzungen Compliance-Beauftragte eine strafbewehrte Pflicht trifft, strafrechtliche Erfolge von Unternehmensangehörigen zu verhindern.

---

4 *Freund*, Erfolgsdelikt und Unterlassen, S. 116; *ders.*, FS Herzberg, S. 225 (234 f.); *Herzberg*, Unterlassung im Strafrecht und das Garantenprinzip, S. 172 f.; *ders.*, GA 1996, S. 1 (10); *Jakobs*, System der strafrechtlichen Zurechnung, S. 27; *Pawlik*, Das Unrecht des Bürgers, S. 159 ff; *Schlehofer*, Vorsatz und Tatabweichung, S. 60; *ders.*, FS Herzberg, S. 355 (359); vgl. auch *Herzberg*, JZ 1988, S. 573 (579).

5 So *Hilgendorf*, FS Weber, S. 33 (44); dagegen *Roxin*, FS Maiwald, S. 715 (724): „Nichts ist falscher als das"; vgl. auch *ders.*, FS Lampe, S. 423 (434): „das Rückgrat des strafrechtlichen Unrechts"; für die Lehre von der objektiven Zurechnung bei den Vorsatzdelikten vgl. *ders.*, GS Kaufmann, S. 237 (246 f.); *Puppe*, GA 2015, S. 203 (206 ff.); *Reniger*, FS Roxin, S. 811 (811 ff.); kritisch zur Lehre von der objektiven Zurechnung *Gracia*, FS Schünemann, S. 363 (371 ff.); *Hirsch*, FS Lenckner, S. 119 (140); *Küpper*, Grenzen der normativierenden Strafrechtsdogmatik, S. 99 f.; *Samson*, FS Lüderssen, S. 587 (587 ff.); kritisch auch *Struensee*, GA 1987, S. 97 (97): „Ihre Wurzeln reichen zurück in die Anfänge der Adäquanztheorie, und in der gegenwärtigen Epoche des Postfinalismus entfaltet sie den Effekt eines den gesamten objektiven Tatbestand an sich reißenden und in sich ertränkenden Strudels"; vgl. auch *Kaufmann*, FS Jescheck, S. 251 (271): „ein Ensemble von Topoi"; einen Überblick der Kritik an der objektiven Zurechnung liefert *Schroeder*, FS Szwarc, S. 273 (273 ff.).

6 Vgl. *Rudolphi*, Gleichstellungsproblematik, S. 83, der die Frage aufwirft, warum es Lehre und Rechtsprechung trotz jahrhundertelanger intensivster Bemühungen und einer unübersehbaren Fülle von Literatur und höchstrichterlichen Entscheidung bis zum heutigen Tag nicht gelungen sei, eine allseits anerkannte und befriedigende Lösung der Gleichstellungsproblematik zu finden; in diesem Sinne auch *Schünemann*, ZStW 1984, S. 287 (299): „Trotz immenser Anstrengungen der Strafrechtswissenschaft, trotz zahlloser einschlägiger Entscheidungen der Strafrechtsjudikatur und trotz nachhaltiger, in der neueren Zeit noch intensivierter Bemühungen des Gesetzgebers ist die Problematik der Strafbarkeit des Unterlassens deshalb in Deutschland bis jetzt noch nicht endgültig gelöst".

Bei näherer Betrachtung der strafrechtlichen Unterlassungsdogmatik findet sich ein bunter Strauß verschiedenster Ansichten. Bestehende dogmatische Ansätze des strafrechtlich relevanten Unterlassens sollen nicht, sofern dies überhaupt möglich ist, umfassend dargestellt werden. Bei der folgenden Erarbeitung der dogmatischen Grundlagen wird sich auf solche Aspekte beschränkt, die spezifische Erkenntnisse zu einem strafrechtlich relevanten Unterlassen von Compliance-Beauftragten versprechen. Die eingeschränkte Bezugnahme auf einen Auszug der umfangreichen strafrechtlichen Unterlassungsdogmatik ist nicht zuletzt einem „Ausufern" der Dogmatik geschuldet. Hinzukommt, dass die strafrechtliche Unterlassungsdogmatik als solche, schon häufig Gegenstand wissenschaftlicher Abhandlungen war.[7]

Erforderlich bleibt aber, die Problematik einer strafrechtlichen Gleichstellung von Tun und Unterlassen wenigstens in Grundzügen zu erörtern, da aus der Gleichstellungsproblematik überhaupt erst die Notwendigkeit der Garantendogmatik folgt.[8] Deswegen ist die Frage nach einer Begründung einer strafrechtlichen Gleichstellung von Tun und Unterlassen die Kernfrage der gesamten Unterlassungsdogmatik,[9] wobei in diesem Zusammenhang der Begriff „Gleichstellung" streng genommen schon falsch ist, da anerkannt wird, dass strafrechtlich relevantes Unterlassen wertungsmäßig hinter strafrechtlich relevantem Tun

---

7 Vgl. etwa die Monografien zur Unterlassungsstrafbarkeit von *Albrecht*, Begründung von Garantenstellungen; *Androulakis*, Problematik der unechten Unterlassungsdelikte; *Bärwinkel*, Struktur der Garantieverhältnisse bei den unechten Unterlassungsdelikten; *Behrendt*, Unterlassung im Strafrecht; *Brammsen*, Entstehungsvoraussetzungen der Garantenpflichten; *Coelln*, Das rechtliche Einstehenmüssen; *Freund*, Erfolgsdelikt und Unterlassen; *Gallas*, Studien zum Unterlassungsdelikt; *Granderath*, Rechtspflicht zur Erfolgsabwendung; *Güntge*, Begehen durch Unterlassen; *Herzberg*, Unterlassung im Strafrecht und das Garantenprinzip; *Kahlo*, Handlungsform der Unterlassung; *Kaufmann*, Dogmatik der Unterlassungsdelikte; *Kugler*, Ingerenz und Selbstverantwortung; *Meyer*, Garantenstellung beim unechten Unterlassungsdelikt; *Nickel*, Unechte Unterlassungsdelikte im Hinblick auf den Grundsatz nullum crimen sine lege; *Nitze*, Entsprechungsklausel; *Pfleiderer*, Garantenstellung aus vorangegangenem Tun; *Rudolphi*, Gleichstellungsproblematik; *Sangenstedt*, Garantenstellung und Garantenpflicht; *Schöne*, Unterlassene Erfolgsabwendungen; *Schünemann*, Grund und Grenzen der unechten Unterlassungsdelikte; *Schürmann*, Unterlassungsstrafbarkeit; *Vogel*, Norm und Pflicht bei den unechten Unterlassungsdelikten; *Welp*, Vorangegangenes Tun; *Schünemann*, FS Amelung, S. 303 (306), spricht von einem „dogmatischen Chaos".

8 Die Frage nach einer Gleichstellung von Unterlassen und Tun wurde erstmals von *Luden* aufgeworfen, vgl. *Luden*, Abhandlungen aus dem gemeinen teutschen Strafrechte, Band 2, S. 226.

9 *Kaufmann*, JuS 1961, S. 173 (174); *Roxin*, GA 2009, S. 73 (73).

zurücktritt. Trotzdem wird der Begriff der „Gleichstellungs" -problematik weiterverwendet, da die Diskussion seit etwa 200 Jahren unter dieser Begrifflichkeit geführt wird und im folgenden Verständnisprobleme vermieden werden sollen.

Widmet man sich der strafrechtlichen Gleichstellungsproblematik, sollte am Anfang Klarheit über die Problematik herrschen: Lässt man die Frage nach einer strafrechtlichen Abgrenzbarkeit von Begehung und Unterlassung außen vor, lassen sich im Hinblick auf die strafrechtliche Relevanz von Unterlassen zunächst zwei Grenzen ziehen, in denen sich die folgende Diskussion zu bewegen hat: Auf der einen Seite steht die Möglichkeit, ein Unterlassen nie als strafrechtlich bedeutsam einzustufen, also keinerlei strafrechtliche Handlungspflichten festzuschreiben. Dem gegenüber steht eine strafrechtliche Universalverpflichtung jeder Person zur Bewahrung sämtlicher strafrechtlich geschützter Rechtsgüter. Dies würde eine Handlungspflicht statuieren, sobald eine Verletzung eines strafrechtlich geschützten Rechtsgutes droht, wenn man Recht und als dessen Bestandteil auch Strafrecht als Einrichtung zur Schaffung und Erhaltung von Rechtsgütern als positiv bewertetem Zustand begreift, bedeutet dies nicht im Umkehrschluss, dass das Unterlassen jeder, potenzielle Rechtsgüter erhaltende, Handlung unter Strafe gestellt werden sollte.[10]

Der Untersuchung wird ein nicht vertieft geprüftes Verständnis zugrunde gelegt, das die Funktion von Strafrecht im Schutz von Rechtsgütern erblickt. Im Rahmen der Gleichstellungsproblematik wird an unterschiedlichen Stellen auf die Funktion des Strafrechts zum Rechtsgüterschutz eingegangen. Für eine allgemeine Auseinandersetzung mit strafrechtlichem Rechtsgüterschutz sei auf die umfassend vorhandene Literatur verwiesen.[11] Auch ein kritischer Blick auf die

---

10 Vgl. *Jakobs*, Rechtsgüterschutz, S. 17.

11 Etwa *Amelung*, Rechtsgüterschutz und Schutz der Gesellschaft, S. 15 ff.; *Gössel*, FS Oehler, S. 97 (101 ff.); *Greco*, FS Roxin, S. 199 (200 ff.); *Hassemer*, Theorie und Soziologie des Verbrechens, S. 57 ff.; *ders./Neumann*, in: NK-StGB, Vor § 1 Rn. 108 ff.; *Heger*, Europäisierung des deutschen Umweltstrafrechts, S. 195 ff.; *von Hirsch*, GA 2002, S. 2 (2 ff.); *Krack*, ZIS 2011, S. 475 (479 ff.); *Kühl*, FS Schünemann, S. 157 (164 ff.); *ders.*, FS Stöckel, S. 117 (128 ff.); *ders.*, Die Bedeutung der Rechtsphilosophie, S. 34 ff.; *ders.*, in: T-Wirtschaftsstrafrecht in der Europäischen Union, S. 301 (302 ff.); *Maiwald*, FS Roxin, S. 131 (132 ff.); *Möllers*, Rechtsgüterschutz im Umwelt- und Haftungsrecht, S. 27 ff.; *Navarrete*, FS Roxin, S. 169 (170 ff.); *Paeffgen*, FS Wolter, S. 125 (125 ff.); *Prittwitz*, in: N/P-Kritik und Rechtfertigung des Strafrechts, S. 131 (145 ff.); *Romano*, FS Roxin, S. 155 (156 ff.); *Roxin*, Symposium Schünemann, S. 135 (138 ff.); *Sammüller-Gradl*, Zurechnungsproblematik, S. 49 ff.; *Wohlers*, GA 2002, S. 15 (15 ff.); *Zaczyk*, FS Beulke, S. 69 (74 f.); *ders.*, Das Unrecht der versuchten Tat, S. 119 ff.; vgl. auch *Möstl*, Staatliche Garantie für die öffentliche Sicherheit, S. 156, der das Strafrecht als

Rechtsgutstheorie soll entfallen und stattdessen auf die ausführlich geführten Kontroversen verwiesen werden.[12] Im Jahre 2008 hat das Bundesverfassungsgericht in seiner „Inzest-Entscheidung“ Stellung zu einem strafrechtlichen Rechtsgutsbegriff bezogen und ihm im Ergebnis Bedeutungslosigkeit bescheinigt.[13]

---

das „Herzstück staatlichen Rechtsgüterschutzes“ bezeichnet; zur geschichtlichen Entwicklung des Rechtsgutsbegriffs vgl. *Frommel*, Präventionsmodelle, S. 115 ff.

12 Kritisch zu einer „personalen“ Rechtsgutslehre *Amelung*, in: H/H/W-Die Rechtsgutstheorie, S. 155 (161); *Bacigalupo*, FS Jakobs, S. 1 (3 ff.); *Bottke*, FS Lampe, S. 463 (488); *Brunhöber*, FS Schünemann, S. 3 (13 f.); *Burchard*, „Irren ist menschlich“, S. 132 ff.; *Fischer*, FS Hamm, S. 63 (76); *Hefendehl*, Kollektive Rechtsgüter, S. 55; *Kaspar*, Verhältnismäßigkeit und Grundrechtsschutz, S. 193 ff.; *Roxin*, FS Hassemer, S. 573 (573 ff.); *ders.*, GA 2013, S. 433 (433 ff.); *ders.*, FS Küper, S. 489 (491 f.); *Stuckenberg*, GA 2011, S. 653 (656 f.); *Zaczyk*, GA 2014, S. 73 (84); vermittelnd *Hefendehl*, Symposium Haffke, S. 165 (181 ff.); *ders.*, GA 2002, S. 20 (20 ff.); *Maas*, NStZ 2015, S. 305 (306 f.); kritisch zu einer rein personalen Rechtsgutslehre auch *Schünemann*, GA 1995, S. 201 (207): „daß sie noch die albernste Laune des egoistischen Individuums höher einstuft als die Lebensbedingungen der künftigen Generation.“; hierzu auch *ders.*, FS Triffterer, S. 437 (452 ff.); in diesem Sinne auch *Stratenwerth*, ZStW 1993, S. 679 (688); vgl. hierzu aber *Prittwitz*, Symposium Schünemann, S. 287 (295): „Revolutionäres Strafrecht kann eine ökologische oder güterverteilende Revolution begleiten, aber Strafrecht ist weder ein tauglicher Startschuss in eine Revolution noch gar ein geeigneter Ersatz für sie“; allgemein kritisch zum Rechtsgutsbegriff wegen seiner „Vagheit“ und seiner „eher bescheidenen Grenzfunktion“ *Frisch*, in: H/H/W-Die Rechtsgutstheorie, S. 215 (216 ff.); ebenfalls kritisch zur „Hochschätzung des Rechtsgutes“ *Pawlik*, Das Unrecht des Bürgers, S. 127 ff.; vgl. auch *Lüderssen*, in: K/L/V-Gemeinwohl im Wirtschaftsstrafrecht, S. 101 (126 f.): „Wer sagt uns, was ein Rechtsgut ist, welche Rechtsgüter geschützt werden und warum das geschehen soll. In den Strafgesetzen steht es nicht, und die Auskünfte der Verfassung sind mager“; ähnlich auch *Kaspar*, in: K/L/V-Gemeinwohl im Wirtschaftsstrafrecht, S. 139 (140): „Der Teufel steckt hier im Detail, denn welche dieser Interessen gerade so gewichtig sind, dass sie sogar per Strafandrohung geschützt werden dürfen, lässt sich eben nicht ohne weiteres aus dem Begriff des ‚Rechtsguts‘ ableiten.“; zum Rechtsgüterschutz als Interessenschutz vgl. *Popp*, Gläubigerschädigung, S. 35 f.; *Alwart*, FS Otto, S. 3 (13), spricht von einer „Verabsolutierung des Rechtsgutsdenkens“; zu einer Zusammenfassung der Kritik am Rechtsgutskonzept vgl. *Francuski*, Prozeduralisierung im Wirtschaftsstrafrecht, S. 41 ff.; vgl. auch *Fischer*, in: Die ZEIT 34/2014, S. 38: „Woher die Legitimität kommen soll, kann die Rechtswissenschaft nicht aus sich selbst erklären. Sie nimmt vielmehr Bezug auf einen Kosmos von Wertungen, Moralvorstellungen, Traditionen, sozialen Gegebenheiten. Rechtsgüter werden also nicht ‚vorgefunden‘, sondern in der jeweiligen Gesellschaft ‚gemacht.

13 Vgl. BVerfG, NJW 2010, S. 1137 (1138): „Will man hingegen mit einer ‚naturalistischen‘ Rechtsgutstheorie als legitime Rechtsgüter nur bestimmte ‚Gegebenheiten des sozialen Lebens‘ anerkennen oder in anderer Weise von einem überpositiven Rechtsgutsbegriff

Weder die vollkommene strafrechtliche Gleichstellung von Tun und Unterlassen noch die vollkommene Straffreiheit bei Unterlassungen wurde in den letzten hundert Jahren vertreten. Eine völlige Gleichstellung von Tun und Unterlassen würde, abgesehen von Wertungsgesichtspunkten,[14] auch zu einer massiven Ausweitung des Strafrechts führen. Es knüpft häufig nicht an reine Erfolgsverursachung an, wie etwa beim Totschlag, sondern ist beschränkt, dass es häufig nur eine bestimmte Art der Erfolgsverursachung unter Strafe stellt.[15] Bei

---

ausgehen, so gerät ein solches Konzept – verstanden und angewendet als Element des verfassungsrechtlichen Prüfungsmaßstabs – in Widerspruch dazu, dass es nach der grundgesetzlichen Ordnung Sache des demokratisch legitimierten Gesetzgebers ist, ebenso wie die Strafzwecke auch die mit den Mitteln des Strafrechts zu schützenden Güter festzulegen und die Strafnormen gesellschaftlichen Entwicklungen anzupassen. Diese Befugnis kann nicht unter Berufung auf angeblich vorfindliche oder durch Instanzen jenseits des Gesetzgebers ‚anerkannte' Rechtsgüter eingeengt werden. Sie findet ihre Grenze vielmehr – auf dem Gebiet des Strafrechts wie anderswo – nur in der Verfassung selbst, wenn und soweit diese die Verfolgung eines bestimmten Zwecks von vornherein ausschließt. Welchen Beitrag das Konzept des Rechtsgüterschutzes für die Rechtspolitik und für die Dogmatik des Strafrechts leisten können mag, ist hier nicht zu beurteilen, jedenfalls stellt es keine inhaltlichen Maßstäbe bereit, die zwangsläufig in das Verfassungsrecht zu übernehmen wären, dessen Aufgabe es ist, dem Gesetzgeber äußerste Grenzen seiner Regelungsgewalt zu setzen."; zu der Entscheidung vgl. *Androulakis*, FS Hassemer, S. 271 (271 ff.); *Bosch*, FS Beulke, S. 15 (23 f.); *Duttge*, FS Roxin, S. 227 (230 ff.); *Greco*, ZIS 2008, S. 234 (234 ff.); *Krauß*, FS Hassemer, S. 423 (423 ff.); *Kühl*, FS Heinz, S. 766 (767 ff.); *Scheinfeld*, FS Roxin, S. 183 (183 f.); kritisch zur bisherigen Rechtsprechung des Bundesverfassungsgerichts hinsichtlich der durch das Inzestverbot geschützten Rechtsgüter vgl. *Fischer*, in: Die ZEIT 34/2014, S. 38 (38): „Das Bundesverfassungsgericht hat noch vor wenigen Jahren – zur Legitimierung der Bestrafung von Geschlechtsverkehr zwischen erwachsenen Geschwistern – ‚Rechtsgüter' aus der Mottenkiste hervorgekramt, von denen wir annahmen, sie seien im Mahlstrom der Geschichte verschwunden: den ‚Schutz Ungeborener vor geistiger Behinderung' (dann müsste man auch rauchende oder trinkende Schwangere bestrafen) oder den ‚Schutz sozial ausgegrenzter Minderheiten vor Diskriminierung' (dann müsste man die Zeugung von Kindern in sozial randständigen Personengruppen generell unter Strafe stellen)"; allgemein zum Verhältnis von Rechtsgutslehre und Verfassungsrecht vgl. *Engländer*, ZStW 2015, S. 616 (624 ff.); *Kudlich*, ZStW 2015, S. 635 (646 ff.).

14 Also die Frage inwieweit die Nichthinderung eines Erfolgseintrittes die der durch Handlung bewirkten Erfolgsherbeiführung im Unwertgehalt nachstehen.

15 Aufschlussreich hierzu *Kühl*, FS Tiedemann, S. 29 (36), der unter dem Begriff des „fragmentarischen Strafrechts" erläutert, dass manche Rechtsgüter durch Strafvorschriften fast „lückenlos", d. h. gegen alle vorsätzliche, fahrlässige und versuchte Verletzungshandlungen geschützt werden, ein solcher Rundumschutz von Rechtsgütern im Strafrecht

einem Unterlassen fehlt diese spezifische, die Strafbarkeit begrenzende, Erfolgsverursachung, weswegen lediglich an den Eintritt des Erfolges angeknüpft werden könnte, deswegen ist Teil der Gleichstellungsproblematik die Frage, wie ein Begehungstatbestand durch Unterlassen zu verwirklichen ist, wenn der Tatbestand nicht nur an das Bewirken eines Erfolges anknüpft, sondern zur Tatbestandserfüllung zusätzliche Modalitäten verlangt.[16]

Bei der Gleichstellungsproblematik handelt es sich somit um ein quantitatives Problem. Es geht nicht darum, ob man ein Unterlassen strafrechtlich einem Tun gleichstellen kann – dies wird unbestritten angenommen – sondern (nur) um die Reichweite dieser Gleichstellung. Es besteht Einigkeit, dass Unterlassen nicht strafrechtlich irrelevant ist, es aber ein „Weniger" gegenüber einer Begehung darstellt.[17] Dass ein Unterlassen grundsätzlich hinter einem Tun in seinem Unrechtsgehalt zurücksteht, wird ungeprüft unterstellt. Im Ergebnis handelt es sich hierbei um eine philosophisch zu beantwortende Fragestellung. Hier endet die „Einigkeit" im Rahmen der Unterlassungsdelikte. Darüber hinaus besteht nur Einigkeit, dass Uneinigkeit herrscht.[18]

---

aber die Ausnahme sei; allgemein zum fragmentarischen Charakter des Strafrechts vgl. etwa *Fischer*, ZIS 2015, S. 312 (312 f.); *Hefendehl*, JA 2011, S. 401 (401 ff.); *Hörnle*, ZIS 2015, S. 206 (207); *Kulhanek*, ZIS 2014, S. 674 (674 ff.).

16 *Welp*, Vorangegangenes Tun, S. 18 f., nennt dies die Frage nach der „Modalitätsäquivalenz der Unterlassung".

17 Diese Wertung teilt auch der Gesetzgeber, wenn er in § 13 Abs. 2 StGB die Möglichkeit zur Strafmilderung einräumt; zur Auslegung der Strafrahmenmilderung in § 13 Abs. 2 StGB und den damit verbundenen Schwierigkeiten, vgl. *Beckschäfer*, Strafrahmenmilderung beim Begehen durch Unterlassen, S. 87 ff.

18 *Coelln*, Das rechtliche Einstehenmüssen, S. 17, spricht von einem „case law" im Bereich der Unterlassungsdelikte; vgl. auch *Schünemann*, FS Amelung, S. 303 (304): „hat sich auf diesem Feld geradezu ein dogmatisches Chaos etabliert, bei dem ein gewisser Fundus an von der h. M. geteilten Ergebnissen nicht darüber hinweg täuschen darf, dass so gut wie jeder Autor eine abweichende, mit anderen Ansätzen inkommensurable Ableitung favorisiert und die Rechtsprechung längst auf jede dogmatische Herleitung verzichtet und ihr Heil in einer reinen Kasuistik gesucht hat"; *ders.*, FS BGH, S. 621 (635): „so daß die Rechtsprechung mangels konstruktiver Übernahme und Fortentwicklung einer besseren allgemeinen Garantentheorie im Grunde genommen nicht über eine von Fall zu Fall dahintaumelnde Kasuistik hinausfinden kann."; *ders.*, Grund und Grenzen der unechten Unterlassungsdelikte, S. 221: „wodurch das unechte Unterlassungsdelikt eine Beute der unkontrollierbaren Werteerlebnisse des erkennenden Gerichts und die Strafbarkeit der Unterlassung zu einer Frage der Individualethik geworden ist."; *Freund*, Erfolgsdelikt und Unterlassen, S. 1, spricht von einem „Vorantasten" der Rechtsprechung von Fall zu Fall; *Weigend*, in: LK-StGB, § 13 Rn. 23 spricht von: „allgemeinen

A. Entwicklung der strafrechtlichen Gleichstellungsproblematik

Die Frage, unter welchen Voraussetzungen die Nichtabwendung eines Unrechtserfolges der Herbeiführung eines Unrechtserfolges wertmäßig gleichsteht, ist bis heute nicht hinreichend beantwortet[19] und beschäftigt die Rechtswissenschaft seit mittlerweile etwa 200 Jahren.[20] Einigkeit besteht insoweit, als das ein Unterlassen hinter einer Handlung wertungsmäßig grundsätzlich zurückbleiben soll und, um eine wertungsmäßige Gleichstellung mit einem Tun zu erreichen, weitere Voraussetzungen hinzutreten müssen.

Für eine fundierte Auseinandersetzung mit den vertretenen Lösungsansätzen der Gleichstellungsproblematik ist ein kurzer Überblick über die Entwicklung der Gleichstellungsproblematik in Literatur und Rechtsprechung hilfreich, insbesondere, weil die vertretenen Begründungsansätze, wann ein Unterlassen in seiner strafrechtlichen Wertung einem Tun gleichsteht, nicht auf ein einheitliches Konzept

---

Prinzipien der Fairness" über dass sich strafbewehrte Handlungspflichten legitimieren lassen; *Berster*, Das unechte Unterlassungsdelikt, S. 9, spricht von einer „unerträglichen Unschärfe der Unterlassungsstrafbarkeit"; vgl. *Bohnert*, ZStW 2005, S. 290 (303): „ist die Dogmatik nicht über die Fallgruppenmethode hinausgekommen. Die Fallgruppenmethode basiert auf dem unmittelbaren Einleuchten einzelner Falllösungen, also auf dem gewichtenden Rechtsgefühl. Das Rechtsgefühl ist keine bloße Gestimmtheit, es ist ein Wägen, ob die Handlungspflicht so stark ist, dass ihre Verletzung strafwürdig ist."; vgl. auch *Bottke*, wistra 1991, S. 81 (85): „Soweit es um die Frage strafbewehrter Garantenpflichten geht, ist der vielstimmige Meinungschor in Judikatur und Schrifttum nahezu kakophonisch"; selbst der BGH leugnet ein solches „case law" im Rahmen der Unterlassungsdelikte nicht (mehr), wenn er in seiner Entscheidung zur Bad Reichenhaller Eissporthalle wörtlich ausführt: „Ob eine solche Garantenstellung besteht, die es rechtfertigt, das Unterlassen der Schadensabwendung dem Herbeiführen des Schadens gleichzustellen, ist nicht nach abstrakten Maßstäben zu bestimmen. Vielmehr hängt die Entscheidung letztlich von den Umständen des konkreten Einzelfalls ab." vgl. BGH, NJW 2010, S. 1087 (1090).

19 So auch *Roxin*, Strafrecht AT, Band II, S. 711.

20 *Rudolphi*, Gleichstellungsproblematik, S. 4, hat hierzu bereits im Jahre 1966 ausgeführt: „Heute wie vor 100 Jahren geht es (...) allein um die Frage, unter welchen Voraussetzungen das Nichthindern eines Erfolgseintrittes dem positiven Herbeiführen eines tatbestandsmäßigen Erfolges gleichzuachten ist."; zur philosophischen Entwicklung der Gleichstellungsproblematik über *Kant*, *Schopenhauer* und *Hegel* vgl. *Pawlik*, Das Unrecht des Bürgers, S. 162 ff.; zu der Gleichstellungsproblematik bereits im römischen Recht vgl. *Honig*, FS R. Schmidt, S. 3 (3 ff.); *Jaschinski*, Die Entwicklung des Begriffs ‚Erfolg', S. 25 ff.

zurückzuführen sind. Deutlich wird dies etwa im Fall der Ingerenz, die, vollkommen systemwidrig, der sog. „formellen Rechtspflichtentheorie“ zugeordnet wird.[21] Die formelle Rechtspflichtentheorie liefert aber keinerlei Erklärung oder Anknüpfungspunkt für Erfolgsabwendungspflichten aus Vorverhalten. Ein kurzer Überblick über die historische Entwicklung der Gleichstellungsproblematik ist somit zuträglich für ein Verständnis der Dogmatik, die sich heute um das strafrechtliche Unterlassen rankt.

I. Entwicklung in der Literatur

Zunächst soll auf die Gleichstellungsproblematik innerhalb der Literatur eingegangen werden, bevor sich der historische Überblick der Entwicklung in der Rechtsprechung zuwendet.

Kress führte sinngemäß im Jahre 1721 aus, Strafe und Strafrecht seien nicht als Instrument erdacht, damit sich Menschen einander Gutes tun, sondern damit sie sich nichts Schlechtes tun.[22] Die Abwendung drohender Verletzungen von Dritten gehöre somit grundsätzlich in den Bereich der Ethik und könne nur unter der Voraussetzung strafbar sein, dass eine besondere rechtliche Pflicht zur Abwendung des Erfolges besteht.[23]

1. Die Lehre von der Rechtspflicht

Feuerbach wird als Begründer der Gleichstellungsdogmatik gesehen.[24] Auf ihn geht die sog. „formale Rechtsquellenlehre“ aus dem Jahre 1801 zurück, nach der sich eine strafbewehrte Rechtspflicht zur Handlung entweder aus Gesetz oder

21 Vgl. unter 3. Teil, A. I. 3. b) bb).

22 *Kress*, Commentatio succincta in Constitutionem criminalem Caroli V. Imperatoris, Art. CLXXVII § 1 Anm. 6; in diesem Sinne auch *Saliger*, in: H/N/S-Solidarität im Strafrecht, S. 61 (62): „(…) während in einer liberalistischen Ethik- und Rechtskonzeption (universalistische) Handlungspflichten im Vordergrund stehen“.

23 *Kress*, Commentatio succincta in Constitutionem criminalem Caroli V. Imperatoris, Art. CXIII § 4 Anm. 3.

24 *Rudolphi*, Gleichstellungsproblematik, S. 5; *Roxin*, Strafrecht AT, Band II, S. 711; kritisch *Pawlik*, FS Roxin, S. 931 (934): „*Feuerbach*, der heute allgemein – auch von *Roxin* – als Begründer der Garantendogmatik gefeiert wird, ist unglückseligerweise umgekehrt verfahren: Er hat die problematischen Züge der *kantischen* Lehre weitgehend beibehalten, die zutreffende Einsicht *Kants* hingegen verdrängt“; ebenfalls kritisch *ders.*, Das Unrecht des Bürgers, S. 168 f.

Vertrag ergibt.[25] Diese (ältere) Rechtsquellenlehre wird in dieser Form nicht mehr vertreten, bildet aber die Grundlage für die heute häufig diskutierte und teilweise noch vertretene Lehre von den formellen Rechtspflichten.[26]

Im Jahre 1822 baut *Spannenberg* die Darstellung *Feuerbachs* aus, indem er einen Rechtsgrund für die Strafbarkeit des Unterlassens nicht, wie zuvor noch *Feuerbach*, direkt aus dem Gesetz herleitet, sondern als Rechtsgrund zur Erfolgsabwendung auch mittelbar aus solchen Gesetzen ableitet, die besondere Verhältnisse zwischen bestimmten Personen normieren.[27] Beispielhaft für solche Verhältnisse nennt *Spannenberg* Ehe, Vormundschaft und das Verhältnis zwischen Soldaten und ihren Vorgesetzten.[28] Diese Gesichtspunkte werden heute, häufig losgelöst von rechtlichen Bestimmungen, unter den Begriffen der „Garantenstellung aus enger Lebensgemeinschaft" bzw. „enger natürlicher Verbundenheit" kontrovers diskutiert.[29] Im Jahre 1828 schrieb *Stübel*:

---

25 *Feuerbach*, Lehrbuch des gemeinen in Deutschland geltenden Peinlichen Rechts, S. 26: „Weil aber die ursprüngliche Verbindlichkeit des Bürgers nur auf Unterlassungen geht; so setzt ein Unterlassungsverbrechen immer einen besondern Rechtsgrund, (Gesetz- oder Vertrag) voraus, durch welchen die Verbindlichkeit zur Begehung begründet wird. Ohne diesen wird man durch Unterlassung kein Verbrecher"; dem folgend etwa *Haupt*, ZStW 1882, S. 533 (547).

26 *Grünewald*, Zivilrechtlich begründete Garantenpflichten, S. 19; anders *Seebode*, FS Spendel, S. 317 (342 ff.), der zu dem Ergebnis kommt, dass nur die gesetzlich oder vertraglich begründete Erfolgsabwendung mit dem Bestimmtheitsgebot vereinbar ist. Handlungspflichten aus „faktischen Gegebenheiten", etwa aus vorangegangenem Tun oder aus enger Lebensgemeinschaft hingegen seien mit dem Bestimmtheitsgebot unvereinbar, da sich ihre strafbarkeitsbegründende Wirkung nicht aus dem Gesetz ergebe; dem folgend *Mitsch*, in: B/W/M-Strafrecht AT, S. 280 f.

27 *Spangenberg*, Neues Archiv des Criminalrechts, Band 4, S. 527 (538 f.): „Gehen wir das Gebiet der rechtlichen Verhältnisse durch, so finden wir, daß die Gesetze zwischen einigen Personen ein besonderes inniges Band anknüpfen, vermöge welchem dieselben einander ganz vorzüglich zugethan seyn müssen, und sich gegenseitig zu dem möglichsten Schutz und Beihülfe verpflichtet sind. Die hieraus entspringenden rechtlichen Verhältnisse dieser Personen gegen einander sind unmittelbare Folgen desselben, und ihre allgemeine Quelle ist das Gesetz, welches dieses Band knüpfte, ob es gleich die einzelnen möglichen Folgen nicht ausdrücklich bestimmte, oder doch nur in den wenigsten Fällen bestimmt hat".

28 *Spangenberg*, Neues Archiv des Criminalrechts, Band 4, S. 527 (539).

29 Vgl. etwa BGH NJW 1952, S. 552 (553); *Fischer*, StGB, § 13 Rn. 11 f.; *Geilen*, FamRZ 1964, S. 385 (389 ff.); *ders.*, FamRZ, S. 147 (149 ff.); *Rudolphi*, Gleichstellungsproblematik, S. 6.

„Von den Unterlassungen, in Ansehung der Verhinderung der Verbrechen Anderer, hat man die Unterlassungen, welche eigene besondere Verbrechen sind, da durch sie Rechte verletzt werden und auf ihnen Strafen stehen, wohl zu unterscheiden. Es giebt allerdings Fälle, in denen Jemand, vermöge eines besondern Verhältnisses, oder einer vorhergehenden Handlung desselben, zu einer Handlung rechtlich verpflichtet ist, so machen sich z. B. Eltern, wenn sie ihren Kindern die zur Erhaltung des Lebens noch' wendige Pflege versagen, und diejenigen, welche einen Andern in einen Zustand versetzt haben, in welchem er ohne ihre Hülfe um das Leben kommen muß, wenn sie ihm solche nicht leisten, des Verbrechens einer Tödtung schuldig. Man denke sich den Fall, daß Jemand einen Andern einsperrt und ihm die erforderlichen Lebensmittel zu reichen unterläßt."[30]

Damit hatte *Stübel* vor annähernd 200 Jahren relativ präzise beschrieben, was heute unter den Begriffen „Beschützergarant" und „Garantenstellung aus Ingerenz" diskutiert wird.[31] Die Darstellungen von *Feuerbach*, *Stübel* und *Spannenberg* bilden somit die Grundlage dessen, was heute als formelle Rechtspflichtentheorie bezeichnet wird.[32] Bekannt geworden ist die prägnante Zusammenfassung dieser (systemlosen) Theorie unter: „Garantenstellung aus Gesetz, Vertrag und Ingerenz".

2. *Die kausalen Lehren*

In der folgenden Entwicklung wendet sich die Lehre von der Rechtspflicht, hin zu den sog. „kausalen Lehren".[33] Im Rahmen dieser Entwicklungen wurde erstmals durch *Luden* zwischen sog. „echten" und „unechten" Unterlassungsdelikten differenziert.[34] Diese Trennung veranlasste *Luden* dazu, die Gleichstellungsproblematik

30 *Stübel*, Ueber die Theilnahme mehrerer Personen an einem Verbrechen, S. 60 f.

31 Auf *Stübel* als Begründer der Garantenstellung aus Ingerenz ebenfalls hinweisend *Jescheck*, ZStW 1965, S. 109 (113); *Kaufmann*, Dogmatik der Unterlassungsdelikte, S. 241.

32 Ähnlich *Albrecht*, Begründung von Garantenstellungen, S. 15 f.

33 Etwa *Ortmann*, GS 1874, S. 439 (445 f.); *ders.*, GS 1875, S. 209 (209 ff.); hierzu auch *Rudolphi*, Gleichstellungsproblematik, S. 7 ff.; zur Kritik an der Rechtsquellenlehre vgl. die Ausführungen zu der formellen Rechtspflichtentheorie unter 3. Teil, A. I. 3. b).

34 *Luden*, Abhandlungen aus dem gemeinen teutschen Strafrechte, Band 2, S. 219 f.: „Der Hauptfehler, in welchen unsere Criminalisten dabei verfallen, liegt darin, daß sie nicht gehörig unterscheiden zwischen Unterlassungsverbrechen im eigentlichen Sinne, und zwischen Verbrechen welche durch Unterlassungshandlungen begangen werden. (…) Wenn es ein Mal bei Strafe geboten ist gewisse Handlungen zu begehen so liegt allerdings in der Nichtbegehung dieser Handlungen eine Uebertretung des Gebotes und ein Verbrechen welches man Unterlassungsverbrechen nennen kann"; hierzu auch *Malitz*, Der untaugliche Versuch, S. 78; allgemein zur Abgrenzung von

auf Fälle zu beschränken, bei denen die Tatbestände als Begehungsdelikt (sog. „unechtes Unterlassungsdelikt“) formuliert waren.[35] Die von *Luden* favorisierte Lösung der Gleichstellungsproblematik über die Kausalität geht fehl und wird nicht mehr vertreten. Sinngemäß will *Luden* ein strafrechtlich relevantes Unterlassen annehmen, wenn das Unterlassen kausal für den Erfolgseintritt gewesen ist, der Unterlassende also die Möglichkeit zur strafrechtlichen Erfolgsabwendung gehabt hätte.[36] Das Kausalitätskriterium ist zwar auch heutzutage ein notwendiges Merkmal für die Bestrafung aus einem Unterlassungstatbestand, würde im Ergebnis zu der dargestellten vollkommenen strafrechtlichen Gleichstellung von Tun und Unterlassen führen, da es aus der Auffassung resultiert, dass jede Nichtabwendung eines tatbestandlichen Erfolges strafbar ist, solange sich Kausalität zwischen Erfolgseintritt und Unterlassen nachweisen lässt.[37] Im Kern widerspricht sich *Luden* selbst und leugnet ohne es zu merken die Bedeutsamkeit eines strafrechtlich relevanten Unterlassens überhaupt, wenn er ausführt:

> „Und daß er die Wirksamkeit der Naturkräfte ihren Gang gehen ließ, während ihm die Bewältigung derselben möglich war, ist zunächst zwar nur eine Unterlassung, aber doch auf der anderen Seite zugleich eine positive Handlung. Denn während er das Eine unterließ, muß er nothwendig etwas Anderes gethan haben, und das muß immer eine positive Handlung gewesen sein, sollte es auch in bloßem Zusehen oder in einer Ortsentfernung bestanden haben. Und diese positive Handlung ist als dann die alleinige Ursache des verbrecherischen Erfolges.“[38]

Mit einem weiten Verständnisses des Handlungsbegriffes wäre die Annahme zu konstruieren, dass es Menschen nicht möglich ist, zu einem Zeitpunkt „nichts“ zu tun.[39] Daraus mit *Luden* die Schlussfolgerung zu ziehen, dass die Handlung,

---

„echten“ und „unechten“ Unterlassungsdelikten vgl. auch *Meyer-Bahlburg*, Erörterung der Unterlassungsdelikte, S. 43 ff.

35 *Luden*, Abhandlungen aus dem gemeinen teutschen Strafrechte, Band 2, S. 219 ff.; vgl. auch *Kaufmann*, Dogmatik der Unterlassungsdelikte, S. 242; *Rudolphi*, Gleichstellungsproblematik, S. 8, jeweils m. w. N.

36 *Luden*, Abhandlungen aus dem gemeinen teutschen Strafrechte, Band 2, S. 236.

37 *Luden*, Abhandlungen aus dem gemeinen teutschen Strafrechte, Band 1, S. 474: „Mit einem Worte, in allen Fällen, in welchen nach den Gesetzen des Causalzusammenhanges, und ohne Mitwirkung der Thätigkeit eines Anderen ein verbrecherischer Erfolg nothwendig entstehen mußte, kann derselbe Demjenigen, der ihn hätte verhindern können, als seine Wirkung zugerechnet werden.“; vgl. auch *Rudolphi*, Gleichstellungsproblematik, S. 8.

38 *Luden*, Abhandlungen aus dem gemeinen teutschen Strafrechte, Band 1, S. 474.

39 Ähnlich *Binding*, Die Normen und ihre Übertretung, Band II, Hälfte 1, S. 555 f.; dies ablehnend etwa *Roxin*, Strafrecht AT, Band II, S. 266, bei dem bloße Gedanken und

die zum Zeitpunkt der eigentlichen Rettungshandlung vorgenommen wird, kausal sein soll für den Erfolgseintritt, ist abwegig. Würde ein Vater sein Kind im Fluss ertrinken lassen und während des Ertrinkens eine Zigarette rauchen, müsste nach *Luden* an das Rauchen der Zigarette anknüpft werden, da das Rauchen kausal für den Tod des ertrinkenden Kindes wäre.

Glaser, *Krug* und *Merkel* folgen *Luden* insoweit, als sie ebenfalls nicht an ein Unterlassen anknüpfen, sondern an ein positives Tun. Im Unterschied zu *Luden* knüpfen sie allerdings nicht an ein „Andershandeln" des Täters zum Tatzeitpunkt an, sondern an vorherige Handlungen als kausale Ursache des nichtabgewendeten Erfolges.[40] Eine solch reine Kausalbetrachtung wird zu Recht abgelehnt, da sie eine völlig wertfreie Kategoire darstellt, die zur Erfassung rechtlicher Sinn- und Bedeutungszusammenhänge wenig beiträgt.[41] Genannte Autoren legten mit ihrer Anknüpfung an eine vorherige Handlung des Unterlassenden den Grundstein für die heutige Garantenstellung aus Ingerenz (Vorverhalten),[42] wobei sie die Notwendigkeit eines strafrechtlich wertenden Merkmals der Vorhandlung nicht erkennen und sich in einem reinen Kausaldogma verlieren.

Binding und *Hälschner* näheren sich der Gleichstellungsproblematik ebenfalls über die Kausalität, rücken aber eine „Kausalität des Unterlassens" in das Zentrum ihrer Reflexionen.[43] Zwar knüpfen *Binding* und *Hälschner* ebenso an vorangegangene Handlungen des Unterlassenden an, sehen hierin aber nur eine Vorbedingung für das eigentliche Unterlassen.[44] Insbesondere *Binding* erkennt,

innerbetriebliche Gemütsregungen nicht unter den Handlungsbegriff fallen; anders etwa *Jakobs*, Strafrecht AT, S. 145, der auch Nachdenken und Kopfrechnen unter den Handlungsbegriff subsumiert.

40 Vgl. *Glaser*, Abhandlungen aus dem Österreichischen Strafrecht, S. 318; *Krug*, Commentar zum Strafgesetzbuch für das Königreich Sachsen, S. 21 ff.; *Merkel*, Kriminalistische Abhandlungen, S. 81.

41 *Kaufmann*, Dogmatik der Unterlassungsdelikte, S. 286; *Roxin*, Täterschaft und Tatherrschaft, S. 6 f.; *Rudolphi*, Gleichstellungsproblematik, S. 12 f.; *Schünemann*, ZStW 1984, S. 287 (290).

42 *Welp*, Vorangegangenes Tun, S. 41, merkt an, dass die Begründung einer Gleichstellung von Tun und Unterlassen über die Frage nach einer kausalen Vorhandlung des Täters den Vorteil mit sich bringt, dass sie eine ebenso exakte Abgrenzung des strafbaren Unterlassens ermöglicht, wie die Tatbestandsbeschreibung bei den Begehungsdelikten.

43 *Binding*, Die Normen und ihre Übertretung, Band II, Hälfte 1, S. 517; *Hälschner*, Das gemeine deutsche Strafrecht, Band 1, S. 237 ff., hierzu auch *Rudolphi*, Gleichstellungsproblematik, S. 15 f.

44 Vgl. die Darstellung bei *Rudolphi*, Gleichstellungsproblematik, S. 15.

dass bei einer rein kausalen Anknüpfung an eine Vorhandlung häufig der Vorsatz zum Handlungszeitpunkt fehlt.[45]

Aus dieser berechtigten Kritik entstanden die sog. „Interferenztheorien". Diese gehen von einem doppelten Charakter der Unterlassung aus: Zunächst wird an eine Vorhandlung angeknüpft, die eine positive Bedingung zum schädlichen Erfolg setzt oder den Wegfall einer vom Erfolg abhaltenden Bedingung verursacht.[46] Durch das Vorverhalten erzeugt der Täter (die berechtigte) Erwartung, er werde den Eintritt des tatbestandlichen Erfolges verhindern. Unterlässt er die Rettungshandlung, würde er sein Pflichtgefühl zum Handeln unterdrücken.[47] An die Unterdrückung eines Handlungswillens mit der vorherigen aktiven Setzung einer Bedingung zum Erfolgseintritt knüpfen die Interferenztheorien eine Strafbarkeit wegen Unterlassens.[48]

Die Interferenztheorien versagen in sämtlichen Konstellationen, in denen keine kausale Vorhandlung existiert, an die angeknüpft werden kann.[49] Darüber hinaus führen sie konsequent angewendet zu einer Straflosigkeit, wenn von vornherein überhaupt kein „Hemmungswille" besteht, der unterdrückt werden könne.[50] Derjenige, der von an Anfang an den Vorsatz gefasst hatte, seinen bissigen Hund nicht zurückzurufen, wenn dieser ein Kind anfällt, wäre straffrei im Gegensatz zu demjenigen, der grundsätzlich den Willen hatte, seinen Hund zurückzurufen, diesen aber beim Losrennen des Hundes unterdrückt.

Im Anschluss wurde versucht, der Gleichstellungsproblematik mit Hilfe von neuen Kausalitätskategorien zu begegnen. Man betrachtete die Kausalität nicht mehr rein naturwissenschaftlich, sondern erweiterte sie um normative[51]

---

45 Vgl. *Binding*, Die Normen und ihre Übertretung, Band II, Hälfte 1, S. 516 f.: „Die Handlung, welche den verbrecherischen Erfolg verursacht haben soll, wird vielfach in ein Stadium verlegt, worin der Urheber noch aller Schuld ermangelte".

46 *Rudolphi*, Gleichstellungsproblematik, S. 16 f.

47 *Kugler*, Ingerenz und Selbstverantwortung, S. 39 m. w. N.

48 Die Interferenztheorien in ihren unterschiedlichen Schattierungen werden mangels Relevanz nicht in ihren Einzelheiten dargestellt, sie gehen zurück auf *Binding*, Die Normen und ihre Übertretung, Band II, Hälfte 1, S. 516 ff.; *Hälschner*, Das gemeine deutsche Strafrecht, Band 1, S. 237 ff.; *v. Buri*, GS 1869, S. 189 (193 ff.); *ders.*, ZStW 1881, S. 400 (400 ff.).

49 Ähnlich *Kaufmann*, Dogmatik der Unterlassungsdelikte, S. 268.

50 *Bergmann*, Strafbarkeit vertragswidrigen Unterlassens, S. 142 f.; *Kaufmann*, Dogmatik der Unterlassungsdelikte, S. 268; *Rudolphi*, Gleichstellungsproblematik, S. 19.

51 Zur Bedeutung des häufig verwandten Wortes „normativ" vgl. *Hilgendorf*, FS Rottleuthner, S. 45 (45 ff.).

Gesichtspunkte.[52] Geschuldet war dies der zunehmenden Erkenntnis um die Schwächen einer rein naturwissenschaftlichen Kausallehre. Eine vollständige Abkehr von der Kausallehre als Lösung der Gleichstellungsproblematik gelang nicht, weswegen versucht wurde, bestehende Kausallehren mit normativen Kriterien auszubauen. *Kohler* nennt dies „Kausalismus der sozialen Ordnung".[53] Bezeichnet wurde diese, maßgeblich von *Kohler* geprägte Form des Kausalismus auch als „Rechtskausalismus", der sich vom Naturkausalismus abgrenzte, indem er eine wertende Betrachtung in die Gleichstellungsproblematik einbringt.[54] *Kohler* schlägt damit den richtigen Weg hin zu normativen Lösungsansätzen der Gleichstellungsproblematik ein. Bedauerlicherweise kann er sich nicht gänzlich von dem Ansatz der Kausallehre lösen. Er stellt dar, dass die Frage nach einer Lösung der Gleichstellungsproblematik auch eine Frage der sozialen Ordnung der jeweiligen Kulturentwicklung ist, verfällt in seinen Ausführungen aber wieder dem „Kausalitätsdogma".[55] Durch die Anknüpfung an vorherige Handlungen sind sämtliche kausale Lehren dem Vorwurf einer Bestrafung wegen des sog. „dolus subsequens" (nachfolgendem Vorsatz) ausgesetzt.

3. *Lehren von der Rechtswidrigkeit*

Das Aufkommen des von *Beling* geprägten dreiteiligen Verbrechensaufbaus[56] brachte die Frage mit sich, wo das Problem der Gleichstellung innerhalb des dreistufigen Verbrechensaufbau zu verorten sei. Hatte sich bei den „letzten Kausalisten" eine Wandlung zu einer normativen Lösung der Gleichstellungsproblematik angedeutet, wurde diese nun vollzogen.[57] Das Problem der Gleichstellung wurde von der Kausalität herausgelöst und in die Lehre von der Rechtswidrigkeit versetzt.[58] Als rechtswidrig wurde eine Unterlassung angesehen, wenn den Unterlassenden eine Rechtspflicht zur Verhinderung des Erfolges trifft. *Rudolphi* weist zu

---

52 Vgl. bei *Rudolphi*, Gleichstellungsproblematik, S. 20 f. m. w. N.

53 *Kohler*, Studien aus dem Strafrecht, Band 1, S. 45.

54 *Rudolphi*, Gleichstellungsproblematik, S. 20; *Welp*, Vorangegangenes Tun, S. 41.

55 Vgl. etwa *Kohler*, Studien aus dem Strafrecht, Band 1, S. 45.

56 Vgl. *Beling*, Die Lehre vom Verbrechen, S. 1 ff.; wobei *Ambos*, ZIS 2006, S. 464 (464), darauf hinweist, dass *Stübel* und *Luden* fast hundert Jahre vor *Beling* an einer Tatbestandslehre gearbeitet haben; vgl. auch *ders.*, JA 2007, S. 1 (1); zur Entwicklung der Tatbestandslehre seit *Beling* vgl. *Roxin*, Strafrecht AT, Band I, S. 280 ff.

57 *Rudolphi*, Gleichstellungsproblematik, S. 26.

58 *Hanke*, Kommissivdelikt durch Unterlassung, S. 32 ff.; *Traeger*, Das Problem der Unterlassungsdelikte, S. 66 ff.; vgl. auch *Rudolphi*, Gleichstellungsproblematik, S. 26; hierfür auch *Böhm*, JuS 1961, S. 177 (181).

Recht darauf hin, dass allein mit der Verlagerung der Gleichstellungsproblematik von der Kausalität hin zur Rechtswidrigkeit keine Klarheit gewonnen wird.[59]

a) Formelle Rechtspflichtentheorie

Die formelle Rechtspflichtentheorie nimmt die gesamte Rechtsordnung in Bezug und untersucht diese auf Handlungspflichten, die sich mittelbar und unmittelbar aus Rechtsvorschriften ergeben, unabhängig davon, ob es sich um öffentlich-rechtliche oder um zivilrechtliche Rechtsnormen handelt.[60] Die (vermeintliche) formelle Rechtspflichtentheorie, aus der sich der sog. „Rechtspflichtentrias" (Gesetz, Vertrag und Ingerenz) ableiten soll, war um das Jahr 1930 in Lehre und Rechtsprechung unbestritten.[61] Im Jahre 1936 fügte das Reichsgericht die „enge Lebensgemeinschaft" als vierten Begründungsansatz hinzu.[62]

b) Kritik an der formellen Rechtspflichtentheorie

Aufgrund der Einbeziehung der gesamten Zivilrechtsordnung sind nach der formellen Rechtspflichtentheorie grundsätzlich sämtliche vertraglichen Beziehungen sowie sämtliche gesetzliche Bestimmungen geeignet, strafrechtliche Erfolgsabwendungspflichten zu begründen.

---

59 *Rudolphi*, Gleichstellungsproblematik, S. 26.

60 Vgl. etwa RGSt 58, 130 (131); 63, 392 (394); 64, 273 (275 f.); *Böhm*, Garantenpflichten, S. 90; *A. Böhm*, Rechtspflicht zum Handeln, S. 53 ff.; *Rudolphi*, Gleichstellungsproblematik, S. 27 f.; *Schünemann*, ZStW 1984, S. 287 (290 f.); *Welp*, Vorangegangenes Tun, S. 62.

61 RGSt 58, 130 (131); 63, 392 (394); 64, 273 (275 f.); *Geisler*, Das unechte Unterlassungsdelikt, S. 85; vgl. hierzu auch *Busch*, FS von Weber, S. 192 (196 ff.); *Roxin*, Strafrecht AT, Band II, S. 711; *Schünemann*, ZStW 1984, S. 287 (291).

62 RGSt 69, 321 (323): „Gegenseitig füreinander einzustehen ist ein Gebot der Sittlichkeit das sich im weitesten Bereich aus der Pflicht zur christlichen Nächstenliebe ergibt und für einen engeren Kreis der Kameradschaft der Frontsoldaten und dem Nationalsozialismus entspringt, der innerhalb der Volksgemeinschaft Opferbereitschaft verlangt. Die sittliche Pflicht kann zur Rechtspflicht werden für Menschen, die der Außenwelt in so enger Lebensgemeinschaft verbunden gegenüberstehen, wie es in der Familie oder der häuslichen Gemeinschaft der Fall zu sein pflegt"; zustimmend *W. Kretschmer*, Das unechte Unterlassungsdelikt nach geltendem Recht, S. 28 f.: „Der Nationalsozialismus muß deshalb kraft des ihm innewohnenden sittlichen Prinzips auch im Strafrecht an die Verletzung elementarer sittlicher Pflichten rechtliche Folgen knüpfen".

Roxin führt kritisch aus:

> „Schon die scheinbar konkreteste, dem Bestimmtheitsgrundsatz am meisten entgegenkommende Garantenstellung aus Gesetz liefert in Wahrheit keinen plausiblen Entstehungsgrund für strafrechtliche Erfolgsabwendungspflichten."[63]

Ähnlich *Herzberg*:

> „Es ist ganz undenkbar, daß die Interpretation strafrechtlicher Tatbestände sich danach richtet, was sich in anderen Gesetzen an Handlungsgeboten findet. Diese können für sie nicht maßgebend sein, weil die Aspekte, unter denen in anderen Regelungsbereichen Rechtspflichten geschaffen oder nicht geschaffen wurden, nicht notwendig auf das Strafrecht ausdehnbar sind."[64]

aa) Unterschiede bei zivil- und strafrechtlichen Pflichten

Eine solche Verknüpfung von zivil- und strafrechtlichen Pflichten wird heutzutage zu Recht kritisiert. Sie ist durch ihre undifferenzierte Einbeziehung sämtlicher auch mittelbarer zivilrechtlicher Pflichten zu weit.[65] Anhänger einer strafrechtlichen Handlungspflicht, die sich aus Gesetz ergibt, stehen vor der Frage, welche gesetzlich normierten Handlungspflichten strafrechtlich relevant sein sollen. In Wirklichkeit ist es nicht das Gesetz, das die Frage nach der Garantenstellung beantwortet, sondern eine Replik auf die vorgeschaltete Frage, warum die Norm zur Begründung einer strafrechtlichen Handlungspflicht herangezogen wird.[66]

Selbst originär strafgesetzlich begründete Handlungspflichten eignen sich nicht dazu, besondere Erfolgsabwendungspflichten zu begründen, da es sich um allgemeine Handlungspflichten handelt, die jedermann treffen.[67] So würde § 323c StGB

63 *Roxin*, Strafrecht AT, Band II, S. 714.

64 *Herzberg*, Unterlassung im Strafrecht und das Garantenprinzip, S. 336; ähnlich kritisch *ders.*, Verantwortung für Arbeitsschutz, S. 223: „Die außerstrafrechtliche Rechtspflicht ist aber nicht nur keine hinreichende, sie ist nicht einmal notwendige Bedingung der Garantenstellung".

65 *Grünewald*, Zivilrechtlich begründete Garantenpflichten, S. 20.

66 Ähnlich *Roxin*, Strafrecht AT, Band II, S. 715: „Denn es ist offenbar nicht das Gesetz, das über die Garantenstellung entscheidet, sondern ein davon unabhängiges, unbekanntes Kriterium"; ähnlich auch *Albrecht*, Begründung von Garantenstellung, S. 27: „mangelt es schließlich an jeglicher überzeugender Antwort auf die Frage, ob und warum nur bestimmte und alle gesetzlichen Vorschriften Quellen von Garantenstellungen sein können".

67 *Bockelmann*, MDR 1953, S. 649 (649 f.); *Roxin*, FS Trechsel, S. 551 (554 f.); *Weigend*, in: LK-StGB, § 13 Rn. 21 Fn. 56; *Wessels/Beulke/Satzger*, Strafrecht AT, S. 298; *Wohlers/Gaede*, in: NK-StGB, § 13 Rn. 31; vgl. auch *Arzt*, JA 1980, S. 647 (650): „In Monographien wird die Garantenstellung kraft Gesetzes mit messerscharfer Logik seziert.

(Unterlassene Hilfeleistung) bei konsequenter Anwendung der Rechtspflichtentheorie und seinem unbeschränkten Adressatenkreis, die strafbewehrte Handlungspflicht statuieren, sämtliche tatbestandsmäßigen Erfolge zu verhindern, die sich als Unglücksfälle, gemeine Gefahr oder Not darstellen, die dann bei einem Unterlassen dieser „Pflicht" nicht über § 323c StGB zu sanktionieren wären, sondern aus dem jeweiligen unechten Unterlassungsdelikt.[68]

Die Begründung strafrechtlicher Erfolgsabwendungspflichten durch zivilrechtliche Verträgen versagt ebenfalls, wie das bekannte Babysitter-Beispiel zeigt: Der Babysitter erscheint entgegen seiner vertraglichen Verpflichtung nicht zur Beaufsichtigung des Kindes, woraufhin die Eltern ihr Kind allein lassen und das Kind in Folge der fehlenden Beaufsichtigung einen tödlichen Unfall erleidet. Der Babysitter haftet strafrechtlich nicht wegen Totschlags durch Unterlassen, die Eltern schon.

Andererseits wird eine strafrechtliche Erfolgsabwendungspflicht des Babysitters angenommen werden müssen, wenn der Babysitter zur Beaufsichtigung des Kindes erscheint, der mit den Eltern geschlossene Vertrag aber zivilrechtlich nichtig ist. Noch deutlicher wird die mangelnde Übertragbarkeit von zivilrechtlichen Pflichten ins Strafrecht, wenn der Babysitter seinen Dienstvertrag nachträglich etwa wegen Irrtums anficht: Wegen der ex tunc-Wirkung der Anfechtung wäre der Dienstvertrag von Anfang an nichtig. Dies würde bedeuten, dass der Babysitter zum Zeitpunkt der Beaufsichtigung strafrechtlich zur Erfolgsabwendung verpflichtet ist, sich dieser Verpflichtung aber, etwa bei Tod des Kindes, nachträglich entledigen könnte, indem er den Vertrag anficht. Aus solchen zivilrechtlichen Vorgängen folgt keine materiell-rechtliche Legitimation zur Begründung oder zur Verneinung von strafrechtlichen Erfolgsabwendungspflichten. Zwischen Zivilrecht und Strafrecht bestehen unüberbrückbare Wertungswidersprüche.[69]

Daß nach einer solchen Sektion nur noch unbrauchbare Bruchstücke einer Garantenstellung, gewissermaßen Leichenteile, herumliegen, ist unbestreitbar".

68 Vgl. auch *Herzberg*, Unterlassung im Strafrecht und das Garantenprinzip, S. 336: „Daß das Verhungernlassen des eigenen Kindes ein ‚Töten' ist, ergibt sich dem Strafrichter nicht aus den §§ 1601, 1626 BGB. Es wäre für ihn auch dann zwingend, wenn der Zivilgesetzgeber in seinem Kompetenzbereich von einer Verpflichtung abgesehen hätte".

69 Zur begrüßenswerten Emanzipation des Strafrechts vom Zivilrecht bereits im Jahre 1938 *Bruns*, Die Befreiung des Strafrechts vom zivilistischen Denken, S. 1 ff.; hierzu auch *Schmidt*, in: S-Vielfalt des Rechts, S. 9 (13 f.); vgl. auch die an *Bruns* angelehnte Abwandlung des Titels von *Schünemann*, in: LK-StGB, § 14 Rn. 11: „Die Versklavung des Strafrechts durch das zivilistische Denken"; ebenfalls kritisch *G. Grünwald*, Das unechte Unterlassungsdelikt, S. 52: „Durch die Heranziehung außerstrafrechtlicher Bestimmungsnormen wurde das Strafrecht mit den Normsystemen anderer

bb) Systemwidrige Einbeziehung der Ingerenz

Mit der Einbeziehung einer Erfolgsabwendungspflicht aus Vorverhalten (Ingerenz) widerspricht sich die formelle Rechtspflichtentheorie selbst.[70] Die Vertreter der formellen Rechtspflichtentheorie stritten zwar darum, wie eine Handlungspflicht aus Vorverhalten zu begründen war und welche Anforderungen an das vorangegangene Verhalten zu stellen waren, sie waren sich jedoch einig, dass eine Erfolgsabwendungspflicht auch aus dem Vorverhalten des Täters erwachsen konnte.[71] Eine Anknüpfung an vorausgehendes Verhalten stellt ein „Überbleibsel" aus den dargestellten Kausaltheorien dar.[72] Es fehlt häufig an einer rechtlichen Grundlage, welche die Handlungspflicht aus Ingerenz im Sinne der formellen Rechtspflichtentheorie erklären könnte, da das Vorverhalten häufig gerade keine vorausgehende gesetzliche oder vertragliche Pflicht verletzt.[73] Die formelle Rechtspflichtentheorie erklärt folglich keine Garantenstellung aus Ingerenz. Auch die von Vertretern der formellen Rechtspflichtentheorie häufig anerkannte Garantenstellung aus Gefahrengemeinschaft vermag die formelle Rechtspflichtentheorie

---

Rechtsgebiete in einer unerträglichen Weise verkettet"; vgl. auch *Hamm*, NJW 1998, S. 662 (662): „Das Strafrecht unserer Tage hat überhaupt keinen Charakter mehr. Es verhält sich anbiederisch gegenüber nahezu allen anderen Rechtsdisziplinen. Es läßt sich als Lückenbüßer mißbrauchen, wo immer die Politik versagt, und aus der ultima ratio ist weitgehend die ‚prima ratio' geworden"; zur unterschiedlichen Bedeutung derselben Rechtsbegriffe im Straf- und im Zivilrecht vgl. *Ohly*, FS Jakobs, S. 451 (468); *Lüderssen*, Entkriminalisierung des Wirtschaftsrechts II, S. 37 ff.; gegen eine Zivilrechtsakzessorietät von § 266 StGB vgl. *Schünemann*, ZIS 2012, S. 183 (186 ff.); vgl. auch *Bosch/Lange*, JZ 2009, S. 225 (235 ff.); für eine Zivilrechtsakzessorietät des Strafrechts etwa *Hopt*, ZIS 2013, S. 1793 (1805); zum Verhältnis von Strafrecht und Verwaltungsrecht vgl. etwa *Felix*, Einheit der Rechtsordnung, S. 57 ff.; *Heine*, NJW 1990, S. 2425 (2426).

70 Vgl. *Coelln*, Das rechtliche Einstehenmüssen, S. 88 f.; *Schünemann*, ZStW 1984, S. 287 (291 f.); *ders.*, FS Amelung, S. 303 (310): „logisch eigentlich ausschließenden Konzepte".

71 *Böhm*, Garantenpflichten, S. 90; *Rudolphi*, Gleichstellungsproblematik, S. 28; *Schünemann*, ZStW 1984, S. 287 (290 f.); *Welp*, Vorangegangenes Tun, S. 63.

72 *Schünemann*, ZStW 1984, S. 287 (292), nennt die Aufnahme der Ingerenz in die Gründe einer Gleichstellung von Tun und Unterlassen im Rahmen der formellen Rechtspflichtentheorie die unbemerkte „selbst produzierte Zerrüttung des eigenen dogmatischen Ansatzes", vgl. auch *Roxin*, Strafrecht AT, Band II, S. 715 f.; *ders.*, FS Trechsel, S. 551 (554).

73 *Schünemann*, ZStW 1984, S. 287 (291 f.); *ders.*, FS Amelung, S. 303 (310).

nicht begründen, da bei solchen „Gefahrengemeinschaften" vertragliche Abreden regelmäßig fehlen.[74]

Nun ist es noch kein durchschlagendes Argument gegen die formelle Rechtspflichtentheorie, dass sie Garantenstellungen aus Ingerenz und enger Lebensgemeinschaft nicht erklärt, wenn sie konsequenterweise auf die Anerkennung solcher Garantenstellung verzichten würde. Die im Sinne der formellen Rechtspflichtentheorie systemwidrige Anerkennung weiterer Quellen strafrechtlicher Erfolgsabwendungspflichten zeigt aber ihre Unzulänglichkeit. Oberflächlich betrachtet bringt die formelle Rechtspflichtentheorie wünschenswerte Rechtssicherheit in die Gleichstellungsdiskussion ein, sie belegt aber indes strafrechtliche Erfolgsabwendungspflichten nicht hinreichend, weswegen die herrschende Lehre die formelle Rechtspflichtentheorie zu Recht ablehnt.[75]

---

74 *Roxin*, Strafrecht AT, Band II, S. 716; *Seibert*, Garantenpflichten beim Betrug, S. 123 f.

75 *Dießner*, Unterlassungsstrafbarkeit der Kinder- und Jugendhilfe, S. 213 ff.; *Dusch/Rommel*, NStZ 2014, 188 (189 f.); *Fateh-Moghadam*, in: S/V/P-Wirtschaftsstrafrecht des StGB, S. 25 (35); *Grünewald*, Zivilrechtlich begründete Garantenpflichten, S. 20; *Katsanos*, Garantenstellung aus engen Lebensgemeinschaften, S. 3 ff.; *Kleinherne*, Garantenstellung und Notwehrrecht, S. 142 ff.; *Jescheck/Weigend*, Lehrbuch des Strafrechts, S. 621; *Otto*, FS Herzberg, S. 255 (272); *Pawlik*, Das Unrecht des Bürgers, S. 170; *Perdomo-Torres*, Garantenpflichten aus Vertrautheit, S. 35; *Roxin*, Strafrecht AT, Band II, S. 716; *Rönnau*, JR 2004, S. 156 (158); *Rudolphi*, Gleichstellungsproblematik, S. 28 ff.; *ders.*, NStZ 1991, S. 361 (363); *Schünemann*, FS Amelung, S. 303 (309); *Seelmann*, GA 1989, S. 241 (243); *Seibert*, Garantenpflichten beim Betrug, S. 125; *Weigend*, in: LK-StGB, § 13 Rn. 21; *Welp*, Vorangegangenes Tun, S. 65 f; *Wohlers/Gaede*, in: NK-StGB, § 13 Rn. 31; für eine Wiederbelebung der formellen Rechtspflichtentheorie streitet neuerdings *Bergmann*, Strafbarkeit vertragswidrigen Unterlassens, S. 263 ff., indem er einzelne Fälle einer (konsequenten) zivilrechtlicher Betrachtung unterzieht, um an den Ergebnissen darzulegen, dass durch eine zivilrechtliche Bewertung auch im Rahmen der Unterlassungsdelikte richtige Ergebnisse erzielt werden können; für Garantenstellungen aus Gesetz und Vertrag, allerdings ohne Begründung *Lege*, Strafbarkeitsbegründende Rechtspflichten, S. 48; *Lewisch*, in: Zauberwort Compliance, S. 71 (85 f.); ebenfalls für Garantenstellungen aus Gesetz, ebenfalls ohne Begründung *R. Hassemer*, FS Hassemer, S. 729 (732 f.); defizitär auch die Begründung für die formelle Rechtspflichtentheorie bei *Vogt*, Verbandsgeldbuße, S. 88 f., die lediglich anführt, dass auch nichtige Verträge im Zivilrecht keine „Nullwirkung" haben; unklar *Kudlich/Oğlakcıoğlu*, Wirtschaftsstrafrecht, S. 118 f., die zu erst auf eine formelle Herleitung von Garantenpflichten aus Gesetz, Vertrag und Ingerenz rekrutieren um folgend für eine Garantenstellung des Betriebsinhabers auf dessen „Direktionsrecht bzw. die Organisationsherrschaft als tragende Stütze der Garantenstellung" verweisen.

c) *Materielle Rechtspflichtentheorie*

Im Kern beinhaltet die von *Sauer* und *Kissin* entwickelte Lehre eine rein materiell-wertende Betrachtung der jeweiligen Einzeltat, so soll eine Strafbarkeit wegen Unterlassens gegeben sein, wenn die Unterlassung nach ihrer allgemeinen Tendenz der Gesellschaft mehr schadet als nützt.[76] Als Abwägungskriterien werden etwa Rang des verletzten Rechtsguts, Schwere des Schadens,[77] rechtlich-soziale Stellung des Täters[78] oder eigenhändige Gefahrschaffung[79] genannt. Kann man der formellen Rechtspflichtenlehre ihre „formalrechtliche Starrheit" bei der Begründung von strafrechtlichen Erfolgsabwendungspflichten vorwerfen, geht die materielle Rechtspflichtentheorie in ihrer Anknüpfung an eine abstrakte materiell-strafrechtliche Unrechtslehre zu weit. Sie ermöglicht eine so hohe Abstraktion von Rechtspflichten, die dann grundsätzlich geeignet ist, in jedem Einzelfall eine Pflicht zur Erfolgsabwendung zu begründen oder zu verneinen. Bezeichnend für die reine Einzelfallwertung der Theorie ist folgende Aussage *Sauers*:

> „die Hilfspflicht habe nur dann einzutreten, wenn der dem anderen Teil drohende Schaden unverhältnismäßig größer ist als der dem Hilfspflichtigen im Falle des Eingreifens voraussichtlich entstehende Nachteil."[80]

Man mag aus Gründen der Rechtssicherheit und dem verfassungsrechtlich verankerten strafrechtlichen Bestimmtheitsgebots solche rein wertenden Theorien zur Begründung von Strafbarkeiten ablehnen.[81] Eingeräumt werden muss aber, dass die heute modernste, bis in ihre feinsten Verästelungen ausgestalte Garantendogmatik teils zu massiven Wertungswidersprüchen gelangt, weswegen solche wertenden Theorien nicht vorschnell abgelehnt werden sollten: Die heute vorherrschende Garantendogmatik kann zu einer möglichen Strafbarkeit wegen Sachbeschädigung durch Unterlassen führen, wenn ein Vater es unterlässt die Blumen seiner Tochter zu gießen (maximale Strafandrohung zwei Jahre Freiheitsstrafe, vgl. § 303 Abs. 1 StGB). Dieselbe „moderne"[82] Strafrechtsdogmatik straft eine Person, die ein ihr fremdes Kind am Straßenrand verbluten lässt, zu

---

76 *Kissin*, Rechtspflicht, S. 82; *Sauer*, Grundlagen des Strafrechts, S. 458 f.

77 *Kissin*, Rechtspflicht, S. 99.

78 *Kissin*, Rechtspflicht, S. 107 f.; *Sauer*, Grundlagen des Strafrechts, S. 459.

79 *Kissin*, Rechtspflicht, S. 102.

80 *Sauer*, Grundlagen des Strafrechts, S. 461.

81 So auch *Böhm*, Garantenpflichten, S. 91, nach der durch eine solch wertende Betrachtungsweise „dem Rechtsempfinden des Einzelnen freien Lauf" gelassen würde.

82 Zum Begriff des „modernen Strafrechts" vgl. etwa *Hassemer*, FS Roxin, S. 1001 (1006 f.).

dessen Rettung allein ein Anruf mit dem mitgeführten Handy ausreichend gewesen wäre, wegen unterlassener Hilfeleistung (maximale Strafandrohung ein Jahr Freiheitsstrafe, vgl. § 323c StGB).

Das Beispiel soll nun kein Plädoyer für eine rein wertende, einzelfallorientierte Lösung der Gleichstellungsproblematik darstellen. Es zeigt aber, dass der Gedanke *Sauers*, den konkreten Eingriff in die persönliche Handlungsfreiheit des Einzelnen durch eine strafbewehrte Erfolgsabwendungspflicht mit den drohenden Schäden für Dritte abzugleichen, eine gewisse Attraktivität besitzt, so lässt die Strafrechtsdogmatik im Rahmen der Diskussion um eine strafrechtliche Gleichstellung von Tun und Unterlassen die Frage außen vor, ob zur Erfolgsabwendung lediglich ein Krankenwagen herbeitelefoniert werden muss oder ob unter Einsatz des eigenen Lebens in einen eiskalten Fluss gesprungen werden muss. Letzteres stellt einen wesentlich massiveren Eingriff in die persönliche Handlungsfreiheit dar als das Herbeitelefonieren eines Krankenwagens. Weiterhin sollte es auch unter Gleichstellungsgesichtspunkten Berücksichtigung finden, ob ein Unterlassen zum Tod eines anderen Menschen oder lediglich zu einer Sachbeschädigung führt, ob diesen aufgezeigten, teils massiven Wertungswidersprüchen hinreichend im Rahmen einer Strafzumessung des jeweiligen Delikts nachgekommen werden kann, darf bezweifelt werden. Die dargestellte Problematik mündet in die angesprochene und hier nicht weiter zu vertiefende Frage, inwieweit sich überhaupt allgemeine Gleichstellungskriterien entwickeln lassen, die dann auf alle Tatbestände anwendbar sind, oder ob nicht für unterschiedliche Delikte unterschiedliche Anforderungen an eine strafrechtliche Gleichstellung zu stellen sind.[83]

d) Systematische Kritik – die „doppelte" Rechtswidrigkeit

Auch systematisch tragen die Rechtspflichtentheorien nicht. Zu Recht wird darauf hingewiesen, dass diese eine sog. „doppelte Rechtswidrigkeit" statuieren. Unterstellt, Handeln und Unterlassen seien grundsätzlich geeignet, den Tatbestand eines Strafgesetzes zu verwirklichen und wiesen insoweit eine tatbestandsmäßige Identität auf, ist nicht einzusehen, warum beim Unterlassen auf Ebene der Rechtswidrigkeit eine doppelte Rechtswidrigkeit verlangt werden soll.[84] Im Ergebnis wäre ein Unterlassen entweder „doppelt" rechtswidrig oder überhaupt nicht rechtswidrig. *Welp* stellt klar,

---

83 Im Ergebnis handelt es sich also um die Frage, ob die Gleichstellungsproblematik im Allgemeinen Teil des StGB „gut aufgehoben" ist.

84 So auch *Nagler*, GS 1938, S. 1 (74); *Schaffstein*, FS Gleispach, S. 70 (88); *Welp*, Vorangegangenes Tun, S. 63 f.

dass die Verortung der Gleichstellungsfrage auf Ebene der Rechtswidrigkeit zu einer Sinnentleerung des Tatbestandsbegriffs führt.[85]

e) Tätertypenlehre

In den Dreißigerjahren erfuhr die Diskussion um die Gleichstellungsproblematik eine erneute Wendung. Die sog. „*Kieler Schule*"[86] und deren strafrechtliche Hauptvertreter *Dahm* und *Schaffenstein* kritisierten die zuvor dargestellten Rechtspflichtentheorien.[87] Insbesondere lehnten sie eine „Zivilisierung des Strafrechts" ab und unternahmen den Versuch, strafrechtlich-spezifische Kriterien zur Lösung der Gleichstellungsproblematik zu entwickeln.[88] Zwar war die gegen die Rechtspflichtentheorien vorgebrachte Kritik in Teilen dogmatisch fundiert[89], die entwickelten Lösungsansätze waren geprägt von der zur Zeit des Nationalsozialismus im deutschen Strafrecht vorherrschenden „Tätertypenlehre". Diese Lehre war Ausfluss einer nationalsozialistischen Ideologie, die durch eine Abkehr von einem liberalen und rechtsstaatlichen Strafrecht zu einem totalitären Konzept des zum Dienste am angeblichen Gemeinnutz verpflichteten Volksgenossen geprägt war.[90]

Nach dieser Lehre stand nicht mehr die konkrete Tat, sondern „das Wesen des Täters" im Mittelpunkt der strafrechtlichen Betrachtungsweise.[91] Die Tätertypenlehre knüpfte im Rahmen der Unterlassungsstrafbarkeit ebenfalls an eine Pflichtverletzung des Täters an, differenziert aber im Gegensatz zu der formellen Rechtspflichtentheorie nicht mehr zwischen sittlichen und rechtlichen Pflichten. Darüber hinaus wurde mit dem Kriterium des „gesunden Volksempfindens" ein völlig konturloser Begriff in die Gleichstellungsdebatte geworfen.[92] Wann

---

85 *Welp*, Vorangegangenes Tun, S. 65.

86 Zur sog. „Kieler Schule" und dem Strafrechtsdenken im Nationalsozialismus vgl. *Hoyer*, GS Eckert, S. 351 (353 ff.); *Ziemann*, Neukantianisches Strafrechtsdenken, S. 130 ff.

87 *Schaffstein*, FS Gleispach, S. 70 (73 ff.); *Dahm*, ZStW 1940, S. 133 (136), wobei dieser die Lösung der Gleichstellungsfrage sowohl auf Ebene des Tatbestandes, als auch auf Ebene der Rechtswidrigkeit erblickt: „Nun kann diese Wendung von der Rechtswidrigkeit zum Tatbestande aber schwerlich bedeuten, daß die Lehre von den unechten Unterlassungsdelikten im Bereiche der materiellen Rechtswidrigkeit überhaupt keine Heimat mehr habe".

88 *Schaffstein*, FS Gleispach, S. 70 (73); vgl. auch *Schünemann*, ZStW 1984, S. 287 (292).

89 Vgl. insbesondere *Schaffstein*, FS Gleispach, S. 70 (73 ff.).

90 Vgl. *Böhm*, Garantenpflichten, S. 92; *Schünemann*, ZStW 1984, S. 287 (300).

91 *Holste*, JA 2009, S. 359 (364) m. w. N.

92 Vgl. *Schaffstein*, FS Gleispach, S. 70 (95): „dass der Unterlassende nach gesundem Volksempfinden als Täter (bzw. als Teilnehmer) des betreffenden Delikts erscheint, für das er verantwortlich gemacht wird"; vgl. auch *Bautz*, Entwicklung der Unterlassungsdelikte,

das „gesunde Volksempfinden“ jemanden als Täter „empfand“, sollte nach der „spezifischen Eigenart des Delikts, das in Frage steht“ beurteilt werden.[93]

Nun ist hier nicht die Stelle, um die nationalsozialistisch geprägte Tätertypenlehre, deren Anwendung sich bekanntermaßen nicht auf die Unterlassungsdogmatik beschränkte[94], eingehend zu desavouieren.[95] Dass es heutzutage schon unsere Verfassung verbietet, „gesundes Volksempfinden“ zur Begründung von Strafbarkeiten heranzuziehen, bedarf keiner weiteren Ausführungen. Durch Anknüpfung an sittliche und moralische Pflichten einerseits und an das Volksempfinden anderseits konnte die Gleichstellung völlig beliebig und eine Strafbarkeit wegen Unterlassens unbeschränkt konstruiert werden.[96]

f) Garantenlehre von Nagler

Die Theorie von der Garantenstellung als ungeschriebenes Tatbestandsmerkmal eines unechten Unterlassungsdelikts wurde erstmals von *Nagler* in einem Aufsatz aus dem Jahre 1938 entwickelt.[97] Zunächst desavouiert *Nagler* die bisherigen Lösungsansätze zur Gleichstellungsproblematik, mahnt die Zugehörigkeit des Gleichstellungsproblems zum Tatbestand, genauer zur Tatbestandshandlung, an und kritisiert die Verortung des Problems an anderer Stelle des Deliktsaufbaus.[98] Die Kritik begründet *Nagler* damit, dass es sowohl tatbestandsmäßige rechtmäßige

S. 56 f.: „Den Ursprung der Handlungspflichten bildet also das Verbot volksschädlichen Verhaltens und das Gebot volksnützlichen Tuns“.

93 *Schaffstein*, FS Gleispach, S. 70 (110): „Dabei ist zunächst zu betonen, daß es einen abstrakten Typ des ‚Täters‘ nicht gibt, sondern nur die konkreten Typen des Mörders, Versicherungsbetrügers, Brandstifters, Diebes“.

94 So nutze etwa *Dahm*, Der Tätertyp im Strafrecht, S. 54 ff., die Lehre vom Tätertyp auch zur Abgrenzung von Täterschaft und Teilnahme.

95 Zur Kritik der Tätertypenlehre zur Lösung der Gleichstellungsproblematik vgl. etwa *Lüderssen*, Kritische Justiz, S. 361 (361 ff.); *Rudolphi*, Gleichstellungsproblematik, S. 39 ff.

96 So auch *Albrecht*, Begründung von Garantenstellungen, S. 18; *Böhm*, Garantenpflichten, S. 90.

97 *Nagler*, GS 1938, S. 1 (51 ff.); ebenfalls auf Nagler als Begründer der „Garantenlehre“ hinweisend *Albrecht*, Begründung von Garantenstellungen, S. 18; *Herzberg*, Unterlassung im Strafrecht und das Garantenprinzip, S. 206; *Kaufmann*, Dogmatik der Unterlassungsdelikte, S. 249; *Rudolphi*, Gleichstellungsproblematik, S. 45 ff.; *Roxin*, Strafrecht AT, Band 2, S. 710; *Schünemann*, ZStW 1984, S. 287 (293 Fn. 21); *Vogel*, Norm und Pflicht, S. 126; *Welp*, Vorangegangenes Tun, S. 70.

98 *Nagler*, GS 1938, S. 1 (51): „Schließlich geisterte das Problem zwischen Kausalität, Rechtswidrigkeit und gelegentlich auch Schuld umher“.

Unterlassungen wie auch tatbestandmäßige, rechtswidrige, schuldlose Unterlassungen gebe.[99] Die Verortung der Gleichstellungsproblematik im Tatbestand steht nicht im alleinigen Verdienst *Naglers*. Auch die kausalen Lehren versuchten die Gleichstellungsproblematik auf Ebene des Tatbestandes zu lösen.[100] Auch die von *Nagler* geäußerte Kritik an der Verortung der Problematik auf Ebene der Rechtswidrigkeit war nicht neu. Neu war, dass *Nagler* den unechten Unterlassungsdelikten ein neues Tatbestandsmerkmal (die Garantenstellung) hinzufügte.[101]

Die Herleitung des ungeschriebenen Tatbestandsmerkmals für die unechten Unterlassungsdelikte gelingt *Nagler* mit einem Vergleich der Delikte, bei denen die strafrechtliche Bedeutung des Unterlassens im Tatbestand festgeschrieben ist (sog. „echten Unterlassungsdelikte"). Bei diesem Vergleich stellt *Nagler* fest, dass sämtliche von ihm verglichenen „echte Unterlassungsdelikte" den unterlassenden Täter in besonderer Art kennzeichnen.[102] Die dogmatische Herleitung *Naglers* trägt nach dem heutigen StGB nicht mehr. Zwar gibt es im heutigen StGB „Sonderunterlassungsdelikte", also Delikte, die durch das Unterlassen von nur bestimmten Personen (Garanten) begangen werden können[103] Es finden sich allerdings auch Tatbestände, die auf einem allgemeinen Solidaritätsprinzip beruhen und von jedermann verwirklicht werden können.[104] Bedeutsam für die weitere Entwicklung der Gleichstellungsdogmatik war die von *Nagler* getroffene

99 *Nagler*, GS 1938, S. 1 (75 f.).

100 So auch *Kaufmann*, Dogmatik der Unterlassungsdelikte, S. 249: „Darin also liegt die Novität der Lösung *Naglers* nicht".

101 *Nagler*, GS 1938, S. 1 (51 ff.).

102 *Nagler*, GS 1938, S. 1 (59), als echte Unterlassungsdelikte führt er hauptsächlich Tatbestände an, welche die Pflicht des „Gefangenen-Beauftragten" bzw. eines „Beamten, welcher einen Gefangenen, dessen Beaufsichtigung, Begleitung oder Bewachung anvertraut ist" normieren für diese Gefangenen „zu sorgen".

103 Etwa kann sich nach § 221 Abs. 1 Nr. 2 StGB nur strafbar machen, wer die schutzbedürftige Person in seiner Obhut hat oder ihr sonst beizustehen verpflichtet ist vgl. *Fischer*, StGB, § 221 Rn. 4 ff.

104 Zu nennen sind die Unterlassene Hilfeleistung gemäß § 323c StGB und das Nichtanzeigen geplanter Straftaten gemäß § 138 StGB; zu einzelnen strafrechtlichen Solidaritätspflichten vgl. *Otto*, FS Kühl, S. 341 (355 ff.); *Spendel*, FS Seebode, S. 377 (378); allgemein zu einem Solidaritätsprinzip im Strafrecht vgl. *Frisch*, GA 2016, S. 121 (121 ff.); *Kühl*, FS Böttcher, S. 597 (600 f.); *Marquardt/ von Danwitz*, FS Rudolphi, S. 497 (499 f.); *Pawlik*, Der rechtfertigende Notstand, S. 57 ff.; *ders.*, GA 1995, S. 362 (363 ff.); *Renzikowski*, in: H/N/S-Solidarität im Strafrecht, S. 13 (13 ff.); für eine Ausweitung von Solidaritätspflichten *Roxin*, FS Jescheck, S. 457 (471); zur problematischen Integration von Solidaritätspflichten ins Strafrecht vgl. *Joerden*, in: H/N/S-Solidarität im Strafrecht, S. 49 (52 ff.).

Detektion, dass sich die Struktur der unechten Unterlassungsdelikte grundsätzlich nicht von der Struktur der Begehungsverbrechen unterscheidet.[105]

Kaufmann bezeichnet die Lehre *Naglers* als „Krönung einer langen dogmengeschichtlichen Entwicklung".[106] Unter dogmatischen Gesichtspunkten muss *Nagler* dahingehend zugestimmt werden, dass er als Erster klar erkennt, dass es aufgrund des besonderen Charakters von „Unterlassungen" nicht möglich ist, eine Gleichstellungsproblematik bestehenden Tatbestandsmerkmalen, etwa der Kausalität, zuzuordnen, ohne die theoretischen Grundlagen, auf denen diese Tatbestandsmerkmale fußen, zu „vergewaltigen". Dieser dogmatische Gewinn oder besser die erfolgreiche Verhinderung eines dogmatischen Irrweges[107] darf nicht darüber hinwegtäuschen, dass allein durch die (zutreffende) Verortung der Gleichstellungsproblematik im Tatbestand, deren Loslösung von anderen Tatbestandsmerkmalen und deren Bezeichnung als Garantenstellung keine Erkenntnis folgt, unter welchen Voraussetzungen jemand Garant ist. Zu dieser Frage werden die Ausführungen *Naglers* widersprüchlich. Eine solche Rechtsstellung, die Erfolgsabwendungspflichten begründen kann, könne sich nach *Nagler* aus der Rechtsordnung (Garantenstellung aus Gesetz) oder aus „Vorgängen des Soziallebens" ergeben.[108] Diese Vorgänge des Soziallebens unterteilt *Nagler* in „eine Vorhandlung" und in die „rechtsgeschäftliche Übernahme bestimmter Schutzfunktionen".[109] *Nagler* erkennt, dass es zur Begründung einer strafrechtlichen Garantenstellung nicht auf die zivilrechtliche Wirksamkeit von Verträgen ankommt.[110] Letztlich stellt er mit dem Anknüpfen an die Rechtsordnung, die rechtsgeschäftliche Übernahme und eine Vorhandlung auf die formelle Rechtspflichtentheorie mit ihrer Herleitung aus Gesetz, Vertrag und Ingerenz ab. Die Garantenlehre *Naglers* war zwar Kritik ausgesetzt[111], hat sich mittlerweile in Rechtsprechung und Literatur durchgesetzt.

---

105 *Nagler*, GS 1938, S. 1 (69), weist aber ebenfalls auf die Dissonanzen bei der Kausalität hin: „Natürlich macht sich innerhalb des Kausalprozesses die negative Natur des Verhaltens fühlbar, wie sie das Denken mit umgekehrten Vorzeichen erzwingt".

106 *Kaufmann*, Dogmatik der Unterlassungsdelikte, S. 249.

107 Als nichts anderes lassen sich die Ansätze, die Gleichstellungsproblematik über Kausalität oder Tätertypik zu lösen, bezeichnen.

108 *Nagler*, GS 1938, S. 1 (62).

109 *Nagler*, GS 1938, S. 1 (62).

110 *Nagler*, GS 1938, S. 1 (62 f.).

111 Vgl. etwa *Kaufmann*, Die Dogmatik der Unterlassungsdelikte, S. 251 ff.; *Rudolphi*, Gleichstellungsproblematik, S. 49 ff.; *Welp*, Vorangegangenes Tun, S. 72 ff.

Es wird eingeräumt, dass sich nur der Inhaber einer Garantenstellung wegen begehungsgleichen Unterlassens strafbar machen kann.[112]

Diese (fast) einhellig getragene Bedingung für eine Gleichstellung von Tun und Unterlassen ist einigermaßen verwunderlich, nennt das StGB den Begriff „Garant" an keiner Stelle. Dieser Eintracht folgen ein kaum zu überblickender „dogmatischer Wirrwarr" der Literatur und ein „case law" der Rechtsprechung, wie die, von nahezu allen für erforderlich gehaltene, Garantenstellung zu begründen sei. Man ist sich also einig, dass man eine „Garantenstellung" benötigt, um wegen begehungsgleichem Unterlassen strafen zu können, ist sich aber völlig uneins, wie diese Garantenstellung zu begründen ist.

Deswegen führt die Lehre von der Garantenstellung nicht zu einer Lösung der Gleichstellungsproblematik. Sie benennt und positioniert die Gleichstellungsproblematik an einer (richtigen) Stelle innerhalb des dreistufigen Deliktsaufbaus, ohne diese zu lösen. Diese Standortbestimmung und die von *Nagler* verwendete Begrifflichkeit (Garantenstellung) sind in Literatur und Rechtsprechung von breiter Zustimmung getragen, von einer auch nur im Ansatz konsensfähigen Lösung der Gleichstellungsproblematik war (und ist) man nach wie vor weit entfernt. Dies erkennt *Nagler* selbst, wenn er ausführt:

> „Eine schlechthin und gleichmäßig verbindliche Formel ist völlig unauffindbar."[113]

g) Die Funktionslehre von Kaufmann

Im Jahre 1959 führt *Kaufmann* aus, die Garantenstellung bestehe in einer „Schutzposition" gegenüber einem Rechtsgut.[114] Diese „Verteidigungsaufgabe" könne in zwei Richtungen gehen:

> „Einmal kann das Gebotssubjekt ‚auf Posten gestellt' sein zum Schutze eines bestimmten Rechtsgutes gegen alle Angriffe, gleich aus welcher Richtung; (...) Zum anderen kann die Garantenposition in der Überwachung einer bestimmten Gefahrenquelle

---

112 Etwa BGH, NJW 1960, S. 1916 (1916); NJW 1961, S. 1682 (1683); NJW 1977, S. 204 (204 f.); NStZ 1987, S. 171 (172); NJW 1993, S. 544 (544); NStZ 1998, S. 83 (84); NStZ 2000, S. 414 (414); NStZ 2010, S. 214 (214); NJW 2010, S. 1087 (1090); *Beulke/Bachmann*, JuS 1992, S. 737 (739); *Fischer*, StGB, Vor § 13 Rn. 7, 8; *Gropp*, Strafrecht AT, S. 410; *Kuhlen*, JZ 1994, S. 1142 (1144); *Kühl*, StGB, § 13 Rn. 6; *Nikolaus*, JA 2005, S. 605 (605); *Ransiek*, JuS 2010, S. 585 (585); *Roxin*, Strafrecht AT, Band II, S. 710; *Rudolphi*, NStZ 1991, S. 361 (364); *Samson*, StV 1991, S. 182 (184); *Vogt*, ZStW 1951, S. 381 (392); *Wessels/Beulke/Satzger*, Strafrecht AT, S. 297.

113 *Nagler*, GS 1938, S. 1 (64).

114 *Kaufmann*, Dogmatik der Unterlassungsdelikte S. 283.

bestehen, gleichgültig welchen konkreten Rechtsgütern im einzelnen aus dieser Quelle Gefahren drohen."[115]

Diese auf *Kaufmann* zurückgehende Einteilung in sog. „Obhuts- und Beschützergaranten", auch bezeichnet als „Überwachungs- und Sicherungsgaranten", nimmt heute in der strafrechtlichen Lehre die führende Stellung ein.[116] Wie bei der Garantenlehre *Naglers* wird das Gleichstellungsproblem näher systematisiert, aber auch eine Einteilung in verschiedene Arten von Garantenstellungen zeigt nicht, wie diese sich begründen.[117]

Das Verdienst von *Kaufmann* liegt darin, Garantenstellungen zu kategorisieren. Eine solche Systematisierung erleichtert die Bestimmung der aus der Garantenstellung folgenden Handlungspflicht (Garantenpflicht): Beschützergaranten müssen ein Rechtsgut grundsätzlich vor allen Gefahren schützen. Überwachungsgaranten müssen alle Rechtsgüter vor einer bestimmten Gefahr schützen. Häufig wird behauptet, diese Einteilung sei nicht überschneidungsfrei möglich.[118] Es ist

---

115 *Kaufmann*, Dogmatik der Unterlassungsdelikte S. 283; vgl. aber *Mayer*, Tatbestandsmerkmale der unechten Unterlassungsdelikte, S. 81 ff., der bereits 1933 eine ähnliche Einteilung vornimmt und erstmals von einer „Nahe Beziehung zur Gefahr" und einer „Nahe Beziehung zum gefährdeten Rechtsgut" spricht.

116 Vgl. etwa *Beulke/Swoboda*, FS Gössel, S. 73 (83); *Böse*, NStZ 2003, S. 636 (638 f.); *Jescheck/Weigend*, Lehrbuch des Strafrechts, S. 621; *Kühl*, JuS 2007, S. 497 (500 ff.); *Mayer*, PharmR 2008, S. 236 (239 f.); *Meinberg*, NJW 1986, S. 2220 (2223); *Rotsch*, Individuelle Haftung in Großunternehmen, S. 187; *Roxin*, Strafrecht AT, Band II, S. 712 f.; *Rudolphi*, Gleichstellungsproblematik, S. 101; *Schmitz*, NJW 1993, S. 1167 (1167 f.); *Wohlers/Gaede*, in: NK-StGB, § 13 Rn. 32 ff.; etwas anders abgrenzend *Jescheck/Goldmann*, ZStW 1965, S. 109 (132 ff.).

117 *Albrecht*, Begründung von Garantenstellungen, S. 36; *Alexander*, Verkehrssicherungspflichten in Unternehmen, S. 11; *Arzt*, JA 1980, S. 647 (648); *Berster*, Das unechte Unterlassungsdelikt, S. 30; *Bohnert*, ZStW 2005, S. 290 (303); *Coelln*, Das rechtliche Einstehenmüssen, S. 11; *Dießner*, Unterlassungsstrafbarkeit der Kinder- und Jugendhilfe, S. 461; *Grünewald*, Zivilrechtlich begründete Garantenpflichten, S. 21; *Ingelfinger*, NStZ 2004, S. 409 (410); *Kudlich*, in: S/S/W-StGB, § 13 Rn. 16; *ders.*, HRRS 2012, S. 177 (178); *Kühl*, HRRS 2008, S. 359 (361); *Mähner*, Garantenstellung aus Verantwortung, S. 191 ff.; *Rengier*, in: KK-OwiG, § 8 Rn. 22; *Schünemann*, FS BGH, S. 621 (635 f.); *ders.*, ZStW 1984, S. 287 (305): „nur deren Ordnung erleichtert"; *Selbmann*, HRRS 2014, S. 235 (246); *Sowada*, Jura 2003, S. 236 (237); *Stahl*, Notwehr gegen Unterlassen, S. 105 Fn. 246; *Tag*, in: D/D/R-Gesamtes Strafrecht, § 13 Rn. 15; *Wohlers/Gaede*, in: NK-StGB, § 13 Rn. 32; vgl. auch *Rengier*, Strafrecht AT, S. 479: „haben die Garantenstellung durch die Funktionslehre ein schärferes Profil erhalten".

118 *Bosch*, JA 2009, S. 655 (656 f.); *Gropp*, Strafrecht AT, S. 413; *Jäger*, JA 2012, S. 392 (394); *Krüger*, ZIS 2011, S. 1 (7); *Rengier*, Strafrecht AT, S. 492; *Rotsch*, „Einheitstäterschaft"

einschränkend anzumerken, dass es auf die Abstraktionshöhe ankommt: Wenn man grundsätzlich davon spricht, Eltern seien Garanten für ihre Kinder, ist zunächst keine Unterscheidung möglich, ob sie ihre Kinder vor Gefahren schützen müssen (Beschützergaranten) oder Dritte vor ihren Kindern schützen müssen (Überwachergaranten).

Betrachtet man aber die Garantenstellung im Licht des konkreten Falles, ist eine Unterscheidung freilich möglich: Ohne großen Aufwand lässt sich ermitteln, ob das „Schutzobjekt Kind" in seinen Rechtsgütern verletzt wurde oder ob vom „Überwachungsobjekt Kind" Rechtsgüter Dritter verletzt wurden. Auch beim häufig angeführten Beispiel des Bademeisters ist nicht unklar, ob dieser Beschützer der Badegäste oder Überwacher der Gefahrenquelle Wasser ist.[119] Dies wird deutlich, wenn man überlegt, ob den Bademeister eine über die allgemeine Pflicht zur Hilfeleistung hinausgehende Verpflichtung trifft, Badegäste vor sämtlichen drohenden Gefahren während eines Schwimmbadbesuches zu schützen. Der Bademeister ist strafrechtlich nicht besonders dazu verpflichtet Badegäste etwa vor einem Hundeangriff zu schützen. Er ist somit Überwachergarant der Gefahrenquelle Wasser, aber kein Beschützergarant der einzelnen Badegäste, deswegen treffen ihn über den Schutz vor der Gefahrenquelle Wasser hinausgehend keine besonderen strafrechtlichen Schutzpflichten zu Gunsten der Badegäste.[120]

Diese Einteilung leistet einen nicht zu unterschätzenden Beitrag zur Systematisierung der Garantenstellung und der aus ihr erwachsenen Pflichten und dient der Rechtssicherheit. Hingewiesen sei nochmals darauf, dass die Funktionslehre nichts über das Entstehen von Garantenstellungen aussagt, dies wird nicht selten verkannt, so findet sich häufig sinngemäß der Satz, dass einer formellen Begründung von Garantenstellungen die funktionale Einteilung (Beschützer- und Überwachergarant) gegenüberstehe.[121] Dies ist insofern

statt Tatherrschaft, S. 341; *Rudolphi/Stein*, in: SK-StGB, § 13 Rn. 23; *Sering*, Beihilfe durch Unterlassen, S. 66; *Wessels/Beulke/Satzger*, Strafrecht AT, S. 298; kritisch *Grünewald*, Zivilrechtlich begründete Garantenpflichten, S. 21 „Solange es an Klarheit über den Rechtsgrund der Garantenpflichten fehlt, lassen sich Pflichten sowohl zum Schutz eines Rechtsguts wie auch zur Sicherung einer Gefahrenquelle beinahe in einem beliebigen Ausmaß konstruieren".

119 So aber *Jakobs*, Strafrecht AT, S. 799 f.

120 Ähnlich *Sutschet*, Erfolgszurechnung, S. 138 f.

121 So etwa *Wohlers/Gaede*, in: NK-StGB, § 13 Rn. 32 „Gegenposition".

falsch, als das die formelle Theorie versucht (was ihr nicht gelingt), ein Begründungsmodell für Garantenstellungen zu liefern; dies versucht die Funktionslehre nicht. Sie systematisiert die Garantenstellung und konkretisiert die Garantenpflichten, weswegen an dieser Stelle deutlich zwischen einem Begründungsmodell und einem Systematisierungsmodell differenziert werden sollte.

Hier endet das Verdienst *Kaufmanns* um die Gleichstellungsproblematik nicht. Nach *Nagler* erfüllte der Unterlassungstäter den Tatbestand eines Begehungsdelikts. Hierzu spricht *Nagler* von einer „Tatbestandsberichtigung im Wege zweckorientierter ausdehnender Textdeutung".[122] Die Vereinbarkeit einer solchen Herleitung mit heutigen Verfassungsprinzipien darf ohne nähere Ausführungen als problematisch angemahnt werden.[123] Auch dogmatisch sind diese Ausführungen, wie von *Kaufmann* nachgewiesen, unzutreffend:[124]

> „Die Garantenstellung ist kein ungeschriebenes Tatbestandsmerkmal des Begehungsdelikts (ein Erfordernis des Tatbestandes des unechten Unterlassungsdelikts). Dann aber erfüllt eben die unechte Unterlassung nicht den Tatbestand des Begehungsverbrechens, sondern einen anderen Tatbestand, eben den des unechten Unterlassungsdelikts."[125]

Kaufmann legt dar, dass die sog. unechten Unterlassungsdelikte „eigene" Tatbestände sind und nicht den Tatbestand von Begehungsdelikten erfüllen. Deutlich wird dies in Anlehnung an *Kaufmann* unter die durch *Binding* maßgeblich geprägte Normentheorie am Tatbestand des Totschlags (§ 212 Abs. 1 StGB): Dieser enthält das Gebot: „Unterlasse es, einen anderen Menschen zu töten" entgegengesetzt das Verbot: „Töte keinen anderen Menschen". Das Gebot eines unechten

---

122 *Nagler*, GS 1938, S. 1 (61).

123 Der gesamte Aufsatz Naglers ist stark nationalsozialistisch eingefärbt, vgl. etwa *Nagler*, GS 1 (40): „Die neue Geisteshaltung und Lebensgestaltung durchdringt das gesamte Rechtsgebiet. An die Stelle der individualistischen Rechtssicherheit oder der bloßen staatlichen Zweckmäßigkeit, der allbeherrschenden Prinzipien liberalen Rechtsdenkens, ist der Gedanke der völkischen Gerechtigkeit getreten. (...) Rechtmäßigkeit wie Widerrechtlichkeit bestimmen sich nach dem ‚gesunden Volksempfinden'. (...) Es besteht kein Zwang mehr zu volkstümlichem Gesetzesformalismus."; diese dem Nationalsozialismus zugewandte geistige Grundhaltung *Naglers* schmälert zwar seine Verdienst um die Gleichstellungsproblematik nicht, zeigt aber, dass selbst dogmatisch arbeitende Strafrechtswissenschaftler den Ideen des Nationalsozialismus verfallen waren; vgl. auch *Nagler*, GS 1938, S. 1 (42): „Die zum positiven Krafteinsatz verpflichtende Kameradschaft im Heeresverbande und in den nationalsozialistischen Formationen wird sich überall als vorbildlich erweisen".

124 *Kaufmann*, Dogmatik der Unterlassungsdelikte S. 252 ff.

125 *Kaufmann*, Dogmatik der Unterlassungsdelikte S. 255.

Unterlassungsdelikts würde lauten: „Handle um den Tod eines anderen Menschen zu verhindern". „Unterlasse nicht die Handlung, die den Erfolg (Tod eines anderen Menschen) verhindert."

Wenn das unechte Unterlassungsdelikt, wie *Nagler* ausführt, ein „Verstoß gegen die Verbotsnorm des Begehungsdelikts" wäre, müsste der Unterlassende gegen das Verbot „Töte keinen anderen Menschen" verstoßen. Um gegen ein Verbot zu verstoßen (doppelte Negierung) muss man die verbotene Handlung vornehmen: „Töte einen anderen Menschen". Diese theoretisch daherkommende Herleitung macht deutlich: Gebote und Verbote, die aus einem Begehungstatbestand resultieren, decken sich nicht mit den Geboten und Verboten eines Unterlassungsdelikts, so fällt die Nichthinderung des Erfolgseintritts nicht unter das Verbot der Erfolgsherbeiführung. Richtig ist, wie *Kaufmann* erstmals in dieser Klarheit formuliert, dass das Unterlassen eines Garanten unter einen anderen (eigenen) Tatbestand, als den des Begehungsdelikts fällt:

> „die eine Norm ‚verbietet' Tötungshandlungen und zwar schlechthin und ohne jede Einschränkung; die andere Norm ‚verbietet' dem Garanten das Unterlassen der Todeshinderung."[126]

Damit hat *Kaufmann* die unzutreffende Unterscheidung von *Luden*[127] zwischen unechten und echten Unterlassungsdelikten widerlegt, die davon ausging, dass es sich bei echten Unterlassungsdelikten um einen Verstoß gegen ein Gebot und bei unechten Unterlassungsdelikten um einen Verstoß gegen ein Verbot handelt.[128] Im Jahre 1975 wurde das zweite Gesetz zur Reform des Strafrechts § 13 StGB eingeführt und damit erstmals eine Strafbarkeit wegen Unterlassen im allgemeinen Teil des StGB normiert.[129]

II. Entwicklung in der Rechtsprechung

Im Jahre 1859 stellte das preußische Königliche Obertribunal in Strafsachen fest, dass ein Unterlassen einem Tun nur gleichstehe, wenn eine „besondere Pflicht"

---

126 *Kaufmann*, Dogmatik der Unterlassungsdelikte S. 258.

127 *Luden*, Abhandlungen aus dem gemeinen teutschen Strafrechte, Band 2, S. 219 ff.

128 Aufschlussreich *Kaufmann*, Dogmatik der Unterlassungsdelikte S. 274: „Insofern lässt sich pointierend sagen: Die unechte Unterlassung ist ein echter Fall des Unterlassungsdelikts".

129 Vgl. Zweites Gesetz zur Reform des Strafrechts vom 04.07.1969, BGBl. I 1969, 717 (719), und Bekanntmachung der Neufassung des Strafgesetzbuches vom 02.01.1975, BGBl. I 1975, 1 (11).

des Unterlassenden zum Handeln bestand.[130] Diese Pflicht ergebe sich aus Gesetz und Vertrag. Somit folgte das preußische Obertribunal der formellen Rechtsquellenlehre von *Feuerbach*.[131] Weiterhin bejahte das preußische Obertribunal, ohne dies zu benennen, eine Pflicht zur Erfolgsabwendung, wenn der Unterlassende eine „Gefahrenquelle unterhielt" und es in Folge der Unterhaltung zur Schädigung Dritter kam.[132]

Das Reichsgericht führte die Rechtsprechung des preußischen Obertribunals fort und stellte auf eine „Rechtspflicht" zum Handeln ab, die sich aus Gesetz und Vertrag ergibt.[133] Als dritten Begründungsansatz trat in der reichsgerichtlichen Rechtsprechung neben Gesetz und Vertrag die Ingerenz.[134] Dem folgte eine ständige Anerkennung in der reichsgerichtlichen Rechtsprechung von strafbewehrten Handlungspflicht aus vorhergehendem Handeln.[135] Verwandt mit der noch zu erörternden Frage nach einer strafrechtlichen Erfolgsabwendungspflicht des Compliance-Beauftragten zur Verhinderung von Straftaten Dritter sind die vom Reichsgericht entschiedenen Fälle zur „Meineidsbeihilfe durch Unterlassen" und zur „Kuppelei durch Unterlassen", also die Nichtverhinderung fremder „Unzucht". Im Kern geht es hier um die Frage nach einer strafrechtlichen Pflicht, fremde Straftaten zu verhindern. Die vom Reichsgericht herangezogenen Begründungsansätze unterscheiden sich, so wird teils auf das „Hausrecht"[136], teils auf eine Überwachungspflicht gegenüber den eigenen Kindern[137] oder auf die „Rechtspflicht zur ehelichen Treue"[138] rekrutiert. Aus dem Grundgedanken einer strafrechtlichen Verantwortung, Straftaten Dritter zu verhindern, folgen Entscheidungen, in denen Dienstherren und Vorgesetzte für Straftaten ihrer Untergebenen verantwortlich

---

130 *Oppenhoff*, PrOT 1, 199 (199); 2, 32 (32); 11, 78 (79).

131 PrOT, GA 1859, S. 551 (551); vgl. auch *Welp*, Vorangegangenes Tun, S. 76 m. w. N.

132 *Oppenhoff*, PrOT 12, 480 (480 f.), Abdeckung eines Brunnens; 15, 808 (808), Absicherung eines Schachtes; 15, 842 (842), Absicherung einer Treppe.

133 RGSt 39, 397 (398); 64, 273 (275); 70, 151 (153 f.); 74, 309 (311).

134 Erstmals erwähnt wird eine Handlungspflicht aus „vorhergehender Tätigkeit" im Jahre 1884 RGSt 11, 153 (154); vgl. zur älteren „Ingerenz-Rechtsprechung" *Bockelmann*, NJW 1954, S. 697 (698 ff.).

135 Etwa in RGSt 37, 162 (165); 46, 337 (343); 51, 9 (12); 57, 193 (197); 58, 130 (132 f.); 60, 77 (77 f.); 66, 71 (72); 73, 52 (56 f.); 74, 283 (285).

136 Etwa RGSt 58, 244 (245 f.).

137 Rechtsprechung RG, 7, 33 (34).

138 RGSt 22, 332 (333).

gemacht wurden.[139] Angesprochene Entscheidungen ließen sich unter dem heute gebrauchten Begriff der „strafrechtlichen Geschäftsherrenhaftung" subsumieren.

Der Bundesgerichtshof hielt zunächst an der reichsgerichtlichen Rechtsprechung fest und begründete Garantenstellungen formell-rechtlich aus Gesetz und Vertrag.[140] Ebenfalls folgte der BGH dem Reichsgericht in seiner Anerkennung einer Erfolgsabwendungspflicht aus vorangegangenem gefährdendem Tun.[141] Im Anschluss an *Nagler* verortete der BGH die Gleichstellungsproblematik auf Tatbestandsebene.

B. Trennung von Begehung und Unterlassung

Die Notwendigkeit einer strafrechtlichen Abgrenzung von Tun und Unterlassen ergibt sich aus der eingeschränkten Strafbarkeit des Unterlassens im Vergleich zur Strafbarkeit von Begehungsdelikten.[142] Aus Begehungsdelikten kann sich, sofern es sich nicht um Sonderdelikte handelt, jeder strafbar machen. Eine Strafbarkeit aus einem Unterlassungstatbestand kommt gemäß § 13 Abs. 1 StGB nur für denjenigen in Betracht, der rechtlich dafür einstehen muss, dass der tatbestandliche Erfolg nicht eintritt. Wird ein rechtliches Einstehenmüssen im Sinne von § 13 Abs. 1 StGB verneint, kann die Abgrenzungsfrage, ob strafrechtlich relevantes Unterlassen oder ein Tun vorliegt, über das „Ob" einer Bestrafung entscheiden.[143] Bei sog. „Pflichtdelikten", deren Existenz allerdings umstritten ist, verliert die Abgrenzung hinsichtlich einer strafbarkeitsbegründenden Aussage an Bedeutung, da die Pflicht als Voraussetzung des Begehungsdelikts der Rechtspflicht beim Unterlassungsdelikt entspricht.[144]

---

139 Etwa RGSt 71, 176 (177), Schiffsoffiziere für Straftaten der Mannschaft; GA S. 443 (444); Dienstherrin verhindert eine Freiheitsberaubung ihrer Untergebenen nicht.

140 Etwa BGHSt 2, 150 (153).

141 BGHSt 2, 279 (283); 4, 20 (22); 11, 353 (355 f.); 19, 152 (154); BGH, NStZ 2013, S. 578 (579); BGH NStZ-RR 2013, S. 137 (138).

142 *Roxin*, Strafrecht AT, Band II, S. 651; zu der Abgrenzung unter 3. Teil, B. II. und III; zu der terminologischen Unterscheidung von „Begehung", „Handlung" und „Unterlassung" im Strafrecht vgl. *Schmidhäuser*, GS Kaufmann, S. 131 (131 ff.).

143 Diese Problematik wird häufig umgegangen, indem etwa beim Betrug, ein Modell von „konkludentem Verhalten" extensiv angewendet wird, hierzu etwa *Wittig*, Das tatbestandsmäßige Verhalten des Betrugs, S. 251.

144 Vgl. *Roxin*, Strafrecht AT, Band II, S. 651; *Volk*, FS Tröndle, S. 219 (224); zu der Lehre vom Pflichtdelikt vgl. unter 3. Teil, J. III.

Bei rechtlichem Einstehenmüssen des Täters kann ebenfalls nicht auf die Antwort verzichtet werden, ob der Täter aus dem Begehungs- oder dem Unterlassungstatbestand zu bestrafen ist, da bei einer Bestrafung aus Unterlassungsdelikt kommt die fakultative Strafmilderung des § 13 Abs. 2 StGB in Betracht. Die Frage nach einer solchen Abgrenzung ist sicherlich geeignet viele Bücher zu füllen und weist intensive philosophische Bezüge auf.[145] Der BGH lässt einer solchen Abgrenzung zeitweise überhaupt keine Bedeutung mehr zukommen, wenn er in seiner Rechtsprechung zur psychischen Beihilfe das bloße „Dabeisitzen" bei einer Erpressung als psychische „aktive" Beihilfe wertet, da der vermeintliche Teilnehmer hierdurch die Tat „geistig unterstützt".[146]

Trotz dargestellter Bedeutung einer solchen Abgrenzung und der damit verbundenen Schwierigkeiten soll im Folgenden nur kurz auf die Abgrenzungsproblematik eingegangen werden. Dies ist dem Umstand geschuldet, dass eine solche, häufig rein zufällig erscheinende Abgrenzung bei den in der Untersuchung betrachteten Fallkonstellationen – die Nichthinderung Dritter an Straftaten – regelmäßig keine besonderen Schwierigkeiten bereitet. In der Diskussion um eine Abgrenzung von Tun und Unterlassen lassen sich zwei Strömungen ausmachen, innerhalb derer viele unterschiedliche Schattierungen vertreten werden. Darauf hinzuweisen ist, dass eine Abgrenzung nach dem „Nichtvorliegen von Begehungskausalität" und dem „Schwerpunkt der Vorwerfbarkeit" zwar unterschiedliche dogmatische Ausgangspunkte hat, häufig aber zu selben Ergebnissen führt.

I. Subsidiarität der Unterlassung

Eingeräumt wird, dass eine Strafbarkeit aus einem unechten Unterlassungsdelikt grundsätzlich nur in Betracht kommt, wenn nicht an ein strafrechtlich relevantes Tun angeknüpft werden kann.[147] Zwar ist jeder Begehungstat auch

---

145 *Fischer*, StGB, Vor § 13 Rn. 17, führt dazu aus: „Die Abgrenzung von Tun und Unterlassen ist oft schwierig; bisweilen grenzt sie an Zufälligkeit"; kritisch zur Abgrenzungsproblematik auch *Volk*, FS Tröndle, S. 219 (219): „keine kriminalpolitische Dimension".

146 Vgl. etwa BGH, StV 1982, S. 517 (518); vgl. auch *Roxin*, Strafrecht AT, Band II, S. 201 f.; kritisch zu der psychischen Beihilfe, insbesondere wegen des schwierigen Nachweises der relevanten psychischen Vorgänge *Samson*, Hypothetische Kausalverläufe, S. 192 ff.

147 *Baumann/Weber/Mitsch*, Strafrecht AT, S. 275; *Herzberg*, Verantwortung für Arbeitsschutz, S. 206; *Jescheck/Weigend*, Lehrbuch des Strafrechts, S. 603; *Arthur Kaufmann*, FS Schmidt, S. 200 (212); *Kindhäuser*, LPK-StGB, § 13 Rn. 75; *Schlüchter*, JuS 1976, S. 793 (796); *Spendel*, FS Schmidt, S. 183 (194); *Weigend*, in: LK-StGB, § 13 Rn. 7;

ein Unterlassen – die Nichtverhinderung des selbst angestoßen Erfolges – immanent, doch der Unwertgehalt einer unterlassenen Erfolgsabwendung geht in dem Unrecht der Begehungstat mit auf.[148] Das positive Tun genießt Vorrang gegenüber dem Unterlassen, solange das Unterlassen keine über das Tun hinausgehende Verantwortlichkeit begründet. Dies wäre der Fall, wenn das Tun ein „Minus in der Deliktsqualität" gegenüber dem Unterlassen aufwiese.[149]

Die Schwierigkeit liegt nicht darin, in der jeweiligen Situation ein menschliches Tun auszumachen, sondern festzustellen, unter welchen Voraussetzungen dem Tun strafrechtliche Relevanz zukommt. Insoweit geht es stets um eine normative Bestimmung von strafrechtlich relevanten Handlungen, die unterschiedlich aufwendig ist: Der Vater, der seinem Kind beim Ertrinken zusieht, unterlässt, auch wenn er während des Todeskampfes seines Kindes eine Zigarette raucht, ob der Arzt, der ein Beatmungsgerät abschaltet, etwas tut (Abschalten) oder etwas unterlässt (Weiterbeatmung), ist hingegen problematischer, aber im Rahmen einer normativen Betrachtung zu ermitteln. Auch in solchen Ausnahmekonstellationen wird durch eine normative Betrachtung der Subsidiaritätsgrundsatz nicht aufgegeben.[150] Die Konstellationen, in denen eine strafrechtlich relevante Handlung vorliegt, aus normativen Erwägungen aber das Tatgeschehen unter einen Unterlassungstatbestand subsumiert werden soll, werden als „Unterlassen durch Tun" bezeichnet.[151] Für die untersuchte Fragestellung nach der Nichthinderung Dritter an Straftaten ergeben

---

anders *Freund*, FS Herzberg, S. 225 (236 f.), nach dem es sich bei der Abgrenzung von Tun und Unterlassen um ein „Scheinproblem" handelt, da er die Lösung der Gleichstellungsproblematik in einem einheitlichen Tatbestandsverständnis erblickt, das sowohl Begehung und Unterlassungen gleichermaßen erfasst.

148 *Bloy*, JuS 1987, S. 528 (531); *Welp*, Vorangegangenes Tun, S. 325; hierzu auch *Herzberg*, JZ 1988, S. 573 (579): „Es hat einfach niemand zur rechten Zeit entdeckt, daß der für die Gefahrenquelle allerverantwortlichste Aktivtäter hinsichtlich der Erfolgsvermeidung ein Garant per excellence ist und in jedem Begehungsdelikt als minus ein unechtes Unterlassungsdelikt mit allen seinen Merkmalen verborgen liegt."; ähnlich *ders.*, GA 1996, S. 1 (10); *ders.*, FS Jakobs, S. 147 (158).

149 *Bloy*, JuS 1987, S. 528 (532); in diesem Sinne auch *Herzberg*, Unterlassung im Strafrecht, S. 284 f.; *Welp*, Vorangegangenes Tun, S. 331.

150 So aber *Coelln*, Das rechtliche Einstehenmüssen, S. 62.

151 Weiterführend zum Unterlassen durch Tun vgl. *Gropp*, GS Schlüchter, S. 173 (173 ff.); *Engisch*, FS Gallas, S. 163 (165 ff.); *Hruschka*, FS Bockelmann, S. 421 (422 ff.); *Roxin*, Strafrecht AT, Band II, S. 659 ff.; *ders.*, FS Engisch, S. 380 (381 ff.); *Stoffers*, JA 1992, S. 138 (138 ff.); kritisch zu einzelnen Konstellationen, in denen eine anknüpfbare Handlung besteht, aus dem Unterlassungstatbestand zu bestrafen *Samson*, FS Welzel, S. 579 (596 ff.).

sich hinsichtlich der unter der Bezeichnung „Unterlassen durch Tun" diskutierten Fallgruppen[152] keine Besonderheiten.

II. Schwerpunkt der Vorwerfbarkeit

Teile der Literatur[153] und die Rechtsprechung[154] stellen auf die sog. „Schwerpunktformel" ab. Danach soll die Frage, ob ein Begehen oder ein Unterlassen vorliegt, normativ betrachtet werden.[155] Es soll unter Berücksichtigung des sozialen Handlungssinns gefragt werden, ob der Schwerpunkt des strafrechtlich relevanten Verhaltens in einem Tun oder in einem Unterlassen liegt.

III. Nichtvorliegen von Begehungskausalität

Nach einer in der Literatur vorgetragenen Ansicht ist ein Begehungsdelikt zu prüfen, wenn ein Energieaufwand in einem gesetzmäßigen Zusammenhang mit dem Erfolg steht.[156] Dies sei der Fall, wenn eine Person durch aktives Tun einen Geschehensablauf initiiert, fortführt oder verstärkt, der in der konkreten Situation zur Beeinträchtigung eines tatbestandlich bezeichneten Angriffsobjekts geeignet ist.[157]

Andere Autoren wollen ein Unterlassen prüfen, wenn keine naturwissenschaftliche Kausalität zwischen der betrachteten Handlung und dem tatbestandlichen

---

152 Dabei handelt es sich um die aktive Teilnahme am Unterlassungsdelikt, die aktive Herbeiführung einer späteren Handlungsunfähigkeit durch einen Garanten, das Rückgängigmachen eines eigenen Rettungsversuchs durch einen Garanten, und den Abbruch lebensverlängernder Maßnahmen, vgl. *Roxin*, Strafrecht AT, Band II, S. 660 ff.; *Samson*, FS Welzel, S. 579 (596 ff.); *Merkel*, FS Herzberg, S. 193 (199 f.).

153 *Odersky*, FS Tröndle, S. 291 (297 f.); *Ranft*, JZ 1987, S. 908 (916); *ders.*, FS Otto, S. 403 (414); *Stree/Bosch*, in: S/S-StGB, § 13 Rn. 158; *Weigend*, in: LK-StGB, § 13 Rn. 7; *Wessels/Beulke/Satzger*, Strafrecht AT, S. 291; kritisch zur Schwerpunktformel etwa *Ransiek*, JuS 2010, S. 490 (494).

154 BGHSt 6, 46 (59); 49, 147 (164); 51, 165, (173); BGH, NStZ 1999, S. 607 (607); 2003; S. 657 (657); 2005, S. 446 (447); OLG Karlsruhe, GA 1980, S. 429 (431); OLG Frankfurt, GA 1987, S. 540 (551); OLG Saarbrücken, NJW 1991, S. 3045 (3046); OLG Köln, JR 1991, S. 523 (525).

155 Vgl. auch *Gössel*, FS Kühl, S. 225 (242), der zur Unterscheidung von Tun und Unterlassen auf einen „innerpsychischen Sachverhalt" abstellen möchte.

156 *Brammsen*, GA 2002, S. 193 (205 f.); *Herzberg*, Verantwortung für Arbeitsschutz, S. 205; *Roxin*, Strafrecht AT, Band II, S. 654; *Struensee*, FS Stree/Wessels, S. 133 (144 ff.); *Ulsenheimer*, StV 2007, S. 76 (80).

157 *Brammsen*, GA 2002, S. 193 (206); vgl. auch *Roxin*, Strafrecht AT, Band II, S. 654.

Erfolg nachweisbar ist.[158] Wobei man sich an diesem Punkt an den Schwerpunkt der Vorwerfbarkeit annähert, da es zur Bestimmung, welche konkrete Handlung auf Kausalität geprüft werden soll, einer normativen Wertung bedarf. Die kurz und verallgemeinernd dargestellten Ansichten führen im Rahmen der in der Untersuchung betrachteten Fallkonstellationen regelmäßig nicht zu unterschiedlichen Ergebnissen. Problematisch wird eine Abgrenzung von Tun und Unterlassen dort, wo eine „relevante" Handlung vorliegt, andererseits eine erfolgsverhindernde Maßnahme unterlassen wurde.[159] Verhindert ein Compliance-Beauftragter einen tatbestandlichen Erfolg nicht, der durch einen Dritten herbeigeführt wurde, liegt meistens kein strafrechtlich relevantes Tun vor, an das sinnhafterweise anzuknüpfen wäre. Wie folgend noch zu zeigen sein wird, geht es regelmäßig um (strafbewehrte) Berichtspflichten von Compliance-Beauftragten. Insofern sind wenige Konstellationen denkbar, in denen Meldungen unterlassen werden und gleichzeitig ein Tun vorliegt, an das sinnvollerweise angeknüpft werden könnte, sofern keine Beteiligung an der Straftat des Dritten im Raum steht, die vorrangig zu prüfen wäre.

C. Das „Unterlassen" im Sinne des § 13 Abs. 1 StGB

Eine Strafbarkeit wegen Unterlassens setzt nicht „irgendein Nichtstun" voraus, sondern ein „bestimmtes Nichtstun".[160] Das „bestimmte Nichtstun" ist das Auslassen einer Handlung, deren Vornahme zur Abwendung des tatbestandsmäßigen Erfolges erforderlich ist. Wann eine Handlung erforderlich ist, lässt sich nur aus den konkreten Tatumständen herleiten.

---

158 *Duttge*, JR 2004, S. 33 (37); *Freund*, in: MüKo-StGB, § 13 Rn. 8; *Jescheck/Weigend*, Lehrbuch des Strafrechts, S. 60; *Kuhlen*, FS Puppe, S. 669 (681); *Otto*, Jura 2010, S. 549 (550); *Samson*, FS Welzel, S. 579 (595); *Sieber*, JZ 1983, S. 431 (434); *Stoffers*, GA 1993, S. 262 (264); *Streng*, ZStW 2010, S. 1 (22 f.); kritisch zu einem naturalistischen Kriterium zur Unterscheidung von Tun und Unterlassen *Merkel*, FS Herzberg, S. 193 (197 ff.).

159 *Ransiek*, JuS 2010, S. 490 (493); zu den anderen Konstellationen, bei denen eine Abgrenzung von Handlung und Unterlassen Probleme bereitet vgl. *Roxin*, Strafrecht AT, Band II, S. 652 ff.; *Walter*, Kern des Strafrechts, S. 45 ff.; zu der Frage, ob der Täter, der vorsätzlich einen Erfolg anstrebt, zugleich verpflichtet ist, diesen abzuwenden vgl. *Hillenkamp*, FS Otto, S. 287 (296 ff.).

160 *Hall*, Erinnerungsgabe Grünhut, S. 213 (225); *Jescheck/Weigend*, Lehrbuch des Strafrechts, S. 615; *Kühl*, Strafrecht AT, S. 659; *Welzel*, Das Deutsche Strafrecht, S. 201; *Hilgendorf*, Strafrechtliche Produzentenhaftung, S. 108.

I. Dogmatische Trennung von tatbestandlichem Unterlassen und Garantenstellung

Rotsch weist zu Recht darauf hin, dass die Frage nach dem Vorliegen einer „tatbestandlichen Unterlassung“ nicht verwechselt werden darf mit der Frage nach der Garantenpflicht.[161] Nach dem dieser Arbeit zu Grunde liegenden Verständnis[162] von der Garantenstellung als objektivem Tatbestandsmerkmal des unechten Unterlassungsdelikts und der Garantenpflicht als Merkmal der Rechtswidrigkeit, die das Gegenstück zur Unterlassungspflicht bei den Begehungsdelikten bildet, ist im Anschluss an *Rotsch* auf die Trennung der beiden objektiven Tatbestandsmerkmale des „Unterlassens“ und der „Garantenstellung“ hinzuweisen. Das Unterlassen im Sinne des § 13 Abs. 1 StGB ist unabhängig von der Frage zu prüfen, ob der Unterlassende Garant ist. Zwar sind beide Merkmale obligatorisch für das Entstehen einer strafbewehrten Erfolgsabwendungspflicht (Garantenpflicht), die faktische oder rechtliche Möglichkeit eine Handlung vorzunehmen, spielt für das Vorliegen einer Garantenstellung aber ebenso wenig eine Rolle, wie die individuelle Fähigkeit zur Erfolgsabwendung jemandem zum Garanten macht: Kann der Tod des ertrinkenden Kindes nur abgewendet werden, indem der Vater selbst in den Fluss springt – jedes andere Rettungsbemühen würde zu spät kommen – so unterlässt der Vater nicht im Sinne des § 13 Abs. 1 StGB, wenn er Nichtschwimmer ist. Dies ändert nichts an dem Bestehen einer Garantenstellung für das Leben seines Kindes. Der vorbeikommende Fremde, der als guter Schwimmer individuell zur Erfolgsabwendung fähig wäre, unterlässt diese zwar tatbestandlich im Sinne des § 13 Abs. 1 StGB, er ist aber nicht Garant für das Leben des Kindes, weswegen ihn auch keine Garantenpflicht zur Rettung des Kindes trifft.

II. Möglichkeit des Einschreitens: die individuelle Handlungsfähigkeit

Unmögliches Handeln kann rechtlich nicht verlangt werden, strafrechtliche Zurechnung wird durch Unvermögen beschränkt.[163] So einleuchtend dies zunächst klingt, schließt sich die Frage an, wann ein Handeln unmöglich ist und für wen

---

161 *Rotsch*, FS I. Roxin, S. 485 (496); vgl. auch *Hruschka*, Strukturen der Zurechnung, S. 62.

162 Hierzu unter 3. Teil, G. I.

163 Vgl. etwa *Bohnert*, ZStW 2005, S. 290 (305); *Dannecker*, FS Achenbach, S. 83 (99); *Hilgendorf*, Strafrechtliche Produzentenhaftung, S. 108 f.; *Rudolphi*, in: B-Grundfragen des modernen Strafrechtssystems, S. 69 (80); vgl. hierzu auch bereits im Jahre 1908 *Alberti*, Rechtswidrige Unterlassungen, S. 35 f.

dies unmöglich sein muss – für den Unterlassenden oder für einen „objektiven Dritten" (besonnenen und gewissenhaften Menschen in der konkreten Lage und sozialen Rolle des Unterlassenden).

1. Physisch-real – die Unfähigkeit zur gebotenen Handlung

Kann der Vater nicht schwimmen, kann von ihm strafrechtlich nicht verlangt werden, in den See zu springen, um sein Kind vor dem Ertrinken zu retten.[164] Fraglich ist, ob eine Unterscheidung zwischen objektiver Unmöglichkeit (niemand kann die der konkreten Situation die gebotene Handlung vornehmen) und eine Unterscheidung zwischen der individuellen Unmöglichkeit (die konkrete Person kann gebotene Handlung nicht vornehmen, bestimmte Dritte könnten die Handlung vornehmen) notwendig ist.

Diese Unterscheidung wird in Anlehnung an den Deliktsaufbau beim Fahrlässigkeitsdelikt vorgenommen.[165] Nach ihr soll zunächst auf Ebene des objektiven Tatbestandes geprüft werden, wie sich ein pflichtgemäßer Dritter in der konkreten Situation verhalten hätte. Falls der Untätige hinter diesem Verhalten zurückbleibt, erfolgt die Prüfung der zweiten Stufe, ob das Zurückbleiben als „schuldhaft" anzusehen ist. War der Unterlassende individuell nicht handlungsfähig, läge nach dieser Ansicht also ein Entschuldigungsgrund vor.[166] Diese Unterscheidung überzeugt nicht. Für den strafrechtlichen Vorwurf spielt es keine Rolle, ob der Vater das ertrinkende Kind nicht retten kann, weil er Nichtschwimmer ist oder, weil er so weit von dem Kind entfernt ist, dass es niemand rechtzeitig vor dem Ertrinken retten könnte. Andernfalls würde man einen Unrechtsvorwurf, welcher der Verwirklichung eines Tatbestandes folgt, daran knüpfen, dass der Vater Nichtschwimmer ist und ihn mangels Fähigkeit zum Schwimmen nur als entschuldigt ansehen, deswegen stellt die herrschende Meinung zu Recht im objektiven Tatbestand auf die individuelle Handlungsfähigkeit des Unterlassenden ab.[167]

---

164 Strafrecht verlangt alles andere, was zur Erfolgsabwendung (Rettung des Kindes) dienlich und individuell möglich ist. Etwa das Herbeirufen von Hilfe oder das Werfen eines Rettungsringes (sofern vorhanden).

165 Hierzu *Stratenwerth*, FS Jescheck, S. 285 (290 ff.).

166 *Heinrich*, Strafrecht AT, S. 405; *Maiwald*, JuS 1981, S. 473 (479 f.); wohl auch *Herzberg*, FS Schünemann, S. 391 (392).

167 BGH, DStR 1998, S. 500 (501 f.); *Freund*, in: MüKo-StGB, Vor §§ 13 ff. Rn. 145; *Gallas*, ZStW 1955, S. 1 (40 f.); *Jaeger*, Gebotserfüllung, S. 53; *Lampe*, ZStW 1967, S. 476 (490 f.); *Roxin*, Strafrecht, Band II, S. 629 f.

2. *Psychisch – die Verkennung des Sachverhalts*

Man könnte sich auf den Standpunkt stellen, die Vornahme einer Handlung sei auch demjenigen unmöglich, der die Möglichkeit zur Handlung nicht erkennt. Hierbei würde allerdings der Unwert verkannt, der hinter den Fahrlässigkeitsdelikten steht: Hinter einem Fahrlässigkeitsdelikt steht der Vorwurf „Verletzung einer Sorgfaltspflicht". Es wäre systemwidrig, eine Handlungsfähigkeit zu verneinen, wenn sorgfaltspflichtwidrig die Möglichkeit zur Handlung verkannt wird. Folglich wäre eine Bestrafung wegen fahrlässigen Unterlassens mangels erkannter Handlungsfähigkeit nicht möglich.[168] Es kommt nicht auf eine treffende Situationsbeurteilung des Unterlassenden an. Gefahrenlage und Rettungsmöglichkeit müssen lediglich objektiv erkennbar gewesen sein.[169] Ist dem Täter die Handlung „psychisch unmöglich", weil er die Rettungsmöglichkeit nicht erkennt, besteht individuelle Handlungsmöglichkeit, lediglich der Vorsatz entfällt und es verbleibt Raum für eine etwaige Fahrlässigkeitsstrafbarkeit.[170]

3. *Rechtliche Unmöglichkeit*

Unklar ist, wie Fälle rechtlicher Handlungsunfähigkeit zu beurteilen sind. Für die vorliegende Untersuchung wären Konstellationen denkbar, in denen Mitarbeiter nur von der Begehung weiter Straftaten abgehalten werden können, wenn diesen gekündigt wird, der Compliance-Beauftragte regelmäßig nicht über die notwendigen arbeitsrechtlichen Kompetenzen verfügt, um eigenständig Mitarbeiter zu entlassen. Unterschiedliche Auffassungen finden sich bei der Verortung der Problematik und der verwendeten Terminologien. Im Ergebnis stimmen allerdings die Ansichten insoweit überein, als eine rechtliche Unmöglichkeit zur Handlung die Tatbestandsmäßigkeit der Unterlassung ausschließt.[171]

168 Zu der Frage, ob es sich bei der Fahrlässigkeit nicht im Kern um ein Unterlassen handelt und zu dem Unterlassungsmoment der Fahrlässigkeitsdelikte vgl. *Duttge*, in: MüKo-StGB, § 15 Rn. 208 ff.; allgemein zum Vorsatz beim Unterlassungsdelikt vgl. *Grünwald*, FS Mayer, S. 281 (281 ff.).

169 *Kühl*, Strafrecht AT, S. 660 f.; *Rudolphi/Stein*, in: SK-StGB, Vor § 13 Rn. 5; *Weigend*, in: LK-StGB, § 13 Rn. 65.

170 *Kühl*, Strafrecht AT, S. 660; *Roxin*, Strafrecht AT, Band II, S. 630 f.; *Rudolphi/Stein*, in: SK-StGB, Vor § 13 Rn. 5; f.; *Stree/Bosch*, in: S/S-StGB, Vor § 13 Rn. 141; *Weigend*, in: LK-StGB, § 13 Rn. 65; *Wessels/Beulke/Satzger*, Strafrecht AT, S. 295; anders *Kaufmann*, Dogmatik der Unterlassungsdelikte, S. 41 f.; *Welzel*, Das Deutsche Strafrecht, S. 201.

171 Vgl. hierzu BGH, NStZ 1997, S. 545 (545 f.); OLG Bremen, NJW 1957, S. 72 (72 f.); *Cramer*, FS Stree/Wessels, S. 563 (570); *Gropp*, Strafrecht AT, S. 422 f.; *Mitsch*, in: B/W/M-Strafrecht AT, S. 268 f.; *Roxin*, Strafrecht AT, Band II, S. 631 f.

III. Das wirksamste Mittel zur Erfolgsabwendung – strafrechtliche Pflicht zur individuell bestmöglichen Rettungshandlung?

Fraglich ist, ob ein Garant strafrechtlich dazu verpflichtet ist, die ihm individuell bestmögliche Rettungshandlung zur Erhaltung des Rechtsguts vorzunehmen. Bei mehreren geeigneten Handlungsmöglichkeiten stellt sich die Frage, ob der Täter diejenige auswählen muss, die unter den gegebenen Umständen am sichersten den Erfolg abzuwenden vermag. Verlangt man die individuell bestmögliche Rettungshandlung, kommt in den Fällen, in denen die weniger geeignete Rettungshandlung den Erfolg abwendet, eine Versuchsstrafbarkeit in Betracht. Interessant ist, dass in Rechtsprechung und Strafrechtswissenschaft eine ausführliche Diskussion dieser Problematik hinsichtlich der Anforderungen an die Rücktrittshandlung beim beendeten Versuch erfolgt. Die Frage nach der strafrechtlich geforderten Rettungshandlung im Rahmen der Unterlassungsdelikte wird kaum, allenfalls mit einem kurzen Verweis auf die beschriebene Rücktrittsproblematik, diskutiert.

1. Rücktrittsdogmatik

Strafrechtsdogmatisch ist die Problematik vergleichbar mit der Frage, welche konkreten Anforderungen an die Verhinderungshandlung beim Rücktritt vom beendeten Versuch gemäß § 24 Abs. 1 Satz 1, 2. Alt. StGB zu stellen sind.[172] Aus diesem Grund erfolgt eine knappe Darstellung der beschriebenen Rücktrittsproblematik. Es stehen sich verschiedene Theorien gegenüber. Zu beachten ist, dass sämtliche Theorien von dem Vorliegen eines sog. „Verhinderungsvorsatzes" ausgehen.[173]

a) Chanceneröffnungstheorie

Nach der sog. „Chanceneröffnungstheorie" ist eine hinreichend rücktrittsbegründende Verhinderung der Vollendung gegeben, wenn eine neue Kausalreihe in Gang gesetzt wird, die für den Nichteintritt des tatbestandlichen Erfolges wenigstens mitursächlich wird.[174] Es kommt nicht darauf an, ob dem Täter andere, bessere

---

172 Darauf ebenfalls hinweisend *Heinrich*, Strafrecht AT, S. 406 Fn. 35.

173 *Herrmann*, Der Rücktritt im Strafrecht, S. 53; *Herzberg*, JR 1989, S. 449 (450); *Putzke*, ZJS 2011, S. 522 (525); *Roxin*, Strafrecht AT, Band II, S. 546; *ders.*, FS Hirsch, S. 327 (327 f.); allgemein zum „Rücktrittswillen" vgl. *Rotsch*, GA 2002, S. 165 (170 ff.).

174 BGHSt 33, 295 (301); 44, 204 (207); BGH, StV 1981, S. 396 (397); BGH, NJW 1985, S. 813 (814); 1986, S. 1001 (1002); BGH, NStZ 2003, S. 28 (28); 2006, S. 503 (505); 2008, S. 508 (509); 2010, S. 276 (277); *Bloy*, JuS 1987, S. 528 (535); *Bock*, JuS 2006, S. 603 (607); *Grünwald*, FS Welzel, S. 701 (715); *Herzberg/Hoffmann-Holland*, in: MüKo-StGB, § 24

geeignete Mittel zur Erfolgsabwendung zur Verfügung gestanden hätten, auf deren Einsatz er bewusst verzichtet hat. Der Gesetzeswortlaut von § 24 Abs. 1 Satz 1, 2. Alt. StGB stützt diese Theorie. Die Vorschrift spricht von einer Verhinderung der Tatvollendung, ohne weitere Voraussetzungen an die Art der Verhinderung zu knüpfen.

b) Bestleistungstheorie

Die sog. „Bestleistungstheorie" verlangt für einen strafbefreienden Rücktritt, dass der Täter die ihm bestmögliche Rettungsmaßnahme ergreift.[175] Erkennt der Täter eine Maßnahme, die objektiv besser zur Rettung geeignet ist, tritt er nur strafbefreiend zurück, sofern er die bessere Verhinderungsmöglichkeit wählt. Für die Bestleistungstheorie spricht ein Vergleich zu den in § 24 Abs. 1 S. 2 StGB geregelten Rücktrittsanforderungen beim untauglichen Versuch. Die Vorschrift fordert ein „freiwilliges und ernsthaftes Bemühen" als Voraussetzung für einen strafbefreienden Rücktritt. Versteht man unter „ernsthaften Bemühen" nicht die „bestmögliche Rettungsmaßnahme", entsteht ein Wertungswiderspruch: Führen die Verletzungen des Opfers ohne Eingreifen zum Tode, reicht nach der Chancentheorie jede kausale vom Täter ergriffene Maßnahme zum strafbefreienden Rücktritt. Erweisen sich die Verletzungen entgegen der Erwartungen des Täters als nicht tödlich, wäre nach dem Wortlaut des § 24 Abs. 1 S. 2 StGB Bestleistung erforderlich.[176] Dies führt zu dem Erst-Recht-Schluss, dass ein Täter der schon beim untauglichen Versuch das Optimum leisten muss, dies „erst recht" für den tauglichen Versuch leisten muss.[177]

Rn. 133 ff.; *Kühl/Kneba*, JA 2011, S. 426 (428); *Neubacher*, NStZ 2003, S. 576 (581); *Rudolphi*, NStZ 1989, S. 508 (511 f.); *Seelmann*, JR 2004, S. 160 (163); *Walter/Schneider*, JA 2008, S. 262 (264).

175 BGHSt 31, 46 (49); *Heintschel-Heinegg*, ZStW 1997, S. 29 (52 ff.); *Herzberg*, NJW 1989, S. 862 (867); *ders.*, NStZ 1989, S. 49 (49); *ders.*, NJW 1991, S. 1633 (1636 f.); *ders.*, FS Kohlmann, S. 37 (42 ff.); *Jakobs*, ZStW 1992, S. 82 (91 f.); *ders.*, Strafrecht AT, S. 752 f.; *Ladiges/Glückert*, Jura 2011, S. 552 (557); *Puppe*, NStZ 2003, S. 308 (309); *dies.*, NStZ 1995, S. 403 (404); anders noch *dies.*, NStZ 1984, S. 488 (490); *Römer*, MDR 1989, S. 945 (947).

176 Vgl. *Herzberg*, NJW 1989, S. 862 (863); *Roxin*, FS Hirsch, S. 327 (334 f.); *ders.*, Strafrecht AT, Band II, S. 554.

177 *Roxin*, Strafecht AT, Band II, S. 554.

c) *Unterscheidung nach eigen- und fremdhändigen Erfolgsabwendungen*

Eine andere Ansicht differenziert: Bei eigenhändiger Erfolgsabwendung sei der Rücktritt nach der Chanceneröffnungstheorie zu behandeln. Derjenige, der das Rettungswerk allein vollbringt, sei strafbefreiend zurückgetreten, wenn sein Beitrag kausal für das Ausbleiben des Erfolges werde, unabhängig davon, ob ihm bessere eigenhändige Mittel zur Verfügung gestanden hätten. Bedient sich der Täter zur Erfolgsabwendung Dritter und verlässt sich auf fremdhändige Erfolgsabwendung, ist er nach der Bestleistungstheorie zu behandeln. Verlässt er sich auf fremdhändige Erfolgsabwendung, ist von ihm zu verlangen, die beste ihm erkennbare Rettungsmöglichkeit zu ergreifen.[178] Diese Theorie findet allerdings keine Stütze im Gesetz.

2. *Übertragung auf Handlungsanforderung beim Unterlassungsdelikt*

Jakobs wendet gegen die Chanceneröffnungstheorie ein, sie werde „von der Haftung aus Ingerenz konterkariert".[179] Der Täter eines beendeten Versuchs ist Garant aus Ingerenz für die Abwendung des tatbestandlichen Erfolges. Diese Konstellation ist für das strafrechtliche Ergebnis regelmäßig irrelevant: Gelangt der unbeendete Versuch mangels Erfolgsabwendung durch den Garanten ins Erfolgsstadium, liegt ein vollendetes Begehungsdelikt vor. Das insoweit mitverwirklichte garantenpflichtwidrige Unterlassen tritt hinter dem vollendeten Begehungsdelikt zurück.[180] Nimmt der Garant die Rettungshandlung vor, erfüllt er durch den strafbefreienden Rücktritt seine Garantenpflicht. Ein wirksamer Rücktritt vom Begehungsdelikt lässt keinen Raum für eine gesonderte Prüfung des unechten Unterlassungsdelikts, was freilich nicht mehr als den strafrechtlichen Grundsatz der Subsidiarität des Unterlassungsdelikts gegenüber dem Begehungsdelikt beschreibt.[181] Die These *Jakobs*, die Chanceneröffnungstheorie werde durch eine Pflicht zum bestmöglichen Handeln des Ingerenten konterkariert, ist treffend, wenn man im Bereich der Unterlassungsdelikte die individuell bestmögliche Rettungshandlung verlangt.[182]

---

178 *Engländer*, JuS 2003, S. 641 (644 f.); *Heinrich*, Strafrecht AT, S. 380; *Jäger*; Jura 2009, S. 53 (58); *Kühl*, StGB, § 24 Rn. 19b; *Roxin*, FS Hirsch, S. 327 (335 ff.); *ders.*, Strafrecht AT, Band II, S. 555 ff.

179 *Jakobs*, Strafrecht AT, S. 753; in diesem Sinne auch *Geilen*, JZ 1972, S. 335 (342), "Deshalb muß die strafbefreiende Wirkung des Rücktritts jedenfalls da aufhören, wo andernfalls die entsprechende Ingerenzhaftung beginnt".

180 Siehe oben 3. Teil, B. I.

181 Siehe oben 3. Teil, B. I.

182 So etwa *Bock*, HRRS 2010, S. 316 (317); *Jakobs*, Strafrecht AT, S. 753; *Roxin*, Strafrecht AT, Band II, S. 554; *Weigend*, in: LK-StGB, § 13 Rn. 63.

a) *Dogmatischer Einwand gegen die Bestleistungstheorie – Analogie zum vollendeten Begehungsdelikt*

Unverständnis entsteht im Hinblick auf eine Anwendung der Bestleistungstheorie beim Unterlassungsdelikt durch den Vergleich mit dem vollendeten Begehungsdelikt: Möchte man denjenigen, der eine nicht optimale, aber erfolgsabwendende Handlung vornimmt, wegen des Versuchs eines Unterlassungsdelikts bestrafen, lautet der Unrechtsvorwurf: ein im Hinblick auf die Rettung des Rechtsguts nicht optimales Handeln trotz Erhaltung des Rechtsguts. Beim vollendeten Begehungsdelikt müsste dieser fingierte Grundsatz die Täter privilegieren, die kausale rechtswidrige Handlungen vornehmen, die nicht optimal zur Erfolgsherbeiführung geeignet sind. Der Täter der sein Opfer mit dem Pistolenlauf erschlägt, anstatt ihm mit der Waffe in den Kopf zu schießen, müsste mithin privilegiert werden. Das Erfolgsunrecht konsumiert insoweit ein „Weniger" an Handlungsunrecht im Hinblick auf die optimale Verletzungshandlung. Somit wirken weder die zurechenbare nicht optimale Rettungshandlung strafschärfend noch nicht optimale Verletzungshandlungen strafmildernd.

b) *Rechtspraktische Einwände gegen die Bestleistungstheorie*

Eine Theorie der „Bestleistung" bzw. einer optimalen Rettungshandlung ist genau dies und muss es auch bleiben: Eine Theorie, die in der Rechtsanwendung nicht zu praktizieren ist: Der Ehemann, der einen Arzt zur Rettung seiner Frau herbeiruft, müsste sich den strafrechtlichen Vorwurf gefallen lassen, warum er nur einen und nicht viele Ärzte herbeirufe. Dies bringe den Vorteil einer wahrscheinlich früheren Ankunft eines der Ärzte. Darüber hinaus ist die Unfallgefahr bei ärztlichen Notfahrten regelmäßig gesteigert. Um dieser entgegenzuwirken, ist es ebenfalls „optimaler", gleich mehrere Ärzte zu informieren, falls einer bei der Anfahrt verunglückt. Würde die Rechtsprechung, was sie aus guten Gründen nicht tut, konsequent optimales Rettungsverhalten verlangen, selbst mit der Beschränkung auf die jeweiligen individuellen Fähigkeiten des Garanten bzw. des Zurücktretenden, wäre ein strafbefreiender Rücktritt vom beendeten Versuch bzw. das Erfüllen einer strafrechtlichen Erfolgsabwendungspflicht faktisch kaum möglich. Im Ergebnis stünden eine faktische Abschaffung des strafbefreienden Rücktritts und eine faktisch kaum zu erfüllende Garantenpflicht, was zu einer massiven und unverhältnismäßigen Ausdehnung der Versuchs- und Unterlassungsstrafbarkeit führen würde.

c) *Objektive Zurechnung des Verhinderungserfolgs*

Sowohl beim Rücktritt als auch bei der strafrechtlich gebotenen Handlung im Rahmen eines Unterlassungsdelikts reicht die rein kausale Erfolgsverhinderung nicht aus. Richtigerweise ist in beiden Konstellationen eine dem Garantenpflichtigen bzw. dem Zurücktretenden objektive Zurechenbarkeit des kausalen Ausbleibens des tatbestandlichen Erfolges zu verlangen.[183] Objektiv zurechenbar ist der Verhinderungserfolg dem Unterlassenden, wenn er eine rechtlich missbilligte Gefahr abwendet, die sich im Ausbleiben des tatbestandlichen Erfolges realisiert. Die Objektive Zurechenbarkeit verlangt weder bei Begehungs- noch bei Unterlassungsdelikten „Optimalität" der Rettungs- bzw. Verletzungshandlungen. Wertungswidersprüche die entstehen können, wenn man die rein kausale Erfolgsverhinderung ausreichen lässt, werden abgemildert, indem eine objektive Zurechenbarkeit zwischen Rettungshandlung und Verhinderungserfolg verlangt wird. Darüber hinaus schließt das Erfordernis eines sog. „Verhinderungsvorsatzes" die Fälle aus, in denen der Täter unbeabsichtigt den Erfolgseintritt verhindert.

Im Bereich der Unterlassungsdelikte ist strafrechtlich nicht die individuell bestmögliche Rettungshandlung zu verlangen. Dies beantwortet jedoch nicht zwingend die Frage nach einem strafbefreienden Rücktritt. Bleibt der Erfolg aus, hat der Garant seine ihm obliegende Pflicht erfüllt und ist nicht wegen versuchten Unterlassens strafbar, wenn er eine nicht optimale Verhinderungshandlung gewählt hat. Dies bedeutet nicht zwangsläufig, dass man nicht optimale Rettungshandlungen auch für strafbefreiende Rücktritte genügen lässt. Diese Frage ist für die weitere Untersuchung nicht relevant. Im Rahmen der Unterlassungsdelikte ist es nicht geboten, die individuell bestmögliche Rettungshandlung zu verlangen.[184] Ausreichend ist eine kausale, objektiv zurechenbare und vorsätzliche Verhinderungshandlung.

D. Erfolg im Sinne des § 13 Abs. 1 StGB

§ 13 Abs. 1 StGB normiert unter bestimmten Voraussetzungen die Pflicht „einen Erfolg abzuwenden, der zum Tatbestand eines Strafgesetzes gehört". Aus diesem Wortlaut wird abgeleitet, dass § 13 Abs. 1 StGB nur auf Delikte Anwendung finde,

---

183 So auch *Bloy*, JuS 1987, S. 528 (533); *Herzberg*, NJW 1989, S. 862 (866); *Koch-Schlegtendal*, Verhinderung der Vollendung, S. 138 ff.; *Rengier*, JuS 1991, S. 938 (941); *Rudolphi*, NStZ 1989, S. 508 (512); ähnlich *Zieschhang*, GA 2003, S. 353 (360 ff.), der auf „das Kriterium der Berechenbarkeit der Abwehrmaßnahme" abstellen möchte.

184 In diesem Sinne auch *Gropp*, Strafrecht AT, S. 425: „Zwischen mehreren Handlungsmodalitäten, deren Vornahme das Ausbleiben des Erfolges erwarten lässt, kann der Täter wählen."; ähnlich auch *Jakobs*, Strafrecht AT, S. 789.

die an die Verletzung oder konkrete Gefährdung von Rechtsgütern anknüpfen.[185] Dies bedeutet im Umkehrschluss, dass abstrakte Gefährdungsdelikte nicht durch Unterlassen im Sinne des § 13 Abs. 1 StGB zu verwirklichen wären. Die Gegenansicht versteht den Begriff des „Erfolges" in § 13 Abs. 1 StGB insoweit nämlich, als das gesamte tatbestandsmäßige Geschehen und subsumiert auch abstrakte Gefährdungsdelikte unter den Begriff des Erfolges im Sinne des § 13 Abs. 1 StGB.[186] Nicht näher soll auf die Einordnung und (mangelnde) Abgrenzbarkeit von sog. „Verletzungs-, konkreten und abstrakten Gefährdungsdelikten" eingegangen werden.[187] Auch konkrete Gefährdungsdelikte sind Erfolgsdelikte. Der Erfolg liegt nicht in der Rechtsgutsverletzung, sondern in der Rechtsgutsgefährdung. Praktisch bedeutungslos ist das Verständnis des Begriffes „Erfolges" im § 13 Abs. 1 StGB nicht.[188]

Das sog. „Erfolgsdelikt" und der damit bezeichnete Erfolg sind reine strafrechtswissenschaftliche Bezeichnungen, keine in der Gesetzgebung feststehenden Begriffe.[189] Gegen ein enges Erfolgsverständnis im Sinne des § 13 Abs. 1 StGB spricht der Zweck von Strafrecht: Rechtsgüterschutz. Entscheidet sich der Gesetzgeber, bestimmte Tätigkeiten aufgrund ihrer für Rechtsgüter potenziellen gefährlichen Eigenschaften unter Strafe zu stellen und auf ein von der Handlung abgrenzbares Außenweltereignis zu verzichteten, weil er den Rechtsgüterschutz nicht durch ein Verletzungs- oder konkretes Erfolgsdelikt in ausreichendem Maße für gewährleistet

---

185 RGSt 45, 210 (213); *Güntge*, Begehen durch Unterlassen, S. 38; *Jescheck*, FS Tröndle, S. 795 (796); *ders.*, in: LK-StGB, 11. Auflage, § 13 Rn. 2; *Ostendorf*, JuS 1982, S. 226 (229); *Steiner*, MDR 1971, S. 260 (260 f.); *Stratenwerth/Kuhlen*, Strafrecht AT, S. 292; *Weigend*, in: LK-StGB, § 13 Rn. 15; vgl. auch *Clausen*, Die umweltgefährdende Abfallbeseitigung, S. 54 ff.

186 BGHSt 46, 212 (222); OLG Stuttgart, ZfW 1988, S. 248 (249); *Arzt*, ZStrR 1990, S. 168 (178); *Bergmann*, Strafbarkeit vertragswidrigen Unterlassens, S. 133; *Freund*, in: MüKo-StGB, § 13 Rn. 232; *Horn*, JR 1979, S. 291 (291); *Rudolphi/Stein*, in: SK-StGB, § 13 Rn. 4; *Stree/Bosch*, in: S/S-StGB, § 13 Rn. 3; *Tenckhoff*, FS Spendel, S. 347 (361); *Vogel*, Norm und Pflicht, S. 100.

187 Vgl. hierzu etwa *Hauck*, ZIS 2011, S. 919 (922 ff.); *Hirsch*, FS Kaufmann, S. 545 (557); *ders.*, FS Lüderssen, S. 253 (260 ff.); *Jescheck/Weigend*, Strafrecht AT, S. 260 ff.; *Ostendorf*, JuS 1982, S. 426 (426 ff.); *Roxin*, Strafrecht AT, Band I, S. 421 ff.; kritisch zu dem Begriffspaar abstrakte und konkrete Gefährdungsdelikte *Hirsch*, FS Tiedemann, S. 145 (151 ff.).

188 So aber *Stratenwerth/Kuhlen*, Strafrecht AT, S. 292.

189 Vgl. *Güntge*, Begehen durch Unterlassen, S. 32 f.; *Seibert*, Garantenpflichten beim Betrug, S. 159 f.; *Tenckhoff*, FS Spendel, S. 347 (357 f.); allgemein Tatbestandsmerkmal des „Erfolges" vgl. *Lüderssen*, FS Schünemann, S. 435 (435 ff.).

erachtet, ist diese legislative Wertung nicht zu unterlaufen, indem § 13 Abs. 1 StGB grundsätzlich für abstrakte Gefährdungsdelikte für unanwendbar erklärt wird.[190] Der praktische Anwendungsbereich von § 13 Abs. 1 StGB auf sog. abstrakte Gefährdungsdelikte ist verhältnismäßig gering.[191] Indem auf die potenzielle Gefährlichkeit der Handlung als solche abgestellt wird, kann bei einem Unterlassen nicht an die Nichtverhinderung eines Erfolges, sondern nur an die Nichtvornahme der konkreten, rechtlich missbilligten Handlung angeknüpft werden. Nicht zu verkennen ist der Anknüpfungspunkt der Vorwerfbarkeit: Es geht nicht um das (selbstverständlich) straflose Unterlassen einer gefährlichen Handlung, strafrechtlicher Anknüpfungspunkt bei Tätigkeitsdelikten durch Unterlassen kann allein der Nichtabbruch einer Tätigkeit sein, deren Vornahme der Gesetzgeber als solche für strafwürdig erachtet. An dieser Stelle bleibt der Subsidiaritätsgrundsatz zu berücksichtigten, sodass nur an den „Nichtabbruch" der gefährlichen Tätigkeit angeknüpft werden kann, sofern aus bestimmten Gründen nicht an die Vornahme der Tätigkeit selbst angeknüpft werden kann.

E. Unzumutbarkeit der Erfolgsabwendung

Relevant für ein strafbares Unterlassen von Compliance-Beauftragten ist die Frage nach der Zumutbarkeit der gebotenen Rettungshandlung. An dieser Stelle erfolgt ein kurzer, ausschnitthafter Überblick über Zumutbarkeitserwägungen, die im Rahmen der Unterlassungsdelikte erörtert werden. Relativ einig ist die Strafrechtswissenschaft bei der Einordnung des Zumutbarkeitsbegriffs bei den Begehungsdelikten. Sie sieht in dem Begriff der Zumutbarkeit keinen eigenen Schuldausschließungsgrund, sondern begreift das Kriterium der Unzumutbarkeit normgemäßen Verhaltens als Grundprinzip, das sämtlichen Entschuldigungsgründen zugrunde liegt.[192]

---

190 *Seibert*, Garantenpflichten beim Betrug, S. 160; *Tenckhoff*, FS Spendel, S. 347 (361).

191 *Tenckhoff*, FS Spendel, S. 347 (350); vgl. aber *Rudolphi/Stein*, in: SK-StGB, § 13 Rn. 8 zur Trunkenheit im Verkehr (§ 316 StGB), nach denen das Fahrzeugführen in bestimmtem Rahmen auch durch Unterlassen erfolgen kann, da das Führen eines Fahrzeugs ein Ineinandergreifen von Handlungen und Unterlassungen sei. Dies sei relevant, wenn nach Bemerken der Fahruntüchtigkeit das aktive Führen eingestellt wird, etwa indem man das Fahrzeug ausrollen lässt. Das Ausbleiben des gebotenen sofortigen Abbremsens und Lenkens zu einem geeigneten Halteplatz sei ein pflichtwidriges Führen des Fahrzeugs und könne die Strafbarkeit wegen Trunkenheit im Verkehr durch Unterlassen erfüllen.

192 Vgl. nur *Baumann/Weber/Mitsch*, Strafrecht AT, S. 554 f.; *Donner*, Zumutbarkeitsgrenzen, S. 22; *Lücke*, JR 1975, S. 55 (58); *Moos*, ZStW 2004, S. 891 (891 ff.); *P. Wittig*, JZ 1969,

Ob das Zumutbarkeitskriterium im Rahmen der Unterlassungsdelikte eine über seine Bedeutung bei den Begehungsdelikten hinausgehende Geltung besitzt, ist höchst umstritten. Eine Mindermeinung lehnt einen über die Bedeutung der Zumutbarkeitsproblematik bei den Begehungsdelikten hinausgehenden Gehalt ab.[193] Eine andere Meinungsgruppe ist sich einig, dass dem Zumutbarkeitskriterium im Rahmen der Unterlassungsdelikte ein besonderer Sinngehalt gegenüber den Begehungsdelikten zukommt, ist sich aber völlig uneins, wo das Zumutbarkeitskriterium innerhalb des dreistufigen Verbrechensaufbaus dogmatisch zu verorten ist oder worin sein unterlassungsspezifischer Gehalt liegt.

Teilweise wird die Unzumutbarkeit dem objektiven Tatbestand des unechten Unterlassungsdelikts zugeordnet.[194] Andere verstehen die Unzumutbarkeit als ungeschriebenen Rechtfertigungsgrund.[195] Teilweise wird die Frage nach einer unterlassungsspezifischen Zumutbarkeit der Rettungshandlung auch auf der Schuldebene

---

S. 546 (547); kritisch mangels sachlich-inhaltlicher Aussagekraft des Zumutbarkeitskriteriums *Achenbach*, JR 1975, S. 492 (494 ff.); *Henkel*, FS Mezger, S. 249 (257 ff.); *Lenckner/Sternberg-Lieben*, in: S/S-StGB, Vor §§ 32 ff. Rn. 110; *Luzón*, FS Schünemann, S. 445 (448 ff.); *Roxin*, FS Henkel, S. 170 (173 f.); *ders.*, Ehrengabe Brauneck, S. 385 (400); hierzu auch *Maiwald*, FS Kühl, S. 539 (540); zur Entwicklung der Zumutbarkeit als allgemeinem Merkmal der Schuld vgl. *Achenbach*, Grundlagen der strafrechts-systematischen Schuldlehre, S. 143 ff.

193 *Achenbach*, Jura 1997, S. 631 (634 f.); *Donner*, Zumutbarkeitsgrenzen, S. 224; *Jakobs*, Strafrecht AT, S. 843 f.; *Jescheck/Weigend*, Lehrbuch des Strafrechts, S. 634 f.; *Momsen*, Zumutbarkeit, S. 403; *Rudolphi/Stein*, in: SK-StGB, Vor § 13 Rn. 51; *Schlehofer*, in: MüKo-StGB, Vor §§ 32 ff. Rn. 275 ff.; *Schünemann*, ZStW 1984, S. 287 (316).

194 OLG Hamburg, NStZ 1996, S. 557 (559); *Fischer*, StGB, § 13 Rn. 81; *Freund*, in: MüKo-StGB, Vor §§ 13 ff. Rn. 254; *Gallas*, JZ 1952, S. 396 (400); *Henkel*, FS Mezger, S. 249 (280); *Hilgendorf*, JuS 1993, S. 97 (99); *Ranft*, JuS 1963, S. 340 (341 Fn. 3); *Ransiek*, JuS 2010, S. 585 (586); *Röwer*, NJW 1958, S. 1528 (1528); *Stree*, FS Lenckner, S. 393 (399 ff.); *ders./Bosch*, in: S/S-StGB, Vor §§ 13 ff. Rn. 155; *Weigend*, in: LK-StGB, § 13 Rn. 68; *Wohlers/Gaede*, in: NK-StGB, § 13 Rn. 17; vgl. auch *Hruschka*, JuS 1979, S. 385 (391); für eine „doppelte Bedeutung" des Zumutbarkeitsbegriffs sowohl auf Tatbestands- als auch auf Rechtswidrigkeitsebene *R. Krause*, Die Bedeutung von Zumutbarkeit, S. 62.

195 *Barthel*, (Un-)Zumutbarkeit des erfolgsabwendenden Tuns, S. 236; *Brauneck*, GA 1959, S. 261 (271); *Gropp*, Strafrecht AT, S. 424, 435; *Köhler*, Strafrecht AT, S. 297 f.; *Küper*, Grund- und Grenzfragen der rechtfertigenden Pflichtenkollision, S. 98; *Schmidhäuser*, Strafrecht AT, S. 690; *Wortmann*, Unzumutbarkeit normgemäßen Verhaltens, S. 160 ff.

diskutiert.[196] Von einer grundsätzlich gesteigerten Bedeutung des Zumutbarkeitskriteriums bei den Unterlassungsdelikten und der damit verbundenen Möglichkeit zur Begrenzung persönlicher Verantwortung gegenüber den Begehungsdelikten auszugehen ist nicht unproblematisch: Die unterschiedliche Behandlung ließe sich nur mit einem grundsätzlich geringeren Unrechts- und Schuldgehalts eines Unterlassens gegenüber einem Tun begründen. Zum „Ausgleich" des grundsätzlich anerkannten und geminderten Unwertgehalts einer Unterlassung gegenüber einem Tun wird eine besondere Rechtsgutsnähe (Garantenstellung) des Unterlassenden zum verletzten Rechtsgut verlangt. Fügt man eine unterlassungsspezifische Unzumutbarkeit hinzu, die über die Unzumutbarkeit (Entschuldigungsgründe) bei den Begehungsdelikten hinausreicht, indiziert man gleichzeitig, dass Garantenstellung (und Entsprechungsklausel) nicht immer einen hinreichenden Ausgleich der Unrechtsdifferenz zwischen Tun und Unterlassen begründen.

Trotzdem besitzt eine solche weitere „Ausgleichsstufe"[197] bei den Unterlassungsdelikten ihre Legitimation: Das Kriterium der Zumutbarkeit wird bei Unterlassungs- und Begehungsdelikten diskutiert, wenn durch ein normgemäßes Verhalten eigene Rechtsgüter bedroht oder geschädigt werden müssten. Für das Unterlassungsdelikt bedeutet das, dass die Rechtsordnung in bestimmten Konstellationen jemanden verpflichtet aktiv, also durch eigenes Tun, seine Rechtsgüter zu gefährden oder sogar zu verletzen. Somit verlangt die Rechtsordnung unter Strafandrohung eine aktive Verletzung oder Gefährdung eigener Rechtsgüter. Diese Konstellation ist im Rahmen einer „unterlassungsspezifischen Zumutbarkeit" als ein Weiteres – über die Garantenstellung hinausgehendes – Korrektiv einzuziehen. An dieser Stelle wirkt sich der gesteigerte Unwertgehalt eines Tuns entgegengesetzt aus und führt zu dem Schluss, dass die aktive Verletzung eigener Rechtsgüter regelmäßig „weniger zumutbar" ist als eine Rechtsgutsverletzung durch das Unterlassen einer Handlung hinzunehmen. Der Streit um die systematische Einordnung der Unzumutbarkeit innerhalb des dreistufigen Unterlassungsdelikts ist relevant für die Behandlung von

---

196 BGHSt 2, 194 (204); 6, 46 (57); OLG Stuttgart, FamRZ 1959, S. 74 (75); *Baumann/Weber/Mitsch*, Strafrecht AT, S. 269; *Dallinger*, JR 1968, S. 6 (7); *Geilen*, JuS 1965, S. 426 (431); *Kühl*, Strafrecht AT, S. 661; *ders.*, StGB, § 13 Rn. 5; *ders.*, Strafrecht AT, S. 719; *ders.*, JA 2014, S. 507 (511); *Peters*, JZ 1966, S. 457 (458); *Rönnau*, in: LK-StGB, Vor §§ 32 ff. Rn. 334; *Roxin*, Kriminalpolitik und Strafrechtssystem, S. 39; *Spendel*, JZ 1973, S. 137 (143); *Ulsenheimer*, JuS 1972, S. 252 (256); *Wessels/Beulke/Satzger*, Strafrecht AT, S. 310 f.

197 Richtigerweise könnte man die unterlassungsspezifische Zumutbarkeit als drittes Gleichstellungsmerkmal bezeichnen, das der Garantenstellung und der Entsprechungsklausel nachfolgt.

Irrtümern und für die Frage, ob eine Teilnahme am Unterlassungsdelikt möglich ist, wenn der Haupttäter wegen Unzumutbarkeit straflos bleibt.[198]

Für die Untersuchung, unter welchen Voraussetzungen der Compliance-Beauftragte strafrechtlich verantwortlich für die Nichtverhinderung von organisationsbezogenen Straftaten sein kann, ist das Kriterium der Zumutbarkeit relevant, unabhängig von dessen dogmatischer Verortung innerhalb des Verbrechensaufbaus, weswegen an dieser Stelle der Streit um die dogmatische Verortung der Unzumutbarkeit bei den unechten Unterlassungsdelikten nicht (erneut) geführt werden soll.[199]

Relevant für die weitere Untersuchung ist vor allem die Frage nach dem materiellen, unterlassungsspezifischen Gehalt des Unzumutbarkeitskriteriums. Zur Grenzziehung bietet sich zunächst § 323c StGB an, nach dem das Unterlassen der erforderlichen Hilfeleistung nur tatbestandsmäßig[200] ist, wenn das Hilfeleisten dem Unterlassenden den Umständen nach zumutbar war. § 323c StGB setzt als echtes Unterlassungsdelikt keine besondere Beziehung des Unterlassenden zu Rechtsgütern Dritter voraus. Daraus folgt, dass alles, was dem Unterlassenden nach § 323c StGB zur Erfolgsabwendung „zugemutet" werden kann, ihm auch im Rahmen des unechten Unterlassungsdelikts über § 13 Abs. 1 StGB zuzumuten ist.[201] Was jedermann zur Erfolgsabwendung zugemutet werden kann, kann „erst recht" dem Garanten zugemutet werden.

Auf anerkannte Fallgruppen der Unzumutbarkeit einer Erfolgsabwendung wegen Selbstbelastung bzw. Belastung von nahen Angehörigen und das Eingehen einer konkreten Lebensgefährdung bzw. das Eingehen konkreter Leibesgefahren wird mangels besonderer Relevanz für Compliance-Beauftragte nicht

---

198 *Donner*, Zumutbarkeitsgrenzen, S. 33 Fn. 93; *Rönnau*, in: LK-StGB, Vor §§ 32 ff. Rn. 334; *Stree*, FS Lenckner, S. 392 (392 f.); *Wessels/Beulke/Satzger*, Strafrecht AT, S. 310 f.; vgl. ferner *Spendel*, in: LK-StGB, 11. Auflage, § 323c Rn. 119, der ausführt, dass die Einordnung als Tatbestandsmerkmal oder als Merkmal der Schuld auch relevant im Rahmen der Nothilfe ist: „Denn auch die Unterlassung des erforderlichen und gebotenen Beistandes, die die Gefahr für die Gesundheit des Verunglückten bestehen oder sich vergrößern läßt, bedeutet einen rechtswidrigen Angriff auf den Leib des Verletzten gegen den Nothilfe eines Dritten zugunsten des Unfallopfers gemäß § 32 zulässig ist".

199 Vgl. hierzu ausführlich *Donner*, Zumutbarkeitsgrenzen, S. 53 ff.; *Stree*, FS Lenckner, S. 392 (392 ff.).

200 Wobei auch bei § 323c StGB die dogmatische Einordnung der „Zumutbarkeit" als Tatbestandsmerkmal oder als Schuldmerkmal umstritten ist, vgl. *Fischer*, StGB, § 323c Rn. 20.

201 Ähnlich *Stree*, FS Lenckner, S. 392 (402 ff.); *Welzel*, JZ 1958, S. 494 (496).

näher eingegangen.[202] Zum materiellen Gehalt des Zumutbarkeitskriteriums bei den unechten Unterlassungsdelikten findet sich häufig die Pauschalaussage, eine Handlung sei unzumutbar, wenn der Garant eigene, von der Rechtsordnung gebilligte Interessen in erheblichem Umfang gefährden würde und die eigenen Interessen in einem angemessenen Verhältnis zum drohenden Erfolg stehen.[203] Die berechtigten Interessen des Garanten sind gegen den drohenden Erfolg abzuwägen. Besonderheiten, etwa ein drohender Verlust des Arbeitsplatzes, der sich im Rahmen einer Interessenabwägung innerhalb des Zumutbarkeitskriteriums für Compliance-Beauftragte ergeben können, werden im folgenden Teil der Arbeit dargestellt.

F. „Kausalität" des Unterlassens

> „So entstand jene berühmte Kette der Kausalität, deren Klirren den Strafrechtler schon von weitem ankündigte."[204]

Binding führt zur Kausalität der Unterlassungsdelikte aus:

> „Dass aus Nichts nur Nichts entstehen, desshalb die absolute Passivität eines Menschen gegenüber einem ganzen Kausalverlauf nie die Ursache einer äusseren Veränderung sein, ein Verbot somit nur Handlung, nie durch solche Unterlassung übertreten werden kann, ist seltsamerweise auf dem Gebiet des Rechts eine relativ neue Wahrheit."[205]

> „Es ist mir stets schwer begreiflich gewesen, wie gerade Juristen auf den Gedanken der Verursachung rein durch Unterlassung eingetreten sind. Wer weder psychisch noch physisch wirkt, wie soll er überhaupt wirken?"[206]

Die Rechtswissenschaft beschäftigt sich seit Aufkommen der Diskussion um eine Strafbarkeit wegen Unterlassens mit der bis heute nicht geklärten Frage, ob ein Unterlassen kausal für einen Erfolgseintritt sein kann.[207] Das Problem wurzelt

---

202 Vgl. hierzu BGH, NStZ 1994, S. 29 (29 f.); *Donner*, Zumutbarkeitsgrenzen, S. 34 ff.; *Radtke/Hoffmann*, GA 2007, S. 201 (213 f.); *Stree/Bosch*, in: S/S-StGB, Vor §§ 13 ff. Rn. 156; *Ulsenheimer*, GA 1972, S. 1 (10 ff.).

203 *Heuchemer*, in: BeckOK-StGB, § 13 Rn. 73; *Stree/Bosch*, in: S/S-StGB, Vor §§ 13 ff. Rn. 156; *Fischer*, StGB, § 13 Rn. 82.

204 *Welzel*, Abhandlungen zum Strafrecht, S. 4.

205 *Binding*, Die Normen und ihre Übertretung, Band II, Hälfte 1, S. 521.

206 *Binding*, Die Normen und ihre Übertretung, Band II, Hälfte 1, S. 542.

207 Vgl. etwa *Hilgendorf*, NStZ 1994, S. 561 (564 ff.); *ders.*, GA 1995, S. 515 (523); *Kaufmann*, Dogmatik der Unterlassungsdelikte, S. 57 ff.; *Puppe*, ZStW 1980, S. 863 (895 ff.); vgl. ferner zur Kausalität als die Annahme eines gesetzmäßigen Zusammenhangs *Hilgendorf*, FS Weber, S. 33 (34 ff.); vgl. auch *v. Rohland*, Die strafbare

allerdings nicht in der Frage nach der Kausalität einer Unterlassung, sondern vielmehr in dem zugrunde gelegten Kausalitätsverständnis.[208]

I. Naturwissenschaftliche Kausalität, normative Kausalität und Erfolgszurechnung

Autoren, die Kausalität als einen gesetzmäßigen Zusammenhang begreifen, kommen zu einer Kausalität des Unterlassens.[209] Die Verfechter eines naturwissenschaftlichen Kausalitätsverständnisses kommen (konsequenterweise) zu dem nach ihrem Kausalitätsverständnis richtigen Ergebnis, dass ein Unterlassen nie kausal für einen Erfolgseintritt sein kann.[210] Sie sprechen in diesem Zusammenhang von „Quasi-Kausalität".[211]

Elegant entzieht sich *Roxin*[212] der Problematik, indem er einräumt, man wisse schon bei den Begehungsdelikten nichts von „Wirkkraft" oder „Dynamik" der Kausalität. Aus diesem Grund könne man „ohne weiteres" von einer Kausalität des Unterlassens sprechen. Den Gegnern einer solchen Kausalität schlägt *Roxin*

Unterlassung, S. 1 ff., der bereits im Jahre 1887 eine wissenschaftliche Untersuchung zu der Kausalität des Unterlassens und deren strafrechtlicher Relevanz vornahm.

208 Darauf ebenfalls hinweisend *Roxin*, Strafrecht AT, Band II, S. 640; *Spendel*, FS Herzberg, S. 247 (253).

209 *Engisch*, Kausalität als Merkmal, S. 30; *ders.*, FS von Weber, S. 247 (264 f.); *Engländer*, JuS 2001, S. 958 (960 Fn. 16); *Freund*, in: MüKo-StGB, Vor § 13 Rn. 335; *Hilgendorf*, NStZ 1994, S. 561 (564 ff.); *Maiwald*, Kausalität und Strafrecht, S. 82 ff.; *Puppe*, Strafrecht AT, S. 365 f.; *Schünemann*, FS Amelung, S. 303 (308); nahestehend *Jäger*, FS Maiwald, S. 345 (362 f.); vgl. bereits *Nagler*, GS 1938, S. 1 (70): „dass auch die Unterlassung im Rechtsinne verursachen kann, sofern man sich von der naturalistischen Kausallehre löst".

210 Dies stellt die herrschende Lehre dar vgl. etwa BGHSt 42, 72 (93); BGH, NJW 2015, S. 96 (101); NJW 2003, S. 522 (526); *Bockelmann*, FS Schmidt, S. 437 (449); *Güntge*, Begehen durch Unterlassen, S. 20; *Hardwig*, ZStW 1962, S. 27 (31); *Herzberg*, MDR 1971, S. 881 (883); *Jakobs*, Strafrecht AT, S. 194; *ders.*, System strafrechtlicher Zurechnung, S. 26; *Kindhäuser*, Gefährdung als Straftat, S. 90 f.; *Kühl*, Strafrecht AT, S. 662; *Jescheck/Weigend*, Lehrbuch des Strafrechts, S. 618; *Joerden*, Strukturen des strafrechtlichen Verantwortlichkeitsbegriffs, S. 48 f.; *Stree/Bosch*, in: S/S-StGB, § 13, Rn. 61; anders *Toepel*, Kausalität und Pflichtwidrigkeitszusammenhang, S. 93 ff., welcher der Auffassung ist, dass ein Unterlassen auch im naturwissenschaftlichen Sinne kausal für einen Erfolgseintritt sein kann.

211 Darauf ebenfalls hinweisend *Greco*, ZIS 2011, S. 674 (675); *Meyer*, MDR 1975, S. 286 (286).

212 *Roxin*, Strafrecht AT, Band II, S. 640 f.

vor, diese (weiterhin) als „Quasi-Kausalität“, „hypothetische Kausalität“ oder „einfach nur eine Zurechnung des Erfolges zum Unterlassen“ zu bezeichnen. Ähnlich kritisch zu der Diskussion um die Kausalität einer Unterlassung äußert sich *von Liszt*:

> „Der wissenschaftliche Streit um die Kausalität der Unterlassung, einer der unfruchtbarsten, welche die strafrechtliche Wissenschaft je geführt hat.“[213]

Diese Aussage verdient Zustimmung, da es sich um einen praktisch irrelevanten Streit handelt: keiner der Diskutanten vertritt eine generelle strafrechtliche Bedeutungslosigkeit des Unterlassens mangels Kausalität.[214] Vielmehr ersetzen die Gegner einer Kausalität des Unterlassens diese durch „hypothetische“[215] oder „Quasi-Kausalität“[216]. Wie dogmatisch fundiert es ist, Probleme in der Strafrechtswissenschaft zu lösen, indem man Tatbestandsmerkmale, die ein Phänomen (hier: naturwissenschaftliche Kausalität des Unterlassens) nicht erklären können, mit der Vorsilbe „Quasi“ versieht, um das gewünschte Ergebnis zu erzielen, sei dahingestellt.[217] Die Diskussion um eine naturwissenschaftliche Kausalität des

---

213 *v. Liszt*, Lehrbuch des Deutschen Strafrechts, S. 164; dem ausdrücklich zustimmend *W. Kretschmer*, Das unechte Unterlassungsdelikt nach geltendem Recht, S. 11; in diesem Sinne auch *Schünemann*, Grund und Grenzen der unechten Unterlassungsdelikte, S. 219: „Fruchtlosigkeit des Kausalmonismus“; auf die rein terminologische Bedeutung dieser Diskussion hinweisend *Greco*, ZIS 2011, S. 674 (675); *Puppe*, ZJS 2008, S. 600 (600).

214 So auch *Stree/Bosch*, in: S/S-StGB, § 13, Rn. 61 „Das Problem, ob die Kausalität bei den unechten Unterlassungsdelikten i. S. eines realen Bewirkens des tatbestandlichen Erfolges bestimmt werden kann, ist Gegenstand einer mit hohem Aufwand und geringem praktischen Ertrag geführten Diskussion“.

215 Etwa BGHSt 42, 72 (93); *Jescheck/Weigend*, Lehrbuch des Strafrechts, S. 620; *Mitsch*, in: B/W/M-Strafrecht AT, S. 271.

216 Etwa BGHSt 42, 72 (94); 48, 77 (87); *Freund*, in: MüKo-StGB, Vor §§ 13 ff. Rn. 332; *ders.*, Strafrecht AT, S. 246; *Gropp*, Strafrecht AT, S. 429; *Kühl*, FS Herzberg, S. 177 (182); *Kuhlen*, NStZ 1990, S. 566 (569); *Stree/Bosch*, in: S/S-StGB, § 13, Rn. 61; *Wessels/Beulke/Satzger*, Strafrecht AT, S. 295.

217 So ließe sich dieser Ansatz auf viele dogmatische Probleme übertragen: Beispielsweise könnte man von einer „Quasi-Täterschaft“ sprechen, um der problematischen Abgrenzung Täterschaft und Teilnahme zu entgehen; ebenfalls kritisch zu dem Begriff „Quasi-Kausalität *Ast*, Normtheorie, S. 100 f.: „Entweder lehnt man die Kausalität des Unterlassens ab, weil nur positiv benennbare Umstände kausal sein können, oder man nimmt Kausalität an, die dann nicht relativiert werden kann“.

Unterlassens zeigt deutlich die Unzulänglichkeiten eines solchen Kausalverständnisses für die Strafrechtswissenschaft auf.[218]

Wenn *Roxin* ausführt, es komme bei den Unterlassungsdelikten nicht darauf an, ob man eine Kausalität des Unterlassens annimmt, da man auch bei Verneinen einer solchen Kausalität nicht daran gehindert sei, demjenigen, der einen Erfolg nicht abgewendet hat, diesen auch bei Verneinung der Kausalität zuzurechnen, kommt es im Ergebnis (jedenfalls nach *Roxin*) überhaupt nicht auf eine Kausalität des Unterlassens, sondern auf „kausalfreie" Erfolgszurechnung an.[219] Festzuhalten bleibt, dass bei einem naturwissenschaftlichen Kausalverständnis

---

218 Kritisch zu einem naturwissenschaftlichen Kausalitätsverständnis auch zur Abgrenzung von Täterschaft und Teilnahme *Roxin*, Täterschaft und Tatherrschaft, S. 6 f.: „Heute ist die Zeit einer solchen kausalen Methode endgültig vorbei. Es bedarf keiner Diskussion mehr darüber, daß die Kategorie der Kausalität, so sehr die Erscheinungen der Außenwelt ihr unterworfen sind, zur Erfassung rechtlicher Sinn- und Bedeutungszusammenhänge nichts beitragen kann. (...) Eine kausale Betrachtungsweise kann mir zwar die Verknüpfung äußerer Geschehensabläufe verständlich machen, über ihre rechtliche Bedeutung aber kann sie nichts aussagen. Sie ist sinn- und wertblind."; kritisch auch *Schünemann*, in: B-Grundfragen des modernen Strafrechtssystems, S. 1 (21 f.): „Der naturalistische ‚Kausalmonismus' verhinderte dadurch eine Entfaltung der Systemstufe ‚Tatbestand', die zu der nivellierten ‚Verursachung einer Rechtsgutsverletzung' verkümmerte und deshalb nicht mehr dazu in der Lage war, die in der Vielfalt der sozialen Konfliktlagen angelegten Wertungsdifferenzen aufzunehmen und durch begriffliche Unterscheidung zu verarbeiten"; zur Unvereinbarkeit einer Rechtsgutstheorie mit einem naturwissenschaftlichen Kausalverständnis vgl. *Kahlo*, in: H/H/W-Die Rechtsgutstheorie, S. 26 (36): „Ist das Rechtsgut nicht ein ‚Objekt' nach Art der Gegenstände der Natur, so kann auch seine Verletzung oder Gefährdung nicht nach der Kategorie einfacher Kausalität erfolgen, sondern muss als nachteilige Beeinträchtigung einer Beziehungswirklichkeit begriffen werden: sie ist mit anderen Worten nicht Objekts-, sondern Verhältnisverletzung oder -gefährdung"; ähnlich bereits *Kaufmann*, JZ 1971, S. 569 (575); vgl. auch *Ebert/Kühl*, Jura 1979, S. 561 (568 f.).

219 *Roxin*, Strafrecht AT, Band II, S. 640; ähnlich auch *Wessels/Beulke/Satzger*, Strafrecht AT, S. 295, nach denen es „belanglos" ist, dass es für Unterlassungen keine Kausalität im physikalischen Sinn gibt, da es für die normative Betrachtungsweise im Strafrecht ohnehin nicht auf den naturwissenschaftlichen Kausalbegriff ankomme; *Herzberg*, Unterlassung im Strafrecht und das Garantenprinzip, S. 207, will die Kausalität aus dem Tatbestand „streichen", weil sie schon beim aktiven Tun nicht konstitutiv für die Strafbarkeit sei; so auch *Rotsch*, FS Roxin, 377 (395): „Ob ein Kausalzusammenhang besteht, ist als naturwissenschaftliche Frage einer juristischen Beurteilung entzogen. Kausalität hat daher als tatbestandliche Konstante keinerlei Bedeutung"; vgl. auch *ders.*, „Einheitstäterschaft" statt Tatherrschaft, S. 451.

ein Unterlassen nie kausal für einen Erfolgseintritt sein kann. Aus diesem Grund stellen Rechtsprechung und Lehre (notwendigerweise) auf eine normative Kausalität bei den unechten Unterlassungsdelikten ab.[220]

II. Zurechnung des Erfolges bei „Risikoverminderung“

Die von *Roxin* entwickelte „Risikoerhöhungstheorie“ bei den Begehungsdelikten, wendet dieser, bezeichnet als „Risikoverminderungstheorie“, auch auf Unterlassungsdelikte an.[221] Nach der Risikoerhöhungstheorie wird ein Erfolg zugerechnet, wenn die Verletzung der Sorgfaltspflicht eine gegenüber der normalen Gefahr erheblich gesteigerte Gefährdung des Schutzguts herbeiführt, sich das Risiko des Erfolgseintritts gegenüber dem erlaubten Risiko also erheblich erhöht.[222]

Der BGH wendet (so meint er) die Theorie der Risikoverminderung bei den Unterlassungsdelikten nicht an, sondern verlangt für Bestrafung aus vollendetem Unterlassungsdelikt, dass der strafrechtliche relevante Erfolg bei pflichtgemäßem Handeln mit an „Sicherheit grenzender Wahrscheinlichkeit“ verhindert worden wäre.[223] Ohne nähere Erörterungen der Risikoerhöhungslehre bei den Begehungsdelikten ist der Nachweis bei den Unterlassungsdelikten, der Erfolg wäre bei Vornahme der gebotenen Handlung „mit an Sicherheit grenzender Wahrscheinlichkeit“ entfallen, fast nie zu erbringen. Die notwendige Fiktion,

---

220 Vgl. nur BGH, NStZ 1985, S. 26 (27); *Heinrich*, in: D/D/R-Gesamtes Strafrecht, Vor § 13 Rn. 64 ff. jeweils m. w. N.; zu der Frage von Kausalität oder normativer Zurechnung zwischen Tathandlung und Erfolg am Beispiel der Steuerhinterziehung vgl. *Weidemann/Weidemann*, wistra 2005, S. 207 (207 ff.); *Lampe* GS Kaufmann, S. 189 (205) betrachtet die Garantenstellung des Täters als eine „reflexive Komponente der Kausalität der Unterlassung“.

221 Vgl. *Roxin*, ZStW 1962, S. 411 (430 ff.); *ders.*, FS Achenbach, 409 (430); *ders.*, Strafrecht AT, Band II, S. 643; dem zustimmend *Otto/Brammsen*, Jura 1985, S. 646 (652 f.); ausführlich zur Risikoverringerung vgl. *Schroeder*, Symposium Schünemann, S. 151 (151 ff.); hierzu auch *Ranft*, ZStW 1985, S. 268 (283 ff.).

222 *Hoyer*, FS Rudolphi, S. 95 (96); *Roxin*, ZStW 1962, S. 411 (430 ff.); *ders.*, Strafrecht AT, Band I, S. 392 f. m. w. N.; vermittelnd *Puppe*, ZStW 1983, S. 287 (315): „Der Schritt von einer Zurechnung kraft Kausalität zu einer Zurechnung kraft Schaffung oder Steigerung des im Erfolgseintritt realisierten Risikos ist kleiner und weniger bedeutungsvoll, als es auf den ersten Blick den Anschein hat“.

223 BGH, NJW 2000, S. 2754 (2755); NStZ 1981, S. 218 (218); NStZ 1985, S. 26 (27); NStZ 1990, S. 587 (591); ebenfalls die Risikoverminderungslehre ablehnend *Maiwald*, FS Küper, S. 329 (344 f.).

wie sich andere verhalten hätten oder wie komplexe biologische Systeme auf bestimmte Behandlung reagiert hätten, ist „Risikoverminderungslehre“ par excellence.

Auch in der BSR-Entscheidung, unterstellte der BGH ohne nähere Prüfung, der Vorstand wäre bei Benachrichtigung durch den Leiter der Innenrevision gegen die rechtswidrigen Gebührenbescheide eingeschritten,[224] zumal bereits ein anderes Vorstandsmitglied um die Rechtswidrigkeit der Gebührenbescheide wusste. Die Annahme des BGH, der Vorstand wäre, hätte er Kenntnis gehabt, gegen die rechtswidrigen Bescheide vorgegangen, beruht auf nicht möglicher Antizipation menschlichen Verhaltens. Die nach seiner Ansicht einzig richtige zwingende Konsequenz, nur wegen versuchten Unterlassens zu strafen, zieht der BGH auch in diesem Fall nicht.

G. „Rechtliches Einstehenmüssen“ – die Tautologie des § 13 Abs. 1 StGB

§ 13 Abs. 1 StGB normiert die Möglichkeit, Tatbestände, die ihrer Formulierung nach, sofern es sich nicht um echte Unterlassungsdelikte handelt, auf aktives Tun zugeschnitten sind,[225] in Unterlassungstatbestände umzuwandeln. Über die Möglichkeit zur Bildung von Unterlassungstatbeständen hinaus trifft § 13 Abs. 1 StGB keine Aussage. Das geschriebene Erfordernis des „rechtlichen Einstehenmüssen“ stellt eine „Tautologie“ dar. Es sagt nicht aus, unter welchen Voraussetzungen rechtlich für den Nichteintritt eines Erfolges einzustehen ist.[226] Die Vorschrift des

---

224 BGH, Urt. v. 17.07.2009 – 5 StR 394/08, Rn. 32: „Da der Angeklagte die betrügerische Handlung des Vorstands G. ohne weiteres durch die Unterrichtung des Vorstandsvorsitzenden oder des Aufsichtsratsvorsitzenden hätte unterbinden können und ihm dies auch zumutbar war, hat sich der Angeklagte einer Beihilfe zum Betrug durch Unterlassen strafbar gemacht“.

225 Vgl. etwa § 212 Abs. 1 StGB „tötet“; § 223 Abs. 1 StGB „mißhandelt“, „schädigt“; § 242 Abs. 1 „wegnimmt“; § 263 Abs. 1 „erregt“.

226 In diesem Sinne auch *Brammsen*, Entstehungsvoraussetzungen der Garantenpflichten, S. 115; *Coelln*, Das rechtliche Einstehenmüssen, S. 82; *Freund*, Erfolgsdelikt und Unterlassen, S. 1; *ders.*, in: MüKo-StGB, § 13 Rn. 52; *Grubmiller*, Unterlassen im Strafrecht, S. 133; *Haft*, JA 1982, S. 473 (475); *Herzberg*, Symposium Schünemann, S. 31 (41 f.); *Rudolphi/Stein*, in: SK-StGB, § 13 Rn. 6; *Schünemann*, ZStW 1984, S. 287 (298); *ders.*, Unternehmenskriminalität, S. 84; so auch *Roxin*, JuS 1973, S. 197 (198): „Die Anordnung nämlich, daß auch der Unterlassende wegen Herbeiführung eines Erfolges bestraft werden soll, wenn er rechtlich dafür einzustehen hat, daß der Erfolg nicht eintritt, soll zwar die Notwendigkeit einer

§ 13 Abs. 1 StGB erfüllt (nur) den Zweck, dass nach ihrer Einführung nicht mehr behauptet werden kann, eine Bestrafung wegen Unterlassens, aus Tatbeständen heraus, die ihrem Wortlaut nach auf aktives Handeln zugeschnitten sind, beruhe auf einer Analogie oder auf Gewohnheitsrecht.[227] Ob man durch Einführung des § 13 Abs. 1 StGB verfassungsrechtliche Bedenken im Hinblick auf den aus Art. 103 Abs. 2 GG resultierenden Bestimmtheitsgrundsatz ausgeräumt hat, erscheint mehr als fraglich. Zwar ist eine Anknüpfung an (auch) außerstrafrechtliche[228] Rechtspflichten kein Spezifikum der unechten Unterlassungsdelikte und begegnet insoweit keinen verfassungsrechtlichen Bedenken, da sich eine Akzessorietät des Strafrechts gegenüber anderen Rechtsgebieten auch bei Begehungstatbeständen findet.[229] Problematisch hinsichtlich einer hinreichenden Bestimmtheit ist der floskelhafte in § 13 Abs. 1 StGB normierte Verweis auf eine „rechtliche Einstandspflicht", ohne auch nur ein Wort darauf zu verschwenden, auf welche „rechtlichen" Pflichten sich hier bezogen wird. Verwirrend ist dies insbesondere deswegen, weil sowohl der Gesetzgeber als auch die jüngere Rechtsprechung und die herrschende Meinung eine formell-rechtlich begründete Garantenstellung aus Gesetz und Vertrag ablehnen.[230]

Garantenstellung bezeichnen; sie sagt aber über deren Voraussetzungen nicht das geringste"; ähnlich kritisch *Hoyer*, Strafrechtsdogmatik, S. 372: „Es ist in diesem Fall dann aber nicht der Täter, sondern der Normgeber, der etwas unterlässt, nämlich die zur Strafbarkeitsangleichung erforderlichen Umstände explizit in der Norm aufzuführen"; vgl. auch *Kühl*, FS Achenbach, S. 251 (263), der zu Recht auf die Unsinnigkeit des Begriffes des „rechtlichen" Einstehens hinweist, da viele anerkannte Garantenstellungen, wie etwa die Gefahrengemeinschaft oder die Garantenstellung aus tatsächlicher Übernahme, gerade keine „rechtliche Fundierung" aufweisen; zur Frage warum sich der Gesetzgeber bei der Fassung des § 13 StGB für eine solch „nichtssagende Formel" entschieden hat vgl. *Bülte*, GA 2013, S. 389 (390 f.).

227 So auch *Mitsch*, in: B/W/M-Strafrecht AT, S. 279.

228 Will man den § 13 StGB so verstehen, denn auch zu der Frage, ob es sich um strafrechtliche und/oder andere rechtliche Einstandspflichten handelt, trifft die Vorschrift keinerlei Aussage.

229 Klassisches Beispiel, dass Merkmal „fremd" im Tatbestand des § 242 Abs. 1 StGB, das sich nach den zivilrechtlichen Vorschriften des BGB bestimmt wird; vgl. auch *Mitsch*, in: B/W/M-Strafrecht AT, S. 279.

230 Siehe oben 3. Teil, A. I. 3. b).

Im Ergebnis besitzt § 13 Abs. 1 StGB für die Frage, wann ein Unterlassen einem tatbestandlichen Tun gleichzusetzen ist, keine Relevanz.[231] Das Bundesverfassungsgericht hat freilich entschieden, dass § 13 StGB mit dem Bestimmtheitsgebot des Art. 103 Abs. 2 GG vereinbar ist.[232] Einigermaßen überraschend ist, dass das Bundesverfassungsgericht sich in beiden genannten Entscheidungen dahingehend eingelassen hat, dass die Vorschrift des § 13 StGB ein Unterlassen unter Strafe stelle, wenn eine Garantenstellung des Unterlassenden bestehe, weswegen die Vorschrift im Hinblick auf das strafrechtliche Bestimmtheitsgebot hinreichend konkretisiert sei. Nur taucht die Voraussetzung einer Garantenstellung im Wortlaut des § 13 StGB nicht auf.[233]

I. Garantenstellung und Garantenpflicht – begriffliche Unterscheidung und dogmatische Betrachtung

Die Garantenstellung beschreibt eine besondere Näheposition des Unterlassenden zu bestimmten Rechtsgütern. Eine Garantenpflicht stellt eine strafrechtliche Erfolgsabwendungspflicht dar.[234] Mit der Einräumung einer Garantenstellung wird ausgesagt, dass Umstände vorliegen, aus denen eine konkrete strafrechtliche Garantenpflicht erwachsen kann.[235] Insofern stellt die Garantenstellung eine

231 *Bung*, ZStW 2008, S. 527 (539 f.), lehnt die Norm wegen Verstoßes gegen das Analogieverbot und das Gebot der gesetzlichen Bestimmtheit ab; ebenfalls kritisch zu § 13 StGB im Hinblick auf das Bestimmtheitsgebot *Seebode*, JZ 2004, S. 303 (306 ff.).

232 BVerfG, NJW 1998, S. 50 (56); NJW 2003, S. 1030 (1030): „Die Anbindung an das Erfordernis normativ begründeter Pflichten und eine auf langjähriger Tradition beruhende einheitliche und klare richterrechtliche Umschreibung möglicher Garantenstellungen gewährleisten aber, dass das Risiko einer Bestrafung für den Normadressaten voraussehbar wird"; allgemein zur Rechtsprechung des Bundesverfassungsgericht im Hinblick auf die Vereinbarkeit von Strafvorschriften mit dem Bestimmtheitsgebot vgl. *Neumann*, FS Beulke, S. 197 (205 ff.).

233 Vgl. BVerfG, NJW 1998, S. 50 (56); NJW 2003, S. 1030 (1030); vgl. auch *Dencker*, FS Stree/Wessels, S. 159 (160): „Von Gleichwertigkeit sagt § 13 Abs. 1 StGB nichts, schon gar nicht im Hinblick auf die Garantenstellung".

234 Zur Unterscheidung zwischen Garantenstellung und Garantenpflicht vgl. *Albrecht*, Begründung von Garantenstellung, S. 18 ff.; *Bergmann*, Strafbarkeit vertragswidrigen Unterlassens, S. 118 ff.; *Coelln*, Das rechtliche Einstehenmüssen, S. 84 ff.; *Poguntke*, Risiken für Compliance-Beauftragte, S. 67 f.; *Rengier*, Strafrecht AT, S. 468; *Rotsch*, ZJS 2009, S. 712 (715); *Rudolphi/Stein*, in: SK-StGB, § 13 Rn. 25; *Thomas*, CCZ 2009, S. 239 (239).

235 *Rudolphi/Stein*, in: SK-StGB, § 13 Rn. 25.

notwendige Bedingung für das Entstehen strafrechtlicher Erfolgsabwendungspflichten dar.[236]

Eine Unterscheidung zwischen einer Garantenstellung und einer Garantenpflicht ist nicht zwingend. Man könnte zusammengefasst auch von einer strafbewehrten Handlungspflicht sprechen.[237] Die Aufspaltung einer rechtlichen Handlungspflicht in eine Stellung – also einen die Pflicht mitbegründenden Umstand – und in die aus diesem Umstand folgende konkrete Pflicht, ist notwendig, wenn die Unterscheidung zu einer harmonischen Strafrechtsdogmatik beiträgt und keine reine Verkomplizierung darstellt. Eine Notwendigkeit einer Unterscheidung zwischen einer Garantenstellung und einer Garantenpflicht wird bestritten.[238]

Das Erfordernis dieser Unterscheidung scheint unter dem Gesichtspunkt fraglich, als man sich vor Prüfung von Garantenstellung und Garantenpflicht mit der Frage auseinandersetzen muss, ob der vermeintliche Täter überhaupt im Sinne des § 13 Abs. 1 StGB „unterlassen" hat, also die Nichtvornahme einer individuellen, physisch-real möglichen Rettungshandlung, die in der konkreten Gefahrenlage erforderlich gewesen wäre. Bejaht man diese Frage, folgt die Prüfung, ob der Unterlassende auch die Rechtsstellung innehatte, die ihm bei Vorliegen der übrigen Tatbestandsmerkmale grundsätzlich dazu verpflichtet, die (bereits geprüfte) konkrete Rettungshandlung vorzunehmen. Liegt also ein Unterlassen im Sinne des § 13 Abs. 1 StGB vor und der Unterlassende ist Inhaber einer Rechtsstellung (Garantenstellung), stellt sich die Frage nach dem verbleibenden Anwendungsbereich einer gesonderten Bedeutung einer Garantenpflicht. Man könnte formulieren: Das „Unterlassen" umschreibt spiegelbildlich die vorzunehmende Handlung, deren Vornahme bei Vorliegen einer Garantenstellung und den übrigen Tatbestandsmerkmalen zur strafbewehrten Handlungspflicht (Garantenpflicht) wird. An dieser Stelle wird die dogmatisch

---

236 *Puppe*, Strafrecht AT, Band II, 1. Auflage, S. 213 bezeichnet die Garantenstellung als „das Kardinalsproblem der unechten Unterlassungsdelikte".

237 So etwa *Weigend*, in: LK-StGB, § 13 Rn. 17 ff.; *Köhler*, Strafrecht AT, S. 214 ff., spricht von „Garantenpflichtenstellung"; vgl. auch *Stree/Bosch*, in: S/S-StGB, § 13 Rn. 1: „Die heute gängige, methodisch zweifelhafte Trennung von Umständen, die eine Garantenstellung begründen (Tatbestandsebene) und der daraus abgeleiteten Garantenpflicht, die der Rechtswidrigkeitsebene zugeordnet wird, erfolgt überwiegend aus pragmatischen Erwägungen"; gegen eine Trennung der Begrifflichkeiten auch *Bohnert*, ZStW 2005, S. 290 (302).

238 Etwa *Bergmann*, Strafbarkeit vertragswidrigen Unterlassens, S. 118 ff.; *Poguntke*, Risiken für Compliance-Beauftragte, S. 67; *Stratenwerth/Kuhlen*, Strafrecht AT, S. 278 ff.; inzident auch *Pawlik*, Das unerlaubte Verhalten beim Betrug, S. 127.

harmonische Verortung der Garantenpflicht auf der Ebene der Rechtswidrigkeit deutlich. Eine Garantenpflicht ist nicht mitbegründendes Merkmal des tatbestandlichen Unwerts, sondern dessen Folge.[239] Ebenso wie bei den Begehungsdelikten das Vorliegen einer Handlung Voraussetzung ist, damit eine strafbewehrte Unterlassungspflicht entsteht, ist beim Unterlassungsdelikt die Nichtvornahme einer individuelle, physisch-real möglichen Rettungshandlung Voraussetzung für das Entstehen einer Garantenpflicht. Die Garantenpflicht bei den Unterlassungsdelikten entspricht spiegelbildlich der Unterlassungspflicht bei den Begehungsdelikten.[240]

Ist die Garantenpflicht Folge der Erfüllung des Tatbestandes, verbleibt die Frage nach der Notwendigkeit der Unterscheidung. Diese wäre unnötig, wenn sich auf Ebene der Rechtswidrigkeit keine Unterschiede zu den Begehungsdelikten

---

239 Die herrschende Ansicht ordnet die Garantenpflicht ebenfalls der Ebene der Rechtswidrigkeit zu BGHSt. 19, 295 (298); *Albrecht*, Begründung von Garantenstellungen, S. 19; *Baumann/Weber/Mitsch*, Strafrecht AT, S. 283; *Gropp*, Strafrecht AT, S. 424, 435; *Grün*, Garantenstellung und Anzeigepflichten, S. 23 f.; *Jescheck/Weigend*, Lehrbuch des Strafrechts, S. 636; *Kleinherne*, Garantenstellung und Notwehrrecht, S. 112; *Kühl*, StGB, § 15 Rn. 7; *Sternberg-Lieben*, in: S/S-StGB, § 15 Rn. 96; *Vogel*, Norm und Pflicht, S. 220; *Welzel*; NJW 1953, S. 327 (329); *T. Zimmermann*, NJW 1952, S. 1321 (1322); zur dogmatischen Verortung der Begriffe innerhalb des Verbrechensaufbaues vgl. auch BGHSt. 16, 155 (158): „Zum Tatbestand eines unechten Unterlassungsdelikts gehören die zu einem tatbestandsmäßigen Erfolg führende Unterlassung und die Garantenstellung des Unterlassenden, nicht dagegen die Garantenpflicht (…) Die Garantenpflicht selbst als normatives Tatbestandsmerkmal zu kennzeichnen, scheitert (…) daran, daß sie nicht gleichgeordnet neben den Merkmalen der Garantenstellung steht, sondern aus dieser Garantenstellung und ihrer Kenntnis folgt. Es geht bei ihr nicht um ein einzelnes, den Tatbestand mitbegründendes Merkmal, sondern um dessen Gesamtbewertung. (…) Die Rechtswidrigkeit wird hiernach bei den unechten Unterlassungsdelikten durch die zu einem tatbestandsmäßigen Erfolg führende Unterlassung und die Garantenstellung des Unterlassenden indiziert"; anders *Pawlik*, Das unerlaubte Verhalten beim Betrug, S. 127: „Ob in concreto eine strafrechtliche Zuständigkeit des Täters besteht und wie weit sie gegebenenfalls reicht, läßt sich erst nach der Prüfung sämtlicher Tatbestands-, Rechtswidrigkeits- und Schuldvoraussetzungen angegeben; die in diesem Sinn verstandene Frage nach der Garantenpflicht des Täters ist insofern identisch mit der Frage nach seiner Strafbarkeit überhaupt. In diesem Verständnis kommt dem Begriff der Garantenpflichtigkeit mithin ein rein analytisch-zusammenfassender Charakter zu; er ermöglicht keine Aussagen, die über diejenigen hinausgehen, welche sich bereits in bezug auf seine Einzelelemente ergeben".

240 *Hoffmann-Holland*, ZStW 2006, S. 621 (626).

ergeben würden. Dort wird die aus der Erfüllung des Tatbestandes folgende Unterlassungspflicht nicht eigenständig thematisiert, sofern keine Rechtfertigungsgründe in Betracht kommen.

Es finden sich zwei Punkte, bei denen der Garantenpflicht auf Rechtswidrigkeitsebene eine eigenständige Bedeutung zukommt. Bei dem unterlassungsspezifischen Rechtfertigungsgrund der „rechtfertigende Pflichtenkollision"[241] und dem „Gebotsirrtum"[242]. Bei der rechtfertigenden Pflichtenkollision muss der Täter mehrere strafbewehrte Handlungspflichten erfüllen, wobei ihm die Vornahme jeder einzelnen Erfolgsabwendungspflicht individuell möglich ist, die zeitgleiche Vornahme faktisch unmöglich ist. Rechtmäßig handelt derjenige, der eine gleichrangige Erfolgsabwendungspflicht erfüllt.[243] Beim Gebotsirrtum erkennt der Unterlassende zwar zutreffend die Situation, die seine Garantenstellung begründet, verkennt aber, dass ihn diese Situation zur Erfolgsabwendung verpflichtet. Insoweit ist eine Unterscheidung zwischen den Begriffen Garantenstellung und Garantenpflicht grundsätzlich sinnvoll. Der praktische Nutzen beschränkt sich auf die dargestellten Konstellationen.

---

241 Auf die mit der rechtfertigenden Pflichtkonstellationen verbundenen Streitigkeiten, insbesondere auf das Verhältnis zum rechtfertigenden Notstand (§ 34 StGB) und wie es dogmatisch einzuordnen ist, wenn sich nicht zwei Handlungspflichten, sondern eine Unterlassungs- und eine Handlungspflicht gegenüberstehen soll nicht näher eingegangen werden, vgl. hierzu *Gropp*, FS Hirsch, S. 207 (207 ff.); *Küper*, Grund- und Grenzfragen der rechtfertigenden Pflichtenkollision, S. 15 ff.; *ders*., JuS 1987, S. 81 (88 ff.); *Neumann*, in: NK-StGB, § 34 Rn. 124 ff.; *ders*., FS Roxin, S. 421 (421 ff.); *Roxin*, Strafrecht AT, Band I, S. 778 ff.; *Satzger*, Jura 2010, S. 753 (753 ff.).

242 Zum Irrtum über die Handlungspflicht bei Kenntnis der Umstände, welche die Handlungspflicht begründen vgl. *Kühl*, StGB, § 16 Rn. 5; *Sternberg-Lieben*, in: S/S-StGB, § 15 Rn. 96; *Vogel*, Norm und Pflicht, S. 219 ff.; *Weigend*, in: LK-StGB, § 13 Rn. 76; zu der Frage, ob an die Vermeidbarkeit eines Gebotsirrtums weniger strenge Anforderungen zu stellen sind als an die Vermeidbarkeit eines Verbotsirrtums, da eine Pflicht zum Handeln vom Täter regelmäßig schwerer zu erkennen ist als die Pflicht etwas zu Unterlassen vgl. *Jescheck/Weigend*, Lehrbuch des Strafrechts, S. 636 f.; allgemein zur Abgrenzung von Tatbestands- und Verbotsirrtum vgl. ausführlich *Schuster*, Das Verhältnis von Strafnormen und Bezugsnormen, S. 57 ff.

243 *Gropp*, FS Hirsch, S. 207 (224); *Roxin*, Strafrecht AT, Band I, S. 783; zu der Konkurrenz zwischen der Garantenpflicht eines unechten Unterlassungsdelikts und der allgemeinen Hilfspflicht aus § 323c StGB vgl. *Beulke*, FS Küper, S. 1 (1 ff.).

II. Begründung von Garantenstellungen

Dogmatische Unsicherheiten, die rund um die Begründung von Garantenstellungen herrschen, sind ausgeprägt, selbst eine sinnhafte Systematisierung möglicher Entstehungsgründe gelingt häufig nicht: So wird häufig von einer „formellen Begründung" von Garantenstellungen gesprochen und im Anschluss ausgeführt, dass unter diese „formellen" Entstehungsgründe die Garantenstellungen aus „Gesetz", „Vertrag" „Ingerenz" und „enger Lebensgemeinschaft" fallen. Dabei wird verkannt, dass der Ausgangspunkt von formell-rechtlich begründeten Garantenstellungen aus Vertrag und Gesetz diametral zu dem kausalistischen Anknüpfungspunkt der Ingerenz und dem materiellen Anknüpfungspunkt der engen Lebensgemeinschaft differiert.

1. Vorangegangenes Tun – Ingerenz

Nun besteht, sofern man eine Garantenstellung aus Ingerenz nicht grundsätzlich ablehnt, für jeden die Gefahr, dass aus seinem Vorverhalten strafbewehrte Erfolgsabwendungspflichten folgen. Dies stellt ein generelles strafrechtliches Haftungsrisiko und kein spezifisches Risiko dar, das im Zusammenhang mit der Tätigkeit als Compliance-Beauftragter steht. Spezifische strafrechtliche Risiken für Compliance-Beauftragte könnten durch (pflichtwidriges) Vorverhalten, etwa bei Schaffung oder Unterhaltung einer unzureichenden Compliance-Struktur im Unternehmen, entstehen. Die Beantwortung dieser Frage wird im nächsten Teil der Ausarbeitung vorgenommen, an dieser Stelle soll, in aller Kürze, die dafür notwendige Dogmatik einer Garantenstellung aus Ingerenz entwickelt werden.

Eine Garantenstellung aus Ingerenz[244] zu begründen, ist unter verschiedenen Aspekten problematisch: Bei einer Anknüpfung an ein vorangegangenes Tun stellt sich die Frage, welche Anforderungen dieses Tun erfüllen muss, damit ihr eine Garantenstellung folgt, wobei grundsätzlich auch an vorangegangenes Unterlassen angeknüpft werden kann, weswegen die Bezeichnung „vorangegangenes Tun" nicht treffend ist.[245]

---

244 Abgeleitet aus dem Lateinischen von „ingerere", was übersetzt bedeutet „sich einmischen".

245 Vgl. hierzu etwa *Roxin*, Strafrecht AT, Band II, S. 776; *Rudolphi/Stein*, in: SK-StGB, § 13 Rn. 45; *Rudolphi*, Gleichstellungsproblematik, S. 185 f.; *Welp*, Vorangegangenes Tun, S. 198.

Die Garantenstellung aus Ingerenz ist ein besonderes Phänomen in der Strafrechtsdogmatik: Sie hat sich überwiegend durchgesetzt. In der Rechtsprechung[246] ist sie allgemein anerkannt und in der Literatur[247] wird sie kaum abgelehnt. Interessant ist, dass die dogmatische Wurzel der Ingerenz in den heute fast vollständig abgelehnten Kausaltheorien liegt. *Kaufmann* führt zur Begründung einer Erfolgsverhinderungspflicht aus vorangegangenem Tun aus:

> „Mit der Ingerenz hat sich eine verfehlte dogmatische Konstruktion, eine Kausalitätsbetrachtung, über deren Scheitern heute Einmütigkeit herrscht, auf dem Umweg über eine ‚Rechtspflicht' zum Gewohnheitsrecht verhärtet."[248]

Die Notwendigkeit, zwischen Vorverhalten und Unterlassen zu unterscheiden, besteht: Selbst bei Vorliegen einer kausal und objektiv zurechenbaren Handlung zum Erfolg muss diese über den Umweg des Unterlassens dem Täter zugerechnet werden, wenn bei Vornahme der Handlung kein Vorsatz bezüglich des (später) eintretenden tatbestandlichen Erfolges besteht. Dies verhindert eine Bestrafung wegen des sog. „dolus subsequens" (nachträglich eintretender Vorsatz).[249] Der

---

246 Etwa RGSt 46, 337 (343); 11, 353 (355); 19, 152 (154); 26, 35 (37); 38, 356 (358); BGH, NStZ 2013, S. 578 (579); vgl. auch BGHSt 4, 20 (22): „Wer die Gefahr für die Begehung einer Straftat schafft, ist verpflichtet, den aus dieser Lage drohenden Erfolg abzuwenden, indem er den zu diesem hindrängenden Kräften entgegentritt."; zur weiteren Rechtsprechung zur Ingerenz des BGH vgl. *Jakobs*, FS BGH, S. 29 (31 ff.).

247 *Fischer*, StGB, § 13 Rn. 47 f.; *Freund*, in: MüKo-StGB, § 13 Rn. 118; *Gropp*, Strafrecht AT, S. 418 f.; *Jasch*, NStZ 2005, S. 8 (9); *Jescheck/Weigend*, Lehrbuch des Strafrechts, S. 625; *Kühl*, StGB, § 13 Rn. 11; *Maurach/Gössel/Zipf*, Strafrecht AT II, S. 169; *Nietsch*, CCZ 2013, S. 192 (196 f.); *Roxin*, Strafrecht AT, Band II, S. 762; *Stein*, JR 1999, S. 265 (273); *Stree/Bosch*, in: S/S-StGB, § 13, Rn. 32; *Wessels/Beulke/Satzger*, Strafrecht AT, S. 304; eine Garantenstellung aus Ingerenz ablehnend *Lampe*, ZStW 1960, S. 93 (106); *Oehler*, JuS 1961, S. 154 (154); *Sangenstedt*, Garantenstellung und Garantenpflicht, S. 319 ff.; *Seebode*, FS Spendel, S. 317 (342).

248 *Kaufmann*, Dogmatik der Unterlassungsdelikte, S. 286.

249 Einen interessanten Ansatz hierzu vertritt *Brammsen*, Entstehungsvoraussetzungen der Garantenpflichten, S. 148 ff., indem er eine Garantenstellung aus Ingerenz ebenfalls ablehnt, die Problematik aber den Begehungsdelikten zuordnet und im Rahmen des Begehungsdelikts zwischen einem „dolus subsequens" (nachfolgender Vorsatz) und einem „dolus superveniens" (hinzutretender Vorsatz) unterscheidet. Erkennt derjenige, der fahrlässig jemanden mit dem Auto anfährt, dass der Angefahrene ohne Hilfe sterben wird und unterlässt die Hilfeleistung, woraufhin das Opfer verstirbt, so tritt nach der Lehre vom „dolus superveniens" der Tötungsvorsatz in dem Moment auf, wo der Autofahrer erkennt, dass der Angefahrene versterben wird. Mit dem Tod des Angefahrenen wäre dann der Tatbestand des

Täter muss zum Handlungszeitpunkt Vorsatz bezüglich des eintretenden Erfolges gehabt haben, eine nachträgliche Billigung oder sogar „Gutheißung" des Erfolgseintritts reichen nicht aus.

Wie gezeigt, passt der Ingerenz-Gedanke weder in die formelle Rechtspflichtenlehre noch in die meisten materiellen Begründungsmodelle, wie etwa in das „Herrschaftsmodell" oder in ein Modell von „Organisationszuständigkeiten".[250] Die Erklärung, warum sich das Vorverhalten als Begründung von Garantenstellungen durchgesetzt hat, obwohl es, wie einhellig einräumt, auf fehlgeleiteten dogmatischen Grundsätzen fußt, ist simpel: Es funktioniert.[251] Die Garantenstellung aus Ingerenz kommt regelmäßig zu befriedigenden Ergebnissen. Der dahinterstehende Rechtsgedanke: Wer durch sein Verhalten eine Gefahr für Rechtsgüter schafft oder erhöht, soll strafrechtlich besonders verantwortlich sein, dieser Gefahr entgegenzutreten.

Totschlags verwirklicht. Erkennt der Täter aber die Möglichkeit nicht, dass die Verletzungen tödlich sind, beispielsweise, weil es sich nur um einen Unfall mit geringer Geschwindigkeit gehandelt hat und sämtliche Verletzungen innerlich sind, und verstirbt der Angefahrene, worüber sich der Autofahrer nachträglich freut, da er darauf hofft, den Unfall geheim halten zu können, so liegt ein „dolus subsequens" vor. Grundvoraussetzung der hier beschriebenen Konstellation ist immer ein Auseinanderfallen von Gefahrschaffung und Gefahrrealisierung. Hierzu artverwandt ist die Problematik um den sog. „Vollendungsvorsatzes", also beispielsweise, wenn zwischen dem vorsätzlich abgegebenen Schuss und dem Tod des Opfers der Schießende seinen Vorsatz aufgibt; vgl. hierzu *Hecker*, JuS 2010, S. 1114 (1116); *Puppe*, in: NK-StGB, § 15 Rn. 103 f.; im Ergebnis steht die Frage, ob man den Zeitraum zwischen beendeter Handlung und Erfolgsverwirklichung noch unter den Zeitraum „bei Begehung der Tat" fassen möchte.

250 Vgl. insoweit *Schünemann*, Grund und Grenzen der unechten Unterlassungsdelikte, S. 317 „läßt sich die Pflicht zur Abwendung eines aus einer vorangegangenen gefährlichen Handlungen drohenden Erfolges zwar rechtsdogmatisch begründen, aber nicht aus einem personalen Zurechnungsprinzip, sondern nur aus einer am bloßen Kausalnexus orientierten Veranlassungshaftung."; auf die Unvereinbarkeit des Ingerenzgedankens mit der Theorie *Jakobs* hinweisend *Sangenstedt*, Garantenstellung und Garantenpflichten, S. 351 f.

251 Zu diesem Ergebnis kommen nach längerer Entwicklung auch *Roxin* und *Schünemann*, die zunächst eine Garantenstellung aus Ingerenz mangels dogmatischer Begründbarkeit ablehnten, sich später aber zu einer grundsätzlichen Anerkennung einer Garantestellung aus Vorverhalten bekennen, vgl. zunächst noch ablehnend *Roxin*, ZStW 1971, S. 369 (403); *Schünemann*, GA 1974, S. 231 (231 ff.); folgend aber grundsätzlich eine Garantenstellung aus Ingerenz anerkennt *Roxin*, Strafrecht AT, Band II, S. 762; *Schünemann*, ZStW 1984, S. 287 (309).

Einhellig eingeräumt wird, dass die Garantenstellung aus vorangegangenem Tun einer Einschränkung bedarf und nicht jedes kausale vorherige Tun ausreichend sein soll.[252] Überwiegend wird versucht, die Einschränkung über den Begriff der „Pflichtwidrigkeit" zu erreichen.[253] Was in diesem Zusammenhang unter Pflichtwidrigkeit zu verstehen ist, ist heillos umstritten.[254] Schränkt man die Garantenstellung aus Ingerenz durch die Lehre der objektiven Zurechnung ein, wird eine Ausuferung der strafrechtlichen Haftung vermieden, wie sie auftritt, wenn man jedes für den Erfolg kausales Vorangegangenes Tun zur Begründung einer Garantenstellung ausreichen lassen würde. Pflichtwidrig herbeigeführt hat der Unterlassende die abzuwendende Gefahr, wenn sich die unerlaubte Gefährlichkeit bzw. Sorgfaltswidrigkeit des vorangegangenen Tuns in dem Zustandekommen der jetzigen Gefahrsituation realisiert, also wenn ein Schutzzweck- und Pflichtwidrigkeitszusammenhang zwischen Vorverhalten und aktueller Gefahrsituation besteht.[255] Insoweit stellt die „Pflichtwidrigkeit" einen Aspekt der objektiven Zurechnung bei den Begehungsdelikten dar.[256]

Die Ingerenz stellt trotz ihrer dogmatischen Verwurzelung in den grundsätzlich abzulehnenden Kausalitätstheorien einen notwendigen und richtigen Ansatzpunkt zur Begründung von Garantenstellungen dar. Ein vollständiger Verzicht auf die Ingerenz zur Begründung strafrechtlicher Erfolgsabwendungspflichten

252 BGHSt 19, 152 (154); 25, 218 (220 f.); *Jescheck/Weigend*, Lehrbuch des Strafrechts, S. 625; *Otto*, FS Gössel, S. 99 (109); *Roxin*, Strafrecht AT, Band II, S. 764 ff.; *Rudolphi*, Gleichstellungsproblematik, S. 123.

253 BGHSt 37, 106 (115); *Fischer*, StGB, § 13 Rn. 52; *Jescheck/Weigend*, Lehrbuch des Strafrechts, S. 625; *Kudlich*, JA 2010, S. 151 (152); *Rudolphi/Stein*, in: SK-StGB, § 13 Rn. 38; *Wessels/Beulke/Satzger*, Strafrecht AT, S. 304; *Wohlers/Gaede*, in: NK-StGB, § 13 Rn. 43; einschränkend *Weigend*, in: LK-StGB, § 13 Rn. 44.

254 In diesem Sinne auch *Dencker*, FS Stree/Wessels, S. 159 (163): „Die Palette der angebotenen Eingrenzungskriterien ist bunt"; unterschiedliche Eingrenzungskriterien finden sich etwa bei *Herzberg*, JZ 1986, S. 986 (989): „Vermeideverantwortlichkeit schon während des aktiven Tuns"; vgl. auch *ders.*, JuS 1971, S. 74 (74 f.); *Otto/Brammsen*, Jura 1985, S. 646 (648): „die gefahrbegründende bzw. gefahrerhöhende Überschreitung des Jedermann-Handlungsspielraumes"; *Stree*, FS Klug, S. 395 (399): „Pflichtwidrigkeitszusammenhang mit dem mißbilligten Erfolg"; *Stree/Bosch*, in: S/S-StGB, § 13 Rn. 35; *Welp*, Vorangegangenes Tun, S. 226 ff.: „Adäquanz der Gefährdung".

255 *Rudolphi/Stein*, in: SK-StGB, § 13 Rn. 38 m. w. N.

256 *Rudolphi/Stein*, in: SK-StGB, § 13 Rn. 38; vgl. auch *Roxin*, Strafrecht AT, Band II, S. 765: „Die Lehre von der objektiven Zurechnung lässt sich also auf die Ingerenz übertragen"; so auch *ders.*, FS Trechsel, S. 551 (554); vgl. hierzu auch *Hoven*, GA 2016, S. 16 (29 ff.); gegen eine solche Übertragbarkeit *Hoyer*, ZStW 1996, S. 160 (175 f.).

würde entweder zu Strafbarkeitslücken führen oder eine derartige Verbiegung von dogmatischen Grundsätzen verlangen, dass diese bis zu ihrer Unkenntlichkeit entstellt würden. Näher soll nicht auf die umstrittene Ingerenzthematik eingegangen werden.[257] Wie sich die objektive Zurechnung als Beschränkung einer etwaigen Ingerenzgarantenstellung des Compliance-Beauftragten auswirkt, wird im nächsten Teil der Arbeit erörtert.

2. *Materielle Begründung*

Wenn man zum Ergebnis gelangt, dass sich Garantenstellungen formell aus Gesetz und Vertrag nicht sinnhaft begründen lassen,[258] folgt, dass es um materielle Begründungsansätze von Garantenstellungen geht. Wie eine solche materielle Begründbarkeit konkret auszusehen hat, war und ist bis heute umstritten. Der Grund liegt darin, dass materielle Anknüpfungspunkte zur Begründung von Garantestellungen „vorrechtliche" Gesichtspunkte treffen. Fehlt ein rechtliches Korsett, wie dies bei den Unterlassungsdelikten der Fall ist, sind etwaigen Begründungsmodellen kaum Grenzen gesetzt.

Garantenstellungen entstehen in einem vorrechtlich-normativen Bereich, wenn man feststellt, dass es sich bei der Beantwortung der Frage nach einer Garantenstellung nicht um eine originär rechtlich zu beantwortende Frage handelt, schließt sich die Frage an, nach welchen Kriterien Garantenstellungen entstehen. Am Ende stehen gesellschaftspolitische, soziologische und ethische Antworten im Raum. Dies mag Strafrechtsdogmatikern missfallen und unter Grundsätzen der hinreichenden Bestimmbarkeit und der rechtlichen Vorhersehbarkeit kritisch zu betrachten sein. Räumt man aber ein, dass sämtliches Recht von vorrechtlichen Fragen abhängt und aus diesem heraus entsteht, relativiert sich die Kritik an einer vorrechtlichen Begründung von Garantenstellungen. Die Unterscheidung zwischen Garanten„stellung" und einer Garanten„pflicht" ist auch deshalb sinnvoll, weil die Garantenpflicht eine rechtliche Pflicht darstellt, die Frage nach der Garantenstellung vorrechtlich zu beantworten ist.

Im Folgenden werden Ansätze dargestellt, die zur Begründung von Garantenstellungen entwickelt wurden. Sämtliche vorzufindende Begründungsansätze werden nicht aufgeführt. Dies liegt weder an der Vielzahl der vorzufinden Ansichten noch

---

257 Vgl. ausführlich zur Ingerenzthematik unter Darstellung der verschiedenen Problemkonstellationen *Roxin*, Strafrecht AT, Band II, S. 764 ff.

258 Siehe oben 3. Teil, A. I. 3. b).

daran, dass diese mehrfach ausführlich[259] Besprechung erfahren haben, sondern vielmehr daran, dass sich viele Ansätze in nur kaum auszumachenden Nuancen unterscheiden. Bisweilen sind die Unterscheidungen so gering, dass keine sinnhafte Abgrenzung möglich erscheint. Auswahlkriterium der folgend dargelegten Begründungsmodelle war allein deren sinnvolle Abgrenzbarkeit untereinander.

a) Monistische Konzeptionen

Im Folgenden soll ein kurzer, teilweiser Überblick über verschiedene Begründungsmodelle gegeben werden, die versuchen, die Begründung von Garantenstellungen auf ein einheitliches Modell zurückzuführen.

aa) Berechtigtes Vertrauen

Diese in unterschiedlichen Schattierungen[260] vertretene Theorie geht davon aus, dass eine Garantenstellung besteht, wenn das Opfer darauf vertraut, dass der Täter eine bestimmte Handlung vornimmt und aufgrund des Vertrauens andere Schutz- bzw. Überwachungsmaßnahmen unterlässt.[261] Das Vertrauen wird teilweise

---

259 Vgl. insbesondere *Sangenstedt*, Garantenstellung und Garantenpflichten, S. 123 ff., der auf über 200 Seiten die geläufigsten Theorien zur Begründung von Garantenstellungen darstellt; vgl. auch *Kleinherne*, Garantenstellung und Notwehrrecht, welcher auf ca. 220 Seiten unterschiedliche dogmatische Ansatzpunkte zur Begründung von Garantenstellungen darstellt und kritisch untersucht.

260 Hier wird das von *Schünemann* beschriebene dogmatische Chaos besonders deutlich, da in einer nicht mehr durchschaubaren Art und Weise materielle Aspekte von Gefahrerhöhung, Vertrauen, und Abhängigkeit miteinander vermischt werden, hierzu *Sangenstedt*, Garantenstellung und Garantenpflicht, S. 219 ff., der 57 Seiten benötigt um allein die vertretenen „Vertrauensansätze" darzustellen.

261 Etwa *Blei*, FS Mayer, S. 119 (142); *Dannecker/Dannecker*, JZ 2010, S. 981 (986); *Hefendehl*, in: MüKo-StGB, § 263 Rn. 166; *Jescheck/ Weigend*, Lehrbuch des Strafrechts, S. 623; *Kindhäuser*, FS Tiedemann, S. 579 (583); *Momsen*, FS Maiwald, S. 561 (573); *Murmann*, Die Selbstverantwortung des Opfers, S. 485 f.; *Rudolphi*, NStZ 1984, S. 149 (151 f.); *Vogler*, FS Lange, S. 265 (281); *Welp*, Vorangegangenes Tun, S. 178 ff.; *Wolff*, Kausalität von Tun und Unterlassen, S. 40; auch auf Vertrauensaspekte abstellend BGHSt 48, 301 (305): „Es sind zahlreiche Lebensgestaltungen denkbar, in denen – ungeachtet des formal fortbestehenden Ehebandes – keiner der beiden Ehegatten tatsächlich darauf vertraute oder auch nur Anlaß hätte, darauf zu vertrauen, der andere Teil würde ihm zum Schutz seiner Rechtsgüter beistehen"; ebenfalls auf Vertrauensaspekte abstellen BGH, Urteil vom 14.10.2014 – VI ZR 466/13, Rn. 18; *Schwartz*, Strafrechtliche Produkthaftung, S. 48, spricht sogar von einer allgemein anerkannten Handlungspflicht aus Vertrauen; zur Bedeutung des Vertrauensaspekts, als „Rechtsgutskomponente" von kollektiven Rechtsgütern vgl. *Hefendehl*, GA 2007,

dahingehend eingeschränkt, dass nur solches Vertrauen eine Garantenstellung begründet, das aus einer Abhängigkeitsbeziehung zwischen Täter und Opfer resultiert.[262] Weiterhin wird versucht, den Begriff des Vertrauens dahingehend zu objektivieren, dass nicht darauf abzustellen ist, ob der Einzelne wirklich „vertraut" hat und eine persönliche Abhängigkeit bestand, sondern ob er „berechtigt vertrauen durfte". Aus rein faktischem Vertrauen bzw. faktischer Abhängigkeit sollen keine rechtlichen Pflichten folgen.[263] Insofern ist es richtig, nicht auf das Vertrauen des Einzelnen abzustellen, sondern auf normatives „Vertrauendürfen".[264]

Der Vertrauensaspekt wird teilweise mit dem Begriff der „Gefahrenhöhung" konkretisiert, wobei Aspekte der Gefahrschaffung teilweise als alleinstehendes Begründungsmodell für Garantenstellungen herangezogen werden. Danach stecke in jeder Garantenstellung die „Gefahrschaffung" als Begehungselement.[265] Dies leitet sich aus dem Ingerenzgedanken ab, der als „Patient Null" fungieren soll, von dem die übrigen Garantenstellungen abgeleitet werden.[266] Das alleinige Abstellen auf Aspekte der Gefahrschaffung vermag allerdings keine Garantenstellungen aus engen sozialen Bindungen bzw. Obhutspflichten wie etwa die Garantenstellung der Mutter gegenüber ihrem Kind zu erklären.[267] Das Defizit seiner Theorie erkennt auch *Arzt*, indem er sein monistisches Konzepts, um den Aspekt der „Enttäuschung berechtigten Vertrauens" erweitert.[268] Ein (berechtigtes)

S. 1 (9 ff.); *ders.*, ZIS 2006, S. 229 (234 f.); *Otto*, ZStW 1984, S. 339 (343 ff.); kritisch hierzu *Anastasopoulou*, Deliktstypen zum Schutz kollektiver Rechtsgüter, S. 178; *Roxin*, Strafrecht AT, Band I, S. 39 f.

262 *Welp*, Vorangegangenes Tun, 178 ff.; vgl. auch *Grünewald*, Zivilrechtlich begründete Garantenpflichten, S. 24; vgl. ferner auch *Wolff*, Kausalität von Tun und Unterlassen, S. 40 f., der ebenfalls auf Vertrauens- und Abhängigkeitsaspekte abstellt.

263 *Albrecht*, Begründung von Garantenstellungen, S. 57 f.; *Bergmann*, Strafbarkeit vertragswidrigen Unterlassens, S. 374; *Brammsen*, Entstehungsvoraussetzungen der Garantenpflichten, S. 87; *Lilie*, JZ 1991, S. 541 (545); *Stree*, FS Mayer, S. 145 (154).

264 *Jakobs*, System der strafrechtlichen Zurechnung, S. 31 f.; *Maiwald*, ZStW 1979, S. 967 (975); *ders.*, JuS 1981, S. 473 (481 f.); *Wohlers/Gaede*, in: NK-StGB, § 13 Rn. 34; in diesem Sinne auch *Blei*, FS Mayer, S. 119 (140): „objektiv begründete Erwartung"; zu einem „normativ vertrauen dürfen" als Grundsatz im Strafrecht vgl. auch *von Hirsch/Wohlers*, in: H/H/W-Die Rechtsgutstheorie, S. 196 (203).

265 *Arzt*, JA 1980, S. 553 (560); *Sonnen*, wistra 1982, S. 123 (125 f.); ähnlich *Schultz*, JuS 1985, S. 270 (271 f.); *Stree*, FS Mayer, S. 145 (158).

266 *Arzt*, JA 1980, S. 647 (650).

267 *Brammsen*, Entstehungsvoraussetzungen der Garantenpflichten, S. 133; *Grünewald*, Zivilrechtlich begründete Garantenpflichten, S. 22; *Vogel*, Norm und Pflicht, S. 343.

268 Vgl. *Arzt*, JA 1980, S. 647 (650); *Grünewald*, Zivilrechtlich begründete Garantenpflichten, S. 23.

Vertrauen des Opfers in die Vornahme einer erfolgsabwendenden Handlung ist nicht ausreichend. Vielmehr muss das Opfer aufgrund des Vertrauens seine Rechtsgüter verstärkten Risiken aussetzen oder eigene Sicherungsmaßnahmen unterlassen.[269] Aus dieser Reaktion des Opfers resultiere ein Gefährdungsmoment, der als Nachweis für die Garantenstellung fungiere.[270] Durch das Abstellen auf objektiv berechtigtes Vertrauen und einem hieraus resultierenden Gefährdungsmoment wird eine gewisse Schärfe des Garantenbegriffes erzielt.

Nach dieser Ansicht kommt es auch nicht mehr auf die „faktische Übernahme" an: Die Eltern beauftragten eine Krankenschwester damit, ihrem Kind um 20 Uhr, das sich aufgrund des fortgeschrittenen Alters ansonsten komplett allein versorgen kann, eine Insulininjektion zu verabreichen. Die Eltern verlassen um 18 Uhr das Kind zu einem Theaterbesuch, die sonst auch den Eltern als zuverlässig bekannte Krankenschwester erscheint nicht wie vereinbart zur Verabreichung der Insulinspritze, woraufhin das Kind in ein hyperglykämisches Koma fällt und anschließend verstirbt. In diesem Fall haben die Eltern in berechtigter Weise darauf vertraut, dass die Krankenschwester die gebotene Rettungshandlung – die Verabreichung der Insulininjektion – vornimmt. Aufgrund ihres berechtigten Vertrauens haben sie andere Schutzmaßnahmen unterlassen. Insoweit kommt es für die Begründung einer Garantenstellung nicht darauf an, dass die Krankenschwester den Dienst angetreten hat (faktische Übernahme), sondern auf das berechtigte „Vertrauen-Dürfen" der Eltern. Insoweit kann ein garantenstellungbegründendes, berechtigtes Vertrauen ohne faktische Übernahme bestehen.[271] Anders liegt der Babysitter-Fall, bei dem der Babysitter nicht

---

269 Deutlich wird dies etwa am Fall eines verunglückten Skifahrers. Komm ein anderer Skifahrer vorbei und verspricht diesem sich um Hilfe zu kümmern, so entsteht allein durch das Versprechen und das damit berechtigte Vertrauen des Skifahrers noch keine Garantenstellung, da allein durch das Versprechen Hilfe zu holen, noch keine erhöhte Rechtsgutsgefährdung eintritt. Diese Gefahrerhöhung tritt etwa ein, wenn der verunglückte Skifahrer – im Vertrauen auf das Versprechen des anderen Skifahrers – andere Hilfsangebote ausschlägt oder eigene Rettungsbemühen unterlässt.

270 *Roxin*, Strafrecht AT, Band II, S. 730; *Schultz*, Amtswalterunterlassen, S. 140 ff.; *Stree*, FS Mayer, 145 (154 f.); *ders./Bosch*, in: S/S-StGB, § 13, Rn. 27; ähnlich *Jakobs*, System der strafrechtlichen Zurechnung, S. 38.

271 *Blei*, FS Mayer, S. 119 (121 f.); *Hilgendorf/ Valerius*, Strafrecht AT, S. 177; *Joecks*, Studienkommentar StGB, § 13 Rn. 40; *Krey/Esser*, Strafrecht AT, S. 471; *Kühl*, Strafrecht AT, S. 680; *Maiwald*, JuS 1981, S. 473 (481 f.); *Rengier*, Strafrecht AT, S. 484; bezeichnend auch *Schlösser*, wistra 2006, S. 446 (448 f.): „Diese (die herrschende Lehre, Anm. d. Verf.) stellt nicht den Begriff ‚besonders Vertrauen', sondern die freiwillige und tatsächliche Übernahme einer Schutzposition in den Mittelpunkt ihrer Überlegungen. (…)

wie vereinbart erscheint. Verlassen die Eltern trotzdem ihr Kleinkind, können sie nicht berechtigt auf ein Erscheinen des Babysitters vertrauen, weswegen auch keine Garantenstellung des Babysitters entsteht.

Der Einwand *Schünemanns*, dass Vertrauen niemals Grund, sondern nur Folge der Garantenstellung sein kann,[272] trägt nicht. Zwar ist es richtig, dass häufig eine Vertrauensbeziehung zwischen Opfer und Unterlassendem besteht, warum das Vertrauen aber nur Folge und nicht auch der Grund einer Garantenstellung sein kann, wird nicht ausgeführt.

Der dargestellte Grundgedanke, der zwar unter dem Bestimmbarkeitsmangel leidet, wann berechtigterweise auf ein Tätigwerden „vertraut werden darf", ist als Richtlinie zur Begründung von Garantenstellungen begrüßenswert. Abzulehnen ist der Versuch, eine Konkretisierung des „berechtigten Vertrauens" über einen Rückgriff auf die Rechtsordnung vorzunehmen.[273] Dies stellt einen (mittelbaren) Rückfall in die erörterte formelle Rechtspflichtentheorie dar[274] und entwertet insofern die zutreffenden materiellen Aspekte zur Begründung von Garantenstellungen. Eine solche Einkleidung der formellen Rechtspflichtentheorie in eine materielle Theorie würde hingegen keinen weiteren Erkenntnisgewinn liefern, da nach einem Umweg im Ergebnis wieder auf eine formelle Begründung von Garantenstellungen abgestellt würde, die mit den genannten Gründen abzulehnen ist.

Die Quintessenz dieses „dogmatischen Chaos" lässt sich so beschreiben: Besteht objektiv berechtigtes Vertrauen, aufgrund dessen Schutzmaßnahmen unterbleiben oder erhöhte Risiken eingegangen werden und entsteht in der Folge dieses Opferverhaltens eine erhöhte Gefahr für Rechtsgüter, so besteht für denjenigen, der zurechenbar den Vertrauenstatbestands geschaffen hat, eine Garantenstellung hinsichtlich der erhöht gefährdeten Rechtsgüter.

Eine Übernahme kann dabei insbesondere dann Vorliegen, wenn sich eine Person im Vertrauen auf die Einsatzbereitschaft des Garanten einer größeren Gefahr aussetzt und sich dadurch in eine Obhuts- und Abhängigkeitsbeziehung begibt".

272 *Schünemann*, Grund und Grenzen der unechten Unterlassungsdelikte, S. 251.

273 Vgl. hier insbesondere *Wolff*, Kausalität von Tun und Unterlassen, S. 40: „Da es der gute Sinn der Rechtsordnung ist, eine wirksame Lebensgestaltung zu ermöglichen, finden solche Vertrauensverhältnisse im Recht Anerkennung".

274 So auch *Schünemann*, Grund und Grenzen der unechten Unterlassungsdelikte, S. 352 f.: „Wenn man aber schon eine ‚objektiv begründete Erwartung' ausreichen läßt, so wird der Vertrauensbegriff vollständig normativiert und letztlich zu einer anderen Umschreibung für die Rechtspflicht, die ja die objektiv begründete Erwartung par exellence ist".

bb) Analogistisches Herrschaftsmodell *Schünemanns*

Schünemann knüpft an die, maßgeblich durch seinen Lehrer *Roxin* geprägte, sog. „Tatherrschaftslehre" an, die eine Abgrenzung von Täterschaft und Teilnahme ermöglichen soll.[275] *Schünemann* leitet seine Theorie über „eine Abstraktion aus den bei der Handlung vorgefundenen Zurechnungsgründen" her.[276] Mit diesem Vorgehen knüpft er zugleich auch an *Rudolphi* an, der die Lösung der Gleichstellungsproblematik in einer Analyse des Handlungsunwertes sucht.[277]

Nach *Schünemann* ergibt sich eine Garantenstellung aufgrund der Herrschaft über den Grund des Erfolges.[278] Der „Grund" des Erfolges kann in einer

---

275 Zur Tatherrschaftslehre *Roxin*, Täterschaft und Tatherrschaft, S. 60 ff.; kritisch zu der Tatherrschaftslehre *Heinrich*, FS Krey, S. 147 (159 ff.); *Rotsch*, „Einheitstäter" statt Tatherrschaft, S. 316 ff.; *Zaczyk*, GA 2006, S. 411 (413 f.); der Anwendung der Tatherrschaftslehre auf die Gleichstellungsproblematik sich anschließend *Roxin*, Strafrecht AT, Band II, S. 717 f.; zur häufigen Überschneidung in der Strafrechtswissenschaft im „Schüler-Lehrer-Verhältnis" vgl. *Fischer*, FS Kühl, S. 963 (966): „Jedenfalls ist die Person des Lehrers von eminenter Wichtigkeit. Anders ist, angesichts der Usancen des seit 200 Jahren herrschenden Lehrer- und Schülermarktes, kaum zu erklären, dass der Strafrechtslehrer zwar so frei ist, wie es Art. 5 GG nur verheißen kann, gleichwohl die *Welzel*-Schüler zeitlebens die *Welzel*-Theorie, die *Kaufmann*-Schüler die *Kaufmann*-Theorie und die *Roxin*-Schüler die *Roxin*-Theorie lehren"; hierzu auch *ders.*, FS Schünemann, S. 41 (48).

276 *Schünemann*, Grund und Grenzen der unechten Unterlassungsdelikte, S. 236; *ders.*, ZStW 1984, S. 287 (293 f.); *ders.*, FS Amelung, S. 303 (307).

277 *Rudolphi*, Gleichstellungsproblematik, S. 97 ff.

278 *Schünemann*, FS Schroeder, S. 401 (411); *ders.*, FS Roxin, S. 1 (3); *ders.*, in: G/S/W-Internationale Dogmatik, S. 49 (72 f.); *ders.*, Symposium Schünemann, S. 349 (363 f.); *ders.*, Grund und Grenzen der unechten Unterlassungsdelikte, S. 237; *ders.*, Unternehmenskriminalität, S. 88 ff; *ders.*, wistra 1986, S. 235 (244); *ders.*, GA 1974, S. 231 (234); *ders.*, GA 1985, S. 341 (374 ff.); *ders.*, ZStW 1984, S. 287 (293 f.); *ders.*, ZStW 2014, S. 1 (13); *ders.*, FS Amelung, S. 303 (313 f.); *ders.*, FS Jung, S. 881 (886); *ders.*, FS BGH, S. 621 (636 f.); *ders.*, in: B/K/M/S-Umweltschutz und technische Sicherheit im Unternehmen, S. 141; *ders.*, in: LK-StGB, § 14 Rn. 10; *ders.*, FS Herzberg, S. 39 (42 f.); *ders.*, FS Triffterer, S. 437 (449); *ders.*, GS Kaufmann, S. 629 (639); *ders.*, in: T-Wirtschaftsstrafrecht in der Europäischen Union, S. 103 (121); dem zustimmend *Bottke*, Symposium Schünemann, S. 191 (193 ff.); *ders.*, Täterschaft und Gestaltungsherrschaft, S. 122 ff.; *ders.*, FS Gössel, S. 235 (256 ff.); *Chen*, Garantensonderdelikt, S. 275 f.; *Dous*, Strafrechtliche Verantwortlichkeit in Unternehmen, S. 203 f.; *Jasch*, NStZ 2005, S. 8 (8 f.); *Kretschmer*, Jura 2006, S. 898 (899); *ders.*, JR 2009, S. 471 (476); *Otto/Brammsen*, Jura 1985, S. 592 (598 f.); *Rogall*, Strafbarkeit von Amtsträgern, S. 210; *Roxin*, Strafrecht AT, Band II, S. 717; *Schilha*, Aufsichtsratstätigkeit, S. 121 f.; *Seibert*, Garantenpflichten beim Betrug, S. 144; *Verrel*, GA 2003, S. 595 (599).

„Sachherrschaft über einen Gefahrenherd" oder in einer „Herrschaft über die Hilfslosigkeit des Rechtsguts" liegen.[279] Im Ergebnis kommt es *Schünemann* auf eine Systematisierung der Garantenstellung und eine Loslösung vom „case law" im Bereich der Unterlassungsdelikte an, wenn er ausführt:

> „Ob man (…) auf den Herrschaftsaspekt oder auf soziale Organisations- und Institutionszuständigkeit abhebt, ist vergleichsweise zweitrangig, sofern man sich nur darüber einig ist, daß das Gleichstellungsproblem durch die von Fall zu Fall erfolgende Postulierung einzelner, disparater und inkohärenter Garantenstellungen weder methodisch noch inhaltlich überzeugend gelöst werden kann."[280]

Beulke hält der Kontrollherrschaft *Schünemanns* pointiert entgegen:

> „Allein die besonders gute Möglichkeit, eine Tat zu verhindern, macht niemanden zum Garanten."[281]

Trotzdem muss die dargestellte Aussage *Beulkes* zunächst kritisch hinterfragt werden: Warum macht die Möglichkeit zu einer besonders effektiven oder auch Erfolgsabwendung niemandem zum Garanten? Wenn man den Sinn von Strafrecht im Schutz von Rechtsgütern sieht, warum soll nicht der, der besonders „gut", mehr als andere, vielleicht sogar exklusiv dazu in der Lage ist, diese Schutzfunktion zu erfüllen, nicht auch besonders dazu verpflichtet sein. Ebenfalls zugespitzt:

> „Aus großer Macht folgt große Verantwortung."[282]

Wobei *Schünemann* die bloße Möglichkeit zur Erfolgsverhinderung zur Begründung einer Garantenstellung nicht ausreichen lassen will, vielmehr fordert er eine „zusätzliche aktuelle Herrschaft" über den Grund des Erfolges.[283] Was das

279 *Schünemann*, ZStW 1984, S. 287 (294 f.); *ders.*, Grund und Grenzen der unechten Unterlassungsdelikte, S. 241; *ders.*, FS Amelung, S. 303 (314); *ders.*, GA 1986, S. 293 (332); *ders.*, GA 1986, S. 341 (375); *ders.*, Unternehmenskriminalität, S. 89; vgl. auch *Roxin*, Strafrecht AT, Band II, S. 717; *Schild*, Tatherrschaftslehren, S. 35 ff.

280 *Schünemann*, ZStW 1984, S. 287 (304).

281 *Beulke*, FS Geppert, S. 23 (32); in diesem Sinne auch *Bergmann*, Strafbarkeit vertragswidrigen Unterlassens, S. 387; *B. Bock*, Produktkriminalität und Unterlassen, S. 111; *Herzberg*, Unterlassung im Strafrecht und das Garantenprinzip, S. 320; *Otto*, FS Hirsch, S. 291 (308); *ders.*, Jura 1998, S. 409 (413).

282 Das Zitat stammt aus dem Kinofilm „*Spider Man*" aus dem Jahre 2005, im englischen Original lautet es: „with great power comes great responsibility"; vgl. auch *Schünemann*, wistra 1982, S. 41 (44): „Wissen hier also zur Macht und Macht zur Garantenpflicht wird".

283 *Schünemann*, Grund und Grenzen der unechten Unterlassungsdelikte, S. 243.

„Mehr“ an Herrschaft sein soll, wird hingegen nicht deutlich. Teilweise verwechseln die Kritiker dieses Herrschaftskriteriums, dass es bei dieser Herrschaftsform nicht um das „Ob“ einer Verhinderungsmöglichkeit geht – dies ist ohnehin Voraussetzung jedweden Unterlassens und hat mit der Frage nach der Garantenstellung nichts zu tun –, sondern um die generelle vom konkreten Einzelfall losgelöste „Qualität“ der Erfolgsabwendungsmöglichkeiten. Probleme bereitet freilich eine exakte Bestimmbarkeit dieses Herrschaftsbegriffs.[284] Eine Garantenstellung aus Ingerenz lehnte *Schünemann*, jedenfalls früher, vehement ab.[285]

Der durchgreifende Einwand gegen die Garantenlehre von *Schünemann* liegt darin, dass er versucht, das Konzept der Herrschaft über eine Gefahrenquelle, das einer Überwachungsgarantenstellung vorgelagert ist (für die das Herrschaftsmodell durchaus eine plausible Begründung liefert) durch die Konstruktion von der „Herrschaft über die Hilflosigkeit des Rechtsgutes“ auch zur Begründung von Beschützergarantenstellungen zu verwenden. Die bedingte Eignung des Herrschaftskriteriums zur Begründung von Beschützergarantenstellungen erkennt *Schünemann* freilich, wenn auch indirekt, selbst, wenn er einen interessanten Kunstgriff vornimmt:

> „Die Herrschaft über den Grund des Erfolges zerfällt in die Herrschaft über die Hilflosigkeit des Rechtsguts (mit den einzelnen Garantenstellungen der Lebensgemeinschaft, der Gefahrengemeinschaft und der Übernahme von Obhut über ein hilfloses Rechtsgut) und in die Herrschaft über eine wesentliche Erfolgsursache (mit den einzelnen Garantenstellungen der Verkehrspflichten im Sinne der Kontrolle über gefährliche Sachen und der Herrschaft über gefährliche Personen oder Verrichtungen).“[286]

---

284 *Brammsen*, Entstehungsvoraussetzungen der Garantenpflichten, S. 75; *Grünewald*, Zivilrechtlich begründete Garantenpflichten, S. 23; *Katsanos*, Garantenstellung aus engen Lebensgemeinschaften, S. 62 f.; *Kleinherne*, Garantenstellung und Notwehrrecht, S. 382; *Maiwald*, JuS 1981, S. 473 (480); *Vogel*, Norm und Pflicht, S. 351 f; gegen die Kritik am Herrschaftsmodell vgl. *Schünemann*, in: G/S/W-Internationale Dogmatik, S. 49 (80): „Denn wenn die mit so viel Energie aufgebaute Kritik am Herrschaftskonzept beim ersten Hammerschlag wie ein Koloß auf tönernen Füßen zusammenstürzt, dann muß eben dieses Herrschaftskonzept eine inhärente Überzeugungskraft besitzen, die ihm auch in der ‚neuen Unübersichtlichkeit‘ der postmodernen Strafrechtsdogmatik Zukunft sichert“.

285 Vgl. etwa *Schünemann*, Grund und Grenzen der unechten Unterlassungsdelikte, S. 298: „dubios-archaischen Kausalansatz“; S. 313: „plumpen Ingerenzansatz“; S. 314: „Produkt einer begriffsjuristischen Autosuggestion“; S. 316: „Normenerschleichung“; S. 317: „archaisch-primitive und sonderbare mechanistische Grundlage“; S. 318: „freie Rechtssetzung“.

286 *Schünemann*, FS Amelung, S. 303 (314).

Der Kunstgriff *Schünemanns* liegt darin, dass er Verhältnisse zwischen Personen aufzählt, aus denen sich in Rechtsprechung und Literatur anerkannte strafrechtliche Erfolgsabwendungspflichten ergeben und diese personellen Verhältnisse unter seinen Herrschaftsbegriff subsumiert. Kennzeichnend für diese Verhältnisse zwischen Rechtsgut und etwaigem Garant ist allerdings eine Form des „Vertrauens“ und keine „Herrschaft“.

An folgendem Beispiel wird deutlich, dass es zur Begründung einer Beschützergarantenstellung weder auf die „Herrschaft“ über ein Rechtsgut noch auf dessen „Hilfslosigkeit“ ankommt: Beauftragt ein Profiboxer einen Bodyguard, damit dieser ihn vor Übergriffen aufdringlicher Fans schützt und sieht sich dieser Profiboxer nun eines körperlichen Angriffs von einem ihm physisch unterlegenen Fan ausgesetzt, wäre der Bodyguard, wenn er den Angriff nicht verhindert und es in der Folge zu einer Körperverletzung kommt, nicht Garant für die körperliche Unversehrtheit des Profiboxers, da keine Hilfslosigkeit des Rechtsguts besteht, da der Prominente in der Lage ist, sich gegen den unterlegenen Angreifer allein zu Wehr zusetzen. Aus einer nun folgenden (leichten) Verletzung des Profiboxers kann im konkreten Fall keine Hilfslosigkeit des Rechtsguts gefolgert werden.[287] Selbst die Annahme einer „Form der Mitherrschaft“ scheitert: Erkennen Bodyguard und Profiboxer zur selben Zeit den Angriff, ist nicht klar, inwieweit eine Herrschaft des Bodyguards über das Rechtsgut (also die körperliche Unversehrtheit) des Profiboxers bestehen soll. Herrschaft setzt sinnhafterweise voraus, dass der Einfluss des Herrschenden auf das Geschehen (sog. „faktische Herrschaft“) größer ist als der Einfluss des Beschützten. Bei konsequenter Anwendung des Herrschaftsmodells wäre eine Garantenstellung des Bodyguards im geschilderten Fall zu verneinen.

---

287 In eine ähnliche Richtung geht die Kritik von *Sangenstedt*, Garantenstellung und Garantenpflicht, S. 316: „Wer die Unversehrtheit seiner Person oder sonstiger Belange einem Mitmenschen anvertraut, braucht dadurch weder die Entscheidungshoheit über seine Gütersphäre zu verlieren noch wird letztere durch den Übertragungsakt notwendig einen weiteren Herrschaftsinhaber hinzugewinnen“; vgl. auch die Kritik von *Otto*, MschrKrim 1974, S. 123 (125): „(...) der Herrschaftsgedanke gerät einfach schief im Rahmen der Position der sogen. Beschützergaranten. Der Begriff Herrschaft paßt nicht auf die von gegenseitigem Vertrauen erfüllten Schutzpositionen“; kritisch zum Herrschaftskriterium bei den Unterlassungsdelikten vgl. auch *ders.*, NJW 1974, S. 528 (531).

cc) Soziale Beziehungen

Verschiedene Ansätze versuchen, Garantenstellungen aus sozialen Beziehungen abzuleiten. Die einzelnen Ansätze variieren, teils wird auf eine „soziale Nähe“[288] oder die „soziale Rolle“[289] abgestellt. Andere Ansätze knüpfen an tatsächliche Verhältnisse des Soziallebens an. Es wird gefragt, wie der potenzielle Unterlassungstäter in ein bestehendes soziales System integriert ist und inwieweit seine Rolle im Sozialsystem erwarten lässt, dass er eine erfolgsabwendende Handlung vornimmt.[290] Es genügt allerdings nicht jede Erwartung, vielmehr muss sich diese Erwartung verfestigt haben (sog. „Muss-Erwartung“). Dies soll der Fall sein, wenn die Verletzung der Erwartung einen derart schweren Schaden für die Vertrauensbasis des Soziallebens bedeutet, wie die Verletzung dieser Vertrauensbasis durch positives Tun.[291]

Honig bringt in das Feld der sozialen Begründungen von Garantenstellungen das Merkmal der „Intimsphäre“ mit in die Diskussion ein.[292] Eine sinnhafte Abgrenzung zwischen Merkmalen wie „Intimsphäre“ oder „soziale Nähe“ oder zwischen „sozialer Rolle“ und „sozialer Sonderverantwortlichkeit“ ist unmöglich. Je nach Wortverständnis und Argumentationsfertigkeit lassen sich die genannten Merkmale beliebig untereinander austauschen, weswegen sich die Kritik an genannten Begründungsmerkmalen auch nicht unterscheidet: Verwendete Begrifflichkeiten seien unscharf, zu subjektiv, zu unbestimmt und ließen keine objektive Bewertung zu.[293] Sie verstießen außerdem gegen

288 *Androulakis*, Problematik der unechten Unterlassungsdelikte, S. 159: „Das gemeinsame Charakteristikum aller einer Handlung ontologisch vergleichbaren Unterlassungen ist darin zu finden, daß der Unterlasser sich in einer gewissen Nähe zum Gefahrenherd oder zum Träger des geschützten Rechtsgutes befindet, und zwar nicht primär in einer abstandsmäßigen metrischen, sondern in einer inneren sozialen, mitmenschlichen Nähe“.

289 *Bärwinkel*, Struktur der Garantieverhältnisse bei den unechten Unterlassungsdelikten, S. 111; *Rudolphi*, Gleichstellungsproblematik, S. 97.

290 *Brammsen*, Entstehungsvoraussetzungen der Garantenpflichten, S. 117; *Otto/Brammsen*, Jura 1985, S. 530 (537); *Otto*, Grundkurs Strafrecht, S. 160; ähnlich auch *Philipps*, Handlungsspielraum, S. 132 und S. 158 ff., der ebenfalls auf „soziale Systeme“ abstellt und aufgrund der Stellung des Einzelnen innerhalb des Sozialsystems eine Garantenstellung herleitet.

291 *Otto*, Grundkurs Strafrecht, S. 160; *Otto/Brammsen*, Jura 1985, S. 530 (537).

292 *Honig*, FS Schaffenstein, S. 89 (96).

293 *Albrecht*, Begründung von Garantenstellungen, S. 45; *Bergmann*, Strafbarkeit vertragswidrigen Unterlassens, S. 383; *Coelln*, Das rechtliche Einstehenmüssen, S. 109 f.; *Roxin*, Strafrecht AT, Band II, S. 721; *Sangenstedt*, Garantenstellung und

das aus Art. 103 Abs. 2 GG resultierende Bestimmtheitsgebot und gegen den „nullum crimen sine lege“ Grundsatz.[294]

Bei aller berechtigten Kritik an soziologischen Begründungen von Garantenstellungen wird man bei Ablehnung einer formellen Begründung und einem Verständnis der Garantenstellung als „vorrechtlicher“ Institution bei deren Begründbarkeit freilich nicht vollständig auf soziale Aspekte verzichten können, so stellen Autoren, welche die zerrütte aber formal bestehende Ehe nicht als begründendes Merkmal einer Garantenstellung einstufen (häufig ohne dies zum Ausdruck zu bringen) auf Kriterien einer sozial-intakten Beziehung zwischen Unterlassendem und Opfer ab, selbst die wechselseitige Beschützergarantenstellung im Eltern-Kind-Verhältnis begründet sich nicht durch biologische Verwandtschaft oder gesetzlicher Zuordnung § 1626 Abs. 1 BGB, sondern durch eine vorrechtliche soziale Institution.[295] Niemand käme (ernsthaft) auf den Gedanken, einem Vater, der in 17 Jahren kein Kontakt zu seinem Kind hatte, eine Garantenstellung „aufzubürden“. Entgegengesetzt wird niemand (ernstlich) eine Garantenstellung desjenigen bestreiten, der zwar nicht der biologische Vater des Kindes ist, es aber seit jeher wie ein Eigenes großzieht und hierbei nur auf den formalen Adoptionsakt verzichtet hat.

dd) Fallvergleichung

Einen – wie *Schünemann* es nennt – „originellen“[296] Ansatz hat *Pfleiderer* vorgelegt.[297] Dieser will die Lösung der Gleichstellungsproblematik anhand von Einzelfällen vornehmen, indem er eine Konkretisierung des Garantenbegriffs an Grundfällen versucht, in denen eine Garantenstellung „zweifelsfrei“ besteht. Als Grundfälle nennt er etwa die Mutter, die ihr Kind verhungern lässt und den

---

Garantenpflicht, S. 150 f.; zu grundsätzlichen Bedenken einer soziologische Begriffsbildung im Strafrecht vgl. *Schünemann*, Grund und Grenzen der unechten Unterlassungsdelikte, S. 16 ff.

294 *Albrecht*, Begründung von Garantenstellungen, S. 59 f.; *Sangenstedt*, Garantenstellung und Garantenpflicht, S. 167; *Schünemann*, Grund und Grenzen der unechten Unterlassungsdelikte, S. 147.

295 Hierzu BGH, NJW 1964, S. 731 (731 ff.); *Freund*, NJW 2003, S. 3384 (3386 f.).

296 *Schünemann*, Grund und Grenzen der unechten Unterlassungsdelikte, S. 81, der ausführt, dass immer dort, „wo juristisches Neuland aufzuschließen ist“, eine fallorientierte Methode das primäre Erkenntnismittel sei.

297 *Pfleiderer*, Garantenstellung aus vorangegangenem Tun, S. 73 ff.

Schwimmlehrer, der seinen Schüler ertrinken lässt.[298] Andere Fälle will er danach entscheiden, wie weit sie sich von den genannten Grundfällen entfernen.[299] Im Ergebnis werden zur Begründung von Garantenstellungen Fälle miteinander verglichen.[300] Insbesondere die nicht nachvollziehbare und nicht begründete Wahl der Grundfälle wird an dem Ansatz *Pfleiderers* kritisiert.[301] Hierin liegt auch das tiefere Problem in der Lehre *Pfleiderers*: Besonders die materiellen Kriterien, die er (unbewusst) anlegt, um bestimmte Fälle als „Grundfälle der Garantenstellung" zu klassifizieren, sind die Merkmale, aus denen sich die Garantenstellung ergibt.

ee) Freiwillige faktische Gewahrsamsübernahme – weder notwendiges noch hinreichendes Merkmal einer Garantenstellung

Häufig entsteht zwar bei faktischer Gewahrsamsübernahme zugleich eine Beschützergarantenstellung desjenigen, der die Schutzfunktion für das Rechtsgut übernimmt. Trotzdem ist die faktische Übernahme kein begründendes Merkmal einer Garantenstellung. Eine Garantenstellung entsteht durch berechtigtes Vertrauen darauf, dass ein Dritter den Rechtsgüterschutz wahrnimmt und aufgrund des Vertrauens andere Sicherungsmaßnahmen unterlassen bzw. aufgegeben werden und hieraus eine erhöhte Gefahr für das jeweilige Rechtsgut entsteht. Dem Kriterium der faktischen Übernahme kommt regelmäßig die entscheidende Bedeutung hinsichtlich des Merkmals des „berechtigten Vertrauens" zu. Erscheint der Babysitter pflichtwidrig nicht um 20 Uhr und lassen die Eltern ihr Kinder trotzdem alleine, so können sie nicht berechtigt darauf vertrauen, dass jemand zum Schutz des Kindes tätig wird.

Anders formuliert: Der faktischen Übernahme folgt regelmäßig ein berechtigtes Vertrauen, aufgrund dessen eine faktische Umorganisation der Sicherungslage eines Organisationskreises stattfindet, welche zur Aufgabe anderer Gefahrenabwendungsmöglichkeiten führt. Dass es Konstellationen gibt, bei denen eine Beschützergarantenstellung auch ohne faktische Übernahme entsteht, weil sich das

298 *Pfleiderer*, Garantenstellung aus vorangegangenem Tun, S. 127; vgl. hierzu bereits *Höpfner*, GA 1915, S. 103 (108 f.).

299 *Pfleiderer*, Garantenstellung aus vorangegangenem Tun, S. 120.

300 *Albrecht*, Begründung von Garantenstellungen, S. 52; *Sangenstedt*, Garantenstellung und Garantenpflicht, S. 161.

301 Zur Kritik vgl. *Sangenstedt*, Garantenstellung und Garantenpflicht, S. 161 ff.; *Schünemann*, Grund und Grenzen der unechten Unterlassungsdelikte, S. 81 ff.; *Vogel*, Norm und Pflicht, S. 338 f.

„berechtigte Vertrauen-Dürfen“ aus anderen Konstellationen, etwa einer hinreichend gefestigten Zusicherung ergibt, wurde dargelegt.[302]

ff) Beschränkung der materiellen Ansätze

Die Absicht sämtlicher dargelegter Ansichten war das Bemühen um ein monistisches Erklärungsmodell zur Begründung von Garantenstellungen. Bereits der Anspruch einen monistischen Erklärungsansatz zu entwickeln führt zum Scheitern der materiellen monistischen Begründungsmodelle. Man kann formulieren: Die Autoren scheitern nicht an einer Begründung zur Herleitung von Garantenstellungen, sie scheitern an ihrem eigenen Anspruch, nach dem ihr Begründungssatz universelle Gültigkeit besitzen soll.[303] Methodisch besser, praktisch umsetzbar und widerspruchsfreier wäre es, oben dargestellte Ansätze daraufhin zu überprüfen, ob sie jedwede Form einer Garantenstellung zu erklären vermögen oder sich damit zu begnügen, dass sie nur Ausschnitte von Garantenstellungen hinreichend zu erklären vermögen.

Ein einheitliches Modell, das sich zur Begründung sämtlicher Garantenstellungen eignet, leidet stets unter dem Mangel, dass es, will man nicht unzählige Ausnahmen hinnehmen, aufgrund des hierfür erforderlichen, hohen Abstrahierungsgrades so unscharf wird, dass sich bei entsprechender Argumentationsrichtung beliebige Ergebnisse erzielen lassen.

b) Pluralistisch-materielle Begründung mittels einer funktional-differenzierten Bestimmung

Teilweise werden die Begründungsmodelle nach der Funktionslehre differenziert und für Beschützer- und Überwachungsgaranten unterschiedliche Begründungsmodelle herangezogen.[304] Es wird, umgangssprachlich ausgedrückt, „das Pferd von hinten aufgezäumt“. Man stellt ein Ergebnis, etwa eine Beschützergarantenstellung fest und überlegt vom Ergebnis her, wie sich diese Beschützergarantenstellung begründen lässt. Dies ist unter dogmatischen Aspekten nicht unproblematisch,

---

302 Siehe oben 3. Teil, G. II. 2. a) aa).

303 Bezeichnend für ein pluralistisches Konzept von Garantenstellungen *Roxin*, Strafrecht AT, Band II, S. 717, der sich zunächst dem monistischen Herrschaftsgedanken *Schünemanns* anschließt, sodann aber bei der „Übernahme sonstiger Schutzfunktionen“ auf Aspekte der Abhängigkeit, des Vertrauens und auf erhöhte Gefahrschaffung abstellt, vgl. *Roxin*, Strafrecht AT, Band II, S. 730.

304 Etwa bei *Meurer*, Strafrecht AT, S. 181 ff.; *Jahn*, JuS 2009, S. 1142 (1143); *Kühl*, Strafrecht AT, S. 670; *Rudolphi*, JR 1987, S. 336 (337 ff.); *Geiger*, CCZ 2011, S. 170 (171).

weil zunächst ein nicht näher begründetes Ergebnis an den Ausgangspunkt einer Theorie gestellt wird.

aa) Institutionelle und organisatorische Zuständigkeit

Ein dualistisches Modell zur Begründung von Garantenstellungen hat *Jakobs* vorgelegt. Er differenziert nach zwei Haftungsgründen: der Haftung aus Organisationszuständigkeit und der Haftung kraft institutioneller Zuständigkeit. Nach *Jakobs* hat jeder seinen „Organisationskreis" so rücksichtsvoll zu gestalten, dass keine schädigenden Bedingungen nach außen dringen.[305] Diese „Bildung von Verantwortungsbereichen für Gefahren" und damit einhergehende Handlungspflichten sind notwendiger Ausfluss der Handlungsfreiheit, die auch die Freiheit umfasst, andere aus der Verwaltung seines Organisationskreises auszuschließen.[306] Das Konzept der Garantenstellung aufgrund Organisationszuständigkeiten findet wesentliche Überschneidungen mit dem Herrschaftsgedanken *Schünemanns*.[307] Beide Konzepte fußen auf demselben Grundgedanken: Aus der Organisationsfreiheit bzw. aus der Befugnis, andere aus bestimmen Bereichen auszuschließen, folgt als Kehrseite eine gesteigerte Verantwortung, die aus dem Herrschaftsbereich Ausgeschlossenen bzw. diejenigen, welche durch die Organisation gefährdet werden, vor Gefahren zu schützen.

Das zweite Fundament zur Begründung von Garantenstellungen sieht *Jakobs* in der „Haftung kraft institutioneller Zuständigkeit". Den Grund für diese Haftung sieht

---

305 *Jakobs*, Strafrecht AT, S. 782 f.; *ders.*, FS BGH, S. 29 (29 f.); *ders.*, System der strafrechtlichen Zurechnung, S. 36; *ders.*, Theorie der Beteiligung, S. 53; *ders.*, FS Kühl, S. 281 (290); *ders.*, FS Lampe, S. 561 (572 f.); *ders.*, GS Kaufmann, S. 271 (284 f.); ähnlich wie *Schünemann* leitet *Jakobs* seine Theorie aus einem Vergleich mit den Begehungsdelikten ab: „Der Haftungsgrund für das Unterlassungsdelikt ist in diesen Fällen (Pflichten kraft Organisationszuständigkeit) mit dem Haftungsgrund für Begehungs-Herrschaftsdelikte identisch: Rücksichtnahme auf andere bei der Gestaltung des eigenen Organisationskreises."; dem folgend *Timpe*, Strafmilderungen, S. 174 f.; ähnlich auch *Pawlik*, Person, Subjekt, Bürger, S. 77 ff.; vgl. auch *Jakobs*, FS Frisch, S. 81 (84); *ders.*, ZStW 1985, S. 751 (762 ff.).

306 *Jakobs*, Strafrecht AT, S. 782 f.; *ders.*, Strafrechtliche Zurechnung, S. 21; *ders.*, Theorie der Beteiligung, S. 53; *ders.*, FS Roxin, S. 793 (798 f.); dem zustimmend *Pawlik*, ZStW 1999, S. 335 (349); nahestehend auch *Frisch*, Tatbestandsmäßiges Verhalten und Zurechnung des Erfolgs, S. 333 ff.; vgl. hierzu auch *Stübinger*, Das „idealisierte" Strafrecht, S. 209 ff.; *Jakobs*, ZStW 2005, S. 247 (261).

307 *Roxin*, Strafrecht AT, Band II, S. 719; *Sangenstedt*, Garantenstellung und Garantenpflicht, S. 347; Dabei wird häufig der Begriff „Verantwortungsbereich" durch den Begriff „Herrschaftsbereich" ersetzt, vgl. etwa *Rudolphi/Stein*, in: SK-StGB, § 13 Rn. 20.

Jakobs in den „Pflichten zur Aufopferung“ bzw. zur „Garantie von Solidarität“.[308] Den Begriff der Institution versteht *Jakobs* im sozialwissenschaftlichen Sinn als dauerhafte und rechtlich anerkannte Beziehungsform einer Gesellschaft, die der Disposition des einzelnen Menschen entzogen ist.[309] Es kommen für *Jakobs* nur Institutionen zur Begründung einer Gleichstellung in Betracht, die für den gesellschaftlichen Bestand von demselben elementaren Gewicht sind wie Organisationsfreiheit und Folgeverantwortung.[310] Als Beispiele für solche Institutionen nennt *Jakobs* das Eltern-Kind-Verhältnis, die Ehe, staatliche Gewaltverhältnisse und besonderes Vertrauen.[311]

Jakobs vertritt eine soziologische Strafrechtslehre, die Verhaltenserwartungen der Gesellschaft in den Mittelpunkt der Betrachtung rückt. Er geht von einem „Strafrechtsgut“ aus, dass er mit der „Enttäuschungsfestigkeit“ von normativen Erwartungen umschreibt.[312] Mit dem Abstellen auf besonderes Vertrauen und auf Beziehungsformen innerhalb der Gesellschaft kommt *Jakobs* dem nahe, was unter dem Begriff des berechtigten Vertrauens diskutiert wurde. Sofern *Jakobs* dahingehend argumentiert, dass es sich bei den Institutionen um solche handelt, die eine rechtliche Grundlage besitzen, ist dies abzulehnen.[313] Ein (materielles) Kriterium, das die rechtlichen Grundlagen einer Institution im Hinblick auf deren strafrechtliche Relevanz überprüft, nennt *Jakobs* nicht, sodass an dieser Stelle ein Rückfall in die formelle Rechtspflichtentheorie droht.[314]

bb) Soziale Sonderverantwortlichkeit *Herzbergs*

Herzberg stellt auf eine „soziale Sonderverantwortlichkeit“ des Unterlassenden zu dem gefährdenden Rechtsgut ab.[315] Die verwendete Begrifflichkeit einer „Sonderverantwortlichkeit“ für Rechtsgüter ist zur Begründung einer Garantenstellung insofern nichtssagend, da jede Garantenstellung – gleich wie sie begründet wird – dem Unterlassenden eine Sonderverantwortung für Rechtsgüter

---

308 *Jakobs*, Strafrecht AT, S. 783.

309 *Jakobs*, Strafrecht AT, S. 820 insbesondere Fn. 114.

310 *Jakobs*, Strafrecht AT, S. 820; *Timpe*, Strafmilderungen, S. 193.

311 *Jakobs*, Strafrecht AT, S. 820; *ders.*, strafrechtliche Zurechnung, S. 33 ff.

312 *Jakobs*, Strafrecht AT, S. 820; vgl. hierzu *Seher*, in: H/H/W-Die Rechtsgutstheorie, S. 39 (40); vgl. ferner *Amelung*, Rechtsgüterschutz und Schutz der Gesellschaft, S. 330 ff., insbesondere zur Theorie der „Sozialschädlichkeit“.

313 Vgl. *Jakobs*, Strafrecht AT, S. 821: „zumindest ansatzweise positiviert“.

314 Ebenfalls kritisch auf die fehlende Bestimmbarkeit der Institutionen hinweisend *Jasch*, NStZ 2005, S. 8 (8).

315 *Herzberg*, Unterlassung im Strafrecht und das Garantenprinzip, S. 215 ff.; *ders.*, Verantwortung für Arbeitsschutz, S. 226 ff.

zur Seite stellt. Somit beschreibt die Bezeichnung zutreffend die Folge einer Garantenstellung, nicht aber deren Ursache und stellt im Ergebnis nur auf „soziale" Betrachtungen ab.[316]

Zunächst differenziert *Herzberg* zwischen Beschützer- und Überwachungsgaranten und erkennt wie *Jakobs*, dass es kein sinnvolles einheitliches Begründungsmodell gibt, das sowohl Beschützer- als auch Überwachungsgarantenstellungen erklärt.[317] Für eine Überwachungsgarantenstellung rekrutiert *Herzberg* auf Ingerenz und auf „rechtlich institutionalisierte Herrschaft". Mit dem Begriff der „rechtlich institutionalisierten Herrschaft" grenzt *Herzberg* zu einer rein faktischen Herrschaft ab, wie sie etwa von *Schünemann* postuliert wird.[318] Bei einer Überwachungsgarantenstellung aufgrund von Herrschaftsaspekten differenziert *Herzberg* nochmals zwischen einer Beherrschung von sachlichen Gefahrenquellen (Tiere, Haus, gefährliche Gegenstände usw.) und zwischen personellen Gefahrenquellen (Kinder, Geisteskranke, Strafgefangene).[319] Diese Unterscheidung zwischen personellen und sachlichen Gefahrenquellen verdient uneingeschränkte Zustimmung. Die gesamte Gleichstellungsproblematik „krankt" an dem Versuch, ein einheitliches Prinzip zu benennen, das eine Verantwortlichkeit für personelle und sachliche Gefahren gleichermaßen begründen soll. Es wird verkannt, dass es etwas gänzlich Verschiedenes ist, eine strafbewehrte Pflicht zur Absicherung einer Grube zu begründen, als die strafrechtliche Pflicht zu begründen, einen Menschen dahingehend zu überwachen, dass dieser keine Straftaten begeht. Zwar lässt sich beides unter den Allgemeinplatz der „Herrschaft" subsumieren, aber dass sich eine Herrschaft über Personen völlig anders begründen lassen muss als eine Sachherrschaft darf hierbei nicht unberücksichtigt bleiben.[320]

---

316 *Albrecht*, Begründung von Garantenstellungen, S. 47; *Sangenstedt*, Garantenstellung und Garantenpflicht, S. 171 f.

317 *Herzberg*, Unterlassung im Strafrecht und das Garantenprinzip, S. 315 ff.; *ders.*, Verantwortung für Arbeitsschutz, S. 227.

318 *Herzberg*, Unterlassung im Strafrecht und das Garantenprinzip, S. 320: „Die Gesellschaft verbindet nicht mit jeder Beherrschungsmöglichkeit eine Sicherungspflicht"; auch *Schünemann*, Unternehmenskriminalität, S. 109, erkennt an, dass sich eine Herrschaft über Personen dogmatisch unterschiedlich zu einer Sachherrschaft begründen lassen muss.

319 Vgl. hierzu die Übersicht bei *Herzberg*, Unterlassung im Strafrecht und das Garantenprinzip, S. 360.

320 Zur Unterscheidung zwischen personaler Herrschaft und Sachherrschaft vgl. *Schünemann*, Unternehmenskriminalität, S. 108 f.; *Brammsen*, GA 1993, S. 97 (112 ff.); zur Garantenstellung kraft Sachherrschaft vgl. auch *Weber*, FS Oehler, S. 83 (83 ff.).

Herzberg stellt die folgerichtige Frage: inwieweit ist eine Herrschaft eines Menschen über einen anderen überhaupt möglich bzw. rechtlich anerkannt? Will man „Herrschaft" über Personen überhaupt anerkennen[321], gelingt dies nicht sinnhaft mit derselben Argumentation wie bei der Sachherrschaft (sofern man Sklaverei ablehnt).[322] Der Unterschied liegt darin, dass bei einer Herrschaft über Sachen allein die „faktische Herrschaftsmacht" über die Sache maßgeblich ist.[323] So hat auch der Dieb Dritte vor Gefahren zu schützen, die von der gestohlenen Sache, die er faktisch beherrscht, ausgehen. Darauf, dass die Sachherrschaft rechtlich anerkannt oder auch nur gebilligt wird kann keine Rede sein.

Bei einer „Herrschaft" über Dritte kommt einer „normativ begründeten Herrschaft" herausragende Bedeutung zu. Bei einer etwaigen Pflicht, Straftaten Dritter zu verhindern, gewinnt nach *Herzberg* das Kriterium einer „rechtlich anerkannten" oder zumindest „rechtlich geduldeten" Herrschaft besondere Bedeutung.[324] Zunächst muss im Rahmen einer Unterlassungsstrafbarkeit differenziert werden:

Eine Garantenpflicht zur Verhinderung von Straftaten Dritter, setzt als notwendiges Kriterium ohnehin eine faktische Herrschaftsmacht des Unterlassenden über das Verhalten des Dritten voraus. Insoweit handelt es sich um einen Aspekt des Unterlassens im Sinne des § 13 Abs. 1 StGB: Wer den Dritten nicht faktisch im Hinblick auf die bevorstehende Rechtsgutsverletzung „beherrscht", wird regelmäßig schon nicht im Sinne des § 13 Abs. 1 StGB „unterlassen", da ihm die tatsächliche Erfolgsabwendungsmöglichkeit fehlt.

---

321 Sofern man die Bezeichnung „Herrschaft über Personen" nicht schon aufgrund der damit verbundenen negativen Assoziationen ablehnt.

322 Vgl. auch *Heine*, Strafrechtliche Verantwortlichkeit im Unternehmen, S. 116: „Was eine Garantenstellung aus personaler Herrschaft anbelangt (…) so ist eine solche Herrschaft über Menschen in einem freiheitlichen Gemeinwesen von vornherein extrem problematisch und erfordert prinzipiell eine Rechtsgrundlage".

323 So auch *Stankewitz*, Überwachergarantenstellung aus Sachherrschaft, S. 151; vgl. hierzu auch BGH, NStZ 2012, S. 319 (320); *Rengier*, FS Kühl, S. 383 (385 ff.); *Kudlich*, JA 2012, S. 470 (472).

324 *Herzberg*, Unterlassung im Strafrecht und das Garantenprinzip, S. 320 f.; dem folgend *Beulke*, FS Geppert, S. 23 (37); *Brammsen*, in: A-Individuelle Verantwortung, S. 105 (124); *ders.*, Entstehungsvoraussetzung von Garantenpflichten, S. 226; *Grunst*, StV 2005, S. 453 (456); *Landscheidt*, Garantenpflichten aus verantwortlicher Stellung, S. 112; *Rudolphi*, JR 1987, S. 335 (338); *Wohlers/Gaede*, in: NK-StGB, § 13 Rn. 51; vorher bereits *Schünemann*, Grund und Grenzen der unechten Unterlassungsdelikte, S. 324 f.

Hinzutreten muss eine rechtliche, nicht unbedingt gesetzlich normierte, aber zumindest rechtlich anerkannte Herrschaft über Dritte.[325] Dieser Ansatz ist plausibel, um Garantenstellungen hinsichtlich der Überwachung Dritter zu begründen. Zu vermeiden ist ein Rückfall in die formell-rechtlich Begründungsargumentation, indem man verlangen würde, dass eine „rechtlich anerkannte" Befehlsgewalt da anzunehmen sei, wo sich diese im Gesetz wiederfindet.

Findet man bei Soldaten die Befehlsgewalt gesetzlich geregelt in § 11 Abs. 1 Satz 1 SG (der Soldat muss seinen Vorgesetzten gehorchen), wird es bei einer gesetzlichen Normierung der „Befehlsgewalt" des Lehrers über seine Schüler schon schwieriger.[326] Es ergibt sich spiegelbildlich aus der rechtlich anerkannten Aufsichtspflicht des Lehrers eine begrenzte Herrschaftsgewalt unabhängig von einer rechtlichen Normierung. Es gilt auch hier, einen gesetzlichen Formalismus zu vermeiden und die materiellen Erwägungen zur Begründung heranzuziehen, die hinter den Normen stehen und Ausdruck eines rechtlich anerkannten Herrschaftsverhältnisses sind. Es kann nicht hinter jeder Norm ein materielles Herrschaftsverhältnis konstruiert werden, weswegen durch das Erfordernis einer „rechtlich" anerkannten Herrschaft eine hinreichende Beschränkung des Herrschaftskriteriums erzielt wird. Für Konstellationen, bei denen es um die Verhinderung von Straftaten Dritter geht, die nicht voll für ihr Handeln verantwortlich sind (Kinder, Geistesgestörte, Betrunkene) reicht die Kombination zwischen faktischer und rechtlich anerkannter Herrschaft aus, um eine Garantenstellung des Herrschenden zu begründen.

Das Vorliegen einer rechtlich anerkannten Herrschaft über Dritte reicht hingegen nicht aus, sofern der Dritte eigenverantwortlich handelt. Vielmehr sollte eine weitere Unterscheidung erfolgen. Auch in rechtlich anerkannten oder rechtlich gebilligten Herrschaftsverhältnissen sollte die Frage der Eigenverantwortlichkeit hinsichtlich der Begründung einer Überwachergarantenstellung Berücksichtigung finden. Dies soll nicht bedeuten, dass eine Pflicht, Straftaten Dritter zu verhindern, ausscheidet, wenn eine Person eigenverantwortlich handelt. Vielmehr muss die rechtlich anerkannte Herrschaft ein „Mehr" aufweisen, als dies bei Personen der Fall ist, die nicht vollständig eigenverantwortlich handeln. Soll heißen: Ein Grundschullehrer übt über seine Schüler eine rechtlich anerkannte und regelmäßig auch faktische Herrschaft aus wie ein General über seine Offiziere. Beide Konstellationen eignen sich grundsätzlich zur Begründung einer Überwachungsgarantenstellung.

325 *Herzberg*, Unterlassung im Strafrecht und das Garantenprinzip, S. 320 f., bezeichnet die rechtlich anerkannte Herrschaft auch als „rechtliche Befehlsgewalt".

326 Wobei *Herzberg*, Unterlassung im Strafrecht und das Garantenprinzip, S. 321, auch die rechtliche Befehlsbefugnis des Lehrers anerkennt.

Die Herrschaft über die Offiziere ist aufgrund deren Eigenverantwortlichkeit grundsätzlich geringer als über Kinder. Diese Tatsache muss sowohl in der Frage nach einer Garantenstellung als auch in der Frage nach der Reichweite einer etwaigen Garantenpflicht Berücksichtigung finden.

cc) Darstellung einer systematisierenden Konzeption zur Begründung von Garantenstellungen

Die Strafrechtswissenschaft ist in ihrer 200-jährigen Entwicklung zur Gleichstellungsproblematik daran gescheitert, ein plausibles monistisches Konzept vorzulegen, das eine strafrechtliche Gleichstellung von Tun und Unterlassen erklärt. Eingeräumt werden muss zunächst, dass das Anliegen nur insoweit gescheitert ist, sofern man nicht das Heil in einer begrifflichen Abstraktheit sucht, mit der sich nach Beliebigkeit und Argumentationsgeschick alles begründen bzw. verneinen lässt.[327]

Garantenstellungen artikulieren sich in einer faktischen Rechtsgutnähe. Hierauf lassen sich sämtliche Garantenstellungen, als monistisches Ausgangsprinzip zurückführen. Beantwortet man aber die Frage nicht, „wie" sich diese Rechtsgutsnähe artikuliert, ist die Aussage von der Nähe zum Rechtsgut inhaltsleer. Die heute von der Literatur fast einhellig anerkannte Unterscheidung in Beschützer- und Überwachungsgaranten ist von großer Einigkeit getragen, weil sie, was vielen Vertretern selbst nicht bewusst ist, auf dem Grundgedanken fußt, dass es unterschiedliche materielle Begründungen von Garantenstellungen gibt, so wenig sinnhaft, wie sich eine Beschützergarantenstellung für ein Rechtsgut mit einem Herrschaftskriterium begründen lässt, so wenig lässt sich eine Überwachergarantenstellung mit enger, sozialintakter und rechtlich-anerkannter Verbundenheit erklären.

Dass Eltern für ihr Kind gleichzeitig Beschützer- und Überwachergaranten sind, ist freilich kein Fehler der funktionalen Einteilung von Garantenstellungen, sondern dessen logische Folge, da die Eltern gegenüber ihrem Kind zwei grundsätzlich voneinander völlig unabhängige Eigenschaften aufweisen. Einmal die regelmäßig enge soziale Verbundenheit aus der eine Beschützergarantenstellung

327 Ähnlich auch *Bosch*, Organisationsverschulden, S. 150: „Vom hier vertretenen Standpunkt aus dürfte die Suche nach einem alle Garantenpositionen übergreifenden Oberbegriff – dessen praktische Notwendigkeit nicht ansatzweise erkennbar ist – nur wenig hilfreich sein, weil er zwangsläufig so offen gehalten werden muß, daß er seine eigentliche Funktion, den Rückschluß von bereits anerkannten Garantenpositionen auf neu ins Bewußtsein gerückte Fallgruppen, nicht erfüllen kann".

folgt und zusätzlich eine (rechtlich anerkannte!) „Herrschaft" über das Kind, der sich eine Überwachergarantenstellung anschließt, deswegen ist (bei intakter Ehe) der Ehemann Beschützergarant gegenüber den Rechtsgütern seiner Ehefrau und zwar aufgrund seiner engen sozialen, rechtlich anerkannten Verbundenheit zu ihr, aber kein Überwachergarant seiner Ehefrau mangels (heutzutage) rechtlich anerkannter Herrschaft über seine Frau.

Zusammenfassend: Kinder sind zu „beschützen" und zu „überwachen". Eheleute habe sich zu „beschützen" nicht aber zu „überwachen".

Grundprinzip aller Überwachergarantenstellungen ist die Verantwortlichkeit für eine bestimmte Gefahrenquelle.[328] Diese Verantwortlichkeit für eine Gefahrenquelle kann sich entweder aus eigenem pflichtwidrigem, Vorverhalten (Ingerenz), einer faktischen Herrschaft über sachliche Gefahrenquellen ergeben oder aus einer rechtlich anerkannten Kontrollherrschaft über personale Gefahrenquellen (Menschen). Zu beachten ist, dass eine Kontrollherrschaft über Personen, mit Abschaffung der Sklaverei, normativ anerkannt sein muss. Solche normativ anerkannten Herrschaftsformen bestehen in unserer Gesellschaft etwa im Verhältnis von Eltern gegenüber ihren minderjährigen Kindern oder in Teilen von Offizieren gegenüber ihren Untergebenen, ob eine vergleichbare Form normativ anerkannter Herrschaft zwischen Vorgesetzten und Untergebenen auch in Wirtschaftsunternehmen besteht, ist fraglich.[329] Innerhalb eines demokratischen Sozialstaates ist es problematisch und zeugt von einem gewissen Anachronismus, bezogen auf (moderne) Wirtschaftsunternehmen, die sich etwa durch flache Hierarchien und ausgeprägte Mitbestimmungsrechte der Arbeitnehmer auszeichnen, die individuelle Zurechnungsproblematik von strafrechtlicher Verantwortlichkeit innerhalb von Organisationen mit Begriffen wie „Herrschaft über Personen" oder „Fungibilität" (beliebige Austauschbarkeit von Mitarbeitern) lösen zu wollen.

Eine Beschützergarantenstellung folgt aus einem besonderen Verhältnis des Unterlassenden zu dem bedrohten Rechtsgut. Die Untersuchung hat gezeigt, dass sich hinter der Garantenstellung aus freiwilliger faktischer Übernahme nichts anders verbirgt als ein Gefährdungsmoment für ein Rechtsgut, der aus objektiv berechtigtem Vertrauen darauf resultiert, dass jemand beschützend für das bedrohte Rechtsgut eintritt und in Folge des Vertrauens andere Schutzmaßnahmen unterbleiben oder erhöhte Risiken eingegangen werden.[330] Auch

328 Vgl. etwa *Hecker*, JA 2012, S. 755 (756); *Hilgendorf*, Strafrechtliche Produzentenhaftung, S. 134.

329 Vgl. hierzu unter 3. Teil, I. II. 3. a).

330 Siehe oben 3. Teil, G. II. 2. a) aa).

aus einer engen sozialen, rechtlich nicht missbilligten, Verbundenheit kann eine Beschützergarantenstellung entstehen. Sie besteht bei Eltern gegenüber ihrem neugeborenen Kind. Wie eng die soziale Verbindung im Einzelfall sein muss, dass sich aus ihr eine Garantenstellung ergibt, ist nicht Gegenstand der Untersuchung, da diese Form der Garantenstellung für die zu untersuchende Konstellation keine besondere Rolle spielt.

Diese Ansätze schließen sich nicht aus. Sie ergänzen, begrenzen und verdichten sich bei einschränkender Auslegung vielmehr zu einem Gebilde, das ein Mindestmaß an Antizipation von strafrechtlichen Erfolgsabwendungspflichten ermöglicht. Somit wird eine Loslösung vom reinen „case-law" der Rechtsprechung ermöglicht und auf eine bis hin zur Unkenntlichkeit reichenden Verbiegung monistischer Konzeptionen der Strafrechtswissenschaft verzichtet.

H. Täterschaft und Teilnahme bei den Unterlassungsdelikten

Die Frage, ob der Compliance-Beauftragte rechtlich im Sinne des § 13 Abs. 1 StGB für die Nichtverhinderung von Straftaten Dritter einzustehen hat, stellt sich in sämtlichen Facetten, unabhängig davon, ob man ihn als Täter oder Teilnehmer einordnet. Sowohl Täterschaft als auch Teilnahme durch Unterlassen erfordern eine Garantenpflicht des Unterlassenden.[331] Die Frage nach Täterschaft oder Teilnahme durch Unterlassen ist keine Frage nach dem Bestehen strafrechtlicher Haftung, sondern nach deren Umfang. Über das „Ob" der Strafbarkeit entscheidet die Unterscheidung nur im Rahmen des Versuchs, denn würde das konkrete Unterlassen des Compliance-Beauftragten lediglich als Beihilfe eingeordnet, wäre er dann straflos, wenn die Haupttat im Versuchsstadium stecken bleiben würde.

Im Rahmen der vorliegenden Untersuchung geht es um eine Täterschaft bzw. Teilnahme „durch" Unterlassen des Compliance-Beauftragten und nicht um Problematiken, die bei der Beteiligung „am" Unterlassungsdelikt auftreten.[332] Die im Folgenden dargestellte Abgrenzungsfrage zwischen Täterschaft und Teilnahme bei den Unterlassungsdelikten stellt sich bei den im Rahmen dieser Untersuchung betrachteten Konstellationen regelmäßig, da es um Erfolgsabwendungspflichten von Compliance-Beauftragten geht, die im Zusammenhang mit organisationsbezogenen Straftaten Dritter stehen. Strafrechtliche Garantenpflichten, wie sie Compliance-Beauftragte treffen können, um etwa Dritte vor Sachgefahren zu schützen, die vom

---

331 *Kretschmer*, JR 2009, S. 471 (475); *Krüger*, ZIS 2011, S. 1 (2); *Kühl*, Strafrecht AT, S. 853; *Poguntke*, Risiken für Compliance-Beauftragte, S. 117; *Rotsch*, ZJS 2009, S. 712 (714).

332 Zu dieser Unterscheidung vgl. *Sowada*, Jura 1986, S. 399 (399).

Unternehmen ausgehen, sind nicht Gegenstand der Untersuchung. Es werden nur strafrechtliche Erfolgsabwendungspflichten betrachtet, welche im Bezug zu einem autonomen Dritthandeln stehen.

Die Frage nach der Beteiligung an Straftaten Dritter durch Unterlassen ist innerhalb der „heillos“ umstrittenen Dogmatik von Täterschaft und Teilnahme nochmals besonders strittig.[333] An dieser Stelle treffen spezifische Fragen der Unterlassungsdogmatik auf die problematische Abgrenzung von Täterschaft und Teilnahme. Die besondere Problematik bei der Abgrenzung von Täterschaft und Teilnahme bei den Unterlassungsdelikten folgt unter anderem daraus, dass bereits bei der dogmatischen Verortung der Abgrenzungsfrage Uneinigkeit herrscht. Teilweise wird die Lösung im Bereich der Beteiligungslehre, teilweise innerhalb der Unterlassungsdogmatik gesucht. Für die vorliegende Untersuchung ist es nicht notwendig, sich weit auf das verminte Gebiet von Täterschaft und Teilnahme bei Unterlassungsdelikten zu begeben.[334] Folgend werden die vorgebrachten Ansichten zusammengefasst dargestellt und in der gebotenen Kürze diskutiert.

I. Anwendbarkeit der Abgrenzungskriterien der Begehungsdelikte?

Nach diesem Meinungsfeld sollen für die Abgrenzung dieselben Theorien herangezogen werden wie dies bei den Begehungsdelikten der Fall ist.

1. *Subjektive Theorien*

Nach den „subjektiven Theorien“ soll es darauf ankommen, ob der Unterlassende mit Täter- oder mit Teilnehmerwillen unterlässt.[335] Argumente für und gegen eine

333 *Rotsch*, „Einheitstäterschaft“ statt Tatherrschaft, S. 339: „aufs heftigste umstritten“; vgl. auch *ders.*, Strafrechtliche Klausurenlehre, Fall 20, S. 407: „heillos umstritten“; darauf ebenfalls hinweisend *Murmann*, FS Beulke, S. 181 (181); *Schwab*, Täterschaft und Teilnahme bei Unterlassungen, S. 21.

334 Zu weiteren Aspekten in der Diskussion um eine Abgrenzung von Täterschaft und Teilnahme bei Unterlassungsdelikten vgl. *Haas*, ZIS 2011, S. 392 (392 ff.); *Hillenkamp*, 32 Probleme aus dem Strafrecht AT, S. 154 ff.; *Hoffmann-Holland*, ZStW 2006, S. 620 (620 ff.); *Mosenheuer*, Unterlassen und Beteiligung, S. 159 ff.; *Ranft*, FS Otto, S. 403 (403 ff.); *Rotsch*, „Einheitstäterschaft“ statt Tatherrschaft, S. 338 ff.; *Roxin*, Täterschaft und Tatherrschaft, S. 458 ff.; *Sowada*, Jura 1986, S. 399 (399 ff.); vgl. bereits *Grünwald*, GA 1959, S. 110 (110 ff.).

335 RGSt 58, 244 (246 f.); 64, 273 (275); BGHSt 13, 162 (166); 38, 356 (360 f.); 43, 381 (396); *Bosch*, JA 2007, S. 418 (421); *Otto*, Jura 1987, S. 246 (251); *Seelmann*, StV 1992, S. 416 (416); offengelassen ob nach Tatherrschaft oder Täterwillen zu

Abgrenzung von Täterschaft und Teilnahme anhand der inneren Willensrichtung (sog. „subjektive Theorie") der Beteiligten sind durch die Diskussion bei den Begehungsdelikten hinreichend bekannt, treffen ebenso auf die Unterlassungsdelikte zu und sollen an dieser Stelle nicht erneut aufbereitet werden.[336] Sofern versucht wird, unterlassungsspezifische Argumente gegen die (strenge) subjektive Abgrenzungstheorie vorzubringen, scheitern diese im Ansatz. Die Behauptung, im Bereich der Unterlassungsdelikte fehle es an Anhaltspunkten, die es ermöglichen, Rückschlüsse auf die innere Einstellung zu ziehen, wenn der Beteiligte nach außen nichts tut, ist zwar richtig,[337] aber Beweisschwierigkeiten, die mit dem Abstellen auf subjektive Elemente verbunden sind, stellen sich häufig im selben Umfang auch bei den Begehungsdelikten: Dem Vater, der am Schwimmbecken steht und in Gelassenheit den Todeskampf seines ertrinkenden Kindes anschaut, ist Tötungsvorsatz ebenso (leicht) zu bescheinigen, als wenn er sein Kind selbst unter Wasser drückt.[338]

Geht eine unterlassungsspezifische Kritik gegen die (streng) subjektive Theorie fehl, trifft sie die in der Rechtsprechung regelmäßig praktizierten[339] als „subjektiv-objektive Mischformen"[340] bezeichneten Theorien. Bei dieser praktizierten gemischt subjektiv-objektiven Betrachtungsweise fällt im Rahmen der Unterlassungsdelikte die objektive Komponente weg, sodass zur Abgrenzung ausschließlich auf subjektive Komponenten zurückgegriffen werden kann. Diese sog. „streng subjektive Theorie", die dem nach außen erkennbaren Tatgeschehen

entscheiden ist, jedenfalls nach den allgemeinen Kriterien von Täterschaft und Teilnahme abgrenzend *Vormbaum*, Jura 2010, S. 861 (865); *Arzt*, JA 1980, S. 553 (558).

336 Vgl. etwa die Kritik bei *Jescheck/Weigend*, Lehrbuch des Strafrechts, S. 651; *Roxin*, Täterschaft und Tatherrschaft, S. 646 ff.; *Schünemann*, in: LK-StGB, § 25 Rn. 32: „So ragt die subjektive Theorie, nachdem ihre beiden Prämissen dahingefallen sind, als ein dogmatisches Relikt aus dem vorigen Jahrhundert ohne tragfähiges Fundament in die Gegenwart hinein".

337 *Hoffmann-Holland*, ZStW 2006, S. 620 (624); *Rotsch*, „Einheitstäterschaft" statt Tatherrschaft, S. 341; *Roxin*, Strafrecht AT, Band II, S. 671; *Schünemann*, in: LK-StGB, § 25 Rn. 208.

338 Allgemein zum Vorsatz bei Unterlassungen vgl. *Kaufmann*, FS von Weber, S. 207 (207 ff.).

339 Etwa BGHSt 2, 150 (156); 8, 393 (396); 19, 135 (139 f.); 32, 367 (374 f.).

340 *Küpper*, GA 1986, S. 437 (439); *Roxin*, Täterschaft und Tatherrschaft, S. 644, spricht in diesem Zusammenhang von einer „normativen Kombinationstheorie"; vgl. aber *Roxin.*, Strafrecht AT, Band II, S. 667, nach dem die Rechtsprechung weniger eine Kombination von subjektiver Theorie und Tatherrschaftslehre vornimmt, sondern die beiden Theorien im Wechsel anwendet.

keinerlei Bedeutung zumisst, wird in Reinform heute weder von der Literatur vertreten noch in der Rechtsprechung angewendet.[341]

2. *Tatherrschaft*

Teile der Literatur stellen zur Abgrenzung auf den Gedanken der Tatherrschaft ab.[342] Hiergegen streiten selbst Vertreter, die das Tatherrschaftsprinzip bei den Begehungsdelikten anwenden möchten. Sie führen an, dass sich durch reines Nichtstun ein Handlungsablauf nicht gestaltend beherrschen lasse.[343] Eine dominierende Lenkung des Geschehensablaufs setze zwischen Erfolg und Täter eine Beziehung voraus, die auf einem aktiv steuerndem Verhalten beruhe.[344]

Als beinahe (unbeabsichtigt) zynisch könnte man die Rechtsprechung bezeichnen: Teile der Literatur entwickelten die Tatherrschaft zur Abgrenzung von Täterschaft und Teilnahme bei den Begehungsdelikten, erklärten aber, im Bereich der Unterlassungsdelikte sei die Tatherrschaftslehre kein taugliches Abgrenzungskriterium. Die Rechtsprechung geht nun zuweilen den genau entgegengesetzten Weg: Bei den Begehungsdelikten wendet die Rechtsprechung die Tatherrschaftslehre regelmäßig nicht an,[345] stellt aber im Rahmen der Abgrenzung von Täterschaft und Teilnahme bei den Unterlassungsdelikten in Teilen auf Tatherrschaftsgesichtspunkte ab.[346]

Durchschlagend gegen das Tatherrschaftsprinzip als Kriterium zur Abgrenzung von Täterschaft und Teilnahme ist, dass sie im Bereich des Unterlassungsdelikts keine eigenständige Aussagekraft besitzt. Was bei den Unterlassungsdelikten als Tatherrschaft verstanden wird, ist nichts anderes als die Möglichkeit zur

---

341 So auch *Küpper*, GA 1986, S. 437 (438).

342 *Joecks*, in: MüKo-StGB, § 25 Rn. 270; *Gössel*, ZStW 1984, S. 321 (334); *Kielwein*, GA 1955, S. 225 (227); *Ransiek*, JuS 2010, S. 678 (680 f.); *Rengier*, JuS 2010, S. 281 (284 f.); *Rudolphi/Stein*, in: SK-StGB, Vor § 13 Rn. 54; *Stree*, GA 1963, S. 1 (8); *Weißer*, JA 2010, S. 433 (435): „potentielle Tatherrschaft"; *Wessels/Beulke/Satzger*, Strafrecht AT, S. 308; nahestehend *Bottke*, FS Rudolphi, S. 15 (42 ff.), der „mittelbare Unterlassenstäterschaft" annimmt.

343 *Arzt*, FS Roxin, S. 855 (861); *Roxin*, Täterschaft und Tatherrschaft, S. 463; *ders.*, NStZ 1987, S. 345 (346); *ders.*, FS Beulke, S. 239 (243); *Sanchez*, FS Roxin, S. 641 (649); *Schünemann*, in: LK-StGB, § 25 Rn. 209; vgl. ferner *Roxin*, FS Tröndle, S. 177 (178), der Täterschaftskriterien, unabhängig davon, ob Tatherrschaft oder Täterwillen, für nicht übertragbar auf fahrlässige Taten erachtet.

344 *Roxin*, Täterschaft und Tatherrschaft, S. 463.

345 Ausnahmsweise auf Tatherrschaftsaspekte abstellend BGHSt 8, 393 (395 f.); 19, 135, (139); BGHSt 35, 347 (351 ff.).

346 BGHSt 11, 268 (272); 37, 289 (293).

Erfolgsabwendung. Man setzt Tatherrschaft mit einer „potentiellen Hinderungsherrschaft" gleich.[347] Dies konsequent angewendet würde bedeuten, dass sich die Unterscheidung zwischen Täterschaft und Teilnahme danach richtet, ob die konkrete Erfolgsabwendung dem Unterlassenden mehr oder weniger Schwierigkeiten bereitet. Es würden somit Gesichtspunkte der Zumutbarkeit herangezogen, um die Frage zu entscheiden, ob Täterschaft oder Teilnahme vorliegt.

Die sog. „Gehilfentheorie" sieht den an einem Begehungsdelikt durch Unterlassen beteiligten Garanten stets als Gehilfen an.[348] Sie stellt ebenfalls auf Tatherrschaft ab, verortet diese im Verhältnis von Begehungs- und Unterlassungsdelikt stets beim Begehungstäter, da dieser durch die aktive Tatausführung dem Unterlassenden die Tatbeherrschung verstelle.[349] Diese Argumentation basiert mehr auf stochastischen Überlegungen als auf harmonischer Strafrechtsdogmatik. Erachtet man mit der genannten Ansicht Tatherrschaftsgesichtspunkte für maßgeblich, mag man, je nach Tatherrschaftsverständnis, diese häufiger bei dem Begehungstäter als bei dem Unterlassungstäter antreffen. Warum zwingend eine Tatbeherrschung des Begehungstäters vorliegt, die die Tatbeherrschung des Unterlassenden übersteigt bzw. sie versperrt, wird nicht deutlich.

Man stelle sich etwa den Fall vor, bei dem die Mutter ihr Kleinkind mit Tötungsabsicht in den Swimmingpool wirft, in dem sich der Vater des Kindes aufhält. Dieser schaut dem darauffolgenden Todeskampf des ertrinkenden Kindes innerhalb des Swimmingpools zu. Inwiefern die außerhalb des Pools befindliche Mutter dem Vater die Tatbeherrschung verstellen soll oder das Tatgeschehen „mehr in den Händen hält" als der Vater, ist nicht ersichtlich.

Trägt das Argument der Gehilfentheorie, der aktive Begehungstäter verhindere stets eine Tatherrschaft des Unterlassenden, nicht, ist eine Beihilfe durch

---

347 Vgl. *Roxin*, Täterschaft und Tatherrschaft, S. 463 f.; in diesem Sinne auch *Heine*, in: S/S-StGB, Vor §§ 25 ff. Rn. 103; *Sánchez-Vera*, Pflichtdelikt und Beteiligung, S. 41; *Schünemann*, in: LK-StGB, § 25 Rn. 209; dagegen auch *Rotsch*, Strafrechtliche Klausurenlehre, Fall 20, S. 410: „dass das Kriterium der Tatherrschaft für die Lösung der Unterlassungsdelikte an sich untauglich ist".

348 *Bockelmann/Volk*, Strafrecht AT, S. 203; *Gallas*, JZ 1960, S. 686 (687); *Jescheck/Weigend*, Lehrbuch des Strafrechts, S. 696; *Kudlich*, in: BeckOK-StGB, § 25 Rn. 17.2; *ders.*, in: S/S/W-StGB, § 13 Rn. 43; *Kühl*, Strafrecht AT, S. 853; *ders.*, StGB, § 27 Rn. 5; *Ranft*, ZStW 1982, S. 815 (828 ff.); *ders.*, FS Otto, S. 403 (409 f.); *Rudolphi*, MDR 1967, S. 1 (2); ähnlich *Mosenheuer*, Unterlassen und Beteiligung, S. 196.

349 Dagegen *Haas*, ZStW 2008, S. 519 (545): „Die ursprüngliche Grundidee der Tatherrschaftslehre, dass das vollverantwortliche Verhalten des Vordermanns die Täterschaft des Hintermanns sperrt, ist zum Scheitern verurteilt"; ebenfalls kritisch *Dreher*, MDR 1952, S. 711 (712 f.).

Unterlassen auch dogmatisch nicht tragbar, wenn man sie strukturgleich zur Handlungsbeihilfe begründen möchte: Bei der Beihilfe durch Tun reicht die bloße Förderung der Haupttat aus. Es ist nicht notwendig, dass die Haupttat ohne die Beihilfehandlung nicht hätte begangen werden können.[350] Die Beihilfe durch Tun als bloße, nicht zwingend naturwissenschaftlich kausale Förderung der Haupttat begriffen, würde auf die Unterlassungsdogmatik übertragen bedeuten, dass die bloße Möglichkeit zur „Erschwerung" der Haupttat eine Beihilfe durch Unterlassen begründen könnte. Auf die Möglichkeit zur Erfolgsverhinderung käme es nicht an. Dies steht im Widerspruch zur Unterlassungsdogmatik, die den Unrechtsvorwurf daran knüpft, dass der Garant die (ihm) „mögliche" Erfolgsabwendung unterlässt. Möchte man trotzdem im Rahmen der Unterlassungsdogmatik Beihilfe annehmen, handelt es sich um eine unterlassungsspezifische Form der Beihilfe, die der Beihilfe beim Begehungsdelikt nicht entspricht.

II. Abgrenzung anhand der Unterlassungsdogmatik

Es wird versucht, die Abgrenzung mittels der Art der verletzten Erfolgsabwendungspflicht vorzunehmen. Ist der Unterlassende Überwachergarant, soll grundsätzlich eine Beihilfe vorliegen, ist er Beschützergarant, wird regelmäßig von einer Täterschaft des Unterlassenden ausgegangen.[351] Zwar konkretisiert die Unterscheidung nach den Funktionen der Garantenpflichten in vielen Bereichen der Unterlassungsdogmatik die Problematiken, zur Abgrenzung von Täterschaft und Teilnahme ist sie ungeeignet. Der materielle Gehalt einer Abgrenzung bei Täterschaft und Teilnahme ist in der Funktionslehre nicht angelegt und lässt sich aus ihr nicht ableiten. Der Unwertgehalt einer unterlassenen Erfolgsabwendung eines Beschützergaranten überwiegt nicht generell den Unwertgehalt bei Unterlassung eines Überwachergaranten. Unabhängig von der Art der Erfolgsabwendungspflicht steht die Frage im Raum, warum das konkrete Rechtsgut im Fall

350 Zur Kausalität der Beihilfe vgl. *Roxin*, Strafrecht AT, Band II, S. 192 ff. m. w. N.

351 *Gropp*, Strafrecht AT, S. 394; *Heine*, in: S/S-StGB, Vor §§ 25 ff. Rn. 104 ff.; *Herzberg*, Unterlassung im Strafrecht und das Garantenprinzip, S. 259 ff.; *ders.*, JA 1985, S. 177 (180 f.); *Planas*, GA 2012, S. 276, (289 f.); *Renzikowski*, Restriktiver Täterbegriff, S. 142 ff.; *Seher*, JuS 2009, S. 793 (797); ähnlich *Schünemann*, in: LK-StGB, § 25 Rn. 211 f.; *ders.*, Grund und Grenzen der unechten Unterlassungsdelikte, S. 377; nahestehend, allerdings eher auf den Schutzzweck der jeweiligen Garantenpflicht abstellend *Murmann*, FS Beulke, S. 181 (193 f.); entgegengesetzt *Krüger*, ZIS 2011, S. 1 (7), nach dem der Beschützergarant regelmäßig Gehilfe und der Überwachungsgarant Täter ist; vgl. auch *Langenhahn*, Verantwortlichkeit des Compliance Officers, S. 233 ff., allerdings ohne Festlegung auf ein Abgrenzungskriterium.

einer Überwachergarantenstellung weniger schützenswert sein soll, als bei einer Beschützergarantenstellung. Eine solche Unterscheidung lässt sich aus Gesichtspunkten des Rechtsgüterschutzes nicht allgemeinverbindlich herleiten. Diese Ansicht verkennt, dass auch eine Überwachergarantenstellung nicht per se dem abstrakten Überwachen einer Gefahrenquelle dient, sondern dem Schutz der von der Gefahrenquelle konkret bedrohten Rechtsgüter. Die Tat eines Garanten, der es unterlässt, eine Gefahrenquelle zu sichern, ist selbst beim Versuch stets konkretes und nicht abstraktes Gefährdungsdelikt. Dies zeigt, dass eine diminuierende Unrechtsbewertung wie sie mit einer Pauschaleinteilung als Beihilfe verbunden ist, nicht gerechtfertigt ist.

III. Pflicht- und Herrschaftsdelikte

Die durch *Roxin* begründete Ansicht ordnet Delikte in sog. „Pflicht" – und „Herrschaftsdelikte" ein. Die Einteilung dient dem Zweck, die „Zentralgestalt des Handlungsgeschehens" zu ermitteln und damit Täter von Teilnehmern abzugrenzen.[352] Bei den Herrschaftsdelikten bestimmt sich die Täterschaft anhand der Tatherrschaft, wobei sich diese Tatherrschaft in Handlungsherrschaft, Willensherrschaft und funktionelle Tatherrschaft unterteilen lässt.[353] Bei den sog. „Pflichtdelikten" wird an Pflichten angeknüpft, die den Tatbestand bestimmen. Diese durch den Tatbestand näher umschriebene Pflicht begründet bei ihrer Verletzung, das für die Täterschaft allein maßgebende Kriterium.[354] Die außerstrafrechtlich begründete Pflicht und ihre Nennung im Tatbestand setzen den Pflichtenträger in eine besondere Beziehung zum Unrechtsgehalt der Tat oder anders formuliert: Sie begründen eine besondere Nähe des Pflichtenträgers zum tatbestandlich geschützten Rechtsgut. Diese besondere Beziehung des Pflichtenträgers bzw. seine besondere Nähe zum geschützten Rechtsgut

---

352 Vgl. hierzu *Ceffinato*, Legitimation und Grenzen der strafrechtlichen Vertreterhaftung, S. 178 ff.; *Putzke*, FS Roxin, S. 425 (426 ff.); *Jakobs*, Strafrecht AT, S. 593 ff.; *Roxin*, Täterschaft und Tatherrschaft, S. 25 ff.; *ders.*, Strafrecht AT, Band I, S. 106 ff.; *ders.*, FS Schünemann, S. 509 (509 ff.); zur mittelbaren Täterschaft bei den Pflichtdelikten vgl. *Arana*, FS Schünemann, S. 469 (469 ff.); zur Entwicklung der Pflichtdeliktslehre vgl. *Arana*, Täterschaft und Pflichtverletzung, S. 35 ff.

353 Vgl. *Roxin*, Strafrecht AT, Band II, S. 19 ff.; *ders.*, Täterschaft und Tatherrschaft, S. 127 ff.; wobei sich die genannten drei Herrschaftsformen noch weiter unterscheiden lassen, zu weiteren Unterscheidungsmöglichkeiten der Willensherrschaft vgl. etwa *Rotsch*, ZIS 2007, S. 260 (260 f.).

354 Wobei sich diese Pflicht etwa aus einem Beamtenverhältnis oder aus einem zivilrechtlichen Rechtsgeschäft ergeben können.

machen ihn, so *Roxin*, zur Zentralgestalt des Handlungsgeschehens.[355] Nach der dargestellten Ansicht handelt es sich bei sämtlichen unechten Unterlassungsdelikten um Pflichtdelikte, bei denen die Garantenstellung eine Doppelfunktion besitzt: Sie begründet (neben anderen Voraussetzungen) Strafbarkeit und zugleich Täterschaft.[356] Somit wären Tatherrschaft und Garantenstellung selbstständige und gleichwertige Täterschaftskriterien.[357]

Vorgebracht gegen diese sog. „Tätertheorie" wird, sie stelle den passiven Garanten schlechter als den aktiven Gehilfen, da die Strafmilderung des § 13 Abs. 2 StGB für den Unterlassenden nur fakultativ, die Milderung für den Gehilfen aber gemäß § 27 Abs. 2 StGB obligatorisch ist.[358] Diesem Argument liegt die unzutreffende Annahme zu Grunde, dass garantenpflichtwidriges Unterlassen weniger strafwürdig sei als aktive Beihilfe.[359] Weiterhin wird vorgetragen, die Täterlehre verursache einen Wertungswiderspruch, sofern eine Versuchsstrafbarkeit im Raum steht: Die versuchte, aktive Beihilfe zur Haupttat eines Dritten ist straflos (nicht zu verwechseln mit der strafbaren Beihilfe zum Versuch), sofern die Haupttat nicht selbst ins Versuchsstadium gelangt.[360] Unterlässt es ein Garant, gegen eine noch nicht im Versuchsstadium angelangte Tat eines Dritten einzuschreiten, kann er, nach der

---

355 Vgl. hierzu *Bloy*, Beteiligungsform als Zurechnungstypus, S. 229 ff.; *Herzberg*, Täterschaft und Teilnahme, S. 32 ff.; *Roxin*, Strafrecht AT, Band II, S. 106 ff.; *ders.*, Täterschaft und Tatherrschaft, S. 352 ff.; *ders.*, JZ 1966, S. 293 (295 ff.); *Rudolphi*, GA 1970, S. 353 (361 f.); *Tiedemann*, Tatbestandsfunktionen im Nebenstrafrecht, S. 110 f.; *Witteck*, Der Betreiber im Umweltstrafrecht, S. 97 ff.

356 *Bachmann/Eichinger*, JA 2011, S. 105 (107); *Bloy*, JA 1987, S. 490 (492); *Frister*, Strafrecht AT, S. 381; *Haft*, Strafrecht AT, S. 222 f.; *Kaufmann*, Dogmatik der Unterlassungsdelikte, S. 291 ff.; *Mitsch*, Jura 1989, S. 193 (197); *Roxin*, Täterschaft und Tatherrschaft, S. 477; *ders.*, Strafrecht AT, Band II, S. 671 f.; *Rudolphi*, Gleichstellungsproblematik, S. 138 ff.; *Sánchez-Vera*, Pflichtdelikt und Beteiligung, S. 148; *Witteck*, Der Betreiber im Umweltstrafrecht, S. 108 ff.; *Wohlers/Gaede*, in: NK-StGB, § 13 Rn. 26; hierzu tendiert auch *Hillenkamp*, FS Schünemann, S. 407 (411 f.).

357 Vgl. *Roxin*, Strafrecht AT, Band II, S. 676.

358 *Herzberg*, Unterlassung im Strafrecht und das Garantenprinzip, S. 262; *Jakobs*, Strafrecht AT, S. 848; *Schwab*, Täterschaft und Teilnahme bei Unterlassungen, S. 174 f.; *Seier*, JA 1990, S. 382 (384); zur Möglichkeit einer Doppelmilderung bei der Annahme einer Beihilfe durch Unterlassen vgl. *Sowada*, Jura 1986, S. 399 (408).

359 So auch *Roxin*, Strafrecht AT, Band II, S. 673.

360 Die Straflosigkeit der versuchten Beihilfe ergibt sich aus § 30 StGB, der insoweit nicht nur eine strafbarkeitsausdehnende, sondern auch eine strafbarkeitseinschränkende Funktion hat vgl. etwa *Fischer*, StGB, § 13 Rn. 2a; *Geppert*, Jura 1997, S. 546 (552); *Hoyer*, in: SK-StGB, § 30 Rn. 2.

Tätertheorie, strafbar wegen täterschaftlichen versuchten Unterlassens sein.[361] Vereinfacht ausgedrückt, würde derjenige, der nichts tut, härter bestraft als derjenige, der einen aktiven Förderungsbeitrag leistet.

Das gegen die Tätertheorie vorgebrachte Argument ist a priori nur schlüssig, sofern es für Fälle eines aktiv hilfeleistenden Garanten vorgetragen wird: Vergleicht man die Straflosigkeit der versuchten aktiven Beihilfe durch einen Nichtgaranten mit der Strafwürdigkeit des Unterlassungsversuchs, so ist zu berücksichtigen, dass der Unterlassungsversuch nur strafbar ist, wenn der Unterlassende Garant für das angegriffene Rechtsgut ist. Die für die Garantenpflicht erforderliche Garantenstellung ist Ausdruck einer besonderen Nähe des Unterlassenden zum jeweils gefährdeten Rechtsgut. Aus dieser besonderen zu ermittelnden Nähe zum Rechtsgut rechtfertigt sich nicht nur die strafrechtliche Gleichstellung von Tun und Unterlassen. Vielmehr ergibt sich aus der besondere Nähe zum Rechtsgut, dass der dem Rechtsgut besonders Nahestehende (der Garant) strafwürdig ist, auch wenn er es „nur" unterlässt, gegen eine noch nicht im Versuchsstadium befindliche Tat einzuschreiten. Diese Ausdehnung der Strafbarkeit und der damit verbundene Eingriff in die Freiheitssphäre des potenziellen Täters ist aufgrund seiner besonderen Nähe zum bedrohten Rechtsgut gerechtfertigt und führt aufgrund der früh einsetzenden strafbewehrten Interventionspflicht zu einem effektiveren Rechtsgüterschutz. Diese besondere Rechtsgutnähe, die beim Nichtgaranten, der den Versuch einer aktiven Tatförderung unternimmt, nicht besteht, rechtfertigt es, diesen straffrei ausgehen zu lassen, wenn er den Versuch zur Beihilfe unternimmt, da eine hinreichende Distanz zum bedrohten Rechtsgut besteht.[362]

Eine mögliche Diskrepanz kommt nur in Konstellationen in Betracht, in denen ein Garant eine als aktive Beihilfe zu wertende Förderung der Haupttat eines Dritten leistet, die Haupttat aber nicht ins Versuchsstadium gelangt. In dieser Situation wäre der aktiv Beihilfe leistende Garant mangels Strafbarkeit der versuchten Beihilfe straflos. Unterlässt es der Garant einer Haupttat entgegenzutreten, bevor diese ins Versuchsstadium gelangt, wäre er nach dargestellter Auffassung strafbar wegen versuchten Unterlassens. Dies könnte auf den ersten Blick betrachtet zu dem absurden Ergebnis führen, dass der Vater, welcher der Mutter nicht die Pistole entreißt, mit der diese später das gemeinsame Kind töten möchte, strafbar wegen versuchten

361 Vgl. etwa *Busse*, Täterschaft und Teilnahme bei Unterlassungsdelikten, S. 193 f.; *Jakobs*, Strafrecht AT, S. 848; *Schwab*, Täterschaft und Teilnahme bei Unterlassungen, S. 177; *Seier*, JA 1990, S. 382 (384).

362 Ähnlich *Roxin*, Strafrecht AT, Band II, S. 674, der diesen Unterschied in der strafrechtlichen Beurteilung für berechtigt hält, da der „große Strafbarkeitsunterschied zwischen Garanten und Nichtgaranten ein Grundprinzip des Gesetzes" sei.

Unterlassens ist, der Vater aber, der die Pistole der Mutter in dem Wissen überreicht, diese möchte später das gemeinsame Kind erschießen, straffrei ausgeht.

Roxin erkennt diesen Wertungswiderspruch und nimmt einen „dogmatischen Kunstgriff" vor: Er behauptet, in der aktiven Versuchsbeihilfe durch einen Garanten läge ein strafbares Unterlassen.[363] Der Garant, der durch sein Unterlassen, selbst ins Versuchsstadium gelangt[364], indem er einen Dritten an einer Tat nicht hindert, der noch nicht im Versuchsstadium angelangt ist, sei strafbar wegen eines Unterlassungsversuchs, unabhängig davon, ob er zusätzlich zum tatbestandlichen Unterlassen noch einen aktiven Förderungsbeitrag zur Haupttat geleistet habe oder nicht.[365]

Dieses Vorgehen „verträgt" sich allerdings nicht mit der vertretenen Abgrenzung von Tun und Unterlassen: Reicht die Mutter dem Vater das Gift, mit dem dieser später das gemeinsame Kind vergiften möchte, liegt das strafrechtlich relevante Handeln im zunächst straflosen Überreichen des Giftes und nicht darin, dass die Mutter es nach dem Überreichen des Giftes unterlässt, die Polizei zu rufen, damit diese den Vater an der Verabreichung des Giftes hindert – unabhängig davon, ob man auf den Schwerpunkt der Vorwerfbarkeit oder auf das Nichtvorliegen einer gesetzmäßigen Begehungskausalität abstellt.

IV. Einheitstäterschaft bei Unterlassungsdelikten

Die Frage ausgeblendet, ob man die unechten Unterlassungsdelikte als Pflichtdelikte begreift und wie man einer Unterscheidung zwischen Täterschaft und Teilnahme bei den Begehungsdelikten gegenübersteht, ist die Beteiligungslehre der Begehungsdelikte schon a priori nicht auf Unterlassungsdelikte übertragbar.[366]

---

363 *Roxin*, Strafrecht AT, Band II, S. 674; vgl. auch *ders.*, Täterschaft und Tatherrschaft, S. 505, nach dem der vermeintliche Wertungswiderspruch von versuchter täterschaftlicher Unterlassung und versuchter Beihilfe deswegen entstanden ist, weil „der Gesetzgeber bei seiner Strafandrohung die Unterlassung nicht mit der Beihilfe auf einen Nenner gebracht hat"; anders allerdings *ders.*, FS Dreher, S. 331 (344): „Denn da man theoretisch jede Handlung durch ihre Interpretation als ‚Nichtvermeidung des Erfolges' zu einer Unterlassung machen, kann, muß die Straffreierklärung der Handlung die der in ihr steckenden Unterlassung einschließen"; vgl. auch *Rotsch*, JuS 2004, S. 607 (612): „spricht alles dafür, die Möglichkeit anzuerkennen, dass neben der Deliktsverwirklichung durch aktives Tun darüber hinaus auch eine solche durch Unterlassen vorliegen kann".

364 Wobei die Abgrenzung zwischen strafloser Vorbereitung und strafbarem Versuchsbeginn bei Unterlassungen umstritten ist, vgl. etwa *Herzberg*, MDR 1973, S. 89 (89 ff.); *Hillenkamp*, 32 Probleme aus dem Strafrecht AT, S. 107 ff.; *Roxin*, FS Maurach, S. 213 (221 ff.).

365 Vgl. *Roxin*, Strafrecht AT, Band II, S. 674; *ders.*, Täterschaft und Tatherrschaft, S. 500.

366 So auch *Roxin*, Strafrecht AT, Band II, S. 672; *Schünemann*, in: LK-StGB, § 25 Rn. 209.

Es bieten sich an dieser Stelle, möchte man die Strafrechtsdogmatik im Bereich der Beteiligungslehre nicht vollständig aufgegeben, zwei Möglichkeiten: Man wendet im Bereich der Unterlassungsdelikte eine Einheitstäterlehre an, bei der – wie gezeigt – dogmatische Brüche bei der Abgrenzung von Tun und Unterlassen nicht vermieden werden können. Oder man entwickelt eine eigene, von der Beteiligungslehre der Begehungsdelikte losgelöste, unterlassungsspezifische Beteiligungslehre. Die Unterlassungsdelikte mögen nicht a priori Unterscheidungsfeindlich hinsichtlich unterschiedlicher Beteiligungsformen sein, sie lassen sich nicht nach denselben Grundsätzen unterscheiden wie die Begehungsdelikte.

Mit der hier vertretenen Ansicht ist der Compliance-Beauftragte stets Täter eines Unterlassungsdelikts, wenn er es garantenpflichtwidrig unterlässt, einen Dritten an der Begehung einer Straftat zu hindern, etwaigen Wertungswidersprüchen kann über die fakultative Strafmilderung in § 13 Abs. 2 StGB entgegengewirkt werden. Das hiergegen vorgebrachte Argument, über § 13 Abs. 2 StGB können nur „unterlassungsspezifische" Milderungsgründe Berücksichtigung finden, also solche, die etwas darüber aussagen, ob das Unterlassen im Vergleich zu der Begehungstat weniger oder gleich schwer wiegt[367], schlägt nicht durch. Zwar ist es richtig, bei einer Strafmilderung nach § 13 Abs. 2 StGB nur unterlassungsspezifische Momente heranzuziehen,[368] ansonsten würde der spezifische Regelungszweck der Strafrahmenänderung in § 13 Abs. 2 StGB ignoriert werden. Dieser erklärt sich daraus, dass sich ein Unterlassen gegenüber einem aktiven Tun als weniger gewichtiges Fehlverhalten darstellen kann.[369] Wenn man mit *Roxin* [370] die Konstellationen, in der ein Garant einen Dritten nicht an der Begehung einer Straftat hindert, mit einer aktiven Beihilfe vergleicht, besteht in beiden Konstellationen ein Minus der Strafwürdigkeit zur Aktivtäterschaft: Der Beihilfeleistende fördert lediglich eine Haupttat. Der unterlassende Garant schreitet nicht gegen die Tat eines Dritten ein. Dies zeigt, sofern ein Dritter eine Straftat begeht, gegen die ein Garant nicht einschreitet, dass an ein unterlassungsspezifisches Kriterium zur Strafmilderung anknüpft werden kann.

---

367 Vgl. etwa *Schwab*, Täterschaft und Teilnahme bei Unterlassungen, S. 175.

368 So auch *Freund*, in: MüKo-StGB, § 13 Rn. 304; *Rudolphi/Stein*, in: SK-StGB, § 13 Rn. 66; *Stree/Bosch*, in: S/S-StGB, § 13 Rn. 64; anders BGH, NJW 1998, S. 3068 (3068): „ist die Prüfung jedoch nicht auf unterlassensbezogene Kriterien beschränkt".

369 *Freund*, in: MüKo-StGB, § 13 Rn. 304; ausführlich zu einer „minderen Strafwürdigkeit" unechter Unterlassungsdelikte gegenüber den Begehungsdelikten vgl. *Herzberg*, Unterlassung im Strafrecht und das Garantenprinzip, S. 271 ff.

370 *Roxin*, Täterschaft und Tatherrschaft, S. 502 f.

I. Garantenstellung als strafrechtliches Gleichstellungsmerkmal

Die Rechtsprechung sollte aufgrund des ultima-ratio Prinzips restriktiv mit der Annahme von Garantenstellungen verfahren. Die Bestrafung aus dem Strafrahmen des Begehungstatbestandes begründet bei einer extensiven Annahme von Garantenstellungen eine erhebliche Strafbarkeitsausdehnung.

I. Wertungswidersprüche

Wertungswidersprüchen könnte man mit einer Erweiterung von § 323c entgegenwirken, indem man etwa durch einen neuzuschaffenden § 323d (Besonders schwerer Fall der unterlassenen Hilfeleistung), solche unterlassenen Hilfeleistungen mit erhöhter Strafandrohung belegt, die den Tod oder schwere Gesundheitsschädigungen zur Folge haben.[371] Eine solche Vorschrift könnte lauten:

> § 323d Besonders schwerer Fall der unterlassenen Hilfeleistung
> Unterlässt jemand die erforderliche und zumutbare Hilfeleistung und kommt es in Folge des Unterlassens zur schweren Gesundheitsschädigung oder zum Tod des Opfers so ist die Strafe Freiheitsstrafe bis zu drei Jahren oder Geldstrafe.

II. Garantenstellung als Gleichstellungsmerkmal

Die Frage nach einer konkreten Garantenstellung ist eine Wertungsfrage. Dies mag insbesondere für Juristen schwer zu akzeptieren sein und zu Recht im Hinblick auf die Rechtssicherheit kritisiert werden. Am Beginn steht die Frage nach

---

371 Ähnlich § 95 im österreichischen StGB: „Wer es bei einem Unglücksfall oder einer Gemeingefahr (§ 176) unterläßt, die zur Rettung eines Menschen aus der Gefahr des Todes oder einer beträchtlichen Körperverletzung oder Gesundheitsschädigung offensichtlich erforderliche Hilfe zu leisten, ist mit Freiheitsstrafe bis zu sechs Monaten oder mit Geldstrafe bis zu 360 Tagessätzen, wenn die Unterlassung der Hilfeleistung jedoch den Tod eines Menschen zur Folge hat, mit Freiheitsstrafe bis zu einem Jahr oder mit Geldstrafe bis zu 360 Tagessätzen zu bestrafen, es sei denn, daß die Hilfeleistung dem Täter nicht zuzumuten ist"; vgl. hierzu *Walther*, FS Herzberg, S. 503 (510), welche von einer „modifizierten Hilfspflicht" spricht; vgl. auch *Seebode*, FS Kohlmann, S. 279 (290); *Stein*, FS Küpper, S. 607 (621); zur Legitimität des § 323c StGB in seiner aktuellen Fassung vgl. *Kühl*, FS Frisch, S. 785 (788 ff.); *ders.*, in: H/N/S-Solidarität im Strafrecht, S. 93 (97 ff.); *ders.*, FS Schreiber, S. 959 (968 f.); zu den Argumenten gegen eine sog. „Jedermanns-Hilfspflicht" vgl. *Seelmann*, in: H/N/S-Solidaritätspflichten im Strafrecht, S. 35 (45 f.); kritisch auch *ders.*, JuS 1995, S. 281 (282 ff.).

einer (zu beschreibenden) Nähe des Unterlassenden zum verletzten Rechtsgut. Wie sich diese Rechtsgutsnähe begründet und ab wann sie ausreicht, um eine Gleichstellung zwischen Tun und Unterlassen zu begründen, ist eine Frage, die sich nicht (nur) juristisch beantworten lässt.

Die dargestellten Begründungsmodelle können nicht singulär zur Begründung von Garantenstellungen herangezogen werden.[372] Der Versuch, sämtliche Erfolgsabwendungspflichten aus vorangegangenem Tun herzuleiten, scheitert genauso wie der Versuch, die „Herrschaft über den Erfolg" als allgemeingültiges Begründungskriterium herauszustellen. Die Vielfalt möglicher Anknüpfungspunkte lässt sich nicht auf ein einheitliches Prinzip zurückführen.[373] Beschützer- und Überwachergarantenstellung beruhen auf unterschiedlichen normativen Wertungen. Die beabsichtigte Zurückführung auf einen einheitlichen Begründungsansatz entsteht aus einem verständlichen Streben nach Rechtseinheit, führt aber ins Gegenteil: Um ein Grundkonzept zu entwickeln, auf das sich alle Garantenstellungen (sinnvoll) zurückführen lassen, müsste diese Konzeption einen so hohen Abstraktionsgrad aufweisen, dass mit ihr keinerlei rechtliche Vorhersehbarkeit erzielt werden kann. Vielmehr könnten mit entsprechender Argumentation beliebige Ergebnisse erreicht werden. Bei der Frage, ob eine „gleichstellungsbegründende Rechtsgutsnähe" besteht, sind deshalb verschiedene Aspekte heranzuziehen und gegebenenfalls miteinander zu kombinieren. Dass man nur mit einem solchem Kombinationsansatz der Gleichstellungsproblematik überhaupt nur im Ansatz gerecht werden kann, zeigt auch eine über hundertjährige Rechtsprechung, die es nicht geschafft hat, sich auf einen dogmatischen Ansatz, wie etwa die formelle Rechtspflichtentheorie, zu beschränken, sondern dieser (systemwidrig) die Ingerenz hinzufügen musste.

Somit sind sämtliche monistischen Theorien zur Begründung von strafrechtlichen Erfolgsabwendungspflichten gescheitert. Der inhaltliche Unterschied der einzelnen Theorien zueinander ist so groß, dass die Zurückführung auf ein materielles Grundprinzip ohnehin nicht sinnhaft möglich ist. Als materielle Anknüpfungspunkte für eine Garantenstellung sind berechtigte Vertrauensstellungen, Schaffung bzw. Unterhaltung einer Gefahrenquelle, soziale Näheverhältnisse, rechtlich anerkannte Herrschaft, Abhängigkeitsgesichtspunkte und

---

372 In diesem Sinne auch *Brammsen*, A-Individuelle Verantwortung, S. 105 (112): „Zudem wäre es wenig erfolgsversprechend, Garantenpflichten nur auf eine spezielle Garantenlehre zu gründen und sie so dem alsbald erhobenen Vorwurf mangelnder Verallgemeinerungsfähigkeit und Tragfähigkeit auszusetzen".

373 So auch *Kretschmer*, Jura 2006, S. 898 (899); *Warneke*, NStZ 2010, S. 312 (314).

(berechtigte) Verhaltenserwartungen zu nennen. Im Rahmen der Begründbarkeit von strafrechtlichen Garantenstellungen ist also von einem „Diversifikationsmodell" auszugehen, das die genannten Ansätze enthält.

Man mag (berechtigterweise) anmerken, solche Kombinationen von schwer zu präzisierenden und unscharfen Vorgaben öffnet der freien Rechtsfindung Tür und Tor. Diese Kritik würde aber verkennen, dass sich bei der originären Begründung von Garantenstellungen das Tor zur freien Rechtsfindung ohnehin nicht weiter aufstoßen lässt, als dies bereits der Fall ist. Eine systematisierende Strafrechtsdogmatik muss und kann nicht für jeden vorstellbaren Einzelfall eine absolute Trennschärfe bieten. Eine Förderung der rechtlichen Vorhersehbarkeit, wie sie durch dargestellte Unterscheidung erzielt wird, reicht aus. Die genannten, nicht enumerativen, Anknüpfungspunkte bieten die Chance auf ein gewisses Maß an Rechtssicherheit, möchte man die Lösung der Gleichstellungsproblematik nicht in reiner Kasuistik finden.[374]

Zur Unschärfe der Gleichstellungsdiskussion trägt bei, dass in der Diskussion häufig nicht klar getrennt wird zwischen beschreibenden, die Systematisierung erleichternden Faktoren und originären Begründungsansätzen, so tragen die Garantenlehre *Naglers* und die Funktionslehre von *Kaufmann* zwar erheblich zur Systematisierung der Gleichstellungsdiskussion bei und sind hilfreich bei der Frage, welche strafrechtlichen Erfolgsabwendungspflichten aus einer Garantenstellung folgen können, liefern aber keine Begründung für das Entstehen von Garantenstellungen. Die bisherige Rechtsprechung, wenn sie sich überhaupt mit der Frage auseinandersetzt, wie Garantenstellungen entstehen[375], begnügt sich häufig mit dem Verweis auf bekannte Fallkonstellationen.

Abzulehnen ist eine formelle Herleitung von Garantenstellungen. Und zwar aus einem einfachen Grund: Sie funktioniert nicht! Weder aus Gesetz, noch aus Vertrag lassen sich überzeugend strafrechtliche Erfolgsabwendungspflichten herleiten: Das Eltern-Kind-Verhältnis begründet zwar eine (sogar regelmäßig zweifache) Garantenstellung aus rechtlich anerkannter Herrschaft (Überwachergarantenstellung) und sozialer Nähe (Beschützergarantenstellung), nicht hingegen § 1626 Abs. 1 BGB. Gesetze und Verträge mögen Richtlinien und Hinweise

374 Vgl. *Grünewald*, Zivilrechtlich begründete Garantenpflichten, S. 45 f., mit dem Hinweis, dass selbst bei einer materiellen Begründung von Garantenstellungen auf „Prinzipen und Argumentationstopoi" des Zivilrechts rekrutiert wird.

375 Häufig rekrutiert die Rechtsprechung (ohne Begründung!) auf vorzunehmende Handlungen, deren Nichtvornahme sie im konkreten Fall für strafbewehrt erklärt.

geben, mitunter liefern sie gewichtige Indizien für die Erkenntnis einer Garantenstellung, zu ihrer Begründung eignen sie sich nicht.[376]

J. Fazit

Das Unterlassen im Sinne des § 13 Abs. 1 StGB ist zunächst unabhängig von der Frage zu prüfen, ob der Unterlassende Garant ist. Zwar sind beide Merkmale obligatorisch für das Entstehen einer strafbewehrten Erfolgsabwendungspflicht (Garantenpflicht), die individuelle Fähigkeit zur Erfolgsabwendung alleine, macht aber noch niemanden zum Garanten. Bejaht man also zunächst die individuelle Möglichkeit zur Erfolgsabwendung im konkreten Fall, schließt sich daran dann die Frage an, ob der Unterlassende auch Garant dafür war, dass der strafrechtliche Erfolg nicht eintritt.

Die Lehre von der formellen Rechtspflicht, die versucht Garantenstellungen aus Gesetzen und Verträgen herzuleiten, vermag keine dogmatisch überzeugende Begründung von Garantenstellungen zu liefern. Mit der Funktionslehre ist zunächst danach zu Fragen, ob im betrachteten Fall eine Beschützer- oder eine Überwachergarantenstellung geprüft werden soll. Sobald man diese Einteilung vorgenommen hat, sind die verschiedenen materiellen Begründungsaspekte für die zuvor bestimmte „Art der Garantenstellung" heranzuziehen und zu überprüfen, ob diese im konkreten Fall eine hinreichende Grundlage für eine Garantenstellung liefern.

Im Einzelnen lässt sich diese funktional unterscheidende materielle Begründung wie folgt skizzieren:

- Näheverhältnis zum bedrohten Rechtsgut (Beschützergarant), aufgrund:
  - eines Gefährdungsmomentes für das Rechtsgut, der aus objektiv berechtigtem Vertrauen darauf resultiert, dass jemand beschützend für das bedrohte Rechtsgut eintritt und in Folge des Vertrauens andere Schutzmaßnahmen unterbleiben oder erhöhte Risiken eingegangen werden;
  - einer engen sozialen, rechtlich nicht missbilligten, Verbundenheit.

376 So auch *Herzberg*, Unterlassung im Strafrecht und das Garantenprinzip, S. 216; vgl. auch *Kretschmer*, Jura 2006, S. 898 (899): „Auf die altbekannte Frage, wie sich rechtliche Garantenstellungen begründen lassen, hört man noch immer die altbekannte Antwort: Gesetz, Vertrag, gefährdendes Tun und enge Lebensbeziehung. Diese Antwort ist nicht unbedingt falsch, richtig ist sie aber auch nicht".

- o Verantwortlichkeit für eine Gefahrenquelle (Überwachergarant), aufgrund:
  - ➢ pflichtwidrigem Vorverhalten (Ingerenz);
  - ➢ einer faktischen Herrschaft über sachliche Gefahrenquellen;
  - ➢ einer rechtlich anerkannten Kontrollherrschaft über personale Gefahrenquellen.

Der Compliance-Beauftragte ist stets Täter eines Unterlassungsdelikts, wenn er es garantenpflichtwidrig unterlässt, einen Dritten an der Begehung einer Straftat zu hindern, etwaigen Wertungswidersprüchen kann über die fakultative Strafmilderung in § 13 Abs. 2 StGB begegnet werden.

Vierter Teil: Strafrechtliches Einstehenmüssen von Compliance-Beauftragten

Auslöser der vorliegenden Untersuchung ist die BSR-Entscheidung des BGH.[1] Die Entscheidung hat sehr breite Resonanz in der Literatur erfahren.[2] Untersuchungsgegenstand vorliegender Arbeit ist allerdings nicht die Frage nach der Strafbarkeit des Innenrevisionsleiters der Berliner Stadtreinigung wegen Beihilfe durch Unterlassen zum Betrug in mittelbarer Täterschaft,[3] sondern das in dieser Entscheidung geäußerte obiter dictum zur strafrechtlichen Verantwortlichkeit von Compliance-Beauftragten. Auf einzelne Aspekte der Entscheidung wird eingegangen, sofern sie Erkenntnisgewinne für den Untersuchungsgegenstand versprechen.

Compliance-Beauftragte sind auf Grund ihrer tätigkeitsbedingten Nähe zu Rechtsverstößen besonders hohen Strafbarkeitsrisiken ausgesetzt. Zu diesen besonderen Risiken hat *Poguntke* 2013 eine ausführliche Darstellung geliefert.[4] Enger als die Arbeit *Poguntkes* und enger als die vorliegende Untersuchung ist die Darstellung *Konus*, der sich auf den Aspekt einer derivativen Geschäftsherrenhaftung bei Compliance-Beauftragten beschränkt.[5] Im Folgenden geht es um einen Ausschnitt dieser strafrechtlichen Risiken – nämlich um strafrechtliche Verantwortlichkeit von Compliance-Beauftragten für die vorsätzliche Nichtverhinderung von organisationsbezogenen Straftaten Dritter.

Für die weitere Bearbeitung wird ein Compliance-Beauftragter zu Grunde gelegt, wie er im zweiten Teil der Arbeit dargestellt wurde.[6] Sofern man also das bereits erwähnte Drei-Stufen-Modell anwenden möchte, würde danach ein

1 BGHSt 54, 44 (49 ff.).

2 *Bittmann*, NZM 2009, S. 644 (644 ff.); *Rotsch*, ZJS 2009, S. 712 (712 ff.); *Mosbacher/Dierlamm*, NStZ 2010, S. 268 (268 ff.); vgl. auch *Rotsch*, FS I. Roxin, S. 485 (485), der 65 Aufsätze nennt, die sich zwar hauptsächlich mit dem obiter dictum zur Strafbarkeit von Compliance-Beauftragten befassen, sich aber in Teilen auch mit der dem obiter dictum zugrundeliegenden Entscheidung auseinander setzen; vgl. auch *ders.*, Strafrechtliche Klausurenlehre, Fall 20, S. 395 ff.

3 Dass allein die besondere Konstellation in der BSR-Entscheidung eine eigene Monographie rechtfertigt, zeigt die Arbeit von *Bergmann*, Strafbarkeit vertragswidrigen Unterlassens, S. 1 ff., der sich auf über 400 Seiten mit den durch die Entscheidungsgründe aufgeworfenen Rechtsfragen auseinandersetzt.

4 *Poguntke*, Risiken für Compliance-Beauftragte.

5 Vgl. *Konu*, Garantenstellung des Compliance-Officers, S. 181 ff.

6 Siehe oben 2. Teil, O.

Compliance-Beauftragter der zweiten Stufe (Chief Compliance Officer) untersucht, also ein solcher, der der Unternehmensführung direkt untergeordnet ist.

Die Hauptproblematik stellt die Begründung einer Überwachergarantenstellung des Compliance-Beauftragten zu Gunsten von Rechtsgütern Dritter dar. Unklarheiten bezüglich der Frage, welche konkreten Erfolgsabwendungspflichten Compliance-Beauftragte aufgrund ihrer Garantenstellung treffen, lassen sich durch konsequente Anwendung der Unterlassungsdogmatik auflösen. Die weitere Untersuchung wird zeigen, dass in diesem Zusammenhang getroffene Pauschalaussagen zum Inhalt der Garantenpflichten, wie etwa der Compliance-Beauftragte sei lediglich verpflichtet die Unternehmensführung zu informieren, im Rahmen der strafrechtlichen Unterlassungsdogmatik einer eingehenden dogmatischen Begründung bedürfen. Zunächst werden Fragen zu der Erfüllung des objektiven Tatbestandes eines unechten Unterlassungsdeliktes durch Compliance Beauftragte erörtert.[7] Im Anschluss hieran werden Garantenstellungen von Betriebsbeauftragten, Amtsträgern und Geschäftsherren erörtert, da die Begründungsmodelle für solche Garantenstellungen eine gewisse „dogmatische Nähe" zu den Begründungen für Garantenstellungen von Compliance-Beauftragten aufweisen.[8] Anschließend wird der Frage nachgegangen, ob Compliance-Beauftragte Garanten dafür sind, Straftaten von Unternehmensangehörigen zu verhindern.[9]

A. Tatbestandliches Unterlassen des Compliance-Beauftragten im Sinne des § 13 Abs. 1 StGB

Kurz soll auf mögliche Besonderheiten eingegangen werden, wie sie sich im Hinblick auf das tatbestandliche Unterlassen von Compliance-Beauftragten im Sinne des § 13 Abs. 1 StGB ergeben können.

I. Dogmatische Trennung von der Garantenstellung

Häufig angeführt wird, dass den Compliance-Beauftragten schon deswegen keine Erfolgsabwendungspflicht hinsichtlich der Straftaten von Mitarbeitern trifft, da ihm die nötigen Kompetenzen für eine solche Abstellung des rechtlichen

7 Vgl. unter 4. Teil, A. und B.

8 Vgl. unter 4. Teil, C. und D.

9 Vgl. unter 4. Teil, C. II. 2.

Fehlverhaltens von Mitarbeitern fehle.[10] Das Argument findet sich häufig bei der Diskussion um das Bestehen einer Garantenstellung.[11] Es gehört zunächst in die Frage zum tatbestandlichen Unterlassen im Sinne des § 13 Abs. 1 StGB und ist losgelöst von dem etwaigen Bestehen einer Garantenstellung zu betrachten.[12] Der Vater, der nicht schwimmen kann, muss nicht in den Fluss springen, um sein ertrinkendes Kind zu retten. Das Strafrecht erlegt diese, ihm unmögliche, Erfolgsabwendungspflicht nicht auf.[13] Die Frage, ob der Vater schwimmen kann oder nicht, hat mit seiner Beschützergarantenstellung gegenüber seinem Kind nichts zu tun.

Allerdings kommt es im Rahmen der Unterlassungsdogmatik teilweise zu einer Vermengung von Kriterien der Garantenstellung und des tatbestandlichen Unterlassens. Diese in der Strafrechtsdogmatik übliche teilweise Überschneidung zweier Tatbestandsmerkmale folgt aus einem faktischen Herrschaftsgedanken wie er insbesondere zur Begründung strafrechtlicher Erfolgsabwendungspflichten zur Überwachung von Sachgefahren vertreten wird. Man zieht die besonders gute Möglichkeit zur Erfolgsabwendung als ein begründendes Merkmal von Garantenstellungen heran. Ist dem Unterlassenden die Vornahme der gebotenen Handlung „besonders gut" möglich, weil entweder nur er über die entsprechende Fähigkeit verfügt, oder weil die Vornahme der Handlung wenig Mühe bereitet, ist er Herrscher über den Grund des Erfolges und damit Garant.

Dies lässt nicht die Notwendigkeit einer zweistufigen Prüfung entfallen: Zunächst muss im konkreten Einzelfall festgestellt werden, ob dem Unterlassenden die Handlung individuell möglich war. Verneint man dies, erübrigt sich die Frage nach einer Garantenstellung. War der Unterlassende fähig, die von ihm strafrechtlich geforderte Handlung vorzunehmen, begründet dies keine hinreichende faktische Herrschaft über eine Sachgefahr. Diese muss eigenständig festgestellt werden. Bei der Überwachung von Personengefahren bedarf es einer normativen also rechtlich anerkannten Herrschaft über Dritte, die sich nicht mit

10 So etwa *Berndt*, StV 2009, S. 689 (690 f.); *Beulke*, FS Geppert, S. 23 (37); *Geiger*, CCZ 2011, S. 170 (172); *Rübenstahl*, NZG 2009, S. 1341 (1342).

11 Vgl. beispielhaft *Beulke*, FS Geppert, S. 23 (27): „Hat demnach ein Compliance Officer nach seiner innerbetrieblichen Stellung kein Direktionsrecht gegenüber dem Straftäter inne, scheidet er mangels Garantenstellung von vornherein als Unterlassungstäter (oder -teilnehmer) nach § 13 Abs. 1 StGB aus".

12 Darauf hinweisend *Rotsch*, FS I. Roxin, S. 485 (495); *H. Schneider*, Symposion Ebert, S. 349 (360).

13 Er hat alles andere zu versuchen was ihm zu Erfolgsabwendung möglich ist, etwa das Herbeirufen von Hilfe oder das Werfen eines Rettungsringes.

faktischer Beherrschbarkeit bzw. einer individuellen Handlungsfähigkeit begründen lässt.

II. Unzureichendes betriebliches Direktionsrecht als individuelle Handlungsunfähigkeit?

Argumentationen, nach denen Compliance-Beauftragten die Kompetenzen fehlen, um den Eintritt des tatbestandlichen Erfolges zu verhindern, tragen nur vordergründig. Die Ausgangsthese, wonach der Compliance-Beauftragte regelmäßig keine Weisungsrechte gegenüber anderen Unternehmensangehörigen besitzt, ist wie gezeigt richtig.[14] Allerdings liegt es regelmäßig in seiner Kompetenz, durch Ausübung seines Eskalationsrechts Informationen den im Unternehmen zuständigen Stellen – häufig wird dies die Unternehmensleitung sein – zukommen zu lassen und eine Abstellung des strafrechtlich-relevanten Verhaltens anzustoßen.[15]

Soweit erkennbar wird nirgends verlangt, der Garant müsse die unmittelbar zur Erfolgsabwendung führende Handlung eigenhändig vornehmen. Er kann und muss häufig sogar Dritte einschalten, welche die unmittelbare Rettungshandlung vornehmen. Die Ehefrau muss bei ihrem Ehemann, der an einem akuten Schlaganfall leidet, die lebensrettende Gehirnoperation[16] nicht eigenhändig vornehmen.[17] Sie genügt ihrer strafrechtlichen Handlungspflicht durch Herbeirufen eines Rettungswagens. Die unmittelbar zur Rettung des Ehemanns führende Handlung ist die im Anschluss durchgeführte Notoperation und nicht das Herbeirufen des Rettungswagens.

In der Praxis dürfte häufig sogar ein Hinweis des Compliance-Beauftragten an entsprechend tatgeneigte Mitarbeiter genügen, er solle die beabsichtigte rechtswidrige Handlung unterlassen, damit dieser von der weiteren Tatausführung Abstand nimmt. Verbunden mit dem Hinweis, ansonsten werden Unternehmensleitung oder externe Stellen darüber in Kenntnis gesetzt, dürfte der Compliance-Beauftragte damit regelmäßig seiner strafrechtlichen Erfolgsabwendungspflicht genügen.

---

14 Siehe oben 2. Teil, K. VI.

15 *Poguntke*, Risiken für Compliance-Beauftragte, S. 192; *Dannecker/Dannecker*, JZ 2010, S. 981 (990); *Deutscher*, WM 2010, S. 1387 (1390).

16 Sog. „Neurothrombektomie".

17 Dies sollte sie sogar besser „unterlassen".

B. Zurechnung bei drittvermitteltem Rettungsgeschehen

Bei der Diskussion um die Unterlassungsstrafbarkeit von Compliance-Beauftragten wegen Nichthinderung von Straftaten Dritter wird fast gänzlich die Zurechnungsproblematik ausgeblendet, dass es sich, sofern als konkrete Garantenpflicht eine interne oder externe Anzeige im Raum steht, um Konstellationen des sog. „drittvermitteltem Rettungsgeschehens“[18] handelt. Neben dem garantenpflichtigen Compliance-Beauftragten steht häufig ein Dritter – zeitlich nachgeschaltet – der tätig werden muss, um die bevorstehende Rechtsgutsverletzung zu verhindern. Es geht um die Frage, wie strafrechtliche Erfolgszurechnung beeinflusst wird, wenn es ein Garant pflichtwidrig unterlässt, einen zur Gefahrabwendung notwendigen Dritten über das Bestehen dieser Gefahr zu informieren, falls Anhaltspunkte bestehen, dass der Dritte selbst bei pflichtgemäßer Information untätig geblieben wäre. Es handelt sich um ein komplexes Zurechnungsproblem, da Aspekte der Unterlassungskausalität, der psychisch vermittelten Kausalität und der Zurechnung von hypothetischem pflichtwidrigem Verhalten anderer Wechselwirkungen entfalten.[19]

Noch relativ „simpel“ lässt sich eine Erfolgszurechnung[20] vornehmen, wenn externe Anzeigepflichten gegenüber (Strafverfolgungs-) Behörden im Raum stehen. Diese sind durch das Legalitätsprinzip grundsätzlich verpflichtet, bei Verdacht auf Straftaten Ermittlungsverfahren einzuleiten.[21] Schwieriger gestaltet sich strafrechtliche Zurechnung, wenn die konkrete Garantenpflicht in der Informierung der Unternehmensleitung über einen bevorstehenden Rechtsverstoß besteht. In dieser Konstellation ist nicht ohne weiteres – im Rahmen strafrechtlichen Zurechnung – zu antizipieren, dass diese gegen den drohenden Rechtsbruch einschreitet. Mögliche Gründe hierfür sind vielseitig: Etwa, weil durch die strafbare Handlung das Unternehmen bereichert werden soll oder die Unternehmensleitung einen Reputationsverlust befürchtet, wenn ihr Vorgehen die Gefahr begründet, dass die drohende Rechtsverletzung öffentlich wird, etwa, wenn betroffener Arbeitnehmer gegen seine Kündigung in einem öffentlichen Gerichtsverfahren klagt. Zu denken ist auch an rein praktische Konstellationen, in denen

18 Zu der Begrifflichkeit vgl. *Schrott*, Unterlassungszurechnung, S. 23 f.

19 So auch *Schrott*, Unterlassungszurechnung, S. 26.

20 Vgl. hierzu auch *Ast*, ZStW 2012, S. 612 (651), mit dem berechtigten Hinweis, dass es sich bei der untersuchten Problematik nicht um Kausalitätserwägungen handelt, sondern um Fragen von Zurechnungen in „Kollektiven“.

21 Das Legalitätsprinzip ist normiert in §§ 153 Abs. 2, 160, 163 Abs. 1 StPO.

der Vorstand nicht rechtzeitig über Maßnahmen zur Erfolgsverhinderung entscheidet, um den unmittelbar bevorstehenden Rechtsverstoß abzuwenden.[22]

Informiert ein garantenpflichtiger Compliance-Beauftragte die Unternehmensführung über einen bevorstehenden Betrug zum Nachteil eines Geschäftspartners des Unternehmens, bedarf es einer „drittvermittelten" Maßnahme der Unternehmensführung, etwa Kündigung des Mitarbeiters und dem damit verbundenen Ausschluss des Mitarbeiters von betrieblichen Ressourcen, zur Erfolgsabwendung. Es stellt sich die Frage, ob der Erfolgseintritt dem garantenpflichtwidrig unterlassenden Compliance-Beauftragten über den Zweifel von pflichtgemäßen Verhalten der Unternehmensleitung hinweg zugerechnet werden kann.

Auf „die Spitze" wird diese komplexe strafrechtliche Zurechnungsproblematik getrieben, wenn im Unternehmen – wie bei Großunternehmen häufig – eine mehrstufige Compliance-Struktur besteht, etwa, wenn dezentrale Compliance-Beauftragte einem zentralen Compliance-Beauftragten über bevorstehende Rechtsverstöße berichten und dieser an die Unternehmensleitung berichten soll, die zur Verhinderung des Rechtsverstoßes aktiv werden soll. Steht eine strafrechtliche Unterlassungshaftung eines dezentralen Compliance-Beauftragten im Raum, muss im Rahmen von strafrechtlicher Zurechnung Berücksichtigung finden, dass zur Erfolgsabwendung zunächst der zentrale Compliance-Beauftragte tätig werden müsste (Informierung der Unternehmensleitung) und daraufhin die Unternehmensleitung geeignete Maßnahmen zur Erfolgsabwendung treffen müsste.

Hält die Rechtsprechung in beschriebener Konstellation, was bei der teilweise extensiven Verantwortungszuschreibung in Wirtschaftsstrafsachen zweifelhaft ist, an ihrer sog. „Vermeidbarkeitstheorie" fest, rechnet also strafrechtliche Verantwortung nur zu, soweit die unterbliebene Handlung mit an Sicherheit grenzender Wahrscheinlichkeit den tatbestandlichen Erfolg verhindert hätte, wäre in diesen „Kausalketten", bei denen gestaffelte, eigenverantwortliche „Dritthandlungen" erforderlich sind, um eine Rechtsgutsverletzung zu verhindern, eine strafrechtliche Zurechnung regelmäßig ausgeschlossen und der dezentrale Compliance-Beauftragte regelmäßig straffrei.

---

22 Zu dieser Konstellation *Hauschka*, CCZ 2014, S. 165 (168): „Und Sie müssen ihren Vorstand informieren, sofort. Wenn dieser dann einschreitet und die Straftat verhindert, ist die Welt in Ordnung. Aber wir alle wissen, wie Vorstände sind und die Realität aussieht. ‚Das kann ich so schnell nicht entscheiden, wir sind gerade in der Sitzung, da brauche ich den Aufsichtsrat, womöglich machen wir das ganze Russlandgeschäft kaputt' und, schlimmstenfalls: ‚für so etwas haben wir Sie doch eingestellt'. Das bekommen Sie möglicherweise zu hören"; vgl. auch *Lindemann/Sommer*, JuS 2016, S. 1057 (1062).

C. Garantenstellung von Betriebsbeauftragten und Amtsträgern

Eine kurze Darstellung der Diskussion um etwaige Garantenstellungen von Amtsträgern und Betriebsbeauftragten verspricht einen Erkenntnisgewinn hinsichtlich der Frage nach einer Garantenstellung des Compliance-Beauftragten. Überschneidungen in den Tätigkeiten liegen vor, insbesondere ist es Teil der Tätigkeit von Betriebsbeauftragten und Polizisten als Amtsträger, Straftaten präventiv zu verhindern und somit rechtskonformes Verhalten Dritter zu gewährleisten. Es wird sich zeigen, dass Argumentationsmuster, mit denen Garantenstellungen von Polizisten und Betriebsbeauftragten begründet werden, in ähnlicher Gestalt auf Compliance-Beauftragten anwendbar sind.[23]

I. Amtsträger

Compliance-Beauftragte fallen zwar nicht unter den strafrechtlichen – in § 11 Abs. 2 StGB legal definierten – Amtsträgerbegriff. Die Begründungstopoi, die zur Konstruktion von Garantenstellungen von Amtsträgern genannt werden, ähneln aber den Argumentationsstrukturen, wie sie zur Begründung von Garantenstellungen von Compliance-Beauftragten verwendet werden.

Fraglich ist, etwa bei Polizisten, ob die Amtsträgereigenschaft als solche eine Garantenstellung für Rechtsgüter Dritter begründet. Auch an dieser Stelle muss man sich zunächst die zu Grunde liegende Problematik verdeutlichen: Amtsträger sind, wie auch Organe von juristischen Personen des Privatrechts, als Garanten verpflichtet, Rechtsgüter des Unternehmens bzw. des Staates zu schützen.[24] So kann sich ein Amtsträger etwa wegen Betrugs durch Unterlassen strafbar machen, wenn er davon Kenntnis erlangt, dass ein Dritter den Staat durch Täuschung in seinem Vermögen schädigt. Die Frage, um die sich die Auseinandersetzung dreht ist, ob sich etwa Finanzbeamte, wegen Betrug durch Unterlassens strafbar machen, wenn sie im Rahmen ihrer Ermittlungen Kenntnis erlangen, dass Dritte andere Bürger durch Täuschung zu irrtumsbedingten Vermögensschädigungen veranlassen.

Es stellt sich also die Frage, ob eine Beschützergarantenstellung des Finanzbeamten für das Vermögen Dritter begründet werden kann. Eine Überwachungsgarantenstellung des Amtsträgers gegenüber Dritten besteht grundsätzlich mangels

---

23 Auch der BGH hat in seiner BSR-Entscheidung einen Vergleich mit Polizeibeamten und Betriebsbeauftragten vorgenommen vgl. BGH, Urt. v. 17.07.2009 – 5 StR 394/08, Rn. 24.

24 *Grunst*, StV 2005, S. 453 (456); *Roxin*, Strafrecht AT, Band II, S. 736 f.; *Rudolphi*, SK-StGB, § 13 Rn. 54 ff.; *Weigend*, in: LK-StGB, § 13 Rn. 32.

rechtlich anerkannter Herrschaft des Amtsträgers über Dritte nicht. Existiert eine rechtlich anerkannte Herrschaft des Amtsträgers, also eine rechtlich eingeräumte Aufsichts- und Befehlsgewalt des Amtsträgers gegenüber Dritten, etwa Strafgefangenen, besteht eine Überwachungsgarantenstellung.[25] Amtsträger sind nicht schon grundsätzlich verpflichtet, sämtliche Bürger als „Gefahrenquellen" zu überwachen.[26] Unbestritten besteht auch eine Beschützergarantenstellung von zuständigen Amtsträgern gegenüber den Personen, die sich in einer Abhängigkeit des Staates befinden, so etwa bei Strafgefangenen.[27] Problematisch ist, ob eine Beschützergarantenstellung von Amtsträgern gegenüber solchen Bürgern besteht, die sich in keinem besonderen Abhängigkeitsverhältnis zum Staat befinden.[28] An dieser Stelle soll die Frage, ob Amtsträger eine Beschützergarantenstellung hinsichtlich der Rechtsgüter Dritter besitzen, nicht abschließend beantwortet werden, sondern nur die Parallelen der Problematik zur Begründung einer etwaigen Beschützergarantenstellung des Compliance-Beauftragten für Rechtgüter Dritter aufgezeigt werden. Eine plausible Begründung einer (faktischen) Nähe des Amtsträgers zu

25 *Weigend*, in: LK-StGB, § 13 Rn. 33; vgl. auch *Pawlik*, ZStW 1999, S. 335 (337 f.), mit dem Beispiel des Polizeibeamten, der einen vorläufig Festgenommenen dem Haftrichter vorführt. Dieser Polizeibeamte ist als Überwachergarant dafür verantwortlich, daß der Festgenommene unterwegs keine (weiteren) Straftaten begeht.

26 *Roxin*, Strafrecht AT, Band II, S. 736 f.

27 *Roxin*, Strafrecht AT, Band II, S. 736 f.; zur Garantenpflicht von gerichtlich bestellten Betreuern vgl. *Bosch*, JA 2008, S. 471 (472 ff.).

28 Bejahend BGHSt 38, 388 (389 ff.); BGH NStZ 2000, 147 (147); OLG Köln, NJW 1988, S. 2119 (2121); OLG Stuttgart, NStZ 1989, S. 122 (123); *Dominok*, Strafrechtliche Unterlassungshaftung, S. 239; *Fischer*, StGB, § 13; *Freund*, in: MüKo StGB, § 13 Rn. 181; *Gürbüz*, Strafbarkeit von Amtsträgern, S. 228; *Iburg*, NJW 1988, S. 2338 (2341); *Jahn*, Strafrecht des Staatsnotstandes, S. 409; *Kudlich*, in: S/S/W-StGB, § 13 Rn. 16; *Kühl*, StGB, § 13 Rn. 6; *ders.*, Strafrecht AT, S. 685; *Kühn*, wistra 2002, S. 41 (44); *Laubentahl*, FS Weber, S. 109 (114); *Meinberg*, NJW 1986, S. 2220 (2224); *Rengier*, in: KK-OWiG, § 8 Rn. 53; *Rogall*, Strafbarkeit von Amtsträgern im Umweltbereich, S. 227; *Roxin*, Strafrecht AT, Band II, S. 743 f.; *Stree/Bosch*, in: S/S-StGB, § 13 Rn. 31a; *Weigend*, in: LK-StGB, § 13 Rn. 31 f.; *Zeitler*, NStZ 1984, S. 219 (220); ablehnend *Immel*, Verantwortlichkeit von Amtsträgern, S. 192; *Mitsch*, NStZ 1993, S. 383 (384); *Rudolphi*, JR 1987, S. 335 (338); *ders.*, JR 1995, S. 165 (168); *ders.*, SK-StGB, § 13 Rn. 54c; *ders.*, FS Dünnebier, S. 561 (581); *Sangenstedt*, Garantenstellung und Garantenpflicht, S. 706; *Schünemann*, Grund und Grenzen der unechten Unterlassungsdelikte, S. 362 f.; *ders.*, wistra 1986, S. 235 (244); *Tröndle*, NVWZ 1989, S. 918 (922); *Zaczyk*, FS Rudolphi, S. 361 (369); Rn. 29; unterscheidend nach Fallgruppen *Schall*, NJW 1990, S. 1263 (1269 f.); unterscheidend nach Behörden *Winkelbauer*, JZ 1986, S. 1119 (1120); *ders.*, NStZ 1986, S. 149 (151).

Rechtsgütern Dritter fällt nicht leicht, insbesondere, da der einzelne Bürger selbst über effektive Rechte zur Selbstverteidigung verfügt, die in Teilen sogar weiter gehen als die Befugnisse der Amtsträger zum Schutz Dritter.[29] Dokumentiert werden die Schwierigkeiten zur Begründung einer Beschützergarantenstellung des Amtsträgers für Dritte, die in keinem gesonderten Abhängigkeitsverhältnis stehen, dadurch, dass hierfür auf „staatsphilosophische Begründungen“[30] rekrutiert werden muss, da sich aus der gegenwärtigen Garantendogmatik solche Beschützerstellungen gegenüber Bürgern nicht ohne weiteres herleiten lassen.

II. Betriebsbeauftragte

Wie im zweiten Teil der Arbeit erörtert, sind Compliance-Beauftragte außerhalb von Wertpapierdienstleistungsunternehmen mangels gesetzlichen Bestellungszwangs und gesetzlicher Kompetenzzuweisung keine Betriebsbeauftragten.[31] Nicht nur die verwendete Begrifflichkeit „Betriebsbeauftragter“ suggeriert eine Nähe des Compliance-Beauftragten zum Betriebsbeauftragten. Die Tätigkeit des Betriebsbeauftragten und des Compliance-Beauftragten haben beide auch zum Ziel Risiken zu bekämpfen, die dem Unternehmen durch (eigene) Rechtsverstöße entstehen können. Betriebsbeauftragte und Compliance-Beauftragte üben eine Schutzfunktion bezüglich des Unternehmens aus, in dem sie tätig sind. Ein Blick auf die Begründbarkeit einer Garantenstellung des Betriebsbeauftragten verspricht einen Erkenntnisgewinn, da sich eine solche Garantenstellung, weder aus dem gesetzlich normierten Bestellungszwang noch aus der gesetzlichen Kompetenzzuweisung ergibt.[32] Es kommt vielmehr wie bei sämtlichen Garantenstellungen, auf die materielle Fundierbarkeit einer spezifischen Rechtsgutnähe an.

---

29 *Pawlik*, ZStW 1999, S. 335 (343); *Roxin*, Strafrecht AT, Band II, S. 741.

30 Vgl. *Roxin*, Strafrecht AT, Band II, S. 741; ausführlich zu der philosophischen Begründung einer Beschützergarantenstellung von Polizeibeamten *Pawlik*, ZStW 1999, S. 335 (345 ff).

31 Siehe oben 2. Teil, G.

32 *Poguntke*, Risiken für Compliance-Beauftragte, S. 239; *Rudolphi*, FS Lackner, S. 863 (876 f.); *Schall*, FS Amelung, S. 287 (292); hierzu auch *Roxin*, Strafrecht AT, Band II, S. 737 „Es ist ein Rückfall in die überwundene formelle Rechtspflichtentheorie, wenn man aus öffentlich-rechtlichen Pflichten ohne weiteres Garantenstellungen ableitet.“; anders für den Datenschutzbeauftragten *Barton*, RDV 2010, S. 247 (252), der eine Überwachungsgarantenstellung aus dem BSDG ableitet.

Für Betriebsbeauftragte wird im Gegensatz zu Amtsträgern eine von der Geschäftsführung abgeleitete Überwachungsgarantenstellung für die vom Unternehmen ausgehenden Gefahren diskutiert.[33] Dieser Gedanke einer derivativen überwachenden Geschäftsherrenhaftung wird von dem Großteil der Literatur als begründendes Merkmal einer Garantenstellung des Compliance-Beauftragten betrachtet.[34] Auch an dieser Stelle wird auf den vierten Teil der Arbeit verwiesen, in der die Frage nach einer abgeleiteten Geschäftsherrenhaftung des Compliance-Beauftragten beantwortet wird. Rückschlüsse aus dieser Beantwortung auch für Garantenstellungen von Betriebsbeauftragten bieten sich an, sollen aber nicht weiter vertieft werden.

D. Geschäftsherrenhaftung

> „Oft tut auch der Unrecht, der nichts tut. Wer das Unrecht nicht verbietet, wenn er kann, der befiehlt es."[35]

Ob dem Betriebsinhaber eine Überwachungsgarantenstellung obliegt, Straftaten seiner Mitarbeiter zu verhindern oder ob das Prinzip der Eigenverantwortlichkeit eine solche Verantwortlichkeit der Unternehmensleitung ausschließt, soll nicht (nochmals) vollständig aufbereitet werden. Die Thematik hat ausführliche Bearbeitung erfahren.[36] Argumente sind bekannt und werden sofern notwendig an entsprechender Stelle dargestellt. Der reichlich vorhandenen Literatur zur sog.

---

33 OLG Frankfurt, NJW 1987, S. 2753 (2756); *Bergmeier*, AbfallR 2003, S. 139 (142 f.); *Böse*, NStZ 2003, S. 636 (638 f.); *ders.*, in: K/L/V-Handlungsfreiheit des Unternehmers, S. 180 (186); *Busch*, Unternehmen und Umweltstrafrecht, S. 549 ff.; *ders./Iburg*, Umweltstrafrecht, S. 107; *Dahs*, NStZ 1986, S. 97 (99 ff.); *Fischer*, StGB, Vor § 324 Rn. 22a; *Kuhlen*, in: A-Individuelle Verantwortung, S. 71 (89); *Poguntke*, Risiken für Compliance-Beauftragte, S. 207 f.; *Rehbinder*, ZHR 2001, S. 1 (16); *Saliger*, Umweltstrafrecht, S. 76; *Schall*, FS Amelung, S. 287 (291).

34 Vgl. hierzu unter 4. Teil, A. IV. 3. b).

35 *Marcus Aurelius*, Selbstdarstellungen, IX. Buch.

36 Vgl. nur die einschlägigen Monographien von *Alexander*, Die strafrechtliche Verantwortlichkeit für die Wahrung der Verkehrssicherungspflichten; *Bosch*, Organisationsverschulden im Unternehmen; *Bottke*, Haftung für die Nichtverhütung von Straftaten; *Heine*, Strafrechtliche Verantwortlichkeit von Unternehmen; *Hilgers*, Verantwortlichkeit von Führungskräften im Unternehmen; *Hoyer*, Strafrechtliche Verantwortlichkeit innerhalb von Weisungsverhältnissen; *Hsü*, Garantenstellung des Betriebsinhabers; *Oertle*, Geschäftsherrenhaftung im Strafrecht; *Ransiek*, Unternehmensstrafrecht; *Schroth*, Unternehmen als Normadressaten; *Schünemann*, Unternehmenskriminalität und Strafrecht; *Spring*, Strafrechtliche Geschäftsherrenhaftung; zu der Bestimmung

Geschäftsherrenhaftung steht ein Vakuum gegenüber, wie sich die zur strafrechtlichen Haftung der Geschäftsleitungsebene herangezogenen Grundsätze bei den der Unternehmensleitung nachgeordneten Mitarbeitern verhalten, etwa inwieweit leitende Angestellte strafrechtlich verantwortlich sind, um betriebsbezogene Straftaten zu verhindern, wurde bisher kaum diskutiert.[37] Dies stellt einen weiteren Beleg für eine Entfremdung von Strafrechtsdogmatik und Praxis dar. Vertritt kein ernstzunehmender Strafrechtsdogmatiker, es gehe bei Unternehmensgrößen wie etwa Siemens mit über 400.000 Beschäftigen bei der Geschäftsherrenhaftung lediglich um eine strafrechtliche Haftung des sieben köpfigen Vorstandes. Die logische Folgerung, eine „Geschäftsherrenhaftung" in unteren Unternehmensebenen zu untersuchen, ziehen die wenigsten.

Hauptgrund für das Fehlen einer grundsätzlichen Erarbeitung der Geschäftsherrenhaftung ist folgender: Ein bedeutender Teil in Literatur und Rechtsprechung bejaht eine Garantenpflicht des Geschäftsherrens, betriebsbezogene Straftaten seiner Unternehmensmitarbeiter zu verhindern. Thematisch geht es in dieser Untersuchung um eine mögliche Übertragbarkeit dieser Geschäftsherrenhaftung auf die Person des Compliance-Beauftragten und um die Frage, ob der Compliance-Beauftragte eine von der Geschäftsherrenhaftung der Unternehmensführung abgeleitete (derivative) Garantenstellung innehat.[38]

I. Rechtsgüterschutz und Autonomie

Würde man unter dem Gesichtspunkt der Eigenverantwortlichkeit eine Garantenstellung des Betriebsinhabers zur Verhinderung von Straftaten durch seine Untergebenen im Grundsatz ablehnen, würde sich die Frage nach einer Garantenstellung des Compliance-Beauftragten in einem wesentlich eingeschränkteren Umfang stellen. Im Hinblick auf die eigene Verantwortung jedes Arbeitnehmers bezüglich seines Verhaltens und seiner Entscheidungsfreiheit, ob er Straftaten begeht, verneint eine Mindermeinung die Geschäftsherrenhaftung unter Verweis auf ein

---

einer Garantenstellung des Geschäftsherren im Zivilrecht vgl. *Matusche-Beckmann*, Das Organisationsverschulden S. 270 ff.

37 Darauf ebenfalls hinweisend *Poguntke*, Risiken für Compliance-Beauftragte, S. 12 f.; vgl. aber jüngst *Bülte*, Vorgesetztenverantwortlichkeit im Strafrecht.

38 *Beulke*, FS Geppert, S. 23 (25), sieht in der Geschäftsherrenhaftung sogar den einzigen Anknüpfungspunkt für eine mögliche Garantenstellung des Compliance-Beauftragten: „Im Kern sind diese Fragen nichts anderes als Konjugationen des seit langem schwelenden Streits um die strafrechtliche Geschäftsherrenhaftung, denn nur dort, wo Handlungspflichten zumindest auf Ebene der Unternehmensleitung bestehen, können sie auch Compliance Officer treffen".

„Autonomieprinzip".[39] Dem wird entgegenhalten, dass es im deutschen Strafrecht nichts Ungewöhnliches sei, etwa bei der mittelbaren Täterschaft kraft Organisationsherrschaft Dritte zusätzlich zu den vollverantwortlichen Tätern zu bestrafen.[40] Der Argumentation kann entgegenhalten werden, dass nur weil in anderen Bereichen ein Autonomieprinzip missachtet wird, dies keinen Beleg dafür darstellt, auch bei der Geschäftsherrenhaftung so zu argumentieren. Die vorherrschende Ansicht in Literatur und Rechtsprechung nimmt eine solche „Straftatverhinderungspflicht" der Unternehmensleitung für die Unternehmensangehörigen an, sofern es sich um betriebsbezogene Straftaten handelt.[41]

Das Autonomieprinzip[42] stellt nicht nur den Haupteinwand gegen eine strafrechtliche Geschäftsherrenhaftung dar, es ist die der Geschäftsherrenhaftung zu Grunde liegende Besonderheit: Unstreitig haben Aufsichtspersonen (Eltern gegenüber ihren Kindern, Betreuer von Geisteskranken) die strafrechtlich relevante Pflicht zu verhindern, dass die von ihnen beaufsichtigten Personen Straftaten begehen. Der Grund einer solchen „Straftatenverhinderungspflicht" liegt in einem gesteigerten Rechtsschutzbedürfnis: Kleinkinder und Geisteskranke sind nicht für ihre Taten verantwortlich. Diesem Mangel an Verantwortung folgt ein Mangel im Rechtsgüterschutz, dem durch eine Erweiterung des Verantwortungsbereichs

---

39 *Beulke*, FS Geppert, S. 23 (33); *Bock*, in: R-Compliance-Diskussion, S. 69; *Campos Nave/Vogel*, BB 2009, S. 2546 (2549); *Ransiek*, ZGR 1992, S. 203 (220); *Kretschmer*, StraFo 2012, S. 259 (262); *Spring*, GA 2010, S. 222 (227); *Weigend*, in: LK-StGB, § 13 Rn. 56; *Wessels/Beulke/Satzger*, Strafrecht AT, S. 303.

40 *Greco*, ZIS 2011, S. 9 (10); *Ransiek*, AG 2010, S. 147 (150); *Rotsch*, in: A/R-Handbuch Wirtschaftsstrafrecht, S. 61; *Schall*, FS Rudolphi, S. 267 (272 f.); vgl. hierzu auch BGHSt 35, 347 (351 ff.); kritisch zur mittelbaren Täterschaft kraft Organisationsherrschaft vgl. etwa *Rotsch*, NStZ 2005, S. 13 (15 ff.); *ders.*, ZStW 2000, S. 518 (561 f.); zu denen in der Literatur unterschiedlich vertretenen Ausgestaltungen der Organisationsherrschaft vgl. *Ambos*, GA 1998, S. 226 (228 ff.).

41 BGHSt 5, 187 (189 f.); 25, 158 (162 f.); BGH, NJW 2012, 1237 (1238); *Basualto*, FS Frisch, S. 333 (335); *Bottke*, Haftung für die Nichtverhinderung von Straftaten, S. 28; *Dannecker*, NZWiSt 2012, S. 441 (449); *Deutscher*, WM 2010, S. 1387 (1389); *Fischer*, StGB, § 13 Rn. 70; *Geismar*, Der Tatbestand der Aufsichtspflichtverletzung, S. 26; *Göhler*, FS Dreher, S. 611 (620 f.); *Kraft/Winkler*, CCZ 2009, S. 29 (30); *Mansdörfer/Trüg*, StV 2012, S. 432 (436); *Mittelsdorf*, ZIS 2011, S. 123 (126); *Otto*, FS Schroeder, S. 339 (341); *Ransiek*, Unternehmensstrafrecht, S. 36 f.; *ders.*, AG 2010, S. 147 (150 f.); *Rönnau/Schneider*, ZIP 2010, S. 53 (56); *Rogall*, ZStW 1986, S. 573 (617 ff.); *Roxin*, Strafrecht AT, Band II, S. 757; *Schünemann*, GS Meurer, S. 37 (50 f.); *ders.*, wistra 1982, S. 41 (45).

42 Zur Bedeutung des sog. „Autonomieprinzips" im Strafrecht *Kubink*, FS Kohlmann, S. 53 (55 ff.); vgl. auch unter 4. Teil, A. II. 1.

Dritter entgegengewirkt wird, um den Mangel an Rechtsgüterschutz auszugleichen bzw. zu diminuieren. Im Ergebnis bedeutet dies, dass die Ausweitung strafrechtlicher Verantwortungsbereiche nur dort zulässig ist, wo ein gesteigertes Rechtsschutzbedürfnis im Raum steht.[43]

Angenommen, dass Unternehmensangehörige regelmäßig strafrechtlich vollverantwortlich handeln, stellt sich die Frage, wie das gesteigerte Rechtsschutzbedürfnis zu begründen ist. Der Mangel an Rechtsgüterschutz kann bei betriebsbezogenen Straftaten nicht darin liegen, dass Unternehmensangehörige nicht voll verantwortlich für die von ihnen begangenen Rechtsgutsverletzungen sind, weswegen sich eine Ausdehnung der strafrechtlichen Haftung auf den Geschäftsherren mit einer anderen Risikoerhöhung für Rechtsgüter begründen lassen muss. Diese Risikoerhöhung für Rechtsgüter kann in einer organisationsspezifischen Rechtsgutsgefährdung liegen. Die Tätigkeit in dem jeweiligen Betrieb muss dem Einzelnen Einflussmöglichkeit und damit einhergehend auch ein größeres Bedrohungspotenzial für fremde Rechtsgüter geben als dies ohne die jeweilige betriebliche Tätigkeit möglich wäre. Dies erklärt, warum der Bankvorstand zwar strafrechtlich verpflichtet ist, Falschangaben seiner Kundenberater in Anlagegesprächen zu unterbinden, nicht verpflichtet ist, zu verhindern, dass der Kundenberater seine Frau verprügelt. Die Möglichkeit[44] zur Falschberatung und damit die Gefahr für Rechtsgüter wird durch die betriebliche Struktur erhöht. Zwar ist nicht auszuschließen, dass der Kundenberater auch privat falsche Anlagetipps geben würde, die von einer solchen Tätigkeit ausgehende Rechtsgutgefährdung wäre grundsätzlich geringer einzustufen, als wenn er dies im Rahmen seiner betrieblichen Tätigkeit, eingebunden in eine Organisation und unter Zuhilfenahme der betrieblichen Ressourcen tut. Die betriebliche Tätigkeit als Anlageberater erhöht nicht das grundsätzliche Risiko für die Verletzung der körperlichen Unversehrtheit seiner Frau.

II. Neuere BGH-Rechtsprechung zur Geschäftsherrenhaftung

Wegen der Bedeutung der strafrechtlichen Geschäftsherrenhaftung in der Rechtsprechung des Bundesgerichtshofes, soll kurz auf zwei aktuelle Urteile und deren Quintessenz zur strafrechtlichen Geschäftsherrenhaftung eingegangen werden.[45]

---

43 Insofern kommt dem Rechtsgutsbegriff eine strafrechtsbeschränkende, systemkritische Funktion zu, vgl. etwa *Böse*, in: H/H/W-Die Rechtsguttheorie, S. 89 (89).

44 Man könnte in diesem Zusammenhang auch von „Macht" sprechen.

45 Zur älteren Rechtsprechung zur Geschäftsherrenhaftung vgl. *Spring*, Strafrechtliche Geschäftsherrenhaftung, S. 63 ff., der auf 60 Seiten die relevante Rechtsprechung zur strafrechtlichen Geschäftsherrenhaftung zusammenfasst, beginnend mit RGSt 19,

Es soll keine vollständige Besprechung der Entscheidungen erfolgen, sondern lediglich auf solche Aspekte eingegangen werden, sofern sie einer Konkretisierung der strafrechtlichen Geschäftsherrenhaftung in der aktuellen Rechtsprechung dienen. Inwieweit diese neueren Urteile eine Wirkung für die strafrechtliche Verantwortung des Compliance-Beauftragten entfalten, wird im folgenden Teil der Arbeit besprochen.

1. BGH, Urteil vom 20. Oktober 2011 – Aktenzeichen: 4 StR 71/11[46]

Der Angeklagte war im Straßenbau als Vorarbeiter bei derselben Stadt wie das Opfer und die drei Mitangeklagten beschäftigt.[47] Während der Arbeitszeit kam es wiederholt zu körperlichen Übergriffen seitens der Mitangeklagten, die hierzu teilweise Knüppel, Ketten oder andere Werkzeuge verwendeten.[48] Der Angeklagte war bei den Körperverletzungen meistens anwesend, ihm konnte aber keine aktive Tatbeteiligung, auch nicht in Form psychischer Unterstützung, nachgewiesen werden.[49] Geprüft wurde vom BGH, wie auch von der Vorinstanz, dem LG Siegen, eine Beihilfe zur gefährlichen Körperverletzung durch Unterlassen.[50] Der BGH verneinte, wie vorher das LG Siegen eine Strafbarkeit wegen Unterlassens mangels Garantenstellung des Angeklagten.[51] Offen ließ der BGH die Frage nach einer arbeitsvertragliche Übertragung von Schutzpflichten auf Vorgesetzte im Interesse der nachgeordneten Mitarbeiter.[52] Interessant ist, dass der BGH, ohne dies zu bezeichnen, sowohl eine Beschützergarantenstellung des Angeklagten gegenüber dem Opfer[53] als auch eine Überwachergarantenstellung bezüglich der Mitangeklagten diskutiert[54]. Dies zeigt eine (erfreuliche) Änderung der

---

204 (204 ff.), aus dem Jahre 1889 bis zu der BSR-Entscheidung LG Berlin – Urt. v. 03.03.2008, (514) 3 Wi Js 1361/02 KLs (9/04), die Revisionsentscheidung des BGH im BSR-Fall lag bei Fertigstellung der Arbeit *Springs* noch nicht vor; ebenfalls die wesentlichen höchstrichterlichen Entscheidungen zur strafrechtlichen Geschäftsherrenhaftung zusammenfassend *Schünemann*, Unternehmenskriminalität, S. 70 ff.

46 Veröffentlicht in BGHSt 57, 42 (42 ff.); wistra 2012, S. 64 (64 ff.); NStZ 2012, S. 142 (142 ff.); NJW 2012, S. 1237 (1237 ff.); NZWiSt 2012, S. 182 (182 ff.); StV 2012, S. 403 (403 ff.); JR 2012, S. 303 (303 ff.).

47 BGH, Urt. v. 20.10.2011 – 4 StR 71/11, Rn. 3.

48 BGH, Urt. v. 20.10.2011 – 4 StR 71/11, Rn. 3.

49 BGH, Urt. v. 20.10.2011 – 4 StR 71/11, Rn. 7.

50 BGH, Urt. v. 20.10.2011 – 4 StR 71/11, Rn. 7.

51 BGH, Urt. v. 20.10.2011 – 4 StR 71/11, Rn. 9.

52 BGH, Urt. v. 20.10.2011 – 4 StR 71/11, Rn. 11.

53 BGH, Urt. v. 20.10.2011 – 4 StR 71/11, Rn. 11.

54 BGH, Urt. v. 20.10.2011 – 4 StR 71/11, Rn. 12.

bisherigen Rechtsprechung, hin zu der von der Literatur schon lange geforderten, funktionalen Einteilung von Garantenstellungen. Im Anschluss verneint der BGH eine Beschützergarantenstellung des Angeklagten gegenüber dem Opfer mit der Begründung, es habe sich zu keinem der Tatzeitpunkte innerhalb des personellen Verantwortungsbereichs des Angeklagten befunden, da der Angeklagte weder planmäßiger noch vertretungsweise Vorgesetzter des Geschädigten war.[55] Im Anschluss an die funktionale Einteilung möglicher Garantenstellung erkennt der BGH die strafrechtliche Geschäftsherrenhaftung an:

> „Zwar kann sich aus der Stellung als Betriebsinhaber bzw. Vorgesetzter je nach den Umständen des einzelnen Falles eine Garantenpflicht zur Verhinderung von Straftaten nachgeordneter Mitarbeiter ergeben. Diese beschränkt sich indes auf die Verhinderung betriebsbezogener Straftaten und umfasst nicht solche Taten, die der Mitarbeiter lediglich bei Gelegenheit seiner Tätigkeit im Betrieb begeht."[56]

Die Frage nach den tatsächlichen Umständen, aus denen sich eine Garantenstellung des Geschäftsherrens begründen könnte, lässt der BGH offen, da sich unabhängig von der Begründbarkeit einer Garantenstellung des Betriebsinhabers die daraus folgende Garantenpflicht nur auf Straftaten erstrecke, die einen inneren Zusammenhang mit der betrieblichen Tätigkeit oder mit der Art des Betriebs aufwiesen.[57]

Im Folgenden konkretisiert der BGH das Merkmal der Betriebsbezogenheit näher, die Kernaussagen werden folgend, vom konkreten Fall losgelöst, verallgemeinernd dargestellt: Nach dem BGH weisen nur solche Taten einen hinreichenden Betriebsbezug auf, die Ausfluss der dem Betrieb oder dem Tätigkeitsfeld seiner Mitarbeiter spezifisch anhaftender Gefahren sind. Im Einzelnen weisen Straftaten einen hinreichenden Betriebsbezug auf, wenn sie in einem inneren Zusammenhang zur Tätigkeit stehen, die im Rahmen des Arbeitsverhältnisses zu erbringen ist. Darüber hinaus weisen solche Taten einen hinreichenden Betriebsbezug auf, in denen sich eine dem Betrieb spezifisch anhaftende Gefahr verwirklicht. Dies ist insbesondere der Fall, wenn die Tat Ausdruck einer „Firmenpolitik" ist oder zur Tatbegehung arbeitstechnische Machtbefugnisse, die durch die jeweilige Stellung im Betrieb eingeräumt wurden, ausgenutzt werden. Nicht ausreichend ist eine innerbetriebliche Tatserie. Hier verwirklicht sich zwar eine allgemeine, im Betrieb angelegte, Gefahr, da für solche Tatserien der abgegrenzte soziale Raum des Betriebes genutzt wird, ohne dass das Opfer ausreichende Ausweichmöglichkeiten hat.

---

55 BGH, Urt. v. 20.10.2011 – 4 StR 71/11, Rn. 12.
56 BGH, Urt. v. 20.10.2011 – 4 StR 71/11, Rn. 13.
57 BGH, Urt. v. 20.10.2011 – 4 StR 71/11, Rn. 14.

Die Ausweichmöglichkeiten des Opfers sind auch beschränkt, da es um seinen Arbeitsplatz und seine wirtschaftliche Existenz fürchten muss, falls es seinen Arbeitsplatz nicht regelmäßig aufsucht. Die Gefahr, aufgrund des durch die betriebliche Tätigkeit regelmäßig abgegrenzten Sozialraums Opfer von Tatserien zu werden, ist in jedem Unternehmen, das von seinen Angestellten körperliche Anwesenheit am Arbeitsplatz verlangt, erhöht, deswegen handelt es sich um eine Gefahr, die durch eine betriebliche Eingliederung erhöht wird. Sie haftet keinem bestimmten Betrieb an, sondern besteht für sämtliche Betriebe, die eine körperliche Anwesenheit ihrer Beschäftigten verlangen. Insofern realisiert sich bei Tatserien im Betrieb zwar eine abstrakte Betriebsgefahr, aber keine konkrete.[58]

Die Entscheidung des BGH schweigt bedauerlicherweise zu der Frage, wie sich eine strafrechtliche Geschäftsherrenhaftung begründet, erkennt sie aber grundsätzlich an. Hervorzuheben ist, dass der BGH, auch wenn er es vermeidet, die entsprechenden Begrifflichkeiten zu verwenden, eine Einteilung in Beschützer- und Überwachergaranten vornimmt. Zuspruch verdient darüber hinaus die vom BGH vorgenommene einschränkende Auslegung des Merkmals der Betriebsbezogenheit.[59] Damit stellt der BGH klar, dass ein Vorgesetzter nicht schon grundsätzlich für ein straffreies Verhalten seiner Mitarbeiter während der Arbeitszeiten verantwortlich ist, sondern dass sich konkrete, dem spezifischen Betrieb anhaftende Gefahren verwirklichen müssen, die allgemeine Gefahren, die mit der betrieblichen Tätigkeit verbunden sind, übersteigen.[60]

2. BGH, Urteil vom 10. Juli 2012 – Aktenzeichen: VI ZR 341/10[61]

Der 4. und 5. Strafsenat haben in der dargestellten „Mobbing-Entscheidung" und in der „BSR-Entscheidung" die strafrechtliche Geschäftsherrenhaftung im

---

58 Zum gesamten Abschnitt BGH, Urt. v. 20.10.2011 – 4 StR 71/11, Rn. 14 ff.

59 *Roxin*, JR 2012, S. 303 (306), weist daraufhin, dass es sich bei dem Urteil um das erste höchstrichterliche Urteil handelt, das sich näher mit dem Kriterium der Betriebsbezogenheit beschäftigt; kritisch zu dem Urteil mangels belastbarer und systematisch nachvollziehbarer Kriterien zur Konkretisierung der Betriebsbezogenheit *Bülte*, NZWiSt 2012, S. 176 (179).

60 Anders versteht *Bülte*, NZWiSt 2012, S. 176 (178), das Urteil: „Es kann hier kaum gemeint sein, dass nur Gefahren betriebsbezogen sind, die ausschließlich diesen konkreten Betrieb kennzeichnen. Andernfalls wären branchentypische Straftaten nicht Gegenstand der Geschäftsherrenhaftung".

61 Veröffentlicht in BGHZ 194, 26 (26 ff.); NJW 2012, S. 3439 (3439 ff.); NZG 2012, S. 992 (992 ff.); NZWiSt 2012, S. 460 (460 ff.); VersR 2012, S. 1261 (1261 ff.); wistra 2012, S. 380 (380 ff.); WM 2012, S. 1591 (1591 ff.).

Grundsatz anerkannt. Der VI. Zivilsenat des BGH setzt sich zu dieser Rechtsprechung in Widerspruch.[62] Im Ergebnis lehnt der Zivilsenat eine Garantenpflicht von Geschäftsleitern gegenüber Dritten ab und will eine strafbewehrte Erfolgsabwendungspflicht nur im Innenverhältnis, also gegenüber dem Unternehmen selbst, gelten lassen.[63]

Der Zivilsenat hatte über § 823 Abs. 2 BGB eine Untreuestrafbarkeit (§ 266 Abs. 1 StGB) zu prüfen. Der Vorstandsvorsitzende einer AG veranlasste die Begleichung von Rechnungen einer GmbH, obwohl er wusste, dass es sich bei den, den Rechnungen zugrundeliegenden Geschäften um Scheingeschäfte handelte, denen keine Warenlieferungen gegenüberstanden. Das Verhalten des Vorstandsvorsitzenden verwirklicht rechtswidrig den Tatbestand der Untreue.[64] Die GmbH, welche die Rechnungen über die Scheingeschäfte ausstellte, wurde durch zwei Geschäftsführer (im Folgenden A und B genannt) vertreten. A hat Beihilfe zur Untreue des Vorstandsvorsitzenden durch aktives Tun geleistet, da er die für die Ausstellung der Rechnungen erforderlichen Absprachen getroffen hat, in denen unter anderem die Höhe der jeweiligen Rechnung mit dem Vorstandsvorsitzenden abgestimmt wurde.[65]

Interessant für die vorliegende Untersuchung sind die Ausführungen des VI. Zivilsenats zur Strafbarkeit des B, dem kein aktiver Gehilfenbeitrag, aber Kenntnis

---

62 So auch *Dannecker*, NZWiSt 2012, S. 441 (441); wobei von einem aktiven Widerspruch des Zivilsenats nicht gesprochen werden kann, da dieser zwar eine strafrechtliche Geschäftsherrenhaftung ablehnt, sich in dem Urteil aber überhaupt nicht mit ihr auseinandersetzt.

63 BGH, Urt. v. 10.07.2012 – VI ZR 341/10, Rn. 23; vgl. auch *Nietsch*, CCZ 2013, S. 192 (192).

64 Der alleinvertretungsberechtigte Vorstandsvorsitzende der AG hat seine ihm obliegende Vermögensbetreuungspflicht verletzt, indem er mittels fingierter Geschäftsvorfälle den Abfluss von Vermögensbestandteilen der AG initiiert hat. Die AG hat auf seine Veranlassung auf Scheinrechnungen der GmbH gezahlt, denen keine entsprechenden Forderungen zugrunde gelegen haben. Durch die pflichtwidrigen Handlungen des Vorstandsvorsitzenden ist der AG ein Schaden entstanden, da Zahlungen aus ihrem Vermögen abgeflossen sind, ohne dass die AG hierfür einen Gegenwert erlangt hat. Da dem Vorsitzenden der Scheincharakter der Rechnungen bekannt war, handelte er vorsätzlich, so BGH, Urt. v. 10.07.2012 – VI ZR 341/10, Rn. 6.

65 A war bewusst, dass mit der Rechnungsstellung an die AG Handelsgeschäfte nur vorgetäuscht werden sollen und nicht geschuldete Zahlungen zu Lasten des Gesellschaftsvermögens der AG veranlasst werden sollten, denen eine Gegenleistung der GmbH nicht gegenüberstand vgl. BGH, Urt. v. 10.07.2012 – VI ZR 341/10 Rn. 7.

über die Scheinrechnung nachgewiesen werden konnte.[66] Zunächst führt der Zivilsenat aus, eine Garantenstellung sei nicht nach abstrakten Maßstäben zu bestimmen, sondern hänge von den Umständen des konkreten Einzelfalles ab, bei dem eine Abwägung der Interessenlage und eine Bestimmung des konkreten Verantwortungsbereichs vorzunehmen sei.[67] Allein aus einer Stellung als Geschäftsführer lasse sich keine Garantenstellung ableiten.[68] Der BGH prüft und verneint eine Garantenstellung des B zugunsten der AG aus § 43 Abs. 1 GmbHG bzw. aus § 93 Abs. 1 Satz 1 AktG.[69] Die aus den genannten Normen folgenden Pflichten umfassen die ordnungsgemäße Geschäftsführung, die dem Geschäftsführer aufgrund seiner Organstellung obliege (§ 43 Abs. 1 GmbHG, § 93 Abs. 1 Satz 1 AktG), zu der auch die Verpflichtung gehört, dafür Sorge zu tragen, dass sich die Gesellschaft rechtmäßig verhält und ihren gesetzlichen Verpflichtungen nachkommt (sog. Legalitätspflicht). Diese Pflicht besteht nur der Gesellschaft gegenüber und nicht im Verhältnis zu außenstehenden Dritten, da die Bestimmungen der § 43 Abs. 1 GmbHG und § 93 Abs. 1 Satz 1 AktG allein die Pflichten des Geschäftsführers bzw. Vorstandsmitglieds aus seinem durch die Bestellung begründeten Rechtsverhältnis zur Gesellschaft regeln. Sie dienten nicht dem Zweck, Gesellschaftsgläubiger vor den mittelbaren Folgen einer sorgfaltswidrigen Geschäftsleitung zu schützen und es sei zwischen den Interessen der eigenen Gesellschaft und denen außenstehender Dritter zu unterscheiden.[70]

Eine Außenhaftung des Geschäftsführers komme nur in begrenztem Umfang aufgrund besonderer Anspruchsgrundlagen in Betracht, etwa wenn Schäden durch die Geschäftsführer selbst durch unerlaubte Handlung herbeigeführt werden.[71] Über die gegenüber der Gesellschaft bestehenden Pflichten aus der Organstellung hinaus wurden im vorliegenden Fall keine weiteren Pflichten übernommen, die aus besonderen Gründen persönlich gegenüber der AG bestanden und den Schutz ihrer Vermögensinteressen zum Gegenstand hatten.[72] Eine Garantenstellung des B zugunsten der AG aus Vertrag scheide aus, da vertragliche Beziehungen allein zwischen der AG und der GmbH, nicht aber zwischen der AG

66 BGH, Urt. v. 10.07.2012 – VI ZR 341/10, Rn. 8.

67 BGH, Urt. v. 10.07.2012 – VI ZR 341/10, Rn. 19.

68 BGH, Urt. v. 10.07.2012 – VI ZR 341/10, Rn. 21.

69 Dass hier sowohl die für die Aktiengesellschaft, als auch die für die GmbH relevanten Normen zitiert werden, liegt daran, dass die betreffende Gesellschaft zwischenzeitlich von einer GmbH in eine Aktiengesellschaft umgewandelt wurde, was für die strafrechtliche Betrachtung aber irrelevant ist.

70 Zum gesamten Abschnitt vgl. BGH, Urt. v. 10.07.2012 – VI ZR 341/10, Rn. 22 f.

71 BGH, Urt. v. 10.07.2012 – VI ZR 341/10, Rn. 24.

72 BGH, Urt. v. 10.07.2012 – VI ZR 341/10, Rn. 26.

und dem B bestanden. Abgesehen davon seien vertragliche Pflichten aus synallagmatischen Rechtsgeschäften zur Begründung einer Garantenpflicht nicht ohne weiteres ausreichend.[73]

Die Prüfung des VI. Zivilsenats im Hinblick auf eine strafrechtliche Verantwortung des B ist ebenso erstaunlich wie unzureichend: Zunächst einmal prüft der Senat eine Garantenstellung aus Gesetz (§ 43 Abs. 1 GmbHG und § 93 Abs. 1 Satz 1 AktG), ohne ein Wort darüber zu verlieren, dass eine solche formelle Begründung von Garantenstellung aus Gesetz heutzutage weder in der Literatur noch in der Rechtsprechung als allein begründendes Merkmal herangezogen wird. Im Gegenteil lehnen Literatur und Rechtsprechung fast ausnahmslos eine solche formelle Theorie zur Begründung von strafrechtlichen Erfolgsabwendungspflichten ab.[74] Teilweise wird zwar dem materiellen Gehalt, der hinter den außerstrafrechtlichen Normen steht, im Hinblick auf strafrechtliche Erfolgsabwendungspflichten eine Konkretisierungsfunktion zugebilligt, wie dargestellt, eignen sich gesetzliche Vorschriften nicht zur Begründung strafrechtlicher Erfolgsabwendungspflichten.[75] Als nächstes prüft der BGH eine Garantenstellung des B aus Vertrag und verneint diese (richtigerweise) mangels vertraglicher Beziehungen des B zu der AG. Auch eine strafrechtliche Erfolgsabwendungspflicht aus Vertrag lässt sich wie dargestellt nicht überzeugend begründen und wird deswegen von der herrschenden Meinung zu Recht abgelehnt.

Der Zivilsenat folgt in seinem Urteil der formellen Rechtspflichtentheorie, die zwar im Jahre 1930 in Lehre und Rechtsprechung vorherrschte, seitdem aber kaum mehr vertreten wird. Die Problematik des Urteils liegt allerdings nicht in der Prüfung und in der richtigen Verneinung von formell-rechtlich begründeten Garantenstellungen, sondern in der Auslassung sämtlicher materieller Gesichtspunkte unter denen heute die strafrechtliche Geschäftsherrenhaftung diskutiert wird. Insoweit kann man das Urteil nicht als Verneinung einer strafrechtlichen Geschäftsherrenhaftung verstehen, sondern als völlige Ausblendung der Problematik um die strafrechtliche Geschäftsherrenhaftung. Das Gericht spricht in seiner Entscheidung keine Aspekte (Betriebsbezogenheit, Eigenverantwortlichkeit, Betrieb

73 BGH, Urt. v. 10.07.2012 – VI ZR 341/10, Rn. 26.

74 Siehe oben 3. Teil, A. I. 3. b); vgl. aber neuerdings BGH, Urt. v. 26.08.2014 – I ZR 242/12 Rn. 16, der sich der Rechtsprechung des vierten Zivilsenats anschließt und ebenfalls auf eine formelle Begründung von Garantenstellungen rekrutiert.

75 Siehe oben Siehe oben 3. Teil, A. I. 3. b); vgl. auch *Hefendehl*, in: MüKo-StGB, § 263 Rn. 162: „Der Verweis auf Vertrag und Gesetz schadet somit nicht, hilft aber auch nicht".

als überwachungsbedürftige Gefahrenquelle usw.) der eigentlichen Geschäftsherrenhaftung an.

Dabei hätte gerade der zu entscheidende Fall interessante Ausführungen erwarten lassen: Besonderheit war, dass es sich bei dem aktiv Beihilfe leistenden A nicht um einen untergeordneten Unternehmensmitarbeiter gehandelt hat, dem B weisungsbefugt gewesen wäre, sondern um einen Mitgeschäftsführer, der hierarchisch auf derselben (oberen) Unternehmensebene angesiedelt war wie B. Insoweit würde eine Geschäftsherrenhaftung des B, wollte man sie mit dem Herrschaftskriterium begründen, ausscheiden und in Betracht käme eine Garantenstellung des B für den Betrieb als überwachungsbedürftige Gefahrenquelle. Auch das Merkmal der Betriebsbezogenheit war vorliegend nicht unproblematisch.[76] Das Ausstellen gefälschter Rechnungen und die daraufhin erfolgten Zahlungen verwirklichen zwar eine allgemein-betriebsbezogene Gefahr, ob es sich um eine dem Betrieb spezifisch anhaftende Gefahr handelt, ist nicht zwingend. Die Gefahr, durch Ausstellen von Scheinrechnungen für nicht gelieferte Waren oder nicht getätigte Dienstleistungen Vermögensschäden bei Dritten hervorzurufen, dürfte fast allen Betrieben anhaften.

Im Ergebnis sind die Ausführungen des Zivilsenats zur Garantenstellung des B nicht unzutreffend, sondern in hohem Maße unvollständig: Dort, wo der Senat Garantenpflichten des B sucht, sind diese nicht zu finden, weswegen die Verneinung einer Garantenstellung im Rahmen der vorgenommenen Prüfung konsequent ist.[77] Verwunderlich ist, dass sich der BGH in der Entscheidung recht ausführlich mit einer Garantenstellung des B befasst, nur um folgend auszuführen, dass sich eine Kenntnis des B von der zwischen dem Vorstandsvorsitzenden und A getroffenen Absprache über die Durchführung von Scheingeschäft nicht detektieren ließe.[78] Mangels Strafbarkeit einer fahrlässigen Beihilfe durch Unterlassen zur Untreue wäre die gerichtliche Detektion ausreichend gewesen, dass eine Beihilfe durch Unterlassen zur Untreue mangels Vorsatz ausscheidet, so hätte der BGH die umstrittene Frage einer Garantenstellung des B nicht beantworten müssen. Warum der BGH diese unnötige Prüfung trotzdem in dieser Ausführlichkeit und unter Außerachtlassung sämtlicher Aspekte einer strafrechtlichen

---

76 So aber *Dannecker*, NZWiSt 2012, S. 441 (445): „Für den vorliegenden Fall muss dieser Abgrenzung aber nicht weiter nachgegangen werden, denn die aktive Beteiligung an einem Scheinrechungssystem namens und mit organschaftlicher Vertretungsmacht der Gesellschaft ist an Betriebsbezogenheit wohl kaum zu übertreffen".

77 Vgl. *Dannecker*, NZWiSt 2012, S. 441 (445).

78 BGH, Urt. v. 10.07.2012 – VI ZR 341/10, Rn. 27 ff.

Geschäftsherrenhaftung vornimmt, werden letztlich nur die beteiligten Richter beantworten können.

Die Verneinung des Vorsatzes und das Dahinstehenlassen der Frage, ob eine Garantenstellung des B besteht, wäre der bessere Weg gewesen, berücksichtigt man die dargestellte unvollständige Prüfung des Zivilsenats hinsichtlich des Bestehens einer Garantenstellung. Der Entscheidung kann kein (ernsthafter) Widerspruch zu den Entscheidungen des 4. und 5. Strafsenats attestiert werden, da sie sich nicht mit den spezifischen Fragestellungen einer strafrechtlichen Geschäftsherrenhaftung auseinandergesetzt hat, obwohl eine solche Auseinandersetzung im vorliegenden Fall nicht nur interessant, sondern auch geboten gewesen wäre, sofern in die Prüfung einer Garantenstellung eingestiegen wird.[79]

III. Garantenstellung des Geschäftsherrn

Steht eine betriebsbezogene Tat im Raum, die von der Unternehmensleitung vorsätzlich oder fahrlässig nicht verhindert worden ist, obwohl ihr dies individuell möglich gewesen wäre, entsteht durch diesen faktischen Umstand noch keine Garantenpflicht der Unternehmensleitung. Allein aus dem Merkmal der Betriebsbezogenheit leitet sich noch keine Garantenstellung des Geschäftsherrn ab. Die eine strafrechtliche Geschäftsherrenhaftung befürwortenden Ansichten in der Literatur lassen sich in zwei Strömungen unterteilen, die im Folgenden kurz skizziert werden.

1. Befehls- und Organisationsherrschaft über die Betriebsangehörigen

Die dargestellte Theorie *Schünemanns* zur Begründung von Garantenstellungen aufgrund der Herrschaft über den Grund des Erfolges lässt sich im Rahmen der Geschäftsherrenhaftung anschaulich anwenden: Aus Delegation

79 Zu der Frage, ob aufgrund der stillschweigenden Ablehnung der strafrechtlichen Geschäftsherrenhaftung eine Vorlagepflicht an die Vereinigten Großen Senate des Bundesgerichtshofs gemäß § 132 Abs. 2 GVG besteht, vgl. *Dannecker*, NZWiSt 2012, S. 441 (450); *Rönnau*, StraFo 2014, S. 265 (271 f.); für eine solche Divergenzvorlage spricht auch eine weitere aktuelle Entscheidung des 1. Zivilsenats des BGH, in der dieser ebenfalls eine grundsätzliche Geschäftsherrenhaftung verneint vgl. BGH, Urt. v. 18.06.2014, Rn. 23; allgemein zu Divergenzvorlage *Franke*, in: L/R-StPO, § 132 GVG, Rn. 2 ff.; kritisch zu einer überzeichnenden Kritik an Divergenzen zwischen Senaten des BGH vgl. *Fischer*, StV 2010, S. 95 (99): „Sorgenvolle Pointierungen von Meinungsverschiedenheiten in Einzelfragen zwischen Senaten des BGH dienen daher gelegentlich wohl mehr dem Beleg der Bedeutung des jeweiligen Kritikers als der Klärung der Sachfragen".

von Verrichtungen und der verbleibenden Anweisungsmacht des Delegierenden folgt eine durch die Befolgungsbereitschaft des Untergegebenen beschränkte Herrschaft über den Grund des Erfolgs, weil und insoweit der von ihm mit entsprechenden Verrichtungen Beauftragte bei seiner Tätigkeit von den Anweisungen des Geschäftsherren abhängig ist und diese regelmäßig befolgen wird.[80] Darüber hinaus folge die Herrschaft der Unternehmensleitung nicht nur aus ihrer rechtlichen Befehlsgewalt, sondern auch aus ihren „überlegenen Informationsfundus".[81] Über die „rechtliche Befehlsgewalt" und das „Herrschaftswissen" nennt *Schünemann* als „dritte Säule" der Garantenstellung des Geschäftsherren die „faktische Durchsetzbarkeit".[82]

An diesem Punkt tritt die Ableitung des Modells *Schünemanns* von der Tatherrschaftslehre *Roxins* deutlich hervor. Die Begründung einer Haftung aufgrund des Beherrschens einer Organisation fußt letztlich auf demselben Grundgedanken, wie die Begründung einer mittelbaren Täterschaft kraft Organisationsherrschaft, wobei die praktische Relevanz bei der Frage nach der Garantenstellung des Geschäftsherrn bedeutsamer ist als die Frage, ob man den aktiv handelnden Geschäftsherren wegen mittelbarer Täterschaft oder Anstiftung bestraft.[83] Bei Anerkennung der mittelbaren Täterschaft kraft Organisationsherrschaft handelt es sich lediglich um eine dogmatische Einordnung in Anstiftung oder mittelbare Täterschaft mit identischen Strafrahmen. Eine Garantenstellung des Geschäftsherrn kann hingegen begründendes Merkmal für dessen Strafbarkeit sein.

80 *Schünemann*, GA 2013, S. 193 (194); *ders.*, in: LK-StGB, § 25 Rn. 132; *ders.*, ZStW 1984, S. 287 (318); *ders.*, Grund und Grenzen der unechten Unterlassungsdelikte, S. 328 f.; *ders.*, FS Rudolphi, S. 297 (298); vgl. auch *Ransiek*, ZGR 1999, S. 613 (615 ff.); *Rudolphi/Stein*, in: SK-StGB, § 13 Rn. 32; dem nahestehend *Mansdörfer*, FS Frisch, S. 315 (331), der von „Leitungsmacht" spricht, die ihrerseits wertenden Unterscheidungen zugänglich sei, weswegen der Begriff anhand des tatsächlichen Geschehens und in Anbetracht der wahrgenommen Funktionen entwickelt werden müsse; auf die „große Nähe" von Organisationsherrschaft und der Dogmatik der Unterlassungsdelikte hinweisend *Schlösser*, GA 2007, S. 161 (168); zum Begriff der „Organisation" bei der „Organisationsherrschaft" vgl. *Ambos*, FS Roxin, S. 837 (837 ff.).

81 *Schünemann*, Unternehmenskriminalität, S. 102, spricht in diesem Zusammenhang auch von „Vorzugswissen" und „Herrschaftswissen".

82 *Schünemann*, Unternehmenskriminalität, S. 104; für eine kriminologische Perspektive der Organisationsherrschaft vgl. *Hefendehl*, GA 2004, S. 575 (582 ff.).

83 Ebenfalls auf die geringe praktische Bedeutung hinweisend *Rotsch*, NStZ 1998, S. 491 (491); zur Anstiftung als Alternative zur Organisationsherrschaft vgl. *Charchulla*. Figur der Organisationsherrschaft, S. 82 ff.; *Roxin*, GA 2012, S. 395 (403 ff.); *ders.*, FS Krey, S. 449 (455 f.); vgl. auch bereits *ders.*, GA 1963, S. 193 (198 ff.).

Die Stimmen in der Literatur, die ihre Ablehnung nicht oder nicht nur auf einen Verstoß des Autonomieprinzips gründen, knüpfen an der fehlenden bzw. unzureichenden Herrschaft des Betriebsinhabers über die Unternehmensangehörigen an.[84] Sie vergleichen regelmäßig das Weisungsrecht bzw. die Organisationsmacht des Betriebsinhabers mit Herrschaftsverhältnissen, wie sie etwa Lehrer über minderjährige Schüler oder Betreuer über Geisteskranke haben, also mit der Herrschaft über Personen, die aufgrund eines „Mangels" nicht eigenverantwortlich handeln.[85] Teilweise wird eine „Herrschaft" der Geschäftsführung auch mit dem Vergleich abgelehnt, in Betrieben bestehe keine solche ausgeprägte Autoritätsvorstellung wie etwa in klassischen militärischen Über- und Unterordnungsverhältnisse (Offizier und Untergebene). Diese falsche Assoziation hat *Schünemann* selbst hervorgerufen, wenn er Minderjährige, Soldaten und Arbeitnehmer undifferenziert in eine Gruppe fasst, die der „Befehlsgewalt des Gewalthabers" unterliegen (sollen).[86]

Bei „Herrschaft" im Unternehmen handelt es sich nicht um dieselbe oder auch nur um eine ähnliche, nicht einmal um eine sinnhaft vergleichbare Herrschaftsform, wie die eines Betreuers über Geisteskranke oder Eltern über Kleinkinder.[87] Der Vergleich zum Herrschaftsverhältnis zwischen Offizieren und Soldaten weist zwar aufgrund des eigenverantwortlichen Handelns der Soldaten eine größere Nähe zum Verhältnis eines Geschäftsführers und den übrigen Unternehmensangehörigen auf, ermöglicht allerdings im Vergleich keine belastbare Aussage für Unternehmen, weder zur Begründung einer Garantenstellung des Geschäftsherren noch zu einer Ablehnung. Die Autoritätsstellung eines militärischen Vorgesetzten übersteigt regelmäßig die Autoritätsstellung eines betrieblichen Vorgesetzten. Wirtschaftsunternehmen zeichnen sich nicht (mehr) durch eine Struktur von Befehl und Gehorsam aus. Vielmehr werden regelmäßig Individualität und damit einhergehende Kreativität der einzelnen Arbeitnehmer gefördert. Es mag vereinzelt Unternehmen geben, in denen eine Kultur von

---

84 *Heine*, Strafrechtliche Verantwortlichkeit im Unternehmen, S. 116 f.; *Langkeit*, FS Otto, S. 649 (652); *Murmann*, GA 1996, S. 269 (274); *Otto*, Jura 1998, S. 409 (413); *Rotsch*, Individuelle Haftung, S. 189; *Rudolphi/Stein*, in: SK-StGB, § 13 Rn. 35a.

85 So etwa *Beulke*, FS Geppert, S. 23 (33); *Brammsen*, in: A-Individuelle Verantwortung, S. 105 (124).

86 *Schünemann*, Grund und Grenzen der unechten Unterlassungsdelikte, S. 328.

87 So aber *Beulke*, FS Geppert, S. 23 (33): „In der Tat widerspricht es dem heutigen Rollenverständnis von Arbeitgebern und Arbeitnehmern, Personen allein aufgrund ihrer innerbetrieblichen Weisungsgebundenheit in eine Reihe mit Kindern, Strafgefangenen und Geisteskranken zu stellen".

„Befehl und Gehorsam" vorherrscht und insoweit mit *Schünemann* von „partieller Unmündigkeit" des Arbeitnehmers[88] bzw. von einer „Befehlsgewalt" des Geschäftsherrens[89] oder von „eingefleischten Gehorsams"[90] gesprochen werden kann, der Regelfall in deutschen Wirtschaftsunternehmen dürfte anders aussehen.[91]

Die vorgebrachte Kritik am Herrschaftskriterium zur Begründung einer Garantenstellung des Geschäftsherrn ist nicht falsch, sie ist unzureichend. Zunächst lassen die Kritiker häufig außer Acht, dass sich eine Garantenstellung des Geschäftsherrn nicht zwangsläufig nur auf Herrschaftsaspekte stützen lässt. Der Begriff der „Herrschaft" mag als solcher zwar kein Beleg einer Garantenstellung sein. Die mit ihm regelmäßig assoziierten, besonders effektiven betrieblichen Organisations- und Erfolgsabwendungsmöglichkeiten sind, auf Unternehmen angewendet, ein Instrument effektiven Rechtsgüterschutzes. Wer besonders gut in der Lage ist, die Verletzung von Rechtsgütern zu verhindern, dem wird regelmäßig auch eine gewisse „Herrschaft" attestiert, ob der Begriff „Herrschaft" im Zusammenhang mit lediglich in Teilen weisungsberechtigten Geschäftsführern über vollverantwortlich Handelnde Dritte glücklich gewählt ist, ist eine andere Frage. Sinnhafter wäre es in diesem Zusammenhang von einem Direktionsrecht der Geschäftsführung zur arbeitsbezogenen Verhaltensbestimmung als Begründung einer Aufsichtsgarantenstellung zu sprechen.

Zur Begründung einer Überwachungsgarantenstellung des Geschäftsherren, aus der die Pflicht folgen kann betriebsbezogene Straftaten seiner Mitarbeiter zu verhindern, ist die hinter dem Herrschaftsgedanken stehende These vom möglichst effektiven Rechtsgüterschutz grundsätzlich geeignet, eine Überwachungsgarantenstellung und eine aus ihr folgende „Straftatenverhinderungspflicht" des Geschäftsführers zu begründen.[92] Der Zuspruch an dieser Stelle darf nicht als

---

88 *Schünemann*, Grund und Grenzen der unechten Unterlassungsdelikte, S. 328.

89 *Schünemann*, ZStW 1984, S. 287 (318); *ders.*, wistra 1982, S. 41 (45); *ders.*, Unternehmenskriminalität, S. 89.

90 *Schünemann*, Unternehmenskriminalität, S. 104.

91 Vgl. hierzu *Heine*, Strafrechtliche Verantwortlichkeit von Unternehmen, S. 35 ff.

92 Ebenfalls eine Garantenstellung des Betriebsinhabers aufgrund von Herrschaftsaspekten bejahen *Bottke*, Haftung für die Nichtverhinderung von Straftaten, S. 28; *ders.*, JuS 2002, S. 320 (323); *Deutscher*, WM 2010, S. 1387 (1389); *Fischer*, StGB, § 13 Rn. 70; *Göhler*, FS Dreher, S. 611 (620 f.); *Kraft/Winkler*, CCZ 2009, S. 29 (30); *Mansdörfer/Trüg*, StV 2012, S. 432 (436); *Rönnau/Schneider*, ZIP 2010, S. 53 (56); *Rogall*, ZStW 1986, S. 573 (617 ff.); *Roxin*, Strafrecht AT, Band II, S. 757; *Schünemann*, GS Meurer, S. 37 (50 f.); *ders.*, wistra 1982, S. 41 (45).

eine allgemeine Zustimmung zu dem Herrschaftsgedanken aufgefasst werden. Dieser eignet sich, wie gezeigt, nur eingeschränkt zur Begründung von Garantenstellungen.

2. *Verantwortlichkeit für einen Organisationskreis – Gleichsetzung von personalen und sachlichen Gefahrenquellen?*

Teile der Literatur wählen einen anderen Begründungsansatz. Sie fassen personale und sachliche Gefahrenquellen unter dem Oberbegriff „Gesamtgefahrenherd Betrieb" zusammen bzw. leugnen überhaupt die Möglichkeit zur sinnhaften Abgrenzung von Sach- und Personengefahren.[93] So umgeht man den dargestellten Problematiken der Eigenverantwortlichkeit bzw. der mangelnden Herrschaft. Eine Garantenstellung des Betriebsinhabers, aus der sich eine Pflicht ergibt, Rechtsgüter Dritter vor Sachgefahren, die bei der Tätigkeit des Betriebes entstehen zu schützen, ist allgemein anerkannt.[94] Erklärt man Sachgefahren von Personalgefahren für nicht hinreichend abgrenzbar, erübrigt sich die Diskussion um die Geschäftsherrenhaftung hinsichtlich einer Pflicht des Geschäftsherrn Straftaten Untergebener zu verhindern. Die Straftaten Untergebener wären, solange sie einen hinreichenden betrieblichen Bezug aufweisen, unter den Oberbegriff „Betriebsgefahren" zu subsumieren, für deren Nichtverwirklichung der Geschäftsherr strafrechtlich einzustehen hat. Diese (strafrechtliche) Gleichstellung von betrieblichen Sach- und Personengefahren ist abzulehnen. Das Argument mangelnder hinreichender Abgrenzbarkeit ist verfehlt. Regelmäßig ist eine Abgrenzung mit hinreichender Bestimmbarkeit möglich, insbesondere bei vorsätzlichen Straftaten von Untergebenen liegt der Schwerpunkt der verwirklichten Gefahr in der Person. Programmiert ein Mitarbeiter eine betriebliche Maschine, damit sie Kollegen ver

93 *Basualto*, FS Frisch, S. 333 (335); *Bülte*, Vorgesetztenverantwortlichkeit im Strafrecht, S. 187; *Dannecker*, NZWiSt 2012, S. 441 (449); *Fischer*, StGB, § 13 Rn. 70; *Mittelsdorf*, ZIS 2011, S. 123 (126); *Otto*, FS Schroeder, S. 339 (341); *Ransiek*, Unternehmensstrafrecht, S. 36 f.; *ders.*, AG 2010, S. 147 (150 f.); *Rotsch*, in: R-Handbuch Criminal Compliance, S. 154; *Roxin*, Strafrecht AT, Band II, S. 757 „verlängerte Sachgarantenstellung"; *ders.*, JR 2012, S. 303 (306); mittlerweile aber durchaus differenzierter vgl. *ders.*, *Roxin*, FS Beulke, S. 239 (247 f.); *Schall*, FS Rudolphi, S. 267 (277 f.); *ders.*, FS Kühl, S. 417 (421 f.); *Schmitt-Leonardy*, Unternehmenskriminalität ohne Strafrecht? S. 293; einschränkend auf „gefährliche" Betriebe *Langkeit*, FS Otto, S. 649 (653 f.).

94 Vgl. etwa BGH NStZ 2002, S. 421 (422 f.); *Schlüchter*, FS Salger, S. 139 (148 f.); *Spring*, Strafrechtliche Geschäftsherrenhaftung, S. 159; *Stree/Bosch*, in: S/S-StGB, § 13 Rn. 43.

letzt, liegt hierin ein durch die Person zu verantwortender Schaden und keine bzw. wenn überhaupt eine subsidiär zu würdigende Realisierung einer Sachgefahr.

Erschießt A den B, liegt hierin ein einer Person zurechenbarer Erfolg. Von einer Pistole als solcher geht, solange damit auf einen Menschen gezielt und abgedrückt wird, keine Sachgefahr aus. Man sollte an diesem Punkt über die strafrechtliche Geschäftsherrenhaftung hinaus betrachten, was es für strafrechtliche Zurechnung im Allgemeinen bedeutet, eine grundsätzlich konsequente Untrennbarkeit von sachlichen und personellen Gefahren anzunehmen. Der Pistolenhersteller müsste Überwachungsgarant für sämtliche mit der Pistole begangenen Rechtsgutsverletzungen sein, da nach genannter Ansicht nicht zu unterscheiden ist, ob die Gefahr – Erschießen andere Menschen – von der Pistole oder demjenigen ausgeht, der den Abzug betätigt.[95] Auch die Rechtsfigur der mittelbaren Täterschaft wäre bei konsequenter Anwendung der Gleichstellung von personellen und sachlichen Gefahren überflüssig. Ist eine sinnhafte Abgrenzung zwischen personellen und sachlichen Gefahren nicht möglich ist, spielt es im Rahmen der Zurechnung keine Rolle, ob die Tat mittels eines Gegenstandes oder einer Person begangen wird. Die herrschende Ansicht unterscheidet an dieser Stelle zu Recht und trägt der Besonderheit einer durch eine andere Person begangenen Straftat Rechnung, indem sie regelmäßig einen „Defekt" beim Tatmittler einfordert.[96]

Bei fahrlässiger Begehungsweise mag es in Einzelfällen zu Abgrenzungsschwierigkeiten kommen, etwa wenn gefährliche Maschinen sorgfaltspflichtwidrig gewartet werden und sich ex post nicht detektieren lässt, ob sich der Erfolg (etwa die Körperverletzung eines Kollegen) auf den Wartungsmangel oder die risikobehaftete Benutzung der Maschine zurückführen lässt. Solche Abgrenzungsproblematiken sind dem Strafrecht immanent. Würde man jegliche Unterscheidung ablehnen, nur weil sie in Ausnahmefällen Schwierigkeiten bereitet, käme dies einem Verzicht auf Strafrechtsdogmatik und damit einem Verzicht auf Rechtssicherheit gleich.

Eine berechtigte Unterscheidung muss allerdings nicht nur hinreichend sinnhaft möglich sein, sie muss auch für sich selbst sinnhaft sein. Bei der Diskussion um eine Garantenstellung von Geschäftsherren ist eine solche Unterscheidung

95 Ebenfalls die Möglichkeit zu einer Unterscheidung von Sach- und Personalgefahren annehmend *Beulke*, FS Geppert, S. 23 (35); *Konu*, Garantenstellung des Compliance-Officers, S. 167 f.; *Petermann*, FS Volk, S. 538 (542 f.); *Spring*, Strafrechtliche Geschäftsherrenhaftung, S. 161.

96 Vgl. etwa *Jescheck/Weigend*, Strafrecht AT, S. 665 ff.; *Kühl*, Strafrecht AT, S. 751 ff.; *Roxin*, Strafrecht AT, Band II, S. 22 ff., jeweils m. w. N.

sinnvoll: Unter den Gesichtspunkten des effektiven Rechtsgüterschutzes ist es zwingend, dass derjenige, der gefährliche Sachen verwendet oder durch Dritte verwenden lässt, verantwortlich ist, dass diese Sachen keine Rechtsgüter von Dritten schädigen.

Bei grundsätzlich eigenverantwortlich handelnden Menschen besteht ein berechtigtes Vertrauen, dass diese sich eigenständig so verhalten, dass sie keine Rechtsgüter Dritter rechtswidrig beeinträchtigen. Das Vertrauen mag in gewissen Konstellationen, etwa bei einschlägig in Erscheinung getretenen Mitarbeitern oder bei für Delinquenz grundsätzlich anfälligen Strukturen, etwa im Rotlichtmilieu, erschüttert sein, ändert nichts an dem Grundsatz, dass jeder Geschäftsführer grundsätzlich berechtigt auf ein rechtstreues Verhalten seiner Angestellten vertrauen darf. Auch unter dem eingeschränkt zur Begründung von Garantenstellungen geeigneten Herrschaftsaspekt erscheint eine solche Unterscheidung zwingend: Eine (häufig fast absolute) Herrschaft von Menschen über Gegenstände ist nicht mit Herrschaft über andere Menschen gleichzusetzen. Dies gelingt schon bei eingeschränkt verantwortlich handelnden Personen (etwa Kindern oder Geisteskranken) regelmäßig nicht. Bei vollverantwortlich handelnden Personen erscheint die Vergleichbarkeit von personeller und sachlicher Herrschaft ausgeschlossen. Dies bedeutet keine Ablehnung einer ebenso wie bei Sachgefahren grundsätzlich möglichen Garantenstellung des Geschäftsherrens hinsichtlich von personellen Gefahren. An dieser Stelle wird sich nur dagegen ausgesprochen, diese Garantenstellung mit denselben Argumentationstopoi zu begründen wie eine Garantenstellung über Sachgefahren.[97]

3. *Geschäftsherrenhaftung aus Ingerenz*

Der Ingerenzgedanke wird bei der Frage nach einer strafrechtlichen Geschäftsherrenhaftung zu Unrecht mit dem richtigen Hinweis ausgeklammert, die Betriebseröffnung, das Betreiben des Betriebes und die Personaleinstellungen seien nicht pflichtwidrig, nicht einmal sozial inadäquat.[98] Unbeachtet bleibt, ob man nicht an anderes Vorverhalten anknüpfen kann. Zunächst wäre an die Schaffung

97 So auch *Mittelsdorf*, ZIS 2011, S. 123 (126): „Dies schließt die Begründung von Garantenpflichten bei der Begehung strafbarer Handlungen durch Mitarbeiter nicht aus, zeigt jedoch, dass die Herrschaft über Personen keinen tauglichen Begründungsansatz liefern kann".

98 Darauf hinweisend etwa *Bottke*, Haftung für die Nichtverhütung von Straftaten, S. 15; *Langkeit*, FS Otto, S. 649 (653); *Thiemann*, Aufsichtspflichtverletzungen, S. 15 f.; *Will*, Verletzung von Aufsichtspflichten, S. 150 ff.

oder Unterhaltung von gefahrenträchtigen Betriebsstrukturen zu denken, aber auch an das Unterlassen einer pflichtgemäßen Betriebsorganisation, insbesondere die in Teil eins der Arbeit vorgestellten Vorschriften enthalten betriebliche Organisationspflichten. Bei einem Verstoß ließen sich eine pflichtwidrige Betriebsorganisation und damit eine Pflichtwidrigkeit des Vorverhaltens begründen. Der Frage soll in Bezug auf die Geschäftsherrenhaftung nicht weiter nachgegangen werden, sie wird im vierten Teil insoweit wieder aufgegriffen, als sich dort die Frage stellt, inwieweit ein pflichtwidriges Vorverhalten oder ein gebotswidriges Unterlassen eine Aufsichtsgarantenstellung von Compliance-Beauftragten begründen kann.

4. *Gesetzliche Vorschriften – Nachweis oder Ausschluss strafrechtlicher Geschäftsherrenhaftung?*

Teile der Literatur wollen aus bestimmten Vorschriften, etwa § 357 StGB, § 41 WStG oder § 130 OWiG bzw. aus den dahinterstehenden Rechtsgedanken herleiten, dass der Gesetzgeber grundsätzlich eine strafrechtliche Geschäftsherrenhaftung anerkenne.[99] Eine Garantenstellung aus allgemeinen Rechtsgedanken abzuleiten, muss sich den Vorwurf einer Analogiebildung zu Lasten des Täters gefallen lassen.[100]

Diametral zu dieser Ansicht wird den genannten Vorschriften, welche im Kern Aufsichtspflichtverletzungen sanktionieren, in deren Folge es zu Rechtsverstößen von Untergegebenen bzw. Betriebsangehörigen kommt, eine Sperrwirkung attestiert. Durch Sanktionierung von teilweisen Aufsichtspflichtverletzungen habe der Gesetzgeber die „Gesamtmaterie“ Geschäftsherrenhaftung nach seinen Vorstellungen enumerativ geregelt, weswegen eine über die genannten Normen hinausgehende Sanktionierung von Aufsichtspflichtverletzungen unzulässig sei.[101]

---

99 *Roxin*, Strafrecht AT, Band II, S. 758; mittlerweile anders vgl. *ders.*, FS Beulke, S. 239 (242); *Tiedemann*, Wirtschaftsstrafrecht AT, S. 80; unterscheidend *Rogall*, ZStW 1986, S. 573 (615), der die Geschäftsherrenhaftung nur aus § 130 OWiG ableitet; aufschlussreich *Schünemann*, Unternehmenskriminalität, S. 62 ff., mit ausführlicher Besprechung der einzelnen Vorschriften, die im Zusammenhang mit der strafrechtlichen Geschäftsherrenhaftung diskutiert werden; *Tiedemann*, NJW 1986, S. 1842 (1846), sieht in den Vorschriften § 9 OWiG und § 14 StGB einen weiteren Beleg für eine Anerkennung einer Garantenstellung von Betriebsinhabern.

100 *Beulke*, FS Geppert, S. 23 (31); *Rogall*, ZStW 1986, S. 573 (615); *Schlüchter*, FS Salger, S. 139 (158); *Schünemann*, wistra 1982, S. 41 (43); *Spring*, Strafrechtliche Geschäftsherrenhaftung, S. 180.

101 *Campos Nave/Vogel*, BB 2009, S. 2546 (2548 f.); *Langkeit*, FS Otto, S. 649 (651); *Rudolphi*, in: SK-StGB, § 13 Rn. 35a; *Stoffers*, NJW 2009, S. 3173 (3176).

§ 357 StGB und § 41 WStG sind auf spezielle Unterordnungsverhältnisse (Vorgesetzte – Untergebene) zugeschnitten. Diese speziellen Regelungen können eine Strafbarkeit ähnlicher, aber vom Gesetz nicht erfasster Taten nur ausschließen, wenn sich aus den Vorschriften der gesetzgeberische Wille ableiten ließe, nur genannte Bereiche einer strafrechtlichen Haftung zu unterwerfen.[102] Weder in § 357 StGB noch § 41 WStG finden sich Anhaltspunkte, dass der Gesetzgeber eine Haftung für rechtswidrige Taten von Untergebenen enumerativ regeln wollte. § 130 OWiG ist in seinem Anwendungsbereich nicht wie § 357 WStG und § 41 WStG auf amtliche oder militärische Konstellationen beschränkt und auf sämtliche Fälle unzureichender Aufsicht anwendbar, sofern die in Rede stehende Zuwiderhandlung einen Betriebsbezug aufweist. Die Existenz einer Vorschrift im Ordnungswidrigkeitenrecht lässt keinen Rückschluss zu, ob nicht anderes (evtl. schwerer wiegendes) Verhalten unter Strafnormen subsumiert werden kann.[103] In § 21 Abs. 1 Satz 1 OWiG[104] wird die Möglichkeit zum Ausdruck gebracht, dass eine Handlung sich sowohl unter ein Strafgesetz als auch unter eine Ordnungswidrigkeit subsumieren lässt. Richtigerweise lassen sich die genannten Vorschriften weder die Anerkennung noch die Ablehnung der Geschäftsherrenhaftung durch den Gesetzgeber entnehmen.[105]

5. *Strukturmerkmale der Garantenstellung*

Ein Direktionsrecht zur arbeitsbezogenen Verhaltensbestimmung eignet sich zur Begründung einer Aufsichtsgarantenstellung der Geschäftsführung über die ihr unterstellten und für sie tätigen Mitarbeiter. Aus einem Direktionsrecht der Geschäftsleitung gegenüber den Unternehmensmitarbeitern verbunden mit ihren betrieblichen Organisationsmöglichkeiten folgen besondere Erfolgsabwendungsmöglichkeiten, von denen Dritte durch eine rechtliche Zuordnung des Betriebs als Privateigentum ausgeschlossen sind. Für effektiven Rechtsgüterschutz legitimiert sich damit eine strafrechtliche Erfolgsabwendungspflicht aus einer

---

102 So auch *Beulke*, FS Geppert, S. 23 (31).

103 *Beulke*, FS Geppert, S. 23 (30); *Spring*, Strafrechtliche Geschäftsherrenhaftung, S. 186; *Roxin*, FS Beulke, S. 239 (243).

104 Ist eine Handlung gleichzeitig Straftat und Ordnungswidrigkeit, so wird nur das Strafgesetz angewendet.

105 So im Ergebnis auch *Beulke*, FS Geppert, S. 23 (30); *Dannecker/Dannecker*, JZ 2010, S. 981 (989); *Poguntke*, Risiken für Compliance-Beauftragte, S. 71; *Ransiek*, AG 2010, S. 147 (149); *Rönnau/Schneider*, ZIP 2010, S. 53 (56); *Rößler*, WM 2011, S. 918 (922); *Roxin*, FS Beulke, S. 239 (242); *Schünemann*, Unternehmenskriminalität, S. 70; *Spring*, Strafrechtliche Geschäftsherrenhaftung, S. 180 ff.

gesteigerten und exklusiven Fähigkeit zur Erfolgsabwendung. Das Recht zum Ausschluss Dritter aus der Gestaltung des betrieblichen Organisationkreises, die personelle und sachliche Ressourcenkonzentration bedingen eine erhöhte Rechtsgütergefährdung, der im Ausgleich eine erhöhte strafrechtliche Verantwortlichkeit der Geschäftsführung für die durch sie genutzte und beherrschende Organisation gegenübersteht.

IV. Betriebsbezogenheit der zu verhindernden Straftat

Einhellig eingeräumt wird, dass es sich bei der Geschäftsherrenhaftung um eine Haftung für Delikte handelt, die einen Bezug zum Betrieb aufweisen.[106] Eine Abgrenzung im Einzelfall bereitet nicht unerhebliche Schwierigkeiten. Allgemein anerkannt ist, dass der Geschäftsherr nicht für eine insgesamt straffreie Lebensführung seiner Mitarbeiter verantwortlich ist, etwa für Straftaten von Mitarbeitern in deren Freizeit ohne Verwendung betrieblicher Ressourcen.

1. Merkmal der Geschäftsherrenhaftung

Der Betriebsbezug folgt unmittelbar aus der Garantenstellung. Unabhängig, ob man den Betrieb unter Gleichstellung von sachlichen und personellen Gefahren als überwachungsbedürftige Gefahrenquelle begreift oder aufgrund eines betrieblichen Autoritätsverhältnisses zwischen Leitungsperson und Mitarbeitern eine Garantenstellung des Geschäftsherrens annimmt, folgt aus beiden Ansätzen die Beschränkung auf betriebsbezogene Taten.

Der Unternehmensleiter besitzt regelmäßig keine – weder normative noch faktische – Direktionsrechte, die es ihm ermöglichen, seinen Mitarbeitern Anweisungen außerhalb des betrieblichen Raums zu geben und damit in dessen Freizeit „hineinzuregieren". Insoweit besteht, wenn überhaupt, nur „betriebsbezogene Herrschaft". Der Unternehmensleiter, der den Betrieb als Gefahrenquelle zu überwachen hat, ist schon nach dem Wortlaut nur zuständig für das Verhindern von Betriebsgefahren. Das Merkmal der Betriebsbezogenheit ist kein eigenständiges Tatbestandsmerkmal, es ist Bestandteil der Garantenstellung des Geschäftsherrn und stellt keine Einschränkung oder gar ein Korrektiv der

106 BGH, NJW 2012, S. 1237 (1238 f.); *Bottke*, Haftung aus Nichtverhüttung von Straftaten, S. 68 f.; *Fischer*, StGB, § 13 Rn. 68; *Ordeig*, FS Roxin, S. 651 (661); *Poguntke*, CCZ 2012, S. 157 (159); *Rübenstahl*, NZG 2009, S. 1341 (1342); *Wagner*, ZIS 2012, S. 704 (709); vgl. auch bereits *Frank*, ZStW 1916, S. 28 (37); *Lüderssen*, in: K/L/V-Unternehmensstrafrecht, S. 79 (100 ff.), sieht das Merkmal der Betriebsbezogenheit sogar als „neues Beteiligungskriterium".

Geschäftsherrenhaftung dar. Geht es um Straftaten ohne Bezug zum Betrieb, gibt es keine Geschäftsherrenhaftung. Betriebsbezogenheit ist Voraussetzung, um überhaupt von Geschäftsherrenhaftung zu sprechen. Die Aussage, Betriebsbezogenheit begrenze die Geschäftsherrenhaftung, ist unpräzise. Sie suggeriert, dass Geschäftsherrenhaftung grundsätzlich auch ohne Betriebsbezug besteht und lediglich durch diesen beschränkt wird.

2. *Konkretisierung*

Taten, die Mitarbeiter lediglich „bei Gelegenheit" ihrer betrieblichen Tätigkeiten begehen, weisen keinen hinreichenden Betriebsbezug auf. Ansichten, die über die genannte Definition hinaus versuchen, eine Konkretisierung des Merkmals der Betriebsbezogenheit zu erzielen, knüpfen an unterschiedliche Aspekte an. Die Darstellungen sind zum Teil so allgemein gehalten, dass man mit entsprechender Argumentation beliebige Ergebnisse im Hinblick auf das Vorliegen des Merkmals „Betriebsbezogenheit" erzielen kann.

a) Inhaberpflichten im Sinne des § 130 OWiG

Teilweise wird vertreten, das Tatbestandsmerkmal „Pflichten, die den Inhaber treffen", in § 130 Abs. 1 Satz 1 OWiG seinem Inhalt nach auf die strafrechtliche Geschäftsherrenhaftung anzuwenden und einen hinreichenden Betriebsbezug anzunehmen, wenn sich eine inhaltliche Übereinstimmung herstellen lässt.[107] Letztlich gibt dies dem Problem nur einen anderen Namen, da im Ordnungswidrigkeitenrecht der Inhalt der „betriebsbezogenen" Pflichten, wie sie in §§ 30, 130 OWiG vorausgesetzt sind, nicht klarer konturiert sind, als das Merkmal der Betriebsbezogenheit bei der Geschäftsherrenhaftung.[108]

b) Anknüpfung an den Aufgabenbereich des Aktivtäters

Andere vertreten, ein hinreichender Betriebsbezug der zu verhindernden Tat sei gegeben, wenn die Tat eine Verknüpfung zu der im Betrieb zugewiesenen Aufgabe des Untergegebenen aufweist.[109] Es soll über § 831 BGB, der

---

107 *Göhler*, FS Dreher, S. 611 (621); *Rogall*, ZStW 1986, S. 573 (618 f.); *Roxin*, Strafrecht AT, Band II, S. 758.

108 Zu dem umstrittenen Begriff der betriebsbezogenen Pflichten im Ordnungswidrigkeitenrecht, vgl. *Gürtler*, in: G-OWiG, § 30 Rn. 18 ff.; *Rogall*, in: KK-OWiG, § 30 Rn. 72 ff.

109 *Landscheidt*, Garantenpflichten aus verantwortlicher Stellung, S. 116; *Roxin*, Strafrecht AT, Band II, S. 758 f.

das Aufsichtspflichtverhältnis zwischen Geschäftsherren und Verrichtungsgehilfen regelt, die Betriebsbezogenheit konkretisiert werden. Bei § 831 BGB kommt eine Haftung des Geschäftsherrn für das Verhalten des Gehilfen nur in Betracht, wenn die Schädigung „in Ausführung der Verrichtung" erfolgt. Hierzu ist das Handeln „in Ausführung der Verrichtung" stets vom Handeln „bei Gelegenheit der Verrichtung" abzugrenzen. Erforderlich ist ein qualifizierter, innerer Zusammenhang zwischen übertragenem Aufgabenkreis und Schadenszufügung.[110] Auch hier kommt das Bestreben zum Vorschein, das Merkmal der Betriebsbezogenheit möglichst anhand anderer Normen zu konkretisieren. Allerdings ist schon die Vergleichbarkeit fragwürdig. In „Ausführung der Verrichtung" ist dem wörtlichen Verständnis nach enger gefasst als Betriebsbezogenheit. Eine Verknüpfung zwischen betrieblich übertragener Tätigkeit und begangener Straftat erweist sich häufig als zu eng. Das Begehen einer Straftat unter dem Terminus „in Ausführung der Verrichtung" der betrieblichen Tätigkeit zu subsumieren dürfte regelmäßig Schwierigkeiten bereiten. Die Begehung von Straftaten stellt außerhalb von rechtsgelösten Organisationen regelmäßig keine Ausführung einer betrieblichen Tätigkeit dar.

Darüber hinaus wäre es unter dem Gesichtspunkt des Rechtsgüterschutzes höchst fragwürdig, innerbetriebliche Zuständigkeiten, in die Dritte regelmäßig weder Einblicke noch Einfluss haben, als ausschlaggebend für den Betriebsbezug zu erachten. Es geht um Verantwortung für Gefahren, die durch das personelle Handeln in Organisationsstrukturen folgen können. Bei Zurechnung von betrieblichen Gefahren kann nicht ausschlaggebend sein, ob der für das Verschicken von Rechnungen zuständige Mitarbeiter oder der hierfür nicht zuständige Buchhalter die Rechnungen über Scheingeschäfte verschickt.[111]

c) *Abgrenzung nach Tatmotiv*

Teilweise soll eine Unterscheidung zwischen betriebsbezogenen Taten und solchen, die keinen hinreichenden betrieblichen Bezug aufweisen, anhand der Tatmotivation erfolgen. Handelt der Untergebene im vermeintlichen Unternehmensinteresse, liegt eine betriebsbezogene Tat vor, handelt er im eigenen Interesse, soll es sich nicht um eine Tat mit Betriebsbezug handeln.[112] Es soll auf eine „Betriebsnützlichkeit" der jeweiligen Straftat ankommen.

---

110 Vgl. nur *Wagner*, in: MüKo-BGB, § 831 Rn. 24 m. w. N.

111 Im Ergebnis ebenso *Schall*, FS Rudolphi, S. 267 (281).

112 *Bottke*, Haftung aus Nichtverhütung von Straftaten, S. 68 f.; *Schünemann*, wistra 1982, S. 41 (45); *ders.*, Unternehmenskriminalität, S. 106.

Hierdurch lässt sich keine sinnvolle Unterscheidung zwischen Straftaten hinsichtlich deren Bezug zum Betrieb treffen. Es sind Straftaten denkbar, die der Täter zwar im eigenen Interesse, aber unter Einsatz betrieblicher Ressourcen begeht, deren Verwirklichung ihm ohne den Einsatz der betrieblichen Ressourcen nicht möglich gewesen wäre. Führt man sich den Grund einer Geschäftsherrenhaftung vor Augen – erhöhte Rechtsgutsgefährdung durch betriebliche Strukturen – wird deutlich, dass es unter Rechtsschutzgesichtspunkten keine Rolle spielt, ob betriebliche Strukturen ausgenutzt werden, um das Unternehmen oder einzelne natürliche Personen rechtswidrig zu bereichern.

d) Ausnutzung der tatsächlichen oder rechtlichen betrieblichen Wirkungsmöglichkeiten

Die Definition, nach der eine Tat hinreichend betriebsbezogenen ist, wenn sie unter Ausnutzung der tatsächlichen und rechtlichen Wirkungsmöglichkeiten begangen wird, die sich durch den Betrieb ergeben, verspricht eine Konkretisierung des Merkmals der Betriebsbezogenheit.[113] Diese Abgrenzung trägt dem Grund der Geschäftsherrenhaftung am besten Rechnung: Unabhängig davon, ob man den Grund der Geschäftsherrenhaftung in betrieblicher Herrschaft sieht oder den Betrieb insgesamt, unter Einbeziehung personeller Gefahren, als überwachungsbedürftige Gefahrenquelle begreift, steht hinter beiden Begründungsmodellen derselbe Gedanke: Durch betriebliches Handeln und der hierfür regelmäßig eingesetzten Konzentration von sachlichen und personellen Ressourcen folgt eine erhöhte Gefahr für Rechtsgüter Dritter.[114] Folglich besteht ein hinreichend betrieblicher Zusammenhang, wenn die Rechtsgutsverletzungen sich nicht ohne Konzentration betrieblicher Ressourcen hätten ereignen können oder wenn die Rechtsgutsverletzung aufgrund der Ausnutzung betrieblicher Strukturen intensiviert wird.

e) Spezifischer Betriebsbezug

Fraglich bleibt, ob man jede Tat als hinreichend betriebsbezogen begreift, die sich nur durch Ausnutzung allgemeiner betrieblicher Strukturen so hätte ereignen können, oder ob man darüberhinausgehend einen Bezug zu konkreten

113 So auch *Kuhn*, wistra 2012, S. 297 (298); *Schall*, FS Rudolphi, S. 267 (282); *Spring*, Strafrechtliche Geschäftsherrenhaftung, S. 238; *Wohlers/Gaede*, in: NK-StGB, § 13 Rn. 53; ähnlich *Otto*, FS Schroeder, S. 339 (343).

114 Zu den kriminogenen Wirkungen, welche die Eingliederung in eine Organisation entfalten können vgl. *Schünemann*, Unternehmenskriminalität, S. 18 ff.

Betriebsstrukturen fordert. Die Beantwortung dieser Frage übt einen großen Einfluss auf die Reichweite der Geschäftsherrenhaftung aus, wie das besprochene BGH-Urteil verdeutlicht: Lässt man einen allgemeinen (weiten) Betriebsbezug ausreichen, besitzt wiederholtes Mobbing einen Betriebsbezug, da eine betriebliche Tätigkeit regelmäßiges wiederholtes Zusammentreffen von bestimmten Personen bedingt. Tatserien, die sich von Angestellten während der Arbeitszeiten ereignen, würden regelmäßig einen Betriebsbezug aufweisen. Entgegengesetzt fällt das Ergebnis aus, würde man einen Bezug zu dem konkreten Betrieb fordern: An dieser Stelle müsste der Nachweis erbracht werden, dass von diesem Betrieb eine betriebsspezifische Rechtsgutsgefährdung hinsichtlich von Mobbinghandlungen ausgeht. Diese Gefahr müsste über eine allgemein erhöhte Rechtsgutsgefährdung durch Betriebsstrukturen hinausgehen.

Richtigerweise ist ein hinreichender Betriebsbezug nur anzunehmen, wenn sich eine betriebsspezifische Gefahr verwirklicht. Die Tat muss Ausdruck der dem konkreten Betrieb oder der speziellen Tätigkeit des Mitarbeiters spezifisch anhaftenden Gefahren sein. Bei konsequenter Einhaltung des engen Erfordernisses wird eine Vielzahl von Fällen, bei denen Betriebsbezug, wie selbstverständlich bejaht wird, nicht in den Anwendungsbereich der Geschäftsherrenhaftung fallen: So weist das Versenden von Rechnungen über Scheingeschäfte nicht automatisch einen hinreichenden betrieblichen Bezug auf. Viele Betriebe versenden Rechnungen, so dass regelmäßig nicht von einer betriebsspezifischen Gefahr gesprochen werden kann.[115]

Allerdings bietet die Anknüpfung an den konkreten Betrieb eine häufig nicht gesehene Möglichkeit: Über die Geschäftsherrenhaftung wird an ein konkretes Organisationsverschulden des Geschäftsherren angeknüpft. Bei der Frage, ob sich durch die jeweilige Straftat des Angestellten eine Gefahr verwirklicht hat, die dem spezifischen Betrieb anhaftet, ist zu prüfen, ob der jeweilige Betriebsinhaber seinen Betrieb im Hinblick auf etwaige Straftaten seiner Mitarbeiter besser oder schlechter organisiert hat als vergleichbare Betriebe. Dies ist für die Compliance-Diskussion anschaulich: Verfügt der jeweilige Betrieb über in der Branche übliche Präventionsmaßnahmen, kann nicht von einer Tat gesprochen werden, in der sich ein betriebsspezifischer Zusammenhang realisiert, wenn sich die jeweilige Tat genauso (ungehindert) in ähnlichen Unternehmen hätte ereignen können.

---

115 Ebenfalls das Merkmal der Betriebsbezogenheit durch Abstellen auf den konkreten Betrieb eng auslegend *Fischer*, StGB, § 13 Rn. 68; *Wagner*, ZJS 2012, S. 704 (709); *Wessing/Dann*, in: B/H-Der Compliance Officer, S. 219; hierzu auch *Grützner*, BB 2012, S. 150 (152).

An diesem Punkt befindet man sich nicht auf der Ebene der Betriebsbezogenheit, sondern es handelt sich um eine Frage der objektiven Zurechnung einer durch einen Mitarbeiter begangenen Straftat zur Geschäftsführung. Wird branchenspezifische Compliance betrieben, kann die Straftatbegehung durch einen Mitarbeiter grundsätzlich nicht zugerechnet werden. Es fehlt an der rechtlich missbilligten Gefahrschaffung. Die Betriebssituation als solche kann ein erhöhtes Risiko für die Begehung von Delikten schaffen. Steht diesem erhöhten Risiko eine das erhöhte Risiko ausgleichende betriebliche Struktur gegenüber (Compliance), die sich an branchenspezifischen Standards orientiert, fällt der Nachweis einer rechtlich missbilligten Gefahrschaffung durch die Unternehmensführung im Rahmen der objektiven Zurechnung schwer.

Innerhalb der Geschäftsherrenhaftung sind als Ausweitung des sonst zu stark begrenzenden Merkmals branchenspezifische Gefahren miterfasst: Eine sexuelle Nötigung (§ 177 StGB), die in einer Anwaltskanzlei stattfindet, ist kein Ausdruck einer der Betreibung einer Kanzlei spezifisch anhaftenden Gefahr. Bei dem Betreiben einer erotischen Tanzbar kann eine sexuelle Nötigung allerdings als Verwirklichung von betriebsspezifischen Gefahren (Sexuelle Anreize, Alkoholkonsum, tatgeneigte Kundschaft) aufgefasst werden. Es kommt insoweit auch nicht darauf an, ob dem konkreten Betrieb etwa wegen normalerweise besonders zurückhaltender Besucher eine solche Gefahr nicht spezifisch anhaftet. Ergreift der Betreiber konkrete (branchenübliche) Sicherungsmaßnahmen, wie etwa das Einstellen von Türstehern, welche die Tänzerinnen vor sexuellen Übergriffen schützen, kann dies einer Zurechnung des tatbestandlichen Erfolges entgegenstehen.

E. Garantenstellung von Compliance-Beauftragten

Fast sämtliche Beiträge, die sich mit der rechtlichen Pflicht von Compliance-Beauftragten auseinandersetzen, Straftaten von Unternehmensangehörigen zu verhindern, blenden die Frage aus, wie sich seine Garantenstellung als eine notwendige Voraussetzung strafbewehrter Erfolgsabwendungspflichten begründet, dabei nimmt die Garantenstellung die zentrale Rolle bei der Unrechtsbegründung hinsichtlich strafrechtlich relevanten Unterlassens ein.[116]

Häufig findet sich hierzu noch der Hinweis, es handle sich um eine von der Geschäftsleitung abgeleitete Garantenstellung, die der Compliance-Beauftragte faktisch oder formell (durch Arbeitsvertrag) übernommen habe. Eine solche

116 *Kühl*, Strafrecht AT, S. 647.

Begründung ist, wie folgend dargestellt, schon ihrem Inhalt nach unzureichend, da aus reiner (Aufgaben-) Delegation keine Garantenstellung folgt. Darüber hinaus lässt diese Begründung auch andere, wesentliche Anknüpfungspunkte möglicher Garantenstellungen außer Acht.

I. Funktionale und rechtsgüterbezogene Unterscheidung

Ausgangspunkt bei der Frage nach einer Garantenstellung ist eine rechtsgüterbezogene Unterscheidung zwischen den Rechtsgütern der Organisation für die der Compliance-Beauftragte tätig ist und den Rechtsgütern Dritter.[117] Anschließend ist anhand der in Teil drei dargestellten Funktionslehre aufgrund ihrer systematisierenden Funktion nochmals danach zu unterteilen, ob eine Beschützergarantenstellung für das jeweilig betrachtete Rechtsgut oder eine Überwachergarantenstellung in Rede steht.[118] Aus dieser doppelten Unterscheidung ergeben sich vier Konstellationen, die getrennt auf die Frage hin zu untersuchen sind, ob der Compliance-Beauftragte eine Garantenstellung innehat. Eine weniger differenzierte Betrachtung würde eine nicht bestehende Einfachheit suggerieren und zu zumindest unpräzisen Ergebnissen führen.

Zugegeben wird, dass die genannte zweifache Unterscheidung nicht völlig überschneidungsfrei ist. Eine Überwachungsgarantenstellung des Compliance-Beauftragten hinsichtlich der Gefahren, die vom Unternehmen ausgehen, entspricht spiegelbildlich einer teilweisen Beschützergarantenstellung für Rechtsgüter Dritter. Dies stellt allerdings kein besonderes Phänomen der hier vorgenommenen Unterscheidung dar, sondern folgt aus der Funktionslehre selbst.

Auf die dargestellte Unterscheidung folgend wird nun ein drittes Unterscheidungskriterium angewendet und zwischen einer originären Garantenstellung und einer derivativen – von der Unternehmensleitung abgeleiteten – Garantenstellung unterschieden.

Die Konzepte, mit denen sich Garantenstellungen begründen lassen, wurden bereits im dritten Teil der Arbeit dargelegt. Ebenfalls gezeigt wurde, dass monistische Konzepte zur Begründung von Garantenstellungen insofern ungeeignet

---

117 Zur Stärke der Rechtsgutstheorie besonders im Wirtschaftsstrafrecht vgl. *Hassemer*, wistra 2009, S. 169 (172).

118 Vgl. *Rotsch*, ZJS 2009, S. 712 (716 f.), der in seiner Besprechung zur BSR-Entscheidung ebenfalls zunächst zwischen einem Näheverhältnis zwischen den Rechtsgütern der BSR und den Anliegern unterscheidet und weiter differenziert, ob die Nähe zum jeweiligen Rechtsgut durch eine Beschützer- oder eine Überwachungspflicht gekennzeichnet ist.

sind, als das man sich hierzu auf ein so hohes Abstraktionslevel begeben müsste, auf dem sich für die praktische Rechtsanwendung keine „greifbaren" Ergebnisse erzielen ließen.

Ein – wie auch immer – verstandenes „Prinzip des Rechtsguts"[119] ist im Hinblick auf Garantenstellungen konkretisierungsbedürftig: Es mag als Grundprinzip insoweit fruchtbar sein, als das sich aus dem Rechtsgutprinzip die Aussage ableiten lässt, dass Garant nur derjenige ist, der sich in einer besonderen Nähe zum jeweilig bedrohten Rechtsgut befindet oder anders formuliert, der für den Schutz des konkreten Rechtsguts „zuständig" ist. Diese anhand des Rechtsgüterschutzes konstruierte Ausgangslage bildet aber nur den Startpunkt bei der Beurteilung von Einzelfällen ab, bei der dann folgend ermittelt werden muss, woraus die besondere Rechtsgutsnähe bzw. die Zuständigkeit für das jeweilige Rechtsgut resultiert.

Hierzu wird die in Teil drei dargestellte pluralistisch-materielle Konkretisierung von Rechtsgutsnähe herangezogen. Sie ermöglicht eine Untersuchung von Garantenstellungen von Compliance-Beauftragten auf der Grundlage von (anerkannten) dogmatischen Begründungen ohne im Vorfeld Begründungsansätze auszuschließen, weil man sich einem dogmatischen Monismus verschrieben hat und somit meint, Garantenstellungen (Rechtsgutsnähe) nur aus einem universalgültigen Prinzip heraus begründen zu können. Die folgende Untersuchung beschränkt sich somit nicht auf einen singulären Ansatz zur Begründung etwaiger Garantenstellungen von Compliance-Beauftragten, sondern „klopft" unterschiedliche materielle Begründungsansätze, auf das Vorliegen einer Garantenstellung „ab". Insoweit folgen aus der Untersuchung auch Erkenntnisse hinsichtlich monistischer Konzepte, wie etwa das Herrschaftskonzept.

II. Strafrechtliche Verantwortlichkeit trotz eigenverantwortlichen Handelns Dritter

Wie im dritten Teil der Arbeit dargestellt, schließt ein „Autonomieprinzip" eine strafrechtliche Geschäftsherrenhaftung nicht aus.[120] Im Bereich der zu untersuchenden Konstellation – die Nichtverhinderung des Compliance-Beauftragten von Straftaten Dritter – würde das Prinzip der Eigenverantwortlichkeit konsequent angewendet dazu führen, dass Compliance-Beauftragte (und auch andere) keine strafbewehrte Überwachungspflicht trifft, Straftaten Dritter zu verhindern,

119 Aufschlussreich etwa *Schünemann*, in: H/H/W-Die Rechtsgutstheorie, S. 133 (135 ff.) m. w. N., der vier Definitionsansätze zum Rechtsgüterschutzprinzip darstellt.

120 Siehe oben 3. Teil, I. II. 2.

solange diese Dritten im strafrechtlichen Sinne „vollverantwortlich" handeln. Für die Untersuchung verbliebe nur Raum hinsichtlich einer Überwachungspflicht für Dritte, die mit einem Defekt im strafrechtlichen Sinne handeln, der ihrer Eigenverantwortlichkeit entgegensteht.

Die Ungeeignetheit eines Autonomieprinzips zum Ausschluss strafrechtlicher Erfolgsabwendungspflichten macht schon die Funktionslehre deutlich: Nicht berührt von einem etwaigen Autonomieprinzip werden strafrechtliche Pflichten, die sich aus einer Beschützergarantenstellung ergeben: Kein Strafrechtsdogmatiker und kein Gericht wird ernsthaft vertreten, der Vater müsse sein Kind nicht vor Körperverletzungen schützen, die durch eigenverantwortlich handelnde Dritte begangen werden, da diese für ihr Handeln selbst verantwortlich sind. Dies zeigt bereits, dass der Gedanke der Eigenverantwortlichkeit als Beschränkung strafrechtlicher Verantwortung zumindest im Rahmen von strafrechtlichen Beschützerpflichten keine Bedeutung besitzt.

Wie im dritten Teil dargestellt, lässt sich eine Überwachungsgarantenpflicht zunächst auf zwei materielle Grundprinzipien – Ingerenz und die Pflicht zur Überwachung einer Gefahr – stützen, wobei bei Letzterer nochmals zwischen der Überwachung von Sach- und der Überwachung von Personalgefahren differenziert werden muss.

In Konstellationen, in denen durch pflichtwidriges Vorverhalten begründete Überwachungspflichten im Raum stehen, ist ein eigenverantwortliches Handeln Dritter zu berücksichtigen. Wie gezeigt bestimmt sich bei einer Garantenstellung aus Vorverhalten die erforderliche Pflichtwidrigkeit nach Grundsätzen der objektiven Zurechnung. Im Rahmen der Lehre von der objektiven Zurechnung ist das „Dazwischentreten eines Dritten" zu berücksichtigen, so soll grundsätzlich das Eingreifen eines Dritten die Zurechnung ausschließen, da strafrechtliche Verantwortung dort ende, wo die Verantwortung anderer beginne.[121]

Auch bei der Pflicht eigenverantwortliche Dritte zu überwachen besitzt der Gedanke des autonomen und damit eigenverantwortlich Handelnden Dritten zumindest Bedeutung bei einer strafrechtlichen Zurechnung von Verantwortlichkeit für dieses (autonome) Verhalten. Zwar konzediert schon die Existenz des § 25 Abs. 2 StGB die Möglichkeit nebeneinander bestehender strafrechtlicher Verantwortlichkeit,[122] nur verlangt Mittäterschaft ein – wie auch immer zu bestimmendes – kollusives Zusammenwirken der (Mit-) Täter. Das Zurechnungserfordernis eines kollusiven Zusammenwirkens, um den Mittätern Tatbeiträge

---

121 Vgl. etwa *Walter*, in: LK-StGB, Vor § 13 Rn. 103.

122 Vgl. *Rotsch*, in: R-Handbuch Criminal Compliance, S. 151.

des anderen wechselseitig Zuzurechnen, fehlt bei einer Überwachungspflicht zur Verhinderung Straftaten Dritter.

1. Eigenverantwortlichkeit, ein Rechtsprinzip?

Teilweise wird das „Prinzip" von Eigenverantwortlichkeit als ein allgemeines strafrechtliches Rechtsprinzip in Frage gestellt.[123] Entgegengesetzt hierzu erheben andere den Gedanken der Eigenverantwortlichkeit zu einem unverzichtbaren, der Rechtsordnung immanenten Prinzip.[124] Richtig ist, dass der

---

123 Etwa *Rotsch*, in: A/R-Handbuch Wirtschaftsstrafrecht, S. 61; *Greco*, ZIS 2011, S. 9 (9 f.); *Herzberg*, NStZ 1989, S. 559 (560 ff.); kritisch auch *Schünemann*, in: T/S-Strafrechtsystem und Betrug, S. 51 (61), "während das Selbstverantwortungsprinzip im Allgemeinen Teil gerade zu einem rechtsphilosophischem Grundprinzip hochstilisiert wird, obwohl eine strafrechtsspezifische Analyse eher ein differenziertes Bild ergibt"; dagegen auch *Roxin*, FS Beulke, S. 239 (245): „Denn es gibt keinen rechtlichen Grundsatz, dass für einen tatbestandsmäßigen Erfolg ausschließlich der unmittelbare Täter verantwortlich gemacht werden darf".

124 *Gkountis*, Autonomie und strafrechtlicher Paternalismus, S. 223 f.; *Hassemer*, FS Lenckner, S. 97 (109 ff.); *Hohmann/König*, NStZ 1989, S. 304 (308); *Matthes-Wegfraß*, Eigenverantwortung und Mitverantwortung, S. 86 f.; *Matt*, NStZ 1993, S. 271 (272); *Otto*, FS Lampe, S. 491 (498); *Rudolphi/Stein*, in: SK-StGB, § 13 Rn. 32; *Schünemann*, in: H/N/S-Paternalismus im Strafrecht, S. 221 (233); *Sternberg-Lieben*, Die objektiven Schranken der Einwilligung, S. 38; *Jasch*, NStZ 2005, S. 8 (11): „wesentlichen Zurechnungsprinzip, von dem das Strafrecht beherrscht wird"; *Sinn*, Straffreistellung aufgrund von Drittverhalten, S. 32: „herausragenden Bedeutung des Autonomiegedankens"; *Müssig*, in: K/L/V-Gemeinwohl im Wirtschaftsstrafrecht, S. 149 (173), spricht vom Autonomieprinzip als „rechtlichen Legitimationsparadigma moderner Gesellschaften"; einschränkend *Beulke*, FS Geppert, S. 23 (33): „Wer das Autonomieprinzip jedoch als normative, unüberwindbare Sperre begreift, macht es sich gleichwohl zu einfach"; *ders.*, FS Kühl, S. 115 (117), hält trotz eigenverantwortlichen Dazwischentretens des Vordermannes eine mittelbare Täterschaft des Tatveranlassers für grundsätzlich möglich; ausführlich zum Autonomieprinzip *Schumann*, Strafrechtliches Handlungsunrecht, S. 49 ff.; *Pawlik*, FS Frisch, S. 697 (708 f.); *Walther*, Eigenverantwortlichkeit und strafrechtliche Zurechnung, S. 94 ff.; *Zaczyk*, Strafrechtliches Unrecht und die Selbstverantwortung, S. 18 ff.; vgl. auch zum Autonomieprinzip BGHSt 32, 262 (265): „Die Strafbarkeit kann erst dort beginnen, wo der sich Beteiligende kraft überlegenen Sachwissens das Risiko besser erfasst als der sich selbst Gefährdende"; zur Verknüpfung des Autonomieprinzips mit dem Rechtsgutsbegriff vgl. *Donna*, FS Schünemann, S. 17 (25 ff.). zum Autonomieprinzip und dessen Bedeutung im Privatrecht, häufig bezeichnet als „Privatautonomie", vgl.

Gedanke der Eigenverantwortlichkeit in verschiedenen strafrechtlichen Problembereichen, etwa bei der Notwehrprovokation[125], bei der strafrechtlichen Verantwortlichkeit bei der aktiven Suizidbeteiligung[126], bei der Organisationsherrschaft[127], bei den sog. Vorbereitungsdelikten[128], bei der Lehre vom „Regressverbot“[129], beim Mitverschulden an der Schaffung einer sich später an den eigenen Rechtsgütern verwirklichenden Gefahr (Selbstgefährdung)[130] oder bei

etwa *Kleinschmidt*, Delegation von Privatautonomie auf Dritte, S. 3 ff.; *Schollmeyer*, Selbstverantwortung und Geschäftsgrundlage, S. 86 ff.

125 *Matt*, NStZ 1993, S. 271 (271 ff.); vgl. allgemein zu der (eingeschränkten) Bedeutung des Autonomieprinzips bei Fällen der Opferbeteiligung *Wittig*, in: H/H/W-Die Rechtsgutstheorie, S. 239 (242 f.).

126 Hierzu *Bottke*, GA 1983, S. 22 (22 ff.); *Engländer*, FS Schünemann, S. 583 (592); *Fischer*, FS Roxin, S. 557 (574 f.); *Geilen*, JZ 1974, S. 145 (148); *Hilgendorf*, FS Kühl, S. 509 (518 f.); *Hillenkamp*, FS Kühl, S. 521 (523 ff.); *Hohmann/König*, NStZ 1989, S. 304 (304 ff.); *Hoven*, ZIS 2016, S. 1 (1 ff.); *Pawlik*, FS Wolter, S. 627 (630 ff.); *Roxin*, FS Jakobs, S. 571 (572 ff.); *ders.*, GA 2013, S. 313 (313 ff.); *ders.*, FS Schreiber, S. 399 (400); *Schreiber*, FS Jakobs, S. 615 (617 ff.); vgl. ebenfalls *Herzberg*, JuS 1988, S. 771 (772 ff.).

127 *Renzikowski*, Restriktiver Täterbegriff, S. 89, lehnt die Organisationsherrschaft aufgrund eines Verstoßes gegen das Autonomieprinzip ab; kritisch hierzu *Roxin*, ZIS 2006, S. 293 (295): „Wenn man sich stattdessen darauf versteift, dass die ‚Autonomie‘ des unmittelbar Handelnden eine normativ verstandene Tatherrschaft des Hintermannes ausschließt, vergewaltigt das die wirklichen Gegebenheiten zugunsten eines realitätsverzerrenden Dogmas“; zur ausführlichen Kritik am Autonomiegedanken *Renzikowskis* vgl. *Roxin*, Täterschaft und Tatherrschaft, S. 681 ff.

128 Vgl. etwa *von Hirsch/Wohlers*, in: H/H/W-Die Rechtsgutstheorie, S. 196 (200 f.), wobei es um den Einwand gegen Vorbereitungsdelikte geht, dass die aus einem Anschlussverhalten eines eigenverantwortlich Handelnden Dritten resultierende Rechtsgutsbeeinträchtigung dem „Erst-Handelnden“ nicht bzw. nicht ohne weiteres zurechenbar sind, also um die Frage, mit welcher Begründung jemandem die Verantwortlichkeit für eine Rechtsgutsverletzung auferlegt wird, die erst durch das eigenverantwortliche Handeln eines Dritten entsteht.

129 Die Lehre besagt, dass eine fahrlässige Mitwirkung an einer vorsätzlichen und voll verantwortlich begangenen Tatbestandsverwirklichung straflos ist, vgl. hierzu etwa *Roxin*, FS Tröndle, S. 177 (177 ff.); *Strasser*, Zurechnung von Retter-, Flucht- und Verfolgerverhalten, S. 54 ff.

130 Vgl. hierzu etwa den sog. „Heroinspritzenfall“ BGHSt 32, 262 (263 ff.); zur eigenverantwortlichen Selbstgefährdung beim Drogenkonsum *Brüning*, ZJS 2012, S. 691 (693 f.); zum Unterschied zwischen einverständlicher Fremdgefährdung und Selbstgefährdung vgl. *Roxin*, FS Gallas, 241 (250).

der Geschäftsherrenhaftung[131] diskutiert wird und ihm in den genannten Bereichen eine unterschiedliche Bedeutung zukommt.

Unabhängig davon, ob man die Eigenverantwortlichkeit zu einem Rechtsprinzip stilisiert oder nicht, kann ihr jedenfalls keine völlige Bedeutungslosigkeit bescheinigt werden. Schon die Abgrenzung zwischen Täterschaft und Teilnahme drückt aus, dass man gewisse Konstellationen für minder strafwürdig erachtet, weil ein eigenverantwortlich Handelnder ein Tatgeschehen maßgeblich prägt. Das Strafrecht ermöglicht also bei Teilnahme an Straftaten eine Verantwortungszurechnung trotz eigenverantwortlichen Handelns Dritter. Im Rahmen dieser Zurechnung wird regelmäßig ein eigenverantwortliches Dritthandeln berücksichtigt, etwa durch Möglichkeiten zur Strafmilderung.[132]

2. *Normatives Vertrauen in Rechtskonformität Dritter*

Spiegelbildlich folgt aus der gewissen Bedeutung des Gedankens von Eigenverantwortlichkeit ein „normatives Vertrauendürfen Dritter". Dieses grundsätzliche „Vertrauendürfen" speist sich aus der berechtigten Erwartung, dass jeder eigenverantwortlich Handelnde auch (straf-) rechtskonform handelt.[133] Folglich geht es deshalb nicht um faktisches Vertrauen: Der Compliance-Beauftragte von Siemens mag – etwa aufgrund der besonderen Vorgeschichte des Unternehmens – faktisch nicht darauf vertrauen, dass die Mitarbeiter bei Siemens keine Straftaten begehen. Er darf aber trotzdem – rechtlich anerkannt – auf ein rechtskonformes Verhalten der Mitarbeiter vertrauen.

3. *Beschränkung strafrechtlicher Verantwortung durch Eigenverantwortlichkeit*

Der Eigenverantwortlichkeit kommt im Strafrecht eine strafbarkeitsbeschränkende, keine strafbarkeitsausschließende Funktion zu. Ein „Autonomieprinzip" schließt nicht aus, dass bei eigenverantwortlicher Rechtsgutsverletzung durch Dritte weitere Personen für dieselbe Rechtsgutsverletzung strafrechtlich verantwortlich sind. Unter dem Gesichtspunkt des Rechtsgüterschutzes wäre ein

131 Etwa bei *Beulke*, FS Geppert, S. 23 (33); *Bock*, in: R-Compliance-Diskussion, S. 69; *Ransiek*, ZGR 1992, S. 203 (220); *Spring*, GA 2010, S. 222 (227); *Weigend*, in: LK-StGB, § 13 Rn. 56; *Wessels/Beulke/Satzger*, Strafrecht AT, S. 303.

132 § 27 Abs. 2 Satz 2 StGB; hierzu auch *von Hirsch/Wohlers*, in: H/H/W-Die Rechtsgutstheorie, S. 196 (200 f.).

133 Vgl. hierzu *Stratenwerth*, FS Schmidt, S. 383 (392); *von Hirsch/Wohlers*, in: H/H/W-Die Rechtsgutstheorie, S. 196 (203).

Verständnis von autonom begangenen Rechtsgutsverletzungen als Sperrung weiterer strafrechtlicher Verantwortlichkeit katastrophal.[134] Wäre ein eigenverantwortlich Handelnder ausgemacht, dem die Rechtsgutsverletzung auch zugerechnet wurde, gäbe es keine weitere strafrechtliche Verantwortlichkeit. Die Beihilfe wäre schon per se straflos, sofern die Rechtsgutsverletzung einem voll verantwortlich handelndem Haupttäter zurechenbar wäre. Sämtlichen Konstellationen, in denen wegen Mittäterschaft, also wegen gemeinsamer Tatbegehung, bestraft wird, wären im Ergebnis straffrei, da die eigenverantwortlich begangene Rechtsgutsverletzung eine weitere strafrechtliche Zurechnung sperrt und wegen des „in dubio pro reo" Grundsatzes die Rechtsgutsverletzung niemandem zugerechnet werden könnte. Insoweit normieren schon die gesetzlichen Regeln zur Anstiftung, Beihilfe und Mittäterschaft Ausnahmen zu einem strafrechtlichen Autonomieprinzip.[135]

Mit der (umstrittenen) Möglichkeit einer Fahrlässigkeitsbestrafung wegen sorgfaltswidrigen Vorverhaltens, das einem eigenverantwortlich handelnden Dritten eine Straftat ermöglicht oder erleichtert, mit der mittäterschaftlichen Zurechnung, mit der strafrechtlichen Anerkennung von Beihilfehandlungen, mit der Anstiftung und mit der mittelbaren Täterschaft bei „defektlosem Werkzeug" bestehen umfassende Ausnahmen zu einem „Autonomieprinzip". Der Allgemeine Teil des StGB stellt insoweit einen Ausnahmenkatalog eines strafrechtlichen Autonomieprinzips dar, ob die Durchlöcherungen eines „Verantwortungsprinzips" qualitativ und quantitativ so weit gehen, dass schon nicht mehr von einem „Prinzip" gesprochen werden kann, muss nicht abschließend beantwortet werden. Häufig liest man, das Autonomieprinzip ermögliche nur „ausnahmsweise" die strafrechtliche Zurechnung bei vollverantwortlich handelndem Dritten.[136] Der Begriff „Ausnahme" erscheint aber wegen der Vielzahl der dargestellten Ausnahmen von einem strafrechtlichen „Autonomieprinzips" kaum mehr sinnhaft. Viel spricht dafür, dass sich das Verhältnis von Prinzip und Ausnahme ins Gegenteil verschoben hat und somit Eigenverantwortlichkeit nur

---

134 Ähnlich *Spring*, Strafrechtliche Geschäftsherrenhaftung, S. 150: „Mit der Anerkennung einer Sperrwirkung schösse man allerdings über das Ziel hinaus"; in diesem Sinne auch *Poguntke*, Risiken für Compliance-Beauftragte, S. 83; *Roxin*, FS Beulke, S. 239 (245).

135 So auch *Walter*, in: LK-StGB, Vor § 13 Rn. 105; *Brettel/Schneider*, Wirtschaftsstrafrecht, S. 106.

136 *Spring*, Strafrechtliche Geschäftsherrenhaftung, S. 150; *Beulke*, FS Geppert, S. 23 (35); *Warneke*, NStZ 2010, S. 312 (316); *Rudolphi/Stein*, in: SK-StGB, § 13 Rn. 32; *Lenckner*, FS Engisch, S. 490 (506).

ausnahmsweise weitere strafrechtliche Zurechnung hindert. Räumt man also ein, dass eigenverantwortliches Drittverhalten per se keine weitere strafrechtliche Zurechnung sperrt, bleibt aber die Frage nach dem Einfluss von Eigenverantwortlichkeit auf strafrechtliche Zurechnung.

Diese Frage, also wie ein eigenverantwortliches Drittverhalten strafrechtliche Zurechnung beeinflusst, stellt eine große Herausforderung an strafrechtliche Dogmatik dar und kann im Rahmen dieser Untersuchung nicht beantwortet werden.

4. *Spezifikum strafrechtlicher Zurechnung bei eigenverantwortlichem Dritthandeln im Rahmen der unechten Unterlassungsdelikte*

Für die untersuchte Konstellation – Nichthinderung Dritter durch Garanten an der Begehung strafbarer, eigenverantwortlicher Handlung – ist die dogmatische Problemverortung schon eine andere als bei den Begehungsdelikten, denn ob jemand rechtlich für den Erhalt eines strafrechtlich geschützten Rechtsguts einzustehen hat, wenn das Rechtsgut durch einen eigenverantwortlich handelnden Dritten bedroht ist, wird in der Frage nach dem Bestehen einer Garantenstellung bereits berücksichtigt. Eine solche „weitere Zurechnungsebene“ fehlt bei den Begehungsdelikten.

a) *Unterschiedliche Bedeutung der Eigenverantwortlichkeit nach Art der Garantenstellung*

Auch hier leistet die Funktionslehre ihren Beitrag: Ob ein Garant Beschützer eines Rechtsguts oder Überwacher einer eigenverantwortlich handelnden Gefahrenquelle (Mensch) ist, begründet sich materiell unterschiedlich, aber auch das eigenverantwortliche Drittverhalten ist je nach Art der Garantenstellung differenziert zu betrachten: Der Vater, der einen vollverantwortlich handelnden Dritten nicht daran hindert, sein Kind zu verletzen, kann wegen Körperverletzung durch Unterlassen strafbar sein. Die Strafbarkeit des Vaters bestimmt sich aber unabhängig davon, ob der Täter schuldunfähig ist oder nicht.

Selbst Vertreter eines „expressiven Autonomieprinzips“ verneinen keine Strafbarkeit des Vaters, weil der Dritte eigenverantwortlich das Kind angegriffen hat. Dies zeigt, das bei Vorliegen einer Beschützergarantenstellung einem eigenverantwortlichen Drittverhalten keine Bedeutung zukommt, da der Beschützergarant das ihm zugeordnete Rechtsgut gegen sämtliche drohenden Gefahren verteidigen muss unabhängig von der Beschaffenheit der Gefahr.[137] Für den

137 So bereits *Kaufmann*, Dogmatik der Unterlassungsdelikte, S. 283: „hier besteht die Schutzfunktion in der ‚Rundumverteidigung‘ des konkreten Rechtsgutes gegen Gefahren verschiedenster Art“.

Compliance-Beauftragten folgt hieraus, sofern dieser Inhaber einer Beschützergarantenstellung ist, eine Schutzpflicht hinsichtlich des durch die Garantenstellung zugewiesenen Rechtsguts, etwa das Vermögen des Unternehmens. Diese Schutzpflicht ist unabhängig davon, ob etwa der im Unternehmen Angestellte, Gelder veruntreuende Investmentbanker geistesgestört oder verantwortlich im strafrechtlichen Sinne handelt.

b) Einschränkung durch Betriebsbezogenheit bei Überwachergaranten

Bedeutung erlangt aber ein eigenverantwortliches Dritthandeln bei der Begründung von Überwachergarantenstellungen. Die strafrechtliche Zurechnung einer unterlassenen Erfolgsverhinderung einer vollverantwortlich handelnden Person durch einen Überwachergaranten bedarf eines höheren Begründungsaufwands, als die strafrechtliche Zurechnung bei einem Vater, der seinen fünfjährigen Sohn nicht davon abhält, fremde Autos zu zerkratzen. *Beulke* weist insoweit zu Recht darauf hin, dass Arbeitnehmer nicht ohne weiteres mit Geisteskranken oder Kleinkindern strafrechtlich in eine Reihe zu stellen sind.[138]

Eine Überwachungsgarantenstellung von Compliance-Beauftragten unabhängig, ob es eine originäre oder eine von der Geschäftsleitung abgeleitete ist, besteht nur hinsichtlich betriebsbezogener Straftaten. Die beschränkenden Wirkungen des Merkmals der Betriebsbezogenheit sind für die aus der Überwachergarantenstellung resultierenden Garantenpflichten erheblich: Eltern sind grundsätzlich für eine straffreie Lebensführung ihres minderjährigen Kindes verantwortlich, der Compliance-Beauftragten ist, sofern sich eine Überwachergarantenstellung begründen lässt, nur in Teilen für eine straffreie Lebensführung von Unternehmensangehörigen verantwortlich. Die einschränkende Wirkung der Betriebsbezogenheit berücksichtigt also bereits den Grundsatz von Eigenverantwortlichkeit mit, weswegen der Vergleich *Beulkes* im Ergebnis unzutreffend ist, denn Kleinkinder und Geisteskranke sind umfassend zu überwachen, vollverantwortliche Arbeitnehmer, wenn überhaupt, nur teilweise.

c) Rechtsgutsnähe als Ausgleich der Eigenverantwortlichkeit

Nicht nur das einschränkende Merkmal der Betriebsbezogenheit vermag den Einwand der Eigenverantwortlichkeit abzuschwächen, auch die Garantenstellung als solche, die sich auch als „Rechtsgutsnähe“ verstehen lässt.

---

138 Vgl. *Beulke*, FS Geppert, S. 23 (33); ähnlich auch *Immel*, ZRP 1989, S. 105 (108).

Jakobs weist zu Recht daraufhin, dass beim Unterlassungsdelikt die „Begründungskette zur Zurechnung" länger ist als im Bereich der Begehungsdelikte.[139] Dieser längere Zurechnungsweg ermöglicht eine Präzisierung, die bei den Begehungsdelikten fehlt. Im Rahmen strafrechtlicher Zurechnung von Unterlassungen kann so eine zweckorientierte Zurechnung vorgenommen werden. Bei Begehungsdelikten scheide nach *Jakobs* diese Form der Zurechnung regelmäßig aus, da bei aktivem Drittverhalten, das dem Dritten zurechenbar ist (Verursacherprinzip), keine weiteren Zurechnungsfragen erwogen werden.[140] *Jakobs* spricht in diesem Zusammenhang von einer „Zurechnungsverhärtung" bei den Begehungsdelikten.[141]

Unabhängig davon, ob man den Gedanken *Jakobs* einer (zu) starren Zurechnung bei den Begehungsdelikten teilt, ist seine Analyse hinsichtlich einer flexibleren Zurechenbarkeit im Rahmen der Unterlassungsdelikte durchaus treffend. Ein Nichthandeln ist auch strafrechtlich schwieriger zu erfassen und zu bewerten und insoweit grundsätzlich „schwieriger" zurechenbar als eine aktive Handlung, weswegen in der Struktur der unechten Unterlassungsdelikte in Form der Garantenstellung ein zusätzliches Zurechnungskriterium eingebaut wird. Das Zurechnungskriterium eignet sich aber nicht nur, um eine strafrechtliche Gleichstellung von Tun und Unterlassen zu begründen, es hilft auch über den Einwand der Eigenverantwortlichkeit von Drittverhalten hinweg: Grundsätzlich findet nämlich schon gar keine strafrechtliche Zurechenbarkeit von Unterlassungen statt, da ein Unterlassen nur ausnahmsweise eine strafrechtliche Verantwortlichkeit begründet. Folglich wird auch die Nichthinderung einer eigenverantwortlichen Erfolgsbegehung durch Dritte nur ausnahmsweise zugerechnet, wenn der Unterlassende Überwachergarant für den eigenverantwortlich handelnden Dritten ist. Lässt sich somit eine Überwachergarantenstellung für eigenverantwortlich handelnde Dritte begründen, folgt bereits

139 *Jakobs*, ZStW 1997, S. 1 (3); vgl. auch *ders.*, Der strafrechtliche Handlungsbegriff, S. 30 f.: „Eine Zuordnung von Mensch und Ereignis findet auch bei der Unterlassung statt, und zwar bei der vollgewichtigen, begehungsgleichen Unterlassung nicht zu jedermann, der den Erfolg hindern könnte, sondern nur zu einem wesentlichen Beteiligten. Man nennt solche wesentlich Beteiligten Garanten, wobei dies nichts als eine andere Bezeichnung für dasjenige ist, was beim Begehungsdelikt unter dem Namen ‚objektive Zurechnung' skizziert wurde".

140 *Jakobs*, ZStW 1997, S. 1 (2 f.).

141 *Jakobs*, ZStW 1997, S. 1 (3); diametral hierzu *Ordeig*, ZStW 1999, S. 307 (334): „Wird dagegen von der weit zurückgebliebenen Unterlassungsdogmatik ausgegangen, so werden damit die soliden, mit viel Mühe gewonnenen Erkenntnisse über die Struktur der Begehungsdelikte verwässert, so daß wir am Ende weder wissen, was ein Handlungs-, noch was ein Unterlassungsdelikt ist".

durch die materielle Begründung der Überwachergarantenstellung eine (hinreichende) Berücksichtigung der Eigenverantwortlichkeit eines Dritten.

Der Einwand, strafrechtliche Verantwortung für eigenverantwortliches Handeln Dritter dürfe nur „ausnahmsweise" zugerechnet werden, trägt im Bereich der unechten Unterlassungsdelikte also nicht, da dort ohnehin schon nur „ausnahmsweise zugerechnet" wird. Um sich nicht dem Vorwurf ausgesetzt zu sehen, man vermenge Fragen strafrechtlicher Gleichstellung von Tun und Unterlassen, mit der Frage nach der Bedeutung eines Autonomieprinzips im Strafrecht, sei klargestellt, dass Genanntes nicht von einer materiellen Begründung einer Überwachergarantenstellung trotz eigenverantwortlichen Drittverhaltens befreit. Es macht lediglich deutlich, dass es sich aufgrund der tatbestandlichen Struktur der unechten Unterlassungsdelikte schon um eine „Ausnahmezurechnung" von strafrechtlicher Verantwortung handelt, bei der im Rahmen der materiellen Begründung einer Überwachergarantenstellung dem Autonomieprinzip auch Rechnung getragen wird. An dieser Stelle wird nochmals die dargestellte Mangelhaftigkeit des Ansatzes deutlich, der im Rahmen der Unterlassungsdogmatik nicht zwischen sachlichen und eigenverantwortlich handelnden, personellen Gefahrenquellen differenziert und damit dem Autonomiegedanken im Ergebnis überhaupt keine Bedeutung beimisst.

III. Originäre Garantenstellung

Fragen nach originären Garantenstellungen Compliance-Beauftragter, die sich nicht von der Geschäftsleitung ableiten, werden kaum diskutiert. Dies mag zunächst einer gewissen Oberflächlichkeit mancher Beiträge zur Thematik geschuldet sein. Darüber hinaus ist aber auch die sog. „strafrechtliche Geschäftsherrenhaftung" so prominent, dass man sich häufig mit einem Verweis auf selbige begnügt, ohne, was näherliegend wäre, zunächst zu untersuchen, ob nicht Begründungsmodelle existieren, welche eine originäre Garantenstellung von Compliance-Beauftragten begründen, aus denen die strafbewehrte Pflicht resultiert, Rechtsverstöße von Unternehmensangehörigen zu verhindern. Häufig liest man, bei der Garantenstellung des Compliance-Beauftragten könne es nur um eine von der Unternehmensführung abgeleitete Garantenstellung gehen.[142] Dies ist zwar nicht a priori falsch, solche apodiktischen

142 *Bauer/Wißmann*, FS Schiller, S. 15 (23); *Beulke*, FS Geppert, S. 23 (25); *Knauer*, FS I. Roxin, S. 465 (474); *Eidam*, Der Organisationsgedanke im Strafrecht, S. 216; *Langenhahn*, Verantwortlichkeit des Compliance Officers, S. 202; *Rönnau/Schneider*, ZIP 2010, S. 53 (54); *Schefold*, ZRFC 2013, S. 124 (130); *Schramm*, JZ 2012, S. 967 (969); *Verjans*, in: K/L/V-Ökonomie versus Recht, S. 145 (147); *Schrott*, Unterlassungszurechnung,

Aussagen auf einem strafrechtsdogmatisch hochkomplexen Themenfeld bedürfen aber zumindest einer eingehenderen Begründung, die sämtliche Autoren schuldig bleiben.

1. *Aus Gesetz*

Gesetzliche Vorschriften außerhalb des Strafrechts eignen sich entgegen der formellen Rechtspflichtentheorie nicht zur Begründung von Garantenstellungen,[143] selbst wenn man mit den Vertretern von gesetzlich begründbaren Garantenstellungen Vorschriften heranzieht die den Compliance-Beauftragten erwähnen, wird schnell deutlich, dass diese nicht zur Herleitung originärer Garantenstellungen von Compliance-Beauftragten geeignet sind. Nicht einmal für den gesetzlich verpflichtend zu bestellenden Compliance-Beauftragten im Wertpapierdienstleistungsunternehmen ließe sich eine solche originäre Garantenstellung aus Gesetz begründen. § 33 Abs. 1 S. 2 Nr. 1 WpHG und die konkretisierenden §§ 12, 13 WpDVerOV sind lediglich an die Unternehmensleitung adressiert und erlegen nur dieser Pflichten, wie etwa das Benennen eines Compliance-Beauftragten, auf. Auch die übrigen im ersten Teil dargestellten Normen befassen sich unmittelbar oder mittelbar mit der Organisation von Unternehmen und sind ausschließlich an die Unternehmensleitung adressiert. Eine originäre, gesetzlich begründete Garantenstellung von Compliance-Beauftragten scheidet also schon, mangels eines an diesen gerichteten gesetzlichen Appells aus. Dies gilt sowohl für Rechtsgüter des Unternehmens als auch für Rechtsgüter Dritter.

2. *Aus Arbeitsvertrag*

Möchte man auch an dieser Stelle die dargestellten grundlegenden Einwände gegen formell-rechtliche, hier vertragliche Garantenstellungen ausblenden, ließe sich aus dem Arbeitsvertrag des Compliance-Beauftragten eine originäre Beschützergarantenstellung für die Rechtsgüter des Unternehmens herleiten. Eine solche durch Arbeitsvertrag begründete Nähe zu den Rechtsgütern des eigenen Unternehmens ließe sich grundsätzlich für sämtliche Arbeitnehmer im Unternehmen andenken, wobei sich hier die Frage anschließt, ob nicht etwa die Position im Unternehmen mit darüber entscheidet, wie „nahe" der Arbeitnehmer dem entsprechend zu schützendem Rechtsgut steht. Hierzu bedarf es allerdings

---

S. 300, spricht sogar von einem „allgemeinen Konsens, dass eine Garantenstellung des Compliance-Officers nur eine abgeleitete sein kann"; die Frage nach einer originären Garantenstellung des Compliance-Beauftragten stellt allerdings etwa *Rotsch*, in: A/R-Handbuch Wirtschaftsstrafrecht, S. 101.

143 Siehe oben, 3. Teil, A. I. 3. b).

keines direkten Rückgriffs auf arbeitsvertragliche Regelungen, sondern vielmehr sollte die faktisch im Unternehmen ausgeübte Position betrachtet werden.

Wie im zweiten Teil dargestellt, besteht eine zumindest arbeitsrechtliche anerkannte Nebenpflicht, welche die Arbeitnehmer zur Rücksichtnahme auf die Rechtsgüter ihres Arbeitnehmers verpflichtet.[144] Möchte man nun konsequent bei der Begründung einer formell-rechtlichen Garantenstellung vorgehen, bestünde allerdings grundsätzlich für jeden Arbeitnehmer eine Garantenstellung gegenüber dem Arbeitnehmer bzw. gegenüber dem Unternehmen.

Eine Überwachergarantenstellung für Rechtsgüter Dritter ließe sich nur aus dem Arbeitsvertrag herleiten, soweit in diesem zum Ausdruck kommt, dass als Teil der arbeitsvertraglichen Pflichten auch drittschützendes Tätigwerden geschuldet wird. Von solch einer praxisfernen Vertragsgestaltung kann indes nur eindringlich abgeraten werden. Eine solche Vertragsausgestaltung besitzt schon keine Konkretisierungsfunktion hinsichtlich der Aufgaben eines Compliance-Beauftragten, da sein Aufgabenspektrum ohnehin mittelbar auch drittschützendes Verhalten umfasst. Das Kernelement seiner Tätigkeit ist es aber, Unternehmen vor Haftungsschäden zu bewahren, wie sie in Folge von Rechtsverstößen durch Unternehmensangehörige entstehen können. Mit einer Erwähnung im Arbeitsvertrag, dass der Compliance-Beauftragte auch für den Schutz Dritter zuständig ist, ginge die Gefahr einher, dass die Gerichte aus so ausgestalteten Arbeitsverträgen eine Beschützergarantenstellung des Compliance-Beauftragten zu Gunsten Dritter herleiten.[145]

3. Überwachergarantenstellung

Für Compliance-Beauftragte kommen grundsätzlich auch originäre Überwachergarantenstellungen in Zusammenhang mit ihrer Tätigkeit in Betracht.

a) Ingerenzgarantenstellung aufgrund pflichtwidriger Compliance-Organisation

In Betracht kommt zunächst eine Ingerenzgarantenstellung des Compliance-Beauftragten aufgrund eines pflichtwidrigen Betreibens der Compliance im Unternehmen. Häufig dürfte hierzu als garantenbegründendes Vorverhalten nur

---

144 Vgl. nur BGHSt 5, 187 (188 f.).

145 Ähnlich *Grau/Blechschmidt*, DB 2009, S. 2143 (2145 f.); vgl. hierzu auch *Rotsch*, ZJS 2009, S. 712 (717 f.); *ders.*, FS I. Roxin, S. 485 (492).

ein pflichtwidriges Unterlassen einer bestimmten Compliance-Maßnahme in Betracht kommen.[146]

Es soll hier nun nicht auf konkrete einzelne pflichtwidrige Vorhandlungen bzw. „Vorunterlassungen“ eingegangen werden, die als Anknüpfungspunkt einer Ingerenzgarantenstellung in Betracht kämen. Eine solche Aufzählung wäre immer unvollständig, da sich nicht sämtliche oder auch nur ein Großteil der Konstellationen antizipieren lassen, die als strafrechtliches relevantes, garantenstellungsbegründendes Vorverhalten gewertet werden könnten. Zu denken wäre beispielsweise an die Einstellung unqualifizierter oder „gefährlicher“ (etwa vorbestrafter) Mitarbeiter für die Compliance-Abteilung durch den Leiter den Compliance-Abteilung (Chief Compliance Officer); Ergreifen ineffektiver Compliance-Maßnahmen; Unterlassen von Compliance-Maßnahmen; Nichtnachgehen von Hinweisen auf rechtswidrige Taten im Unternehmen oder die Fehlinformierung der Unternehmensleitung. An dieser Stelle spielt freilich die Position des jeweiligen Compliance-Beauftragten insoweit eine erhebliche Rolle, da etwa ein Chief Compliance Officer für die gesamte ordnungsgemäße Compliance im Unternehmen zuständig ist, ein Mitarbeiter auf der untersten Compliance-Ebene, der aber beispielsweise lediglich Anti-Geldwäsche-Schulungen abhält, eben auch nur für diese zuständig ist. Um also überhaupt von einem „pflichtwidrigen“ Vorverhalten zu sprechen, muss der konkrete Aufgabenzuschnitt des jeweiligen Compliance-Beauftragten im Einzelfall genau betrachtet werden.

Eine Garantenpflicht resultierend aus einer Ingerenzgarantenstellung, die sich durch unzureichende Compliance begründet, dürfte in der Praxis allerdings selten vorkommen, selbst wenn man hierzu mit den „großzügigeren“ Literaturmeinungen ein fahrlässiges Vorverhalten des Compliance-Beauftragten als Förderung fremder rechtswidriger Taten genügen lässt, stellt die objektive Zurechnung eines durch einen Dritten verwirklichten strafrechtlichen Erfolgs, aufgrund einer unzureichenden Compliance-Maßnahme zum Compliance-Beauftragten eine hohe Hürde dar.

Zunächst einmal müssen „Vorverhalten“ bzw. „Vorunterlassung“ des Compliance-Beauftragten außerhalb seines Ermessensspielraumes liegen. Naturgemäß steigt der Ermessenspielraum zusammen mit der Position im Unternehmen an, sodass ein Chief Compliance Officer über den größten Spielraum innerhalb der Compliance-Abteilung verfügen dürfte, bzgl. der Ausgestaltung des jeweiligen Compliance-Systemes.

146 Siehe oben 3. Teil, G. II. 1.

Zur Konkretisierung dieses Ermessensspielraumes kommt eine Parallele zu der von § 130 OWiG geforderten Aufsicht in Betracht.[147] Strafrechtlich formuliert muss das Vorverhalten des Compliance-Beauftragten eine rechtlich relevante Gefahr darstellen, wenn der Compliance-Beauftragte also nur eine im Mindestmaß noch ausreichende und somit „rechtlich noch erträgliche“ Compliance im Unternehmen umsetzt, verhält er sich sozialadäquat und bewegt sich im Rahmen eines erlaubten Risikos.[148] Insoweit findet auch die „Business Judgment Rule“ über die Pflichtwidrigkeit von unzureichender oder nicht vorhandener Compliance und deren objektiver Zurechnung zum Compliance-Beauftragten ihren Weg in strafrechtliche Haftungsfragen.[149]

Strafrecht verlangt somit nicht zwingend eine „bestmögliche Compliance“, vielmehr sollen hierzu zunächst die „marktüblichen Compliance-Standards“ zu betrachten. Nur wenn gewisse Compliance-Standards durch den Compliance-Beauftragten unterlaufen werden, kann hierin ein objektiv zurechenbares und im Rahmen der Ingerenz überhaupt pflichtwidriges Vorverhalten liegen, denn selbst bei dem Nichteinrichten bestimmter Compliance-Maßnahme durch den Compliance-Beauftragten muss sich dieses Nichteinrichten der jeweiligen Maßnahme außerhalb eines noch erlaubten Risikobereichs bewegen.

---

147 Vgl. oben 1. Teil, C. X. 2. d).

148 Allgemein zu dem Begriff des „erlaubten Risikos“ und dessen Bedeutung für die Strafrechtsdogmatik vgl. *Maiwald*, FS Jescheck, S. 405 (405 ff.).

149 Zur Geltung der Business Judgment Rule „erst recht“ für Compliance-Beauftragte vgl. *Poguntke*, Risiken für Compliance-Beauftragte, S. 373 ff.; zur Bedeutung der Business Judgment Rule im Hinblick auf § 266 StGB vgl. *Bachmann*, FS Beulke, S. 1259 (1265 ff.); allgemein zur Business Judgment Rule vgl. etwa BGHZ 135, 244 (253 ff.); *Bayer*, NJW 2014, S. 2546 (2547 f.); *Bachmann*, ZHR 2013, S. 1 (1 ff.); *ders.*, BB 2015, S. 771 (771 ff.); *von Falkenhausen*, NZG 2012, S. 644 (644 ff.); *Fleischer*, NZG 2011, S. 521 (521 ff.); *ders.*, ZIP 2004, S. 686 (685 ff.); *ders.*, FS Wiedemann, S. 827 (827 ff.); *Göppert*, Reichweite der Business Judgment Rule, S. 123 ff.; *Kocher*, CCZ 2009, S. 215 (215 ff.); *Krey*, FS Roxin, S. 1073 (1080 f.); *Lutter*, ZIP 2007, S. 841 (841 ff.); *Mülbert*, in: K/L/V-Ökonomie versus Recht, S. 85 (86 ff.); *Nattkemper*, Untreuestrafbarkeit des Vorstandes einer Aktiengesellschaft, S. 108 ff.; *Nauheim/Goette*, DStR 2013, S. 2520 (2520 ff.); *Nietsch/Hastenrath*, CB 2015, S. 177 (180); *Rönnau*, in: B-Die sogenannte Finanzkrise, S. 43 (62); *ders.*, in: K/L/V-Ökonomie versus Recht, S. 115 (119 ff.); *Rolf/Siewert/Tamcke*, CB 2016, S. 1 (1 f.); *Schröder*, in: K/L/V-Ökonomie versus Recht, S. 59 (65); zur Business Judgement Rule speziell im Aktienrecht vgl. *Bosch/Lange*, JZ 2009, S. 225 (229 ff.); *Schaefer/Missling*, NZG 1998, S. 441 (444); *Scholz*, AG 2015, S. 222 (222); allgemein zur Anwendbarkeit der Lehre von der objektiven Zurechnung auch auf Unterlassungsdelikte *Kölbel*, JuS 2006, S. 309 (310 ff.).

Zugegebenermaßen wird diese Konstellation einer vorsätzlich unzureichenden Compliance in der Praxis selten vorliegen. Der Compliance-Beauftragte müsste im Zeitpunkt seiner pflichtwidrigen Vorhandlung nämlich bereits auch deren gefahrerhöhende Wirkungen bezüglich der Begehung von Straftaten Dritter erkennen. Regelmäßig wird er dann aber (Compliance-) Maßnahmen ergreifen, um das antizipierte rechtswidrige Verhalten auch zu verhindern. Betreibt der Compliance-Beauftragte hierzu eine im Mindestmaß noch ausreichende Compliance im Unternehmen, bewegt er sich selbst bei vorsätzlicher im konkreten Fall unzureichender Compliance im Bereich eines erlaubten Risikos und verhält sich soweit sozial adäquat, was eine objektive Zurechnung ausschließt. Sobald die rechtlich geforderte Mindestaufsicht im Unternehmen sichergestellt ist, liegt in der Nichtvornahme weiterer Aufsichtsmaßnahmen also keine rechtlich erhebliche Gefahr. Ausgeschlossen ist aber eine originär begründbare Garantenstellung aufgrund unzureichender Compliance für Compliance-Beauftragte nicht. Über das Anknüpfen an eine Vorhandlung bzw. Vorunterlassung ist es nämlich auch möglich fahrlässige (Vor-) Handlungen miteinzubeziehen, also etwa eine fahrlässige, nicht vorhandene oder nur unzureichende Compliance-Struktur. Aus dieser Vorhandlung (mangelhafte Compliance) begründet man eine Garantenstellung, die ihrerseits zu einer strafbewehrten Erfolgsabwendungspflicht hinsichtlich bevorstehender Straftaten führen kann.

Ein solches – schwierig zu bestimmendes – Korrektiv einer „strafrechtlich gebotenen Mindestaufsicht", das für die objektive Zurechenbarkeit erforderlich ist, birgt die Gefahr, dass die Rechtsprechung das Merkmal zu einer „bestmöglichen Aufsicht" umwandelt. Zusammen mit Anknüpfung an ein fahrlässiges Vorverhalten würde dies zu einer Überspannung strafrechtlicher Aufsichtspflichten und zu einer extremen Ausdehnung von Strafbarkeitsrisiken für Compliance-Beauftragte führen.

b) Originäre, normative Herrschaft über personelle Gefahrenquellen

Als weiteren Anknüpfungspunkt einer originären Überwachergarantenstellung von Compliance-Beauftragten kommt eine rechtlich anerkannte Herrschaft über Unternehmensangehörige in Betracht. Zu beachten gilt hierbei zunächst, dass es sich bei dieser rechtlich anerkannten Herrschaft nicht um eine von der Unternehmensführung abgeleitete handeln kann, da an dieser Stelle zunächst die Frage nach einer originären Garantenstellung des Compliance-Beauftragten thematisiert wird.

Nimmt man eine herrschaftsbedingte originäre Garantenstellung der Geschäftsleitung an, ist klar, dass insbesondere in Großunternehmen originäre

Garantenstellung nicht nur auf Ebene der Geschäftsleitung zu suchen und zu finden sind, sondern sich die Frage einer herrschaftsbedingten Überwachergarantenstellung auch auf einzelnen Abteilungsleiter bzw. Vorgesetzte erstreckt. Deren faktische Herrschaft übertrifft regelmäßig sogar die von der obersten Unternehmensebene, da sie aufgrund ihrer größeren Nähe zu den jeweiligen Abteilungen bzw. zu den jeweiligen Mitarbeitern einen Informationsvorsprung gegenüber der Unternehmensleitung innehaben und durch ihre Position „näher am Geschehen" faktisch größeren Einfluss ausüben als die Geschäftsleitung. Für die dem Chief Compliance Officer unterstellten Mitarbeiter lässt sich regelmäßig – mit einer zur herrschaftsbegründeten Geschäftsherrenhaftung synonym laufende Argumentation – eine Überwachergarantenstellung hinsichtlich der ihm unterstellten Mitarbeiter annehmen oder verneinen.

Diese Überwachergarantenstellung besteht zu Gunsten Rechtsgüter Dritter und zu Gunsten der Rechtsgüter des Unternehmens gleichermaßen, weswegen an dieser Stelle auf eine Unterscheidung verzichtet werden kann. Der Compliance-Beauftragte hat, ähnlich dem Geschäftsherrn bei der Geschäftsherrenhaftung, die ihm unterstellten Mitarbeiter zu überwachen und das Begehen betriebsbezogener Straftaten zu verhindern, ob diese Schäden bei Dritten oder dem Unternehmen selbst entstehen, ist insofern ohne Belang, denn Überwachergaranten haben sämtliche von der spezifischen Gefahr (hier die unterstellten Mitarbeiter der Compliance-Abteilung) bedrohten Rechtsgüter zu schützen. Voraussetzung einer solchen strafrechtlichen Haftungsmöglichkeit ist, dass dem Compliance-Beauftragten als Abteilungsleiter vergleichbare Anweisungskompetenzen zukommen wie dies bei Abteilungsleitern grundsätzlich üblich ist. Sofern es sich allerdings um Mitarbeiter der zweiten Compliance-Ebene oder sogar noch darunter handelt, dürfte aufgrund des Fehlens hinreichender betrieblicher Direktionsrechte eine originäre Garantenstellung nicht bestehen.

Da Compliance-Beauftragte außerhalb der Compliance-Abteilung regelmäßig keine betrieblichen Direktionsrechte besitzen, scheidet eine Überwachergarantenstellung für andere Betriebsangehörige regelmäßig aus.

4. *Beschützergarantenstellung*

Weiter fraglich ist, ob Compliance-Beauftragte auch eine originäre Beschützergarantenstellung treffen kann, aus der eine strafrechtliche Pflicht zur Erfolgsverhinderung von organisationsbezogenen Straftaten resultieren kann. Eine Beschützergarantenstellung kann sich wie dargestellt aus objektiv berechtigtem Vertrauen ergeben, aus dem eine erhöhte Gefährdung für ein Rechtsgut resultiert oder auch aus einer engen, sozial-intakten und rechtlich-anerkannten Verbundenheit.[150] Konstellationen einer Beschützergarantenstellung aus sozialer Verbundenheit, wie sie etwa bei Eltern für ihre Kinder oder bei Eheleuten (bei intakter Ehe) bestehen, besitzen keine gesonderte Relevanz für Compliance-Beauftragte bei der Nichtverhinderung von betriebsbezogenen Straftaten Dritter und werden daher folgend ausgeblendet.

a) Für Rechtsgüter des Unternehmens

Der Compliance-Beauftragte könnte originärer Beschützergarant für die Rechtsgüter des Unternehmens sein, in dem er tätig ist. Dabei handelt es sich allerdings um keine spezifische Frage der Untersuchung, sondern allgemein um die Frage, ob (leitende) Angestellte eine Beschützergarantenstellung gegenüber ihrem Arbeitgeber bzw. den Rechtsgütern ihres Unternehmens innehaben. Die Rechtsprechung nahm früher vereinzelt eine solche Beschützergarantenstellung von Arbeitnehmern gegenüber ihrem Arbeitgeber an.[151] Allgemein hingegen verneint die Rechtsprechung das Entstehen strafrechtlicher Schutzpflichten eines Vertragspartners zu Gunsten des anderen, solange nicht ein besonders Vertrauensverhältnis zwischen den Vertragsparteien besteht.[152]

Zwischen Compliance-Beauftragten und der Unternehmensleitung besteht regelmäßig ein Vertrauen, das über das gewöhnliche, im Arbeitsverhältnis angelegte Vertrauen hinausgeht. Grund für das gesteigerte Vertrauen der Unternehmensleitung in ein Tätigwerden des Compliance-Beauftragten ist eine regelmäßig arbeitsvertraglich festgeschriebene Delegation originärer Überwachungspflichten der Unternehmensleitung auf den Compliance-Beauftragten. Es besteht folglich ein berechtigtes häufig sogar festgeschriebenes Vertrauen der Unternehmensleitung darauf, dass der Compliance-Beauftragte schützend zu Gunsten der Rechtsgüter des Unternehmens tätig wird.

Dies ist auch unter Aspekten des Rechtsgüterschutzes geboten. Mit der Bestellung eines Compliance-Beauftragten verfolgt die Unternehmensleitung das Ziel, dass der Compliance-Beauftragte schützend gegenüber dem Unternehmen auftritt. Deshalb unterlässt die Unternehmensführung eigene Schutzmaßnahmen oder führt diese zumindest in einem geringeren Umfange durch. Der Compliance-Beauftragte lässt sich somit als eine Art eines „Paradebeispiels" eines

150 Vgl. oben 3. Teil, G. II. 2.

151 Etwa BGHSt 5, 187 (190).

152 BGHSt 39, 392, (398 f.); 46, 196 (203); 54, 187 (190); OLG Celle NStZ-RR 2010, S. 207 (208 f.); *Fischer*, StGB, § 13 Rn. 36; *Kühl*, StGB, § 13 Rn. 8.

Beschützergaranten zu Gunsten der Rechtsgüter des Unternehmens, in dem er beschäftigt ist, begreifen. Die skizzierte Einteilung in verschiedene „Compliance-Beauftragte“ wird auch hier relevant: Da die Unternehmensleitung hauptsächlich mit dem Leiter der Compliance-Abteilung, dem Chief Compliance Officer kommuniziert und diesen regelmäßig auch selbst ernennt bzw. einstellt, besteht dieses besondere Vertrauensverhältnis regelmäßig nur zwischen Unternehmensleitung und dem Chief Compliance Officer, sodass auch hier, Mitarbeiter tieferer „Compliance-Ebenen“ keine Beschützergaranten im Hinblick auf die Rechtsgüter des Unternehmen sein dürften.

b) Für Rechtsgüter Dritter

Eine originäre Beschützergarantenstellung des Compliance-Beauftragten für Rechtsgüter Dritter besteht grundsätzlich nicht. Als Ausnahmefall käme etwa die (unwahrscheinliche) Konstellation in Betracht, in welcher der Compliance-Beauftragte selbst bei Vertragsverhandlungen mit den Geschäftspartnern des Unternehmens einen ihm zurechenbaren Vertrauenstatbestand dahingehend setzt, dass er auch drittschützend im Interesse des Geschäftspartners tätig wird, worauf der Geschäftspartner auch berechtigterweise vertrauen darf und infolgedessen Maßnahmen zum Schutz eigener Rechtsgüter unterlässt. Compliance-Beauftragte nehmen allerdings, schon zur Verhinderung von Interessenkollisionen, regelmäßig nicht am operativen Geschäft des Unternehmens teil, insoweit dürfte es sich hierbei um Ausnahmekonstellationen handeln. Selbst der Chief Compliance Officer dürfte selten in die Vertragsprozesse als verhandelnde Partei eingebunden sein.

Völlig abwegig ist eine originäre Beschützergarantenstellung für Rechtsgüter Dritter jedoch nicht. Man denke an die Konstellation, in der die Geschäftsleitung den Compliance-Beauftragten mit zu Vertragsverhandlungen nimmt und der andere Vertragspartner nachweislich auf einen Schutz seiner Rechtsgüter vertraut, da ihm der Compliance-Beauftragte zusichert, er werde sich auch um die Interessen der anderen Vertragspartei kümmern und für diese nachteiligen Rechtsverstößen entgegentreten. Zu beachten ist allerdings, dass nur eine Beschützergarantenstellung für die Rechtsgüter des spezifischen Vertragspartners entstehen würde, gegenüber sonstigen Dritten bestünden weiterhin keine Schutzpflichten.

IV. Zwischenfazit zu einer originären Garantenstellung von Compliance-Beauftragten

Compliance-Beauftragte der obersten Stufe (Chief Compliance Officer) sind regelmäßig originäre Beschützergaranten für die Rechtsgüter des Unternehmens, indem sie beschäftigt sind. Je weniger direkter Kontakt hingegen zwischen Unternehmensführung und dem jeweiligen Compliance-Beauftragten unterer Stufen besteht, desto ferner liegt die Annahme einer solchen Garantenstellung, die sich aus dem konkreten Vertrauen der Geschäftsleitung ableitet.

Darüber hinaus kann man den Chief Compliance Officer als originären Überwachergarant nach den Grundsätzen der Geschäftsherrenhaftung für die ihm, im Rahmen seiner Tätigkeit als Leiter einer Compliance-Abteilung, unterstellten Mitarbeiter begreifen. Diese Überwachungspflicht besteht sowohl zu Gunsten von Rechtsgütern Dritter, als auch zu Gunsten der Rechtsgüter des Unternehmens, wobei letztgenanntes sich mit einer Beschützergarantenstellung überschneidet. Zur Überwachung der übrigen Unternehmensangehörigen besteht regelmäßig keine originäre Überwachungsgarantenpflicht des Compliance-Beauftragten.

Ebenso fehlt es regelmäßig an einer vertrauensbegründeten Rechtsgutnähe zu Dritten, weswegen Compliance-Beauftragte regelmäßig – jedenfalls unter diesem Aspekt – keine originären Beschützergaranten für Dritte sind.

V. Abgeleitete Garantenstellung?

Wie schon angesprochen, geht es bei der Frage nach einer etwaigen Garantenstellung des Compliance-Beauftragten auch um eine von der Unternehmensführung abgeleitete Stellung, also mithin um die Frage, ob die Delegation betrieblicher Verantwortung eine Garantenstellung begründen kann.

Diskutiert man, ob den Compliance-Beauftragten eine abgeleitete Garantenpflicht trifft, muss man zuerst die Frage nach dem Bestehen einer originären Garantenstellung beantworten, von der sich eine etwaige Garantenpflicht des Compliance-Beauftragten dann ableiten ließe. Bejaht man eine solche Garantenstellung der Unternehmensleitung, ist folgend die Frage zu stellen, ob und gegebenenfalls unter welchen Voraussetzungen diese auf den Compliance-Beauftragten delegierbar ist. Kommt man zu einer wirksamen Delegation einer solchen originären Garantenstellung der Geschäftsleitung auf den Compliance-Beauftragten, verbleibt die Frage, was dann als „Delegat" bei dem Compliance-Beauftragten entsteht.

1. Akzessorische strafrechtliche Verantwortlichkeit?

An dieser Stelle liest man nun pauschalisierend häufig, die Garantenpflichten des Compliance-Beauftragten, die aus einer von der Unternehmensführung abgeleiteten Garantenstellungen folgen, könnten nicht „weiterreichen" als die der Unternehmensführung selbst.[153] Dies mag zwar zunächst plausibel klingen, ist aber schon mit dem strafrechtlichen Grundprinzip von individueller Verantwortlichkeit unvereinbar.

Zunächst sollte man hier die unterschiedlichen Aufgaben von Compliance-Beauftragten und Unternehmensführung nebeneinander legen: Hauptaufgabe von Compliance-Beauftragten ist die Verhinderung von Rechtsverstößen aus dem Unternehmen heraus. Die Unternehmensleitung konzentriert sich hingegen regelmäßig (zumindest auch) auf andere Aufgaben, etwa die Erzielung von wirtschaftlichen Gewinnen. Pragmatisch betrachtet werden also Compliance-Beauftragte nicht lediglich zur Haftungsentlastung und zum Schutz des Unternehmens vor Rechtsverstößen eingesetzt, sondern auch zur Arbeitsentlastung der Unternehmensführung. Compliance-Beauftragte sind somit regelmäßig schon „näher" am relevanten tatsächlichen Geschehen. Sie befinden sich in einer faktisch größeren Nähe zu drohenden Rechtsverstößen von Mitarbeitern als die Unternehmensleitung selbst. Dies erhöht entgegen dargestellter Ansichten regelmäßig bereits ein strafrechtliches Haftungsrisiko im Vergleich zur Unternehmensleitung.

Auch sofern der Vorwurf eines fahrlässigen Unterlassens im Raum steht, dürfte dem Compliance-Beauftragten eine pflichtwidrige Vernachlässigung der im Verkehr erforderlichen Sorgfalt eher bescheinigt werden können als der Unternehmensleitung selbst. Denn bei Erkennbarkeit von Gefahren durch drohende Rechtsverstöße von Unternehmensmitarbeitern, muss der Compliance-Beauftragte etwaiges Sonderwissen, dass er im Rahmen seiner Tätigkeit erlangt hat, gegen sich gelten lassen.[154] Compliance-Beauftragte untersuchen im Gegensatz zur Unternehmensführung regelmäßig Vorgänge auf deren rechtliches Risikopotenzial und verfügen somit regelmäßig über vertiefte Kenntnisse von rechtlich riskanten Vorgängen im Unternehmen.

Im Bereich des vorsätzlichen Unterlassens stehen die konkreten Erfolgsabwendungspflichten ebenfalls denen der Unternehmensleitung nicht nach bzw. enden automatisch dort, wo die Pflichten der Unternehmensleitung enden.

---

153 Vgl. etwa *Beulke*, FS Geppert, S. 23 (25): „nur dort, wo Handlungspflichten zumindest auf Ebene der Unternehmensleitung, bestehen, können sie auch Compliance Officer treffen"; so auch *Campos Nave/Vogel*, BB 2009, S. 2546 (2549); *Lackhoff/Schulz*, CCZ 2010, S. 81 (86); *Warneke*, NStZ 2010, S. 312 (315).

154 Zur Berücksichtigung von Sonderwissen im Rahmen von Fahrlässigkeitsdelikten *Wessels/Beulke/Satzger*, Strafrecht AT, S. 274 f.; allgemein zum „Sonderwissen" und dessen Berücksichtigung bei der objektiven Zurechnung vgl. *Greco*, ZStW 2005, S. 519 (519 ff.).

Compliance-Beauftragten stehen aufgrund der größeren faktischen Nähe zu bevorstehenden Rechtsverstößen meist „direktere" und damit im strafrechtlichen Sinne auch „bessere" (heißt effektivere) Eingriffsmaßnahmen zur Verfügung. Insoweit sind Pauschalaussagen zu einer von der Unternehmensleitung akzessorischen strafrechtlichen Verantwortlichkeit bzw. von einer Akzessorietät konkreter Handlungspflichten von Compliance-Beauftragten nicht mit einer strafrechtlich individuellen Zurechnung von Verantwortung im Rahmen der Unterlassungsdogmatik vereinbar. Somit trifft aufgrund der Tätigkeit von Compliance-Beauftragten, dem damit verbundenen Sonderwissen, der größeren Nähe zu Rechtsverstößen und der damit häufig einhergehenden faktisch besseren, unmittelbareren Möglichkeit, Rechtsverstöße zu unterbinden, eher das Gegenteil zu und die konkreten Garantenpflichten eines Compliance-Beauftragten übertreffen die der Unternehmensführung regelmäßig.

2. Existenz einer originären Garantenstellung der Unternehmensleitung

Wie dargestellt trifft die sog. „Legalitätspflicht" zunächst die Unternehmensleitung, diese ist für das rechtskonforme Verhalten des Unternehmens und damit auch deren Mitarbeiter verantwortlich („Legalitätskontrolle"). Aus dieser zunächst gesellschaftsrechtlichen Pflicht folgt keine direkte strafrechtliche Verantwortlichkeit der Unternehmensleitung. Auch an dieser Stelle wird die unzureichende formelle Begründung aus Gesetzen von Garantenstellungen deutlich. Die in Teil eins der Arbeit dargestellte, gesetzlich normierte Pflicht der Unternehmensleitung zur Legalitätskontrolle ist gesellschaftsrechtlich anerkannt.[155] Bei konsequenter Anwendung einer formell gesetzlichen Begründung von Garantenstellungen würde sich eine strafrechtliche Geschäftsherrenhaftung bereits aus der gesellschaftsrechtlichen Pflichtenstellung der Unternehmensleitung ergeben.

Für eine etwaige Garantenstellung der Unternehmensleitung, aus der sich eine Pflicht ergeben kann, Straftaten von Mitarbeitern zu verhindern, kommen verschiedene Anknüpfungspunkte in Betracht. Dies wird in fast sämtlichen Beiträgen zu einer strafbewehrten „Straftatverhinderungspflicht" der Unternehmensleitung ausgeblendet. Um Wiederholungen zu vermeiden, werden nur solche Anknüpfungspunkte dargestellt, die nicht bereits in der Untersuchung unter der allgemeinen strafrechtlichen Geschäftsherrenhaftung erörtert wurden.[156]

155 Siehe oben 1. Teil, C. IV. 5.

156 Siehe oben 4. Teil, D.

a) Bedeutung gesetzlicher Unternehmensorganisationspflichten

In Teil eins der Arbeit wurde ausführlich auf verschiedene Vorschriften eingegangen, die unmittelbar oder mittelbar bestimmte mehr oder weniger konkrete Organisationsformen von Unternehmen fordern, um Rechtsverstöße aus dem Unternehmen heraus zu verhindern. Blendet man auch an dieser Stelle die grundsätzlichen Einwände gegen formell gesetzlich begründete Garantenstellungen aus, lassen sich aus den in Teil eins dargestellten Normen Garantenstellungen von Unternehmensleitungen zum Schutz Dritter vor Rechtsverstößen aus dem eigenen Unternehmen heraus konstruieren. Zwar ist in Teilen umstritten, ob die dargestellten Vorschriften nur das Interesse des Unternehmens vor rechtlicher Haftung schützen oder (auch) die Allgemeinheit vor Schäden durch Rechtsverstöße bewahren sollen, etwa für bankenaufsichtsrechtliche Normen, die im Zuge der Finanzmarktkrise erlassen bzw. geändert worden sind, lässt sich aber eine (zumindest auch) allgemeinschützende Ausrichtung nicht bestreiten.[157]

An dieser Stelle sei auch auf die zahlreich normierten Organisationspflichten für Kreditinstitute hingewiesen (§ 25a – § 25n KWG). In den genannten Normen werden einzelne Maßnahmen aufgezählt, die von der Unternehmensführung umzusetzen sind, um das Risiko von Rechtsverstößen aus dem Kreditinstitut heraus zu minimieren. Strafbewehrte Pflichten der Unternehmensleitung begründen sich allerdings unabhängig von den genannten Organisationspflichten und können diese sogar übertreffen. Ansonsten käme man zu dem unsinnigen Ergebnis, dass selbst bei schwersten, die Volkswirtschaft bedrohenden Rechtsverstößen, keine Abwendungspflicht der Unternehmensleitung von Kreditinstituten bestünde, solange sich nur aus dem genannten kapitalmarktrechtlichen Vorschriften keine Handlungspflicht zur Verhinderung des Verstoßes ableiten ließe.

Allerdings werden diese Vorschriften an anderer Stelle im Tatbestand der unechten Unterlassungsdelikte interessant: bei der objektiven Zurechnung: So bestimmt bspw. § 25a Abs. 1 Satz 3 Nr. 5 KWG bestimmt die Festlegung eines angemessenen Notfallkonzepts für IT-Systeme. Nutzt ein Mitarbeiter der Investmentabteilung den Ausfall bestimmter IT-Systeme, für die kein Notfallkonzept, besteht zur Begehung von Straftaten aus, hat sich durch den Verstoß gegen § 25a Abs. 1 Satz 3 Nr. 5 KWG – Unterlassen der Einrichtung eines angemessenen Notfallkonzepts – ein rechtlich (ausdrücklich) missbilligtes Risiko verwirklicht.

157 Siehe oben 1. Teil, C.

Insofern sind die in Teil eins der Arbeit dargestellten Organisationspflichten relevant für eine etwaige Unterlassungsstrafbarkeit. Sie sind aber nicht wie teilweise vertreten im Rahmen der Garantenstellung oder der Garantenpflicht zu berücksichtigten, sie finden ihren Einschlag über die objektive Zurechnung und der damit verbundenen Frage, ob sich durch das Unterlassen bestimmter Organisationsmaßnahmen ein rechtlich missbilligtes Risiko verwirklicht hat. Insoweit schaffen die dargestellten Unternehmensorganisationspflichten begrüßenswerte Sicherheit bei der objektiven Zurechnung von Erfolgen durch Unterlassen bestimmter Organisationsmaßnahmen. Bei der Geschäftsherrenhaftung darf allerdings nicht an das Ausbleiben irgendwelcher ex post festgestellter Organisationsmaßnahmen angeknüpft werden. Der Erfolg ist der Unternehmensleitung vielmehr nur dann zurechenbar, wenn sie ex ante durch das Unterlassen einer spezifischen Aufsicht auch ein rechtlich missbilligtes Risiko geschaffen hat.

Zur Bestimmung einer rechtlich missbilligten Unternehmensorganisation tragen die in Teil eins ausschnitthaft dargestellten Unternehmensorganisationspflichten zu einer rechtlich vorhersehbaren Bestimmung rechtlich gebilligter und gebotener Unternehmensorganisation bei, welche dann die strafrechtliche Zurechnung zur Unternehmensleitung hemmt. Zur Begründung von Rechtsgutsnähe der Unternehmensleitung zu Rechtsgütern Dritter oder zu kollektiven Rechtsgütern eignen sich die dargestellten Normen aber nicht.

b) *Beschützergarantenstellung der Unternehmensleitung*

Eine Beschützergarantenstellung der Unternehmensleitung kann, sofern man die enge sozial-intakte Verbundenheit außer Acht lässt, aus objektiv berechtigtem Vertrauen Dritter darauf folgen, dass die Unternehmensleitung zum Schutz fremder Rechtsgüter tätig wird, woraufhin eigene Schutzmaßnahmen unterlassen werden, aus deren Fehlen dann eine erhöhte Rechtsgütergefährdung resultiert.

aa) Für Rechtsgüter des Unternehmens

Sind Unternehmensinhaber und Geschäftsführung, etwa bei kleineren Betrieben, identisch, besteht unproblematisch keine Beschützergarantenstellung. Niemand kann strafrechtlich verantwortlich gemacht werden, dafür dass er Maßnahmen zum Schutz der eigenen Rechtsgüter unterlässt. Eine Garantenstellung der Geschäftsleitung zur Verhinderung von Schädigungen des Unternehmens, welches nicht oder nicht ausschließlich im Eigentum der Geschäftsleitung steht, ist hingegen anzunehmen,[158] denn der oder die Inhaber eines Unternehmens dürfen objektiv berechtigt darauf vertrauen, dass die eingesetzte Geschäftsleitung schützend gegenüber dem Unternehmen tätig wird. Die Inhaber unterlassen auch regelmäßig durch die Einsetzung einer Geschäftsleitung eigene Schutzmaßnahmen zum Schutz der Rechtsgüter des Unternehmens, da sie dann berechtigt darauf vertrauen dürfen, dass die Geschäftsleitung als ein Kernelement ihres Aufgabenbereichs auch unternehmensschützend tätig wird. Die objektiv rechtliche Legitimation eines solchen Vertrauens kommt auch in § 266 Abs. 1 StGB, §§ 91 Abs. 2; 93 Abs. 1 Satz 1 AktG zum Ausdruck.[159] So geht etwa eine Garantenpflicht der organschaftlichen Gesellschaftsvertreter, etwa zur Verhinderung einer Schädigung am Unternehmensvermögen durch Betrug, mit einer Vermögensbetreuungspflicht einher.

bb) Für Rechtsgüter Dritter

Fraglich ist, ob sich Beschützergarantenstellungen der Unternehmensleitung auch für Rechtsgüter Dritter annehmen lassen. Grundsätzlich besteht zunächst keine besondere Nähe der Unternehmensleitung zu Rechtsgütern Dritter. Im Wirtschaftsleben kommen allerdings einige Ausnahmen in Betracht. Es geht hier um Konstellationen, in denen die Unternehmensleitung einen objektiv berechtigten Vertrauenstatbestand schafft, aus dem ein Gefährdungsmoment für die Rechtsgüter von Dritten resultiert, der eine spezifische Abhängigkeit der Rechtsgutsträger begründet. Unternehmen stehen permanent mit Dritten in Geschäftsbeziehungen. Wie dargestellt lässt sich aus einem Vertrag, etwa einem Kaufvertrag zum Ankauf von Ware, noch kein hinreichendes Näheverhältnis zu den Rechtsgütern des Vertragspartners herleiten, aus dem sich dann eine Garantenstellung begründet. Besteht ein über den Vertrag hinausgehendes, berechtigtes Vertrauensverhältnis zwischen den Vertragsparteien, kann aber

---

158 *Heinrich*, Strafrecht AT, S. 426; *Joecks*, in: MüKo-GmbHG, Vor § 82 Rn. 215; *Kühl*, Strafrecht AT, S. 683; *Rudolphi/Stein*, in: SK-StGB, § 13 Rn. 54; *Merz*, in: G/J/W-Wirtschafts- und Steuerstrafrecht, § 13 StGB Rn. 43; *Rengier*, Strafrecht AT, S. 487 f.; *Warneke*, NStZ 2010, S. 312 (315); *Roxin*, Strafrecht AT, Band II, S. 736; *Wohlers/Gaede*, in: NK-StGB, § 13 Rn. 40; *Rößler*, WM 2011, S. 918 (921); *Rotsch*, Individuelle Haftung, S. 189; vgl. auch *Brammsen*, wistra 2009, S. 85 (91); für Aufsichtsräte vgl. BGHSt 47, 188 (201); *Tiedemann*, FS Tröndle, S. 319 (326 ff.).

159 Klarstellend sei darauf hingewiesen, dass sich aus den dargestellten Normen keine Garantenstellung ergibt. Sie haben lediglich eine Hinweisfunktion dahingehend, dass darauf vertraut werden darf, dass die Unternehmensleitung unternehmensschädigende Taten verhindert.

eine Beschützergarantenstellung vorliegen. Das gewöhnliche Vertrauen auf ein rechtstreues Verhalten seines Vertragspartners ist hierfür allerdings nicht ausreichend. Zwar darf grundsätzlich jeder berechtigt darauf vertrauen, dass sich sein Geschäftspartner auch rechtstreu verhält, daraus folgt aber kein berechtigtes Vertrauen dahingehend, dass der Geschäftspartner auch aktiv zum Schutz der Rechtsgüter der Vertragspartei tätig wird.

Nun stellt die hinreichende Bestimmung eines solchen Vertrauens, welches über das „normale" bei Vertragsschluss bestehende Vertrauen hinausgeht, im konkreten Fall eine mit großen Unsicherheiten behaftete Einzelfallentscheidung dar. Konkretisierend ist deshalb eine objektiv erhöhte Rechtsgutsgefährdung durch das Unterlassen von eigenen Sicherungsmaßnahmen zu verlangen. Dies folgt aus dem Rechtsgüterschutz selbst: Besteht zwar berechtigtes Vertrauen auf ein rechtsgutschützendes Eingreifen Dritter, soll dieser nur dann strafrechtlich für Verletzungen des Rechtsgutes verantwortlich gemacht werden, wenn aufgrund des Vertrauens andere schützende Vorsorge- oder Gefahrabwendungsmaßnahmen unterlassen werden und das Rechtsgut zum Ausgleich für die so erhöhte Gefährdung eines weiteren Schutzes bedarf.

Für die vorliegende Untersuchung eignen sich insbesondere die Veröffentlichung von Compliance-Standards und die vertragliche Abrede zur „drittschützenden" Compliance als Anknüpfungspunkte für ein gesteigertes Vertrauen in ein Tätigwerden zum Schutz fremder Rechtsgüter.

(1) Veröffentlichung von Selbstverpflichtungen zu rechtskonformem Verhalten

Häufig finden sich in der Praxis als „Compliance Commitments", „Codes of Conducts" oder „Compliance Policies" bezeichnete Selbstverpflichtungen von Unternehmen, nach denen diese Maßnahmen vorhalten, um die Rechtstreue des Unternehmens und häufig auch eine besondere „geschäftliche Ethik" zu gewährleisten. Solche publizierten Selbstverpflichtungen sind grundsätzlich geeignet, um bei Dritten, etwa Geschäftspartnern, ein besonderes Vertrauen in die Sicherstellung der Rechtstreue des Unternehmens zu begründen, welches das gewöhnliche Vertrauen in die Rechtstreue des Geschäftspartners übersteigt. Hier wird die Kehrseite von Compliance deutlich: Sie kann nicht nur haftungsentlastend, sondern auch haftungsschärfend wirken, weswegen vor der Veröffentlichung übertriebener Selbstverpflichtungen durch die Unternehmensleitung nur gewarnt werden kann.[160]

160 Vgl. hierzu auch *Rotsch*, in: R-Handbuch Criminal Compliance, S. 73: „Unternehmensinternen unmittelbar strafrechtlich irrelevanten Regeln können also durchaus unliebsame Rückwirkungen auch auf die strafrechtliche Verantwortlichkeit der

Ein rechtlich anerkanntes Vertrauen der Geschäftspartner vorausgesetzt, lässt sich eine Beschützergarantenstellung für Rechtsgüter der Geschäftspartner ableiten, solange durch die Selbstverpflichtung hinreichend deutlich zum Ausdruck kommt, die Geschäftsleitung werde, um ihre Geschäftspartner vor Schäden durch Rechtsverstöße aus dem eigenen Unternehmen heraus zu schützen, diesen entgegentreten, woraufhin dann eigene Schutzmaßnahmen seitens des Geschäftspartners unterlassen werden. Eine allgemein abgegebene Erklärung des Unternehmens, sich „rechtstreu" zu verhalten, reicht hierfür aber nicht aus. Vielmehr müssen konkrete, drittschützende Maßnahmen publiziert bzw. versprochen werden, da einer reinen Erklärung zu rechtstreuem Verhalten keine besondere Bedeutung zukommt– dies wird ohnehin erwartet. Zusätzlich muss das Vertrauen des Geschäftspartners in den Schutz seiner Rechtsgüter durch die Unternehmensleitung dazu geführt haben, dass der Geschäftspartner selbstschützende Maßnahmen unterlässt oder nur vermindert vornimmt und seine Rechtsgüter einer erhöhten Abhängigkeit von fremden Schutzmaßnahmen aussetzt. Regelmäßig wird es an einem solchen Vertrauen Dritter in Verbindung mit dem Unterlassen eigener Schutzmaßnahmen fehlen, weswegen derartige Veröffentlichungen regelmäßig keine Beschützergarantenstellung der Unternehmensleitung zu Gunsten externer Dritter entstehen lassen: auszuschließen ist eine solche Möglichkeit aber nicht. Anhaltspunkt für ein hinreichendes Vertrauen eines Geschäftspartners in ihn schützende Maßnahmen kann etwa die Tatsache sein, dass sich der Geschäftspartner für ein bestimmtes Unternehmen entschieden hat, das sich im Geschäftsverkehr als besonders „compliant" darstellt und er hierfür unter Umständen sogar bereit war, auf günstigere Angebote anderer Unternehmen zu verzichten. Führt etwa ein Geschäftspartner bei Vertragsverhandlungen ins Feld, dass in seinem Unternehmen spezielle Maßnahmen zur Korruptionsprävention umgesetzt werden, woraufhin sich der Vertragspartner bei weiteren Geschäften hierauf verlässt und daher Geschäfte mit seinem Geschäftspartner weniger genau auf etwaige Korruptionssachverhalte überprüft, entsteht aus dieser Zusicherung zu „Antikorruptionsmaßnahmen" eine Beschützergarantenpflicht dahingehend die Rechtsgüter des Geschäftspartners vor Schäden durch Korruption aus dem eigenen Unternehmen zu schützen, jedenfalls in dem Umfang, indem auch die Antikurruptionsmaßnahmen zugesichert wurden.

Unternehmensmitarbeiter bzw. – ggf. – auch des Unternehmens zukommen"; ferner auch *Lüderssen*, in: K/L/V-Handlungsfreiheit des Unternehmers, S. 21 (24): „dass nämlich Compliance und Corporate Governance, wiewohl mit dem Anspruch normativer Selbständigkeit auftretend, Pflichten formulieren, die wieder im Strafrecht landen"; allgemein zur „privaten Regelsetzung" vgl. *Bachmann*, Private Ordnung, S. 89 ff.

(2) Vertragliche Vereinbarungen zu „Compliance“

Die vertragliche Zusicherung eines Mindeststandards an Compliance im Unternehmen oder die Zusicherung zur Vornahme konkreter Schutzmaßnahmen können Anhalts- und Ausgangspunkte für eine Beschützergarantenstellung der Unternehmensleitung sein.[161] Auf die zivilrechtliche Vertragsausgestaltung kommt es jedoch im Einzelnen nicht an. Sowohl nur im konkreten Vertrag vorhandene Absprachen zu Compliance als auch sog. „Compliance-Klauseln“ bzw. „Integritätsklauseln“[162] ermöglichen Rückschlüsse auf vertrauensbegründete Beschützergarantenstellungen. Aus dem Vertrag als solchem folgen allerdings keine strafrechtlichen Erfolgsabwendungspflichten. Er kann aber Anhaltspunkt für das Bestehen eines normativ berechtigten Vertrauens dahingehend sein, dass der Vertragspartner zum Schutz der Rechtsgüter der anderen Vertragspartei tätig wird.

An diesem Punkt kommt die häufiger erwähnte Unterscheidung zwischen strafrechtlicher und zivilrechtlicher Haftung deutlich zum Vorschein: Für einen zivilrechtlichen Schadensersatzanspruch aus § 280 Abs. 1 BGB reicht eine Verletzung einer Schutzpflicht im Sinne des § 241 Abs. 2 BGB aus. Aus § 241 Abs. 2 BGB folgt nämlich die Pflicht, die Rechtsgüter des Vertragspartners zu schützen.[163] Diese sog. „Fürsorge- und Obhutspflichten“ verpflichten den Vertragspartner nicht nur dazu, Schädigungen der anderen Vertragspartei zu unterlassen, sondern begründen auch eine aktive Schutzpflicht zum Schutz der Rechtsgüter der Vertragspartei,[164] weswegen eine zivilrechtliche Schutzpflicht der Unternehmensleitung gegenüber den Rechtsgütern der Vertragspartei häufig schon selbst bei Verträgen ohne Compliance-Klauseln besteht. Eine Beschützergarantenstellung hingegen entsteht allerdings selbst bei einem Vertrag mit vereinbarten Schutzmaßnahmen nicht zwingend. Zur Begründung einer Beschützergarantenstellung bedarf es des Vertrauens Dritter in konkrete Schutzmaßnahmen, aufgrund derer eigene

161 *Schlösser*, wistra 2006, S. 446 (447); *Zimmermann*, Strafbarkeitsrisiken durch Compliance, S. 168 f.; zur Wirksamkeit solcher Klauseln vgl. *Gilch/Pelz*, CCZ 2008, S. 131 (135 f.); ausführlicher *Fallenstein*, Compliance-Klauseln, S. 64 ff.; allgemein zur Zulässigkeit von „Compliance-Klauseln“ vgl. die arbeitsgerichtliche Rechtsprechung im Fall „Walmart“, bei dem genanntes Unternehmen eine sog. „Liebes- und Flirtverbotsklausel“ erließ, vgl. ArbG Wuppertal, NZA-RR 2005, S. 476 (479); deutlich zur allgemeinen Nichtigkeit solcher Klauseln wegen eines Verstoßes im „erheblichen Umfang“ gegen das allgemeine Persönlichkeitsrecht, die zweite Instanz, LAG Düsseldorf, NZA-RR 2006, S. 81 (87 f.).

162 Zu dem Begriff *Schlösser*, wistra 2006, S. 446 (447).

163 Vgl. nur *Brox/Walker*, Allgemeines Schuldrecht, S. 288.

164 *Olzen*, in: S-BGB, § 241 Rn. 479; *Bachmann/Roth*, MüKo-BGB, § 241 Rn. 97.

Schutzmaßnahmen unterbleiben und hieraus eine Abhängigkeit des Rechtsgutsträgers resultiert. Vertragliche vereinbarte Compliance begründet folglich „berechtigtes Vertrauendürfen“ Dritter, reicht aber noch nicht zur Begründung einer Beschützergarantenstellung aus, sofern nicht aufgrund des Vertrauens andere Schutzmaßnahmen unterlassen werden.

c) *Überwachungsgarantenstellung der Unternehmensleitung*

Eine Überwachergarantenstellung der Unternehmensleitung kann sich aus pflichtwidrigem Vorverhalten, etwa einer pflichtwidrigen Unternehmensorganisation, aus einer faktischen Herrschaft über Sachgefahren oder aus einem Direktionsrecht gegenüber Unternehmensangehörigen ergeben.[165]

aa) Für Rechtsgüter des Unternehmens

Es besteht keine Überwachergarantenstellung der Unternehmensleitung für Dritte hinsichtlich der Rechtsgüter des Unternehmens. Die Unternehmensleitung muss zwar schützend tätig werden, wenn Rechtsgüter des Unternehmens durch Dritte bedroht werden. Es besteht insoweit also eine strafbewehrte Handlungspflicht der Unternehmensleitung zum Schutz der Rechtsgüter des Unternehmens aktiv zu werden, diese folgt aber aus ihrer Nähe zum Unternehmen und nicht aus einer Überwachungspflicht für Dritte.

bb) Für Rechtsgüter Dritter – „klassische“ strafrechtliche Geschäftsherrenhaftung

An dieser Stelle steht die Frage nach der klassischen Geschäftsherrenhaftung: Einer originären Pflicht der Unternehmensleitung, Angehörige des Unternehmens dahingehend zu überwachen, dass diese im Rahmen ihrer betrieblichen Tätigkeit nicht rechtswidrig Rechtsgüter Dritter verletzen. Die verschiedenen Begründungsmodelle einer strafrechtlichen Geschäftsherrenhaftung und die gegen sie vorgebrachten Einwände sowie das Merkmal der Betriebsbezogenheit wurden im dritten Teil der Arbeit dargestellt.[166] Richtigerweise lässt sich eine solche Pflicht der Unternehmensleitung, betriebsbezogene Straftaten ihrer Mitarbeiter zu verhindern, aus ihrer rechtlich abgesicherten, personellen Herrschaft über Untergebene herleiten, wobei, wie dargestellt, in diesem Zusammenhang besser von einem betrieblichen Direktionsrecht gesprochen werden sollte.

---

165 Siehe oben 3. Teil, I. II. 3.

166 Siehe oben 4. Teil, D.

cc) Pflichtwidrige Unternehmensorganisation

Organisiert die Unternehmensführung das Unternehmen pflichtwidrig, kann wie beschrieben hieraus eine strafrechtliche Überwachungspflicht hinsichtlich der aufgrund der pflichtwidrigen Unternehmensorganisation entstandenen Gefahren entstehen. Ein Fall der pflichtwidrigen Unternehmensorganisation wäre etwa unternehmensinterne Leistungsvorgaben, die von den Mitarbeitern nur unter der Begehung von Rechtsverstößen zu erfüllen sind.[167] Begehen die Mitarbeiter des Unternehmens Straftaten, könnte sich eine Garantenstellung der Geschäftsleitung aus pflichtwidrigem Vorverhalten (Ingerenz) ergeben. An dieser Stelle ist wie bei einer möglichen originären Ingerenzgarantenstellung von Compliance-Beauftragten dargestellt, durch die Anwendung der Lehre von der objektiven Zurechnung zu fragen, ob die Unternehmensleitung durch ihre Betriebsorganisation ein rechtlich missbilligtes Risiko geschaffen hat bzw. es unterlassen hat, für eine rechtlich noch gebilligte Unternehmensstruktur zu sorgen, das sich dann im tatbestandlichen Erfolg verwirklicht hat.

Bestehen solche gefahrenträchtige Betriebsstrukturen, die über das rechtlich erlaubte Risiko hinausgehen, kommt eine Ingerenzgarantenstellung der Unternehmensleitung in Betracht. An diesem Punkt endet nämlich das grundsätzlich berechtigte Vertrauen der Geschäftsführung in die Rechtstreue der ihr unterstellten Mitarbeiter.[168] Fehlt dieses Vertrauen, lässt sich der Einwand von eigenverantwortlichem Dritthandeln als Hemmung strafrechtlicher Zurechnung schon nicht mehr nicht sinnvoll erheben. Ansonsten könnte sich derjenige, der bei einem Dritten einen Tatentschluss hervorruft, darauf berufen, er habe darauf vertraut der Dritte werde sich rechtskonform verhalten, obwohl er durch das Hervorrufen eines Tatentschlusses ein rechtlich missbilligtes Risiko gesetzt hat.

Ein grundsätzliches Vertrauen in die Rechtskonformität Dritter ist nur berechtigt, wenn gleichzeitig Strukturen geschaffen bzw. unterhalten werden, die in rechtmäßiger Weise rechtswidrigem Verhalten entgegenwirken bzw. ein rechtkonformes Verhalten nicht hinreichend fördern. Auf weitere mögliche, bisher völlig unzureichend wissenschaftlich erörterte Straftatverhinderungspflichten

167 Vgl. LG Nürnberg-Fürth, NJW 2006, S. 1824 (1826), bei dem durch die Geschäftsleitung eine Fahrtroute ausgearbeitet wurde, sog. "Polenroute", die unter Beachtung der gesetzlichen Lenk- und Ruhezeiten nicht zu bewältigen war.

168 Vgl. hierzu den „Glykolwein-Fall" BGH, NJW 1995, S. 2933 (2935): „Im übrigen kann derjenige, der einen ständigen Leistungsdruck erzeugt, welcher zwangsläufig zur Verletzung der einschlägigen Rechtsvorschriften führt, sich im allgemeinen nicht darauf berufen, er habe erwartet, daß seine Untergebenen sich rechtstreu verhalten".

der Unternehmensleitung folgend aus einem pflichtwidrigen Unternehmensorganisation soll nicht näher eingegangen werden. Der Hinweis auf die grundsätzliche Möglichkeit solcher Garantenstellungen soll an dieser Stelle genügen.

3. Abgeleitete Garantenstellungen – Delegation als begründendes Merkmal einer Garantenstellung?

Nachdem weitere mögliche Anknüpfungspunkte zur Begründung einer Garantenstellung der Geschäftsführung dargelegt wurden, wird folgend die Möglichkeit einer Delegation solcher Garantenstellungen auf den Compliance-Beauftragten untersucht.

Bei der Frage nach abgeleiteten Garantenstellungen von Compliance-Beauftragten geht es zunächst einmal um die Frage, was mit der Verantwortung innerhalb einer Organisation passiert, wenn diese von der Leitungsebene wirksam (weg-) delegiert wird. Im Wirtschaftsstrafrecht wird hierzu insbesondere die Frage diskutiert, ob und gegebenenfalls wieweit sich die Unternehmensleitung durch Aufgabendelegation von strafrechtlicher Haftung freizeichnen kann. Seltener wird allerdings gefragt, was bei einer erfolgreichen, teilweisen Haftungsfreizeichnung der Unternehmensleitung mit dieser Verantwortlichkeit innerhalb der Organisation passiert.

Kritisch hinterfragt werden soll zunächst die These von sog. „abgeleiteten Garantenstellungen“ und die in diesem Zusammenhang häufig getroffene Aussage, Delegation begründe strafrechtliche Erfolgsabwendungspflichten, also Garantenpflichten, denn diese Aussage ist unter dogmatischen Gesichtspunkten zumindest unpräzise: Wie gezeigt, ist die Garantenstellung („nur“) ein Tatbestandsmerkmal, das für sich genommen noch keine strafrechtliche Erfolgsabwendungspflicht begründet. Delegation alleine vermag also schon a priori andere Tatbestandsvoraussetzungen, etwa individuelle Handlungsfähigkeit oder eine (Quasi-) Kausalität nicht zu erfüllen, weswegen man zwar – unter erheblichen dogmatischen Bedenken – von „abgeleiteten Garantenstellungen“ sprechen kann, sofern allerdings die Rede von „abgeleiteten Garantenpflichten“ ist, lässt sich dies mit der hier vertretenen Unterlassungsdogmatik nicht mehr in Einklang bringen, da die weiteren Tatbestandsvoraussetzungen eines Unterlassungsdeliktes nicht delegierbar sind.

Materiell geht es hierbei also um die zunächst nur deklaratorisch anmutende Frage, ob bei dem Delegaten eine „neue“ Garantenstellung entsteht oder ob er lediglich in die Garantenstellung des ursprünglichen Garanten eintritt, der dann lediglich einen neuen bzw. zusätzlichen Träger findet. Oberflächlich betrachtet könnte man meinen, es handle sich um ein „rein konstruktives Problem“[169], da es unter pragmatischen Gesichtspunkten mithin unbedeutend sei, ob es sich lediglich um eine „Verschiebung“ oder um eine „Neubegründung“ einer Garantenstellung handelt, solange das Ergebnis dasselbe ist: Der Delegat wird Garant.

Eine stringente Anwendung strafrechtlicher Unterlassungsdogmatik zeigt, dass ein solches undifferenziertes Vorgehen aber unzureichend und deswegen auch nicht tragfähig ist.[170] Garantenstellungen begründen sich nach dem bereits dargestellten Muster. Eine Garantenstellung „kraft Delegation“ gibt es somit nicht. Würde man die Möglichkeit zum Entstehen einer Garantenstellung kraft Delegation bejahen, würde (zugespitzt) der Hausmeister der Deutschen Bank Überwachergarant für das gesamte Investmentbanking, wenn nur der Vorstand auf ihn zivilrechtlich wirksam (Einverständnis des Betroffenen vorausgesetzt) seine Überwachungsaufgabe delegiert. Klar ist zwar, dass eine solche Delegation mangels tatsächlicher Fähigkeit des Hausmeisters die Aufgabe zu bewältigen, zu keinerlei Haftungserleichterung des Vorstandes führt, auch wäre der Hausmeister mangels individueller Erfolgsabwendungsmöglichkeiten nicht wegen Unterlassens strafbar, er wäre dann aber trotzdem Garant, da die Frage der individuellen Handlungsfähigkeit von der Frage nach der Garantenstellung unabhängig beantwortet werden muss.[171]

Nicht abschließend beantwortet wird an dieser Stelle die Frage nach einer sog. „Verantwortungsvervielfachung“, also ob man Garantenstellungen auf nachgeordneten Unternehmensebenen nur dort vorfindet bzw. entstehen lässt, wo gleichzeitig – quasi als Kehrseite – die Unternehmensleitung in ihrer strafrechtlichen Verantwortung teilweise frei wird. Richtigerweise sollte man (nur) dort (zusätzliche), abgeleitete und strafbewehrte Handlungspflichten entstehen lassen, wo diese mit ihrem Entstehen originäre Handlungspflichten abschwächen und somit einen Mangel an Rechtsgüterschutz verursachen, der dann durch die

169 So *Poguntke*, Risiken für Compliance-Beauftragte, S. 160.

170 In diesem Sinne auch *Rotsch*, FS I. Roxin, S. 485 (497): „Denn die konkrete Garantenpflicht des konkreten Compliance-Beauftragten muss dogmatisch eigenständig begründet werden“; vgl. auch *Bruns*, GA 1983, S. 1 (24): „Da bei den unechten Unterlassungsdelikten die Garantenstellung nicht formalisiert ist, können sie – neben dem Vertreter – auch andere Personen übernehmen, die an die Stelle eines Garanten in die für Garantenposition maßgebenden Beziehungen getreten sind.“; gegen eine Garantenstellung kraft Delegation auch *Schutzbach*, Die strafrechtliche Verantwortung für Betriebsunfälle, S. 139 f.

171 Darauf nachdrücklich hinweisend *Rotsch*, FS I. Roxin, S. 485 (496 f.).

beim Delegaten zusätzlichen entstehenden Handlungspflichten wieder ausgeglichen wird. Strafbewehrte Handlungspflichten begründen in einem liberalen, auf Freiheit des Einzelnen aufbauenden Rechtssystem, einen nicht unerheblichen Eingriff in die persönliche Freiheit des Einzelnen, weshalb es auch unter dem Aspekt des Rechtsgüterschutzes nur geboten ist, ein Rechtsgut so zu schützen, wie dies ursprünglich schon der Fall war und strafbewehrte Handlungspflichten bei Delegaten nur entstehen zu lassen, sofern diese beim Delegierenden auch erlöschen.[172] Hiermit wird ein Ausgleich zwischen effektivem Rechtsgüterschutz durch das Auferlegen strafrechtlicher Erfolgsabwendungspflichten einerseits und der persönlichen Freiheit des Einzelnen, mit so wenig strafbewehrten Handlungspflichten wie möglich belastet zu werden andererseits, erreicht.

Durch die genannten unterschiedlichen Begründungen von Garantenstellungen kann der Trugschluss aufkommen, sie entstünden auch durch (reine) Pflichtendelegation. Dies wird etwa deutlich, wenn in diesem Zusammenhang von „wirksamer Delegation" gesprochen wird. An dieser Stelle müsste dann aber auch erklärt werden, unter welchen Voraussetzungen eine Delegation von strafrechtlichen Schutz- bzw. Überwachungspflichten „wirksam" ist. Dass die Unternehmensführung Überwachungsaufgaben delegieren kann und auch muss ist unbestritten und häufig wird sich dann auch bei dem Delegaten eine Garantenstellung ausmachen lassen, die reine Pflichtendelegation ist hierfür zwar ein Indiz, aber noch kein hinreichendes begründendes Merkmal einer derivativen Garantenstellung, denn formelle Delegation begründet für sich genommen keine strafrechtliche Verantwortlichkeit, noch nicht einmal bei der faktischen Übernahme der delegierten Pflichten durch den Delegaten.[173] An dieser Stelle der Untersuchung ist also danach zu fragen, unter welchen Voraussetzungen strafrechtliche Verantwortlichkeit aus abgeleiteten Pflichten folgen kann. Auch

172 Wobei sich Konstellationen denken lassen, bei denen sowohl beim Delegaten als auch bei den Delegierenden strafbewehrte Handlungspflichten verbleiben. Beispielhaft: Eltern, die ihre Schutzpflichten auf einen Babysitter übertragen, werden für den Zeitraum, in dem sie eine (zuverlässige) Person beauftragen, von ihren Schutzpflichten frei. Dies wird nicht bestritten. Trotzdem erscheint dies fraglich, wenn die Eltern eines Kleinkindes einen Babysitter beauftragen, um Zeit für einen Schwimmbadbesuch zu haben. Entschließt sich der bestellte Babysitter spontan mit dem Kleinkind ebenfalls zu einem Besuch im selben Schwimmbad und droht das Kind im Schwimmbecken zu ertrinken, kann der Vater nicht die Rettung unterlassen und sich später darauf berufen, seine Erfolgsabwendungspflicht (Retten des Kindes) auf eine andere Person übertragen zu haben.

173 Siehe oben 3. Teil, G. II. 2. a) ee).

bei dieser Erarbeitung ist nach der Funktionslehre zu unterscheiden und somit zunächst nach delegierten Schutz- und delegierten Überwachungspflichten zu differenzieren.

a) Delegierte Schutzfunktion

Zur Begründung einer originären Beschützergarantenstellung des Bergführers wird an sein Verhältnis zur Wandergruppe angeknüpft. Zur Begründung einer derivativen Beschützergarantenstellung des Babysitters wird aber nicht an das Verhältnis des Babysitters zu dem Kind, sondern zunächst an das Verhältnis des Babysitters zu den originären Garanten – den Eltern des Kindes – angeknüpft. Dieses zeigt zunächst eine Besonderheit von derivativen Beschützergarantenstellungen: Ihre materielle Begründung findet sich nicht im Verhältnis zu dem zu schützenden Rechtsgut, sondern in dem Verhältnis zu dem ursprünglichen und delegierenden Beschützergaranten.

Alleine der Aspekte des effektiven Rechtsgüterschutzes gebietet es materielle Kriterien zur Bestimmung einer derivativen Garantenstellung heranzuziehen, anstatt auf formelle Delegationsakte abzustellen: Erscheint etwa ein erkennbar angetrunkene, aber noch geschäftsfähige Babysitter zur vereinbarten Beaufsichtigung des Kindes und kommt es in Folge der mangelnden Beaufsichtigung durch den Babysitter zum Tode des Kindes, sind die Eltern wegen Totschlages durch Unterlassen strafbar: Denn eine (teilweise) Delegation ihrer Überwachungsverantwortung auf den Babysitter hat nicht stattgefunden. Die Eltern hatten nämlich konkrete Anhaltspunkte dahingehend, dass der Babysitter seiner Verantwortung für das „Schutzobjekt Kind" nicht nachkommt. Insofern durften die Eltern auch nicht berechtigt darauf vertrauen, dass der Babysitter in ihre Beschützerposition eintritt. Der erkennbar angetrunkene und damit zum Beschützen des Kindes ungeeignete Babysitter wäre mangels berechtigten Vertrauendürfens der Eltern nicht Garant für das Leben des Kindes und nur wegen unterlassener Hilfeleistung (§ 323c StGB) strafbar. Eine derivative Beschützergarantenstellung des Babysitters entsteht mithin erst aufgrund des berechtigten Vertrauens der Eltern (nicht des Kindes!) in das schützende Tätigwerden des Babysitters.

Eine von der Unternehmensleitung delegierte Beschützergarantenstellung von Compliance-Beauftragten für Rechtsgüter Dritter kann somit nur dann entstehen, wenn die Unternehmensführung „berechtigt" auf das Tätigwerden des Compliance-Beauftragten vertraut. Sofern man an dieser Stelle die oben dargestellte Aufteilung von verschiedenen „Compliance-Ebenen" einbezieht, liegt es insoweit auf der Hand, dass mit steigendem organisatorischem Abstand des jeweiligen Compliance-Beauftragten zu der Unternehmensführung auch die Wahrscheinlichkeit dahingehend sinkt, dass die Unternehmensführung auf ein Tätigwerden des jeweiligen Compliance-Beauftragten berechtigt vertrauen darf. Berücksichtigung wird in der Praxis dann insbesondere der Umstand finden, wie detailliert die Unternehmensführung die jeweilige Compliance-Struktur im Unternehmen begleitet, denn umso detaillierter die Unternehmensleitung in die differenzierte Aufteilung der Compliance-Aufgaben eingebunden ist, umso eher darf sie „berechtigt" darauf vertrauen, dass der einzelne Compliance-Beauftragte auch – entsprechend seiner ihm zugewiesenen Aufgaben – schützend im Hinblick auf die Rechtsgüter des Unternehmens tätig wird.

b) Delegierte Überwachungsfunktion

Werden Überwachungsaufgaben delegiert, entsteht beim Delegaten nur eine Überwachergarantenstellung, sofern dieser auch eine entsprechende Herrschaft über die jeweils zu überwachende Gefahrenquelle innehat bzw. ihm im Rahmen der Delegation eine solche Herrschaft „mitdelegiert" wird. Es wird hier bereits deutlich, dass es im Gegensatz zu einer delegierten Beschützergarantenstellung nicht auf das Verhältnis vom Delegierenden zum Delegaten, sondern auf das Verhältnis des Delegaten zur Gefahrenquelle ankommt. Dies ist insoweit auch konsequent, als bei einer derivativen Beschützergarantenstellung der originäre Garant im Vertrauen auf das Tätigwerden des Delegaten sich regelmäßig aus seinen Schutzpflichten – jedenfalls teilweise – zurückzieht. Bei der Herrschaft über Gefahrenquellen folgt hingegen regelmäßig gerade kein faktischer Herrschaftsverlust des originären Garanten: Selbst im theoretischen Extremfall, in dem die Unternehmensleitung ihren Chief Compliance Officer mit all den ihr zustehenden Direktionsrechten gegenüber den anderen Unternehmensmitarbeitern ausstattet, verliert sie ihre originären Direktionsrechte deshalb nicht und büßt selbst somit auch keine „Herrschaft" ein.

Bei sachlichen Gefahrenquellen hingegen folgt, wie ebenfalls bereits ausgeführt, eine Überwachergarantenstellung aus einer faktischen Herrschaft über die Sachgefahr. Delegiert nun etwa die Unternehmensleitung eines Atomkraftwerkes die Reaktorüberwachung auf den damit einverstandenen Hausmeistern, entsteht bei diesem, sofern dieser faktisch nicht dazu in der Lage ist den Atomreaktor auch zu beherrschen, keine Überwachergarantenstellung.

Bei der „Beherrschung" von personellen Gefahren bedarf es hingegen, wie dargestellt, einer „rechtlich anerkannten Herrschaft" über Dritte. Sofern man diese Herrschaft, besser bezeichnet als betriebliches Direktionsrecht, teilweise bei der Unternehmensleitung über die für sie tätigen Mitarbeiter für hinreichend gegeben (heißt: garantenstellungsbegründend) erachtet, entstehen strafrechtliche Überwachergarantenstellungen für Dritte nur, soweit die rechtlich anerkannte, die originäre Überwachergarantenstellung begründende partielle Herrschaft mit übertragen wird. Insoweit ist es auch möglich, nur „partielle Herrschaftselemente" von der Unternehmensleitung auf die für die Überwachung vorgesehene Person zu übertragen, etwa ein Kassationsrecht für spezifizierte Geschäftsvorgänge im Unternehmen zu übertragen, aber die Kompetenz zur Kündigung von Angestellten ausschließlich bei der Unternehmensleitung zu belassen.

In den praktisch häufig anzutreffenden Konstellationen einer Übertragung von partiellen Direktionsrechten von der Unternehmensleitung auf den Chief Compliance Officerist zu bedenken, dass schon gegen die originäre strafrechtliche Geschäftsherrenhaftung der Einwand der fehlenden „Herrschaft" im Unternehmen erhoben wird.[174] Je weniger Kompetenzen also die Unternehmensleitung auf vermeintliche Überwachergaranten von personellen Gefahrenquellen delegiert, umso weniger kann in diesem dann Zusammenhang von einer normativen Herrschaft des Überwachergaranten über Organisationsangehörige gesprochen werden. Dieser Einwand perpetuiert sich noch, sofern man von verschiedenen Compliance-Ebenen im Unternehmen ausgeht: So mag man bei einen in einem Großkonzern, direkt unter der Vorstandsebene angesiedelten Chief Compliance Officer, noch ähnliche, von der Unternehmensführung auf ihn übertragene, hinreichende betriebliche Direktionsrechte vermuten. Betrachtet man allerdings einen Mitarbeiter auf einer unteren Compliance-Ebene, der beispielsweise lediglich Anti Geldwäsche Schulungen abhält, so wird bei diesem regelmäßig kaum ein hinreichendes betriebliches Direktionsrechts ausgemacht werden können, das dem der Unternehmensführung hinreichend gleicht, um hieraus eine herrschaftsbegründete Garantenstellung annehmen zu können.

4. *Übernahme von Garantenpflichten aus Ingerenz?*

Wie dargestellt entstehen unter gewissen Voraussetzungen Garantenstellungen, die sich von anderen Garantenstellungen „ableiten". Bei originären Ingerenzgarantenstellungen ist fraglich, ob hier die Möglichkeit überhaupt besteht, dass aus

174 Siehe oben, 3. Teil, I. II. 3. a); vgl. auch *Schmitt-Leonardy*, Unternehmenskriminalität ohne Strafrecht? S. 258: „Er bliebe also bestenfalls ein ‚fragmentarischer Garant' – schlimmstenfalls ein Sündenbock".

ihnen heraus solche derivativen Garantenstellungen entstehen können.[175] Derivative Beschützergarantenstellungen entstehen wie originäre Beschützergarantenstellungen aufgrund berechtigten Vertrauens, entweder des Delegierenden oder des Schutzobjektes. Übernommene Überwachergarantenpflichten setzten wie originäre auch, eine bestimmte Herrschaft über die zu überwachende Gefahrenquelle voraus.

Die Ingerenzgarantenstellung knüpft im Gegensatz hierzu an ein tatsächliches (Vor-) Geschehen und nicht an normative Wertungen an. Eine rein formelle Delegation reicht, wie gezeigt, zur Begründung von Garantenpflichten nicht aus vielmehr bedarf es hierzu einer eigenständigen materiellen Begründung, der garantenbegründende Aspekt, das Vorverhalten, lässt sich aber nicht auf Dritte „übertragen", die an der pflichtwidrigen, die Ingerenzgarantenstellung begründenden Vorhandlung, nicht beteiligt waren. Insoweit müsste man entweder eine Delegierbarkeit von Ingerenzgarantenstellungen schon grundsätzlich ablehnen oder aber nach anderen materiellen Begründungen zur Übertragung von Garantenstellung aus pflichtwidrigem Vorverhalten suchen. Die Übertragung einer Ingerenzgarantenstellung ist möglich, aus ihr folgt allerdings keine „derivative Ingerenzgarantenstellung", sondern aus einer originärer Ingerenzgarantenstellung kann eine derivative Beschützergarantenstellung entstehen: Hierzu muss der Ingerent berechtigt darauf vertrauen dürfen, dass der Übernehmende, den von ihm pflichtwidrig angestoßenen Kausalverlauf stoppt und so einer bevorstehenden Rechtsgutsverletzung aktiv entgegentritt, woraufhin der Ingerent eigene Abwendungsmaßnahmen zum Schutz vor der von ihm angestoßenen Gefahr unterlässt.

Die fehlende Möglichkeit zur Begründung einer derivativen Ingerenzgarantenstellung nach dem hier dargestellten Muster zur Erklärung derivativer Garantenstellungen zeigt die dogmatische Harmonie der dargestellten Ergebnisse hinsichtlich der Delegation von Garantenstellungen: Auch derivative Garantenpflichten bedürfen einer eigenständigen materiellen, von der originären Begründung zunächst unabhängigen Erklärung. Rein formelle Delegationsakte selbst in Verbindung mit tatsächlicher Übernahme reichen nicht aus, um das Entstehen derivativer Garantenstellungen erklären.

Kommt etwa eine Person in Folge einer rechtswidrigen Körperverletzung in die für den Täter erkennbare Gefahr des Todes, ist er unbestritten Garant für

175 So auch der BGH, NStZ 2003, S. 259 (260): „Ob aber auch die Übernahme einer durch pflichtwidriges Vorverhalten begründeten Garantenpflicht möglich ist, erscheint fraglich, bedarf hier jedoch keiner abschließenden Entscheidung"; vgl. zu dieser Thematik auch *Jasch*, NStZ 2005, S. 8 (8 ff.).

das Leben des von ihm in Todesgefahr Gebrachten. Kommt nun ein dem Täter bekannter Dritter hinzu, der vom Täter beauftragt wird, den Verletzten in ein Krankenhaus zu bringen, was der Dritte diesem auch glaubhaft zusichert, wird nun der Dritte Garant für das Leben des Verletzten, sofern der Täter berechtigterweise darauf vertrauten darf, dass der von ihm beauftragte Dritte das Opfer in ein Krankenhaus verbringt, woraufhin er dann eigene Rettungsbemühungen unterlässt.

Da der Dritte an der vorangegangenen Körperverletzung nicht beteiligt war, kommt für ihn weder eine originäre noch eine derivative Garantenstellung aus Ingerenz in Betracht. Er wird, von einer Ingerenzgarantenstellung des Täters abgeleitet, derivativer Beschützergarant für das Leben des Verletzten. Insoweit können sich derivative Garantenstellungen ihrer Art nach von originären Garantenstellung unterscheiden, so begründet auch im dargestellten Beispiel die Körperverletzung eine Überwachergarantenstellung des Verletzenden aufgrund seines Vorverhaltens. Bei der derivativen Garantenstellung des in die Schutzposition des Ingerenten eintretenden Dritten handelt es sich hingegen um eine Beschützergarantenstellung.

5. *Abgeleitete Beschützergarantenstellung wegen Setzung eines berechtigten Vertrauenstatbestandes durch die Unternehmensführung*

Compliance-Beauftragte treten regelmäßig nicht nach außen hin für das Unternehmen auf. In größeren Unternehmen agiert der Chief Compliance Officer regelmäßig sogar vom operativen Geschäft getrennt. Allerdings ist er häufig zuständig für die Ausarbeitung sog. „Compliance"- bzw. „Integritätsklauseln". Diese erstellt er im Auftrag der Unternehmensleitung, die häufig, vertreten durch Mitarbeiter, Verträge mit Dritten schließt, bei denen entworfene Compliance-Klauseln bzw. konkrete Compliance-Maßnahmen Vertragsbestandteil werden. Diese Verträge verpflichten zunächst nur die Vertragsparteien, zu denen der Compliance-Beauftragte jedenfalls unmittelbar nicht gehört.

Die Unternehmensleitung kann und wird dies auch regelmäßig, die von ihr Dritten vertraglich zugesicherten Compliance-Maßnahmen auf den Compliance-Beauftragten delegieren. Folglich ist er dann regelmäßig arbeitsrechtlich dafür verantwortlich, die mit Dritten vertraglich vereinbarte Compliance umzusetzen. Unterstellt durch diese vertraglich vereinbarte Compliance setzt die Unternehmensführung nun einen hinreichenden Vertrauenstatbestand, der eine Beschützergarantenstellung gegenüber der Vertragspartei seitens der Unternehmensführung begründet, verbleibt die Frage, inwieweit dann beim Compliance-Beauftragten ebenfalls eine derivative Beschützergarantenstellung für die Rechtsgüter der Vertragspartei entsteht.

Diese Frage ist nach denselben Grundprinzipien zu beantworten, wie die Frage nach einer originären Beschützergarantenstellung der Unternehmensleitung selbst. Allerdings ist, wie dargelegt, nicht mehr das Verhältnis zwischen dem Dritten und Unternehmensleitung maßgebend, sondern jetzt das Verhältnis zwischen dem Compliance-Beauftragten und der Unternehmensleitung. Entscheidend ist, ob die Unternehmensleitung berechtigt darauf vertrauen darf, dass der Compliance-Beauftragte die an ihn zugewiesene Aufgabe, deren Bestandteil auch im drittschützend Tätigwerden liegt, auch wahrnimmt und erfolgsabwendende Handlungen vornimmt, zu denen die Unternehmensführung aufgrund einer bestehenden Beschützergarantenstellungen gegenüber Dritten strafrechtlich (selbst) verpflichtet ist.

Mag es arbeitsrechtlich zulässig sein, bei einer wirksamen Delegation auf die Vornahme der arbeitsvertraglich geschuldeten Tätigkeit zu vertrauen, ist dies strafrechtlich nicht automatisch auch der Fall: Ist der Compliance-Beauftragte etwa als unzuverlässig oder inkompetent bekannt oder die Compliance-Abteilung unzureichend ausgestattet, mag auf ihn, was allerdings auch zweifelhaft ist, arbeitsrechtlich wirksam delegiert werden, strafrechtlich findet hingegen keine „Verantwortungsverschiebung" statt.

Schafft also die Unternehmensleitung durch Vertrag oder durch die Veröffentlichung von Compliance-Standards für Dritte berechtigte Vertrauenstatbestände, die daraufhin eigene Schutzmaßnahmen unterlassen und sich damit in eine spezifische Abhängigkeit zum Unternehmen bzw. zur Unternehmensleitung begeben, entsteht zunächst für die Unternehmensleitung eine originäre Beschützergarantenstellung für die Rechtsgüter des Dritten. Die daraus entstehenden strafrechtlichen Pflichten, etwa den Dritten vor Rechtsverstößen aus dem eigenen Unternehmen heraus zu schützen, kann sie grundsätzlich auf den Compliance-Beauftragten delegieren. Eine teilweise Freizeichnung von strafrechtlicher Verantwortlichkeit auf Seiten der Unternehmensführung erfolgt allerdings nur dann, wenn die Unternehmensführung berechtigt darauf vertrauen darf, dass der Compliance-Beauftragte drittschützend tätig wird. Auch hier gilt das oben ausgeführte zu der Nähe des jeweiligen Compliance-Beauftragten zu der Unternehmensführung. Selbstverständlich muss der jeweilige Compliance-Beauftragte hierzu mit hinreichenden organisatorischen Kompetenzen ausgestattet sein, um überhaupt eigenständig bestimmte, Dritten zugesicherte Compliance-Maßnahmen, umsetzen zu können. So dürfte auch an dieser Stelle, eine hier beschriebene Garantenstellung regelmäßig lediglich für die oberen Compliance-Ebenen in Betracht kommen, bzw. dort deutlich häufiger anzunehmen sein, als auf unteren Compliance-Ebenen.

6. *Abgeleitete Überwachergarantenstellung aufgrund eines abgeleiteten betrieblichen Direktionsrechts*

Bejaht man eine strafrechtliche Geschäftsherrenhaftung zur Verhinderung betriebsbezogener Straftaten von Unternehmensangehörigen und nimmt eine grundsätzliche Möglichkeit zur Delegation dieser Überwachungspflicht auf Compliance-Beauftragte an, verbleibt die Frage, worin die materiell eigenständige Begründung einer derivativen Überwachergarantenstellung bei dem Compliance-Beauftragten liegt. Dargestellt wurde bereits, dass eine faktische Delegation auch im Verbund mit einer tatsächlichen Übernahme der Tätigkeit noch keine Garantenstellung zu begründen vermag. Die Richtigkeit der These unterstellt, dass sich eine Überwachergarantenstellung der Geschäftsführung aus deren partiellem Direktionsrecht (Herrschaft) über die Unternehmensangehörigen ergibt, müsste also auch der Compliance-Beauftragte über eine gewisse „Herrschaftsmacht" bzw. über hinreichende Direktionsrechte im Unternehmen verfügen. Weisungsbefugnisse in Form von disziplinarischer Gewalt und Organisationsmöglichkeiten der Unternehmensleitung bilden die Legitimationsgrundlage einer strafrechtlichen Geschäftsherrenhaftung. Diese Grundlagen, insbesondere ein Direktionsrecht des Compliance-Beauftragten gegenüber Mitarbeitern außerhalb seiner Abteilung bestehen aber gerade bei Compliance-Beauftragten „regelmäßig" nicht.[176] Die Unternehmensleitung kann zwar solche Kompetenzen auf den Compliance-Beauftragten übertragen, regelmäßig erhält dieser aber nur die im zweiten Teil der Arbeit dargestellten Einsichts-, Zutritts- und Auskunftsrechte.[177] Werden anderweitige Kompetenzen, etwa Befugnisse zur Untersagung bestimmter Geschäfte oder organisatorische Gestaltungsmöglichkeiten von Unternehmensprozessen außerhalb der Compliance-Abteilung übertragen, kann daraus dann eine Überwachergarantenstellung entstehen, sofern man bei dem Compliance-Beauftragten, aufgrund der übertragenen Kompetenzen dann von einem hinreichenden betrieblichen

---

176 Darauf ebenfalls hinweisend *Berndt*, StV 2009, S. 687 (691); *Deutscher*, WM 2010, S. 1387 (1390); *Geiger*, CCZ 2011, S. 170 (172); *Langenhahn*, Verantwortlichkeit des Compliance Officers, S. 190 f.; *Rönnau/Schneider*, ZIP 2010, S. 53 (57); *Schneider/Gottschaldt*, ZIS 2011, S. 573 (574); *Warneke*, NStZ 2010, S. 312 (316); vgl. ferner *Poseck*, Die strafrechtliche Haftung der Mitglieder des Aufsichtsrats, S. 120 ff., der eine Garantenstellung des Aufsichtsrats ebenfalls mit dessen fehlender Herrschaft ablehnt.

177 Siehe oben 2. Teil, K. V.

Direktionsrecht ausgehen kann, das auch eine originäre Garantenstellung der Geschäftsleitung zu begründen vermag.

Zu beachten ist, dass sofern aus einer solchen Stellung Erfolgsabwendungspflichten resultieren diese nicht die Verhinderung sämtlicher betriebsbezogener Straftaten umfassen, sondern nur solche Bereiche betroffen sind, für die der Compliance-Beauftragte auch mit hinreichenden Kompetenzen (Herrschaftsmacht) ausgestattet ist.[178] Insoweit wird eine Garantenpflicht, die sich schon von vornherein nur auf betriebsbezogene Taten erstreckt, weiter beschränkt und zwar in dem Umfang, in dem die Unternehmensführung es unterlässt, sämtliche ihr zur Verfügung stehenden Kompetenzen auf den Compliance-Beauftragten zu übertragen.

Eine beschränkt faktische Herrschaftsmacht von Compliance-Beauftragten, etwa in der Gestalt, dass allein die Erklärung gegenüber Mitarbeitern, sie sollen die beabsichtigte rechtswidrige Handlung unterlassen, faktisch häufig zu einem Ausbleiben der Tat führt, spielt für eine Garantenstellung aus „Herrschaft über Personen“ keine Rolle. Wie in Teil drei der Untersuchung dargestellt[179], kommt es nämlich bei Personen nicht auf faktische, sondern auf rechtlich anerkannte und somit normative Herrschaft über Dritte an.

Rotsch weist in diesem Zusammenhang zu Recht daraufhin, dass sich die Frage nach einer Überwachergarantenstellung schon deswegen häufig nicht stellt, weil der Compliance-Beauftragte nicht im Sinne von § 13 Abs. 1 StGB „unterlässt“, wenn ihm die notwendigen Kompetenzen und damit die individuelle Möglichkeit zur Erfolgsabwendung fehlen.[180] Hieraus folgt dann allerdings im Umkehrschluss, dass sich alleine aus der individuell möglichen Erfolgsabwendung kein Garantenstellung ableiten lässt, da die Begründung von einer Garantenstellung zunächst unabhängig von der Frage zu beantworten ist, ob jemand individuell überhaupt erfolgsverhindernd tätig werden kann.

Für diesen „Ausschnitt“ einer möglichen Garantenstellung lässt sich folgendes festhalten: Vertreter, die eine strafrechtliche Geschäftsherrenhaftung schon

---

178 So etwa auch *Wolf*, BB 2011, S. 1353 (1360): „ihm im Rahmen seiner Beauftragung hinreichende eigenständige sachliche Entscheidungskompetenzen eingeräumt wurden“; vgl. auch *Herzberg*, Verantwortung für Arbeitsschutz, S. 236: „Wer im Betrieb in bestimmtem Umfang seiner Befehls- und Sacheinwirkungsgewalt entkleidet wird, muß sicher sein dürfen, daß in diesem Umfang auch seine strafrechtliche Garantenstellung entfällt“.

179 Siehe oben 3. Teil, G. II. b) bb).

180 *Rotsch*, FS I. Roxin, S. 485 (496 f.).

im Grundsatz verneinen, kommen an dieser Stelle mangels „Ausgangsgarantenstellung“ der Geschäftsführung bei Compliance-Beauftragten schon naturgemäß zu keiner derivativen Überwachergarantenstellung zu Gunsten Dritter. Diejenigen, die eine Geschäftsherrenhaftung aus einer Art betrieblicher Herrschaft der Geschäftsführung über die Unternehmensmitarbeiter herleiten, müssen richtigerweise eine solche Überwachergarantenpflicht von Compliance-Beauftragten zu Gunsten Dritter mangels dessen regelmäßig nicht bestehender betrieblichen Herrschaft (Direktionsrecht) gegenüber den Unternehmensmitarbeitern ablehnen.

Sofern der Compliance-Beauftragte allerdings schon aufgrund seiner mangelnden betrieblichen Herrschaft faktisch nicht dazu in der Lage ist einen Unternehmensmitarbeiter an der Begehung einer Straftat zu hindern, unterlässt der Compliance-Beauftragte bereits nicht im Sinne von § 13 Abs. 1 StGB. Nach der in dieser Arbeit vertretenen Auffassung[181] kann aber dem Merkmal eines hinreichenden betrieblichen Direktionsrechts – je nach Einzelfall – eine doppelte Relevanz zukommen: Einmal kann das konkret im Einzelfall bestehende betriebliche Direktionsrecht des Compliance-Beauftragten dazu führen, dass dieser überhaupt individuell in der Lage ist, den konkreten tatbestandlichen Erfolg zu verhindern und damit überhaupt erst das Tatbestandsmerkmal des Unterlassens im Sinne des § 13 Abs. 1 StGB zu verwirklichen. Andererseits kann dann, jedenfalls nach der in dieser Untersuchung vertretenen Auffassung[182], das betriebliche Direktionsrecht – sofern man es denn hierfür als hinreichenden erachtet – auch eine Garantenstellung des Compliance-Beauftragten begründen.[183]

Einzig die Vertreter einer Gleichstellung von personellen und sachlichen Unternehmensgefahren können zu einer regelmäßigen Überwachergarantenstellung von Compliance-Beauftragten kommen, sofern sie eine strafrechtlich relevante Zuständigkeit der Geschäftsleitung für die Gefahrenquelle Unternehmen annehmen und einer garantenbegründenden Delegierbarkeit dieser Zuständigkeit zustimmen. Die abzulehnende Gleichstellung von personellen und sachlichen Gefahren ausgeblendet[184], käme man mit dieser Ansicht regelmäßig zu einer Garantenstellung

181 Für eine andere Auffassung vgl. *Rotsch*, FS I. Roxin, S. 485 (496).

182 Für eine andere Auffassung vgl. wieder *Rotsch*, FS I. Roxin, S. 485 (496).

183 Anders erneut *Rotsch*, FS I. Roxin, S. 485 (496), was in soweit aber dann folgerichtig ist, da *Rotsch* schon die originäre Garantenstellung der Geschäftsleitung nicht – wie hier – mit einem hinreichenden betrieblichen Direktionsrecht begründet, sondern mit „der Kehrseite der Freiheit des Unternehmers“, vgl. *Rotsch*, in: R-Handbuch Criminal Compliance, S. 154, 160.

184 Siehe oben 4. Teil, D. III. 2.

von Compliance-Beauftragten: Verlangt man „lediglich" eine Zuständigkeit für einen Organisationskreis unter Außerachtlassung der unterschiedlichen Gefahren, die aus einem solchen Organisationskreis herrühren, lässt sich zunächst eine strafrechtliche Geschäftsherrenhaftung bejahen, die teilweise auf den Compliance-Beauftragten delegiert werden kann, der aufgrund dieser Delegation dann zuständig für den entsprechenden Organisationskreis wird. Dieses Begründungsmodell verstößt allerdings durch die Gleichstellung von sachlichen und personellen Gefahren gegen die Grundsätze einer differenzierten Strafrechtsdogmatik und liefert auch kein eigenständiges – über einen formellen Delegationsakt hinausgehendes Model – zur Begründung einer eigenständigen Garantenpflicht von Compliance-Beauftragten.

Sofern man auch hier eine Unterscheidung nach verschiedenen Compliance-Ebenen vornehmen möchte, lässt sich jedenfalls eine höhere Wahrscheinlichkeit dahingehend annehmen, dass die Unternehmensführung ihre Compliance-Verantwortung auf eine höhere Unternehmensebene delegiert. Dies dürfte regelmäßig, alleine schon aus pragmatischen Gründen, die Ebene sein, die der Ebene der Unternehmensführung direkt nachgelagert ist, mithin also der Chief Compliance Officer.

VI. Zwischenfazit zu einer abgeleiteten Garantenstellung von Compliance-Beauftragten

Auch derivative Garantenstellungen bedürfen einer eigenständigen materiellen, von der originären Begründung zunächst unabhängigen Begründung. Rein formelle Delegationsakte selbst in Verbindung mit einer tatsächlichen Übernahme reichen nicht aus, um das Entstehen derivativer Garantenstellungen zu erklären.

Auch im Rahmen von delegationsbegründeten Garantenstellungen ist nach der Funktionslehre zu differenzieren, denn abgeleitete Beschützergarantenstellungen begründen sich schon in ihrem Ausgangspunkt anders, als abgeleitete Überwachergarantenstellungen. Die materielle Begründung von abgeleiteten Beschützergarantenstellungen findet sich nicht im Verhältnis des Täters zu dem zu schützenden Rechtsgut, sondern in dem Verhältnis des Täters zu dem ursprünglichen (originären), delegierenden Beschützergaranten. Bei der Begründung von abgeleiteten Garantenstellungen ist im Gegensatz zu einer delegierten Beschützergarantenstellung nicht auf das Verhältnis vom Delegierenden zum Delegaten, sondern auf das Verhältnis des Delegaten zur Gefahrenquellen abzustellen.

Mangels eigener hinreichender betrieblicher Direktionsrechte, werden Compliance-Beauftragte regelmäßig keine originären oder derivativen Überwachergaranten für die im Unternehmen beschäftigten Mitarbeiter sein.

VII. Der Compliance-Beauftragte im Wertpapierdienstleistungsunternehmen

Grundsätzlich gilt auch für den Compliance-Beauftragten im Wertpapierdienstleistungsunternehmen das oben Dargestellte. Hier soll nur kurz auf zwei mögliche Besonderheiten eingegangen werden, die sich im Hinblick auf die fürWertpapierdienstleistungsunternehmen gesetzlich vorgeschriebene Compliance-Funktion und den damit einhergehenden gesetzlichen Bestellungszwang für einen Compliance-Beauftragten, ergeben. Wie bereits dargestellt, folgt aus den Vorschriften und den sie konkretisierenden Verordnungen alleine keine Garantenstellung für Compliance-Beauftragte in Wertpapierdienstleistungsunternehmen.

1. Beschützergarantenstellungen für Rechtsgüter Dritter

Allerdings kann aus den Vorschriften des WpHG ein in Teilen berechtigtes Vertrauen Dritter dahingehend folgen, dass der Compliance-Beauftragte auch drittschützend tätig wird. Wie in Teil eins dargestellt, bezieht sich die in § 33 Abs. 1 WpHG obligatorisch vorgeschriebene Compliance-Funktion nur auf die Verhinderung von Verstößen gegen das WpHG selbst. Dies bedeutet aber zumindest, dass Dritte (etwa Anleger) berechtigt darauf vertrauen dürfen, dass der Compliance-Beauftragte ihre Rechtsgüter vor solchen Schäden schützt, wie sie bei Verstößen gegen das WpHG entstehen können, ob die Anleger faktisch hierauf auch vertrauen oder, wie es häufiger der Fall sein dürfte, nichts von der zwingend einzurichtenden Compliance-Funktion wissen, ist hierbei unerheblich. Es besteht nämlich bereits ein rechtlich geschütztes „Vertrauendürfen“ aufgrund der gesetzlichen Vorschriften. Als weitere Voraussetzung müssen aber die Anleger aufgrund ihres berechtigten Vertrauens in ein Tätigwerden des Compliance-Beauftragten eigene Schutzmaßnahmen unterlassen müssten. Hierzu ist ebenfalls keine konkrete Kenntnis der sie schützenden Vorschriften erforderlich, vielmehr ist es ausreichend, dass sie eigene Schutzmaßnahmen, etwa das Beauftragen externer Gutachter, unterlassen, weil sie darauf vertrauen, dass der Staat den Wertpapierhandel (drittschützend) reglementiert. Eine konkrete Vorstellung des Anlegers wie diese drittschützenden Reglementierungen ausgestaltet sind, ist hierzu nicht erforderlich. Folglich besteht regelmäßig eine Beschützergarantenstellung von Compliance-Beauftragten in Wertpapierdienstleistungsunternehmen, aus der die Pflicht folgt, Dritte vor Schäden zu schützen, wie sie in der Folge von Verstößen gegen die Vorschriften des WpHG entstehen.

2. *Überwachergarantenstellung zu Gunsten Dritter*

Wie gezeigt folgt aus einem normativ begründeten betrieblichen Direktionsrecht eine Garantenstellung zur Verhinderung betriebsbezogener Taten. Aus der gesetzlichen Ausgestaltung der Compliance-Funktion im Wertpapierdienstleistungsunternehmen ergeben sich keine speziellen Weisungsrechte gegenüber anderen Mitarbeitern, die dann ein zusätzliches betriebliches Direktionsrecht begründen könnten.[185] Zwar heißt es in § 12 Abs. 3 Satz 2 WpDVerOV, der Compliance-Beauftragte müsse

> „berechtigt sein, geeignete und erforderliche vorläufige Maßnahmen zu treffen, um eine konkrete Gefahr der Beeinträchtigung von Kundeninteressen bei der Erbringung von Wertpapierdienstleistungen oder Wertpapiernebendienstleistungen abzuwenden."

Hieraus lassen sich allerdings keine konkreten Kompetenzen herleiten, aus denen ein hinreichendes betriebliches Direktionsrecht erwächst, das Compliance-Beauftragte als Kehrseite dazu verpflichtet, die Mitarbeiter dahingehend zu überwachen, dass diese keine Straftaten begehen.[186] Insoweit ergeben sich bei einer Überwachergarantenstellung von Compliance-Beauftragten in Wertpapierdienstleistungsunternehmen keine grundsätzlichen Unterschiede zu den Compliance-Beauftragten übriger Wirtschaftsunternehmen.

Somit begründen selbst die gesetzlich zugewiesenen Kompetenzen für Compliance-Beauftragte in Wertpapierdienstleistungsunternehmen schon kein, für eine Überwachergarantenstellung zu Gunsten Dritter hinreichendes, betriebliches Direktionsrecht über die Unternehmensangehörigen. Hier wird nochmals deutlich, wie schwierig die Begründung einer solchen Überwachergarantenstellung anhand eines betrieblichen Direktionsrecht für Compliance-Beauftragte außerhalb von Wertpapierdienstleistungsunternehmen ist.

VIII. Relevanz der hierarchischen Position im Unternehmen für die Garantenpflicht

Zu Recht wird daraufhin gewiesen, dass die Position, auf welcher der Compliance-Beauftragte im Unternehmen angesiedelt ist, eine erhebliche Bedeutung dahingehend besitzt, ob ihn auch eine strafrechtliche Garantenpflicht trifft.[187] Sofern man also die bereits erwähnte Aufteilung der Compliance-Verantwortlichen

---

185 *Langfritz*, in: S/K-Kapitalmarkt Compliance, S. 467 f.

186 Siehe hierzu auch das Anfangszitat der Untersuchung, „They must consider that great responsibility follows inseparably from great power".

187 Zutreffend insoweit *Rotsch*, in: R-Handbuch Criminal Compliance, S. 155.

im Unternehmen anerkennt, nach der die Unternehmensführung als unmittelbar Compliance-Verantwortliche ihre Compliance-Verantwortung – soweit möglich – auf einen Chief Compliance Officer delegiert, der dann wiederum Teile seiner Compliance-Verantwortung an dezentrale Compliance-Beauftragte „weitergibt", zeigt sich ein differenziertes Bild hinsichtlich der Garantenstellung der unterschiedlichen Compliance-Beauftragten.

Diese Untersuchung folgt der Auffassung, dass sich eine primäre Garantenstellung der Unternehmensleitung zur Verhinderung von Straftaten von Unternehmensmitarbeitern aus deren betrieblichen Direktions- und Weisungsrechten herleitet.[188] Diskutiert man nun eine Garantenstellung etwaiger Compliance-Beauftragter hinsichtlich einer von der Unternehmensleitung abgeleiteten Überwachergarantenstellung für die vom Betrieb ausgehenden Personengefahren, stellt sich also die Frage, ob man den Compliance-Verantwortlichen unterhalb der Ebene der Geschäftsführung eine vergleichbare „Nähe zum Rechtsgut", wie der Unternehmensführung selbst attestieren kann. Begründet man nun diese Nähe zum Rechtsgut, wie in dieser Untersuchung, mit einer Art betrieblicher „Herrschaftsmacht", so spielt es in diesem Zusammenhang eben doch eine Rolle, inwieweit die Geschäftsführung etwa den ihr direkt nachgeordneten Chief Compliance-Officer, mit eben dieser betrieblichen Herrschaft „ausstattet".[189]

Trotzdem bleibt es richtig, dass im konkreten Fall die Frage nach dem tatbestandlichen Unterlassen im Sinne von § 13 Abs. 1 StGB getrennt von der Frage nach einer Garantenstellung zu untersuchen ist,[190] was freilich überhaupt keinen Widerspruch zu der hier vertretenen Ansicht darstellt. So sind nämlich durchaus Konstellationen denkbar, in denen die Unternehmensleitung den (Chief) Compliance Officer zwar mit einer hinreichenden (heißt hier: „garantenpflichtbegründenden") betrieblichen Herrschaftsmacht ausstattet, dieser aber im konkreten Fall trotzdem nicht in der Lage war, den in Rede stehenden

188 Anderer Ansicht ist *Rotsch*, in: R-Handbuch Criminal Compliance, S. 154: „Die Pflicht zur Verhinderung betriebsbezogener Straftaten stellt die Kehrseite seiner Freiheit als Unternehmer dar"; vgl. auch *ders.*, in: R-Handbuch-Criminal Compliance, S. 153.

189 Eine andere Ansicht in dieser Frage vertritt *Rotsch*, in: R-Handbuch Criminal Compliance, S. 159: „Die Annahme einer Garantenpflicht bei beschränkten Weisungsbefugnissen ist aber tatsächlich kein Widerspruch".

190 Hierauf zu Recht nachdrücklich hinweisend *Rotsch*, FS I. Roxin, S. 485 (496); *ders.*, Handbuch Criminal Compliance, S. 159.

tatbestandlichen Erfolg abzuwenden und deshalb schon nicht im Sinne von § 13 Abs. 1 StGB „unterlässt“,[191] obwohl er aber Garant war.

Aufgrund der hier als notwendig erachteten Übertragung einer „betrieblichen Herrschaftsmacht“ zur Begründung einer Garantenstellung, ist es allerdings durchaus zutreffend, dass in der Praxis eine „hinreichende“ Übertragung eben dieser Herrschaftsmacht schon häufig nicht auf den Chief Compliance Officer (Compliance Verantwortlicher der 2. Stufe) stattfindet. Konstellationen, in denen dann aber eine hinreichende betriebliche Herrschaftsmacht von der Unternehmensführung – als originär „Compliance-Verantwortliche“ – nicht nur auf die zweite Compliance-Stufe (den Chief Compliance Officer) verlagert wird, sondern darüberhinaus noch auf nachgelagerte Unternehmenshierarchien, etwa auf Compliance-Verantwortliche der 3. Stufe, sind zwar theoretisch durchaus vorstellbar, dürften aber hingegen in der Praxis fast nicht vorkommen.

Zusammenfassend lässt sich festhalten: Umso weiter der Compliance-Verantwortliche, in seiner betrieblichen Position (Unternehmenshierarchie) von der Geschäftsführungsebene entfernt ist, umso weniger wahrscheinlicher ist es, dass ihn eine von der Unternehmensführung abgeleitete strafrechtliche Garantenpflicht trifft.[192]

F. Die konkrete Erfolgsabwendung – Inhalt und Umfang spezifischer Garantenpflichten

Regelmäßig liest man, bei der konkret vorzunehmenden Handlung des Compliance-Beauftragten gehe es „nur“ um die Informierung der Unternehmensleitung über bevorstehende Rechtsverstöße.[193] Diese Pauschalaussage, der häufig

---

191 Hierzu vgl. auch *Rotsch*, FS I. Roxin, S. 485 (497); *ders.*, Handbuch Criminal Compliance, S. 159.

192 So im Ergebnis auch *Rotsch*, Handbuch Criminal Compliance, S. 160, der allerdings den Ausgangspunkt – die Garantenpflicht der Unternehmensleitung – anders als in dieser Untersuchung begründet.

193 Etwa *Dannecker*, NZWiSt 2012, S. 441 (447); ähnlich zur Geschäftsherrenhaftung bereits *Schünemann*, wistra 1982, S. 41 (45): „Freilich setzt ‚personale Herrschaft über einen Strafmündigen‘ allemal voraus, daß sich der Untergebene durch Mittel der Unternehmensgewalt, also durch Anleitung und Anweisung, auch tatsächlich motivieren läßt, so daß die Garantenpflicht des Vorgesetzten niemals andere als unternehmensspezifische Steuerungsmaßnahmen gebieten und also etwa ein Verzicht auf das Einschalten der Polizei niemals eine Unterlassungshaftung des Vorgesetzen auslösen kann: Weil seine Garantenherrschaft nur soweit reicht, wie die Tat Ausdruck der Verbandsherrschaft und in diesem Sinne eine ‚Verbandstat‘ ist,

auch noch jegliche Begründung fehlt, hält einer kritischen Überprüfung unter Anwendung der Unterlassungsdogmatik nicht stand: Unterstellt, dem Compliance-Beauftragten sei die eigenhändige Erfolgsabwendung nicht möglich, stellt sich die Frage, ob er seiner strafrechtlichen Erfolgsabwendungspflicht genügt, indem er bei Kenntniserlangung einer bevorstehenden Straftat die Unternehmensleitung informiert.

I. Das wirksamste Mittel zur Erfolgsabwendung – die „optimale" Rettungshandlung

Unabhängig von der Begründbarkeit einer Garantenstellung stellt sich die Frage, welche konkreten, ihm individuell möglichen strafrechtlichen Handlungspflichten den Compliance-Beauftragten treffen, wenn dieser Kenntnis von bevorstehenden Straftaten erlangt. Die im Hinblick auf den abzuwendenden Erfolg optimale Rettungshandlung dürfte dabei regelmäßig in der unmittelbaren Information der Strafverfolgungsbehörden liegen. Zwar verfügt unstreitig auch die Unternehmensleitung über effektive Mittel, Mitarbeiter an der Begehung betriebsbezogener Straftaten zu hindern, die Strafverfolgungsbehörden verfügen aber über einschneidendere und somit effektivere Mittel zur Erfolgsabwendung als die Unternehmensleitung, was juristisch-geschulten Compliance-Beauftragen soweit auch bewusst sein dürfte. Dies beantwortet aber nicht die Frage, ob der Compliance-Beauftragte auch dieses – wirksamste Mittel – zur Erfolgsabwendung zu wählen hat. Wie nämlich bereits dargestellt bedarf es keiner optimalen Verhinderungshandlung, ausreichend ist vielmehr eine kausale, objektive zurechenbare und vorsätzliche Verhinderungshandlung.[194]

Für den Compliance-Beauftragten begründet eine externe Anzeige betrieblicher Rechtsverstöße wie gezeigt regelmäßig einen arbeitsvertraglichen Pflichtenverstoß, der den Arbeitgeber häufig zur sofortigen Kündigung berechtigt. Vertritt man also eine Pflicht zu einer „optimalen Rettungshandlung", stellt sich dann die Frage, ob dem Compliance-Beauftragten die im konkreten Fall wirksamste Erfolgsabwendungspflicht – Informierung der Strafverfolgungsbehörden – zugemutet werden kann, insoweit dürfte ohnehin nur in Ausnahmefällen eine strafrechtliche Pflicht zur unternehmensexternen Anzeige bestehen.[195]

---

fällt sie mit einer ‚Emanzipation' des Untergebenen ebenso ersatzlos fort wie die Sachherrschaft im Falle des Gewahrsamsverlustes".

194 Siehe oben 3. Teil, C. III.

195 So auch *Dannecker*, NZWiSt 2012, S. 441 (449).

II. Zumutbarkeit normgemäßen Verhaltens

Zwei Aspekte der Zumutbarkeit besitzen für Compliance-Beauftragte eine besondere Bedeutung: Inwieweit kann einem Compliance-Beauftragten zugemutet werden, durch eigenes strafrechts- bzw. ordnungswidrigrechtliches Verhalten ein rechtswidriges Verhalten Dritter zu verhindern und ist es dem Compliance-Beauftragten zumutbar, Unternehmensexterne, etwa Polizei und Staatsanwaltschaft, über bevorstehende Straftaten zu informieren, wenn durch den damit regelmäßig einhergehenden arbeitsrechtlichen Pflichtenverstoß eine Kündigung des Arbeitsverhältnisses wahrscheinlich wird.

1. Strafrechtlich relevante Handlungen

Das Unterlassen einer Handlung ist dann nicht rechtswidrig, wenn die Vornahme der Handlung gegen eine andere Unterlassungspflicht verstößt, denn die Nichtvornahme einer verbotenen Handlung kann kein Unrecht sein.[196] Der Garant unterlässt also nur dann pflichtwidrig, wenn er rechtmäßig hätte handeln können.[197]

2. Arbeitsvertragliche Pflichtverletzung

Würde sich der Compliance-Beauftragte durch pflichtgemäßes Verhalten, etwa einer externen Strafanzeige, der Gefahr einer Kündigung aussetzen, besteht die Gefahr, durch diesen Verlust des Arbeitsplatzes massive finanzielle Einbußen hinnehmen zu müssen. An dieser Stelle muss zunächst berücksichtigt werden, dass es sich bei den finanziellen Einbußen nur um einen mittelbaren Effekt der Strafanzeige handelt. Strafanzeigen selbst sind gratis.

Grundsätzlich wird sich der Compliance-Beauftragte nicht auf die Unzumutbarkeit einer externen Strafanzeige berufen können, weil er einen Verlust seines Arbeitsplatzes befürchtet. Bei Compliance-Beauftragten ist dann eine Interessenabwägung vorzunehmen, wenn sich der strafrechtliche Vorwurf darin äußert, der Compliance-Beauftragte wäre strafrechtlich dazu verpflichtet gewesen, externe Behörden über betriebliche Rechtsverstöße zu informieren. Gegenüber

---

196 *Baumann/Weber/Mitsch*, Strafrecht AT, S. 268; *Gropp*, FS Hirsch, S. 207 (210); vgl. auch *Momsen*, Zumutbarkeit, S. 390: „Eine Rechtspflicht, sein wesentlich überwiegendes Rechtsgut zugunsten eines deutlich geringerwertigen untergehen zu lassen (§ 34), existiert nicht. Sie endet nicht, sie existiert von Beginn an nicht".

197 *Lampe*, FS Lenckner, S. 159 (171); *Gropp*, Strafrecht AT, S. 423, verneint an dieser Stelle bereits die Möglichkeit zum rechtlich relevanten Handeln: „da man nicht rechtlich gezwungen werden kann, Unrecht zu tun".

stehen sich an dieser Stelle dann das Interesse des Compliance-Beauftragten an einer Weiterbeschäftigung und damit verbunden auch die Abwendung finanzieller Einbußen durch eine Kündigung und das Interesse Dritter, nicht Opfer betriebsbezogener Straftaten zu werden.

Der BGH lässt in seiner BSR-Entscheidung aus, ob für den Leiter der Innenrevision auch eine strafrechtliche Pflicht bestand, die Erhebung betrügerischer Reinigungsentgelte gegenüber externen, mit der Strafverfolgung befassten Behörden, anzuzeigen. Der BGH führt lediglich aus, dem Angeklagten sei die Informierung des Vorstandsvorsitzenden oder des Aufsichtsratsvorsitzenden auch zumutbar gewesen.[198] Dies legt die Vermutung nahe, dass der BGH bei einer strafrechtlichen Pflicht zur Anzeige gegenüber externen Dritten ebenfalls eine Zumutbarkeitsprüfung vornehmen würde, die dem Umstand Rechnung trägt, dass eine strafrechtliche Pflicht zur externen Anzeige regelmäßig zu einer intensiveren Interessensgefährdung des Garanten führt, als dies bei einer internen Anzeige der Fall wäre. Insoweit gilt für Compliance-Beauftragte, dass beim Unterlassen einer externen Anzeige von Bagatellverstößen regelmäßig mangels der Zumutbarkeit normgemäßen Verhaltens ein Entschuldigungsgrund anzunehmen sein wird, bzw. der Compliance-Beauftragte gerechtfertigt ist oder er schon nicht tatbestandsmäßig unterlässt – je nach der dogmatischen Verortung des Zumutbarkeitskriteriums innerhalb des Verbrechensaufbaus.

Die in Teil zwei dargestellten Ausführungen, wonach der Compliance-Beauftragte keinen arbeitsrechtlichen Pflichtenverstoß begeht, sofern er denn bei dem Unterlassen einer externen Strafanzeige sich selbst strafbar machen würde, begründen insoweit eine Akzessorietät des Arbeitsrechts zum Strafrecht. Eine strafrechtliche Zumutbarkeitsprüfung muss in diesen Fällen richtigerweise ausscheiden. Sofern man also strafrechtlich die externe Anzeige als konkrete Erfolgsabwendungspflicht verlangt, liegt kein arbeitsrechtlicher Pflichtenverstoß vor, wenn der Compliance-Beauftragte dieser Handlungspflicht nachkommt. Die häufig zu lesende Aussage, bei der Garantenpflicht des Compliance-Beauftragten gehe es regelmäßig nur um die Pflicht zur Informierung der Geschäftsleitung, ist somit nicht falsch, sie bedarf im Rahmen komplexer strafrechtlicher Unterlassungsdogmatik aber tiefergehender Erläuterungen.

198 BGH, Urt. v. 17.07.2009 – 5 StR 394/08, Rn. 31.

Zusammenfassung und Schlussbetrachtung

A. Thesenartige Zusammenfassung der wesentlichen Ergebnisse

Abschließend werden die wesentlichen Ergebnisse der Untersuchung thesenartig dargestellt.

1. Für sämtliche Kapitalgesellschaften, die deutschem Recht unterliegen, besteht eine Rechtspflicht zur Compliance. Diese folgt nicht aus Analogie, sondern direkt aus den gesellschaftsrechtlich normierten Organisationsanforderungen. Diese Rechtspflicht zur Compliance umfasst nicht nur die Pflicht sich rechtstreu zu verhalten, sie umfasst ebenfalls die Pflicht zur Legalitätskontrolle der Gesellschaft. Diese Pflicht verlangt von der Leitung der Kapitalgesellschaft, eine Organisationsstruktur vorzuhalten, um rechtstreues Verhalten der Kapitalgesellschaft und ihrer Angehörigen sicherzustellen.
2. Die neuaufgeflammte Diskussion um eine Strafbarkeit juristischer Personen verliert an praktischer Bedeutung, führt man sich die Sanktionierungsmöglichkeiten des Ordnungswidrigkeitenrechts, insbesondere der §§ 9, 30 und 130 OWiG vor Augen. Die Anhebung des Bußgeldrahmens in § 30 OWiG von einer Million Euro auf zehn Millionen Euro mag dazu beitragen, dass die vorhandenen, weiten Möglichkeiten zur Sanktionierung einer unzureichenden betrieblichen Aufsicht häufiger genutzt werden, bevor man einem (nicht nur) strafrechts-dogmatisch hochumstrittenen Gebilde einer „echten" Unternehmensstrafbarkeit verfällt.
3. Mangels eines feststehenden Berufsbildes des „Compliance-Beauftragten" kann alleine an die „Bezeichnung" als solche schon keine strafrechtliche Garantenpflicht geknüpft werden. Folglich kommt alleine der Bezeichnung „Compliance-Beauftragter" keine strafrechtliche Bedeutung zu, selbst bei gefestigtem Berufsbild wäre die Begründung einer Garantenstellung anhand einer Berufsbezeichnung ein Rückfall in eine formalisierende Rechtspflichtenlehre. Eine solche Begriffsjurisprudenz ist zu Gunsten einer normativen Strafrechtsdogmatik abzulehnen.
4. Compliance-Beauftragte verfügen regelmäßig über Einsichts-, Zutritts- und Auskunftsrechte sowie über ein betriebliches Direktionsrecht über die Mitarbeiter der Compliance-Abteilung. Betriebliche Direktionsrechte, wie sie bei der Unternehmensführung vorhanden sind, fehlen ihnen hingegen ganz regelmäßig.

5. Modelle zur Begründung von Garantenstellungen, die sich auf die Zurückführung auf ein einheitliches Grundprinzip beschränken, werden aufgrund des damit einhergehenden hohen Abstrahierungsgrades so „unscharf", dass sich bei entsprechender Argumentationsrichtung beliebige Ergebnisse begründen ließen. Es bedarf vielmehr verschiedener materieller Ansätze, anhand derer Garantenstellungen zu bestimmen sind. Gescheitert sind auch formelle Rechtspflichtentheorien, die versuchen, strafrechtliche Erfolgsabwendungspflichten formell aus Gesetz oder Vertrag herzuleiten, zwar können sie wichtige Anhaltspunkte zur materiellen Begründbarkeit von Erfolgsabwendungspflichten liefern, diese Verbindung folgt aber nicht aus dem formellen Bestand der Normen oder der Verträge, sondern aus den dahinterstehenden normativen Wertungen.
6. Eine strafrechtliche Geschäftsherrenhaftung für die Nichtverhinderung betriebsbezogener Straftaten durch die Unternehmensleitung lässt sich bei Vorliegen eines hinreichenden betrieblichen Direktionsrechts annehmen. Ein Begründungsmodell hingegen, das Sach- und Personengefahren strafrechtlich gleichstellt ist abzulehnen.
7. Das Merkmal des Betriebsbezuges ist konkretisierungsbedürftig. Richtigerweise ist hinreichender Betriebsbezug erst anzunehmen, wenn sich eine betriebsspezifische Gefahr verwirklicht, die dem konkreten Betrieb oder der speziellen Tätigkeit des Mitarbeiters anhaftet. Die Verwirklichung von Gefahren, die einen allgemeinen Betriebsbezug aufweisen, wie sie regelmäßig entstehen, wenn eine größere Personenanzahl sich auf begrenztem Raum befindet, ist jedoch unzureichend.
8. Unterlässt es ein Garant, einen Dritten an der Begehung einer Straftat zu hindern, kommt für den unterlassenden Garanten nur eine Strafbarkeit wegen täterschaftlicher „Begehung" in Frage. Abgrenzungskriterien, die auf einer auf Begehungsdelikte zugeschnittenen Beteiligungsdogmatik basieren, scheitern bei ihrer Übertragung auf die Unterlassungsdelikte.
9. Die Frage nach einer strafrechtlichen Zurechnung für die Nichtverhinderung betriebsbezogener Straftaten Dritter stellt sich nicht nur für die Geschäftsleitung und für den Compliance-Beauftragten, sondern für sämtliche Organisationsangehörige, sofern sie mit hinreichenden organisatorischen Direktionsrechten ausgestattet sind.
10. Dogmatische Diskussionen um Straftatverhinderungspflichten innerhalb von Organisationsstrukturen sind – wie die mittelbare Täterschaft kraft Organisationsherrschaft – Ausdruck einer strafrechtlichen Zurechnungsproblematik in einer organisierten Häufung von personellen und sachlichen Ressourcen.

11. Entgegen verbreiteter Ansichten ist eine hinreichende Unterscheidung von Überwacher- und Beschützergarantenstellungen darstellbar. Es bedarf hierzu nicht lediglich einer Bewertung der abstrakten Beziehung des Garanten zu einer Gefahrenquelle oder eines Rechtsgutes, vielmehr muss untersucht werden, ob die im konkreten Fall betrachtete Rechtsgutsverletzung aus einer durch den Garanten nicht hinreichend überwachten Gefahr oder aus einer durch den Garanten mangelhaft ausgeübten Schutzfunktion resultiert.
12. Sog. „derivative Garantenstellungen" bedürfen einer materiell eigenständigen Begründung, die losgelöst von der Begründung der originären Garantenstellung zu erfolgen hat. Solche materiell-autonomen Begründungen derivativer Garantenstellungen gelingen entgegen dem BGH bei Compliance-Beauftragten „regelmäßig" gerade nicht.
13. Die Rechtsprechung und die Literatur diskutieren regelmäßig nur einen von vielen Anknüpfungspunkten möglicher Garantenstellungen von Compliance-Beauftragten. Fragen nach originären Überwacher-, Ingerenz- und Beschützergarantenstellungen von Compliance-Beauftragten wurden zu Unrecht aus der bisherigen Diskussion fast vollständig ausgeblendet.
14. Steht als konkrete Erfolgsabwendungspflicht eine interne Anzeige über bevorstehende Rechtsverstöße im Raum, gilt zu berücksichtigen, dass es sich hierbei regelmäßig um ein sog. „drittvermitteltes Rettungsgeschehen" handelt, aus dem wiederrum weitere komplexe strafrechtliche Zurechnungsproblematiken folgen.
15. Umso weiter der jeweils in Rede stehende Compliance-Verantwortliche in seiner betrieblichen Position (Unternehmenshierarchie) von der Ebene der Unternehmensleitung entfernt ist, umso unwahrscheinlicher wird es, dass ihn eine von der Unternehmensführung abgeleitete strafrechtliche Garantenpflicht trifft.
16. Der Nachweis einer sog. „Quasi-Kausalität" wird bei strafrechtlichen internen Informationspflichten von Compliance-Beauftragten häufiger zu führen sein als vielfach angenommen. Sofern nämlich der Organisation als solcher keine „Rechtsgelöstheit" bescheinigt werden kann oder das Leitungspersonal nicht schon zuvor bei Informationen über betriebsbezogene Straftaten untätig geblieben ist, wird (zutreffend) angenommen werden können, dass die Unternehmensführung bei Informationserhalt auch erfolgsverhindernd eingeschritten wäre.
17. Die Lehre von der objektiven Zurechnung ist bei den untersuchten Konstellationen geeignet, etwaige Strafbarkeiten von Compliance-Beauftragter sinnvoll zu begrenzen. Sofern nämlich strafrechtliche Erfolgsabwendungspflichten

aus pflichtwidrigem Vorverhalten (Ingerenz) hergeleitet werden, verhindert die Lehre von der objektiven Zurechnung, dass, ex post betrachtet, sämtliche Risiken, die sich in einem Strafrechtsverstoß verwirklicht haben, zugerechnet werden. Strafrechtliche Zurechnung findet vielmehr nur statt, sofern das vorangegangene Verhalten ex ante pflichtwidrig war.

18. Der Rückgriff auf die Autonomie der Person wird bei den untersuchten Konstellationen sowohl durch das weitere Zurechnungskriterium einer Garantenstellung als Ausdruck von Rechtsgutsnähe, als auch durch die Voraussetzung eines als begrenzend verstandenen Organisationsbezugs der Anknüpfungstat widerlegt.

B. Schlussbetrachtung

Die im BSR-Fall vom BGH aufgeworfene Frage nach einer Garantenpflicht von Compliance-Beauftragten Straftaten Unternehmensangehöriger zu unterbinden, kann nicht pauschal beantwortet werden. Die Antwort ist abhängig von außerstrafrechtlichen Vorfragen: Eigenverantwortlichkeit der Compliance-Tätigkeit, Kompetenzen und Qualifikationen, Stellung im Unternehmen, hinreichende betriebliche Direktionsrechte, Informationsvorsprung gegenüber der Unternehmensleitung und gegenüber Dritten. Die Untersuchung hat auch gezeigt, dass die strafrechtliche Unterlassungsdogmatik so komplex ist, dass selbst im Rahmen einer auf eine spezifische Fallkonstellation – die vorsätzliche Nichthinderung organisationsbezogener Straftaten von Dritten – beschränkten Untersuchung nicht umfänglich zu sämtlichen Problemen Stellungen bezogen werden konnte.

Eine Pauschalzuschreibung von strafrechtlichen Handlungspflichten, wie sie der BGH vornimmt („regelmäßig"), ist jedoch strafrechtsdogmatisch nicht tragbar. Den Compliance-Beauftragten kann zwar, wie jeden anderen auch, eine strafbewehrte Garantenpflicht treffen, Straftaten Dritter zu verhindern, „Regelmäßig" trifft eine solche Pflicht allerdings niemanden, sie entsteht nur in gesondert zu begründenden Konstellationen. Dies folgt schon aus der Unterlassungsdogmatik und der ihr zu Grunde liegenden rechtstaatlich-liberalen Wertung, ein Unterlassen strafrechtlich nur „ausnahmsweise" einem aktiven Tun gleichzustellen.

Anstatt allgemein auszuführen, der Compliance-Beauftragte habe „solche im Zusammenhang mit der Tätigkeit des Unternehmens stehende Straftaten von Unternehmensangehörigen zu verhindern", wäre es anschaulicher und dogmatisch weniger zweifelhaft gewesen, worin der BGH, jedenfalls in seiner BSR-Entscheidung, offensichtlich die konkrete Handlungspflicht von Compliance-Beauftragten sieht: in der Informierung der Unternehmensleitung über bevorstehende Straftaten. Durch eine solche Klarstellung im obiter dictum wäre „der literarische Aufschrei" vermutlich deutlich „leiser" ausgefallen.

Formalisierungen, wie etwa Garantenpflichten an Berufsbezeichnungen zu knüpfen, sind ein Rückfall in eine formelle Rechtspflichtenlehre und mit einer personalen Unrechtslehre[199] unvereinbar. So unzureichend eine formelle Begründung strafrechtlicher Erfolgsabwendungspflichten auch ist, darf man trotzdem nicht im Rahmen einer materiellen Bestimmung von Garantenstellungen jedem Organisationsangehörigen, sofern dieser nur über irgendwelche betrieblichen Direktionsrechte verfügt, eine strafbewehrte Erfolgsabwendungspflicht zur Verhinderung von Straftaten von Organisationsangehörigen auferlegen. Die Funktion einer normativen Strafrechtslehre besteht nämlich freilich nicht darin, sämtliche betriebsbezogenen Straftaten von Organisationsangehörigen nicht nur diesen, sondern auch deren Vorgesetzten oder dem Unternehmen selbst zuzurechnen, um somit im Ergebnis Rechtsgutsverletzungen aus organisationsbezogenem Handeln doppelt zu sanktionieren. Die Grenzziehung, wann es aufgrund der erhöhten Rechtsgütergefährdung, wie sie einer organisierten Ansammlung von personellen und sachlichen Ressourcen folgt, geboten ist, Rechtsgutsverletzungen mehrfach zuzurechnen, um so einen gesteigerten Rechtsgüterschutz zu verwirklichen und ab wann es hierdurch zu einem Übermaß an strafrechtlicher Zurechnung kommt, stellt eine schwierige Aufgabe an die Strafrechtsdogmatik.

Unter Aspekten der Effektivität und auch der Liberalität von Strafrecht wäre es die stimmigere Variante bei einem engen Verständnis des Organisationsbezuges der Straftat neben dem „unmittelbaren" Täter eine Zurechnung zur Organisation selbst vorzunehmen, sofern man eine zweite Zurechnungsstufe überhaupt für notwendig erachtet, ob es hierfür als „Zurechnungswerkzeug" eines Unternehmensstrafrechts bedarf oder ob nicht bereits die dargestellten Möglichkeiten des Ordnungswidrigkeitenrechts – ihre konsequente Anwendung vorausgesetzt – ausreichend sind, bedarf weiterer Diskussionen.

199 Hierzu *Otto*, ZStW 1975, S. 539 (541 ff.); *ders.*, Grundkurs Strafrecht, S. 88 ff.; *Lampe*, Das personale Unrecht, S. 199 ff.; *Renzikowski*, Restriktiver Täterbegriff, S. 234 ff.

Mit Zuschreibungsmodellen strafrechtlicher Verantwortlichkeit innerhalb von arbeitsteiligen Organisationen wie einer „(derivativen) strafrechtlichen Geschäftsherrenhaftung“ oder einer „mittelbarer Täterschaft kraft Organisationsherrschaft“ sollte hingegen „sparsam“ verfahren werden. Diese Zuschreibungsmodelle flexibilisieren und erweitern zwar strafrechtliches Zurechnungspotenzial, dehnen zugleich eine Strafrechtsdogmatik aber so weit aus, dass die Gefahr einer Zersetzung von strafrechtlicher Dogmatik besteht.[200]

200 Zu einer dezenten Veränderung rechtlicher Dogmatik, um das „Gerüst“ nicht als Ganzes zu zerstören *Baurmann*, Zweckrationalität und Strafrecht, S. 304: „Während für die einen die Dogmatik ein in jahrhundertelanger Bemühung entwickeltes fein gesponnenes System wissenschaftlicher Begriffe und Theorien ist, das eine gesellschaftlich angemessene Lösung juristischer Probleme garantiert und an dessen einzelnen Elementen man nur mit äußerster Vorsicht Veränderungen vornehmen darf, um die Ästhetik des kunstvollen Baus nicht insgesamt zu gefährden, gilt sie den anderen als ein gigantisches Luftschloß, in dessen verwinkelten Gängen und geheimnisvollen Zimmerfluchten die Juristen in weiter Realitätsferne Scheinproblemen nachspüren und so eine wirklichkeitsbezogene und politisch vertretbare Behandlung sozialer Konflikte verhindern“.

Literaturverzeichnis

Abendroth, Christiane: Prolegomena einer strafrechtlichen Bewertung von Corporate Governance, Compliance und Business Ethics – Eine Untersuchung unter Berücksichtigung der Besonderheiten der Kreditwirtschaft, Berlin 2011.

Achenbach, Hans: Historische und dogmatische Grundlagen der strafrechtssystematischen Schuldlehre, Berlin 1974.

Achenbach, Hans: Wiederbelebung der allgemeinen Nichtzumutbarkeitsklausel im Strafrecht? in: JR 1975, S. 492–496.

Achenbach, Hans: Die Sanktionen gegen die Unternehmensdelinquenz im Umbruch, in: JuS 1990, S. 601–608.

Achenbach, Hans: Diskrepanzen im Recht der ahndenden Sanktionen gegen Unternehmen, in: Küper, Wilfried/ Welp, Jürgen (Hrsg.): Festschrift für Walter Stree und Johannes Wessels zum 70. Geburtstag, Heidelberg 1993, S. 545–562.

Achenbach, Hans: Fahrlässigkeit, Schuld und Unzumutbarkeit normgemäßen Verhaltens – Das Leinenfänger-Urteil (RGSt. 30, 25), in: Jura 1997, S. 631–637.

Achenbach, Hans: Die Verselbständigung der Unternehmensgeldbuße bei strafbaren Submissionsabsprachen – ein Papiertiger, in: wistra 1998, S. 168–175.

Achenbach, Hans: Rezension – Günter Maschke, Aufsichtspflichtverletzungen in Betrieben und Unternehmen – Die Sanktionierung von Verstößen gegen die Aufsichtspflicht in Betrieben und Unternehmen nach § 130 Ordnungswidrigkeitengesetz unter besonderer Berücksichtigung des Zusammenhanges zwischen Tathandlung und Zuwiderhandlung, in: wistra 1998, S. 296–300.

Achenbach, Hans: Ausweitung des Zugriffs bei den ahndenden Sanktionen gegen die Unternehmensdelinquenz, in: wistra 2002, S. 441–445.

Achenbach, Hans: Die wirtschaftsstrafrechtliche Reformbewegung – ein Rückblick, in: Sieber, Ulrich/ Dannecker, Gerhard/ Kindhäuser, Urs/ Vogel, Joachim/ Walter, Tonio (Hrsg.): Strafrecht und Wirtschaftsstrafrecht – Dogmatik, Rechtsvergleichung, Rechtstatsachen – Festschrift für Klaus Tiedemann zum 70. Geburtstag, München 2008, S. 47–60.

Achenbach, Hans: Gedanken zur Aufsichtspflichtverletzung (§ 130 OWiG) in: Böse, Martin/ Sternberg-Lieben, Detlev (Hrsg.): Grundlagen des Straf- und Strafverfahrensrechts – Festschrift für Knut Amelung zum 70. Geburtstag, Berlin 2009, S. 367–380.

Achenbach, Hans: Die „großen" Wirtschafts-Ordnungswidrigkeiten – ein Phänomen im Dunkelfeld der kritischen Strafrechtstheorie, in: Beulke, Werner/ Lüderssen, Klaus/ Popp, Andreas/ Wittig, Petra (Hrsg.): Das Dilemma des rechtsstaatlichen Strafrechts – Symposium für Bernhard Haffke zum 65. Geburtstag, Berlin 2009, S. 101–110.

Achenbach, Hans: Was kann Strafrecht heute noch leisten? in: StraFo 2011, S. 422–429.

Achenbach, Hans: Verbandsgeldbuße und Aufsichtspflichtverletzung (§§ 30 und 130 OWiG) – Grundlagen und aktuelle Probleme, in: NZWiSt 2012, S. 321–328.

Achenbach, Hans: Haftung und Ahndung – Wider die Vertauschung zweier disparater Rechtsfolgenmodelle, in: ZIS 2012, S. 178–182.

Achenbach, Hans: Das Schicksal der Verbandsgeldbuße nach § 30 OWiG bei Erlöschen des Täter-Unternehmensträgers durch Gesamtrechtsnachfolge, in: wistra 2012, S. 413–417.

Achenbach, Hans/ Ransiek, Andreas (Hrsg.): Handbuch zum Wirtschaftsstrafrecht, 3. Auflage, Heidelberg, München, Landsberg, Frechen, Hamburg 2012.

Achenbach, Hans: Gedanken zur strafrechtlichen Verantwortlichkeit des Unternehmens, in: Kempf, Eberhard/ Lüderssen, Klaus/ Volk, Klaus (Hrsg.): Unternehmensstrafrecht, Berlin, Boston 2012, S. 271–276.

Achenbach, Hans: Kartellgeldbußen ohne strafrechtlichen Grundrechtsschutz, in: Hefendehl, Roland/ Hörnle, Tatjana/ Greco Luís (Hrsg.): Streitbare Strafrechtswissenschaft – Festschrift für Bernd Schünemann zum 70. Geburtstag am 1. November 2014, Berlin, Boston 2014, S. 1019–1030.

Adam, Dirk, H. V.: Die Begrenzung der Aufsichtspflichten in der Vorschrift des § 130 OWiG, in: wistra 2003, S. 285–292.

Adams, Heinz W./ Johannsen, Dirk: Das „gerichtsfeste" Produktionsunternehmen, in: BB 1996, S. 1017–1021.

Adomeit, Klaus/ Mohr, Jochen: Allgemeines Gleichbehandlungsgesetz (AGG) – Kommentar zum AGG und zu anderen Diskriminierungsverboten, 2. Auflage, Stuttgart 2011.

Ahlbrecht, Heiko/ Schlei, Miriam: Chinesisches Wirtschaftsstrafrecht als Compliancefaktor, in: WM 2015, S. 128–137.

Aichberger, Thomas/ Schwartz, Tobias: Tax Compliance – Der Vorstand im Fokus? (Teil I), in: DStR 2015, S. 1961–1698.

Aichberger, Thomas/ Schwartz, Tobias: Tax Compliance – Der Vorstand im Fokus? (Teil II), in: DStR 2015, S. 1758–1765.

Alberti, O.: Rechtswidrige Unterlassungen, Berlin, Stuttgart, Leipzig 1908.

Albrecht, Dietlinde: Begründung von Garantenstellung in familiären und familienähnlichen Beziehungen, Köln, Berlin, Bonn, München 1998.

Albrecht, Peter-Alexis: Formalisierung versus Flexibilisierung – Strafrecht quo vadis? in: Böllinger, Lorenz/ Lautmann, Rüdiger (Hrsg.): Vom Guten, das noch stets das

Böse schafft – Kriminalwissenschaftliches Essays zu Ehren von Herbert Jäger, Frankfurt am Main 1993, S. 255–267.

Albrecht, Peter-Alexis: Vom Präventionsstaat zur Sicherheitsgesellschaft – Wege kontinuierlicher Erosion des Rechts, in: Herzog, Felix/ Neumann, Ulfrid (Hrsg.): Festschrift für Winfried Hassemer zum 70. Geburtstag am 17. Februar 2010, Heidelberg, München, Landsberg, Frechen, Hamburg 2010, S. 3–18.

Albrecht, Peter-Alexis: Der Weg in die Sicherheitsgesellschaft – Auf der Suche nach staatskritischen Absolutheitsregeln, Berlin 2010.

Alexander, Thorsten: Die strafrechtliche Verantwortlichkeit für die Wahrung der Verkehrssicherungspflichten in Unternehmen, Herbolzheim 2005.

Altenburg, Johannes/ Peukert, Matthias: Neuerungen in § 30 OWiG – Haftungsrisiken und -vermeidung vor dem Hintergrund gesetzgeberischen Überschwangs (§ 30 OWiG) in: BB 2014, S. 649–655.

Altemeier, Christina: Verantwortlichkeit des Vorstandes für Kartellrechtsverstöße – Ein Beitrag zur Organhaftung und zur Organuntreue, Frankfurt am Main, Bern, Bruxelles, New York, Oxford, Wien 2013.

Alwart, Heiner: Strafrechtliche Haftung des Unternehmens – vom Unternehmenstäter zum Täterunternehmen, in: ZStW 1993, S. 752–773.

Alwart, Heiner: Modernes Wirtschaftsstrafrecht als Projekt, in: Dannecker, Gerhard/ Langer, Winrich/ Ranft, Otfried/ Schmitz, Roland/ Brammsen, Joerg (Hrsg.): Festschrift für Harro Otto zum 70. Geburtstag am 1. April 2007, Köln, Berlin, München 2007, S. 3–24.

Ambos, Kai: Tatherrschaft durch Willensherrschaft kraft organisatorischer Machtapparate – Eine kritische Bestandsaufnahme und weiterführende Ansätze, in: GA 1998, S. 226–245.

Ambos, Kai: 100 Jahre Belings „Lehre vom Verbrechen“: Renaissance des kausalen Verbrechensbegriffs auf internationaler Ebene? in: ZIS 2006, S. 464–471.

Ambos, Kai: Ernst Belings Tatbestandslehre und unser heutiger „postfinalistischer“ Verbrechensbegriff, in: JA 2007, S. 1–3.

Ambos, Kai: Zur „Organisation“ bei der Organisationsherrschaft, in: Heinrich, Manfred/ Jäger, Christian/ Achenbach, Hans/ Amelung, Knut/ Bottke, Wilfried/ Haffke, Bernhard/ Schünemann, Bernd/ Wolter, Jürgen (Hrsg.): Strafrecht als Scientia Universalis – Festschrift für Claus Roxin zum 80. Geburtstag am 15. Mai 2011, Berlin, New York 2011, S. 837–852.

Amelung, Knut: Rechtsgüterschutz und Schutz der Gesellschaft – Untersuchungen zum Inhalt und zum Anwendungsbereich eines Strafrechtsprinzips auf dogmengeschichtlicher Grundlage – Zugleich ein Beitrag zur Lehre von der „Sozialschädlichkeit“ des Verbrechens, Frankfurt am Main 1972.

Amelung, Knut: Der Begriff des Rechtsguts in der Lehre vom strafrechtlichen Rechtsgüterschutz, in: Hefendehl, Roland/ von Hirsch, Andrew/ Wohlers, Wolfgang (Hrsg.): Die Rechtsgutstheorie – Legitimationsbasis des Strafrechts oder dogmatisches Glasperlenspiel, Baden-Baden 2003, S. 155–182.

Anastasopoulou, Ioanna: Deliktstypen zum Schutz kollektiver Rechtsgüter, München 2005.

Androulakis, Nikolaos K.: Studien zur Problematik der unechten Unterlassungsdelikte, München, Berlin 1963.

Androulakis, Nikolaos K.: Abschied vom Rechtsgut – Einzug der Moralität? Das „Entrüstungsprinzip“ (zu der Entscheidung BVerfGE 120, 224), in: Herzog, Felix/ Neumann, Ulfrid (Hrsg.): Festschrift für Winfried Hassemer zum 70. Geburtstag am 17. Februar 2010, Heidelberg, München, Landsberg, Frechen, Hamburg 2010, S. 271–286.

Arana, Rául Pariona: Täterschaft und Pflichtverletzung – Zugleich ein Beitrag zur Dogmatik der Abgrenzung der Beteiligungsformen bei Begehungs- und Unterlassungsdelikten, Baden-Baden 2010.

Arana, Rául Pariona: Mittelbare Täterschaft bei Pflichtdelikten, in: Hefendehl, Roland/ Hörnle, Tatjana/ Greco Luís (Hrsg.): Streitbare Strafrechtswissenschaft – Festschrift für Bernd Schünemann zum 70. Geburtstag am 1. November 2014, Berlin, Boston 2014, S. 469–482.

Arnold, Michael: Verantwortung und Zusammenwirken des Vorstands und Aufsichtsrats bei Compliance-Untersuchungen, in: ZGR 2014, S. 76–106.

Arzt, Gunther: Zur Garantenstellung beim unechten Unterlassungsdelikt (1. Teil) in: JA 1980, S. 553–560.

Arzt, Gunther: Zur Garantenstellung beim unechten Unterlassungsdelikt (2. Teil) in: JA 1980, S. 647–654.

Arzt, Gunther: Erfolgsdelikt und Tätigkeitsdelikt, in: ZStR 1990, S. 168–183.

Arzt, Gunther: Mord durch Unterlassen, in: Schünemann, Bernd/ Achenbach, Hans/ Bottke, Wilfried/ Haffke, Bernhard/ Rudolphi, Hans-Joachim (Hrsg.): Festschrift für Claus Roxin zum 70. Geburtstag, Berlin, New York 2001, S. 855–867.

Arzt, Gunther: Siemens: Vom teuersten zum lukrativsten Kriminalfall der deutschen Geschichte, in: Jahn, Matthais/ Kudlich, Hans/ Streng, Franz (Hrsg.): Strafrechtspraxis und Reform – Festschrift für Heinz Stöckel zum 70. Geburtstag, Berlin 2010, S. 15–42.

Arzt, Gunther: Risikomanagement und objektive Zurechnung, in: Kempf, Eberhard/ Lüderssen, Klaus/ Volk, Klaus (Hrsg.): Die Finanzkrise, das Wirtschaftsstrafrecht und die Moral, Berlin, New York 2010, S. 177–189.

Ascheid, Reiner/ Preis, Ulrich/ Schmidt, Ingrid (Hrsg.): Kündigungsrecht – Großkommentar zum gesamten Recht der Beendigung von Arbeitsverhältnissen, 3. Auflage, München 2007.

Assmann, Heinz-Dieter: Das künftige Insiderrecht, in: AG 1994, S. 237–258.

Assmann, Heinz-Dieter/ Schneider, Uwe H. (Hrsg.): Wertpapierhandelsgesetz Kommentar, 6. Auflage, Köln 2012.

Ast, Stephan: Normtheorie und Strafrechtsdogmatik – Eine Systematisierung von Normarten und deren Nutzen für Fragen der Erfolgszurechnung, insbesondere die Abgrenzung des Begehungs- vom Unterlassungsdelikt, Berlin 2010.

Ast, Stephan: Begehung und Unterlassung – Abgrenzung und Erfolgszurechnung, in: ZStW 2012, S. 612–659.

Bachmann, Gregor/ Prüfer, Geralf: Korruptionsprävention und Corporate Governance, in: ZRP 2005, S. 109–113.

Bachmann, Gregor: Der „ Deutsche Corporate Governance Kodex" – Rechtswirkungen und Haftungsrisiken, in: WM 2002, S. 2137–2143.

Bachmann, Gregor: Private Ordnung – Grundlagen ziviler Regelsetzung, Tübingen 2006.

Bachmann, Gregor: Compliance – Rechtsgrundlagen und offene Fragen, in: Gesellschaftsrechtliche Vereinigung (Hrsg.): Gesellschaftsrecht in der Diskussion 2007 – Jahrestagung der Gesellschaftsrechtlichen Vereinigung, Band 13, Köln 2008, S. 65–101.

Bachmann, Gregor: Die Erklärung zur Unternehmensführung (Corporate Governance Statement) in: ZIP 2010, S. 1517–1526.

Bachmann, Gregor: Reform der Corporate Governance in Deutschland – Zum Juristentagsgutachten 2012, in: AG 2012, S. 565–579.

Bachmann, Gregor: Reformbedarf bei der Business Judgement Rule, ZRP 2013, S. 1–12.

Bachmann, Gregor: Reform der Organhaftung? Materielles Haftungsrecht und seine Durchsetzung in privaten und öffentlichen Unternehmen, in: NJW-Beilage 2014, S. 43–46.

Bachmann, Gregor: Anmerkung zu LG München I, Urt. v. 10. 12. 2013 – 5 HK O 1387/10, in: ZIP 2014, S. 579–583.

Bachmann, Gregor: Die Geschäftsleiterhaftung im Fokus von Rechtsprechung und Rechtspolitik, in: BB 2015, S. 771–777.

Bachmann, Gregor: Untreue von Geschäftsleitern aus Sicht des Zivilrechts, in: Fahl, Christian/ Müller, Eckhart/ Satzger, Helmut/ Swoboda, Sabine (Hrsg.): Ein menschengerechtes Strafrecht als Lebensaufgabe – Festschrift für Werner Beulke zum 70. Geburtstag, Heidelberg 2015, S. 1259–1271.

Bachmann, Mario/ Eichinger, Matthias: Täterschaft beim Unterlassungsdelikt, in: JA 2011, S. 105–109.

Bacigalupo, Enrique: Rechtsgutsbegriff und Grenzen des Strafrechts, in: Pawlik, Michael/ Zaczyk, Raniner (Hrsg.): Festschrift für Günther Jakobs zum 70. Geburtstag am 26. Juli 2006, Köln, Berlin, München 2007, S. 1–14.

Backes, Otto/ Lindemann, Michael: Staatlich organisierte Anonymität als Ermittlungsmethode bei Korruptions- und Wirtschaftsdelikten, Heidelberg 2006.

Baedorff, Julia: Das Merkmal der Verwendung von Insiderinformationen – Die Tathandlung des § 14 Abs. 1 Nr. 1 WpHG unter besonderer Berücksichtigung der Problematik der psychischen Kausalität, Baden-Baden 2011.

Bähr, Gunne W. (Hrsg.): Handbuch des Versicherungsaufsichtsrechts, München 2011.

Bärlein, Michael/ Englerth, Markus: De pluribus unum? Unternehmensstrafrecht in Europa, in: Ahlbrecht, Heiko/ Dann, Matthias/ Wessing, Helga/ Frister, Helmut/ Bock, Dennis (Hrsg.): Unternehmensstrafrecht – Festschrift für Jürgen Wessing zum 65. Geburtstag, München 2015, S. 33–53.

Bärwinkel, Richard: Struktur der Garantieverhältnisse bei den unechten Unterlassungsdelikten, Berlin 1968.

von Bar, Christian: Verkehrspflichten – Richterliche Gefahrsteuerungsgebote im deutschen Deliktsrecht, Köln, Berlin, Bonn, München 1980.

Barthel, Maik: Die (Un-)Zumutbarkeit des erfolgsabwendenden Tuns –Begriff und systematische Einordnung, Berlin 2004.

Barton, Dirk-Michael: Die strafrechtliche Verantwortlichkeit des Compliance-Officers – Teil 2, in: jurisPR-StrafR 23/2009, Anm. 1.

Barton, Dirk-Michael: „Beihilfe durch Unterlassen"? – Zur strafrechtlichen Verantwortung des betrieblichen Datenschutzbeauftragten i. S. d. §§ 13, 27 StGB bei Nichterfüllung seiner gesetzlichen Pflichten, in: RDV 2010, S. 247–255.

Bassen, Alexander/ Kleinschmidt, Maik/ Prigge, Stefan/ Zöllner, Christine: Deutscher Corporate Governance Kodex und Unternehmenserfolg, in: DBW 2006, S. 375–401.

Basualto, Héctor Hernández: Die Betriebsbezogenheit der Garantenstellung von Leitungspersonen im Unternehmen, in: Freund, Georg/ Murmann, Uwe/ Bloy, René/ Perron, Walter (Hrsg.): Grundlagen und Dogmatik des gesamten Strafrechtssystems – Festschrift für Wolfgang Frisch zum 70. Geburtstag, Berlin 2013, S. 333–348.

Bauer, Jobst-Hubertus/ Göpfert, Burkard/ Krieger, Steffen: Allgemeines Gleichbehandlungsgesetz – Kommentar, 3. Auflage, München 2011.

Bauer, Hans-Lucas/ Wißmann, Anke C.: Strafrechtliche Geschäftsherrenhaftung im Unternehmen, in: Lüderssen, Klaus/ Volk, Klaus/ Wahle, Eberhard (Hrsg.): Festschrift für Wolf Schiller zum 65. Geburtstag am 12. Januar 2014, Baden-Baden 2014, S. 15–26.

Baumann, Jürgen: Zur strafrechtlichen Verantwortlichkeit der Wirtschaftsprüfer in einer Wirtschaftsprüfungsgesellschaft, in: BB 1966, S. 1237–1241.

Baumann, Jürgen/ Weber, Ulrich/ Mitsch, Wolfgang: Strafrecht – Allgemeiner Teil – Lehrbuch, 11. Auflage, Bielefeld 2003.

Baumbach, Adolf/ Hueck, Alfred (Hrsg.): GmbH Gesetz, 19. Auflage, München 2010.

Baumbach, Adolf/ Hueck, Alfred: GmbHG – Gesetz betreffend die Gesellschaften mit beschränkter Haftung, 20. Auflage, München 2013.

Bausch, Olaf/ Voller, Thomas: Geldwäsche-Compliance für Güterhändler, Wiesbaden 2014.

Baurmann, Michael: Zweckrationalität und Strafrecht – Argumente für ein tatbezogenes Maßnahmerecht, Opladen 1987.

Bautz, Hans: Die neuere Entwicklung der unechten Unterlassungsdelikte, Würzburg-Aumühle 1938.

Bay, Karl-Christian/ Hastenrath, Katharina (Hrsg.): Compliance-Management-Systeme – Praxiserprobte Elemente, Prozesse und Tools, München 2014.

Bayer, Walter: Vorstandshaftung in der AG de lege lata und de lege ferenda, in: NJW 2014, S. 2546–2550.

Beck, Ulrich: Gegengifte – Die organisierte Unverantwortlichkeit, Frankfurt am Main 1988.

Beckemper, Katharina: Unternehmensstrafrecht – auch in Deutschland? in: Kempf, Eberhard/ Lüderssen, Klaus/ Volk, Klaus (Hrsg.): Unternehmensstrafrecht, Berlin, Boston 2012, S. 277–283.

Becker, Ralf/ Canzler, Sabine: Die WpHG-Bußgeldleitlinien der BaFin – Eine Übersicht unter Berücksichtigung erster praktischer Erfahrungen, in: NZG 2014, S. 1090–1096.

Becker, Wolfgang/ Holzmann, Robert: Rechtfertigung wirtschaftkriminellen Verhaltens – Eine theoretische Analyse psychologischer Rationalisierungsmechanismen, in: ZRFC 2011, S. 165–171.

Beckschäfer, Sebastian: Die Strafrahmenmilderung beim Begehen durch Unterlassen – Zur Auslegung des § 13 Absatz 2 StGB, Baden-Baden 2012.

Begner, Jörg: Die Verordnung über den Einsatz von Mitarbeitern in der Anlageberatung, als Vertriebsbeauftragte oder als Compliance-Beauftragte und über die Anzeigepflichten nach § 34d des Wertpapierhandelsgesetzes (WpHG-Mitarbeiteranzeigeverordnung – WpHGMaAnzV) in: BKR 2012, S. 95–100.

Behrendt, Hans-Joachim: Die Unterlassung im Strafrecht – Entwurf eines negativen Handlungsbegriffs auf psychoanalytischer Grundlage, Baden-Baden 1979.

Behringer, Stefan/ Meyer, Katrin: Compliance im Mittelstand – Whistleblowing als Instrument zur Prävention und Detektion, in: ZRFC 2015, S. 113–118.

Beling, Ernst: Die Lehre vom Verbrechen, Tübingen 1906.

Belling, Detlev W.: Die Haftung des Betriebsrats und seiner Mitglieder für Pflichtverletzungen, Tübingen 1990.

Benecke, Martina/ Groß, Nadja: Die außerordentliche Kündigung als Maßnahme personeller Selbstreinigung, in: BB 2015, S. 693–698.

Benicke, Christoph: Wertpapiervermögensverwaltung, Tübingen 2006.

Berg, Cai: Korruption in Unternehmen und Risikomanagement nach § 91 Abs. 2 AktG, in: AG 2007, S. 271–278.

Bergmann, Marcus: Strafbarkeit vertragswidrigen Unterlassens – Zur Rechtspflicht nach § 13 Abs. 1 StGB unter besonderer Berücksichtigung des Vertrages mit Schutzwirkung für Dritte, Baden-Baden 2012.

Bergmeier, Claudia: Die strafrechtliche Haftung des Betriebsbeauftragten, in: AbfallR 2003, S. 139–145.

Bergmoser, Ulrich/ Theusinger, Ingo/ Gushurst, Klaus-Peter: Corporate Complinace – Grundlagen und Umsetzung, in: BB-Special 2008, S. 1–11.

Berkowsky, Wilfried: Die verhaltensbedingte Kündigung – Teil 1, in: NZA-RR 2001, S. 1–20.

Berndt, Markus: Anmerkung zu BGH, Urteil vom 17.07.2009 – 5 StR 394/08, in: StV 2009, S. 689–691.

Berndt, Thomas/ Hoppler, Ivo: Whistleblowing – ein integraler Bestandteil effektiver Corporate Governance, in: BB 2005, S. 2623–2629.

Bernhard, Haffke: Die Legitimation des staatlichen Strafrechts zwischen Effizienz, Freiheitsverbürgung und Symbolik, in: Schünemann, Bernd/ Achenbach, Hans/ Bottke, Wilfried/ Haffke, Bernhard/ Rudolphi, Hans-Joachim (Hrsg.): Festschrift für Claus Roxin zum 70. Geburtstag am 15. Mai 2011, Berlin, New York 2001, S. 955–975.

Berstein, Alexander/ Klein, Carsten: Auslagerung der Compliance-Funktion bei kleineren und mittleren Unternehmen am Beispiel eines Finanzdienstleistungsunternehmens, in: CCZ 2014, S. 284–287.

Berster, Lars Christian: Das unechte Unterlassungsdelikt – Der gordische Knoten des Allgemeinen Teils, Berlin 2014.

Berthold, Annemarie: Whistleblowing in der Rechtsprechung des Bundesarbeitsgerichts, Frankfurt am Main 2010.

Beulke, Werner/ Bachmann, Gregor: Die „Lederspray-Entscheidung" – BGHSt 37, 106, in: JuS 1992, S. 737–744.

Beulke, Werner/ Swoboda, Sabine: Beschützergarant Jugendamt. Zur Strafbarkeit von Mitarbeitern des Jugendamtes bei Kindestod, Kindesmisshandlung oder -missbrauch innerhalb der betreuten Familie, in: Dölling, Dieter/ Erb, Volker (Hrsg.): Festschrift für Karl Heinz Gössel zum 70. Geburtstag am 16. Oktober 2002, Heidelberg 2002, S. 73–98.

Beulke, Werner: „Pflichtenkollisionen" bei § 323c StGB, in: Hettinger, Michael/ Zopfs, Jan/ Hillenkamp, Thomas/ Köhler, Michael/ Rath, Jürgen/ Streng, Franz/ Wolter, Jürgen (Hrsg.): Festschrift für Wilfried Küper zum 70. Geburtstag, Heidelberg 2007, S. 1–7.

Beulke, Werner: Der „Compliance Officer" als Aufsichtsgarant? Überlegungen zu einer neuen Erscheinungsform der Geschäftsherrenhaftung, in: Geisler, Claudius/ Kraatz, Erik/ Kretschmer, Joachim/ Schneider, Hartmut/ Sowada, Christoph (Hrsg.): Festschrift für Klaus Geppert zum 70. Geburtstag am 10. März 2011, Berlin, New York 2011. S. 23–42.

Beulke, Werner: Die vermeintliche mittelbare Täterschaft, in: Heger, Martin/ Kelker, Brigitte/ Schramm, Edward (Hrsg.): Festschrift für Kristian Kühl zum 70. Geburtstag, München 2014, S. 115–135.

Beulke, Werner/ Moosmayer, Klaus: Der Reformvorschlag des Bundesverbandes der Unternehmensjuristen zu den §§ 30, 130 OWiG – Plädoyer für ein modernes Unternehmenssanktionenrecht, in: CCZ 2014, S. 146–152.

Bicker, Eike: Compliance – organisatorische Umsetzung im Konzern, in: AG 2012, S. 542–552.

Bicker, Eike: Corporate Compliance – Pflicht und Ermessen, in: ZWH 2013, S. 473–481.

Bicker, Eike: Legalitätspflicht des Vorstands – ohne Wenn und Aber? in: AG 2014, S. 8–14.

Bierbrauer, Günter: Die Zuschreibung von Verantwortlichkeit – Eine attributionstheoretische Analyse, Osnabrück 1977.

Binding, Karl: Die Normen und ihre Übertretung – Eine Untersuchung über die rechtmässige Handlung und die Arten des Delikts, Band 2 – Schuld und Vorsatz, Hälfte 1: Zurechnungsfähigkeit, Schuld, 2. Auflage Leipzig 1914.

Birnbaum, Günter/ Kütemeier, Claire: In der Diskussion – die MaComp, in: WM 2011, S. 293–299.

Bissels, Alexander/ Lützeler, Martin: Compliance-Verstöße im Ernstfall: Der Weg zu einer verhaltensbedingten Kündigung, in: BB 2012, S. 189–193.

Bittmann, Volker: Abrechnungsbetrug zu Lasten von Mietern? Überhöhtes Straßenreinigungsentgelt und die Folgen, in: NZM 2009, S. 644–646.

Bittmann, Volker: Complianceanforderungen in der Unternehmenskrise, in: Thomas, Rotsch (Hrsg.): Criminal Compliance vor den Aufgaben der Zukunft, Baden-Baden 2013, S. 147–163.

Blasche, Sebastian: Die Mindestanforderungen an ein Risikofrüherkennungs- und Überwachungssystem nach § 91 Abs. 2 AktG, in: CCZ 2009, S. 62–67.

Blassl, Johannes Sebastian: Whistleblowing des Compliance Officers – oder: externe Anzeige betrieblicher Rechtsverstöße durch Compliance-Beauftragte, in: CB 2016, S. 298–303.

Blassl, Johannes Sebastian: Umgehung von Compliance als tatbestandausschließender Exzess bei § 130 OWiG, in: CCZ 2016, S. 201–206.

Blassl, Johannes Sebastian: Vorstandsüberwachung auch durch die Compliance-Funktion, in: ZRFC 2016, S. 205–212.

Blei, Hermann: Garantenpflichtbegründung beim unechten Unterlassen, in: Geerds, Friedrich/ Naucke, Wolfgang (Hrsg.): Beiträge zur gesamten Strafrechtswissenschaft – Festschrift für Hellmuth Mayer zum 70. Geburtstag am 1. Mai 1965, Berlin 1966, S. 119–143.

Bloy, René: Die Beteiligungsform als Zurechnungstypus im Strafrecht, Berlin 1985.

Bloy, René: Anstiftung durch Unterlassen, in: JA 1987, S. 490–497.

Bloy, René: Zurechnungsstrukturen des Rücktritts vom beendeten Versuch und Mitwirkung Dritter an der Verhinderung der Tatvollendung – BGHSt 31, 46 und BGH, NJW 1985, 813, in: JuS 1987, S. 528–535.

Bock, Barbara: Produktkriminalität und Unterlassen – Zur strafrechtlichen Haftung des Herstellers fehlerhafter Waren unter besonderer Berücksichtigung seiner Handlungspflichten, Aachen 1997.

Bock, Dennis: Übungsklausur – Strafrecht: Versuch und Rücktritt, in: JuS 2006, S. 603–607.

Bock, Dennis: Strafrechtliche Aspekte der Compliance-Diskussion – § 130 OWiG als zentrale Norm der Criminal Compliance, in: ZIS: 2009, S. 68–81.

Bock, Dennis: Völkerstrafrecht und Criminal Compliance – Vorgesetztenverantwortlichkeit im Rechtsvergleich, in: CCZ 2010, S. 161–170.

Bock, Dennis: Strafrechtlich gebotene Unternehmensaufsicht (Criminal Compliance) als Absenkung des Schadenserwartungswerts aus unternehmensbezogenen Straftaten – Zum Grundproblem der Bestimmung der Compliance-Schuld, in: HRRS 2010, S. 316–329.

Bock, Dennis: Criminal Compliance, Baden-Baden 2011.

Bock, Dennis: Strafrechtlich gebotene Unternehmensaufsicht (Criminal Compliance) als Problem der Rechtssicherheit – Zur Legitimation eines neuen wirtschaftsregulierenden Rechtsgebiets, in: wistra 2011, S. 201–206.

Bock, Dennis: Stand der strafrechtswissenschaftlichen Compliance-Diskussion in Deutschland, in: Rotsch, Thomas (Hrsg.): Wissenschaftliche und praktische Aspekte der nationalen und internationalen Compliance-Diskussion, Baden-Baden 2012, S. 63–73.

Bockelmann, Paul: Echtes und unechtes Unterlassungsdelikt, in: MDR 1953, S. 649–651.

Bockelmann, Paul: Zum Problem der Meineidsbeihilfe durch Unterlassen, in: NJW 1954, S. 697–700.

Bockelmann, Paul: Betrug verübt durch Schweigen, in: Bockelmann, Paul/ Gallas, Wilhelm (Hrsg.): Festschrift für Eberhard Schmidt zum 70. Geburtstag, Göttingen 1961.

Bockelmann, Paul/ Volk, Klaus: Strafrecht Allgemeiner Teil, 4. Auflage, München 1987.

Bocker, Markus/ Senf, Falko/ Nell, Mathias: Die wesentliche Vermögensgefährdung im Rahmen der Auslegung des § 25 c Abs. 1 KWG, in: CCZ 2012, S. 18–21.

Böhm, Alexander: Die Rechtspflicht zum Handeln bei den unechten Unterlassungsdelikten, Frankfurt am Main 1957.

Böhm, Alexander: Korreferat zu: Kaufmann, Armin: Methodische Probleme der Gleichstellung des Unterlassens mit der Begehung, in: JuS 1961, S. 177–181.

Böhm, Sonja: Garantenpflichten aus familiären Beziehungen – Zur Deutung des § 13 Abs. 1 StGB als Blankettvorschrift, Frankfurt am Main 2006.

Böhm, Wolf-Tassilo: Non-Compliance und Arbeitsrecht – Interne Ermittlungen, Sanktionen und Regressansprüche nach Rechts- und Regelverstößen von Arbeitnehmern, Baden-Baden 2011.

Boers, Klaus: Wirtschaftskriminologie – Vom Versuch, mit einem blinden Fleck umzugehen, in: MschrKrim 2001, S. 335–356.

Böse, Martin: Die Garantenstellung des Betriebsbeauftragten, in: NStZ 2003, S. 636–642.

Böse, Martin: Grundrecht und Strafrecht als „Zwangsrecht“, in: Hefendehl, Roland/ von Hirsch, Andrew/ Wohlers, Wolfgang (Hrsg.): Die Rechtsgutstheorie – Legitimationsbasis des Strafrechts oder dogmatisches Glasperlenspiel, Baden-Baden 2003, S. 89–95.

Böse, Martin: Wirtschaftsaufsicht und Strafverfolgung – Die verfahrensübergreifende Verwendung von Informationen und die Grund- und Verfahrensrechte des Einzelnen, Tübingen 2005.

Böse, Martin: Die Strafbarkeit von Verbänden und das Schuldprinzip, in: Pawlik, Michael/ Zaczyk, Raniner (Hrsg.): Festschrift für Günther Jakobs zum 70. Geburtstag am 26. Juli 2006, Köln, Berlin, München 2007, S. 15–26.

Böse, Martin: Der Preis: Zu breite, intensive und schlecht überprüfbare Kontrolle? Das Strafrecht die liberalere Lösung? in: Kempf, Eberhard/ Lüderssen, Klaus/ Volk, Klaus (Hrsg.): Die Handlungsfreiheit des Unternehmers – wirtschaftliche Perspektiven, strafrechtliche und ethische Schranken, Berlin 2009, S. 180–189.

Böse, Martin: Strafbarkeit juristischer Personen – Selbstverständlichkeit oder Paradigmenwechsel im Strafrecht, in: ZStW 2014, S. 132–165.

Böse, Martin: Das Unternehmensstrafrecht im Spiegel völker- und unionsrechtlicher Vorgaben, in: Jahn, Matthias/ Schmitt-Leonardy, Charlotte/ Schoop, Christian (Hrsg.): Das Unternehmensstrafrecht und seine Alternativen, Baden-Baden 2016, S. 88–112.

Böttger, Markus: Compliance in kommunalen Beteiligungsgesellschaften, in: Ahlbrecht, Heiko/ Dann, Matthias/ Wessing, Helga/ Frister, Helmut/ Bock, Dennis (Hrsg.): Unternehmensstrafrecht – Festschrift für Jürgen Wessing zum 65. Geburtstag, München 2015, S. 493–513.

Bohnert, Joachim: Die Verletzung der Fürsorgepflicht und die Garantie der Sozialarbeit, in: ZStW 2005, S. 290–323.

Bohnert, Joachim: Kommentar zum Ordnungswidrigkeitenrecht, 3. Auflage, München 2010.

Bohnert, Joachim (Begr.): Ordnungswidrigkeitenrecht, 4. Auflage, München 2010.

Boos, Karl-Heinz/ Fischer, Reinfrid/ Schulte-Mattler, Hermann: Kreditwesengesetz Kommentar zu KWG und Ausführungsvorschriften, 4. Auflage, München 2004.

Bosch, Nikolaus: Organisationsverschulden in Unternehmen, Baden-Baden 2002.

Bosch, Nikolaus: „Das Lächeln der Lisa“, in: JA 2007, S. 418–422.

Bosch, Nikolaus: Garantenpflicht eines Betreuers zur Verhinderung von Straftaten, in: JA 2008, S. 471–474.

Bosch, Nikolaus: Folter eines Mitgefangenen – Mittäterschaft und Beihilfe bei Unterlassen, in: JA 2009, S. 655–658.

Bosch, Nikolaus/ Lange, Knut Werner: Unternehmerischer Handlungsspielraum des Vorstandes zwischen zivilrechtlicher Verantwortung und strafrechtlicher Sanktion, in: JZ 2009, S. 225–237.

Bosch, Nikolaus: Beobachtungspflichten des Strafgesetzgebers, in: Fahl, Christian/ Müller, Eckhart/ Satzger, Helmut/ Swoboda, Sabine (Hrsg.): Ein menschengerechtes Strafrecht als Lebensaufgabe – Festschrift für Werner Beulke zum 70. Geburtstag, Heidelberg 2015, S. 15–28.

Bosch, Wolfgang/ Colbus, Birgit/ Harbusch, Antonia: Berücksichtigung von Compliance-Programmen in Kartellbußgeldverfahren, in: WUW 2009, S. 740–749.

Bossard, Ernst: Die Abwehr von Wirtschaftskriminalität und Vermögensdelikten durch wirtschaftseigene Kontrolle und jährliche Abschlussprüfungen, in: Schimmelpfeng (Hrsg.): Aktuelle Beitrage zur Wirtschaftskriminalität, Frankfurt am Main 1974, S. 87–96.

Bott, Ingo/ Milde, Oliver: Stolpersteine bei Verantwortungsfreizeichnung durch Rechtsrat – Strafrechtliche Risiken für die Verantwortlichen eines Unternehmens bei falscher Compliance-Auskunft, in: ZRFC 2012, S. 180–185.

Bottke, Wilfried: Probleme der Suizidbeteiligung, in: GA 1983, S. 22–37.

Bottke, Wilfried: Das Wirtschaftsstrafrecht in der Bundesrepublik Deutschland – Lösungen und Defizizte (1. Teil) in: wistra 1991, S. 1–10.

Bottke, Wilfried: Das Wirtschaftsstrafrecht in der Bundesrepublik Deutschland – Lösungen und Defizizte (2. Teil) in: wistra 1991, S. 52–56.

Bottke, Wilfried: Empfiehlt es sich, die strafrechtliche Verantwortlichkeit für Wirtschaftsstraftaten zu verstärken? in: wistra 1991, S. 81–91.

Bottke, Wilfried: Täterschaft und Gestaltungsherrschaft – Zur Struktur von Täterschaft bei aktiver Begehung und Unterlassung als Baustein eines gemeineuropäischen Strafrechtssystems, Heidelberg 1992.

Bottke, Wilfried: Haftung aus Nichtverhütung von Straftaten Untergebener in Wirtschaftsunternehmen de lege lata, Berlin 1994.

Bottke, Wilfried: Standortvorteil Wirtschaftskriminalrecht – Müssen Unternehmen „strafmündig" werden? in: wistra 1997, S. 241–253.

Bottke, Wilfried: Korruption und Kriminalrecht in der Bundesrepublik Deutschland, in: ZRP 1998, S. 215–220.

Bottke, Wilfried: Straftäterschaftliche Beteiligung Übergeordneter an von Untergeordneten begangenen Straftaten im Rahmen Organisierter Kriminalität, in: Dölling, Dieter/ Erb, Volker (Hrsg.): Festschrift für Karl Heinz Gössel zum 70. Geburtstag am 16. Oktober 2002, Heidelberg 2002, S. 235–260.

Bottke, Wilfried: Täterschaft und Teilnahme im deutschen Wirtschaftskriminalrecht – de lege lata und de lege ferenda, in: JuS 2002, S. 320–324.

Bottke, Wilfried: Das Straftaterfordernis der Rechtsgutsverletzung, in: Dölling, Dieter (Hrsg.): Jus humanum – Grundlagen des Rechts und Strafrecht – Festschrift für Ernst-Joachim Lampe zum 70. Geburtstag, Berlin 2003, S. 463–489.

Bottke, Wilfried: Pflichtwidrigkeit: das Täterschaftskriterium unechter Unterlassungsdelikte? in: Rogall, Klaus/ Puppe, Ingeborg/ Stein, Ulrich/ Wolter, Jürgen (Hrsg.): Festschrift für Hans-Joachim Rudolphi zum 70. Geburtstag, München 2004, S. 15–44.

Bottke, Wilfried: Herrschaftsprinzip vs. Gestaltungsherrschaft? – Zur Anwendung der §§ 12, 25 auf mittelbare Unterlassungstäter, in: Hefendehl, Roland (Hrsg.): Empirische und dogmatische Fundamente, kriminalpolitischer Impetus – Symposium für Bernd Schünemann zum 60. Geburtstag, Köln, Berlin, München 2005, S. 191–210.

Bottke, Wilfried: Compliance – Oder: Normbefolgungsbereitschaft von und in Unternehmen – Zur Wirksamkeit von freiwilligen Selbstverpflichtungen und staatlichen Sanktionen, in: Jahn, Matthais/ Kudlich, Hans/ Streng, Franz (Hrsg.): Strafrechtspraxis und Reform – Festschrift für Heinz Stöckel zum 70. Geburtstag, Berlin 2010, S. 43–55.

Brammsen, Joerg: Die Entstehungsvoraussetzungen der Garantenpflichten, Berlin 1986.

Brammsen, Joerg: Strafrechtliche Rückrufpflichten bei fehlerhaften Produkten? in: GA 1993, S. 97–120.

Brammsen, Joerg: Tun oder Unterlassen? Die Bestimmung der strafrechtlichen Verhaltensformen, in: GA 2002, S. 193–213.

Brammsen, Joerg: Vorstandsuntreue – Aktienrechtliche Unternehmensführung auf dem Prüfstand des § 266 StGB, in: wistra 2009, S. 85–91.

Brammsen, Otto: Unterlassungshaftung in formalen Organisationen, in: Amelung, Knut (Hrsg.): Individuelle Verantwortung und Beteiligungsverhältnisse bei Straftaten in bürokratischen Organisationen des Staates, der Wirtschaft und der Gesellschaft, Sinzheim 2000, S. 105–144.

Brauneck, Anne-Eva: Der strafrechtliche Schuldbegriff, GA 1959, S. 260–272.

Bremel, Moritz: Banken und Pflichten – Moderne Bankmanager und traditionelles Strafrecht, Frankfurt am Main, Bern, Bruxelles, New York, Oxford, Warszawa, Wien 2014.

Brender, Markus: Die Neuregelung der Verbandstäterschaft im Ordnungswidrigkeitenrecht, Rheinfelden, Freiburg, Berlin 1989.

Brenner, Karl: Die Aufsichtspflichtverletzung nach § 130 OWiG, in: VR 2009, S. 157–165.

Brettel, Hauke/ Schneider, Hendrik: Wirtschaftsstrafrecht, Baden-Baden 2014.

Brinkmann, Michael/ Haußwald, Felix/ Marbeiter, Andreas/ Thies, Petersen/ Richter, Hans/ Schäfer, Holger (Hrsg.): Compliance – Konsequenzen aus der MiFID, 2. Auflage, Heidelberg 2008.

Brinkmann, Ralf: Compliance – „Tugendterror“ oder sinnvolles Vorgehen zur Vermeidung unternehmensschädigenden Verhaltens? in: Holzhauser, Guido/ Sutter, Carolin (Hrsg.): Interdisziplinäre Aspekte von Compliance, Baden-Baden 2011, S. 175–190.

Brouwer, Tobias: Compliance in Verbänden und gemeinnützigen Körperschaften – Typische Compliance-Felder und Implementierung von Compliance-Systemen (mit Risikoanalyse) in: AnwBl. 2010, S. 663–665.

Brodil, Wolfgang: Arbeitsrechtliche Aspekte von Whistleblowing, in: Lewisch, Peter (Hrsg.): Zauberwort Compliance? – Grundlagen und aktuelle Anwendungsfragen, Wien 2012, S. 89–97.

Brox, Hans/ Rüthers, Bernd/ Henssler, Martin: Arbeitsrecht, 18. Auflage, Stuttgart 2011.

Brox, Hans/ Walker, Wolf-Dietrich: Allgemeines Schuldrecht, 38. Auflage 2014.

Brox, Hans/ Walker, Wolf-Dietrich: Besonderes Schuldrecht, 38. Auflage 2014.

Brüning, Janique: Entscheidungsbesprechung zu BGH, Urteil vom 21.12.2011 – 2 StR 295/11, in: ZJS 2012, S. 691–696.

Brunhöber, Beatrice: Von der Unrechtsahndung zur Risikosteuerung durch Strafrecht und ihre Schranken, in: Hefendehl, Roland/ Hörnle, Tatjana/ Greco Luís (Hrsg.): Streitbare Strafrechtswissenschaft – Festschrift für Bernd Schünemann zum 70. Geburtstag am 1. November 2014, Berlin, Boston 2014, S. 3–15.

Bruns, Hans Jürgen: Die Befreiung des Strafrechts vom zivilistischen Denken – Beiträge zu einer selbstständigen, spezifisch strafrechtlichen Auslegungs- und Begriffsbildungsmethodik, Berlin 1938.

Bruns, Hans Jürgen: Grundprobleme der strafrechtlichen Organ- und Vertreterhaftung (§ 14 StGB, § 9 OWiG) – Zum gegenwärtigen Stand von Lehre und Rechtsprechung, in: GA 1983, S. 1–36.

Buchert, Christoph: Der Irrweg der EU-Kommission – Zu den Überlegungen über die Einführung einer staatlichen Whistleblower-Prämie, in: CCZ 2013, S. 144–149.

Bülte, Jens: Die Beschränkung der strafrechtlichen Geschäftsherrenhaftung auf die Verhinderung betriebsbezogener Straftaten – Zugleich eine Besprechung von BGH, Urt. v. 20.11.2011 – 4 StR 71/11, in: NZWiSt 2012, S. 176–182.

Bülte, Jens: Garant aufgrund familiärer Verbundenheit: Haftung aus Verwandtschaft oder aus sozialer Rollenerwartung? in: GA 2013, S. 389–402.

Bülte, Jens: Vorgesetztenverantwortlichkeit im Strafrecht, Baden-Baden 2015.

Bürgers, Thomas/ Körber, Torsten: Aktiengesetz, 2. Auflage, Heidelberg, München, Landsberg, Frechen, Hamburg 2011.

Bürgers, Tobias: Compliance in Aktiengesellschaften – Arbeitsteilung zwischen Vorstand und Aufsichtsrat sowie innerhalb der Organe, in: ZHR 2015, S. 173–206.

Bürkle, Jürgen: Compliance im Versicherungsunternehmen: Ja, aber wie? in: VW 2004, S. 830–833.

Bürkle, Jürgen: Weitergabe von Informationen über Fehlverhalten in Unternehmen (Whistleblowing) und Steuerung auftretender Probleme durch ein Compliance-System, in: DB 2004, S. 2158–2161.

Bürkle, Jürgen: Corporate Compliance – Pflicht oder Kür für den Vorstand der AG? in: BB 2005, S. 565–570.

Bürkle, Jürgen: Corporate Compliance als Standard guter Unternehmensführung des Deutschen Corporate Governance Kodex, in: BB 2007, S. 1797–1801.

Bürkle, Jürgen/ Fecker, Jörg: Business Judgment Rule: Unternehmerischer Haftungsfreiraum für leitende Angestellte, in: NZA 2007, S. 589–596.

Bürkle, Jürgen: Die Compliance-Praxis im Finanzdienstleistungssektor nach Solvency II, in: CCZ 2008, S. 50–55.

Bürkle, Jürgen (Hrsg.): Compliance in Versicherungsunternehmen – Rechtliche Anforderungen und praktische Umsetzung, München 2009.

Bürkle, Jürgen: Grenzen der strafrechtlichen Garantenstellung des Compliance-Officers, in: CCZ 2010, S. 4–12.

Bürkle, Jürgen: Compliance als Aufgabe des Vorstands der AG – Die Sicht des LG München I, in: CCZ 2015, S. 52–56.

Bürkle, Jürgen/ Hauschka, Christoph E. (Hrsg.): Der Compliance Officer – Ein Handbuch in eigener Sache, München 2015.

Buff, Herbert: Compliance – Führungskontrolle durch den Verwaltungsrat, Zürich 2000.

Buffo, Nicola/ Brünjes, Bina: Gesucht wird ein Compliance-Officer – Ein 200.000 Euro-Beispiel aus der Praxis, in: CCZ 2008, S. 108–112.

Bung, Jochen: Sichtbare und unsichtbare Handlungen – Moralphilosophische und strafrechtliche Überlegungen zum Problem des Unterlassens, in: ZStW 2008, S. 527–544.

Burchard, Christoph: „Irren ist menschlich" – Vorsatz und Tatbestandsirrtum im Lichte der Verantwortungsethik und der Emanzipation des angegriffenen Mitmenschen, Tübingen 2008.

Burgi, Martin: Compliance im Staat – Staat und Compliance, in: CCZ 2010, S. 41–45.

von Buri, Maximilian: Über die Begehung der Verbrechen durch Unterlassung, in: GS 1869, S. 189–218.

von Buri, Maximilian: Über die Kausalität der Unterlassung, in: ZStW 1881, S. 400–413.

Busch, Richard: Zur gesetzlichen Begründung der Strafbarkeit unechten Unterlassens, in: Welzel, Hans/ Conrad, Hermann/ Kaufmann, Armin/ Kaufmann,

Hilde (Hrsg.): Festschrift für Hellmuth von Weber zum 70. Geburtstag, Bonn 1963, S. 192–206.

Busch, Ralf: Unternehmen und Umweltstrafrecht, Osnabrück 1997.

Busch, Ralf/ Iburg, Ulrich: Umweltstrafrecht, Berlin 2002.

von Busekist, Konstantin/ Hein, Oliver: Der IDW PS 980 und die allgemeinen rechtlichen Mindestanforderungen an ein wirksames Compliance Management System (1) – Grundlagen, Kultur und Ziele, in: CCZ 2012, S. 41–48.

von Busekist, Konstantin/ Fahrig, Stephan: Whistleblowing und der Schutz von Hinweisgebern, in: BB 2013, S. 119–124.

Busse, Klaus-Henning: Täterschaft und Teilnahme bei Unterlassungsdelikten, Göttingen 1974.

Bussmann, Kai-D./ Salvenmoser, Steffen: Der Wert von Compliance und Unternehmenskultur – Ergebnisse der aktuellen Studie von PricewaterhouseCoopers zur Wirtschaftskriminalität, in: CCZ 2008, S. 192–196.

Bussmann, Kai-D./ Matschke, Sebastian: Der Einfluss nationalen Rechts auf Kontroll- und Präventionsmaßnahmen von Unternehmen – ein Vergleich zwischen den USA und Deutschland – in: wistra 2008, S. 88–95.

Bussmann, Kai-D./ Matschke, Sebastian: Die Zukunft der unternehmerischen Haftung bei Compliance-Verstößen, in: CCZ 2009, S. 132–138.

Bussmann, Kai-D.: Wirtschaftskriminalität und Unternehmenskultur, in: Bannenberg, Britta/ Jehle, Jörg-Martin (Hrsg.): Wirtschaftskriminalität, Mönchengladbach 2010, S. 57–81.

Bussmann, Kai-D./ Nestler, Claudia/ Salvenmoser, Steffen: Wirtschaftskriminalität 2011, 2. Auflage, Halle Wittenberg 2011.

Bussmann, Kai-D.: Sozialisation in Unternehmen durch Compliance, in: Hellmann, Uwe/ Schröder, Christian (Hrsg.): Festschrift für Hans Achenbach zum 70. Geburtstag am 13. Oktober 2011, Heidelberg, München, Landsberg, Frechen, Hamburg 2011, S. 57–82.

Bussmann, Kai-D.: Integrität durch nachhaltiges Compliance Management über Risiken, Werte und Unternehmenskultur, in: CCZ 2016, S. 50–57.

Campos Nave, José A./ Bonenberger, Saskia: Korruptionsaffären, Corporate Compliance und Sofortmaßnahmen für den Krisenfall, in: BB 2008, S. 734–740.

Campos Nave, José A./ Vogel, Henrik: Die erforderliche Veränderung von Corporate Compliance-Organisationen im Hinblick auf die gestiegene Verantwortlichkeit des Compliance Officers, in: BB 2009, S. 2546–2551.

Campos Nave, Susana: Rechtsstaatliche Regeltreue? Corporate Compliance als zwingende Antwort des freiheitsliebenden Unternehmens im Wirtschaftsstrafrecht, Frankfurt am Main 2012.

Caracas, Christian: Verantwortlichkeit in internationallen Konzernstrukturen nach § 130 OWiG – Am Beispiel der im Ausland straflosen Bestechung im geschäftlichen Verkehr, Baden-Baden 2014.

Caracas, Christian: § OWIG § 130 OWiG – Das lange Schwert der Korruptionsbekämpfung im privaten Sektor – Teil 1, in: CCZ 2015, S. 167–170.

Caracas, Christian: § OWIG § 130 OWiG – Das lange Schwert der Korruptionsbekämpfung im privaten Sektor – Teil 2, in: CCZ 2015, S. 218–223.

Casper, Matthias: Der Compliancebeauftragte – unternehmensinternes Aktienamt, Unternehmensbeauftragter oder einfacher Angestellter? in: Bitter, Georg/ Lutter, Marcus/ Priester, Hans-Joachim/ Schön, Wolfgang/ Ulmer, Peter (Hrsg.): Festschrift für Karsten Schmidt zum 70. Geburtstag, Köln 2009, S. 199–216.

Casper, Matthias: Rechtliche Grundlagen und aktuelle Entwicklungen der Compliance am Beispiel des Kapitalmarktrechts, in: Hadding, Walther/ Hopt, Klaus J./ Schimansky, Herbert (Hrsg.): Bankrechtstag 2008 – Verbraucherschutz im Kreditgeschäft, Compliance in der Kreditwirtschaft, Berlin 2009, S. 139–177.

Cauers, Lutz/ Haas, Klaus/ Jakob, Alexander/ Kremer, Friedhelm/ Schartmann, Bernd/ Welp, Oliver: Ist der gegenwärtig viel diskutierte Begriff „Compliance“ nur alter Wein in neuen Schläuchen? in: DB 2008, S. 2717–2719.

Ceffinato, Tobias: Legitimation und Grenzen der strafrechtlichen Vertreterhaftung nach § 14 StGB, Berlin 2012.

Charchulla, Tim: Die Figur der Organisationsherrschaft im Lichte des Beteiligungssystems, Aachen 2000.

Chen, Jyh-Huei: Das Garantensonderdelikt – Zugleich ein Beitrag zur Dogmatik der Unterlassungsdelikte und der Sonderdelikte, Berlin 2006.

von Coelln, Sibylle: Das „rechtliche Einstehenmüssen“ beim unechten Unterlassungsdelikt – Die Emanzipation der Garantenstellung von einzelnen Fallgruppen, Berlin 2008.

Cohen, Joel M./ Holland, Michael P.: Fünf Punkte, die ausländische Unternehmen über den United States Forreign Corrupt Practices Act (FCPA) wissen sollten, in: CCZ 2008, S. 7–10.

Collin, Peter: Privatisierung und Etatisierung als komplementäre Gestaltungsprozesse – Ein historischer Rückblick auf „regulierte Selbstregulierung“, in: JZ 2011, S. 274–282.

Clausen, Bodo: Die umweltgefährdende Abfallbeseitigung durch Unterlassen (§§ 326 Abs. 1, 13 Abs. 1 StGB) – Ein Beitrag zur Dogmatik der Umwelt- und der Unterlassungsdelikte, Baden-Baden 2000.

Corsten, Johannes: Einwilligung in die Untreue sowie in die Bestechlichkeit und Bestechung, Baden-Baden 2011.

Cramer, Peter: Rechtspflicht des Aufsichtsrats zur Verhinderung unternehmensbezogener strafbarer Handlungen und Ordnungswidrigkeiten, in: Küper, Wilfried/ Welp, Jürgen (Hrsg.): Festschrift für Walter Stree und Johannes Wessels zum 70. Geburtstag, Heidelberg 1993, S. 563–586.

Dahm, Georg: Bemerkungen zum Unterlassungsproblem, in: ZStW 1940, S. 133–183.

Dahnz, Werner/ Grimminger, Carolin: Manager und ihr Berufsrisiko – Die zivil- und strafrechtliche Haftung von Aufsichtsräten, Vorständen und Geschäftsführern, 3. Auflage, Hamburg 2007.

Dahs, Hans: Zur strafrechtlichen Haftung des Gewässerschutzbeauftragten nach § 324 StGB, in: NStZ 1986, S. 97–103.

Dallinger, Wilhelm: Unzumutbarkeit der Erfolgsabwendung bei unechten Unterlassungsdelikten, in: JR 1968, S. 6–12.

Dann, Matthias: Compliance-Untersuchungen im Unternehmen: Herausforderung für den Syndikus – Zum Zusammenspiel von Rechtsabteilung und externen Anwälten bei internen Ermittlungen, in: AnwBl 2009, S. 84–89.

Dann, Matthias/ Schmidt, Kerstin: Im Würgegriff der SEC? – Mitarbeiterbefragungen und die Selbstbelastungsfreiheit, in: NJW 2009, S. 1851–1855.

Dann, Matthais/ Mengel, Anja: Tanz auf einem Pulverfass – oder: Wie gefährlich leben Compliance-Beauftragte? in: NJW 2010, S. 3265–3269.

Dann, Matthias: Zur „Verstrafrechtlichung" eines neuen Berufsbildes – Compliance-Beauftragte am Rande des Nervenzusammenbruchs? in: ZRFC 2011, S. 155–159.

Dannecker, Christoph: Die Folgen der strafrechtlichen Geschäftsherrenhaftung der Unternehmensleitung für die Haftungsverfassung juristischer Personen – Zugleich: Besprechung von BGH, Urt. v. 10.7.2012 – VI ZR 341/10, in: NZWiSt 2012, S. 441–451.

Dannecker, Gerhard: Die Verfolgungsverjährung bei Submissionsabsprachen und Aufsichtspflichtverletzungen in Betrieben und Unternehmen – zugleich eine Anmerkung zu BGH NJW 1984 = NStZ 1985, 77, in: NStZ 1985, S. 49–56.

Dannecker, Gerhard: Zur Notwendigkeit der Einführung kriminalrechtlicher Sanktionen gegen Verbände – Überlegungen zu den Anforderungen und zur Ausgestaltung eines Verbandsstrafrechts, in: GA 2001, S. 101–130.

Dannecker, Gerhard: Die Ahndbarkeit von juristischen Personen im Wandel, in: Schöch, Heinz/ Helgerth, Roland/ Dölling, Dieter/ König, Peter (Hrsg.): Recht gestalten – dem Recht dienen – Festschrift für Reinhard Böttcher zum 70. Geburtstag am 29. Juli 2007, Berlin 2007, S. 465–487.

Dannecker, Gerhard/ Dannecker, Christoph: Die „Verteilung" der strafrechtlichen Geschäftsherrenhaftung im Unternehmen – Zur strafrechtlichen Verantwortung des Compliance-Officers und (leitender) Angestellter bei der Übernahme unternehmensbezogener Aufgaben – zugleich Besprechung von BGH, Urteil vom 17.07.2009 – 5 StR 394/08, in: JZ 2010, S. 981–992.

Dannecker, Gerhard: Grundfragen der Steuerhinterziehung durch Unterlassen: Pflichtwidriges In-Unkenntnis-Lassen als blankettverweisendes Jedermannsdelikt oder als abschließend geregeltes Sonderdelikt, in: Hellmann, Uwe/ Schröder, Christian (Hrsg.): Festschrift für Hans Achenbach zum 70. Geburtstag am 13. Oktober 2011, Heidelberg, München, Landsberg, Frechen, Hamburg 2011, S. 83–106.

Däubler, Wolfgang/ Bertzbach, Martin (Hrsg.): Allgemeines Gleichbehandlungsgesetz – Handkommentar, 2. Auflage, Baden-Baden 2008.

Deinert, Olaf: Die Verdachtskündigung – Neues zu einem alten Thema? in: AuR 2005, S. 285–297.

Deiseroth, Dieter: Verfassungsrechtliche Vorgaben für das Kündigungsschutzrecht – Grundrechtsschutz bei Anzeigen gegenüber der Staatsanwaltschaft, in: AuR 2002, S. 161–166.

Deiseroth, Dieter/ Derleder, Peter: Whistleblower und Denunziatoren, in: ZRP 2008, S. 248–251.

Demetrio, Eduardo: Die politische Bedeutung des Wirtschaftsstrafrechts, in: Fahl, Christian/ Müller, Eckhart/ Satzger, Helmut/ Swoboda, Sabine (Hrsg.): Ein menschengerechtes Strafrecht als Lebensaufgabe – Festschrift für Werner Beulke zum 70. Geburtstag, Heidelberg 2015, S. 369–377.

Demuth, Hennrich/ Schneider, Tilmann: Die besondere Bedeutung des Gesetzes über Ordnungswidrigkeiten für Betrieb und Unternehmen, in: BB 1970, S. 642–651.

Denck, Johannes: Arbeitsschutz und Anzeigerecht des Arbeitnehmers, in: DB 1980, S. 2132–2139.

Dencker, Friedrich: Ingerenz: Die defizitäre Tathandlung, in: Küper, Wilfried/ Welp, Jürgen (Hrsg.): Festschrift für Walter Stree und Johannes Wessels zum 70. Geburtstag, Heidelberg 1993, S. 159–181.

Derleder, Peter/ Knops, Kai Oliver/ Bamberger, Heinz Georg (Hrsg.): Handbuch zum deutschen und europäischen Bankrecht, 2. Auflage, Berlin, Heidelberg 2009.

Deutscher, Jörg: Zur Strafbarkeit des Compliance Officer – Erhöhte Berufsrisiken nach dem Urteil des BGH vom 17.7.2009, in: WM 2010, S. 1387–1393.

Diergarten, Achim: Geldwäsche Kommentar, 3. Auflage, Stuttgart 2013.

Dierlamm, Alfred: Compliance-Anreiz-Gesetz (CompAG) – Ein Vorschlag des Deutschen Instituts für Compliance – DICO e. V. für den Entwurf eines Gesetzes zur Schaffung von Anreizen für Compliance-Maßnahmen in Betrieben und Unternehmen (Compliance-Anreiz-Gesetz, CompAG) in: CCZ 2014, S. 194–198.

Dießner, Annika: Die Unterlassungsstrafbarkeit der Kinder- und Jugendhilfe bei familiärer Kindeswohlgefährdung, Berlin 2008.

Dieterich, Thomas/ Hanau, Peter/ Schaub, Günter (Begr.): Erfurter Kommentar zum Arbeitsrecht, 13. Auflage, München 2013.

Dix, Alexander: Compliance und Schutz der Privatsphäre im Unternehmen, in: ZIS 2011, S. 110–122.

Dölling, Dieter/ Duttge, Gunnar/ Rössner, Dieter (Hrsg.): Gesamtes Strafrecht – StGB, StPO Nebengesetze – Handkommentar, 3. Auflage, Baden-Baden 2013.

Dörner, Hans-Jürgen: Neues aus dem Befristungsrecht, in: NZA 2007, S. 57–63.

Dörr, Felix: Die Haftung von Unternehmen nach dem Gesetz über Ordnungswidrigkeiten, in: Kempf, Eberhard/ Lüderssen, Klaus/ Volk, Klaus (Hrsg.): Unternehmensstrafrecht, Berlin, Boston 2012, S. 23–35.

Dolata, Uwe: Compliance contra Wirtschaftskriminalität – Korruption im Wandel der Zeit, Hamburg 2014.

Doleczik, Günter/ Drewes, Michael: Risikomanagement in Sportunternehmen und dessen Prüfung Das Beispiel professioneller deutscher Fußballklubs, in: DB 2003, S. 1005–1011.

Dominok, Matthias: Strafrechtliche Unterlassungshaftung von Amtsträgern in Umweltbehörden – Die Nichtrücknahme fehlerhafter Genehmigungen – dargestellt am Beispiel des § 324 StGB, Hamburg 2007.

Donna, Edgardo Alberto: Die ethische Autonomie des Menschen als wesentliches Rechtsgut, in: Hefendehl, Roland/ Hörnle, Tatjana/ Greco Luís (Hrsg.): Streitbare Strafrechtswissenschaft – Festschrift für Bernd Schünemann zum 70. Geburtstag am 1. November 2014, Berlin, Boston 2014, S. 17–28.

Donner, David: Die Zumutbarkeitsgrenzen der vorsätzlichen Unterlassungsdelikte, Frankfurt am Main 2007.

Dous, John Christian: Strafrechtliche Verantwortlichkeit in Unternehmen – Zur Verantwortungsverteilung zwischen Ausführungs- und Führungsebene nach dem Prinzip der Dialektik der Herrschaft in Unternehmen, Frankfurt am Main, Berlin, Bern, Bruxelles, New York, Oxford, Wien, 2009.

Dreher, Eduard: Kann ein Ehegatte, der den Selbstmord des anderen zuläßt, ein Tötungsdelikt begehen? – Ein Beitrag zum Urteil des BGH vom 12.02.1952 – 1 StR 59/50 (MDR 1952, 308), in: MDR 1952, S. 711–713.

Dreher, Meinrad: Die persönliche Verantwortlichkeit von Geschäftsleitern nach außen und die innergesellschaftliche Aufgabenteilung, in: ZGR 1992, S. 22–63.

Dreher, Meinrad: Unternehmensbeauftragte und Gesellschaftsrecht – Der gesetzliche Bestellungszwang für Unternehmensbeauftragte, die gesellschaftsrechtliche Organisationsfreiheit und die Zuständigkeits-, Informations-, und Haftungsordnung der Gesellschaften, in: Martens, Klaus, Peter/ Westermann, Harm Peter/ Zöllner, Wolfgang (Hrsg.): Festschrift für Carsten Peter Claussen zum 70. Geburtstag, Köln, Berlin, Bonn, München 1997, S. 69–89.

Dreher, Meinrad: Kartellrechtscompliance in der Versicherungswirtschaft, in: VersR 2004, S. 1–8.

Dreher, Meinrad: Die kartellrechtliche Bußgeldverantwortlichkeit von Vorstandsmitgliedern – Vorstandshandeln zwischen aktienrechtlichem Legalitätsprinzip und kartellrechtlicher Unsicherheit, in: Dauner-Lieb, Barbara/ Hommelhoff, Peter/ Jacobs, Matthias/ Kaiser, Dagmar/ Weber, Christoph (Hrsg.): Festschrift für Horst Konzen zum siebzigsten Geburtstag, Tübingen 2006, S. 85–107.

Dreher, Meinrad: Überformung des Aktienrechts durch die Rechtsprechung von Straf- und Verwaltungsgerichten, in: AG 2006, S. 213–223.

Dreher, Meinrad/ Schaaf, Martin: Versicherungsunternehmensrecht und Risikomanagement – Gesamtverantwortung der Geschäftsleitung, Outsourcing des Risikomanagements und konzernweites versichungsaufsichtsrechtliches Risikomanagement, in: WM 2008, S. 1765–1812.

Dreher, Meinrad: Die BaFin geriert sich als Ersatzgesetzgeber, in: FAZ vom 17.09.2009, Nr. 216, S. 22.

Dreher, Meinrad: Die Vorstandsverantwortung im Geflecht von Risikomanagement, Compliance und interner Revision, in: Kindler, Peter/ Koch, Jens/ Ulmer, Peter/ Winter, Martin (Hrsg.): Festschrift für Uwe Hüffer zum 70. Geburtstag, München 2010, S. 161–177.

Dreher, Meinrad: Die ordnungsgemäße Geschäftsorganisation der Versicherungsgruppe nach Solvency II und VAG 2016, in: WM 2015, S. 649–661.

Dreier, Thomas: Kompensation und Prävention – Rechtsfolgen unerlaubter Handlung im Bürgerlichen, Immaterialgüter- und Wettbewerbsrecht, Tübingen 2002.

Drobetz, Wolfgang/ Schillhofer, Andreas/ Zimmermann, Heinz: Ein Corporate Governance Rating für deutsche Publikumsgesellschaften, in: ZfB 2004, S. 5–25.

Dubber, Markus D.: Einführung in das US-amerikanische Strafrecht, München 2005.

Dütz, Wilhelm/ Thüsing, Gregor: Arbeitsrecht, 17. Auflage, München 2012.

Dusch, Christian/ Sebastian Rommel, Sebastian: Strafvereitelung (im Amt) durch Unterlassen am Beispiel von Finanzbeamten, in: NStZ 2014, S. 188–192.

Duttge, Gunnar: Anmerkung zu BGH, Urteil vom 14.03.2003 – 2 StR 239/02, in: JR 2004, S. 33–37.

Duttge, Gunnar: Strafbarkeit des Geschwisterinzests aufgrund „eugenischer Gesichtspunkte"? in: Heinrich, Manfred/ Jäger, Christian / Achenbach, Hans/ Amelung, Knut/ Bottke, Wilfried/ Haffke, Bernhard/ Schünemann, Bernd/ Wolter, Jürgen (Hrsg.): Strafrecht als Scientia Universalis – Festschrift für Claus Roxin zum 80. Geburtstag am 15. Mai 2011, Berlin, New York 2011, S. 227–243.

Ebersoll, Mark: Smart Risk Assessment: Mehr Effizienz durch Screening, in: CCZ 2013, S. 129–137.

Ebert, Udo/ Kühl, Kristian: Kausalität und objektive Zurechnung, in: Jura 1979, S. 561–576.

Eggers, Tobais: Die Bußgeldleitlinien der BaFin – großer Wurf oder Stolperstein? in: BB 2015, S. 651–654.

Eidam, Gerd: Die Verbandsgeldbuße des § 30 Abs. 4 OWiG – eine Bestandsaufnahme, in: wistra 2003, S. 447–456.

Eidam, Gerd: Straftäter Unternehmen, München 1997.

Eidam, Gerd (Hrsg.): Unternehmen und Strafe – Vorsorge- und Krisenmanagement, 4. Auflage, Köln 2014.

Eidam, Gerd: Auswirkung und Stellenwert strafrechtlicher Expertengutachten auf die Anwendbarkeit von § 17 StGB in wirtschaftsstrafrechtliche Fallkonstellationen, in: ZStW 2015, S. 120–142.

Eidam, Lutz: Der Organisationsgedanke im Strafrecht, Tübingen 2015.

Eisele, Dieter: Insiderrecht und Compliance, in: WM 1993, S. 1021–1026.

Eisele, Jörg: Arbeitnehmerüberwachung und Compliance unter Berücksichtigung der Cybercrime-Konvention, in: ZIS 2012, S. 402–408.

Ekkenga, Jens: Anlegerschutz, Rechnungslegung und Kapitalmarkt – Eine vergleichende Studie zum europäischen, deutschen und britischen Bilanz-, Gesellschafts- und Kapitalmarktrecht, Tübingen 1998.

Engelhart, Marc: Die neuen Compliance-Anforderungen der BaFin (MaComp) in: ZIP 2010, S. 1832–1840.

Engelhart, Marc: Sanktionierung von Unternehmen und Compliance – Eine rechtsvergleichende Analyse des Straf- und Ordnungswidrigkeitenrechts in Deutschland und den USA, 2. Auflage, Berlin 2012.

Engelhart, Marc: Paradigmenwechsel im Strafrecht: Die Notwendigkeit einer „Neuen Strafrechtswissenschaft"? – Überlegungen zur 35. Strafrechtslehrertagung in Zürich, in: RW 2013, S. 208–215.

Engelhart, Marc: Verbandsverantwortlichkeit – Dogmatik und Rechtsvergleichung, in: NZWiSt 2015, S. 201–210.

Engisch, Karl: Die Kausalität als Merkmal der strafrechtlichen Tatbestände, Tübingen 1931.

Engisch, Karl: Empfiehlt es sich, die Strafbarkeit der juristischen Person gesetzlich vorzusehen? in: Ständige Deputation des deutschen Juristentages (Hrsg.): Verhandlungen des vierzigsten Deutschen Juristentages Hamburg 1953, Band II, Tübingen 1954, S. E 7–E 41.

Engisch, Karl: Das Problem der psychischen Kausalität beim Betrug, in: Welzel, Hans/ Conrad, Hermann/ Kaufmann, Armin/ Kaufmann, Hilde (Hrsg.): Festschrift für Hellmuth von Weber zum 70. Geburtstag, Bonn 1963, S. 247–270.

Engisch, Karl: Tun und Unterlassen, in: Lackner, Karl/ Leferenz, Heinz/ Schmidt, Eberhard/ Welp, Jürgen/ Wolff, Ernst Amadeus (Hrsg.): Festschrift für Wilhelm Gallas zum 70. Geburtstag am 22. Juli 1973, Berlin, New York 1973, S. 163–196.

Engländer, Armin: Kausalitätsprobleme beim unechten Unterlassungsdelikt – BGH, NStZ 2000, 414, in: JuS 2001, S. 958-962.

Engländer, Armin: Die hinreichende Verhinderung der Tatvollendung – BGH, NJW 2003, 1058, in: JuS 2003, S. 641–645.

Engländer, Armin: Grund und Grenzen der Nothilfe, Tübingen 2008.

Engländer, Armin: Strafbarkeit der Suizidbeteiligung – Schließung einer Schutzlücke oder kriminalpolitischer Irrweg, in: Hefendehl, Roland/ Hörnle, Tatjana/ Greco Luís (Hrsg.): Streitbare Strafrechtswissenschaft – Festschrift für Bernd Schünemann zum 70. Geburtstag am 1. November 2014, Berlin, Boston 2014, S. 583–596.

Engländer, Armin: Revitalisierung der materiellen Rechtsgutslehre durch das Verfassungsrecht? In: ZStW 2015, S. 616–634.

Ensch, Jürgen: Compliance im öffentlich-rechtlichen Rundfunk – Mit Schwerpunkt Schutz vor Wirtschaftskriminalität und Korruption, in: ZUM 2012, S. 16–21.

Epe, Alex: Zur Bedeutung des Deutschen Corporate Governance Kodex für die Anfechtbarkeit von Hauptversammlungsbeschlüssen, insbesondere bei Aufsichtsratswahlen, LG München I, Urteil vom 22.11.2007 – 5 HK O 10614/07, in: CCZ 2008, S. 28–30.

Erb, Volker/ Esser, Robert/ Franke, Ulrich/ Graalmann-Scheerer, Kirsten/ Hilger, Hans/ Ignor, Alexander (Hrsg.): Löwe-Rosenberg – Die Strafprozessordnung und das Gerichtsverfassungsgesetz – Großkommentar, 26. Auflage, Berlin, New York 2010.

Erbs, Georg/ Kohlhaas, Max: Strafrechtliche Nebengesetze mit Straf- und Bußgeldvorschriften des Wirtschafts- und Verwaltungsrechts, Loseblattausgabe, 190. Lieferung, München 2012.

Eufinger, Alexander: Zu den historischen Ursprüngen der Compliance, in: CCZ 2012, S. 21–22.

Eufinger, Alexander: Das kanadische Modell der Bußgeldminderung durch Compliance-Programme, in: RIW 2015, S. 46–50.

Faber, Erasmus: Anreizbasierte Regulierung von Corporate Compliance – Ein rechtsvergleichender Beitrag zur Entwicklung der Rechtsgrundlagen von Compliance im deutschen Wirtschaftsrecht, Baden-Baden 2014.

Fahr, Ulrich/ Kaulbach, Detlef/ Bähr, Gunne W./ Pohlmann, Petra (Hrsg.): Versicherungsaufsichtsgesetz – VAG – mit Solvabilität II, Anlageverordnung und Kapitalausstattungsverordnung, 5. Auflage, München 2012.

Fallenstein, Diana: Compliance-Klauseln, Compliance-Vertrag und AGB im unternehmerischen Geschäftsverkehr, Köln 2012.

Fateh-Moghadam, Bijan: Criminal Compliance ernst genommen – zur Garantenstellung des Compliance-Beauftragten – Zugleich eine Besprechung von BGHSt 54,44, in: Steinberg, Georg/ Valerius, Brian/ Popp Andreas (Hrsg.): Das Wirtschaftsstrafrecht des StGB – Analysen zur aktuellen höchstrichterlichen Rechtsprechung, Baden-Baden 2011, S. 25–49.

Favoccia, Daniela/ Richter, Thomas: Rechte, Pflichten und Haftung des Compliance Officers aus zivilrechtlicher Sicht, in: AG 2010, S. 137–147.

Fecker, Jörg/ Kinzl, Peter-Ulrich: Ausgestaltung der arbeitsrechtlichen Stellung des Compliance-Officers – Schlussfolgerungen aus der BSR-Entscheidung des BGH, in: CCZ 2010, S. 13–20.

Feier-Giedenbacher, Erwin/ Mair, Karin: Compliance im Unternehmen – Implementierung und Prozesse, in: Lewisch, Peter (Hrsg.): Zauberwort Compliance? – Grundlagen und aktuelle Anwendungsfragen, Wien 2012, S. 15–26.

Feigen, Hans W.: Strafjustiz durch die BaFin? in: Arbeitsgemeinschaft Strafrecht des Deutschen Anwaltsvereins (Hrsg.): Strafverteidigung im Rechtsstaat – 25 Jahre Arbeitsgemeinschaft Strafrecht des Deutschen Anwaltsvereins, Baden-Baden 2009, S. 466–479.

Feldhaus, Gerhard: Umweltschutzsichernde Betriebsorganisation, NVwZ 1991, S. 927–935.

Feldhaus, Gerhard: Bundes-Immissionsschutzgesetz, Baden-Baden 2012.

Feldhaus, Gerhard: Bundesimmissionsschutzrecht – Kommentar, 2. Auflage, Loseblattsammlung, 174. Lieferung, Heidelberg 2013.

Felix, Dagmar: Einheit der Rechtsordnung – Zur verfassungsrechtlichen Relevanz einer juristischen Argumentationsfigur, Tübingen 1998.

von Feuerbach, Paul Johann Anselm Ritter: Lehrbuch des gemeinen in Deutschland geltenden Peinlichen Rechts, 1. Auflage Gießen 1801.

Fezer, Gerhard: „Der Senat neigt der Auffassung zu …" – Zum obiter dictum in Entscheidungen der BGH-Strafsenate, in: Hettinger, Michael/ Zopfs, Jan/ Hillenkamp, Thomas/ Köhler, Michael/ Rath, Jürgen/ Streng, Franz/ Wolter, Jürgen (Hrsg.): Festschrift für Wilfried Küper zum 70. Geburtstag, Heidelberg 2007, S. 45–61.

Fischer, Thomas: Strafrechtswissenschaft und strafrechtliche Rechtsprechung – Fremde seltsame Welten, in: Michalke, Regina/ Köberer, Wolfgang/ Pauly, Jürgen/ Kirsch, Stefan (Hrsg.): Festschrift für Rainer Hamm zum 65. Geburtstag am 24. Februar 2008, Berlin 2008, S. 63–81.

Fischer, Thomas: Unternehmensstrafrecht in der Revision, in: StrafFo 2010, S. 329–337.

Fischer, Thomas: Strafbarer Gefährdungsschaden oder strafloser Untreueversuch – Zur Bestimmung der Untreue-Rechtsprechung, in: StV 2010, S. 95–101.

Fischer, Thomas: Risikomanagement und objektive Zurechnung, in: Kempf, Eberhard/ Lüderssen, Klaus/ Volk, Klaus (Hrsg.): Die Finanzkrise, das Wirtschaftsstrafrecht und die Moral, Berlin, New York 2010, S. 190–200.

Fischer, Thomas: Die strafrechtliche Bewältigung der Finanzkrise am Beispiel der Untreue – Finanzkrise und Strafrecht, ZStW 2011, S. 816–826.

Fischer, Thomas: Direkte Sterbehilfe – Anmerkung zur Privatisierung des Lebensschutzes, in: Heinrich, Manfred/ Jäger, Christian / Achenbach, Hans/ Amelung, Knut/ Bottke, Wilfried/ Haffke, Bernhard/ Schünemann, Bernd/ Wolter, Jürgen (Hrsg.): Strafrecht als Scientia Universalis – Festschrift für Claus Roxin zum 80. Geburtstag am 15. Mai 2011, Berlin, New York 2011, S. 557–576.

Fischer, Thomas: Strafrechtliche Verantwortlichkeit der Organmitglieder von Kreditinstituten, in: Habersack, Mathias/ Mülbert, Peter O./ Nobbe, Gerd/ Wittig, Anne (Hrsg.): Anlegerschutz im Wertpapiergeschäft – Verantwortlichkeit der Organmitglieder von Kreditinstituten, Bankrechtstag 2012, S. 129–151.

Fischer, Thomas: Kommentatoren – Bemerkungen zum Versuch, 1000 Schmetterlinge zu fangen, in: Heger, Martin/ Kelker, Brigitte/ Schramm, Edward (Hrsg.): Festschrift für Kristian Kühl zum 70. Geburtstag, München 2014, S. 963–975.

Fischer, Thomas: Noch einmal: Dogmatik und Praxis des Strafrechts – Zu Schünemanns Widerlegung einer Polemik über die Fremdheit zweier Welten, in: Hefendehl, Roland/ Hörnle, Tatjana/ Greco Luís (Hrsg.): Streitbare Strafrechtswissenschaft – Festschrift für Bernd Schünemann zum 70. Geburtstag am 1. November 2014, Berlin, Boston 2014, S. 41–53.

Fischer, Thomas: Was regiert die Welt? Das Vermögen gibt uns Rätsel auf. Es wächst, es geht verloren, es wird umverteilt. Aber was betrachten wir als Vermögen? Und wie kann man es schützen? Ein Essay, in: Die ZEIT 34/2014, S. 38.

Fischer, Thomas: Strafgesetzbuch mit Nebengesetzen, 62. Auflage, München 2015.

Fischer, Thomas/ Hoven, Elisa: Unternehmen vor Gericht? Einige Anmerkungen zu prozessualen Fragen, in: ZIS 2015, S. 32–39.

Fischer, Thomas: Noch einmal: § 177 StGB und die Istanbul-Konvention – Entgegnung auf Hörnle, ZIS 2015, 206, in: ZIS 2015, S. 312–319.

Fissenewert, Peter (Hrsg.): Compliance für den Mittelstand, München 2013.

Fleischer, Holger: Die „Business Judgment Rule" im Spiegel von Rechtsvergleichung und Rechtsökonomie, in: Wank, Rolf/ Hirte, Heribert/ Frey, Kaspar/ Fleischer, Holger/ Thüsing, Gregor (Hrsg.): Festschrift für Herbert Wiedemann zum 70. Geburtstag, München 2002, S. 827–849.

Fleischer, Holger: Vorstandsverantwortlichkeit und Fehlverhalten von Unternehmensangehörigen – Von der Einzelüberwachung zur Errichtung einer Compliance-Organisation, in: AG 2003, S. 291–300.

Fleischer, Holger: Zur Leitungsaufgabe des Vorstands im Aktienrecht, in: ZIP 2003, S. 1–11.

Fleischer, Holger: Die „Business Judgment Rule": Vom Richterrecht zur Kodifizierung, in: ZIP 2004, S. 685–692.

Fleischer, Holger: Legal Transplants im deutschen Aktienrecht, in: NZG 2004, S. 1129–1137.

Fleischer, Holger: Zur Verantwortlichkeit einzelner Vorstandsmitglieder bei Kollegialentscheidungen im Aktienrecht, BB 2004, S. 2645–2652.

Fleischer, Holger: Aktienrechtliche Legalitätspflicht und „nützliche" Pflichtverletzungen von Vorstandsmitgliedern, in: ZIP 2005, S. 141–152.

Fleischer, Holger: Kartellrechtsverstöße und Vorstandsrecht, BB 2008, S. 1070–1075.

Fleischer, Holger: Corporate Compliance im aktienrechtlichen Unternehmensverbund, in: CCZ 2008, S. 1–6.

Fleischer, Holger: Aktuelle Entwicklungen der Managerhaftung, in: NJW 2009, S. 2337–2343.

Fleischer, Holger: Das unternehmerische Ermessen des GmbH-Geschäftsführers und seine GmbH-spezifischen Grenzen, in: NZG 2011, S. 521–527.

Fleischer, Holger/ Schmolke, Klaus-Ulrich: Whistleblowing und Corporate Governance – Zu Hinweisgebersystemen von Vorstandsmitgliedern und Wirtschaftsanwälten, in: WM 2012, S. 1013–1021.

Fleischer, Holger/ Goette, Wulf: Münchener Kommentar zum Gesetz betreffend die Gesellschaften mit beschränkter Haftung – GmbHG, München 2012.

Fleischer, Holger: Aktienrechtliche Compliance-Pflichten im Praxistest: Das Siemens/Neubürger-Urteil des LG München I, in: NZG 2014, S. 321–329.

Forst, Gerrit: Grundfragen der Datenschutz-Compliance, in: DuD 2010, S. 160–165.

Forst, Gerrit: Strafanzeige gegen den Arbeitgeber – Grund zur Kündigung des Arbeitsvertrags? in: NJW 2011, S. 3477–3482.

Francuski, Ramona: Prozeduralisierung im Wirtschaftsstrafrecht, Baden-Baden 2014.

Frank, Christoph/ Titz, Andrea: Die Kronzeugenregelung zwischen Legalitätsprinzip und Rechtsstaatlichkeit, in: ZRP 2009, S. 137–140.

Frank, Reinhard: Unternehmensdelikte und Zuwiderhandlungen gegen das Höchstpreisgesetz, in: ZStW 1916, S. 28–51.

von Freier, Friedrich: Zurück hinter die Aufklärung – Zur Wiedereinführung von Verbandsstrafen, in: GA 2009, S. 98–116.

Freiherr von Falkenhausen, Joachim: Die Haftung außerhalb der Business Judgment Rule – Ist die Business Judgment Rule ein Haftungsprivileg für Vorstände? in: NZG 2012, S. 644–651.

Freund, Georg: Erfolgsdelikt und Unterlassen – Zu den Legitimationsbedingungen von Schuldspruch und Strafe, Köln, Berlin, Bonn, München 1992.

Freund, Georg: Erlöschen strafrechtlicher Garantenpflichten bei Ehegatten, in: NJW 2003, S. 3384–3387.

Freund, Georg: Tatbestandsverwirklichung durch Tun und Unterlassen – Zur gesetzlichen Regelung begehungsgleichen Unterlassens und anderer Fälle der Tatbestandsverwirklichung im Allgemeinen Teil des StGB, in: Putzke, Holm/ Hardtung, Bernhard/ Tajana, Hörnle/ Merkel, Reinhard, Scheinfeld, Jörg/ Schlehofer, Horst/ Seier, Jürgen (Hrsg.): Strafrecht zwischen System und Telos – Festschrift für Rolf Herzberg zum siebzigsten Geburtstag am 14. Februar 2008, Tübingen 2008, S. 225–245.

Freund, Georg: Strafrecht Allgemeiner Teil – Personale Straftatlehre, 2. Auflage, Berlin, Heidelberg 2009.

Frisch, Stefan: Kurzkommentar zu BGH, Urteil vom 17.07.2009 – 5 StR 394/08, in: EWiR 2010, S. 95–96.

Frisch, Wolfgang: Tatbestandsmäßiges Verhalten und Zurechnung des Erflogs, Heidelberg 1998.

Frisch, Wolfgang: Rechtsgut, Recht Deliktsstruktur und Zurechnung im Rahmen der Legitimation staatlichen Strafens, in: Hefendehl, Roland/ von Hirsch, Andrew/ Wohlers, Wolfgang (Hrsg.): Die Rechtsgutstheorie – Legitimationsbasis des Strafrechts oder dogmatisches Glasperlenspiel, Baden-Baden 2003, S. 215–238.

Frisch, Wolfgang: Strafbarkeit juristischer Personen und Zurechnung, in: Zöller, Mark A./ Hilger, Hans/ Küper, Wilfried/ Roxin, Claus (Hrsg.): Gesamte Strafrechtswissenschaft in internationaler Dimension – Festschrift für Jürgen Wolter zum 70. Geburtstag am 7. September 2013, Berlin 2013, S. 349–373.

Frisch, Wolfgang: Strafrecht und Solidarität – Zugleich zu Notstand und unterlassener Hilfeleistung, in: GA 2016, S. 121–176.

Frister, Helmut: Strafrecht Allgemeiner Teil, 5. Auflage, München 2011.

Frister, Helmut: Zur straftheoretischen Einordnung von Unternehmenssanktionen, in: Ahlbrecht, Heiko/ Dann, Matthias/ Wessing, Helga/ Frister, Helmut/ Bock, Dennis (Hrsg.): Unternehmensstrafrecht – Festschrift für Jürgen Wessing zum 65. Geburtstag, München 2015, S. 3–17.

Fritz, Hans-Joachim/ Nolden, Dagmar: Unterrichtungspflichten und Einsichtsrechte des Arbeitnehmers im Rahmen von unternehmensinternen Untersuchungen, in: CCZ 2010, S. 170–177.

Fritzemeyer, Wolfgang: Die Bedeutung der „Soft Skills" für die Juristenausbildung und die juristischen Berufe, in: NJW 2006, S. 2825–2829.

Frommel, Monika: Präventionsmodelle in der deutschen Strafzweck-Diskussion, Berlin 1987.

Früh, Andreas: Legal & Compliance – Abgrenzung oder Annäherung (am Beispiel einer Bank) in: CCZ 2010, S. 121–127.

Fuchs, Andreas (Hrsg.): Wertpapierhandelsgesetz (WpHG) – Kommentar, München 2009.

Fuchs, Helmut: Compliance: Soft Law – Hard Criminal Law, in: Lewisch, Peter (Hrsg.): Zauberwort Compliance? – Grundlagen und aktuelle Anwendungsfragen, Wien 2012, S. 27–33.

Füllbier, Andreas/ Aepfelbach, Rolf R./ Langweg, Peter/ Schröder, Christian/ Textor, Petra: GwG – Kommentar zum Geldwäschegesetz, 5. Auflage, Köln 2006.

Fuhrmann, Stefan: Compliance in der öffentlichen Verwaltung und die Aufgaben eines Rechtsamtes, in: Demel, Michael/ Heck, Stefan/ Schäfer, Thomas

(Hrsg.): Auf festem Fundament – Festschrift für Christean Wagner zum 70. Geburtstag, Berlin 2013, S. 109–126.

Gach, Bernt/ *Rützel, Stefan*: Verschwiegenheitspflicht und Behördenanzeigen von Arbeitnehmern, in: BB 1997, S. 1959–1963.

Gaede, Karsten: Das Erwachen der Macht? Die europäisierte Funktionstüchtigkeit der Strafrechtspflege, in: wistra 2016, S. 89–97.

Gänßle, Peter: Der Whistleblower im Spannungsfeld zwischen Korruptionsbekämpfung und arbeitsrechtlichen Pflichten, in: Kritische Justiz 2007, S. 265–277.

Gallas, Wilhelm: Zur Revision des § 330c StGB, in: JZ 1952, S. 396–400.

Gallas, Wilhelm: Zum gegenwärtigen Stand der Lehre vom Verbrechen, in: ZStW 1955, S. 1–47.

Gallas, Wilhelm: Strafbares Unterlassen im Fall einer Selbsttötung, in: JZ 1960, S. 686–692.

Gallas, Wilhelm: Studien zum Unterlassungsdelikt, Heidelberg 1989.

Geiger, Daniel: Nemo ultra posse obligatur – Zur strafrechtlichen Haftung von Compliance-Beauftragten ohne Disziplinargewalt, in: CCZ 2011, S. 170–174.

Geiger, Daniel: Verantwortungsabgrenzung in der pharmazeutischen Industrie nach der „BSR-Entscheidung" des BGH, in: PharmR 2011, S. 262–271.

Geilen, Gerd: Garantenpflicht aus ehelicher und eheähnlicher Gemeinschaft, in: FamRZ 1961, S. 147–160.

Geilen, Gerd: Stillschweigen des Angehörigen beim Mordkomplott – Kritische Betrachtungen zu BGH 4 StR 390/63, in: FamRZ 1964, S. 385–392.

Geilen, Gerd: Unterlassene Verbrechensanzeige und ernsthafte Abwendungsbemühung – BGSt 19, 295, in: JuS 1965, S. 426–432.

Geilen, Gerd: Zur Abgrenzung zwischen beendetem und unbeendetem Versuch, in: JZ 1972, S. 335–343.

Geilen, Gerd: Suizid und Mitverantwortung, in: JZ 1974, S. 145–154.

Geiser, Martina: Leitungspflichten des Vorstandes in der AG – Grenzziehung zwischen der Business Judgment Rule und den notwendigen Anforderungen an eine Compliance-Organisation, Hamburg 2010.

Geisler, Heinrich: Das unechte Unterlassungsdelikt, Breslau 1930.

Geismar, Anne-Gwendolin: Der Tatbestand der Aufsichtspflichtverletzung bei der Ahndung von Wirtschaftsdelikten – Eine Untersuchung zu § 130 OWiG unter Berücksichtigung des Kartellordnungswidrigkeitenrechts, Baden-Baden 2012.

Giesen, Tom: Die Haftung des Compliance-Officers gegenüber seinem Arbeitgeber – Haftungsprivilegierung bei innerbetrieblichem Schadensausgleich? in: CCZ 2009, S. 102–106.

Geppert, Klaus: Die versuchte Anstiftung (§ 30 Abs. 1 StGB) in: Jura 1997, S. 546–553.

Gercke, Björn/ Kraft, Oliver/ Richter, Marcus (Hrsg.): Arbeitsstrafrecht – Strafrechtliche Risiken und Risikomanagement, Heidelberg, München, Landsberg, Frechen, Hamburg.

Gerson, Oliver: Wo rohe Kräfte sinnlos walten – Regulierungswut auf dem Grauen Kapitalmarkt, in: ZWH 2014, S. 298–302.

Gerig, Martin/ Tsesis, Alexandra: Interessenvertretung und Compliance, in: CCZ 2015, S. 268–273.

Gerst, Hans-Joachim: Unternehmensinteresse und Beschuldigtenrechte bei Internal Investigation – Problemskizze und praktische Lösungswege, in: CCZ 2012, S. 1 –5.

Giesberts, Ludger/ Reinhardt, Michael: Beck'scher Online-Kommentar – Umweltrecht, 27. Edition, München 2013.

Gierhake, Katrin: Der Zusammenhang von Freiheit, Sicherheit und Strafe im Recht – Eine Untersuchung zu den Grundlagen und Kriterien legitimer Terrorismusprävention, Berlin 2013.

Gilch, Andreas/ Pelz, Christian: Compliance-Klauseln – Gut gemeint aber unwirksam? in: CCZ 2008, S. 131–136.

Gildhoff, Nils/ Zumdick, Jennifer: Strafrechtliche Risiken für Unternehmen und deren Rechtsanwälte bei Mock Dawn Raids, in: BB 2012, S. 1178–1185.

Gkountis, Ioannis: Autonomie und strafrechtlicher Paternalismus, Berlin 2011.

Glaser, Christian: Der Dreiklang aus Governance, Risk und Compliance – GRC bei Leasinggesellschaften, in: ZRFC 2015, S. 56–61.

Glasmachers, Katja/ Stierle, Jürgen: Der Compliance-Beauftragte in der Bankpraxis – Verhinderung weiterer Bankenkrisen, in: ZRFC 2010, S. 168–173.

Godenzi, Gunhild/ Wohlers, Wolfgang: Die strafrechtliche Verantwortlichkeit des Compliance Officers: Prüfstein der Geschäftsherrenhaftung, in: Cavallo, Angela/ Hiestand, Eliane/ Blocher, Felix/ Arnold, Irene/ Käser, Beatrice/ Caspar, Milena/ Ivic, Ingo (Hrsg.): Liber amicorum für Andreas Donatsch – Im Einsatz für Wissenschaft, Lehre und Praxis, Zürich 2012.

Göhler, Erich: Zur strafrechtlichen Verantwortlichkeit des Betriebsinhabers für die in seinem Betrieb begangenen Zuwiderhandlungen, in: Jescheck, Hans-Heinrich/ Lüttger, Hans (Hrsg.): Festschrift für Eduard Dreher zum 70. Geburtstag am 29. April 1977, Berlin, New York 1977, S. 611–621.

Göhler, Erich: Zur bußgeldrechtlichen Verantwortung der juristischen Person bei aufgespaltener Zuständigkeit ihrer Organe, in: wistra 1991, S. 207–209.

Göhler, Erich (Hrsg.): Ordnungswidrigkeitengesetz, 16. Auflage, München 2012.

Göpfert, Burkard/ Siegrist, Carolin: Diskriminierungsverdacht: Über den richtigen Umgang mit arbeitsrechtlichen Diskriminierungsfällen, in: ZIP 2006, S. 1710–1717.

Göpfert, Burkard/ Landauer, Martin: „Arbeitsstrafrecht" und die Bedeutung von Compliance-Systemen: Straftaten „für" das Unternehmen, in: NZA Beilage 2011, S. 16–21.

Göppert, Jan: Die Reichweite der Business Judgment Rule bei unternehmerischen Entscheidungen des Aufsichtsrats der Aktiengesellschaft, Berlin 2010.

Göppinger, Hans (Begr.): Kriminologie, 6. Auflage, München 2008.

Görling, Helmut/ Inderst, Cornelia/ Bannenberg, Britta (Hrsg.): Compliance, Aufbau – Management – Risikobereiche, Heidelberg, München, Landsberg, Frechen, Hamburg 2010.

Görtz, Laura: Zu den Zumessungskriterien für die Unternehmensgeldbuße – Anm. zu OLG Frankfurt am Main, Beschluss vom 25. Januar 2012 – 1 Ss 63/11, in: WiJ 2013, S. 38–43.

Gößmann, Wolfgang: Die Stellung von Compliance im Aufsichtsrecht und im Bankrecht unter besonderer Berücksichtigung der persönlichen Verantwortung des Vorstandes, in: Hadding, Walther/ Hopt, Klaus J./ Schimansky, Herbert (Hrsg.): Bankrechtstag 2008 – Verbraucherschutz im Kreditgeschäft, Compliance in der Kreditwirtschaft, Berlin 2009, S. 179–227.

Görres, Ulrich L.: Stellung des Compliance-Beauftragten – Bestandsaufnahme nach In-Kraft-Treten des AnSFuG und der MaComp, in: ZRFC 2011, S. 179–184.

Gössel, Karl Heinz: Zur Lehre vom Unterlassungsdelikt, in: ZStW 1984, S. 321–335.

Gössel, Karl Heinz: Das Rechtsgut als ungeschriebenes strafbarkeitseinschränkendes Tatbestandsmerkmal – Zugleich ein Versuch über das Verhältnis von Rechtsgut, Tatbestand und Norm, in: Herzberg, Rolf-Dietrich (Hrsg.): Festschrift für Dietrich Oehler zum 70. Geburtstag, Köln, Berlin, Bonn, München 1985, S. 97–109.

Gössel, Karl Heinz: Die normwidrige strafbare Unterlassung als ontischer Sachverhalt, in: Heger, Martin/ Kelker, Brigitte/ Schramm, Edward (Hrsg.): Festschrift für Kristian Kühl zum 70. Geburtstag, München 2014, S. 225–246.

Gößwein, Georg/ Hohmann, Olaf: Modelle der Compliance-Organisation in Unternehmen – Wider den Chief Compliance Officer als „Überoberverantwortungsnehmer", in: BB 2011, S. 963–968.

Goette, Wulf/ Habersack, Mathias (Hrsg.): Münchener Kommentar zum Aktiengesetz, 3. Auflage, München 2008.

Goette, Wulf: Organisationspflichten in Kapitalgesellschaften zwischen Rechtspflicht und Opportunität, in: ZHR 2011, S. 388–400.

Goette, Wulf/ Goette, Maximilian: Managerhaftung: Abgrenzung unternehmerischer Entscheidungen nach Maßgabe der Business Judgement Rule von pflichtverletzendem Handeln, in: DStR 2016, S. 815–819.

Gracia, Luis: Kritische Anmerkungen zur Lehre von der objektiven Zurechnung im Verbrechensaufbau aus historischer Sicht, in: Hefendehl, Roland/ Hörnle, Tatjana/ Greco Luís (Hrsg.): Streitbare Strafrechtswissenschaft – Festschrift für Bernd Schünemann zum 70. Geburtstag am 1. November 2014, Berlin, Boston 2014, S. 363–375.

Graf, Peter/ Jäger, Markus/ Wittig, Petra: Wirtschafts- und Steuerstrafrecht – Kommentar, München 2011.

Granderath, Reinhard: Die Rechtspflicht zur Erfolgsabwendung aus einem vorangegangenen gefährdenden Verhalten bei den unechten Unterlassungsdelikten, Freiburg 1961.

Graser, Daniela: Whistleblowing – Arbeitnehmeranzeigen im US-amerikanischen und deutschen Recht, Frankfurt am Main 2000.

Grau, Carsten/ Blechschmidt, Vanessa: Anmerkungen zu BGH-Urteil vom 17.7.2009 – 5 StR 394/08, in: DB 2009, S. 2143–2146.

Greco, Luís: Das Subjektive an der objektiven Zurechnung: Zum „Problem“ des Sonderwissens, in: ZStW 2005, S. 519–554.

Greco, Luís: Was lässt das Bundesverfassungsgericht von der Rechtsgutslehre übrig? – Gedanken anlässlich der Inzestentscheidung des Bundesverfassungsgerichts, in: ZIS 2008, S. 234–238.

Greco, Luís: Kausalitäts- und Zurechnungsfragen bei unechten Unterlassungsdelikten, in: ZIS 2011, S. 674–691.

Greco, Luís: Gibt es Kriterien zur Postulierung eines kollektiven Rechtsguts? in: Heinrich, Manfred/ Jäger, Christian / Achenbach, Hans/ Amelung, Knut/ Bottke, Wilfried/ Haffke, Bernhard/ Schünemann, Bernd/ Wolter, Jürgen (Hrsg.): Strafrecht als Scientia Universalis – Festschrift für Claus Roxin zum 80. Geburtstag am 15. Mai 2011, Berlin, New York 2011, S. 199–214.

Greco, Luís: Organisationsherrschaft und Selbstverantwortungsprinzip, in: ZIS 2011, S. 9–13.

Greco, Luís/ Caracas, Christian: Internal investigations und Selbstbelastungsfreiheit, in: NStZ 2015, S. 7–16.

Greco, Luís: Strafprozesstheorie und materielle Rechtskraft – Grundlagen und Dogmatik des Tatbegriffs, des Strafklageverbrauchs und der Wiederaufnahme im Strafverfahrensrecht, Berlin 2015.

Greeve, Gina: Strafrechtliche Beratung und Compliance, in: Arbeitsgemeinschaft des Deutschen Anwaltsvereins (Hrsg.): Strafverteidigung im Rechtsstaat – 25 Jahre Arbeitsgemeinschaft Strafrecht des Deutschen Anwaltsvereins, Baden-Baden 2009, S. 512–530.

Grobys, Marcel/ Panzer, Andrea (Hrsg.): StichwortKommentar Arbeitsrecht – alphabetische Gesamtdarstellung – Individualarbeitsrecht, kollektives Arbeitsrecht, Prozessrecht, 6. Edition, Baden-Baden 2013.

Grohnert, Stephan: Rechtliche Grundlagen einer Compliance-Organisation und ausgewählte Fragen der Umsetzung, Hamburg 1999.

Groneberg, Rut: Whistleblowing – Eine rechtsvergleichende Untersuchung des US-amerikanischen, englischen und deutschen Rechts unter besonderer Berücksichtigung des Entwurfs eines neuen § 612a BGB, Berlin 2011.

Gropp, Walter: Die Mitglieder des Nationalen Verteidigungsrates als „Mittelbare Mit-Täter hinter den Tätern“? – BGHSt 40, 218, in: JuS 1996, S. 13–18.

Gropp, Walter: Die „Pflichtenkollision“ weder eine Kollision von Pflichten noch Pflichten in Kollision, in: Weigend, Thomas/ Küpper, Georg (Hrsg.): Festschrift für Hans Joachim Hirsch zum 70. Geburtstag am 11. April 1999, Berlin, New York 1999, S. 207–224.

Gropp, Walter: Das Abschalten des Respirators – ein Unterlassen durch Tun? Zur Grenze der Normativität bei der Abgrenzung von Tun und Unterlassen, in: Duttge, Gunnar/ Geilen, Gerd/ Meyer-Goßner, Lutz/ Warda, Günter (Hrsg.): Gedächtnisschrift für Ellen Schlüchter, Köln, Berlin, Bonn, München 2002, S. 173–188.

Gropp, Walter: Strafrecht Allgemeiner Teil, 3. Auflage, Berlin, Heidelberg 2005.

Groß, Fee Viola: Chief Compliance Officer – Compliance-Funktionsträger im Spannungsverhältnis zwischen wirksamer Compliance und arbeitsrechtlicher / gesellschaftsrechtlicher Kompetenzordnung, Baden-Baden 2012.

Grubmiller, Peter: Unterlassen im Strafrecht – Eine vergleichende Darstellung der gesetzlichen Regelungen in der Schweiz und in Deutschland, Zürich, Basel, Genf 2011.

von der Grün, Ursula-Isabel: Garantenstellung und Anzeigepflichten von Amtsträgern im Umweltbereich, Konstanz 2003.

Grünewald, Anette: Zivilrechtlich begründete Garantenpflichten im Strafrecht? Berlin 2001.

Grünewald, Anette: Notwehreinschränkung – insbesondere bei provoziertem Angriff, in: ZStW 2010, S. 51–86.

Grünwald, Gerald: Das unechte Unterlassungsdelikt – Seine Abweichungen vom Handlungsdelikt, Göttingen 1956.

Grünwald, Gerald: Zur gesetzlichen Regelung der unechten Unterlassungsdelikte, in: ZStW 1958, S. 412–432.

Grünwald, Gerald: Die Beteiligung durch Unterlassen, in: GA 1959, S. 110–123.

Grünwald, Gerald: Der Vorsatz beim Unterlassungsdelikt, in: Geerds, Friedrich/ Naucke, Wolfgang (Hrsg.): Beiträge zur gesamten Strafrechtswissenschaft – Festschrift für Hellmuth Mayer zum 70. Geburtstag am 1. Mai 1965, Berlin 1966, S. 281–303.

Grünwald, Gerald: Zum Rücktritt des Tatbeteiligten im künftigen Recht, in: Stratenwerth, Günter/ Kaufmann, Armin/ Geilen, Gerd/ Hirsch, Hans Joachim/ Schreiber, Hans-Ludwig/ Jakobs, Günther/ Loos, Fritz (Hrsg.): Festschrift für Hans Welzel zum 70. Geburtstag am 25. März 1974, Berlin, New York 1974, S. 701–718.

Grützner, Thomas/ Jakob, Alexander (Hrsg.): Compliance von A-Z, München 2010.

Grützner, Thomas/ Leisch, Franz Clemens: §§ 130, 30 OWiG – Probleme für Unternehmen, Geschäftsleitung und Compliance-Organisation – Sechs Probleme aus der geänderten Praxis der Ermittlungsbehörden, in: DB 2012, S. 787–794.

Grützner, Thomas: Kommentar zu BGH-Urteil vom 20.10.2011 Az.: 4 StR 71/11, in: BB 2012, S. 150–152.

Grützner, Thomas: Unternehmensstrafrecht vs. Ordnungswidrigkeitenrecht, in: CCZ 2015, S. 56–62.

Grunewald, Barbara: Interne Aufklärungspflichten von Vorstand und Aufsichtsrat, in: NZG 2013, S. 841–846.

Grunst, Bettina: Strafrechtlich relevante Pflicht von Amtsträgern außerhalb der Strafverfolgungsorgane zur Anzeige bzw. Verhinderung von Straftaten innerhalb der Behörde, in: StV 2005, S. 453–459.

Gruson, Michael/ Kubicek, Matthias: Der Sarbanes-Oxley Act, Corporate Governance und das deutsche Aktienrecht (Teil I) in: AG 2003, S. 337–352.

Güntge, Georg-Friedrich: Begehen durch Unterlassen: der gesetzliche Anwendungsbereich des § 13 StGB, Baden-Baden 1995.

Günther, Klaus: Zurechnung, Strafe und das Selbstverständnis von Personen, in: Prittwitz, Cornelus/ Buarmann, Michael/ Günther, Klaus/ Jahn, Matthias/ Kuhlen, Lothar/ Merklel, Reinhard/ Nestler, Cornelius/ Schulz, Lorenz (Hrsg.): Rationalität und Empathie – Kriminalwissenschaftliches Symposion für Klaus Lüderssen zum 80. Geburtstag, Baden-Baden 2014, S. 9–37.

Günther, Klaus/ Prittwitz, Cornelius: Individuelle und kollektive Verantwortung im Strafrecht, in: Herzog, Felix/ Neumann, Ulfrid (Hrsg.): Festschrift für Winfried Hassemer zum 70. Geburtstag am 17. Februar 2010, Heidelberg, München, Landsberg, Frechen, Hamburg 2010, S. 331–354.

Gürbüz, Sabahat: Zur Strafbarkeit von Amtsträgern im Umweltstrafrecht – Unter vergleichender Berücksichtigung der Reformentwürfe für das erste und zweite Gesetz zur Bekämpfung der Umweltkriminalität, Frankfurt am Main 1997.

Haas, Volker: Kritik der Tatherrschaftslehre, in: ZStW 2008, S. 519–546.

Haas, Volker: Die Beteiligung durch Unterlassen, in: ZIS 2011, S. 392–397.

Habersack, Mathias: Gesteigerte Überwachungspflichten des Leiters eines „sachnahen" Vorstandsressorts – Kritische Bemerkung zum Urteil des VG Frankfurt a. M. vom 8.7.2004 = WM 2004, 2157, in: WM 2005, S. 2360–2364.

Habersack, Mathias: Die Legalitätspflicht des Vorstandes der AG, in: Burgard, Ulrich/ Hadding, Walther/ Mülbert, Peter O./ Nietsch, Michael/ Welter, Reinhard (Hrsg.): Festschrift für Uwe H. Schneider zum 70. Geburtstag, Köln 2011, S. 429–441.

Habersack, Mathias: Gedanken zur konzernweiten Compliance-Verantwortung des Geschäftsleiters eines herrschenden Unternehmens, in: Bechtold, Stefan/ Jickeli, Joachim/ Rohe, Mathias (Hrsg.): Recht, Ordnung und Wettbewerb – Festschrift zum 70. Geburtstag von Wernhard Möschel, Baden-Baden 2011, S. 1175–1192.

Habersack, Mathias: Möglichkeiten und Grenzen staatlicher und halbstaatlicher Eingriffe in die Unternehmensführung, in: NJW-Beilage 2012, S. 94–97.

Habersack, Mathias: Grund und Grenzen der Compliance-Verantwortung des Aufsichtsrats der AG, in: AG 2014, S. 1–8.

Habisch, André/ Schmidpeter, René/ Neureiter, Martin (Hrsg.): Handbuch Corporate Citizenship – Corporate Social Responsibility für Manager, Heidelberg 2008.

Haft, Fritjof: Strafrecht Allgemeiner Teil, 9. Auflage, München 2004.

Haft, Fritjof: Die Unterlassungsdelikte – ein Lernprogramm, in: JA 1982, S. 473–477.

Hahn, Volker: Von der Wissenszurechnung zur Wissensorganisation – Anforderungen an die unternehmensinterne Informationssteuerung, in: ZCG 2010, S. 26–28.

Hall, Karl Alfred: Über die Kausalität und Rechtswidrigkeit der Unterlassung – Allgemeines und Besonderes zum sog. Kokainfall – Ein juristisches Bild, in: Kaufmann, Hilde/ Schwinge, Erich/ Welzel, Hans (Hrsg.): Erinnerungsgabe für Max Grünhut, Marburg 1965, S. 213–230.

Hamm, Rainer: Auch das noch: Strafrecht für Verbände! in: NJW 1999, S. 662–663.

Hamm, Rainer: Begrenzung des Wirtschaftsstrafrechts durch die Grundsätze der ultima ratio, der Bestimmtheit der Tatbestände, des Schuldgrundsatzes, der Akzessorietät und der Subsidiarität, in: Kempf, Eberhard/ Lüderssen, Klaus/ Volk, Klaus (Hrsg.): Die Handlungsfreiheit des Unternehmers – wirtschaftliche Perspektiven, strafrechtliche und ethische Schranken, Berlin 2009, S. 44–52.

Hamm, Rainer: Compliance vor Recht? – Anwälte bei der Bewältigung eines „Datenskandals", in: NJW 2010, S. 1332–1336.

Hamm, Rainer/ Richter, Thomas: Symbolisches und hypertrophes Strafrecht im Entwurf eines „Trennbankengesetzes", in: WM 2013, S. 865–870.

Hamm, Rainer: Modern crimes, in: Lüderssen, Klaus/ Volk, Klaus/ Wahle, Eberhard (Hrsg.): Festschrift für Wolf Schiller zum 65. Geburtstag am 12. Januar 2014, Baden-Baden 2014, S. 262–280.

Hamm, Rainer: Die Juristische Person auf der Anklagebank – Was wird aus der Hauptverhandlung im Verbandsstrafrecht? in: Jahn, Matthias/ Schmitt-Leonardy, Charlotte/ Schoop, Christian (Hrsg.): Das Unternehmensstrafrecht und seine Alternativen, Baden-Baden 2016, S. 185–210.

Hammen, Horst: Insiderstrafrecht und Bestimmtheitsgebot – Eine Polemik, in: ZIS 2014, S. 303–308.

Hanfland, Philipp: Haftungsrisiken im Zusammenhang mit § 161 AktG und dem Deutschen Corporate Governance Kodex – Zugleich ein Beitrag zur Haftung für fehlerhafte Kapitalmarktinformation, Baden-Baden 2007.

Hanke, Carl Oscar: Das Komissivdelikt durch Unterlassung, Bresalu 1917.

Hannich, Rolf (Hrsg.): Karlsruher Kommentar zur Strafprozessordnung mit GVG, EGGVG und EMRK, 7. Auflage, München 2013.

Haouache, Gerold: Unternehmensbeauftragte und Gesellschaftsrecht der AG und GmbH – Das Spannungsverhältnis zwischen öffentlich-rechtlichen Anforderungen und gesellschaftsrechtlichen Vorgaben an die Zuständigkeits-, Informations- und Haftungsordnung von Aktiengesellschaften und GmbH am Beispiel der Eigenüberwachung durch Unternehmensbeauftragte, Berlin 2002.

Harbarth, Stefan: Anforderungen an die Compliance-Organisation in börsennotierten Unternehmen, in: ZHR 2015, S. 136–172.

Harbarth, Stefan/ Brechtel, Micha: Rechtliche Anforderungen an eine pflichtgemäße Compliance-Organisation im Wandel der Zeit, in: ZIP 2016, S. 241–250.

Hardwig, Werner: Vorsatz bei Unterlassungsdelikten, in: ZStW 1962, S. 27–47.

Harm, Julian A.: Compliance in Wertpapierdienstleistungsunternehmen und Emittenten von Finanzinstrumenten, Frankfurt am Main 2008.

Hart-Hönig, Kai: Verteidigung von Unternehmen und Compliance im globalisierten Strafrecht – Rechtsstaatliche problematische Verschärfung von Haftungsrisiken – exemplarisch skizziert anhand der Verfolgung von Korruption und Kartellrechtsverstößen unter europäischem und US-amerkianischem Einfluss, in: Arbeitsgemeinschaft Strafrecht des Deutschen Anwaltsvereins (Hrsg.): Strafverteidigung im Rechtsstaat – 25 Jahre Arbeitsgemeinschaft Strafrecht des Deutschen Anwaltsvereins, Baden-Baden 2009, S. 530–552.

Hart-Hönig, Kai: Verteidigung von Unternehmen und Organmitgliedern unter dem Compliance-Regime – Zur Möglichkeit autonomer Verteidigung bei Internal Investigations, in: Lüderssen, Klaus/ Volk, Klaus/ Wahle, Eberhard (Hrsg.): Festschrift für Wolf Schiller zum 65. Geburtstag am 12. Januar 2014, Baden-Baden 2014, S. 281–315.

Hassemer, Winfried: Theorie und Soziologie des Verbrechens – Ansätze zu einer praxisorientierten Rechtsgutslehre, Frankfurt am Main 1973.

Hassemer, Winfried: Die „Funktionstüchtigkeit der Strafrechtspflege“ – ein neuer Rechtsbegriff, in: StV 1982, S. 275–280.

Hassemer, Winfried: Prävention und Strafrecht, in: JuS 1987, S. 257–266.

Hassemer, Winfried: Symbolisches Strafrecht und Rechtsgüterschutz, in: NStZ 1989, S. 553–559.

Hassemer, Winfried: Kennzeichen und Krisen des modernen Strafrechts, in: ZRP 1992, S. 378–383.

Hassemer, Winfried: Produktverantwortung im modernen Strafrecht, 2. Auflage, Heidelberg 1996.

Hassemer, Winfried: Freistellung des Täters aufgrund von Drittverhalten, in: Eser, Albin/ Schittenhelm, Ulrike/ Schumann, Heribert (Hrsg.): Festschrift für Theodor Lenckner zum 70. Geburtstag, München 1998, S. 97–117.

Hassemer, Winfried: Das Symbolische am symbolischen Strafrecht, in: Schünemann, Bernd/ Achenbach, Hans/ Bottke, Wilfried/ Haffke, Bernhard/ Rudolphi, Hans-Joachim (Hrsg.): Festschrift für Claus Roxin zum 70. Geburtstag am 15. Mai 2011, Berlin, New York 2001, S. 1001–1019.

Hassemer, Winfried: Strafrecht, Prävention, Vergeltung, in: ZIS 2006, S. 266–273.

Hassemer, Winfried: Die Basis des Wirtschaftsstrafrecht, in: wistra 2009, S. 169–174.

Hassemer, Winfried: Die Basis des Wirtschaftsstrafrechts, in: Kempf, Eberhard/ Lüderssen, Klaus/ Volk, Klaus (Hrsg.): Die Handlungsfreiheit des Unternehmers – wirtschaftliche Perspektiven, strafrechtliche und ethische Schranken, Berlin 2009, S. 29–43.

Hassemer, Raimund: Garantenpflicht, Fachlichkeit und Technologiedefizit – Anmerkungen zur Unterlassungsstrafbarkeit in der Jugendhilfe, in: Herzog, Felix/ Neumann, Ulfrid (Hrsg.): Festschrift für Winfried Hassemer zum 70. Geburtstag am 17. Februar 2010, Heidelberg, München, Landsberg, Frechen, Hamburg 2010, S. 729–744.

Hastenrath, Katharina: Auswirkungen des BGH-Urteils zur Garantenstellung des Compliance Officers aus Sicht der Unternehmenspraxis, in: CZZ 2011, S. 32–37.

Hastenrath, Katharina: Möglichkeiten und Grenzen der Pflichtendelegation an den (Chief) Compliance Officer, in: CB 2016, S. 6–12.

Hauck, Pierre: Betrug und Untreue als konkrete Gefährdungsdelikte de lege lata und de lege ferenda, in: ZIS 2011, S. 919–930.

Haupt, Friedrich: Zur Lehre von den Unterlassungsdelikten, in: ZStW 1882, S. 533–550.

Hauschka, Christoph E.: Compliance am Beispiel der Korruptionsbekämpfung – Eine Erwiderung aus der Praxis auf Uwe H. Schneiders Vorschläge, ZIP 2003, 645, in: ZIP 2004, S. 877–883.

Hauschka, Christoph E.: Compliance, Compliance-Manager, Compliance-Programme – Eine geeignete Reaktion auf gestiegene Haftungsrisiken für Unternehmen und Management? NJW 2004, S. 257–261.

Hauschka, Christoph E.: Der Compliance-Beauftragte im Kartellrecht Absicherungsstrategien für mittelständische Unternehmen und deren Organe, in: BB 2004, S. 1178–1182.

Hauschka, Christoph E.: Corporate Compliance – Unternehmensorganisatorische Ansätze zur Erfüllung der Pflichten von Vorständen und Geschäftsführern, in: AG 2004, S. 461–475.

Hauschka, Christoph E.: Die Voraussetzungen für ein effektives Compliance System i. S. von § 317 Abs. 4 HGB, in: DB 2006, S. 1143–1146.

Hauschka, Christoph E.: Von Compliance zu Best Practice, in: ZRP 2006, S. 258–261.

Hauschka, Christoph E.: Compliance – Praktische Erfahrungen und Thesen, in: Gesellschaftsrechtliche Vereinigung (Hrsg.): Gesellschaftsrecht in der Diskussion 2007, Köln 2008, S. 51–63.

Hauschka, Christoph E. (Hrsg.): Corporate Compliance, Handbuch zur Haftungsvermeidung im Unternehmen, 1. Auflage, München 2007.

Hauschka, Christoph E./ Greeve, Gina: Compliance in der Korruptionsprävention – was müssen, was sollen, was können die Unternehmen tun? in: BB 2007, S. 165–174.

Hauschka, Christoph E.: Compliance im Gesellschaftsrecht und die aktuellen Entwicklungen in der Diskussion, in: Hadding, Walther/ Hopt, Klaus J./ Schimansky, Herbert (Hrsg.): Bankrechtstag 2008 – Verbraucherschutz im Kreditgeschäft, Compliance in der Kreditwirtschaft, Berlin 2009, S. 103–137.

Hauschka, Christoph E. (Hrsg.): Corporate Compliance, Handbuch zur Haftungsvermeidung im Unternehmen, 2. Auflage, München 2010.

Hauschka, Christoph E.: Compliance als Teil einer modernen Unternehmensführung, Der Stand der Compliance – Diskussion: Nicht nur ein Thema für die Großen, in: AnwBl. 2010 S. 629–633.

Hauschka, Christoph E.: Zum Berufsbild des Compliance Officers, in: CCZ 2014, S. 165–170.

Hauschka, Christoph E./ Glaster, Wirnt/ Marschlich, Annette: Leitlinien für die Tätigkeit in der Compliance-Funktion im Unternehmen (für Compliance Officer außerhalb regulierter Sektoren, in: CCZ 2014, S. 242–248.

Hauschka, Christoph E.: Vereinbarkeit der Compliance-Funktion mit anderen Aufgaben im Unternehmen sowie Auslagerung auf Dritte, in: Ahlbrecht, Heiko/ Dann, Matthias/ Wessing, Helga/ Frister, Helmut/ Bock, Dennis (Hrsg.): Unternehmensstrafrecht – Festschrift für Jürgen Wessing zum 65. Geburtstag, München 2015, S. 481–492.

Hecker, Bernd: Strafrecht AT: Zeitpunkt des Vorsatzes – Die objektive Tatbestandsverwirklichung und der hierauf bezogene Vorsatz müssen gleichzeitig vorliegen (Koinzidenz- oder Simultaneitätsprinzip) in: JuS 2010, S. 1114–1116.

Hecker, Bernd: Strafrecht AT: Totschlag durch Unterlassen – Rettungspflicht gegenüber einer Freundin, die spontan ein Rauschmittel in potenziell tödlicher Dosis konsumiert, um auf sich aufmerksam zu machen, in: JuS 2012, S. 755–756.

Hefendehl, Roland: Kollektive Rechtsgüter im Strafrecht, Köln, Berlin, Bonn, München 2002.

Hefendehl, Roland: Die Materialisierung von Rechtsgut und Deliktsstruktur, in: GA 2002, S. 21–28.

Hefendehl, Roland: Das Rechtsgut als materialer Angelpunkt einer Strafnorm, in: Hefendehl, Roland/ von Hirsch, Andrew/ Wohlers, Wolfgang (Hrsg.): Die Rechtsgutstheorie – Legitimationsbasis des Strafrechts oder dogmatisches Glasperlenspiel, Baden-Baden 2003, S. 119–132.

Hefendehl, Roland: Tatherrschaft in Unternehmen vor kriminologischer Perspektive, in: GA 2004, S. 575–586.

Hefendehl, Roland: Enron, Worldcom und die Folgen: Das Wirtschaftsstrafrecht zwischen kriminalpolitischen Erwartungen und dogmatischen Erfordernissen, in: JZ 2004, S. 18–21.

Hefendehl, Roland: Corporate Governance und Business Ethics: Scheinberuhigung oder Alternativen bei der Bekämpfung der Wirtschaftskriminalität?, in: JZ 2006, S. 119–125.

Hefendehl, Roland: Europäisches Strafrecht: bis wohin und nicht weiter? in: ZIS 2006, S. 229–236.

Hefendehl, Roland: Mit langem Atem: Der Begriff des Rechtsguts – Oder: Was seit dem Erscheinen des Sammelbandes über die Rechtsgutstheorie geschah, in: GA 2007, S. 1–14.

Hefendehl, Roland: Außerstrafrechtliche und strafrechtliche Instrumentarien zur Eindämmung der Wirtschaftskriminalität, in: ZStW 2007, S. 816–847.

Hefendehl, Roland: Alle lieben Whistleblowing, in: Böse, Martin/ Sternberg-Lieben, Detlev (Hrsg.): Grundlagen des Straf- und Strafverfahrensrechts – Festschrift für Knut Amelung zum 70. Geburtstag, Berlin 2009, S. 617–643.

Hefendehl, Roland: Perfektionierte Kontrolldichte und rechtsstaatliches Strafrecht, in: Beulke, Werner/ Lüderssen, Klaus/ Popp, Andreas/ Wittig, Petra (Hrsg.): Das Dilemma des rechtsstaatlichen Strafrechts – Symposium für Bernahrd Haffke zum 65. Geburtstag, Berlin 2009, S. 165–184.

Hefendehl, Roland: Der fragmentarische Charakter des Strafrechts, in: JA 2011, S. 401–406.

Heger, Martin: Die Europäisierung des deutschen Umweltstrafrechts, Tübingen 2009.

Heidel, Thomas (Hrsg.): Aktienrecht und Kapitalmarktrecht, 3. Auflage, Baden-Baden 2011.

Hein, Oliver: Verbandsstrafgesetzbuch (VerbStrG-E) – Bietet der Entwurf Anreize zur Vermeidung von Wirtschaftskriminalität in Unternehmen? in: CCZ 2014 S. 75–81.

von Hein, Jan: Die Rezeption US-amerikanischen Gesellschaftsrechts in Deutschland, Tübingen 2008.

Heine, Günter: Verwaltungsakzessorietät des Umweltstrafrechts Rechtsvergleichende Funktionsanalysen – unbestimmte Rechtsbegriffe – Reichweite von Genehmigungen, in: NJW 1990, S. 2425–2434.

Heine, Günter: Die strafrechtliche Verantwortlichkeit von Unternehmen – Von individuellem Fehlverhalten zu kollektiven Fehlentwicklungen, insbesondere bei Großrisiken, Baden-Baden 1995.

Heine, Günter: Von individueller zu kollektiver Verantwortlichkeit – Einige Grundfragen der aktuellen Kriminalpolitik, in: Arnold, Jörg/ Burkhardt, Björn/ Gropp, Walter/ Koch, Hans-Georg (Hrsg.): Grenzüberschreitungen – Beiträge zum 60. Geburtstag von Albin Eser, Freiburg im Breisgau 1995, S. 51–76.

Heine, Günter: Die strafrechtliche Verantwortlichkeit von Unternehmen: internationale Entwicklung – nationale Konsequenzen, in: ÖJZ 1996, S. 211–219.

Heine, Günter: Europäische Entwicklungen bei der strafrechtlichen Verantwortlichkeit von Wirtschaftsunternehmen und deren Führungskräften, in: ZStrR 2001, S. 22–39.

Heine, Günther: Kollektive Verantwortlichkeit als neue Aufgabe im Spiegel der aktuellen europäischen Entwicklung, in: Dölling, Dieter (Hrsg.): Jus humanum – Grundlagen des Rechts und Strafrecht – Festschrift für Ernst-Joachim Lampe zum 70. Geburtstag, Berlin 2003, S. 577–596.

Heinrich, Bernd: Strafrecht – Allgemeiner Teil, 3. Auflage, Stuttgart 2012.

Heinrich, Manfred: Zur Frage der mittelbaren Täterschaft kraft Ausnutzung hierarchischer Organisationsstrukturen bei Wirtschaftsunternehmen, in: Amelung, Knut/ Günter, Hans-Ludwig/ Kühne, Hans-Heiner (Hrsg.): Festschrift für Volker Krey zum 70. Geburtstag am 9. Juli 2010, Stuttgart 2010, S. 147–167.

von Heintschel-Heinegg, Bernd: Versuch und Rücktritt – Eine kritische Bestandsaufnahme, in: ZStW 1997, S. 29–57.

von Heintschel-Heinegg, Bernd (Hrsg.): Beck'scher Online-Kommentar – StGB, 23. Edition, München 2013.

Heinz, Wolfgang: Begriffliche und strukturelle Besonderheiten des Wirtschaftsstrafrechts – Eine Übersicht über die Entwicklung des Wirtschaftsrechts in der Bundesrepublik Deutschland, in: Gropp, Walter (Hrsg.): Wirtschaftskriminalität und Wirtschaftsstrafrecht in einem Europa auf dem Weg zu Demokratie und Privatisierung, Leipzig 1998, S. 13–50.

Heißner, Stefan: Erfolgsfaktor Integrität – Wirtschaftskriminalität und Korruption erkennen, aufklären, verhindern, 2. Auflage, Wiesbaden 2014.

Held, Franz: Die Garantenpflicht des Compliance Officers und die D&O-Versicherung als „Allheilmittel", in: CCZ 2009, S. 231–233.

Hellgardt, Alexander: Kapitalmarktdeliktsrecht – Haftung von Emittenten, Bietern, Organverwaltern und Marktintermediären – Grundlagen, Systematik, Einzelfragen, Tübingen 2008.

Helmrich, Jan: Handelsunternehmen und Geldwäsche, in: NJW 2009, S. 3686–3689.

Helmrich, Jan: Straftaten von Mitarbeitern zum Nachteil des „eigenen" Unternehmens als Anknüpfungstaten für eine Verbandsgeldbuße? in: wistra 2010, S. 331–335.

Hemeling, Peter: Compliance im Erst- und Rückversicherungsunternehmen, in: CCZ 2010, S. 21–25.

Hemeling, Peter: Organisationspflichten des Vorstands zwischen Rechtspflicht und Opportunität, in: ZHR 2011, S. 368–387.

Henkel, Heinrich: Zumutbarkeit und Unzumutbarkeit als regulatives Rechtsprinzip, in: Engisch, Karl/ Maurach, Reinhart (Hrsg.): Festschrift für Edmund Mezger zum 70. Geburtstag am 15.10.1953, München und Berlin 1954, S. 249–309.

Henkel, Heinrich: Das Methodenproblem bei den unechten Unterlassungsdelikten, in: MschKrim 1961, S. 178–193.

Hennecke, Richard: Der Compliance-Beauftragte als Straftatenverhinderer – Baustein der Unternehmenshaftung? in: Ahlbrecht, Heiko/ Dann, Matthias/ Wessing, Helga/ Frister, Helmut/ Bock, Dennis (Hrsg.): Unternehmensstrafrecht – Festschrift für Jürgen Wessing zum 65. Geburtstag, München 2015, S. 557–567.

Herbert, Manfred/ Oberrath, Jörg-Dieter: Schweigen ist Gold? – Rechtliche Vorgaben für den Umgang des Arbeitnehmers mit seiner Kenntnis über Rechtsverstöße im Betrieb, in: NZA 2005, S. 193–199.

Hermanns, Ferdinand/ Kleier, Ulrich F.: Grenzen der Aufsichtspflicht in Betrieben und Unternehmen – Zur Bedeutung des § 130 OWiG in der Praxis, Köln, Berlin, Bonn, München 1987.

Herrmann, Mareike: Der Rücktritt im Strafrecht – Eine kritische Analyse von § 24 StGB de lege lata und Überlegungen de lege ferenda, Berlin 2013.

Herzberg, Rolf Dietrich: Garantenpflichten aufgrund gerechtfertigten Vorverhaltens – BGH, NJW 1970, 2252, in: JuS 1971, S. 74–77.

Herzberg, Rolf Dietrich: Die Kausalität beim unechten Unterlassungsdelikt, in: MDR 1971, S. 881–883.

Herzberg, Rolf Dietrich: Die Unterlassung im Strafrecht und das Garantenprinzip, Berlin, New York 1972.

Herzberg, Rolf Dietrich: Der Versuch beim unechten Unterlassungsdelikt, in: MDR 1973, S. 89–96.

Herzberg, Rolf Dietrich: Täterschaft und Teilnahme – Eine systematische Darstellung anhand von Grundfällen, München 1977.

Herzberg, Rolf Dietrich: Die Verantwortung für Arbeitsschutz und Unfallverhütung im Betrieb, Köln, Berlin, Bonn, München 1984.

Herzberg, Rolf Dietrich: Beteiligung an einer Selbsttötung oder tödlichen Selbstgefährdung als Tötungsdelikt (Teil 2) in: JA 1985, S. 177–185.

Herzberg, Rolf Dietrich: Zur Garantenstellung aus vorangegangenem Tun, in: JZ 1986, S. 986–992.

Herzberg, Rolf Dietrich: Das Wollen beim Vorsatzdelikt und dessen Unterscheidung vom bewußt fahrlässigen Verhalten – Teil 1, in: JZ 1988, S. 573–579.

Herzberg, Rolf Dietrich: Die Quasi-Mittäterschaft bei § 216 StGB: Straftat oder straffreie Suizidbeteiligung – BGH, NJW 1987, 1092, in: JuS 1988, S. 771–776.

Herzberg, Rolf Dietrich: Straffreies Töten bei Eigenverantwortlichkeit des Opfers? in: NStZ 1989, S. 559–561.

Herzberg, Rolf Dietrich: Problemfälle des Rücktritts durch Verhindern der Tatvollendung, in: NJW 1989, S. 862–871.

Herzberg, Rolf Dietrich: Zum Grundgedanken des § 24 StGB, in: NStZ 1989, S. 49–55.

Herzberg, Rolf Dietrich: Zur subjektiven Seite des Rücktritts durch Verhindern der Tatvollendung, in: JR 1989, S. 449–451.

Herzberg, Rolf Dietrich: Grundprobleme des Rücktritts vom Versuch und Überlegungen de lege ferenda, in: NJW 1991, S. 1633–1642.

Herzberg, Rolf Dietrich: Gedanken zum strafrechtlichen Handlungsbegriff und zur „vortatbestandlichen" Deliktsverneinung, in: GA 1996, S. 1–18.

Herzberg, Rolf Dietrich: Der Rücktritt vom Versuch als sorgfältiges Bemühen, in: Hirsch, Hans Joachim/ Wolter, Jürgen/ Brauns, Uwe (Hrsg.): Festschrift für Günter Kohlmann zum 70. Geburtstag, Köln 2003, S. 37–51.

Herzberg, Rolf Dietrich: Wann ist die Strafbarkeit „gesetzlich bestimmt" (Art. 103 Abs. 2 GG)? in: Hefendehl, Roland (Hrsg.): Empirische und dogmatische Fundamente, kriminalpolitischer Impetus – Symposium für Bernd Schünemann zum 60. Geburtstag, Köln, Berlin, München 2005, S. 31–69.

Herzberg, Rolf Dietrich: „Die Vermeidbarkeit einer Erfolgsdifferenz" – Überlegungen zu Günther Jakobs' strafrechtlichem Handlungs- und Verhaltensbegriff, in: Pawlik, Michael/ Zaczyk, Raniner (Hrsg.): Festschrift für Günther Jakobs zum 70. Geburtstag am 26. Juli 2006, Köln, Berlin, München 2007, S. 147–173.

Herzberg, Rolf Dietrich: Freiheit als Deliktsvoraussetzung, in: Hefendehl, Roland/ Hörnle, Tatjana/ Greco Luís (Hrsg.): Streitbare Strafrechtswissenschaft – Festschrift für Bernd Schünemann zum 70. Geburtstag am 1. November 2014, Berlin, Boston 2014, S. 391–405.

Herzog, Felix: Gesellschaftliche Unsicherheit und strafrechtliche Daseinsvorsorge – Studien zur Vorverlegung des Strafrechtsschutzes in den Gefährdungsbereich, Heidelberg 1991.

Herzog, Felix: Risikogesellschaft, Risikostrafrecht, Risikoregulierung – Über das Strafrecht hinausweisende Perspektiven, in: Neumann, Ulfrid/ Prittwitz, Cornelius (Hrsg.): Kritik und Rechtfertigung des Strafrechts, Frankfurt am Main, Berlin, Bern, Bruxelles, New York, Oxford, Wien 2004, S. 117–130.

Herzog, Felix (Hrsg.): Geldwäschegesetz (GwG) Kommentar, München 2010.

Herzog, Henning/ Stephan, Gregor: Berufsbild Compliance-Office /-Officer – Anforderungsprofil, Kompetenzen, Verantwortung und Qualität, in: ZRFC 2009, S. 242–248.

Hetzer, Wolfgang: Deutsche Umsetzung neuer europäischer Vorgaben zur Bekämpfung der Geldwäsche und der Terrorismusfinanzierung, in: EuZW 2008, S. 560–565.

Hetzer, Wolfgang: Gesetzesvorschlag zum Unternehmensstrafrecht aus NRW – Endlich eine Unternehmensstrafbarkeit? in: ZRFC 2014, S. 18–25.

Heuking, Christian/ von Coelln, Sibylle: „Public Compliance" – Maßnahmen zur Regelkonformität im öffentlichen Sektor, in: DÖV 2012, S. 827–837.

Hild, Eckart C.: Outsourcing von Compliance-Funktionen: Anwalt als Ombudsmann – Erfahrungen als Ombudsmann der Deutschen Bahn AG, in: AnwBl. 2010, S. 641–643.

Hilgendorf, Eric: Strafrechtliche Produzentenhaftung in der „Risikogesellschaft", Berlin 1993.

Hilgendorf, Eric: Forum: Zwischen Humanexperiment und Rettung ungeborenen Lebens – Der Erlanger Schwangerschaftsfall, in: JuS 1993, S. 97–103.

Hilgendorf, Eric: Fragen der Kausalität bei Gremienentscheidungen am Beispiel des Lederspray-Urteils, in: NStZ 1994 S. 561–566.

Hilgendorf, Eric: Zur Lehre vom „Erfolg in seiner konkreten Gestalt", GA 1995, S. 515–534.

Hilgendorf, Eric: Wozu brauchen wir die „Objektive Zurechnung"? – Skeptische Überlegungen am Beispiel der strafrechtlichen Produkthaftung, in: Heinrich, Bernd/ Hilgendorf, Eric/ Mitsch, Wolfgang/ Sternberg-Lieben, Detlev (Hrsg.): Festschrift für Ulrich Weber zum 70. Geburtstag am 18. September 2004, Bielefeld 2004, S. 33–48.

Hilgendorf, Eric: Was heißt „normativ"? Zu einigen Bedeutungsnuancen einer Modevokabel, in: Mahlmann, Matthias (Hrsg.): Gesellschaft und Gerechtigkeit: Festschrift für Hubert Rottleuthner, Baden-Baden 2011, S. 45–61.

Hilgendorf, Eric: Die Verantwortung für Innovationen: Lebensmittelrechtliche Compliance, Haftung und strafrechtliche Konsequenzen, in: ZLR 2011, S. 303–321.

Hilgendorf, Eric/ Valerius, Brian: Strafrecht Allgemeiner Teil, München 2013.

Hilgendorf, Eric: Grundfragen der strafrechtlichen Compliance am Beispiel der strafrechtlichen Produkthaftung für teilautonome technische Systeme, in: Thomas, Rotsch (Hrsg.): Criminal Compliance vor den Aufgaben der Zukunft, Baden-Baden 2013, S. 19–32.

Hilgendorf, Eric: Die Autonomie von Notfallpatienten: Überblick und Forschungsdesiderata, in: Heger, Martin/ Kelker, Brigitte/ Schramm, Edward (Hrsg.): Festschrift für Kristian Kühl zum 70. Geburtstag, München 2014, S. 509–520.

Hilgers, Benno Maria: Verantwortlichkeit von Führungskräften in Unternehmen für Handlungen ihrer Mitarbeiter – vergleichende Untersuchung zum französischen und deutschen Strafrecht, Freiburg 2000.

Hilke, Henning: Risiko und Bankenaufsicht – Eine rechtsvergleichende Analyse der präventiven Begrenzung bankbetrieblicher und systemischer Risiken, Frankfurt am Main, Bern, Bruxelles, New York, Oxford, Warazawa, Wien 2014.

Hillenkamp, Thomas: Garantenpflichtwidriges Unterlassen nach vorsätzlichem Tatbeginn, in: Dannecker, Gerhard/ Langer, Winrich/ Ranft, Otfried/ Schmitz, Roland/ Brammsen, Joerg (Hrsg.): Festschrift für Harro Otto zum 70. Geburtstag am 1. April 2007, Köln, Berlin, München 2007, S. 287–306.

Hillenkamp, Thomas: 32 Probleme aus dem Strafrecht – Allgemeiner Teil, 14. Auflage, München 2012.

Hillenkamp, Thomas: Ärztliche Hilfe beim Suizid – ver- oder geboten? in: Heger, Martin/ Kelker, Brigitte/ Schramm, Edward (Hrsg.): Festschrift für Kristian Kühl zum 70. Geburtstag, München 2014, S. 521–538.

Hillenkamp, Thomas: Über den „Ausnahmevorbehalt" zu § 25 Abs. 1 1. Alt StGB, in: Hefendehl, Roland/ Hörnle, Tatjana/ Greco Luís (Hrsg.): Streitbare Strafrechtswissenschaft – Festschrift für Bernd Schünemann zum 70. Geburtstag am 1. November 2014, Berlin, Boston 2014, S. 407–420.

von Hirsch, Andrew: Rechtsgutstheorie und Deliktsstruktur – Eine Annäherung von zwei Seiten, GA 2002, S. 2–14.

von Hirsch, Andrew/ Wohlers, Wolfgang: Rechtsgutstheorie und Deliktsstruktur – zu den Kriterien fairer Zurechnung, in: Hefendehl, Roland/ von Hirsch, Andrew/ Wohlers, Wolfgang (Hrsg.): Die Rechtsgutstheorie – Legitimationsbasis des Strafrechts oder dogmatisches Glasperlenspiel, Baden-Baden 2003, S. 196–214.

Hirsch, Hans-Joachim: Strafrechtliche Verantwortlichkeit von Unternehmen, in: ZStW 1995, S. 285–323.

Hirsch, Hans-Joachim: Gefahr und Gefährlichkeit, in: Haft, Fritjof/ Hassemer, Winfried/ Neumann, Ulfrid/ Schild, Wolfgang/ Schroth, Ulrich (Hrsg.): Strafgerechtigkeit – Festschrift für Arthur Kaufmann zum 70. Geburtstag, Heidelberg 1993, S. 545–564.

Hirsch, Hans-Joachim: Zur Lehre von der objektiven Zurechnung, in: Eser, Albin/ Schittenhelm, Ulrike/ Schumann, Heribert (Hrsg.): Festschrift für Theodor Lenckner zum 70. Geburtstag, München 1998, S. 119–142.

Hirsch, Hans-Joachim: Tatstrafrecht – ein hinreichend beachtetes Grundprinzip? in: Prittwitz, Cornelius/ Baurmann, Klaus Günther/ Kuhlen, Lothar/ Merkel, Reinhard/ Nestler, Cornelius/ Schulz, Lorenz (Hrsg.): Festschrift für Klaus Lüderssen zum 70. Geburtstag am 2. Mai 2002, Baden-Baden 2002, S. 253–267.

Hirsch, Hans-Joachim: Systematik und Grenzen der Gefahrdelikte, in: Sieber, Ulrich/ Dannecker, Gerhard/ Kindhäuser, Urs/ Vogel, Joachim/ Walter, Tonio (Hrsg.): Strafrecht und Wirtschaftsstrafrecht – Dogmatik, Rechtsvergleichung, Rechtstatsachen – Festschrift für Klaus Tiedemann zum 70. Geburtstag, München 2008, S. 145–164.

Hirte, Heribert/ Möllers, Thomas, M. J. (Hrsg.): Kölner Kommentar zum WpHG, Köln, Berlin, München 2007.

Hitzelberger-Kijima, Yukiko: Compliance im öffentlichen Dienst – Teil 2: Beteiligungsrechte der Personalvertretung bei Einführung von Compliance-Management-Systemen, in: öAT 2015, S. 45–48.

Hobelsberger, Alexander: Corporate Compliance – Grundpflichten und Haftungsgefahren für Unternehmensleiter nach Aktienrecht, in: Rotsch, Thomas (Hrsg.): Wissenschaftliche und praktische Aspekte der nationalen und internationalen Compliance-Diskussion, Baden-Baden 2012, S. 29–42.

Hölters, Wolfgang: Aktiengesetz – Kommentar, München 2011.

Hölters, Wolfgang (Hrsg.): Handbuch Unternehmenskauf, 8. Auflage, Köln 2015.

Höhns, Stefan: Die Aufsicht über Finanzdienstleister – Kompetenzen, Eingriffsbefugnisse, Neustrukturierung, Berlin 2002.

Höpfner, Wilhelm: Zur Lehre vom Unterlassungsdelikte, in: GA 1915, S. 103–132.

Hörnle, Tatjana: Warum § 177 Abs. 1 StGB durch einen neuen Tatbestand ergänzt werden sollte, in: ZIS 2015, S. 206–216.

Hoffmann, Maike: Untreue und Unternehmensinteresse – Erläutert am Beispiel des Schutzes der Interessen von Gläubigern und Arbeitnehmern, Baden-Baden 2010.

Hoffmann-Becking, Michael: Münchener Handbuch des Gesellschaftsrechts – Band 4 Aktiengesellschaft, 3. Auflage, München 2007.

Hoffmann-Holland, Klaus: Die Beteiligung des Garanten am Rechtsgutsangriff – Zur Abgrenzung von Täterschaft und Beihilfe durch Unterlassen, in: ZStW 2006, S. 620–638.

Hohmann, Ralf/ König, Pia: Zur Begründung der strafrechtlichen Verantwortlichkeit in den Fällen der aktiven Suizidteilnahme, in: NStZ 1989, S. 304–309.

Hohmuth, Markus: Wettbewerbsrechtliche vs. Compliance-Haftung der GmbH und ihrer Geschäftsführer – Eine Gegenüberstellung anhand der BGH-Entscheidung vom 18.6.2014 – I ZR 242/12, in: GmbHR 2014, S. 1249–1253.

Holste, Heiko: Die Zerstörung des Rechtsstaates durch den Nationalsozialismus, in: JA 2009, S. 359–366.

Holzhauser, Guido: Compliance: Must have or nice to have – Gesellschafts- und kapitalmarktrechtliche Grundlagen von Compliance, in: Holzhauser, Guido/ Sutter, Carolin (Hrsg.): Interdisziplinäre Aspekte von Compliance, Baden-Baden 2011, S. 11–37.

Holzmann, Robert: Betrug und Korruption im Experiment – Ansätze für ein evidenzbasiertes Compliance-Management, Wiesbaden 2016.

Hombrecher, Lars: Fragen des Allgemeinen Teils des Wirtschaftsstrafrechts, in: JA 2012, S. 535–543.

Hommelhoff, Peter/ Mattheus, Daniel: Risikomanagementsystem im Entwurf des BilMoG als Funktionselement der Corporate Governance, in: BB 2007, S. 2787–2791.

Honig, Richard: Die Intimsphäre als Kriterium strafbaren Begehens durch Unterlassen, in: Gerald, Grünwald/ Miehe, Olaf/ Rudolphi, Hans-Joachim/ Schreiber, Hans-Ludwig: Festschrift für Friedrich Schaffstein zum 70. Geburtstag am 28. Juli 1975, Göttingen 1975, S. 89–103.

Honig, Richard: Die Entwicklungslinie des Unterlassungsdelikts vom römischen bis zum gemeinen Recht, in: Lehmann, Heinrich/ Bohne, Gotthold/ Coenders, Albert (Hrsg.): Festgabe für Richard Schmidt zu seinem siebzigsten Geburtstag am 19. Januar 1932, Band I Straf- und prozessrecht, Leipzig 1932, S. 3–31.

Hopson, Mark D./ Graham Koehler, Kristin: Effektive ethische Compliance-Programme im Sinne der United States Federal Sentencing Guidelines, in: CCZ 2008, S. 208–213.

Hopt, Klaus J./ Wiedemann, Herbert (Hrsg.): Aktiengesetz Großkommentar, 4. Auflage, Berlin 2008.

Hopt, Klaus J./ Wohlmannstetter, Gottfried (Hrsg.): Handbuch Corporate Governance von Banken, München 2011.

Hopt, Klaus J.: Die Verantwortlichkeit von Vorstand und Aufsichtsrat: Grundsatz und Praxisprobleme – unter besonderer Berücksichtigung der Banken, in: ZIP 2013, S. 1793–1806.

Hopt, Klaus J.: Der Deutsche Corporate Governance Kodex: Grundlagen und Praxisfragen, in: Krieger, Gerd/ Lutter, Marcus/ Schmidt, Karsten (Hrsg.): Festschrift für Michael Hoffmann-Becking zum 70. Geburtstag, München 2013, S. 563–587.

Horn, Eckhard: Anmerkung zum Urteil des BayOLG vom 18. August 1978, JR 1979, S. 291–293.

Hoven, Elisa: Der nordrhein-westfälische Entwurf eines Verbandsstrafgesetzbuchs – Eine kritische Betrachtung von Begründungsmodell und Voraussetzungen der Straftatbestände, in: ZIS 2014, S. 19–30.

Hoven, Elisa/ Wimmer, Renate/ Schwarz, Thomas/ Schumann, Stefan: Der nordrhein-westfälische Entwurf eines Verbandsstrafgesetzes – Kritische Anmerkungen aus Wissenschaft und Praxis Teil 1, in: NZWiSt 2014, S. 161–165.

Hoven, Elisa: Für eine freie Entscheidung über den eigenen Tod – Ein Nachruf auf die straflose Suizidbeihilfe, in: ZIS 2016, S. 1–9.

Hoven, Elisa: Ingerenz und umgekehrter Erlaubnistatbestandsirrtum, in: GA 2016, S. 16–35.

Hoyer, Andreas: Die traditionelle Strafrechtsdogmatik vor neuen Herausforderungen – Probleme der strafrechtlichen Produkthaftung, in: ZStW 1996, S. 160–178.

Hoyer, Andreas: Strafrechtsdogmatik nach Armin Kaufmann – Lebendiges und Totes in Armin Kaufmanns Normentheorie, Berlin 1997.

Hoyer, Andreas: Die strafrechtliche Verantwortlichkeit innerhalb von Weisungsverhältnissen – Sonderregeln für Amts- und Wehrdelikte und ihre Übertragbarkeit auf privatrechtliche Organisationen, München 1998.

Hoyer, Andreas: Kausalität und / oder Risikoerhöhung, in: Rogall, Klaus/ Puppe, Ingeborg/ Stein, Ulrich/ Wolter, Jürgen (Hrsg.): Festschrift für Hans-Joachim Rudolphi zum 70. Geburtstag, München 2004, S. 95–105.

Hoyer, Andreas: Strafrechtswissenschaft und Nationalsozialismus, in: Hattenhauer, Hans/ Meyer-Pritzl, Rudolf/ Schubert, Werner (Hrsg.): Gedächtnisschrift für Jörn Eckert, Baden-Baden 2008, S. 351–368.

Hruschka, Joachim: Strukturen der Zurechnung, Berlin, New York 1976.

Hruschka, Joachim: Über Tun und Unterlassen und über Fahrlässigkeit, in: Kaufmann, Arthur/ Bemmann, Günter/ Krauss, Detlef/ Volk, Klaus (Hrsg.): Festschrift für Paul Bockelmann zum 70. Geburtstag am 7. Dezember 1978, München 1979, S. 421–436.

Hruschka, Joachim: Rettungspflichten in Notstandssituationen, in: JuS 1979, S. 385–393.

Hsü, Yü-hsiu: Garantenstellung des Betriebsinhabers zur Verhinderung strafbarer Handlungen seiner Angestellten? Pfaffenweiler 1986.

Huber, Hans-Peter/ Uzuner, Gülsemin: Der Verdacht im Straf- und Arbeitsrecht, in: NZWiSt 2016, S. 94–98.

Huber, Nikolaus: Die Reichweite konzernbezogener Compliance-Pflichten des Mutter-Vorstands des AG-Konzerns, Berlin 2013.

Hüchtebrock, Michael: Die Prüfung von Compliance Management Systemen (CMS), in: Lüderssen, Klaus/ Volk, Klaus/ Wahle, Eberhard (Hrsg.): Festschrift für Wolf Schiller zum 65. Geburtstag am 12. Januar 2014, Baden-Baden 2014, S. 316–328.

Hüffer, Jens/ Schneider, Uwe H.: Juristen an die Compliance-Front! in: ZIP 2010, S. 55.

Hüffer, Uwe: Compliance im Innen- und Außenrecht der Unternehmen, in: Altmeppen, Holger/ Fitz, Hans/ Honsell, Heinrich (Hrsg.): Festschrift für Günter H. Roth zum 70. Geburtstag, München 2011, S. 299–309.

Hüffer, Uwe: Aktiengesetz, 10. Auflage, München 2012.

Huff, Elisabeth: Die Freizeichnung von strafrechtlicher Verantwortlichkeit durch Pflichtendelegation im Unternehmen – ein deutsch-französischer Vergleich, Tübingen 2008.

Hugger, Heiner/ Röhrich, Raimund: Der neue UK Bribery Act und seine Geltung für deutsche Unternehmen, in: BB 2010, S. 2643–2647.

Hugger, Heiner: Unternehmensinterene Untersuchungen – Erfahrungen und Standards der Praxis, in: ZHR 2015, S. 214–225.

Iburg, Ulrich: Zur Unterlassungstäterschaft im Abfallstrafrecht bei „wilden" Müllablagerungen, in: NJW 1988, S. 2338–2343.

Ihrig, Hans-Christoph/ Schäfer, Carsten: Rechte und Pflichten des Vorstands, Köln 2014.

Illing, Diana/ Umnuß, Karsten: Die arbeitsrechtliche Stellung des Compliance Managers – insbesondere Weisungsunterworfenheit und Reportingpflichten, in: CCZ 2009, S. 1–8.

Immel, Burkhard: Strafrechtliche Vernantwortlichkeit von Amtsträgern im Umweltstrafrecht – Umweltuntreue, Frankfurt am Main, Bern, New York, Paris 1987.

Immel, Burkhard: Die Notwendigkeit eines Sondertatbestandes im Umweltstrafrecht – Umweltuntreue, in: ZRP 1989, S. 105–110.

Immenga, Ulrich: Compliance als Rechtspflicht nach Aktienrecht und Sarbanes-Oxley-Act, in: Grundmann, Stefan/ Kirchner, Christian/ Raiser, Thomas/ Schwintowski, Hans-Peter/ Weber, Martin/ Windbichler, Christine (Hrsg.): Unternehmensrecht zu Beginn des 21. Jahrhunderts – Festschrift für Eberhard Schwark zum 70. Geburtstag, München 2009, S. 199–208.

Inderst, Cornelia/ Bannenberg, Britta/ Poppe, Sina: Compliance – Aufbau – Management – Risikobereiche, 2. Auflage, Heidelberg, München, Landsberg, Frechen, Hamburg 2013.

Ingelfinger, Ralph: Zeitliche Grenzen ehelicher Garantenpflichten – Eine Besprechung von BGH, Urteil vom 24.07.2003 – 3 StR 153/03, in: NStZ 2004, S. 409–413.

Itzen, Uta: Richtungswechsel, Bestandsaufnahme, Prävention: Das Gerüst einer erfolgreichen Compliance-Strategie, in: BB-Beilage 2008, S. 12–16.

Jacobi, Christoph Alexander: Keine Außenhaftung des Geschäftsführers für Schädigung Dritter durch die Gesellschaft, NJ 2012, S. 432–433.

Jäger, Axel/ Rödl, Christian/ Campos Nave, José A.: Praxishandbuch Corporate Compliance – Grundlagen – Checklisten – Implementierung, Weinheim 2009.

Jaeger, Carsten/ Ziemons, Hildegard (Hrsg.): Beck'scher Online-Kommentar – GmbHG, 15. Edition, München 2013.

Jäger, Christian: Zwei auf einen Streich, in: Jura 2009, S. 53–59.

Jäger, Christian: Die notwendige Bedingung als ereignisbezogener Kausalfaktor, in: Bloy, René/ Böse, Martin/ Hillenkamp, Thomas/ Momsen, Carsten/ Rackow, Peter (Hrsg.): Gerechte Strafe und legitimes Strafrecht – Festschrift für Manfred Maiwald zum 75. Geburtstag, Berlin 2010, S. 345–364.

Jäger, Christian: Von mobbenden Kollegen und betriebsblinden Vorgesetzten, in: JA 2012, S. 392–395.

Jaeger, Gerd: Die Möglichkeit der Gebotserfüllung als Voraussetzung strafbaren Unterlassens – Tatsächliche und rechtliche Grenzen normgemäßen Handelns, Tübingen 2006.

Jaeger, Wolfgang/ Pohlmann, Petra/ Schroeder, Dirk (Hrsg.): Frankfurter Kommentar zum Kartellrecht – Mit Kommentierung des EG-Kartellrechts, des GWB und einer Darstellung ausländischer Rechtsordnungen, Loseblattsammlung, 77. Lieferung, Köln 2012.

Jähnke, Burkhard/ Laufhütte, Heinrich Wilhelm/ Odersky, Walter (Hrsg.): Leipziger Kommentar, Strafgesetzbuch, 11. Auflage, Berlin 2003.

Jahn, Matthias: Das Strafrecht des Staatsnotstandes – Die strafrechtlichen Rechtfertigungsgründe und ihr Verhältnis zu Eingriff und Intervention im Verfassungs- und Völkerrecht der Gegenwart, Frankfurt am Main 2004.

Jahn, Matthias: Ermittlungen in Sachen Siemens/SEC – Legitimer Baustein des globalisierten Wirtschaftsstrafverfahrens oder rechtswidriges Parallelverfahren zur Strafprozeßordnung? – Eine Problemskizze, in: StV 2009, S. 41–46.

Jahn, Matthias: Strafrecht-Allgemeiner Teil – Garantenstellung auf Grund dienstlicher Stellung, JuS 2009, S. 1142–1144.

Jahn, Matthias: Absprachen im Finanzmarktstrafrecht, in: Kempf, Eberhard/ Lüderssen, Klaus/ Volk, Klaus (Hrsg.): Ökonomie versus Recht im Finanzmarkt, Berlin, Boston 2011, S. 157–173.

Jahn, Matthias: Der Unternehmensanwalt als „neuer Strafverteidigertyp" und die Compliance-Diskussion im deutschen Wirtschaftsstrafrecht (Teil I), in: ZWH 2012, S. 477–482.

Jahn, Matthias: Der Unternehmensanwalt als „neuer Strafverteidigertyp" und die Compliance-Diskussion im deutschen Wirtschaftsstrafrecht (Teil II), in: ZWH 2013, S. 1–6.

Jahn, Matthias: Der Unternehmensanwalt und die Compliance – Rechtsstellung und Aufgaben eines neuen Strafverteidigertyps, in: Thomas, Rotsch (Hrsg.): Criminal Compliance vor den Aufgaben der Zukunft, Baden-Baden 2013, S. 111–131.

Jahn, Matthias: Die strafrechtliche Aufarbeitung der Finanzmarktkrise, in: wistra 2013, S. 41–43.

Jahn, Matthias: Die Aufarbeitung der Finanzmarktkrise – Wiederkehr des guten Prinzen Strafrechts? in: Schiedek, Jana/ Rönnau, Thomas (Hrsg.): Wirtschaftsstrafrecht – Plage oder Gewinn für den Standort Deutschland, Hamburg 2013, S. 19–27.

Jahn, Matthias/ Ziemann, Sascha: Die Frankfurter Schule des Strafrechts: Versuch und Zwischenbilanz, in: JZ 2014, S. 943–947.

Jahn, Matthias/ Pietsch, Franziska: Der NRW-Entwurf für ein Verbandsstrafgesetzbuch – Eine Einführung in das Konzept und seine Folgefragen, in: ZIS 2015, S. 1–4.

Jahn, Matthias: „There is no such thing as to obig to jail" – Zu den verfassungsrechtlichen Einwänden gegen ein Verbandsstrafgesetzbuch unter dem Grundgesetz, in: Jahn, Matthias/ Schmitt-Leonardy, Charlotte/ Schoop, Christian (Hrsg.): Das Unternehmensstrafrecht und seine Alternativen, Baden-Baden 2016, S. 53–87.

Jakobs, Günther: Regreßverbot beim Erfolgsdelikt – Zugleich eine Untersuchung zum Grund der strafrechtlichen Haftung für Begehung, in: ZStW 1977, S. 1–35.

Jakobs, Günther: Kriminalisierung im Vorfeld einer Rechtsgutsverletzung, in: ZStW 1985, S. 751–785.

Jakobs, Günther: Tätervorstellung und objektive Zurechnung, in: Dornseifer, Gerhard/ Horn, Eckhard/ Schilling, Georg/ Schöne, Wolfgang/ Struensee, Eberhard/ Zielinski, Diethart (Hrsg.): Gedächtnisschrift für Armin Kaufmann, Köln, Berlin, Bonn, München 1989, S. 271–288.

Jakobs, Günther: Strafrecht Allgemeiner Teil – Die Grundlagen und die Zurechnungslehre – Lehrbuch, 2. Auflage, Berlin, New York 1991.

Jakobs, Günther: Der strafrechtliche Handlungsbegriff – Kleine Studie, München 1992.

Jakobs, Günther: Rücktritt als Tatänderung versus allgemeines Nachtatverhalten, in.: ZStW 1992, S. 82–104.

Jakobs, Günther: Die strafrechtliche Zurechnung von Tun und Unterlassen, Opladen 1996.

Jakobs, Günther: Die Ingerenz in der Rechtsprechung des Bundesgerichtshofs, in: Roxin, Claus/ Widmaier, Gunter (Hrsg.): 50 Jahre Bundesgerichtshof – Festgabe aus der Wissenschaft, Band IV. Strafrecht, Strafprozeßrecht, München 2000, S. 29–49.

Jakobs, Günther: Materielle Vollendung bei Verletzungsdelikten gegen die Person – Zugleich ein Beitrag zur Verallgemeinerung des Besonderen Teils, in: Schünemann, Bernd/ Achenbach, Hans/ Bottke, Wilfried/ Haffke, Bernhard/ Rudolphi, Hans-Joachim (Hrsg.): Festschrift für Claus Roxin zum 70. Geburtstag am 15. Mai 2011, Berlin, New York 2001, S. 793–810.

Jakobs, Günther: Strafbarkeit juristischer Personen? in: Prittwitz, Cornelius/ Baurmann, Klaus Günther/ Kuhlen, Lothar/ Merkel, Reinhard/ Nestler, Cornelius/ Schulz, Lorenz (Hrsg.): Festschrift für Klaus Lüderssen zum 70. Geburtstag am 2. Mai 2002, Baden-Baden 2002, S. 559–575.

Jakobs, Günther: Beteiligung, in: Dölling, Dieter (Hrsg.): Jus humanum – Grundlagen des Rechts und Strafrecht – Festschrift für Ernst-Joachim Lampe zum 70. Geburtstag, Berlin 2003, S. 561–575.

Jakobs, Günther: Individuum und Person – Strafrechtliche Zurechnung und die Ergebnisse moderner Hirnforschung, in: ZStW 2005, S. 247–266.

Jakobs, Günther: Rechtsgüterschutz? Zur Legitimation des Strafrechts, Paderborn 2012.

Jakobs, Günther: System strafrechtlicher Zurechnung, Frankfurt am Main 2012.

Jakobs, Günther: Recht und Gut – Versuch einer strafrechtlichen Begriffsbildung, in: Freund, Georg/ Murmann, Uwe/ Bloy, René/ Perron, Walter (Hrsg.): Grundlagen und Dogmatik des gesamten Strafrechtssystems – Festschrift für Wolfgang Frisch zum 70. Geburtstag, Berlin 2013, S. 81–93.

Jakobs, Günther: Theorie der Beteiligung, Tübingen 2014.

Jakobs, Günther: Drei Bemerkungen zum gesellschaftsfunktionalen Schuldbegriff, in: Heger, Martin/ Kelker, Brigitte/ Schramm, Edward (Hrsg.): Festschrift für Kristian Kühl zum 70. Geburtstag, München 2014, S. 281–293.

Jakobus, Philipp: Die Vorstandspflicht zum Risikomanagement – Eine juristische und ökonomische Betrachtung zu § 91 Abs. 1 AktG, Baden-Baden 2014.

Janke, Günther: Bekämpfung der Wirtschaftskriminalität – Wichtige Aufgabe der Corporate Compliance, in: ZRFG 2008, S. 173–178.

Jarass, Hans D.: Das neue Recht der Industrieanlagen – Zur Umsetzung der Industrieemissions-Richtlinie, in: NVwZ 2013, S. 169–176.

Jasch, Michael: Übernahme von Garantenpflichten aus Ingerenz? – Zugleich eine Auseinandersetzung mit BGH, NStZ 2003, 259, in: NStZ 2005, S. 8–13.

Jaschinski, Joachim: Die Entwicklung des Begriffs ‚Erfolg' in § 13 Abs. 1 StGB – Ein Beitrag zur Geschichte des unechten Unterlassungsdelikts, Frankfurt am Main, Berlin, Bern, New York, Paris, Wien 1995.

Jescheck, Hans-Heinrich: Die Strafgewalt übernationaler Gemeinschaften, in: ZStW 1953, S. 496–518.

Jescheck, Hans-Heinrich: Zur Frage der Strafbarkeit von Personenverbänden, in: DÖV 1953, S. 539–544.

Jescheck, Hans-Heinrich: Das deutsche Wirtschaftsstrafrecht, in: JZ 1959, S. 457–462.

Jescheck, Hans-Heinrich/ Goldmann, Gerd: Die Behandlung der unechten Unterlassungsdelikte im deutschen und ausländischen Strafrecht, in: ZStW 1965, S. 109–148.

Jescheck, Hans-Heinrich: Die Behandlung der unechten Unterlassungsdelikte in neueren Strafgesetzentwürfen, in: Jescheck, Hans Heinrich/ Vogler, Theo: Festschrift für Herbert Tröndle zum 70. Geburtstag am 24. August 1989, Berlin, New York 1989, S. 795–815.

Jescheck, Hans-Heinrich/ Weigend, Thomas: Lehrbuch des Strafrechts – Allgemeiner Teil, 5. Auflage, Berlin 1996.

Joecks, Wolfgang/ Miebach, Klaus (Hrsg.): Münchener Kommentar zum Strafgesetzbuch, 2. Auflage, München 2011.

Joecks, Wolfgang: Strafgesetzbuch – Studienkommentar, 10. Auflage, München 2012.

Joerden, Jan C.: Strukturen des strafrechtlichen Verantwortlichkeitsbegriffs – Relationen und ihre Verkettung, Berlin 1987.

Joerden, Jan C.: Solidaritätspflichten im Strafrecht, in: von Hirsch, Andreas/ Neumann, Ulfrid/ Seelmann, Kurt (Hrsg.): Solidarität im Strafrecht – Zur Funktion und Legitimation strafrechtlicher Solidaritätspflichten, Baden-Baden 2013, S. 49–60.

John, David: Compliance und Wirtschaftsstrafrecht aus rechtstheoretischer Perspektive – Unternehmensstrafrecht und regulierte Selbstregulierung sind keine Allheilmittel, in: ZWH 2015, S. 380–385.

Juhnke, Andreas: Der Compliance-Officer – Dreh- und Angelpunkt bei der Druchsetzung von Compliance, in: ZRFC 2011, S. 172–178.

Kämpfer, Simone: Sanktionsausschließende und -mildernde Wirkung von Compliance-Programmen de lege lata, in: Ahlbrecht, Heiko/ Dann, Matthias/ Wessing, Helga/ Frister, Helmut/ Bock, Dennis (Hrsg.): Unternehmensstrafrecht – Festschrift für Jürgen Wessing zum 65. Geburtstag, München 2015, S. 55–68.

Kahlo, Michael: Die Handlungsform der Unterlassung als Kriminaldelikt – Eine strafrechtlich- rechtsphilosophische Untersuchung zur Theorie des personalen Handelns, Frankfurt am Main 2001.

Kahlo, Michael: Über den Zusammenhang von Rechtsgutsbegriff und objektiver Zurechnung im Strafrecht, in: Hefendehl, Roland/ von Hirsch, Andrew/ Wohlers, Wolfgang (Hrsg.): Die Rechtsgutstheorie – Legitimationsbasis des Strafrechts oder dogmatisches Glasperlenspiel, Baden-Baden 2003, S. 26–38.

Kalss, Susanne: Kapitalmarktrecht und Compliance – Neueste Entwicklung, in: Lewisch, Peter (Hrsg.): Zauberwort Compliance? – Grundlagen und aktuelle Anwendungsfragen, Wien 2012, S. 47–59.

Kammerer-Galahn, Gunbritt: Compliance – Herausforderung für Unternehmensleiter und deren Rechtsberater, Pflichten, Haftungsrisiken und Versicherungsschutz, in: AnwBl 2009, S. 77–83.

Kanzler, Hans-Joachim: Beiläufiges über Beiläufiges – Das obiter dictum in der Rechtsprechung des Bundesfinanzhofs, in: DStR 2013, S. 1505–1509.

Kappel, Jan/ Lagodny, Otto: Der UK Bribery Act – Ein Strafgesetz erobert die Welt? Ein kritischer Denkanstoß, in: StV 2012, S. 695–701.

Karbaum, Christian: Kartellrechtliche Compliance – Rechtsgrundlagen und Umsetzung, Frankfurt am Main, Berlin, Bruxelles, New York, Oxford, Wien 2010.

Kargl, Walter: Die Bedeutung der Entsprechungsklausel beim Betrug durch Schweigen, in: ZStW 2007, S. 250–289.

Kasiske, Peter: Strafrecht II: Wirtschaftsstrafrecht, Stuttgart 2013.

Kasiske, Peter: Das Kapitalmarktstrafrecht im Treibsand prinzipienorientierter Regulierung – Die neuen Strafvorschriften in § 54a KWG und § 142 VAG, in: ZIS 2013, S. 257–288.

Kaspar, Johannes: Gemeinwohl und Strafzwecke, in: Kempf, Eberhard/ Lüderssen, Klaus/ Volk, Klaus (Hrsg.): Gemeinwohl im Wirtschaftsstrafrecht, Berlin, Boston 2013, S. 139–148.

Kaspar, Johannes: Verhältnismäßigkeit und Grundrechtsschutz im Präventionsstrafrecht, Baden-Baden 2014.

Katsanos, Panagiotis: Die Garantenstellung aus engen Lebensgemeinschaften bei den unechten Unterlassungsdelikten, München 2001.

Kaufmann, Anette: Möglichkeiten der sanktionsrechtlichen Erfassung von (Sonder-) Pflichtverletzungen im Unternehmen – Unter besonderer Berücksichtigung des Zusammenspiels von § 14 StGB, (§ 9 OWiG), § 130 OWiG und § 30 OWiG, Frankfurt am Main, Berlin, Bern, Bruxelles, New York, Oxford, Wien 2003.

Kaufmann, Armin: Die Dogmatik der Unterlassungsdelikte, Göttingen 1959.

Kaufmann, Armin: Methodische Probleme der Gleichstellung des Unterlassens mit der Begehung, in: JuS 1961, S. 173–177.

Kaufmann, Armin: Unterlassung und Vorsatz, in: Welzel, Hans/ Conrad, Hermann/ Kaufmann, Armin/ Kaufmann, Hilde (Hrsg.): Festschrift für Hellmuth von Weber zum 70. Geburtstag, Bonn 1963, S. 247–270.

Kaufmann, Armin: Tatbestandsmäßigkeit und Verursachung im Contergan-Verfahren – Folgerungen für das geltende Recht und für die Gesetzgebung, in: JZ 1971, S. 569–576.

Kaufmann, Armin: „Objektive Zurechnung" beim Vorsatzdelikt? in: Vogler, Theo/ Herrman, Joachim/ Krümpelmann, Justus/ Moos, Reinhard/ Triffterer, Otto/ Leibinger, Rudolf/ Schaffmeister, Dieter/ Meyer, Jürgen/ Hünerfeld, Peter/ Behrend, Hans-Joachim (Hrsg.): Festschrift für Hans-Heinrich Jescheck zum 70. Geburtstag, Berlin 1985, S. 251–271.

Kaufmann, Arthur: Die Bedeutung hypothetischer Erfolgsursachen im Strafrecht, in: Bockelmann, Paul/ Gallas, Wilhelm (Hrsg.): Festschrift für Eberhard Schmidt zum 70. Geburtstag, Göttingen 1961, S. 200–231.

Kaufmann, Arthur: Subsidiaritätsprinzip und Strafrecht, in: Roxin, Claus/ Bruns, Hans-Jürgen/ Jäger, Herbert: Grundfragen der gesamten Strafrechtswissenschaft – Festschrift für Heinrich Henkel zum 70. Geburtstag am 12.09.1973, Berlin, New York 1974, S. 89–107.

Kempf, Eberhard: Sanktionen gegen juristische Personen und Gesellschaften, in: Kritische Justiz 2003, S. 462–471.

Kelker, Brigitte: Die strafbarkeit juristischer Personen unter europäischem Konvergenzdruch, in: Amelung, Knut/ Günter, Hans-Ludwig/ Kühne, Hans-Heiner (Hrsg.): Festschrift für Volker Krey zum 70. Geburtstag am 9. Juli 2010, Stuttgart 2010, S. 221–167.

Kielwein, Gerhard: „Unterlassung und Teilnahme", in: GA 1955, S. 225–247.

Kiesel, Hanno/ Böhringer, Jacob: Tax Compliance – Risikominimierung durch sanktionsbezogene Enthaftungsmaßnahmen, in: BB 2012, S. 1190–1195.

Kiethe, Kurt: Vermeidung der Haftung von geschäftsführenden Organen durch Corporate Compliance, in: GmbHR 2007, S. 393–400.

Kindermann, Jochen/ Bast, Johannes: Die Bußgeldpraxis der BaFin, in: CB 2014, S. 298–301.

Kindhäuser, Urs: Gefährdung als Straftat – Rechtstheoretische Untersuchungen zur Dogmatik der abstrakten und konkreten Gefährdungsdelikte, Frankfurt am Main 1989.

Kindhäuser, Urs: Konkludentes Täuschen, in: Sieber, Ulrich/ Dannecker, Gerhard/ Kindhäuser, Urs/ Vogel, Joachim/ Walter, Tonio (Hrsg.): Strafrecht und Wirtschaftsstrafrecht – Dogmatik, Rechtsvergleichung, Rechtstatsachen – Festschrift für Klaus Tiedemann zum 70. Geburtstag, Köln, München 2008, S. 579–593.

Kindhäuser, Urs/ Neumann, Ulfrid/ Paeffgen, Hans-Ullrich (Hrsg.): Nomos Kommentar – Strafgesetzbuch, 4. Auflage, Baden-Baden 2013.

Kindhäuser, Urs: Strafgesetzbuch – Lehr- und Praxiskommentar, 5. Auflage, Baden-Baden 2013.

Kindler, Peter: Pflichtverletzung und Schaden bei der Vorstandshaftung wegen unzureichender Compliance, in: Altmeppen, Holger/ Fitz, Hans/ Honsell, Heinrich (Hrsg.): Festschrift für Günter H. Roth zum 70. Geburtstag, München 2011, S. 367–377.

Kindler, Peter: Corporate Compliance – Grundpflichten und Haftungsgefahren für Unternehmensleiter nach Aktienrecht, in: Rotsch, Thomas (Hrsg.): Wissenschaftliche und praktische Aspekte der nationalen und internationalen Compliance-Diskussion, Baden-Baden 2012, S. 1–15.

Kindler, Steffi: Das Unternehmen als haftender Täter – Ein Beitrag zur Frage der Verbandsstrafe im deutschen Strafrechtssystem – Lösungswege und Entwicklungsperspektiven de lege lata und de lege ferenda, Baden-Baden 2008.

Kirch-Heim, Claudio: Sanktionen gegen Unternehmen – Rechtsinstrumente zur Bekämpfung unternehmensbezogener Straftaten, Berlin 2007.

Kirschbaum, Tom/ Wittmann, Martin: Selbstregulierung im Gesellschaftsrecht: Der Deutsche Corporate Governance Kodex, in: JuS 2005, S. 1062–1067.

Kissin, Siegfried: Die Rechtspflicht zum Handeln bei den Unterlassungsdelikten – Zugleich ein Beitrag zur Lehre von der materiellen Rechtswidrigkeit, Breslau-Neukirch 1933.

Klaiber, Oliver: Die Berücksichtigung von Compliance-Programmen bei den Rechtsfolgen von Kartellverstößen, Frankfurt am Main, Berlin, Bern, Bruxelles, New York, Oxford, Wien, 2013.

Klasen, Evelyn/ Schaefer, Sandra: Whistleblower, Zeuge und „Beschuldigter" – Informationsweitergabe im Spannungsfeld grundrechtlicher Positionen, in: BB 2012, S. 641–647.

Klebeck, Ulf/ Zollinger, Peter Felix: Compliance-Funktion nach der AIFM-Richtlinie, in: BB 2013, S. 458–464.

Klesczewski, Diethelm: Gewinnabschöpfung mit Säumniszuschlag – Versuch über die Rechtsnatur der Verbandsgeldbuße (§ 30 OWiG) in: Schneider, Hendrik/ Kahlo, Michael/ Klesczewski, Diethelm/ Schumann, Heribert (Hrsg.): Feschrift für Manfred Seebode zum 70. Geburtstag am 15. September 2008, Berlin 2008, S. 179–196.

Klein, Hubert: Schweigepflicht versus Offenbarungspflicht, in: RDG 2010, S. 172–178.

Kleinherne, Christoph Philipp: Garantenstellung und Notwehrrecht – Zugleich ein Beitrag zum Entstehen und Erlöschen von Garantenstellungen, Frankfurt am Main, Bern, Bruxelles, New York, Oxford, Warszawa, Wien 2014.

Kleinschmidt, Jens: Delegation von Privatautonomie auf Dritte – Zulässigkeit, Verfahren und Kontrolle von Inhaltsbestimmungen und Feststellungen Dritter im Schuld- und Erbrecht, Tübingen 2014.

Kliemt, Michael: Fristlose Kündigung von Geschäftsführern und Vorstandsmitgliedern bereits beim bloßen Verdacht strafbarer Handlungen? in: Ahlbrecht, Heiko/ Dann, Matthias/ Wessing, Helga/ Frister, Helmut/ Bock, Dennis (Hrsg.): Unternehmensstrafrecht – Festschrift für Jürgen Wessing zum 65. Geburtstag, München 2015, S. 833–843.

Klindt, Thomas: Nicht-börsliches Compliance-Managemnt als zukünftige Aufgabe der Inhouse-Juristen, in: NJW 2006, S. 3399–3400.

Klindt, Thomas: Rückruf-Management als Bestandteil unternehmerischer Compliance – Zehn Empfehlungen für die industrielle Praxis, in: CCZ 2008, S. 81–84.

Kloepfer, Michael: Betrieblicher Umweltschutz als Rechtsproblem, in: DB 1993, S. 1125–1131.

Klösel, Daniel: Compliance-Richtlinien – Zum Funktionswandel des Zivilrechts im Gewährleistungsstaat, Baden-Baden 2012.

Klüppelberg, Kristian: Die Untreuestrafbarkeit des Vorstands bei Verstößen gegen den Deutschen Corporate Governance Kodex und § 161 AktG – Ein Restriktionsversuch im Hinblick auf den konturenlosen Tatbestand des § 266 StGB über den Weg der Einbindung eines Selbstregulierungsinstruments, Hamburg 2014.

Klugmann, Marcel: Das Gesetz zur Optimierung der Geldwäscheprävention und seine Auswirkungen auf die anwaltliche Praxis, in: NJW 2012, S. 641–645.

Klopp, Thorben: Der Compliance-Beauftragte – Arbeitsrechtliche Stellung und Funktion in der Compliance, Berlin 2012.

Knauer, Christoph: Die strafrechtliche Haftung von Justiziaren Innen-Revisoren und Compliance-Officers („Berliner Straßenreinigung – 5 StR 394/08“) in: Schulz, Lorenz/ Reinhart, Michael/ Sahan, Oliver (Hrsg.): Festschrift für Imme Roxin zum 75. Geburtstag, Heidelberg, München, Landsberg, Frechen, Hamburg 2012, S. 465–483.

Knierim, Thomas C./ Rübenstahl, Markus/ Tsambikakis, Michael (Hrsg.): Internal Investigations – Ermittlungen in Unternehmen, Heidelberg, München, Landsberg, Frechen, Hamburg 2013.

Koch, Jens: Der kartellrechtliche Sanktionsdurchgriff im Unternehmensverbund, in: ZHR 2007, S. 554–580.

Koch, Jens: Compliance-Pflichten im Unternehmensverbund? in: WM 2009, S. 1013–1020.

Koch, Jens: Die Konzernobergesellschaft als Unternehmensinhaber i. S. d. § 130 OWiG? in: AG 2009, S. 564–574.

Koch-Schlegtendal, Sandra: Die Verhinderung der Vollendung beim strafbefreienden Rücktritt, Frankfurt am Main, Berlin, Bern, Bruxelles, New York, Oxford, Wien 2012.

Kocher, Dirk: Zur Reichweite der Business Judgment Rule, in: CCZ 2009, S. 215–221.

Kock, Martin/ Dinkel, Renate: Die zivilrechtliche Haftung von Vorständen für unternehmerische Entscheidungen – Die geplante Kodifizierung der Business Judgment Rule im Gesetz der Unternehmensintegrität und Modernisierung des Anfechtungsrechts, in: NZG 2004, S. 441–448.

Kofler-Senoner, Bernhard: Compliance im Kartellrecht, in: Lewisch, Peter (Hrsg.): Zauberwort Compliance? – Grundlagen und aktuelle Anwendungsfragen, Wien 2012, S. 61–70.

Köhler, Michael: Strafrecht Allgemeiner Teil, Berlin, Heidelberg, New York, 1997.

Kölbel, Ralf: Objektive Zurechnung beim unechten Unterlassen, in: JuS 2006, S. 309–314.

Kölbel, Ralf: Criminal Compliance – ein Missverständnis des Strafrechts, in: ZStW 2013, S. 499–535.

Kölbel, Ralf: Corporate Crime, Unternehmenssanktion und kriminelle Verbandsattitüde, in: ZIS 2014, S. 552–557.

Kohler, Josef: Studien aus dem Strafrecht, Band 1, Mannheim 1890.

Kohler, Josef: Straffähigkeit der juristischen Person, in: GA 1917, S. 500–506.

Kohlmann, Günter/ Ostermann, Martin: Die Verletzung der Aufsichtspflicht in Betrieben und Unternehmen – Pläne für eine verfassungswidrige Reform, in: wistra 1990, S. 121–131.

Konu, Metin: Die Garantenstellung des Compliance-Officers – Zugleich ein Beitrag zu den Rahmenbedingungen einer Compliance-Organisation, Berlin 2014.

Konzen, Horst: Geschäftsführung, Weisungsrecht und Verantwortlichkeit in der GmbH und GmbH & Co KG, in: NJW 1989, S. 2977–2987.

Kort, Michael: Verhaltensstandardisierung durch Corporate Compliance, in: NZG 2008, S. 81–86.

Kort, Michael: Compliance-Pflichten von Vorstandsmitgliedern und Aufsichtsratsmitgliedern, in: Grundmann, Stefan/ Haar, Brigitte/ Markt, Hanno/ Mülbert, Peter O./ Wellenhofer, Marina/ Baum, Harald/ von Hein, Jan/ von Hippel, Thomas/ Pistor, Katharina/ Roth, Markus/ Schweitzer, Heike (Hrsg.): Festschrift für Klaus J. Hopt zum 70. Geburtstag am 24. August 2010 – Unternehmen, Markt und Verantwortung, Band 1, Berlin, New York 2010, S. 983–1003.

Kort, Michael: Grenzen der Interpretation des Rechts bei Compliance und Risikomanagement, in: Stelmach, Jery/ Schmidt, Reiner (Hrsg.): Krakauer-Augsburger Rechtsstudien – Die Grenzen der rechtsdogmatischen Interpretation, Warszawa 2011.

Kort, Michael: Rechtsfragen der Compliance-Organisation von Unternehmen außerhalb spezialgesetzlicher geregelter Branchen im deutschen Recht, in: Altmeppen, Holger/ Fitz, Hans/ Honsell, Heinrich (Hrsg.): Festschrift für Günter H. Roth zum 70. Geburtstag, München 2011, S. 407–422.

Kort, Michael: Compliance-Pflichten und Haftung von GmbH-Geschäftsführern, in: GmbHR 2013, S. 566–574.

Kort, Michael: Sind GmbH-Geschäftsführer und Vorstandsmitglieder diskriminierungsschutzrechtlich Arbeitnehmer? Die Auslegung von § 6 AGG zwischen Arbeitsrecht und Gesellschaftsrecht, in: NZG 2013, S. 601–607.

Kort, Michael: Die Regelungen von Risikomanagement und Compliance im neuen KAGB – Vorbild für alle Kapitalgesellschaften, in: AG 2013, S. 582–588.

Kort, Michael/ Lehmann, Erik: Risikomanagement und Compliance im neuen KAGB – juristische und ökonomische Aspekte, in: Möllers, Thomas M. J./ Kloyer, Andreas (Hrsg.): Das neue Kapitalanlagegesetzbuch – Tagung vom 14./15. Juni 2013 in Augsburg, München 2013, S. 197–220.

Korte, Matthias: Juristische Person und strafrechtliche Verantwortung, Bonn 1991.

Korte, Matthias: Bekämpfung der Korruption und Schutz des freien Wettbewerbs mit den Mitteln des Strafrechts, in: NStZ 1997, S. 513–519.

Krack, Ralf: Bestechlichkeit und Bestechung von Sportschiedsrichtern – eine Straftat? – Zu § 299 StGB und § 6 SportSG-E, in: ZIS 2011, S. 475–481.

Kraft, Oliver/ Winkler, Klaus: Zur Garantenstellung des Compliance-Officers – Unterlassungsstrafbarkeit durch Organisationsmangel? in: CCZ 2009, S. 29–33.

Kraft, Oliver: Die Garantenpflicht des Leiters der Innenrevision und des Compliance Officers zur Abwendung von unternehmensbezogenen Straftaten, in: wistra 2010, S. 81–88.

Kraft, Oliver: Deutsche Unternehmen im Anwendungsbereich von FCPA und UK Bribery Act – Strafbarkeitsvoraussetzungen und Handlungsempfehlungen, in: Ahlbrecht, Heiko/ Dann, Matthias/ Wessing, Helga/ Frister, Helmut/

Bock, Dennis (Hrsg.): Unternehmensstrafrecht – Festschrift für Jürgen Wessing zum 65. Geburtstag, München 2015, S. 79–99.

Krause, Daniel M.: Strafrechtliche Haftung des Aufsichtsrates, in: NStZ 2011, S. 57–65.

Krause, Daniel M.: Was bewirkt Compliance? StraFo 2011, S. 437–446.

Krause, Daniel M.: Ist der Aufsichtsrat Garant (§ 13 StGB) für die Verhinderung von Straftaten des Vorstandes? Zur Reichweite der strafrechtlichen Organhaftung, in: Ahlbrecht, Heiko/ Dann, Matthias/ Wessing, Helga/ Frister, Helmut/ Bock, Dennis (Hrsg.): Unternehmensstrafrecht – Festschrift für Jürgen Wessing zum 65. Geburtstag, München 2015, S. 241–251.

Krause, Nils/ Albien, Christopher: BB-Gesetzgebungs- und Rechtsprechungsreport zu Compliance 2014, in: BB 2015, S. 1795–1799.

Krause, Rudi: Die Bedeutung von Zumutbarkeit und Unzumutbarkeit auf dem besonderen Gebiet der Unterlassungsdelikte, Hamburg 1956.

Krauß, Detlef: Rechtsgut und kein Ende – Zur Strafbarkeit des Geschwisterinzests, in: Herzog, Felix/ Neumann, Ulfrid (Hrsg.): Festschrift für Winfried Hassemer zum 70. Geburtstag am 17. Februar 2010, Heidelberg, München, Landsberg, Frechen, Hamburg 2010, S. 423–438.

Krebs, Peter/ Eufinger, Alexander/ Jung, Stefanie: Bußgeldminderung durch Compliance-Programme im deutschen Kartellbußgeldverfahren? in: CCZ 2011, S. 213–217.

Kremer, Thomas/ Klahold, Christoph: Compliance-Programme in Industriekonzernen, in: ZGR 2010, S. 113–143.

Kremer, Thomas: Kooperation des Unternehmens mit der Staatsanwaltschaft im Compliance-Bereich, in: Burgard, Ulrich/ Hadding, Walther/ Mülbert, Peter O./ Nietsch, Michael/ Welter, Reinhard (Hrsg.): Festschrift für Uwe H. Schneider zum 70. Geburtstag, Köln 2011, S. 701–715.

Krems, Karl-Heinz: Der NRW-Entwurf für ein Verbandsstrafgesetzbuch – Gesetzgeberische Intention und Konzeption, in: ZIS 2015, S. 5–10.

Kress, Johann Paul: Commentation succincta in Constitutionem criminalem Caroli V. Imperatoris, 5. Auflage, Hannover 1760.

Kretschmer, Joachim: Die Garantenstellung (§ 13 StGB) auf familienrechtlicher Grundlage, in: Jura 2006, S. 898–903.

Kretschmer, Joachim: Anmerkung zu BGH, Urteil vom 17.07.2009 – 5 StR 394/08, in: JR 2009, S. 471–477.

Kretschmer, Joachim: Anmerkungen zur strafrechtlichen Verantwortlichkeit der Unternehmensleitung für das Verhalten von Mitarbeitern – Begründung und deren Vermeidung unter Berücksichtigung von Compliance, in: StraFo 2012, S. 259–264.

Kretschmer, Joachim: Nichtstrafrechtliche Sanktionen bei wirtschaftskriminellem Handeln, in: ZWH 2013, S. 481–486.

Kretschmer, Wilhelm: Das unechte Unterlassungsdelikt nach geltendem Recht und nach der Denkschrift des Preußischen Justizministers, Breslau 1935.

Kreuder, Thomas: Rechts- und Organisationsfragen zur Trade Compliance, in: CCZ 2008, S. 166–173.

Krey, Volker: Finanzmarktkrise und deutsches Strafrecht – Verantwortlichkeit von Bankvorständen für hochspekulativen Handel mit Asset Backed Securities (durch Vermögenswerte besicherte Wertpapiere) auf der Basis von US Subprime Mortgages (minderwertige US-Hypotheken) in: Heinrich, Manfred/ Jäger, Christian / Achenbach, Hans/ Amelung, Knut/ Bottke, Wilfried/ Haffke, Bernhard/ Schünemann, Bernd/ Wolter, Jürgen (Hrsg.): Strafrecht als Scientia Universalis – Festschrift für Claus Roxin zum 80. Geburtstag am 15. Mai 2011, Berlin, New York 2011, S. 1073–1086.

Krey, Volker/ Esser, Robert: Deutsches Strafrecht Allgemeiner Teil – Studienbuch in systematischer-induktiver Darstellung, 5. Auflage, Stuttgart 2012.

Krieger, Gerd/ Schneider, Uwe H. (Hrsg.): Handbuch Managerhaftung – Vorstand · Geschäftsführer · Aufsichtsrat – Pflichten und Haftungsfolgen – Typische Risikobereiche, 2. Auflage, Köln 2010.

Krieger, Steffen/ Günther, Jens: Die arbeitsrechtliche Stellung des Compliance Officers – Gestaltung einer Compliance-Organisation unter Berücksichtigung der Vorgaben im BGH-Urteil vom 17. 7. 2009, in: NZA 2010, S. 367–373.

Krieger, Steffen/ Günther, Jens: Der Compliance-Officer – Verantwortung, Haftung und arbeitsrechtliche Stellung, in: ZRFC 2011, S. 149–154.

Kröger, Jens: Korruptionsschäden, Unternehmensgeldbußen und Imageschäden – Haftungs- und schadensrechtliche Fragen der Organmitgliederhaftung, Baden-Baden 2013.

Krüger, Matthias: Beteiligung durch Unterlassen an fremden Straftaten – Überlegungen aus Anlass des Urteils zum Compliance Officer, in: ZIS 2011, S. 1–8.

Krug, Otto August: Commentar zu dem Strafgesetzbuch für das Königreich Sachsen, 4. Abtheilung, Abhandlung aus dem Strafrechte, Leipzig 1855.

Kruse, Björn: Compliance und Rechtsstaat – Zur Freiheit von Selbstbelastung bei Internal Investigations, Frankfurt am Main, Bern, Bruexelles, New York, Oxford, Warszawa, Wien 2014.

Kubiciel, Michael: Die Wissenschaft vom besonderen Teil des Strafrechts – Ihre Aufgaben, ihre Methoden, Frankfurt am Main 2013.

Kubiciel, Michael: Die Finanzmarktkrise zwischen Wirtschaftsstrafrecht und politischem Strafrecht, in: ZIS 2013, S. 53–60.

Kubiciel, Michael: Verbandsstrafe – Verfassungskonformität und Systemkompatibilität, in: ZRP 2014, S. 133–137.

Kubiciel, Michael: Compliance als Strafausschlussgrund in einem künftigen Unternehmensstrafrecht, in: Ahlbrecht, Heiko/ Dann, Matthias/ Wessing, Helga/ Frister, Helmut/ Bock, Dennis (Hrsg.): Unternehmensstrafrecht – Festschrift für Jürgen Wessing zum 65. Geburtstag, München 2015, S. 69–78.

Kubink, Michael: Das Prinzip der Selbstverantwortung – ein neuer Strafrechtsparameter für Tatbestand und Sanktion, in: Hirsch, Hans Joachim/ Wolter, Jürgen/ Brauns, Uwe (Hrsg.): Festschrift für Günter Kohlmann zum 70. Geburtstag, Köln 2003, S. 53–70.

Kudlich, Hans: Untätigkeit schützt vor Strafe nicht (oder manchmal doch?) – Grenzen der Garantenpflicht aus Ingerenz, in: JA 2010, S. 151–153.

Kudlich, Hans: Na dann Prost! – Tödliches Reinigungsmittel, in: JA 2012, S. 470–472.

Kudlich, Hans: Mobbing als Betriebsaufgabe? – Zur Geschäftsherrenhaftung eines „Vorarbeiters“ bei innerbetrieblichen Körperverletzungen, in: HRRS 2012, S. 177–180.

Kudlich, Hans/ Wittig, Petra: Strafrechtliche Enthaftung durch juristische Präventionsberatung? Teil 1: Allgemeine Irrtumslehren, in: ZWH 2013, S. 253–260.

Kudlich, Hans/ Wittig, Petra: Strafrechtliche Enthaftung durch juristische Präventionsberatung? Teil 2: Präventivberatung, Compliance und gehörige Aufsicht, in: ZWH 2013, S. 303–310.

Kudlich, Hans/ Oğlakcıoğlu, Mustafa Temmuz: Wirtschaftsstrafrecht, 2. Auflage, Heidelberg, München, Landsberg, Frechen, Hamburg 2014.

Kudlich, Hans/ Oğlakcıoğlu, Mustafa Temmuz: Rechtsprechung im Spannungsfeld zwischen kurz- und langfristiger Rechtssicherheit, in: Schuhr, Jan C. (Hrsg.): Rechtssicherheit durch Rechtswissenschaft, Tübingen 2014, S. 171–191.

Kudlich, Hans: Die Relevanz der Rechtsgutstheorie im modernen Verfassungsstaat, in: ZStW 2015, S. 635–653.

Kühl, Kristian: Die Bedeutung der Rechtsphilosophie für das Strafrecht, Baden-Baden 2001.

Kühl, Kristian: Strafrechtlicher Schutz der Umwelt – Kritische Würdigung der Vorschläge von Pradeln, in: Tiedemann, Klaus (Hrsg.): Wirtschaftsstrafrecht in der Europäischen Union – Rechtsdogmatik – Rechtsvergleich – Rechtspolitik – Freiburg-Symposium, Köln, Berlin, Bonn, München 2002, S. 301–309.

Kühl, Kristian: Strafrecht und Moral – Trennendes und Verbindendes, in: Amelung, Knut/ Beulke, Werner/ Lilie, Hans/ Rosenau, Henning/ Rüping, Hinrich/

Wolfslast, Gabriele (Hrsg.): Strafrecht, Biorecht, Rechtsphilosophie – Festschrift für Hans-Ludwig Schreiber zum 70. Geburtstag am 10. Mai 2003, S. 595–970.

Kühl, Kristian: Die strafrechtliche Garantenstellung – Eine Einführung mit Hinweisen zur Vertiefung, in: JuS 2007, S. 497–504.

Kühl, Kristian: Theoretische und praktische Kriminalpolitik, in: Schöch, Heinz/ Helgerth, Roland/ Dölling, Dieter/ König, Peter (Hrsg.): Recht gestalten – dem Recht dienen – Festschrift für Reinhard Böttcher zum 70. Geburtstag am 29. Juli 2007, Berlin 2007, S. 597–616.

Kühl, Kristian: Der Abschied des Strafrechts von den guten Sitten, in: Pawlik, Michael/ Zaczyk, Raniner (Hrsg.): Festschrift für Günther Jakobs zum 70. Geburtstag am 26. Juli 2006, Köln, Berlin, München 2007, S. 293–309.

Kühl, Kristian: Strafrecht in Anlehnung an Ethik und Moral, in: Dannecker, Gerhard/ Langer, Winrich/ Ranft, Otfried/ Schmitz, Roland/ Brammsen, Joerg (Hrsg.): Festschrift für Harro Otto zum 70. Geburtstag am 1. April 2007, Köln, Berlin, München 2007, S. 63–78.

Kühl, Kristian: Fragmentarisches und subsidiäres Strafrecht, in: Sieber, Ulrich/ Dannecker, Gerhard/ Kindhäuser, Urs/ Vogel, Joachim/ Walter, Tonio (Hrsg.): Strafrecht und Wirtschaftsstrafrecht – Dogmatik, Rechtsvergleichung, Rechtstatsachen – Festschrift für Klaus Tiedemann zum 70. Geburtstag, Köln, München 2008, S. 29–46.

Kühl, Kristian: Die Unterlassungsdelikte als Problemfall für Rechtsphilosophie, Strafrechtsdogmatik und Verfassungsrecht, in: Putzke, Holm/ Hardtung, Bernhard/ Tajana, Hörnle/ Merkel, Reinhard, Scheinfeld, Jörg/ Schlehofer, Horst/ Seier, Jürgen (Hrsg.): Strafrecht zwischen System und Telos – Festschrift für Rolf Herzberg zum siebzigsten Geburtstag am 14. Februar 2008, Tübingen 2008, S. 177–191.

Kühl, Kristian: Die Übernahme von Beschützer- und Überwachungsgarantenstellungen – Zugleich Anmerkung zu BGH HRRS 2008 Nr. 123 und BGH HRRS 2008 Nr. 429, in: HRRS 2008, S. 359–361.

Kühl, Kristian: Besonders hohe Grenzen für den Strafgesetzgeber, in: Jahn, Matthais/ Kudlich, Hans/ Streng, Franz (Hrsg.): Strafrechtspraxis und Reform – Festschrift für Heinz Stöckel zum 70. Geburtstag, Berlin 2010, S. 117–134.

Kühl, Kristian/ Kneba, Nicolas: „Zwei ungleiche Söhne" in: JA 2011, S. 426–433.

Kühl, Kristian: Das Strafrecht im Trend der Verrechtlichung, in: Hellmann, Uwe/ Schröder, Christian (Hrsg.): Festschrift für Hans Achenbach zum 70. Geburtstag am 13. Oktober 2011, Heidelberg, München, Landsberg, Frechen, Hamburg 2011, S. 251–263.

Kühl, Kristian: Strafrecht – Allgemeiner Teil, 7. Auflage, München 2012.

Kühl, Kristian: Beobachtungen zur nachlassenden und begrenzten Legitimationswirkung des Rechtsguts für Strafvorschriften, in: Hilgendorf, Eric/ Rengier, Rudolf (Hrsg.): Festschrift für Wolfgang Heinz zum 70. Geburtstag, Baden-Baden 2012, S. 766–777.

Kühl, Kristian: Zur Legitimität der Strafvorschrift „Unterlassene Hilfeleistung", in: Freund, Georg/ Murmann, Uwe/ Bloy, René/ Perron, Walter (Hrsg.): Grundlagen und Dogmatik des gesamten Strafrechtssystems – Festschrift für Wolfgang Frisch zum 70. Geburtstag, Berlin 2013, S. 785–795.

Kühl, Kristian: Zur Anwendung des Solidariätsbegriffs auf die unterlassene Hilfeleistung nach § 323c StGB, in: von Hirsch, Andreas/ Neumann, Ulfrid/ Seelmann, Kurt (Hrsg.): Solidarität im Strafrecht – Zur Funktion und Legitimation strafrechtlicher Solidaritätspflichten, Baden-Baden 2013, S. 93–102.

Kühl, Kristian: Fünf Kapitel aus dem Buch über (Straf-)Recht und Moral, in: Hefendehl, Roland/ Hörnle, Tatjana/ Greco Luís (Hrsg.): Streitbare Strafrechtswissenschaft – Festschrift für Bernd Schünemann zum 70. Geburtstag am 1. November 2014, Berlin, Boston 2014, S. 157–169.

Kühl, Kristian: Das Unterlassungsdelikt, in: JA 2014, S. 507–512.

Kühn, Hermann: Moderne Verwaltung und Strafrecht: Risiko und Chance, in: wistra 2002, S. 41–52.

Kümpel, Siegfried/ Wittig, Arne (Hrsg.): Bank- und Kapitalmarktrecht, 4. Auflage, Köln 2011.

Küpper, Georg: Anspruch und wirkliche Bedeutung des Theorienstreits über die Abgrenzung von Täterschaft und Teilnahme, in: GA 1986, S. 437–450.

Küpper, Georg: Grenzen der normativierenden Strafrechtsdogmatik, Berlin 1990.

Küper, Wilfried: Grund- und Grenzfragen der rechtfertigenden Pflichtenkollision im Strafrecht, Berlin 1979.

Küper, Wilfried: Grundsatzfragen der „Unterscheidung" zwischen Rechtfertigung und Entschuldigung – Notstand, Pflichtenkollision, Handeln auf dienstliche Weisung, in: JuS 1987, S. 81–92.

Küttner, Wolfdieter (Begr.): Personalbuch 2013 – Arbeitsrecht, Lohnsteuerrecht, Sozialversicherungsrecht, 20. Auflage, München 2013.

Kugler, Klaus F.: Ingerenz und Selbstverantwortung – Inhalt und Grenzen der Garantenstellung aus vorangegangenem gefährlichen Tun, Bochum 1972.

Kuhlen, Lothar: Fragen straffrechtlicher Produkthaftung, Heidelberg 1989.

Kuhlen, Lothar: Strafhaftung bei unterlassenem Rückruf gesundheitsgefährdender Produkte – Zugleich Anmerkung zum Urteil des BGH vom 06.07.1990 – 2 StR 549/89, in: NStZ 1990, S. 566–570.

Kuhlen, Lothar: Grundfragen der strafrechtlichen Produkthaftung, in: JZ 1994, S. 1142–1147.

Kuhlen, Lothar: Die Abgrenzung von Täterschaft und Teilnahme, insbesondere bei den sogenannten Betriebsbeauftragten, in: Amelung, Knut (Hrsg.): Individuelle Verantwortung und Beteiligungsverhältnisse bei Straftaten in bürokratischen Organisationen des Staates, der Wirtschaft und der Gesellschaft, Sinzheim 2000, S. 71–94.

Kuhlen, Lothar: Strafrechtliche Produkthaftung, in: Roxin, Claus/ Widmaier, Gunter (Hrsg.): 50 Jahre Bundesgerichtshof – Festgabe aus der Wissenschaft, Band IV. Strafrecht, Strafprozeßrecht, München 2002, S. 647–673.

Kuhlen, Lothar: Die Reaktion von Unternehmen auf Straftaten von Mitarbeitern: eine strafbare Nötigung, in: Prittwitz, Cornelius/ Baurmann, Klaus Günther/ Kuhlen, Lothar/ Merkel, Reinhard/ Nestler, Cornelius/ Schulz, Lorenz (Hrsg.): Festschrift für Klaus Lüderssen zum 70. Geburtstag am 2. Mai 2002, Baden-Baden 2002, S. 649–661.

Kuhlen, Lothar: Zur Unterscheidung von Tun und Unterlassen, in: Paeffgen, Hans-Ullrich/ Böse, Martin/ Kindhäuser, Urs/ Stübinger, Stephan/ Verrel, Thorsten/ Zaczyk, Rainer (Hrsg.): Strafrechtswissenschaft als Analyse und Konstruktion – Festschrift für Ingeborg Puppe zum 70. Geburtstag, Berlin 2011, S. 669–683.

Kuhlen, Lothar: Strafrechtliche Haftung von Führungskräften, in: Maschmann (Hrsg.): Corporate Compliance und Arbeitsrecht, Baden-Baden 2012, S. 11–30.

Kuhlen, Lothar: Grundfragen von Compliance und Strafrecht, in: Kuhlen, Lother/ Kudlich, Hans/ Ortiz de Urbina, Íñigo (Hrsg.): Compliance und Strafrecht, Heidelberg, München, Landsberg, Frechen, Hamburg 2013, S. 1–25.

Kuhlen, Lothar: Zum Verähltnis von strafrechtlicher und zivilrechtlicher Haftung für Compliance-Mängel, Teil 1, in: NZWiSt 2015, S. 121–129.

Kuhlen, Lothar: Zum Verähltnis von strafrechtlicher und zivilrechtlicher Haftung für Compliance-Mängel, Teil 2, in: NZWiSt 2015, S. 161–168.

Kuhn, Bernd: Die Garantenstellung des Vorgesetzten – Zugleich eine Besprechung von BGH wistra 2012, 64, in: wistra 2012, S. 297–299.

Kulhanek, Tobias Oliver: Der fragmentarische Charakter des Strafrechts als Argumentationsfigur – Exemplifiziert an der Frage nach einem Deliktskatalog für eine Verbandsstrafbarkeit, in: ZIS 2014, S. 674–678.

Kulhanek, Tobias Oliver: Compliance, Betriebsführungsschuld und Organisationsverschulden, in: ZWH 2015, S. 94–101.

Kulhanek, Tobias Oliver: Kategorisierung einer Verbandsstrafbarkeit nach verschiedenen Deliktstypen und -formen – Überlegungen zu eigenhändigen

Delikten, Täterschaft und Teilnahme, Amtsdelikten und subjektiven Tatbestandsmerkmalen, in: ZStW 2015, S. 303–333.

Kumpan, Christoph: Der Interessenkonflikt im deutschen Privatrecht – Eine Untersuchung zur Fremdinteressenwahrung und Unabhängigkeit, Tübingen 2014.

Kunz, Karl-Ludwig: Kriminologie, 6. Auflage, Bern, Stuttgart, Wien 2011.

Kuthe, Thorsten/ Rückert, Susanne/ Sickinger, Mirko (Hrsg.): Compliance-Handbuch Kapitalmarktrecht, Publizitäts- und Verhaltenspflichten für Aktiengesellschaften, 2. Auflage, Frankfurt am Main 2008.

Kutschaty, Thomas: Deutschland braucht ein Unternehmensstrafrecht, in: ZRP 2013, S. 74–76.

Kutschelis, Julian: Korruptionsprävention und Geschäftsleiterpflichten im nationalen und internationalen Unternehmensverbund – Ausländisches Recht als Schranke für Compliance im Konzern am Beispiel Argentiniens, Baden-Baden 2014.

Lackhoff, Klaus/ Schulz, Martin: Das Unternehmen als Gefahrenquelle? Compliance-Risiken für Unternehmensleiter und Mitarbeiter, in: CCZ 2010, S. 81–88.

Lackner, Karl/ Kühl, Kristian: Strafgesetzbuch, Kommentar, 27. Auflage, München 2011.

Ladiges, Manuel/ Glückert, Frank: Der Ganove und der Gärtner, in: Jura 2011, S. 552–557.

Lampe, Ernst-Joachim: Ingerenz oder dolus subsequens? in: ZStW 1960, S. 93–107.

Lampe, Ernst-Joachim: Das personale Unrecht, Berlin 1967.

Lampe, Ernst-Joachim: Die Problematik der Gleichstellung von Handeln und Unterlassen im Strafrecht, in: ZStW 1967, S. 476–514.

Lampe, Ernst-Joachim: Die Kausalität und ihre strafrechtliche Funktion, in: Dornseifer, Gerhard/ Horn, Eckhard/ Schilling, Georg/ Schöne, Wolfgang/ Struensee, Eberhard/ Zielinski, Diethart (Hrsg.): Gedächtnisschrift für Armin Kaufmann, Köln, Berlin, Bonn, München 1989, S. 189–212.

Lampe, Ernst-Joachim: Systemunrecht und Unrechtssysteme, in: ZStW 1994, S. 683–745.

Lampe, Ernst-Joachim: Zum Verhältnis von Handlungsunrecht und Handlungspflicht im Strafrecht, in: Eser, Albin/ Schittenhelm, Ulrike/ Schumann, Heribert (Hrsg.): Festschrift für Theodor Lenckner zum 70. Geburtstag, München 1998, S. 159–177.

Lampert, Thomas: Gestiegenes Unternehmensrisiko Kartellrecht – Risikoreduzierung durch Competition-Compliance-Programme, in: BB 2002, S. 2237–2243.

Lamprecht, Rolf: Obiter dictum – Arabeske oder Ballast? in: NJW 1998, S. 1039–1041.

von Landmann, Robert/ Rohmer, Gustav (Begr.): Umweltrecht – Kommentar, Loseblattsammlung, 67. Lieferung, München 2013.

Landscheidt, Christoph: Zur Problematik der Garantenpflichten aus verantwortlicher Stellung in bestimmten Räumlichkeiten – Zugleich ein Beitrag zur Gefahrenquellenverantwortlichkeit im Rahmen der unechten Unterlassungsdelikte, Berlin 1985.

Lang, Peter: Corporate Compliance – Verantwortung, Implementierungspflichten und Umsetzung in der unverbundenen Aktiengesellschaft, Hamburg 2013.

Langenbucher, Katja: Vorstandshaftund und Legalitätspflicht in regulierten Bereichen, in: ZBB 2013, S. 16–23.

Langenhahn, Sylvia: Die strafrechtliche Verantwortlichkeit des Compliance Officers im deutsch-österreichischen Rechtsvergleich, Salzburg 2012.

Langkeit, Jochen: Garantenpflicht der Mitglieder des Holding-Vorstandes auf Unterbindung von Straftaten der Geschäftsführer von Tochtergesellschaften, in: Dannecker, Gerhard/ Langer, Winrich/ Ranft, Otfried/ Schmitz, Roland/ Brammsen, Joerg (Hrsg.): Festschrift für Harro Otto zum 70. Geburtstag am 1. April 2007, Köln, Berlin, München 2007, S. 649–657.

Larenz, Karl: Methodenlehre der Rechtswissenschaft, 6. Auflage, Berlin 1991.

Laubenthal, Klaus: Privates Wissen und strafrechtliche Verantwortlichkeit von Polizeibeamten, in: Heinrich, Bernd/ Hilgendorf, Eric/ Mitsch, Wolfgang/ Sternberg-Lieben, Detlev (Hrsg.): Festschrift für Ulrich Weber zum 70. Geburtstag am 18. September 2004, Bielefeld 2004, S. 109–125.

Laue, Christian: Die strafrechtliche Verantwortlichkeit von Verbänden, in: Jura 2010, S. 339–346.

Laue, Jens C./ Brandt, Verena: Möglichkeiten und Grenzen des Outsourcing von Compliance-Aufgaben, in: BB 2016, S. 1002–1006.

Laufhütte, Heinrich Wilhelm/ Rissing-van Saan, Ruth/ Tiedemann, Klaus (Hrsg.): Leipziger Kommentar, Strafgesetzbuch, 12. Auflage, Berlin 2007.

Lebherz, Axel: Emittenten-Compliance – Organisation zur Sicherstellung eines rechtskonformen Publizitätsverhaltens, Baden-Baden 2008.

Lege, Micha Alexander: Strafbarkeitsbegründende Rechtspflichten zur Abwendung von Schäden durch gefährliche Produkte, insbesondere zum Rückruf rechtsgutsgefährdender Produkte, Tübingen 2002.

Lehmann, Matthias: Finanzinstrumente – Vom Wertpapier- und Sachenrecht zum Recht der unkörperlichen Vermögensgegenstände, Tübingen 2009.

Leipold, Klaus: Strafbarkeit von Unternehmen, in: NJW-Spezial 2008, S. 216–217.

Leipold, Klaus: Unternehmensstrafrecht – Eine rechtspolitische Notwendigkeit? in: ZRP 2013, S. 34–37.

Leipold, Klaus: Internal Investigations – Fluch und Segen zugleich? in: Lüderssen, Klaus/ Volk, Klaus/ Wahle, Eberhard (Hrsg.): Festschrift für Wolf Schiller zum 65. Geburtstag am 12. Januar 2014, Baden-Baden 2014, S. 418–429.

Leitner, Werner: Unternehmensstrafrecht in der Revision, in: StraFO 2010, S. 323–328.

Leitner, Werner: Unternehmensinterne Ermittlungen im Konzern, in: Lüderssen, Klaus/ Volk, Klaus/ Wahle, Eberhard (Hrsg.): Festschrift für Wolf Schiller zum 65. Geburtstag am 12. Januar 2014, Baden-Baden 2014, S. 430–447.

Lemke, Michael/ Mosbacher, Andreas: Ordnungswidrigkeitengesetz, Kommentar, 2. Auflage, Heidelberg 2006.

Lenckner, Theodor: Technische Normen und Fahrlässigkeit, in: Bockelmann, Paul/ Kaufmann, Arthur/ Klug, Ulrich (Hrsg.): Festschrift für Karl Engisch zum 70. Geburtstag, Frankfurt 1969, S. 490–508.

Lenze, Sebastian: Compliance, Internal Investigations und Beschuldigtenrechte – Mitarbeiterbefragungen im Rahmen unternehmensinterner Ermittlungen und die strafprozessuale Verwertbarkeit selbstbelastender Aussagen unter besonderer Berücksichtigung der Korruptionsfälle Siemens und MAN, Frankfurt am Main, Berlin, Bern, Bruxelles, New York, Oxford, Wien, 2014.

Lepsius, Oliver: Themen einer Rechtswissenschaftstheorie, in: Jestaedt, Matthias/ Lepsius, Oliver/ Möllers, Christoph/ Voßkuhle, Andreas (Hrsg.): Recht – Wissenschaft – Theorie – Standpunkte und Debatten, Tübingen 2008, S. 1–49.

Leuchten, Alexius: Der gesetzliche Schutz für Whistleblower rückt näher, in: ZRP 2012, S. 142–145.

Lewisch, Peter: Warum – und inwieweit – Compliance? in: Lewisch, Peter (Hrsg.): Zauberwort Compliance? – Grundlagen und aktuelle Anwendungsfragen, Wien 2012, S. 1–14.

Lewisch, Peter: Strafrecht und Compliance, in: Lewisch, Peter (Hrsg.): Zauberwort Compliance? – Grundlagen und aktuelle Anwendungsfragen, Wien 2012, S. 71–87.

Leyens, Patrick C.: Information des Aufsichtsrats – Ökonomisch-funktionale Analyse und Rechtsvergleichung zum englischen Board, Tübingen 2006.

Leyens, Patrick C.: Corporate Governance: Grundsatzfragen und Forschungsperspektiven, in: Allmendinger, Christoph/ Dorn, Friederike/ Lang, Thomas/ Lumpp, Stephanie/ Steffek, Felix (Hrsg.): Corporate Governance nach der Finanz- und Wirtschaftskrise – Vorbilder und Ziele eines modernen Wirtschaftsrechts, Tübingen 2011, S. 3–34.

Liese, Jens: Much Adoe About Nothing? oder: Ist der Vorstand einer Aktiengesellschaft verpflichtet, eine Compliance-Organisation zu implementieren? In: BB-Beilage 2008, S. 17–22.

Lilie, Hans: Garantenstellung für nahestehende Personen, in: JZ 1991, S. 541–546.

Lilie, Hans: Obiter dictum und Divergenzausgleich in Strafsachen – Ein Spannungsfeld zwischen Revisionsrecht und Gerichtsverfassungsrecht, Köln, Berlin, Bonn, München 1993.

Lindemann, Michael: Voraussetzungen und Grenzen legitimen Wirtschaftsstrafrechts – Eine Untersuchung zu den materiell- und prozessrechtlichen Problemen der strafrechtlichen Aufarbeitung von Wirtschaftskriminalität, Tübingen 2012.

Lindemann, Michael: Das Gemeinwohl als ambivalente Zielvorgabe für ein funktionstüchtiges Verfahren in Wirtschaftsstrafsachen, in: Kempf, Eberhard/ Lüderssen, Klaus/ Volk, Klaus (Hrsg.): Gemeinwohl im Wirtschaftsstrafrecht, Berlin, Boston 2013, S. 279–302.

Lindemann, Michael: Die strafrechtliche Geschäftsherrenhaftung und ihre Bedeutung für den Bereich der Criminal Compliance, in: JuS 2016, S. 1057–1062.

von Liszt, Franz: Lehrbuch des Deutschen Strafrechts, 25. Auflage, Berlin, Leipzig 1927.

Löffelmann, Markus: Der Entwurf eines Gesetzes zur Einführung der strafrechtlichen Verantwortlichkeit von Unternehmen und sonstigen Verbänden, in: JR 2014, S. 185–199.

Lösler, Thomas: Compliance im Wertpapierdienstleistungskonzern, Berlin 2003.

Lösler, Thomas: Das moderne Verständnis von Compliance im Finanzmarktrecht, in: NZG 2005, S. 104–108.

Lösler, Thomas: Spannungen zwischen der Effizienz der internen Compliance und möglichen Reporting-Pflichten des Compliance-Officers, in: WM 2007, S. 676–683.

Lösler, Thomas: Zu Rolle und Stellung des Compliance-Beauftragten, in: WM 2008, S. 1098–1104.

Lösler, Thomas: Die Mindestanforderungen an Compliance und die weiteren Verhaltens-, Organisations- und Transparenzpflichten nach §§ 31 ff. WpHG (MaComp) in: WM 2010, S. 1917–1923.

Löwisch, Manfred/ Caspers, Georg/ Klumpp, Steffen: Arbeitsrecht, 9. Auflage, München 2012.

Lohbeck, Andreas: Die Haftung in Verletzermehrheit und Verletzerkette – Unterlassung und Schadensersatz, dargestellt am Beispiel des Markenrechts, Tübingen 2014.

Lohse, Andrea: Unternehmerisches Ermessen – Zu den Aufgaben und Pflichten von Vorstand und Aufsichtsrat, Tübingen 2005.

Luden, Heinrich: Abhandlung aus dem gemeinen teutschen Strafrecht, Erster Band, Über den Versuch des Verbrechens, Göttingen 1836.

Luden, Heinrich: Abhandlung aus dem gemeinen teutschen Strafrecht, Zweiter Band, Über den Tatbestand des Verbrechens, Göttingen 1840.

Lück, Wolfgang: Compliance-Systeme & unternehmerische Eigenverantwortung – Kritische Anmerkungen zur Forderung der Einführung gesetzlicher Vorgaben für Compliance-Systeme, in: ZRFC 2015, S. 18–22.

Lück, Wolfgang: Elemente eines Risiko-Managementsystems – Die Notwendigkeit eines Risiko-Managementsystems durch den Entwurf eines Gesetzes zur Kontrolle und Transparenz im Unternehmensbereich (KonTraG) in: DB 1998, S. 8–14.

Lücke, Jörg: Der allgemeine Schuldausschliessungsgrund der Unzumutbarkeit als methodisches und verfassungsrechtliches Problem, in: JR 1975, S. 55–58.

Lüderssen, Klaus: Entkriminalisierung des Wirtschaftsrechts I, Baden-Baden 1998.

Lüderssen, Klaus: Gesellschaftsrechtliche Grenzen der strafrechtlichen Haftung des Aufsichtsrats, in: Dölling, Dieter (Hrsg.): Jus humanum – Grundlagen des Rechts und Strafrecht – Festschrift für Ernst-Joachim Lampe zum 70. Geburtstag, Berlin 2003, S. 727–742.

Lüderssen, Klaus: Die ewige Versuchung des Täterstrafrechts – Das Verhalten im Strafvollzug als Voraussetzung für vorbehaltene oder nachträgliche Sicherungsverwahrung, in: Kritische Justiz 2006, S. 361–367.

Lüderssen, Klaus: Entkriminalisierung des Wirtschaftsrechts II, Baden-Baden 2007.

Lüderssen, Klaus: Regulierung, Selbstregulierung und Wirtschaftsstrafrecht – Versuch einer interdisziplinären Systematisierung, in: Kempf, Eberhard/ Lüderssen, Klaus/ Volk, Klaus (Hrsg.): Die Handlungsfreiheit des Unternehmers – wirtschaftliche Perspektiven, strafrechtliche und ethische Schranken, Berlin 2009, S. 242–317.

Lüderssen, Klaus: Finanzmarktkrise, Risikomanagement und Strafrecht, in: StV 2009, S. 486–494.

Lüderssen, Klaus: Soziale Marktwirtschaft, Finanzmarktkrise und Wirtschaftsstrafrecht, in: Kempf, Eberhard/ Lüderssen, Klaus/ Volk, Klaus (Hrsg.): Die Handlungsfreiheit des Unternehmers – wirtschaftliche Perspektiven, strafrechtliche und ethische Schranken, Berlin 2009, S. 21–25.

Lüderssen, Klaus: Finanzmarktkrise, Risikomanagement und Strafrecht, in: Kempf, Eberhard/ Lüderssen, Klaus/ Volk, Klaus (Hrsg.): Die Finanzkrise, das Wirtschaftsstrafrecht und die Moral, Berlin, New York 2010, S. 211–235.

Lüderssen, Klaus: Methodenfragen im Umgang mit der „Sachlogik des Finanzmarkts" – Grenze oder Herausforderung juristischer Intervention, in: Kempf, Eberhard/ Lüderssen, Klaus/ Volk, Klaus (Hrsg.): Ökonomie versus Recht im Finanzmarkt, Berlin, Boston 2011, S. 241–295.

Lüderssen, Klaus: The aggregative Model: Jenseits von Fiktionen und Surrogaten, in: Kempf, Eberhard/ Lüderssen, Klaus/ Volk, Klaus (Hrsg.): Unternehmensstrafrecht, Berlin, Boston 2012, S. 79–110.

Lüderssen, Klaus: Demokratie und Gemeinwohl im Wirtschaftsstrafrecht – Strukturen der Argumentation, in: Kempf, Eberhard/ Lüderssen, Klaus/ Volk, Klaus (Hrsg.): Gemeinwohl im Wirtschaftsstrafrecht, Berlin, Boston 2013, S. 121–136.

Lüderssen, Klaus: Grenzen der Kriminalisierung gemeinwohlriskanten unternehmerischen Handelns im Rahmen regulierter Selbstregulierungen, in: Kempf, Eberhard/ Lüderssen, Klaus/ Volk, Klaus (Hrsg.): Gemeinwohl im Wirtschaftsstrafrecht, Berlin, Boston 2013, S. 259–276.

Lüderssen, Klaus: Abstrakte Gefährdungsdelikte und Resozialisierung, in: Hefendehl, Roland/ Hörnle, Tatjana/ Greco Luís (Hrsg.): Streitbare Strafrechtswissenschaft – Festschrift für Bernd Schünemann zum 70. Geburtstag am 1. November 2014, Berlin, Boston 2014, S. 435–443.

Lüderssen, Klaus: Entkriminalisierung des Wirtschaftsrechts III, Baden-Baden 2014.

Lüderssen, Klaus: Der archimedische Punkt der implikativen Unternehmensethik – Eine methodologische Fußnote, in: Lüderssen, Klaus/ Volk, Klaus/ Wahle, Eberhard (Hrsg.): Festschrift für Wolf Schiller zum 65. Geburtstag am 12. Januar 2014, Baden-Baden 2014, S. 474–492.

Lützeler, Martin/ Müller-Sartori, Patrick: Die Befragung des Arbeitnehmers – Auskunftspflicht oder Zeugnisverweigerungsrecht? in: CCZ 2011, S. 19–25.

Lutter, Marcus: Die Business Judgment Rule und ihre praktische Anwendung, in: ZIP 2007, S. 841–848.

Lutter, Marcus: Professionalisierung des Aufsichtsrats, in Allmendinger, Christoph/ Dorn, Friederike/ Lang, Thomas/ Lumpp, Stephanie/ Steffek, Felix (Hrsg.): Corporate Governance nach der Finanz- und Wirtschaftskrise – Vorbilder und Ziele eines modernen Wirtschaftsrechts, Tübingen 2011, S. 139–152.

Luzón, Diego-Manuel: Entschuldigung aus subjektiver strafrechtlicher Unzumutbarkeit, in: Hefendehl, Roland/ Hörnle, Tatjana/ Greco Luís (Hrsg.):

Streitbare Strafrechtswissenschaft – Festschrift für Bernd Schünemann zum 70. Geburtstag am 1. November 2014, Berlin, Boston 2014, S. 445–456.

Maas, Heiko: Wann darf der Staat strafen? in: NStZ 2015, S. 305–310.

Mahnhold, Thilo: Compliance und Arbeitsrecht- Insiderrechtliche Verhaltenskonzepte im nationalen und multinationalen Unternehmen, Frankfurt am Main, Berlin, Bern, Bruxelles, New York, Oxford, Wien, 2004.

Mähner, Nicolas Johann: Zur Garantenstellung aus Verantwortung für Räume und Grundstücke, Baden-Baden 2015.

Maier-Reimer, Georg: Schutzgesetze – Verhaltensnormen, Sanktionen und ihr Adressat, in: NJW 2007, S. 3157–3162.

Maiwald, Manfred: Literaturbericht zu: Kühne, Hans Heiner: Geschäftstüchtigkeit oder Betrug? Wettbewerbspraktiken im Lichte des § 263 StGB – zugleich ein Beitrag zur Problematik der unechten Unterlassungsdelikte, in: ZStW 1979, S. 967–987.

Maiwald, Manfred: Kausalität und Strafrecht – Studien zum Verhältnis von Naturwissenschaft und Jurisprudenz, Göttingen 1980.

Maiwald, Manfred: Grundlagenprobleme der Unterlassungsdelikte, in: JuS 1981, S. 473–483.

Maiwald, Manfred: Zur Leistungsfähigkeit des Begriffs „erlaubtes Risiko" für die Strafrechtssystematik, in: Vogler, Theo/ Herrman, Joachim/ Krümpelmann, Justus/ Moos, Reinhard/ Triffterer, Otto/ Leibinger, Rudolf/ Schaffmeister, Dieter/ Meyer, Jürgen/ Hünerfeld, Peter/ Behrend, Hans-Joachim (Hrsg.): Festschrift für Hans-Heinrich Jescheck zum 70. Geburtstag, Berlin 1985, S. 405–425.

Maiwald, Manfred: Risikoerhöhung oder an Sicherheit grenzende Wahrscheinlichkeit? – Rechtsvergleichende Bemerkungen zur „Kausalität" des Unterlassens, in: Hettinger, Michael/ Zopfs, Jan/ Hillenkamp, Thomas/ Köhler, Michael/ Rath, Jürgen/ Streng, Franz/ Wolter, Jürgen (Hrsg.): Festschrift für Wilfried Küper zum 70. Geburtstag, Heidelberg 2007, S. 329–345.

Maiwald, Manfred: Strafrecht als Rechtsgüterschutz – ein Auslaufmodell? – Zur Unverbrüchlichkeit des Rechtsgutsdogmas, in: Heinrich, Manfred/ Jäger, Christian / Achenbach, Hans/ Amelung, Knut/ Bottke, Wilfried/ Haffke, Bernhard/ Schünemann, Bernd/ Wolter, Jürgen (Hrsg.): Strafrecht als Scientia Universalis – Festschrift für Claus Roxin zum 80. Geburtstag am 15. Mai 2011, Berlin, New York 2011, S. 131–154.

Maiwald, Manfred: Viktimodogmatik und das Prinzip der Zumutbarkeit – am Beispiel der §§ 177 Abs. 1 Nr. 3 und 240 StGB, in: Heger, Martin/ Kelker, Brigitte/ Schramm, Edward (Hrsg.): Festschrift für Kristian Kühl zum 70. Geburtstag, München 2014, S. 539–552.

Malitz, Kirsten: Der untaugliche Versuch beim unechten Unterlassungsdelikt – Zum Strafgrund des Versuchs, Berlin 1998.

Mansdörfer, Marco: Zur Theorie des Wirtschaftsstrafrechts – Zugleich eine Untersuchung zu funktionalen Steuerungs- und Verantwortlichkeitsstrukturen bei ökonomischem Handeln, Heidelberg, München, Landsberg, Frechen, Hamburg 2011.

Mansdörfer, Marco/ Trüg, Gerson: Umfang und Grenzen der strafrechtlichen Geschäftsherrenhaftung – zugleich eine Besprechung von BGH, Urteil vom 20.10.2011 – 4 StR 71/11, in: StV 2012, S. 432–436.

Mansdörfer, Marco: Die Verantwortlichkeit der Unternehmensleitung bei geheimen Abstimmungen – Zur Zurechnung auf der Grundlage von Leitungsmacht, in: Freund, Georg/ Murmann, Uwe/ Bloy, René/ Perron, Walter (Hrsg.): Grundlagen und Dogmatik des gesamten Strafrechtssystems – Festschrift für Wolfgang Frisch zum 70. Geburtstag, Berlin 2013, S. 315–331.

Mansdörfer, Marco: „Zuwiderhandlungen" der „Entscheidungsträger" und „Verletzung von Verbandspflichten" – Dogmatische Inkonsistenzen im nordrhein-westfälischen Entwurf eines Verbandsstrafrechts, in: ZIS 2015, S. 23–31.

Mansdörfer, Marco: Die rechtsdogmatische Diskussion um ein Unternehmensstrafrecht im Kontext aktueller Corporate Governance, in: Jahn, Matthias/ Schmitt-Leonardy, Charlotte/ Schoop, Christian (Hrsg.): Das Unternehmensstrafrecht und seine Alternativen, Baden-Baden 2016, S. 113–133.

Marquadrt, Helmut/ von Danwitz, Klaus-Stephan: Die Zusammensetzung des Straftatenkatalogs der Nichtanzeige geplanter Straftaten in § 138 Abs. 1 StGB – Einige kritische Anmerkungen zu Tendenzen einer Ausweitung in der jüngsten Reformdiskussion, in: Rogall, Klaus/ Puppe, Ingeborg/ Stein, Ulrich/ Wolter, Jürgen (Hrsg.): Festschrift für Hans-Joachim Rudolphi zum 70. Geburtstag, München 2004, S. 497–509.

Marcuse, Herbert: Die Verbrechensfähigkeit der juristischen Person, in: GA 1917, S. 478–499.

Markfort, Rainer: Verantwortung der Geschäftsleitung für Compliance – Urteil des LG München I vom 10.12.2013 – Az.: 5 HKO 1387/10, in: ZRFC 2014, S. 180–184.

Martin, Johannes/ Zimmermann, Stefan: Corporate Governance im Prinzipal-Agenten-Verhältnis, in: Allmendinger, Christoph/ Dorn, Friederike/ Lang, Thomas/ Lumpp, Stephanie/ Steffek, Felix (Hrsg.): Corporate Governance nach der Finanz- und Wirtschaftskrise – Vorbilder und Ziele eines modernen Wirtschaftsrechts, Tübingen 2011, S. 81–105.

Martinek, Michael/ Semler, Franz-Jörg/ Habermeier, Stefan/ Flohr, Eckhard (Hrsg.): Handbuch des Vertriebsrechts, 3. Auflage, München 2010.

Maschke, Günter: Aufsichtspflichtverletzungen in Betrieben und Unternehmen, Baden-Baden 1997.

Maschmann, Frank: Corporate Compliance – Neue Herausforderungen für das Arbeitsrecht, in: AuA 2009, S. 72–77.

Maschmann, Frank: Compliance versus Datenschutz, in: NZA-Beilage 2012, S. 50–58.

Matt, Holger: Eigenverantwortlichkeit und Subjektives Recht im Notwehrrecht, in: NStZ 1993, S. 271–273.

Matthes-Wegfrass, Ines: Der Konflikt zwischen Eigenverantwortung und Mitverantwortung im Strafrecht – Eine kritische Untersuchung der gegenwärtigen Rechtsprechungspraxis zum Problembereich der Selbsttötung und Selbstgefährdung, Berlin 2013.

Matusche-Beckmann, Annemarie: Das Organisationsverschulden, Tübingen 2001.

Maume, Philipp/ Haffke, Lars: Whistleblowing als Teil der Unternehmenscompliance – Rechtlicher Rahmen und Best Practice, in: ZIP 2016, S. 199–207.

Maunz, Theodor/ Dürig, Günter (Begr.): Grundgesetz – Kommentar, 69. Ergänzungslieferung, München 2013.

Maurach, Reinhart/ Gössel, Karl Heinz/ Zipf, Heinz: Strafrecht Allgemeiner Teil – Teilband 2 – Erscheinungsformen des Verbrechens und Rechtsfolgen der Tat – Ein Lehrbuch, 6. Auflage, Heidelberg 1984.

Mayer, Michael: Die strafrechtliche Rückrufpflicht des pharmazeutischen Unternehmers, in: PharmR 2008, S. 236–252.

Mayer, Ulrich: Die besonderen Tatbestandsmerkmale der unechten Unterlassungsdelikte, Berlin 1933.

Meier, Bernd-Dieter: Verbraucherschutz durch Strafrecht? Überlegungen zur strafrechtlichen Produkthaftung nach der „Lederspray"-Entscheidung des BGH, in: NJW 1992, S. 3193–3199.

Meier, Hans-Georg: Der Arbeitsvertrag des Compliance-Beauftragten – Rechtliche Notwendigkeiten und Möglichkeiten, in: NZA 2011, S. 779–782.

Meier-Greve, Daniel: Zur Unabhängigkeit des sog. Compliance Officers, in: CCZ 2010, S. 216–221.

Meliá, Manuel Cancio: Zum Unrecht der kriminellen Vereinigung: Gefahr und Bedeutung, in: Pawlik, Michael/ Zaczyk, Raniner (Hrsg.): Festschrift für Günther Jakobs zum 70. Geburtstag am 26. Juli 2006, Köln, Berlin, München 2007, S. 27–52.

Meinberg, Volker: Amtsträgerstrafbarkeit bei Umweltbehörden, in: NJW 1986, S. 2220–2228.

Mengel, Anja/ Hagermeister, Volker: Compliance und Arbeitsrecht, BB 2006, S. 2466–2471.

Mengel, Anja/ Hagermeister, Volker: Compliance und arbeitsrechtliche Implementierung im Unternehmen – Fortsetzung des Beitrags ‚Compliance und Arbeitsrecht', in: BB 2007, S. 1386–1393.

Mengel, Anja: Arbeitsrechtliche Besonderheiten der Implementierung von Compliance-Programmen in internationalen Konzernen, in: CCZ 2008, S. 85–91.

Mengel, Anja: Arbeitsrechtliche Aspekte eines Compliance-Programms, in: PersF 2008, S. 90–92.

Mengel, Anja: Compliance und Arbeitsrecht, Implementierung, Durchsetzung, Organisation, München 2009.

Mengel, Anja: Der Gesetzesentwurf der SPD-Fraktion zum Whistleblowing, in: CCZ 2012, S. 146–155.

Menzies, Christof: Sarbanes-Oxley und Corporate Compliance: Nachhaltigkeit, Optimierung, Integration, München 2009.

Merkel, Adolf: Kriminalistische Abhandlungen, Leipzig 1867.

Merkel, Reinhard: Die Abgrenzung von Handlungs- und Unterlassungsdelikt – Altes, Neues, Ungelöstes, in: Putzke, Holm/ Hardtung, Bernhard/ Tajana, Hörnle/ Merkel, Reinhard/ Scheinfeld, Jörg/ Schlehofer, Horst/ Seier, Jürgen (Hrsg.): Strafrecht zwischen System und Telos – Festschrift für Rolf Herzberg zum siebzigsten Geburtstag am 14. Februar 2008, Tübingen 2008, S. 193–223.

Merkt, Hanno: Der Syndikusanwalt und Corporate Governance, in: NJW 2014, S. 2310–2315.

Merkt, Hanno: Compliance und Risikofrüherkennung in kleinen und mittleren Unternehmen, in: ZIP 2014, S. 1075–1714.

Meurer, Dieter: Grundkurs Strafrecht – Allgemeiner Teil, 4. Auflage, Marburg 1999.

Meyer-Bahlburg, Hartwig: Beitrag zur Erörterung der Unterlassungsdelikte – Um echte und unechte Unterlassungsdelikte, Hamburg 1962.

Meyer, Dieter: Anstiftung zum Unterlassen, MDR 1975, S. 286–288.

Meyer, René: Die Garantenstellung beim unechten Unterlassungsdelikt, Zürich 1972.

Meyer-Goßner, Lutz: Strafprozessordnung – Gerichtsverfassungsgesetz, Nebengesetze und ergänzende Bestimmungen, 58. Auflage, München 2015.

Michalke, Regina: Neue Garantenpflichten? – oder: Haftung des Compliance-Officers – Das obiter dictum des BGH und die Folgen (auch) für die anwaltliche Dienstleistung, in: AnwBl. 2009, S. 666–670.

Michalke, Regina: Untreue – neue Vermögensbetreuungspflichten durch Compliance-Regeln, in: StV 2011, S. 245–251.

Michalke, Regina: Compliance oder die gute „alte“ Eigenmesskontrolle im Umweltstrafrecht, in: Lüderssen, Klaus/ Volk, Klaus/ Wahle, Eberhard (Hrsg.): Festschrift für Wolf Schiller zum 65. Geburtstag am 12. Januar 2014, Baden-Baden 2014, S. 493–505.

Michalski, Lutz (Hrsg.): Kommentar zum Gesetz betreffend die Gesellschaften mit beschränkter Haftung (GmbH-Gesetz) 2. Auflage, München 2010.

Mitsch, Wolfgang: Mitwirkung am versuchten Schwangerschaftsabbruch (an) einer Nichtschwangeren im Ausland, in: Jura 1989, S. 193–199.

Mitsch, Wolfgang: Anmerkung zu BGH, Urteil vom 29.10.1992 - 4 StR 358/92, in: NStZ 1993, S. 383–385.

Mitsch, Wolfgang: Recht der Ordnungswidrigkeiten, 2. Auflage, Berlin, Heidelberg, New York 2005.

Mittelsdorf, Kathleen: Zur Reichweite individueller strafrechtlicher Verantwortung im Unternehmen für Fehlverhalten von unterstellten Mitarbeitern, in: ZIS 2011, S. 123–128.

Modlinger, Florian: Brauchen wir zur Korruptionsbekämpfung ein Unternehmensstrafrecht? Hamburg 2010.

Möllers, Thomas M. J.: Rechtsgüterschutz im Umwelt- und Haftungsrecht - Präventive Verkehrspflichten und Beweiserleichterungen in Risikolagen, Tübingen 1996.

Möstl, Markus: Die staatliche Garantie für die öffentliche Sicherheit und Ordnung - Sicherheitsgewährleistung im Verfassungsstaat, im Bundesstaat und in der Europäischen Union, Tübingen 2002.

Moll, Wilhelm (Hrsg.): Münchener Anwaltshandbuch – Arbeitsrecht 3. Auflage, München 2012.

Momsen, Carsten: Die Zumutbarkeit als Begrenzung strafrechtlicher Pflichten, Baden-Baden 2006.

Momsen, Carsten: Neutrale Verhaltensweisen und Unterlassungen im Insiderstrafrecht, in: Bloy, René/ Böse, Martin/ Hillenkamp, Thomas/ Momsen, Carsten/ Rackow, Peter (Hrsg.): Gerechte Strafe und legitimes Strafrecht – Festschrift für Manfred Maiwald zum 75. Geburtstag, Berlin 2010, S. 561–584.

Momsen, Carsten: Der „Compliance-Officer“ als Unterlassungsgarant – Ein neues Zurechnungsmodell oder ein weiterer Schritt auf dem Weg der Evaporation von Zurechnungsparameter?, in: Paeffgen, Hans-Ullrich/ Böse, Martin/ Kindhäuser, Urs/ Stübinger, Stephan/ Verrel, Thorsten/ Zaczyk, Rainer (Hrsg.): Strafrechtswissenschaft als Analyse und Konstruktion – Festschrift für Ingeborg Puppe zum 70. Geburtstag, Berlin 2011, S. 751–767.

Momsen, Carsten: Internal Investigations zwischen arbeitsrechtliche Mitwirkungspflicht und strafprozessualer Selbstbelastungsfreiheit, in: ZIS 2011, S. 508–516.

Momsen, Carsten/ Grützner, Thomas: Wirtschaftsstrafrecht – Handbuch für die Unternehmens- und Anwaltspraxis, München 2013.

Momsen, Carsten: Criminal Compliance und Internal Investigations – Haftungsrisiken aus materieller und prozessualer Sicht, in: Thomas, Rotsch (Hrsg.): Criminal Compliance vor den Aufgaben der Zukunft, Baden-Baden 2013, S. 47–64.

Moos, Reinhard: Der allgemeine übergesetzliche Entschuldigungsgrund der Unzumutbarkeit in Deutschland und Österreich, in: ZStW 2004, S. 891–914.

Moosmayer, Klaus: Qualifikation und Aufgaben des Compliance Officers – Der Compliance Officer im Unternehmen: ein neues Tätigkeitsfeld – gerade auch für Anwälte? in: AnwBl. 2010, S. 634–636.

Moosmayer, Klaus: Modethema oder Pflichtprogramm guter Unternehmensführung? – Zehn Thesen zu Compliance, in: NJW 2012, S. 3013–3017.

Moosmayer, Klaus/ Gropp-Stadler, Susanne: Der Diskussionsentwurf des Bundesministeriums der Justiz zur Änderung der §§ 30, 130 OWiG: Ein Zwischenruf, in: NZWiSt 2012, S. 241–243.

Moosmayer, Klaus: Compliance – Ein Praxisleitfaden für Unternehmen, 2. Auflage, München 2012.

Moosmayer, Klaus: Compliance-Risikoanalyse – Praxisleitfaden für Unternehmen, München 2015.

Moosmayer, Klaus: Mut zur Compliance, in: CCZ 2015, S. 50–52.

Mosbacher, Andreas/ Dierlamm, Alfred: Entscheidungsanmerkung zu BGH, Urteil vom 17.07.2009 – 5 StR 394/08, in: NStZ 2010, S. 268–270.

Mosenheuer, Andreas: Unterlassen und Beteiligung – Zur Abgrenzung von Täterschaft und Teilnahme bei Unterlassungsdelikten, Berlin 2009.

Mülbert, Peter O.: Rechtliche Grenzen der Optimierung – das gesellschaftsrechtliche erlaubte Risiko, in: Kempf, Eberhard/ Lüderssen, Klaus/ Volk, Klaus (Hrsg.): Ökonomie versus Recht im Finanzmarkt, Berlin, Boston 2011, S. 85–93.

Müller, Ekkehard: Die Stellung der juristischen Person im Ordnungswidrigkeitenrecht, Köln 1985.

Müller, Friedrich/ Christensen, Ralph: Juristische Methodik, Band I, Grundlegung für die Arbeitsmethoden der Rechtspraxis, 10. Auflage, Berlin 2009.

Müller, Michael: Whistleblowing – Ein Kündigungsgrund? in: NZA 2002, S. 427–437.

Müller-Gugenberger/ Bieneck, Klaus (Hrsg.): Wirtschaftsstrafrecht, Handbuch des Wirtschaftsstraf- und -ordnungswidrigkeitenrechts, 5. Auflage, Köln 2011.

Mues, Werner M./ Eisenbeis, Ernst/ Laber, Jörg (Hrsg.): Handbuch Kündigungsrecht, 2. Auflage, Köln 2010.

Müssig, Bernd: Schutz abstrakter Rechtsgüter und abstrakter Rechtsgüterschutz – Zu den materiellen Konstitutionskriterien sog. Universalrechtsgüter und deren normentheoretischen Fundament – am Beispiel der Rechtsgutbestimmung für die §§ 129, 129a und 324 StGB, Frankfurt am Main, Berlin, Bern, New York, Paris, Wien 1994.

Müssig, Bernd: Rechtsgüter und Gemeinwohl, in: Kempf, Eberhard/ Lüderssen, Klaus/ Volk, Klaus (Hrsg.): Gemeinwohl im Wirtschaftsstrafrecht, Berlin, Boston 2013, S. 149–175.

Mutschler-Siebert, Annette/ Dorschfeldt, Dorian: Vergaberechtliche Selbstreinigung und kartellrechtliche Compliance – zwei Seiten einer Medaille, in: BB 2015, S. 642–650.

Murmann, Uwe: Tatherrschaft durch Weisungsmacht, in: GA 1996, S. 269–281.

Murmann, Uwe: Die Selbstverantwortung des Opfers im Strafrecht, Berlin, Heidelberg 2005.

Murmann, Uwe: Beteiligung durch Unterlassen, in: Fahl, Christian/ Müller, Eckhart/ Satzger, Helmut/ Swoboda, Sabine (Hrsg.): Ein menschengerechtes Strafrecht als Lebensaufgabe – Festschrift für Werner Beulke zum 70. Geburtstag, Heidelberg 2015, S. 181–195.

Nagler, Johannes: Die Problematik der Begehung durch Unterlassen, in: GS 1938, S. 1–121.

Nattkemper, Kristina: Die Untreuestrafbarkeit des Vorstandes einer Aktiengesellschaft, Berlin 2013.

Naucke, Wolfgang: Der Begriff der politischen Wirtschaftsstraftat – Eine Annäherung, Berlin 2012.

Nauheim, Markus/ Goette, Constantin: Managerhaftung im Zusammenhang mit Unternehmenskäufen –Anmerkungen zur Business Judgment Rule aus der M&A-Praxis, in: DStR 2013, S. 2520–2526.

Navarrete, Miguel Polaino: Rechtsgüterschutz versus Bestätigung der Normgeltung? in: Heinrich, Manfred/ Jäger, Christian / Achenbach, Hans/ Amelung, Knut/ Bottke, Wilfried/ Haffke, Bernhard/ Schünemann, Bernd/ Wolter, Jürgen (Hrsg.): Strafrecht als Scientia Universalis – Festschrift für Claus Roxin zum 80. Geburtstag am 15. Mai 2011, Berlin, New York 2011, S. 170–182.

Nell, Mathias: Korruptionsbekämpfung ja – aber richtig! – Reformüberlegungen zur Unternehmenshaftung nach OWiG, in: ZRP 2008, S. 149–151.

Neubacher, Frank: Der halbherzige Rücktritt in der Rechtsprechung des BGH – Zugleich eine Besprechung der Entscheidung vom 20.12.2002 – 2 StR 251/02, in: NStZ 2003, S. 576–581.

Neufeld, Tobias/ Hitzelberger-Kijima, Yukiko: Compliance im öffentlichen Dienst – Teil 1: Notwendigkeit und Aufbau eines Compliance-Management-Systems, in: öAT 2015, S. 23–26.

Neuhaus, Ralf: Compliance-Systeme und Vorfeldermittlungen, in: Kempf, Eberhard/ Lüderssen, Klaus/ Volk, Klaus (Hrsg.): Die Finanzkrise, das Wirtschaftsstrafrecht und die Moral, Berlin, New York 2010, S. 348–360.

Neumann, Ulfrid: Der Rechtfertigungsgrund der Kollision von Rettungsinteressen – Rechte, Pflichten und Interessen als Elemente der rechtfertigenden „Pflichtenkollision", in: Schünemann, Bernd/ Achenbach, Hans/ Bottke, Wilfried/ Haffke, Bernhard/ Rudolphi, Hans-Joachim (Hrsg.): Festschrift für Claus Roxin zum 70. Geburtstag am 15. Mai 2011, Berlin, New York 2001, S. 421–439.

Neumann, Ulfrid: Strafrechtliche Verantwortlichkeit von Verbänden – rechtstheoretische Prolegomena, in: Kempf, Eberhard/ Lüderssen, Klaus/ Volk, Klaus (Hrsg.): Unternehmensstrafrecht, Berlin, Boston 2012, S. 13–20.

Neumann, Ulfrid: Die Rechtsprechung im Kontext des verfassungsgerichtlichen Prüfungsprogramms zu Art. 103 Abs. 2 GG (Rückwirkungsverbot, Analogieverbot, Bestimmtheitsgebot) – Überlegungen im Anschluss an die Entscheidung des Bundesverfassungsgerichts zum „Präzisierungsgebot" (BVerfGE 126, 170) in: Fahl, Christian/ Müller, Eckhart/ Satzger, Helmut/ Swoboda, Sabine (Hrsg.): Ein menschengerechtes Strafrecht als Lebensaufgabe – Festschrift für Werner Beulke zum 70. Geburtstag, Heidelberg 2015, S. 197–211.

Nickel, Egbert: Die Problematik der unechten Unterlassungsdelikte im Hinblick auf den Grundsatz „nullum crimen sine lege" (Art. 103 Abs. 2 GG): eine straf- und verfassungsrechtliche Studie, Berlin 1972.

Nießen, Tobias: Der Aufsichtsrat in der GmbH, in: NJW-Spezial 2008, S. 367–368.

Nietsch, Michael: Die Garantenstellung von Geschäftsleitern im Außenverhältnis, in: CCZ 2013, S. 192–198.

Nietsch, Michael/ Hastenrath, Katharina: Business-Judgement bei Compliance-Entscheidungen – ein Ausweg aus der Haftungsfalle? Teil 1, in: CB2015, S. 177–182.

Nikolaus, Sonja C.: Die Begründung und Beendigung der Garantenstellung in der Familie – zugleich Besprechung von LG Kiel, NStZ 2004, 157 und BGH, JA 2004, 354, in: JA 2005, S. 605–612.

Nitze, Paul: Die Bedeutung der Entsprechungsklausel beim Begehen durch Unterlassen (§ 13 StGB) Berlin 1989.

Nolte, Norbert/ Becker, Thomas: IT-Compliance, in: Betriebs Berater Beilage 2008 S. 23–27.

Nowak, Eric/ Rott, Roland/ Mahr, Till G.: Wer den Kodex nicht einhält, den bestraft der Kapitalmarkt? Eine empirische Analyse der Selbstregulierung und

Kapitalmarktrelevanz des Deutschen Corporate Governance Kodex, in: ZGR 2005, S. 252–279.

Odenthal, Hans-Jörg: Anmerkungen zum Entwurf eines Verbandsstrafgesetzbuches, in: Ahlbrecht, Heiko/ Dann, Matthias/ Wessing, Helga/ Frister, Helmut/ Bock, Dennis (Hrsg.): Unternehmensstrafrecht – Festschrift für Jürgen Wessing zum 65. Geburtstag, München 2015, S. 19–31.

Odersky, Walter: Zur strafrechtlichen Verantwortlichkeit für Gewässerverunreinigungen, in: Jescheck, Hans Heinrich/ Vogler, Theo: Festschrift für Herbert Tröndle zum 70. Geburtstag am 24. August 1989, Berlin, New York 1989, S. 291–304.

Oehler, Dietrich: Konkurrenz von unechtem und echtem Unterlassungsdelikt – BGHST 14, 282, in: JuS 1961, S. 154–156.

Oertle, Markus: Die Geschäftsherrenhaftung im Strafrecht – unter besonderer Berücksichtigung von Art. 6 Abs. 2 des Bundesgesetzes über das Verwaltungsstrafrecht (VStrR) Zürich 1996.

Oesterle, Jörg: Die Beschlagnahme anwaltlicher Unterlagen und ihre Bedeutung für die Compliance-Organisation von Unternehmen, Berlin 2016.

Ohly, Ansgar: Einwilligung und „Einheit der Rechtsordnung“, in: Pawlik, Michael/ Zaczyk, Raniner (Hrsg.): Festschrift für Günther Jakobs zum 70. Geburtstag am 26. Juli 2006, Köln, Berlin, München 2007, S. 451–468.

Ohrtmann, Nicola/ Gimnich, Martin: Compliance – Praxishandbuch für öffentliche Unternehmen, 2. Auflage, Köln 2013.

Ohrtmann, Nicola: Compliance – Anforderungen an rechtskonformes Verhalten öffentlicher Unternehmen, Köln 2009.

Olbertz, Klaus: Gestaltung des Anstellungsvertrags – Der Compliance-Beauftragte, in: AuA 2014, S. 400–403.

Oppenheim, Robert: Die Pflicht des Vorstands zur Einrichtung einer auf Dauer angelegten Compliance-Organisation – Zugleich Besprechung von LG München I, Urteil vom 10. 12. 2013, 5 HK 1387/10, in: DStR 2014, S. 1063–1066.

Ordeig, Enrique Gimbernat: Das unechte Unterlassungsdelikt, in: ZStW 1999, S. 307–334.

Ordeig, Enrique Gimbernat: Unechte Unterlassung und Risikoerhöhung im Unternehmensstrafrecht, in: Schünemann, Bernd/ Achenbach, Hans/ Bottke, Wilfried/ Haffke, Bernhard/ Rudolphi, Hans-Joachim (Hrsg.): Festschrift für Claus Roxin zum 70. Geburtstag, Berlin, New York 2001, S. 651–663.

Ortmann, Rudolf: Ueber die Begehung der Verbrechen durch Unterlassung, GS 1875, S. 439–454.

Ortmann, Rudolf: Ein Schlußwort über Begehung von Verbrechen durch Unterlassung, GS 1875, S. 209–218.

Ostendorf, Heribert: Grundzüge des konkreten Gefährdungsdelikts, in: JuS 1982, S. 426–433.

Otto, Harro: Buchbesprechungen von Schünemann, Bernd: Grund und Grenzen der unechten Unterlassungsdelikte – Zugleich ein Beitrag zur strafrechtlichen Methodenlehre, Göttingen 1971 und Herzberg Rolf Dietrich: Die Unterlassung im Strafrecht und das Garantenprinzip, Berlin, New York 1972, in: MschKrim 1974, S. 123–125.

Otto, Harro: Vorangegangenes Tun als Grundlage strafrechtlicher Haftung, in: NJW 1974, S. 528–535.

Otto, Harro: Personales Unrecht, Schuld und Strafe, in: ZStW 1975, S. 539–597.

Otto, Harro: Konzeption und Grundsätze des Wirtschaftsstrafrechts (einschließlich Verbraucherschutz) in: ZStW 1984, S. 339–375.

Otto, Harro/ Brammsen, Joerg: Die Grundlage der strafrechtlichen Haftung des Garanten wegen Unterlassens (I) in: Jura 1985, S. 530–542.

Otto, Harro/ Brammsen, Joerg: Die Grundlage der strafrechtlichen Haftung des Garanten wegen Unterlassens (II) in: Jura 1985, S. 592–602.

Otto, Harro/ Brammsen, Joerg: Die Grundlage der strafrechtlichen Haftung des Garanten wegen Unterlassens (II) in: Jura 1985, S. 646–654.

Otto, Harro: Täterschaft, Mittäterschaft, mittelbare Täterschaft, in: Jura 1987, S. 246–258.

Otto, Harro: Die Strafbarkeit von Unternehmen und Verbänden, Berlin, New York 1993.

Otto, Harro: Das strafrechtliche Risiko der gesetzlichen Vertreter und Geldwäschebeauftragten der Kreditinstitute nach dem Geldwäschegesetz, in: wistra 1995, S. 323–328.

Otto, Harro: Die Haftung für kriminelle Unternehmen, in: Jura 1998, S. 409–418.

Otto, Harro: Die strafrechtliche Haftung für die Auslieferung gefährlicher Produkte, in: Weigend, Thomas/ Küpper, Georg (Hrsg.): Festschrift für Hans Joachim Hirsch zum 70. Geburtstag am 11. April 1999, Berlin, New York 1999, S. 291–312.

Otto, Harro: Täterschaft kraft organisatorischen Machtapparates, in: Jura 2001, S. 753–759.

Otto, Harro: Ingerenz und Verantwortlichkeit, in: Dölling, Dieter/ Erb, Volker (Hrsg.): Festschrift für Karl Heinz Gössel zum 70. Geburtstag am 16. Oktober 2002, Heidelberg 2002, S. 99–116.

Otto, Harro: Die Unterbrechung des Zurechnungszusammenhangs als Problem der Verantwortungszuschreibung, in: Dölling, Dieter (Hrsg.): Jus humanum – Grundlagen des Rechts und Strafrecht – Festschrift für Ernst-Joachim Lampe zum 70. Geburtstag, Berlin 2003, S. 491–513.

Otto, Harro: Grundkurs Strafrecht – Allgemeine Strafrechtslehre, 7. Auflage, Berlin, New York 2004.

Otto, Harro: Die strafrechtliche Verantwortung für die Verletzung von Sicherungspflichten in Unternehmen, in: Hoyer, Andreas/ Müller, Ernst Henning/ Pawlik, Michael/ Wolter, Jürgen: Festschrift für Friedrich-Christian Schroeder zum 70. Geburtstag, Heidelberg 2006, S. 339–356.

Otto, Harro: Entwicklung im Rahmen der Garantenstellung aus enger menschlicher Verbundenheit, in: Putzke, Holm/ Hardtung, Bernhard/ Tajana, Hörnle/ Merkel, Reinhard, Scheinfeld, Jörg/ Schlehofer, Horst/ Seier, Jürgen (Hrsg.): Strafrecht zwischen System und Telos – Festschrift für Rolf Herzberg zum siebzigsten Geburtstag am 14. Februar 2008, Tübingen 2008, S. 255–273.

Otto, Harro: Das Problem der Abgrenzung von Tun und Unterlassen, in: Jura 2010, S. 549–550.

Otto, Harro: Solidarität als Rechtsbegriff, in: Heger, Martin/ Kelker, Brigitte/ Schramm, Edward (Hrsg.): Festschrift für Kristian Kühl zum 70. Geburtstag, München 2014, S. 341–362.

Otto, Sven-Joachim/ Fonk, Christian F.: Haftung und Corporate Compliance in der öffentlichen Wirtschaft – Aspekte der Haftungsvermeidung aus Sicht kommunaler Unternehmen – in: CCZ 2012, S. 161–172.

Paeffgen, Hans-Ulrich: Das „Rechtsgut" – ein obsoleter Begriff? in: Zöller, Mark A./ Hilger, Hans/ Küper, Wilfried/ Roxin, Claus (Hrsg.): Gesamte Strafrechtswissenschaft in internationaler Dimension – Festschrift für Jürgen Wolter zum 70. Geburtstag am 7. September 2013, Berlin 2013, S. 125–165.

Pahlke, Anne-Kathrin: Risikomanagement nach KonTraG – Überwachungspflichten und Haftungsrisiken für den Aufsichtsrat, in: NJW 2002, S. 1680–1688.

Palandt, Otto (Begr.): Bürgerliches Gesetzbuch – Kommentar, 74. Auflage, München 2015.

Paliero, Carlo Enrico: Das Organisationsverschulden, in: Sieber, Ulrich/ Dannecker, Gerhard/ Kindhäuser, Urs/ Vogel, Joachim/ Walter, Tonio (Hrsg.): Strafrecht und Wirtschaftsstrafrecht – Dogmatik, Rechtsvergleichung, Rechtstatsachen – Festschrift für Klaus Tiedemann zum 70. Geburtstag, München 2008, S. 503–525.

Pampel, Gunnar: Die Bedeutung von Compliance-Programmen im Kartellordnungswidrigkeitenrecht, in: BB 2007, S. 1636–1639.

Pant, Michael: Angst ist ein schlechter Ratgeber – Anmerkungen eines langjährigen Unternehmensjuristen zur Haftung von Organmitgliedern, in: VersR 2004, S. 690–696.

Pape, Jonas: Zur Wirksamkeit von Corporate Compliance, in: CCZ 2009, S. 233–236.

Pape, Jonas: Corporate Compliance – Rechtspflicht zur Verhaltenssteuerung von Unternehmensangehörigen in Deutschland und den USA, Berlin 2011.

Passarge, Malte: Risiken und Chancen mangelhafter Compliance in der Unternehmensinsolvenz, in: NZI 2009, S. 86–91.

Passarge, Malte/ Behringer, Stefan (Hrsg.): Handbuch Compliance international – Recht und Praxis der Korruptionsprävention, Berlin 2015.

Passarge, Malte: Compliance bei Unternehmen der öffentlichen Hand, in: NVwZ 2015, S. 252–257.

Patzina, Reinhard/ Bank, Stefan/ Schwimmer, Dieter/ Simon-Widmann, Michaele: Haftung von Unternehmensorganen – Vorstände, Aufsichtsräte, Geschäftsführer, München 2010.

Pawlik, Michael: Unterlassene Hilfeleistung – Zuständigkeitsbegründung und systematische Struktur, in: GA 1995, S. 360–372.

Pawlik, Michael: Der Polizeibeamte als Garant zur Verhinderung von Straftaten, in: ZStW 1999, S. 335–356.

Pawlik, Michael: Das unerlaubte Verhalten beim Betrug, Köln, Berlin, Bonn, München, 1999.

Pawlik, Michael: Der rechtfertigende Notstand – Zugleich ein Beitrag zum Problem strafrechtlicher Solidaritätspflichten, Berlin, New York 2002.

Pawlik, Michael: Person, Subjekt, Bürger – Zur Legitimation von Strafe, Berlin 2004.

Pawlik, Michael: Strafrechtswissenschaftstheorie, in: Pawlik, Michael/ Zaczyk, Raniner (Hrsg.): Festschrift für Günther Jakobs zum 70. Geburtstag am 26. Juli 2006, Köln, Berlin, München 2007, S. 469–495.

Pawlik, Michael: „Das dunkelste Kapitel in der Dogmatik des Allgemeinen Teils" – Bemerkungen zur Lehre von den Garantenpflichten, in: Heinrich, Manfred/ Jäger, Christian / Achenbach, Hans/ Amelung, Knut/ Bottke, Wilfried/ Haffke, Bernhard/ Schünemann, Bernd/ Wolter, Jürgen (Hrsg.): Strafrecht als Scientia Universalis – Festschrift für Claus Roxin zum 80. Geburtstag am 15. Mai 2011, Berlin, New York 2011, S. 931–946.

Pawlik, Michael: Das Unrecht des Bürgers – Grundlinien der Allgemeinen Verbrechenslehre, Tübingen 2012.

Pawlik, Michael: Erlaubte aktive Sterbehilfe? Neuere Entwicklungen in der Auslegung von § 216 StGB, in: Zöller, Mark A./ Hilger, Hans/ Küper, Wilfried/

Roxin, Claus (Hrsg.): Gesamte Strafrechtswissenschaft in internationaler Dimension – Festschrift für Jürgen Wolter zum 70. Geburtstag am 7. September 2013, Berlin 2013, S. 627–642.

Pawlik, Michael: Einseitige Therapiebegrenzung und Autonomiegedanke – Über die Kehrseite einer Emanzipationsformel, in: Freund, Georg/ Murmann, Uwe/ Bloy, René/ Perron, Walter (Hrsg.): Grundlagen und Dogmatik des gesamten Strafrechtssystems – Festschrift für Wolfgang Frisch zum 70. Geburtstag, Berlin 2013, S. 697–709.

Peemöller, Volker H. P/ Reinel-Neumann, Birgit: Corporate Governance und Corporate Compliance im Akquisitionsprozess, in: BB 2009, S. 206–210.

Peglau, Jens: Unbeantwortete Fragen der Strafbarkeit von Personenverbänden, in: ZRP 2001, S. 406–409.

Pelz, Christian: We observe local law – Strafrechtskonflikte in internationalen Compliance-Programmen, in: Thomas, Rotsch (Hrsg.): Criminal Compliance vor den Aufgaben der Zukunft, Baden-Baden 2013, S. 165–180.

Peper, Wiebke: Compliance- und Geldwäsche-Beauftragte: Effektivität durch interdisziplinäre Zusammenarbeit, in: ZFGK 2012, S. 554–556.

Perdomo-Torres, Jorge F.: Garantenpflichten aus Vertrautheit, Berlin 2006.

Perdomo-Torres, Jorge F.: Das Begehen durch Unterlassen im positiven Recht, in: Pawlik, Michael/ Zaczyk, Raniner (Hrsg.): Festschrift für Günther Jakobs zum 70. Geburtstag am 26. Juli 2006, Köln, Berlin, München 2007, S. 497–513.

Petermann, Stefan: Die Bedeutung von Compliance-Maßnahmen für die Sanktionsbegründung und -bemessung im Vertragskonzern, Baden-Baden 2013.

Petermann, Stefan: Konzernweite Compliance-Maßnahmen und die angezogenen unternehmensstrafrechtlichen „Daumenschrauben", in: Eisele, Jörg/ Koch, Jens/ Theile, Hans (Hrsg.): Der Sanktionsdurchgriff im Unternehmensverbund, Tübingen 2014, S. 99–136.

Petermann, Stefan: Betriebliche Gefahren als Grundlage einer Überwachungsgarantenstellung des Betriebsinhabers – Einige Überlegungen aus Anlaß des „Geschäftsherrenhaftung" -Urteils, in: Lüderssen, Klaus/ Volk, Klaus/ Wahle, Eberhard (Hrsg.): Festschrift für Wolf Schiller zum 65. Geburtstag am 12. Januar 2014, Baden-Baden 2014, S. 538–547.

Peters, Karl: Bemerkungen zur Rechtfertigung der Oberlandesgerichte zur Wehrdienstverweigerung aus Gewissensgründen – Besprechung des Urteils des OLG Hamm vom 15. Oktober 1965, in: JZ 1966, S. 457–461.

Peters, Sebastian/ Hammes, Philipp-Gerald: Neuralgische Punkte des Entwurfs zum Gesetz eines Unternehmensstrafrechts – Aktuelles zum Stand der Dinge, in: ZWH 2015, S. 49–57.

Pfleiderer, Klaus: Die Garantenstellung aus vorangegangenem Tun, Berlin 1968.

Philipps, Lothar: Der Handlungsspielraum – Untersuchungen über das Verhältnis von Norm und Handlung im Strafrecht, Frankfurt am Main 1974.

Piel, Hannah Milena: Strafrechtliche Folgen von Non-Compliance, in: ZWH 2014, S. 13–20.

Pieth, Mark: Braucht Deutschland ein Unternehmensstrafrecht, in: Kritische Justiz 2014, S. 276–282.

Pietrek, Anna Carolin: Die strafrechtliche Verantwortlichkeit des Betriebsinhabers aus Compliance-Pflichten, Hamburg 2012.

Pittroff, Esther: Whistle-Blowing-Systeme in deutschen Unternehmen – Eine Untersuchung zur Wahrnehmung und Implementierung, Wiesbaden 2011.

Planas, Ricardo Robles: Die zwei Stufen der Beteiligungslehre – am Beispiel durch Unterlassen, in: GA 2012, S. 276–290.

Poepping, Melanie: Unternehmen, Strafrecht und Compliance, in: Jahn, Matthias/ Schmitt-Leonardy, Charlotte/ Schoop, Christian (Hrsg.): Das Unternehmensstrafrecht und seine Alternativen, Baden-Baden 2016, S. 333–353.

Poguntke, David: Entscheidungsbesprechung zu BGH, Urteil vom 20.10.2011 – 4 StR 71/11, in: CCZ 2012, S. 157–160.

Poguntke, David: Straf- und ordnungswidrigkeitenrechtliche Risiken für Compliance-Beauftragte – Zugleich ein Beitrag zur Dogmatik der Garantenpflichten und zur Straf- und Ahndbarkeit trotz eigenverantwortlichen Handelns Dritter sowie zur Abhängigkeit des Wirtschaftsstrafrechts von gesellschaftlichen und arbeitsrechtlichen Vorfragen, Hamburg 2013.

Pohlmann, Andreas: Compliance über Grenzen – Integritätsmanagement in global operierenden Unternehmen, in: Talom, Stefan (Hrsg.): Über Grenzen – Kolloqium zum 70. Geburtstag von Wolfgang Graf Vitzthum, Berlin 2012, S. 17–33.

Popp, Andreas: Gläubigerschädigung, Tübingen 2014.

Poseck, Roman: Die strafrechtliche Haftung des Aufsichtsrats einer Aktiengesellschaft, Baden-Baden 1997.

Preis, Ulrich/ Reinfeld, Roland: Schweigepflicht und Anzeigerecht im Arbeitsverhältnis, in: AuR 1989, S. 361–374.

Preußner, Joachim/ Becker, Florian: Ausgestaltung von Risikomanagementsystemen durch die Geschäftsleitung – Zur Konkretisierung einer haftungsrelevanten Organisationspflicht, in: NZG 2002, S. 846–851.

Prittwitz, Cornelius: Funktionalisierung des Strafrechts, in: StV 1991, S. 435–441.

Prittwitz, Cornelius: Strafrecht und Risiko – Untersuchungen zur Krise von Strafrecht und Kriminalpolitik in der Risikogesellschaft, Frankfurt am Main 1993.

Prittwitz, Cornelius: Risikogesellschaft und Strafrecht, in: Neumann, Ulfrid/ Prittwitz, Cornelius (Hrsg.): Kritik und Rechtfertigung des Strafrechts, Frankfurt am Main, Berlin, Bern, Bruxelles, New York, Oxford, Wien 2004, S. 131–147.

Prittwitz, Cornelius: Vom Nutzen und Nachteil kriminalpolitischer Visionen – Zwischenbilanz in der Kontroverse mit Bernd Schünemann über „das Strafrecht als Waffe im Kampf gegen …“, in: Hefendehl, Roland (Hrsg.): Empirische und dogmatische Fundamente, kriminalpolitischer Impetus – Symposium für Bernd Schünemann zum 60. Geburtstag, Köln, Berlin, München 2005, S. 287–296.

Prittwitz, Cornelius: Begrenzung des Wirtschaftsstrafrechts durch die Rechtsgutslehre, sowie die Grundsätze der ultima ratio, der Bestimmtheit der Tatbestände, des Schuldgrundsatzes, der Akzessorietät und der Subsidiarität, in: Kempf, Eberhard/ Lüderssen, Klaus/ Volk, Klaus (Hrsg.): Die Handlungsfreiheit des Unternehmers – wirtschaftliche Perspektiven, strafrechtliche und ethische Schranken, Berlin 2009, S. 52–60.

Prittwitz, Cornelius: Perfektionierte Kontrolldichte und rechtsstaatliches Strafrecht, in: Beulke, Werner/ Lüderssen, Klaus/ Popp, Andreas/ Wittig, Petra (Hrsg.): Das Dilemma des rechtsstaatlichen Strafrechts – Symposium für Bernahrd Haffke zum 65. Geburtstag, Berlin 2009, S. 185–196.

Prittwitz, Cornelius: Sonderstrafrecht Wirtschaftsstrafrecht? in: ZIS 2012, S. 217–220.

Prittwitz, Cornelius: Die Rechtstellung – insbesondere Garantenstellung – von Compliance-Beauftragten, in: Kuhlen, Lother/ Kudlich, Hans/ Ortiz de Urbina, Íñigo (Hrsg.): Compliance und Strafrecht, Heidelberg, München, Landsberg, Frechen, Hamburg 2013, S. 125–135.

Prittwitz, Cornelius: („Echtes“) Unternehmensstrafrecht für Deutschland? in: Prittwitz, Cornelus/ Buarmann, Michael/ Günther, Klaus/ Jahn, Matthias/ Kuhlen, Lothar/ Merklel, Reinhard/ Nestler, Cornelius/ Schulz, Lorenz (Hrsg.): Rationalität und Empathie – Kriminalwissenschaftliches Symposion für Klaus Lüderssen zum 80. Geburtstag, Baden-Baden 2014, S. 111–128.

Puppe, Ingeborg: Der Erfolg und seine kausale Erklärung im Strafrecht, in: ZStW 1982, S. 863–911.

Puppe, Ingeborg: Zurechnung und Wahrscheinlichkeit – Zur Analyse des Risikoerhöhungsprinzips, in: ZStW 1983, S. 287–315.

Puppe, Ingeborg: Der halbherzige Rücktritt – Zugleich eine Besprechung von BGHSt 31, 46, in: NStZ 1984, S. 488–491.

Puppe, Ingeborg: Annahme eines beendeten Versuchs, in: NStZ 1995, S. 403–405.

Puppe, Ingeborg: Rücktritt vom Versuch eines unechten Unterlassungsdelikts, in: NStZ 2003, S. 308–310.

Puppe, Ingeborg: Strafrecht Allgemeiner Teil – im Spiegel der Rechtsprechung, Band 2, 1. Auflage, Baden-Baden 2005.

Puppe, Ingeborg: Die Lehre von der objektiven Zurechnung und ihre Anwendung – Teil 2, in: ZJS 2008, S. 600–609.

Puppe, Ingeborg: Strafrecht Allgemeiner Teil – im Spiegel der Rechtsprechung, 2. Auflage, Baden-Baden 2011.

Puppe, Ingeborg: Das System der objektiven Zurechnung, in: GA 2015, S. 203–218.

Putzke, Holm: Übungsfall: Der verwirrte Vater, in: ZJS 2011, S. 522–529.

Putzke, Holm: Pflichtdelikte und objektive Zurechnung – Zum Verhältnis der allgemeinen Tatbestandsvoraussetzungen zu den Merkmalen des § 25 StGB, in: Heinrich, Manfred/ Jäger, Christian/ Achenbach, Hans/ Amelung, Knut/ Bottke, Wilfried/ Haffke, Bernhard/ Schünemann, Bernd/ Wolter, Jürgen (Hrsg.): Strafrecht als Scientia Universalis – Festschrift für Claus Roxin zum 80. Geburtstag am 15. Mai 2011, Berlin, New York 2011, S. 425–437.

Quentmeier, Helma: Praxishandbuch Compliance – Grundlagen, Ziele und Praxistipps für Nicht-Juristen, Wiesbaden 2012.

Rack, Manfred: Die neue Strafbarkeit der Geschäftsleiter von Banken und Versicherungen im Risikomanagement, in: CB 2013, S. 322–327.

Rack, Manfred: Die neue Strafbarkeit der Geschäftsleiter von Banken und Versicherungen im Risikomanagement (Teil II), in: CB 2013, S. 368–375.

Rack, Manfred: Die neue Strafbarkeit von Geschäftsleitern der Banken nach § 54a KWG (Teil III), in: CB 2014, S. 9–16.

Rack, Manfred: Die rechtlichen Voraussetzungen für ein Compliance-Management-System, in: CB 2014, S. 279–290.

Rack, Manfred: Rechtspflichten: Abstrakt und konkret, in: CB 2015, S. 22–26.

Rack, Manfred: Die Digitalisierung des Compliance Managements zur Senkung des Aufwands, in: CB 2016, S. 16–20.

Radtke, Henning/ Hoffmann, Maike: Die Verantwortungsbereiche von Schädiger und Geschädigtem bei sog. „Retterschäden", in: GA 2007, S. 201–218.

Ranft, Otfried: Zur Unterscheidung von Tun und Unterlassen im Strafrecht, in: JuS 1963, S. 340–345.

Ranft, Otfried: Garantiepflichtwidriges Unterlassen der Deliktshinderung – Ein Beitrag zur Abgrenzung von Täterschaft und Teilnahme, in: ZStW 1982, S. 815–863.

Ranft, Otfried: Das garantiepflichtwidrige Unterlassen der Taterschwerung – Zugleich ein Beitrag zur Lehre von der Zurechnung im Strafrecht, in: ZStW 1985, S. 268–302.

Ranft, Otfried: Rechtsprechungsübersicht zu den Unterlassungsdelikten – Teil 2, in: JZ 1987, S. 908–917.

Ranft, Otfried: Bemerkungen zu Täterschaft und Teilnahme durch garantiepflichtwidriges Unterlassen, in: Dannecker, Gerhard/ Langer, Winrich/ Ranft, Otfried/ Schmitz, Roland/ Brammsen, Joerg (Hrsg.): Festschrift für Harro Otto zum 70. Geburtstag am 1. April 2007, Köln, Berlin, München 2007, S. 403–422.

Ransiek, Andreas: Zur deliktischen Eigenhaftung des GmbH-Geschäftsführers aus strafrechtlicher Sicht, in: ZGR 1992, S. 203–231.

Ransiek, Andreas: Unternehmensstrafrecht – Strafrecht, Verfassungsrecht, Regelungsalternativen, Heidelberg, München, Landsberg, Frechen, Hamburg 1996.

Ransiek, Andreas: Strafrecht im Unternehmen und Konzern, in: ZGR 1999, S. 613–658.

Ransiek, Andreas: Die Verwendung von Insiderinformationen, in: Dannecker, Gerhard/ Langer, Winrich/ Ranft, Otfried/ Schmitz, Roland/ Brammsen, Joerg (Hrsg.): Festschrift für Harro Otto zum 70. Geburtstag am 1. April 2007, Köln, Berlin, München 2007, S. 715–725.

Ransiek, Andreas/ Hüls, Silke: Strafrecht zur Regulierung der Wirtschaft, in: ZGR 2009, S. 157–189.

Ransiek, Andreas: Das unechte Unterlassungsdelikt, Teil 1, in: JuS 2010, S. 490–497.

Ransiek, Andreas: Das unechte Unterlassungsdelikt, Teil 2, in: JuS 2010, S. 585–589.

Ransiek, Andreas: Das unechte Unterlassungsdelikt, Teil 3, in: JuS 2010, S. 678–681.

Ransiek, Andreas: Zur strafrechtlichen Verantwortlichkeit des Compliance-Officers, in: AG 2010, S. 147–153.

Ransiek, Andreas: Zur strafrechtlichen Verantwortung von Unternehmen, in: NZWiSt 2012, S. 45–51.

Ransiek, Andreas: Überlegungen zur strafrechtlichen Verantwortung des Unternehmensträgers, in: Kempf, Eberhard/ Lüderssen, Klaus/ Volk, Klaus (Hrsg.): Unternehmensstrafrecht, Berlin, Boston 2012, S. 285–319.

Rathgeber, Christian: Criminal Compliance – Kriminalpräventive Organisations- und Aufsichtspflichten am Beispiel der Wirtschaftskorruption, Baden-Baden 2012.

Rathgeber, Christian: Anmerkung zu LG München I, Urteil vom 10.12.2013 – 5 HK O 1387/10, in: NZWiSt 2014, S. 183–194.

Rau, Charlotte: Compliance und Unternehmensverantwortlichkeit – Materiellrechtliche Fragen der sanktionsrechtlichen Unternehmensverantwortlichkeit unter Berücksichtigung von Compliance-Maßnahmen, Frankfurt am Main 2010.

Rauch, Karsten: Energierechtliche Compliance nach § 7a Abs. 5 EnWG – Ein Fall privater Selbstregulierung, in: CZZ 2011, S. 175–182.

Raum, Rolf: Strafrechtliche Pflichten von Compliance-Beauftragten – Zum Urteil des Bundesgerichtshofs vom 17.7.2009 (5 StR 394/08) in: CCZ 2012, S. 197–198.

Raus, Nadja/ Lützeler, Martin: Berichtspflicht des Compliance Officers – zwischen interner Eskalation und externer Anzeige, in: CCZ 2012, S. 96–101.

Rebmann, Kurt/ Roth, Werner/ Herrmann, Siegfried: Gesetz über Ordnungswidrigkeiten, Kommentar, 3. Auflage, Loseblattsammlung, 17. Lieferung, Stuttgart 2012.

Reeb, Philipp: Internal Investigations – Neue Tendenzen privater Ermittlungen, Berlin 2011.

Rehbinder, Eckard: Andere Organe der Unternehmensverfassung – Die institutionalisierte Vertretung diffuser Interessen im Unternehmen unterhalb der Gesellschaftsorgane, in: ZGR 1989, S. 305–368.

Rehbinder, Eckard: Umweltsicherende Unternehmensorganisation, in: ZHR 2001, S. 1–29.

Reichert, Jochem/ Ott, Nicolas: Non Compliance in der AG – Vorstandspflichten im Zusammenhang mit der Vermeidung, Aufklärung und Sanktionierung von Rechtsverstößen, in: ZIP 2009, S. 2173–2180.

Reichert, Jochem: Reaktionspflichten und Reaktionsmöglichkeiten der Organe auf (möglicherweise) strafrechtsrelevantes Verhalten innerhalb des Unternehmens, in: ZIS 2011, S. 113–122.

Reichert, Jochem: Corporate Compliance und der Grundsatz der Verhältnismäßigkeit, in: Krieger, Gerd/ Lutter, Marcus/ Schmidt, Karsten (Hrsg.): Festschrift für Michael Hoffmann-Becking zum 70. Geburtstag, München 2013, S. 563–587.

Reichert, Jochem/ Ott, Nicolas: Die Zuständigkeit von Vorstand und Aufsichtsrat zur Aufklärung von Non Compliance in der AG, in: NZG 2014, S. 241–251.

Rengier, Rudolf: Der praktische Fall – Strafrecht: Szenen einer Ehe, in: JuS 1991, S. 938–943.

Rengier, Rudolf: Gedanken zur Problematik der objektiven Zurechnung im Besonderen Teil des Strafrechts, in: Schünemann, Bernd/ Achenbach, Hans/ Bottke, Wilfried/ Haffke, Bernhard/ Rudolphi, Hans-Joachim (Hrsg.): Festschrift für Claus Roxin zum 70. Geburtstag, Berlin, New York 2001, S. 811–826.

Rengier, Rudolf: Täterschaft und Teilnahme – Unverändert aktuelle Streitpunkte, in: JuS 2010, S. 281–287.

Reniger, Rudolf: Strafrecht Allgemeiner Teil, 4. Auflage, München 2012.

Rengier, Rudolf: Strafrecht Allgemeiner Teil, 5. Auflage, München 2013.

Rengier, Rudolf: Sicherungspflichten und Rettungspflichten zum „Cleanmagic-Fall“ BGH NStZ 2012, 319, in: Heger, Martin/ Kelker, Brigitte/ Schramm, Edward (Hrsg.): Festschrift für Kristian Kühl zum 70. Geburtstag, München 2014, S. 383–390.

Renz, Hartmut/ Hense, Dirk: Die Wandlung der Compliance-Funktion in Wertpapierdienstleistungsunternehmen unter besonderer Beachtung der neuen Berichtspflicht an das Senior-Management, in: CCZ 2008, S. 181–185.

Renz, Hartmut/ Hense, Dirk (Hrsg.): Wertpapier-Compliance in der Praxis – Eine Kommentierung aktueller Rechtspflichten, Berlin 2010.

Renz, Hartmut: Chief-Compliance-Officer – Das Berufsbild im Jahr 2020 – Ein Zwischenbericht, in: ZRFC 2014, S. 38–43.

Renzikowski, Joachim: Notstand und Notwehr, Berlin 1994.

Renzikowski, Joachim: Restriktiver Täterbegriff und fahrlässige Beteiligung, Tübingen 1997.

Renzikowski, Joachim: Solidarität in Notsituationen – Ein historischer Überblick von Thomas v. Aquin bis Hegel, in: von Hirsch, Andreas/ Neumann, Ulfrid/ Seelmann, Kurt (Hrsg.): Solidarität im Strafrecht – Zur Funktion und Legitimation strafrechtlicher Solidaritätspflichten, Baden-Baden 2013, S. 13–34.

Renzikowski, Joachim: Zurück in die Steinzeit? – Aporien der Tatherrschaftslehre, in: Hefendehl, Roland/ Hörnle, Tatjana/ Greco Luís (Hrsg.): Streitbare Strafrechtswissenschaft – Festschrift für Bernd Schünemann zum 70. Geburtstag am 1. November 2014, Berlin, Boston 2014, S. 495–508.

Ressmann, Thomas: Die insolvenzstrafrechtlichen Krisenbegriffe und bestrittene Verbindlichkeiten, Berlin 2015.

Rettenmaier, Felix/ Palm, Lisa: Das Ordnungswidrigkeitenrecht und die Aufsichtspflicht von Unternehmensverantwortlichen, in: NJOZ, S. 1414–1419.

Reus, Katharina: Das Recht in der Risikogesellschaft – Der Beitrag des Strafrechts zum Schutz vor modernen Produktgefahren, Berlin 2010.

Richardi, Reinhard/ Wlotzke, Otfried/ Wißmann, Hellmut/ Oetker, Hartmut (Hrsg.): Münchener Handbuch zum Arbeitsrecht, 3. Auflage, München 2009.

Richters, Swantje/ Wodtke, Carolina: Schutz von Betriebsgeheimnissen aus Unternehmenssicht – „Verhinderung von Know-how Abfluss durch eigene Mitarbeiter“, in: NZA-RR 2003, S. 281–288.

Rieble, Volker: Flash-Mob – ein neues Kampfmittel? in: NZA 2008, S. 796–799.

Rieble, Volker: Pädophile Priester und Kirchen-Compliance, in: CCZ 2010, S. 107–110.

Rieble, Volker: Zivilrechtliche Haftung der Compliance-Agenten, in: CCZ 2010, S. 1–4.

Rieble, Volker: Anwaltsolymp, in: myops 16/2012, S. 46–59.

Riechers, Arndt: Compliance und Kartellrecht, in: Holzhauser, Guido/ Sutter, Carolin (Hrsg.): Interdisziplinäre Aspekte von Compliance, Baden-Baden 2011, S. 141–171.

Rieder, Markus S./ Jerg, Marcus: Anforderungen an die Überprüfung von Compliance-Programmen – Zugleich kritische Anmerkungen zum Entwurf eines IDW Prüfungsstandards: Grundsätze ordnungsmäßiger Prüfung von Compliance-Management-Systemen (IDW EPS 980) in: CCZ 2010, S. 201–207.

Rieder, Markus S.: Vom juristischen Gewissen zum Straftäter? Rechtsstellung, Verantwortung und Schutz von Compliance-Beauftragten, in: Habersack, Mathias/ Hommelhoff, Peter (Hrsg.): Festschrift für Wulf Goette zum 65. Geburtstag, München 2011, S. 413–432.

Rieder, Markus S./ Falge, Stefan: Sieben Thesen zur standardbasierten Prüfung von Compliance-Management-Systemen, in: BB 2013, S. 778–781.

Ringleb, Henrik-Michael/ Kremer, Thomas/ Lutter, Marcus/ Werder, Alex von: Kommentar zum Deutschen Corporate Governance Kodex, 4. Auflage, München 2010.

Ringleb, Henrik-Michael/ Kremer, Thomas/ Lutter, Marcus/ von Werder, Alex: Kommentar zum Deutschen Corporate Governance Kodex – Kodex-Kommentar, 4. Auflage, München 2010.

Rodewald, Jörg/ Unger, Ulrike: Corporate Compliance – Organisatorische Vorkehrungen zur Vermeidung von Haftungsfällen der Geschäftsleitung, in: BB 2006, S. 113–117.

Rodewald, Jörg/ Unger, Ulrike: Kommunikation und Krisenmanagement im Gefüge der Corporate Compliance-Organisation, in: BB 2007, S. 1629–1635.

Rödiger, Katja: Strafverfolgung von Unternehmen, Internal Investigations und strafrechtliche Verwertbarkeit von „Mitarbeitergeständnissen“ – Untersuchung am Beispiel der Siemens-Korruptionsaffäre, Frankfurt am Main, Berlin, Bern, Bruxelles, New York, Oxford, Wien 2012.

Röh, Lars: Compliance nach der MiFID – zwischen höherer Effizienz und mehr Bürokratie, in: BB 2008, S. 398–410.

Röhl, Klaus F./ Röhl, Hans Christian: Allgemeine Rechtslehre – Ein Lehrbuch, 3. Auflage, Köln, München 2008.

Römer, Hans-Jürgen: Vollendungsverhinderung durch „ernsthaftes Bemühen“ – Überlegungen zur Harmonisierung der Rücktrittsvorschriften, in: MDR 1989, S. 945–948.

Rönnau, Thomas: Anmerkung zu BGH, Urteil vom 24.07.2003 – 3 StR 153/03.

Rönnau, Thomas: Untreue als Wirtschaftsdelikt, in: ZStW 2007, S. 887–926.

Rönnau, Thomas/ Schneider, Frédéric: Der Compliance-Beauftragte als strafrechtlicher Garant – Überlegungen zum BGH, Urteil vom 17.07.2009 – 5 StR 394/08, in: ZIP 2010, S. 53–61.

Rönnau, Thomas: Globale Finanzkrise – Quellen möglicher Strafbarkeitsrisiken, in: Schünemann, Bernd (Hrsg.): Die sogenannte Finanzkrise – Systemversagen oder global organisierte Kriminalität, Berlin 2010, S. 43–62.

Rönnau, Thomas: Rating – Ersatz für unternehmerische Entscheidungen, in: Kempf, Eberhard/ Lüderssen, Klaus/ Volk, Klaus (Hrsg.): Ökonomie versus Recht im Finanzmarkt, Berlin, Boston 2011, S. 115–127.

Rönnau, Thomas: Was kann das Wirtschaftsstrafrecht leisten – oder: Brauchen wir ein „Drittes Gesetz im Umgang mit der Wirtschaftskriminalität"? in: Schiedek, Jana/ Rönnau, Thomas (Hrsg.): Wirtschaftsstrafrecht – Plage oder Gewinn für den Standort Deutschland, Hamburg 2013, S. 9–17.

Rönnau, Thomas: Aktuelles zum Wirtschaftsstrafrecht in der Revision – oder: Zum sachgerechten Umgang der Straf- und Zivilsenate mit Divergenzen auf dem Feld des Wirtschaftsstrafrechts, in: StraFo 2014, S. 265–273.

Rönnau, Thomas/ Wegner, Kilian: Reform des Rechts der Verbandssanktionen – europäische und internationale Vorgaben, in: ZRP 2014, S. 158–164.

Rößler, Gernot J.: Ausdehnung von Garantenpflichten durch den BGH? in: WM 2011, S. 918–923.

Röwer, Heinz-Hugo: Die Zumutbarkeit als spezielles täterschaftliches Merkmal beim Handeln durch Unterlassung, in: NJW 1958, S. 1528–1529.

Rogall, Klaus: Dogmatische und kriminalpolitische Probleme der Aufsichtspflichtverletzung in Betrieben und Unternehmen (§ 130 OWiG) in: ZStW 1986, S. 573–623.

Rogall, Klaus: Die Strafbarkeit von Amtsträgern im Umweltbereich, Berlin 1991.

Rogall, Klaus: Kriminalstrafe gegen juristische Personen, in: GA 2015, S. 260–266.

Rohregger, Michael: Leichen im Keller: Was muss/kann/soll das Unternehmen tun? in: Lewisch, Peter (Hrsg.): Zauberwort Compliance? – Grundlagen und aktuelle Anwendungsfragen, Wien 2012, S. 111–124.

von Rohland, W.: Die strafbare Unterlassung, Dorpat 1887.

Rolf, Christian/ Siewert, Katharina/ Tamcke, Christoph: Vertrauen ist gut, Kontrolle ist besser – Wann der Aufsichtsrat bei Compliance-Verstößen Vorstände in Regress nehmen muss, in: CB 2016, S. 1–5.

Rolf, Christian/ Waskowski, Martin: Die forensische Praxis bei Kündigungen nach Compliance-Verstößen, in: CB 2013, S. 479–484.

Roller, Reinhold/ Hendel, Philipp: Geldwäsche im Bereich der Finanzdienstleistungen: Implementierung von Präventionssystemen am Beispiel der §§ 25 a Abs. 1 KWG, 44 KWG, 14 Abs. 2 Nr. 2 GwG, 91 Abs. 2 AktG, Richtlinie 2005/60/EG, in: VuR 2006, S. 390–394.

Rolshoven, Max Philip/ Hense, Dirk: Obiter Dictum zur Garantenpflicht von Compliance-Officern – Anmerkung zu BGH, Urteil vom 17.07.2009 – 5 StR 394/08, in: BKR 2009, S. 425–427.

Romano, Mario: Zur Legitimation der Strafgesetze – Zu Fähigkeit und Grenzen der Rechtsgutstheorie, in: Heinrich, Manfred/ Jäger, Christian/ Achenbach, Hans/ Amelung, Knut/ Bottke, Wilfried/ Haffke, Bernhard/ Schünemann, Bernd/ Wolter, Jürgen (Hrsg.): Strafrecht als Scientia Universalis – Festschrift für Claus Roxin zum 80. Geburtstag am 15. Mai 2011, Berlin, New York 2011, S. 155–168.

Romeike, Frank: Rechtliche Grundlagen des Risikomanagements – Haftungs- und Strafvermeidung für Corporate Compliance, Berlin 2007.

Roos, Alexander: Compliance defence – Kartellrechtliche Umsetzung im verfassungsrechtlichen Rahmen, Frankfurt am Main, Bern, Bruxelles, New York, Oxford, Warszawa Wien 2015.

Rosenkötter, Günter/ Louis, Jürgen: Das Recht der Ordnungswidrigkeiten – Lehrbuch mit Fallbeispielen und Mustern, 7. Auflage, Stuttgart 2011.

Roth, Monika: Compliance – Begriff – Bedeutung – Beispiele, Basel 2000.

Roth, Monika: Zur Haftung des Compliance-Officers – Eine weitere Entscheidung aus der Schweiz in Sachen Alstom S. A., in: ZRFC 2014, S.132–136.

Rotsch, Thomas: Individuelle Haftung in Großunternehmen – Plädoyer für den Rückzug des Umweltstrafrechts, Baden-Baden 1998.

Rotsch, Thomas: Die Rechtsfigur des Täters hinter dem Täter bei Begehung von Straftaten im Rahmen organisatorischer Machtapparate und ihre Übertragbarkeit auf wirtschaftliche Organisationsstrukturen, in: NStZ 1998, S. 491–495.

Rotsch, Thomas: Unternehmen, Umwelt und Strafrecht – Ätiologie einer Misere (Teil 1) in: wistra 1999, S. 321–327.

Rotsch, Thomas: Unternehmen, Umwelt und Strafrecht – Ätiologie einer Misere (Teil 2) in: wistra 1999, S. 368–375.

Rotsch, Thomas: Tatherrschaft kraft Organisationsherrschaft? in: ZStW 2000, S. 518–562.

Rotsch, Thomas: Rücktritt durch Einverständnis, in: GA 2002, S. 165–176.

Rotsch, Thomas: Referendarexamensklausur – Strafrecht: Urkundenfälschung, Diebstahl und Betrug, in: JuS 2004, S. 607–613.

Rotsch, Thomas: Neues zur Organisationsherrschaft, in: NStZ 2005, S. 13–18.

Rotsch, Thomas: Der ökonomische Täterbegriff – Zugleich ein Beitrag zu Unterscheidung, Diversifizierung und Divisionalisierung der Strafrechtsdogmatik, in: ZIS 2007, S. 260–265.

Rotsch, Thomas: Die deutsche Strafrechtsdogmatik als Maßstab eines gesamteuropäischen Strafrechtssystems? – Zugleich ein Beitrag zur (Kritik der) Hypertrophie des Strafrechts, in: Hattenhauer, Hans/ Meyer-Pritzl, Rudolf/ Schubert, Werner (Hrsg.): Gedächtnisschrift für Jörn Eckert, Baden-Baden 2008, S. 711–724.

Rotsch, Thomas: Zur Hypertrophie des Rechts – Plädoyer für eine Annäherung von Wissenschaft und Praxis, in: ZIS 2008, S. 1–8.

Rotsch, Thomas: Entscheidungsbesprechung zu BGH, Urteil vom 17.07.2009 – 5 StR 394/08 – Garantenpflicht aufgrund dienstlicher Stellung, in: ZJS 2009, S. 712–718.

Rotsch, Thomas: „Einheitstäterschaft" statt Tatherrschaft – Zur Abkehr von einem unterscheidenden Beteiligungsformensystem in einer normativ-funktionalen Straftatlehre, Tübingen 2009.

Rotsch, Thomas: Von Eichmann bis Fujimori – Zur Rezeption der Organisationsherrschaft nach dem Urteil des Obersten Strafgerichtshofs Perus, in: ZIS 2009, S. 549–551.

Rotsch, Thomas: Criminal Compliance, in: ZIS 2010, S. 614–617.

Rotsch, Thomas: Compliance und Strafrecht – Konsequenzen einer Neuentdeckung, in: Joecks, Wolfgang/ Ostendorf, Heribert/ Rönnau, Thomas/ Rotsch, Thomas/ Schmitz, Roland (Hrsg.): Recht – Wirtschaft – Strafe – Festschrift für Erich Samson zum 70. Geburtstag, Heidelberg, München, Landsberg, Frechen, Hamburg 2010, S. 141–160.

Rotsch, Thomas: Objektive Zurechnung bei „alternativer Kausalität", in: Heinrich, Manfred/ Jäger, Christian/ Achenbach, Hans/ Amelung, Knut/ Bottke, Wilfried/ Haffke, Bernhard/ Schünemann, Bernd/ Wolter, Jürgen (Hrsg.): Strafrecht als Scientia Universalis – Festschrift für Claus Roxin zum 80. Geburtstag am 15. Mai 2011, Berlin, New York 2011, S. 377–395.

Rotsch, Thomas: Wider die Garantenpflicht des Compliance-Beauftragten, in: Schulz, Lorenz/ Reinhart, Michael/ Sahan, Oliver (Hrsg.): Festschrift für Imme Roxin zum 75. Geburtstag, Heidelberg, München, Landsberg, Frechen, Hamburg 2012, S. 485–500.

Rotsch, Thomas: Criminal Compliance in Theorie und Praxis des Wirtschaftsstrafrecht, in: Thomas, Rotsch (Hrsg.): Criminal Compliance vor den Aufgaben der Zukunft, Baden-Baden 2013, S. 3–17.

Rotsch, Thomas: Strafrechtliche Klausurenlehre, München 2013.

Rotsch, Thomas: Compliance und Strafrecht – Fragen, Bedeutung, Perspektiven – Vorbemerkungen zu einer Theorie der sog. „Criminal Compliance", in: ZStW 2013, S. 481–498.

Rotsch, Thomas (Hrsg.): Criminal Compliance Handbuch, Baden-Baden 2015.

Rowedder, Heinz/ Schmidt-Leithoff, Christian: Gesetz betreffend die Gesellschaften mit beschränkter Haftung (GmbHG) – Kommentar, 5. Auflage, München 2013.

Roxin, Claus: Pflichtwidrigkeit und Erfolg bei fahrlässigen Delikten, in: ZStW 1962, S. 411–444.

Roxin, Claus: Zur Dogmatik der Teilnahmelehre im Strafrecht, JZ 1966, S. 293–299.

Roxin, Claus: Straftaten im Rahmen organisatorischer Machtapparate, in: GA 1963, S. 193–207.

Roxin, Claus: An der Grenze von Begehung und Unterlassung, in: Bockelmann, Paul/ Kaufmann, Arthur/ Klug, Ulrich (Hrsg.): Festschrift für Karl Engisch zum 70. Geburtstag, Frankfurt 1969, S. 380–405.

Roxin, Claus: Ein „neues Bild" des Strafrechtssystems, in: GA 1971, S. 368–404.

Roxin, Claus: Der Anfang des beendeten Versuchs – Zugleich ein Beitrag zur Abgrenzung von Vorbereitung und Versuch bei den unechten Unterlassungsdelikten, in: Schroeder, Friedrich-Christian/ Zipf, Heinz (Hrsg.): Festschrift für Rainer Maurach zum 70. Geburtstag, Karlsruhe 1972, S. 213–233.

Roxin, Claus: Unterlassung, Vorsatz und Fahrlässigkeit, Versuch und Teilnahme im neuen Strafgesetzbuch, in: JuS 1973, S. 197–202.

Roxin, Claus: Kriminalpolitik und Strafrechtssystem, 2. Auflage, Berlin, New York 1973.

Roxin, Claus: Zum Schutzzweck der Norm bei fahrlässigen Delikten, in: Lackner, Karl/ Leferenz, Heinz/ Schmidt, Eberhard/ Welp, Jürgen/ Wolff, Ernst Amadeus (Hrsg.): Festschrift für Wilhelm Gallas zum 70. Geburtstag am 22. Juli 1973, Berlin, New York 1973, S. 241–259.

Roxin, Claus: „Schuld" und „Verantwortlichkeit" als strafrechtliche Systemkategorien, in: Roxin, Claus/ Bruns, Hans-Jürgen/ Jäger, Herbert: Grundfragen der gesamten Strafrechtswissenschaft – Festschrift für Heinrich Henkel zum 70. Geburtstag am 12.09.1973, Berlin, New York 1974, S. 171–197.

Roxin, Claus: Die Mitwirkung beim Suizid – ein Tötungsdelikt, in: Jescheck, Hans-Heinrich/ Lüttger, Hans (Hrsg.): Festschrift für Eduard Dreher zum 70. Geburtstag am 29. April 1977, Berlin, New York 1977, S. 331–355.

Roxin, Claus: Die „sozialethischen Einschränkungen" des Notwehrrechts – Versuch einer Bilanz, in: ZStW 1981, S. 68–104.

Roxin, Claus: Der durch Menschen ausgelöste Defensivnotstand, in: Vogler, Theo/ Herrman, Joachim/ Krümpelmann, Justus/ Moos, Reinhard/ Triffterer, Otto/ Leibinger, Rudolf/ Schaffmeister, Dieter/ Meyer, Jürgen/ Hünerfeld, Peter/ Behrend, Hans-Joachim (Hrsg.): Festschrift für Hans-Heinrich Jescheck zum 70. Geburtstag, Berlin 1985, S. 456–484.

Roxin, Claus: Die Sterbehilfe im Spannungsfeld von Suizidteilnahme, erlaubtem Behandlungsabbruch und Tötung auf Verlangen – Zugleich eine Besprechung von BGH, NStZ 1987, 365 und LG Ravensburg, NStZ 1987, 229, in: NStZ 1987, S. 345–350.

Roxin, Claus: Bemerkungen zum Regreßverbot, in: Jescheck, Hans Heinrich/ Vogler, Theo: Festschrift für Herbert Tröndle zum 70. Geburtstag am 24. August 1989, Berlin, New York 1989, S. 177–200.

Roxin, Claus: Finalität und objektive Zurechnung, in: Dornseifer, Gerhard/ Horn, Eckhard/ Schilling, Georg/ Schöne, Wolfgang/ Struensee, Eberhard/ Zielinski, Diethart (Hrsg.): Gedächtnisschrift für Armin Kaufmann, Köln, Berlin, Bonn, München 1989, S. 237–251.

Roxin, Claus: Die Verhinderung der Vollendung als Rücktritt vom beendeten Versuch, in: Weigend, Thomas/ Küpper, Georg (Hrsg.): Festschrift für Hans Joachim Hirsch zum 70. Geburtstag am 11. April 1999, Berlin, New York 1999, S. 327–343.

Roxin, Claus: Die strafrechtliche Verantwortlichkeit zwischen Können und Zumutbarkeit, in: Kreuzer, Arthur/ Jäger, Herbert/ Otto, Harro/ Quensel, Stephan/ Rolinski, Klaus (Hrsg.): Fühlende und denkende Kriminalwissenschaften – Ehrengabe für Anne-Eva Brauneck, Mönchengladbach 1999, S. 385–402.

Roxin, Claus: Die Entsprechungsklausel beim unechten Unterlassen, in: Prittwitz, Cornelius/ Baurmann, Klaus Günther/ Kuhlen, Lothar/ Merkel, Reinhard/ Nestler, Cornelius/ Schulz, Lorenz (Hrsg.): Festschrift für Klaus Lüderssen zum 70. Geburtstag am 2. Mai 2002, Baden-Baden 2002, S. 577–586.

Roxin, Claus: Ingerenz und objektive Zurechnung, in: Donatsch, Andreas/ Forster, Marc/ Schwarzenegger, Christian (Hrsg.): Strafrecht, Strafprozessrecht und Menschenrechte Festschrift für Stefan Trechsel zum 65. Geburtstag, Zürich, Basel, Genf 2002, S. 551–567.

Roxin, Claus: Strafrecht Allgemeiner Teil, Band II, Besondere Erscheinungsformen der Straftat, München 2003.

Roxin, Claus: Normativismus, Kriminalpolitik und Empirie in der Strafrechtsdogmatik, in: Dölling, Dieter (Hrsg.): Jus humanum – Grundlagen des Rechts und Strafrecht – Festschrift für Ernst-Joachim Lampe zum 70. Geburtstag, Berlin 2003, S. 423–437.

Roxin, Claus: Fahrlässige Tötung durch Nichtverhinderung einer Tötung auf Verlangen? in: Amelung, Knut/ Beulke, Werner/ Lilie, Hans/ Rosenau, Henning/ Rüping, Hinrich/ Wolfslast, Gabriele (Hrsg.): Strafrecht, Biorecht, Rechtsphilosophie – Festschrift für Hans-Ludwig Schreiber zum 70. Geburtstag am 10. Mai 2003, S. 399–403.

Roxin, Claus: Rechtsgüterschutz als Aufgabe des Strafrechts? in: Hefendehl, Roland (Hrsg.): Empirische und dogmatische Fundamente, kriminalpolitischer Impetus – Symposium für Bernd Schünemann zum 60. Geburtstag, Köln, Berlin, München 2005, S. 135–150.

Roxin, Claus: Organisationsherrschaft und Tatentschlossenheit, in: ZIS 2006, S. 293–300.

Roxin, Claus: Strafrecht Allgemeiner Teil, Band I, Grundlagen – Der Aufbau der Verbrechenslehre, 4. Auflage, München 2006.

Roxin, Claus: Täterschaft und Tatherrschaft, 8. Auflage, Berlin 2006.

Roxin, Claus: Tatbestandslose Tötung auf Verlangen, in: Pawlik, Michael/ Zaczyk, Raniner (Hrsg.): Festschrift für Günther Jakobs zum 70. Geburtstag am 26. Juli 2006, Köln, Berlin, München 2007, S. 571–581.

Roxin, Claus: Selbstständigkeit und Abhängigkeit des Strafrechts im Verhältnis zu Politik, Philosophie, Moral und Religion, in: Hettinger, Michael/ Zopfs, Jan/ Hillenkamp, Thomas/ Köhler, Michael/ Rath, Jürgen/ Streng, Franz/ Wolter, Jürgen (Hrsg.): Festschrift für Wilfried Küper zum 70. Geburtstag, Heidelberg 2007, S. 489–504.

Roxin, Claus: Kausalität und Garantenstellung bei den unechten Unterlassungen, in: GA 2009, S. 73–85.

Roxin, Claus: Zur neueren Entwicklung der Rechtsgutsdebatte, in: Herzog, Felix/ Neumann, Ulfrid (Hrsg.): Festschrift für Winfried Hassemer zum 70. Geburtstag am 17. Februar 2010, Heidelberg, München, Landsberg, Frechen, Hamburg 2010, S. 573–598.

Roxin, Claus: Streitfragen der objektiven Zurechnung, in: Bloy, René/ Böse, Martin/ Hillenkamp, Thomas/ Momsen, Carsten/ Rackow, Peter (Hrsg.): Gerechte Strafe und legitimes Strafrecht – Festschrift für Manfred Maiwald zum 75. Geburtstag, Berlin 2010, S. 715–733.

Roxin, Claus: Organisationssteuerung als Erscheinungsform mittelbarer Täterschaft, in: Amelung, Knut/ Günter, Hans-Ludwig/ Kühne, Hans-Heiner (Hrsg.): Festschrift für Volker Krey zum 70. Geburtstag am 9. Juli 2010, Stuttgart 2010, S. 449–464.

Roxin, Claus: Probleme psychisch vermittelter Kausalität, in: Hellmann, Uwe/ Schröder, Christian (Hrsg.): Festschrift für Hans Achenbach zum 70. Geburtstag am

13. Oktober 2011, Heidelberg, München, Landsberg, Frechen, Hamburg 2011, S. 409–432.

Roxin, Claus: Entscheidungsanmerkung zu BGH, Urteil vom 20.10.2011 – 4 StR 71/11 – Garantenpflicht eines Betriebsinhabers bzw. Vorgesetzten, in: JR 2012, S. 303–308.

Roxin, Claus: Tötung auf Verlangen und Suizidteilnahme – Geltendes Recht und Reformdiskussion, in: GA 2013, S. 313–327.

Roxin, Claus: Der gesetzgebungskritische Rechtsgutsbegriff auf dem Prüfstand, in: GA 2013, S. 433–453.

Roxin, Claus: Zur neuesten Diskussion über die Organisationsherrschaft, in: GA 2012, S. 395–415.

Roxin, Claus: Notwehr und Rechtsbewährung, in: Heger, Martin/ Kelker, Brigitte/ Schramm, Edward (Hrsg.): Festschrift für Kristian Kühl zum 70. Geburtstag, München 2014, S. 391–405.

Roxin, Claus/ Schünemann, Bernd: Strafverfahrensrecht, München 2014.

Roxin, Claus: Pflichtdelikte und Tatherrschaft, in: Hefendehl, Roland/ Hörnle, Tatjana/ Greco Luís (Hrsg.): Streitbare Strafrechtswissenschaft – Festschrift für Bernd Schünemann zum 70. Geburtstag am 1. November 2014, Berlin, Boston 2014, S. 509–532.

Roxin, Claus: Geschäftsherrenhaftung für Personalgefahren, in: Fahl, Christian/ Müller, Eckhart/ Satzger, Helmut/ Swoboda, Sabine (Hrsg.): Ein menschengerechtes Strafrecht als Lebensaufgabe – Festschrift für Werner Beulke zum 70. Geburtstag, Heidelberg 2015, S. 239–256.

Roxin, Imme: Probleme und Strategien der Compliance-Begleitung in Unternehmen, in: StV 2012, S. 116–121.

Roxin, Imme: Im Straf- und Strafprozessrecht geregelte Sanktionen gegen Unternehmen, in: Kempf, Eberhard/ Lüderssen, Klaus/ Volk, Klaus (Hrsg.): Unternehmensstrafrecht, Berlin, Boston 2012, S. 37–53.

Roxin, Imme: Täterschaft und Teilnahme in einem Wirtschaftsunternehmen – Täterschaft kraft Organisationsherrschaft, in: Zöller, Mark A./ Hilger, Hans/ Küper, Wilfried/ Roxin, Claus (Hrsg.): Gesamte Strafrechtswissenschaft in internationaler Dimension – Festschrift für Jürgen Wolter zum 70. Geburtstag am 7. September 2013, Berlin 2013, S. 451–464.

Roxin, Imme: Die neuere Entwicklung des Topos „Funktionstüchtigkeit der Strafrechtspflege“, in: Hefendehl, Roland/ Hörnle, Tatjana/ Greco Luís (Hrsg.): Streitbare Strafrechtswissenschaft – Festschrift für Bernd Schünemann zum 70. Geburtstag am 1. November 2014, Berlin, Boston 2014, S. 940–955.

Rudkowski, Lena: Kernprobleme einer gesetzlichen Regelung zum Schutz von Whistleblowern, in: CCZ 2013, S. 204–209.

Rudkowski, Lena/ Schreiber, Alexander: Aufklärung von Compliance-Verstößen – Whistleblowing, Arbeitnehmerüberwachung, Auskunftspflichten, Wiesbaden 2015.

Rudolphi, Hans-Joachim: Die Gleichstellungsproblematik der unechten Unterlassungsdelikte und der Gedanke der Ingerenz, Göttingen 1966.

Rudolphi, Hans-Joachim: Die Strafbarkeit des versuchten unechten Unterlassungsdeliktes, in: MDR 1967, S. 1–6.

Rudolphi, Hans-Joachim: Häusliche Gemeinschaften als Entstehungsgrund für Garantenstellungen? in: NStZ 1984, S. 149–154.

Rudolphi, Hans-Joachim: Strafbarkeit der Beteiligung an den Trunkenheitsdelikten im Straßenverkehr, in: GA 1970, S. 353–367.

Rudolphi, Hans-Joachim: Probleme der strafrechtlichen Verantwortlichkeit von Amtsträgern für Gewässerverunreinigungen, in: Hanack, Ernst-Walter/ Rieß, Peter/ Wendisch, Günter (Hrsg.): Festschrift für Hanns Dünnebier zum 75. Geburtstag am 12. Juni 1982, Berlin, New York 1982, S. 561–582.

Rudolphi, Hans-Joachim: Der Zweck staatlichen Strafrechts und die strafrechtlichen Zurechnungsformen, in: Schünemann, Bernd (Hrsg.): Grundfragen des modernen Strafrechtssystems, Berlin, New York 1984, S. 69–84.

Rudolphi, Hans-Joachim: Anmerkung zu Beschluss des BGH v. 15.7.1986 – 4 StR 301/86, in: JR 1987, S. 335–337.

Rudolphi, Hans-Joachim: Strafrechtliche Verantwortlichkeit der Bediensteten von Betrieben für Gewässerverunreinigungen und ihre Begrenzung durch den Einleitungsbescheid, in: Küper, Wilfried (Hrsg.): Festschrift für Karl Lackner zum 70. Geburtstag am 18. Februar 1987, Berlin, New York 1987, S. 863–887.

Rudolphi, Hans-Joachim: Rücktritt vom beendeten Versuch durch erfolgreiches, wenngleich nicht optimales Rettungsbemühen – Zugleich eine Besprechung der Entscheidung des BGH vom 1. 2. 1989 – 2 StR 703/88, in: NStZ 1989, S. 508–514.

Rudolphi, Hans-Joachim: Der Dienstvorgesetzte als Garant für die gesetzmäßige Bestrafung seiner Untergebenen, in: NStZ 1991, S. 361–367.

Rudolphi, Hans-Joachim: Anmerkung zu BGH, Urteil vom 29.10.1992 – 4 StR 358/92, in: JR 1995, S. 165–169.

Rudolphi, Hans-Joachim: Zur Rechtzeitigkeit der Anzeige einer geplanten Straftat gemäß § 138 Abs. 1 StGB, in: Schünemann, Bernd/ Achenbach, Hans/ Bottke, Wilfried/ Haffke, Bernhard/ Rudolphi, Hans-Joachim (Hrsg.): Festschrift für Claus Roxin zum 70. Geburtstag, Berlin, New York 2001, S. 827–840.

Rudolphi, Hans-Joachim/ Wolter, Jürgen (Hrsg.): SK-StGB – Systematischer Kommentar zum Strafgesetzbuch, 8. Auflage, 140. Lieferung, Köln 2013.

Rübenstahl, Markus: Zur „regelmäßigen" Garantenstellung des Compliance Officers, in: NZG 2009, S. 1341–1344.

Rübenstahl, Markus/ Tsambikakis, Michael: Neues Unternehmensstrafrecht: Der NRW-Gesetzentwurf zur Einführung der strafrechtlichen Verantwortlichkeit von Verbänden, in: ZWH 2014, S. 8–12.

Rübenstahl, Markus: Deutschland braucht kein (solches) Unternehmensstrafrecht – Kritische Anmerkungen zum Entwurf eines Verbandsstrafgesetzbuchs, in: ZRFC 2014, S. 26–34.

Rückemann, Gustav/ Neidthardt, Nicola: Corporate Compliance und Qualitätsmanagement – eine strategische Aufgabe für Führungskräfte, in: Holzhauser, Guido/ Sutter, Carolin (Hrsg.): Interdisziplinäre Aspekte von Compliance, Baden-Baden 2011, S. 191–208.

Rüthers, Bernd/ Fischer, Christian: Rechtstheorie – Begriff, Geltung und Anwendung des Rechts, 5. Auflage, München 2010.

Rüthers, Bernd/ Fischer, Christian/ Birk, Axel: Rechtstheorie mit Juristischer Methodenlehre, 6. Auflage, München 2011.

Rütters, Stefan/ Wagner, Sebastian: Der Geldwäschebeauftragte als Bezugstäter im Rahmen des § 30 OWiG, in: NZWiSt 2015, S. 282–286.

Rummer, Michael: Compliance und die Balance of Power – Gedanken zu einer risikominimierenden Organisationsstruktur in Unternehmen, in: CB 2015, S. 468–469.

Rummer, Michael: Compliance und der Staatsanwalt, in: CB 2016, S. 39–40.

Sachs, Bärbel/ Krebs, David: Anforderungen an ein außenwirtschaftliches Compliance-Programm und seine Ausgestaltung in der Praxis, in: CCZ 2013, S. 60–67.

Sachs, Michael: Ziele eines Unternehmensstrafrecht und die Frage seiner Vereinbarkeit mit dem Verfassungsrecht, in: Kempf, Eberhard/ Lüderssen, Klaus/ Volk, Klaus (Hrsg.): Unternehmensstrafrecht, Berlin, Boston 2012, S. 195–204.

Säcker, Franz Jürgen: Gesellschaftsrechtliche Grenzen spekulativer Finanztermingeschäfte – Überlegungen aus Anlass der Garantieerklärung der Bundesregierung für die Hypo Real Estate-Group, in: NJW 2008, S. 3313–3376.

Säcker, Franz Jürgen/ Rixecker, Roland/ Oetker, Hartmut: Münchener Kommentar zum Bürgerlichen Gesetzbuch, 6. Auflage, München 2013.

Saliger, Frank: Parteiengesetz und Strafrecht: zur Strafbarkeit von Verstößen gegen das Parteiengesetz, insbesondere wegen Untreue gemäß § 266 StGB, Tübingen 2005.

Saliger, Frank: Umweltstrafrecht, München 2012.

Saliger, Frank: Grundfragen von Criminal Compliance, in: RW 2013, S. 263–291.

Saliger, Frank: Kontraktualistische Solidarität: Argumente des gegenseitigen Vorteils, in: von Hirsch, Andreas/ Neumann, Ulfrid/ Seelmann, Kurt (Hrsg.): Solidarität im Strafrecht – Zur Funktion und Legitimation strafrechtlicher Solidaritätspflichten, Baden-Baden 2013, S. 61–76.

Salje, Peter: Zivilrechtliche und strafrechtliche Verantwortung des Betriebsbeauftragten für Umweltschutz, in: BB 1993, S. 2297–2306.

Salvenmoser, Steffen/ Hauschka, Christoph E.: Korruption, Datenschutz und Compliance, in: NJW 2010, S. 331–335.

Samson, Erich: Hypothetische Kausalverläufe im Strafrecht – Zugleich ein Beitrag zur Kausalität der Beihilfe, Frankfurt am Main 1972.

Samson, Erich: Begehung durch Unterlassen, in: Stratenwerth, Günter/ Kaufmann, Armin/ Geilen, Gerd/ Hirsch, Hans Joachim/ Schreiber, Hans-Ludwig/ Jakobs, Günther/ Loos, Fritz (Hrsg.): Festschrift für Hans Welzel zum 70. Geburtstag am 25. März 1974, Berlin, New York 1974, S. 579–603.

Samson, Erich: Probleme strafrechtlicher Produkthaftung, in: StV 1991, S. 182–186.

Samson, Erich: Erfolgszurechnung und Risiko – Kritische Anfragen an die Lehre von der objektiven Zurechnung, in: Prittwitz, Cornelius/ Baurmann, Klaus Günther/ Kuhlen, Lothar/ Merkel, Reinhard/ Nestler, Cornelius/ Schulz, Lorenz (Hrsg.): Festschrift für Klaus Lüderssen zum 70. Geburtstag am 2. Mai 2002, Baden-Baden 2002, S. 587–598.

Samson, Erich/ Langrock, Marc: Bekämpfung von Wirtschaftskriminalität im Unternehmen, in: DB 2007, S. 1684–1689.

Sammüller-Gradl, Hanna: Die Zurechnungsproblematik als Effektivitätshindernis im Deutschen Umweltstrafrecht – Untersuchung im Hinblick auf das Rechtsgut der Umweltdelikte, Berlin 2015.

Sánchez-Vera, Javier: Pflichtdelikt und Beteiligung – Zugleich ein Beitrag zur Einheitlichkeit der Zurechnung bei Tun und Unterlassen, Berlin 1998.

Sánchez, Jesús María Silva: Die Expansion des Strafrechts – Kriminalpolitik in postindustriellen Gesellschaften, Frankfurt am Main 2003.

Sánchez, Jesús María Silva: Zur Dreiteilung der Unterlassungsdelikte, in: Schünemann, Bernd/ Achenbach, Hans/ Bottke, Wilfried/ Haffke, Bernhard/ Rudolphi, Hans-Joachim (Hrsg.): Festschrift für Claus Roxin zum 70. Geburtstag, Berlin, New York 2001, S. 641–650.

Sandmann, Bernd: Die Haftung von Arbeitnehmern, Geschäftsführern und leitenden Angestellten – Zugleich ein Beitrag zu den Grundprinzipien der Haftung und Haftungsprivilegierung, Tübingen 2001.

Sandmann, Daniel: Der Compliance-Bericht im Wertpapierdienstleistungsunternehmen – praktische Erwägungen, in: CCZ 2008, S. 104–108.

Sandmann, Daniel: Die Compliance-Funktion unter Solvency II – Ein Überblick, in: CCZ 2015, S. 70–77.

Sangenstedt, Christof: Garantenstellung und Garantenpflicht von Amtsträgern – Zugleich eine Untersuchung zu den Grundlagen der strafrechtlichen Garantenhaftung, Frankfurt am Main 1989.

Sanio, Jochen: Bankenaufsicht und Systemrisiko, in: Schäfer, Klaus/ Burghof, Hans-Peter/ Johanning, Lutz/ Wagner, Hannes F./ Rodt, Sabine (Hrsg.): Risikomanagement und kapitalmarktorientierte Finanzierung – Festschrift zum 65. Geburtstag von Bernd Rudolph, Frankfurt am Main 2012, S. 15–32.

Sasse, Stefan: Hilfspolizist Arbeitnehmer – oder sinnvolle Neuregelung? in: NZA 2008, S. 990–993.

Satzger, Helmut: Die rechtfertigende Pflichtenkollision, in: Jura 2010, S. 753–757.

Satzger, Helmut: Wann „entspricht" ein Unterlassen einem Tun? – Zur Entsprechungsklausel in § 13 StGB, in: Jura 2011, S. 749–758.

Satzger, Helmut/ Schluckebier, Wilhelm/ Widmeier, Gunter (Hrsg.): StGB – Strafgesetzbuch – Kommentar, 2. Auflage, Köln 2014.

Sauer, Wilhelm: Grundlagen des Strafrechts nebst Umriss einer Rechts- und Sozialphilosophie, Berlin, Leipzig 1921.

Schaefer, Hans/ Missling, Patrick J.: Haftung von Vorstand und Aufsichtsrat, in: NZG 1998, S. 441–447.

Schaefer, Hans/ Baumann, Diethelm: Compliance-Organisation und Sanktion bei Verstößen, in: NJW 2011, 3601–3605.

Schäfer, Frank A./ Lang, Volker: Wider die Kriminalisierung der Banken Money – it's a crime (Pink Floyd – The Dark Side of the Moon), in: BKR 2011, S. 239–242.

Schäfer, Frank A./ Sethe, Rolf/ Lang, Volker: Handbuch der Vermögensverwaltung, München 2012.

Schäfer, Gerhard/ Sander, Günther M./ van Gemmeren, Gerhard: Praxis der Strafzumessung, 4. Auflage, München 2008.

Schäfer, Holger: Die MaComp und die Aufgaben von Compliance, in: BKR 2011, S. 187–199.

Schäfer, Holger: Die MaComp und das Erfordernis der Unabhängigkeit, Wirksamkeit und Dauerhaftigkeit von Compliance, in: BKR 2011, S. 45–57.

Schäfer, Holger (Hrsg.): Compliance – Konsequenzen verschärfter Vorgaben aus WpHG und Bankenaufsicht, 5. Auflage, Heidelberg 2014.

Schaffstein, Friedrich: Die unechten Unterlassungsdelikte im System des neuen Strafrechts, in: Dahm, Georg/ Gallas, Wilhelm/ Schaffstein, Friedrich/ Schinnerer, Erich/ Siegert, Karl/ Zimmerl, Leopold (Hrsg.): Gegenwartsfragen der

Strafrechtswissenschaft – Festschrift zum 60. Geburtstag von Graf W. Gleispach, Berlin und Leipzig 1936, S. 70–114.

Schall, Herro: Umweltschutz durch Strafrecht: Anspruch und Wirklichkeit, in: NJW 1990, S. 1263–1273.

Schall, Hero: Grund und Grenzen der strafrechtlichen Geschäftsherrenhaftung, in: Rogall, Klaus/ Puppe, Ingeborg/ Stein, Ulrich/ Wolter, Jürgen (Hrsg.): Festschrift für Hans-Joachim Rudolphi zum 70. Geburtstag, München 2004, S. 267–295.

Schall, Hero: Der Umweltschutzbeauftragte – Ein Mann ohne Eigenschaften? in: Böse, Martin/ Sternberg-Lieben, Detlev (Hrsg.): Grundlagen des Straf- und Strafverfahrensrechts – Festschrift für Knut Amelung zum 70. Geburtstag, Berlin 2009, S. 287–302.

Schall, Hero: Geschäftsherrenhaftung und Mobbing, in: Heger, Martin/ Kelker, Brigitte/Schramm, Edward (Hrsg.): Festschrift für Kristian Kühl zum 70. Geburtstag, München 2014, S. 417–432.

Schapp, Jan: Methodenlehre, allgemeine Lehren des Rechts und Fall-Lösung, in: Rechtstheorie 2001, S. 305–323.

Scharf, Peggy: Compliance in Kredit- und Finanzdienstleistungsinstituten – Grundlage der Compliance-Funktion zu den Grundsätzen ordnungsgemäßer Bankgeschäftsführung, Hamburg 2014.

Scharnberg, Josephine: Illegale Internal Investigations – Strafrechtliche Grenzen unternehmensinterner Ermittlungen, Frankfurt am Main, Berlin, Bern, Bruxelles, New York, Oxford, Wien, 2015.

Schaub, Günter (Begr.): Arbeitsrechts-Handbuch – Systematische Darstellung und Nachschlagewerk für die Praxis, 14. Auflage, München 2011.

Schaupensteiner, Wolfgang J.: Rechtstreue im Unternehmen – Compliance und Krisenmanagement – Konzertiertes Vorgehen statt einzelbetriebliche Maßnahmen, in: NZA-Beilage 2008, S. 8–15.

Schaupensteiner, Wolfgang J.: Rechtstreue im Unternehmen – Compliance und Krisenmanagement – Konzertiertes Vorgehen statt einzelbetriebliche Maßnahmen, in: NZA 2011, S. 8–15.

Scheerer, Sebastian: Strafe muß sein! Muß Strafrecht sein? in: Böllinger, Lorenz/ Lautmann, Rüdiger (Hrsg.): Vom Guten, das noch stets das Böse schafft – Kriminalwissenschaftliches Essays zu Ehren von Herbert Jäger, Frankfurt am Main 1993, S. 69–78.

Schefold, Christian: Compliance – Wem hilft's? Trägt der Aufwand die Früchte? in: ZRFC 2013, S. 124–132.

Scheicht, Katrin/ *Loy, Daniela*: Arbeitsrechtliche Aspekte des Whistleblowings, in: DB 2015, S. 803–807.

Scheinfeld, Jörg: Normschutz als Strafrechtsgut? – Normentheoretische Überlegungen zum legitimen Strafen, in: Heinrich, Manfred/ Jäger, Christian / Achenbach, Hans/ Amelung, Knut/ Bottke, Wilfried/ Haffke, Bernhard/ Schünemann, Bernd/ Wolter, Jürgen (Hrsg.): Strafrecht als Scientia Universalis – Festschrift für Claus Roxin zum 80. Geburtstag am 15. Mai 2011, Berlin, New York 2011, S. 183–197.

Scherp, Dirk: Compliance und Wirtschaftskriminalität, in: CB 2013, S. 168–172.

Schettgen-Sarcher, Walburga/ Bachmann, Sebastian/ Schettgen, Peter (Hrsg.): Compliance Officer – Das Augsburger Qualifizierungsmodell, Wiesbaden 2014.

Schild, Wolfgang: Tatherrschaftslehren, Frankfurt am Main 2009.

Schilha, Ralph: Die Aufsichtsratstätigkeit in der Aktiengesellschaft im Spiegel strafrechtlicher Verantwortung, Berlin 2008.

Schimansky, Herbert/ Bunte, Hermann-Josef/ Lwowski, Hans Jürgen (Hrsg.): Bankrechts-Handbuch, Band II, 4. Auflage, München 2011.

Schlehofer, Horst: Vorsatz und Tatabweichung – Zur Auslegung der §§ 16 Abs. 1 Satz 1, 22 StGB, Köln, Berlin, Bonn, München 1996.

Schlehofer, Horst: Täterschaftliche Fahrlässigkeit, in: Putzke, Holm/ Hardtung, Bernhard/ Tajana, Hörnle/ Merkel, Reinhard, Scheinfeld, Jörg/ Schlehofer, Horst/ Seier, Jürgen (Hrsg.): Strafrecht zwischen System und Telos – Festschrift für Rolf Herzberg zum siebzigsten Geburtstag am 14. Februar 2008, Tübingen 2008, S. 355–377.

Schlemminger, Horst/ Oexle, Anno: Umweltmanagement als integraler Bestandteil des Compliance Managements in Industrieunternehmen, in: CB 2016, S. 25–28.

Schlicht, Manuela: Compliance nach Umsetzung der MiFID-Richtlinie – Wesentliche Änderungen oder gesetzliche Verankerung schon gelebter Praxis? in: BKR 2006, S. 469–475.

Schlieker, Beate: Compliance und Verfassung – Compliance-Maßnahmen auf dem Prüfstand von Grundrechten und verfassungsrechtlicher Ordnung, Frankfurt am Main 2015.

Schliesky, Utz: Souveränität und Legitimität von Herrschaftsgewalt – Die Weiterentwicklung von Begriffen der Staatslehre und des Staatsrechts im europäischen Mehrebensystem, Tübingen 2004.

Schlösser, Jan: Vertraglich vereinbarte Integritätsklauseln und strafrechtliche Haftung der Unternehmensleitung, in: wistra 2006, S. 446–452.

Schlösser, Jan/ Dörfler, Roman: Strafrechtliche Folgen eines Verstoßes gegen den Deutschen Corporate Governance Kodex, in: wistra 2007, S. 326–333.

Schlösser, Jan: Organisationsherrschaft durch Tun und Unterlassen – Zugleich Besprechung von BGH, Beschluss vom 26.8.2003 und Urteil vom 13.5.2004, in: GA 2007, S. 161–174.

Schlüchter, Ellen: Grundfälle zur Lehre von der Kausalität – Zweiter Teil. Kausalität im Bereich der Unterlassungsdelikte, in: JuS 1976, S. 793–797.

Schlüchter, Ellen: Der Kaufmann als Garant im Rahmen der unerlaubten Gewässerverunreinigung, in: Eser, Albin/ Kullmann, Hans Josef/ Meyer-Goßner, Lutz/ Odersky, Walter/ Voss, Rainer (Hrsg.): Straf- und Strafverfahrensrechtrecht, Recht und Verkehr, Recht und Medizin – Festschrift für Hannskarl Salger zum Abschied aus dem Amt des Vizepräsident des Bundesgerichtshofes, Köln, Berlin, Bonn München 1995, S. 139–166.

Schlüter, Wilfried: Das Obiter dictum – Die Grenzen höchstrichterlicher Entscheidungsbegründungen dargestellt an Beispielen aus der Rechtsprechung des Bundesarbeitsgerichts, München 1973.

Schmid, Christine: Die Garantenpflicht des Compliance-Beauftragten zur Verhinderung fremder Straftaten, in: JA 2013, S. 835–840.

Schmidhäuser, Eberhard: Strafrecht Allgemeiner Teil – Lehrbuch, 2. Auflage, 1975 Tübingen.

Schmidhäuser, Eberhard: Begehung, Handlung und Unterlassung im Strafrecht – Terminologie und Begriffe, in: Dornseifer, Gerhard/ Horn, Eckhard/ Schilling, Georg/ Schöne, Wolfgang/ Struensee, Eberhard/ Zielinski, Diethart (Hrsg.): Gedächtnisschrift für Armin Kaufmann, Köln, Berlin, Bonn, München 1989, S. 131–157.

Schmidt-Salzer: Strafrechtliche Produktverantwortung, in: NJW 1988, S. 1937–1942.

Schmidt, Bernd: Vertrauen ist gut, Compliance ist besser! – Anforderungen an die Datenverarbeitung im Rahmen der Compliance-Überwachung – in: BB 2009, S. 1295–1299.

Schmidt, Bernd: Compliance in Kapitalgesellschaften, Baden-Baden 2010.

Schmidt, Karsten: Zur Verantwortung von Gesellschaften und Verbänden im Kartell-Ordnungswidrigkeitenrecht – Diskussionsbeitrag eines Wirtschaftsrechtlers zu § 30 OWiG und zum Verständnis der Bußgeldpraxis nach dem GWB, in: wistra 1990, S. 131–138.

Schmidt, Karsten: Einheit der Rechtsordnung – Realität? Aufgabe? Illusion? in: Schmidt, Karsten (Hrsg.): Vielfalt des Rechts – Einheit der Rechtsordnung? Hamburger Ringvorlesung, Berlin 1994, S. 9–29.

Schmidtke, Andreas: Die kapitalmarktrechtliche Regulierung von Finanzanalyse und Rating-Urteil durch das Wertpapierhandelsgesetz – Eine Untersuchung unter Berücksichtigung nationaler, europäischer und internationaler Regulierungsbemühungen, Hamburg 2010.

Schmitt-Leonardy, Charlotte: Das interpretatorische Konstrukt „Unternehmen" hinter der „Unternehmenskriminalität", in: Kempf, Eberhard/ Lüderssen, Klaus/ Volk, Klaus (Hrsg.): Unternehmensstrafrecht, Berlin, Boston 2012, S. 111–151.

Schmitt-Leonardy, Charlotte: Unternehmenskriminalität ohne Strafrecht? Heidelberg, München, Landsberg, Frechen, Hamburg 2013.

Schmitt-Leonardy, Charlotte: Zurück in die Zukunft? Zur neuen alten Diskussion um die Unternehmensstrafe und zu dem immer noch unzureichenden Verständnis des Problems, in: ZIS 2015, S. 11–22.

Schmitt-Leonardy, Charlotte: Eine Alternative zum Unternehmensstrafrecht: der Folgenverantwortungsdialog, in: Jahn, Matthias/ Schmitt-Leonardy, Charlotte/ Schoop, Christian (Hrsg.): Das Unternehmensstrafrecht und seine Alternativen, Baden-Baden 2016, S. 251–306.

Schmitz, Monika/ Taschke, Jürgen: Haftungsrisiken von Unternehmen bei der Begehung von Straftaten oder Ordnungswidrigkeiten durch Mitarbeiter, in: WiB 1997, S. 1169–1175.

Schmitz, Roland: „Wilde" Müllablagerungen und strafrechtliche Garantenstellung des Grundstückseigentümers, in: NJW 1993, S. 1167–1171.

Schmitz, Roland: Bestrafung von Unternehmen – Abkehr vom Schuldstrafrecht, in: Kempf, Eberhard/ Lüderssen, Klaus/ Volk, Klaus (Hrsg.): Unternehmensstrafrecht, Berlin, Boston 2012, S. 311–319.

Schmoller, Kurt: Verbandsgeldbußen in Österreich und Deutschland – Ein Strukturvergleich, in: Hettinger, Michael/ Zopfs, Jan/ Hillenkamp, Thomas/ Köhler, Michael/ Rath, Jürgen/ Streng, Franz/ Wolter, Jürgen (Hrsg.): Festschrift für Wilfried Küper zum 70. Geburtstag, Heidelberg 2007, S. 519–537.

Schmucker, Timo: Die strafrechtliche Organ- und Vertreterhaftung, in: ZJS 2011, S. 30–37.

Schneider, Anne: Der transnationale Geltungsbereich des deutschen Verbandsstrafrechts – de lege lata und de lege ferenda, in: ZIS 2013, S. 488–499.

Schneider, Hendrik: Überwachergaranten in Unternehmen – Neue Probleme der Geschäftsherrenhaftung am Beispiel der Entscheidung des Bundesgerichtshofs vom 17. Juli 2009 – 5 StR 394/08, in: Kühl, Kristian/ Seher, Gerhard (Hrsg.): Rom, Recht, Religion – Symposion für Udo Ebert zum siebzigsten Geburtstag, Tübingen 2011, S. 349–365.

Schneider, Hendrik: Generalprävention im Wirtschaftsstrafrecht – Voraussetzungen von Normanerkennung und Abschreckung, in: Hilgendorf, Eric/

Rengier, Rudolf (Hrsg.): Festschrift für Wolfgang Heinz zum 70. Geburtstag, Baden-Baden 2012, S. 663–676.

Schneider, Sven H.: Informationspflichten und Informationssystemeinrichtungspflichten im Aktienkonzern – Überlegungen zu einem Unternehmensinformationsgesetzbuch, Berlin 2006.

Schneider, Uwe H.: Die Personengesellschaft als herrschendes Unternehmen im Konzern – Ein Beitrag zum Konzernrecht der Personengesellschaften, ZHR 1979, S. 485–521.

Schneider, Uwe H.: Die Wahrnehmung öffentlich-rechtlicher Pflichten durch den Geschäftsführer – Zum Grundsatz der Gesamtverantwortung in der konzernfreien GmbH und im Konzern, in: Lutter, Marcus/ Ulmer, Peter/ Zöllner, Wolfgang (Hrsg.): Festschrift 100 Jahre GmbH-Gesetz, Köln 1992, S. 473–499.

Schneider, Uwe H.: Gesellschaftsrechtliche und öffentlich-rechtliche Anforderungen an eine ordnungsgemäße Unternehmensorganisation – Zur Überlagerung des Gesellschaftsrechts durch öffentlich-rechtliche Strukturnormen, in: DB 1993, S. 1909–1915.

Schneider, Uwe H.: Die Überlagerung des Konzernrechts durch öffentlich-rechtliche Strukturnormen und Organisationspflichten – Vorüberlegungen zu „Compliance im Konzern", in: ZGR 1996, S. 225–246.

Schneider, Uwe H.: Compliance als Aufgabe der Unternehmensleitung, in: ZIP 2003, S. 645–650.

Schneider, Uwe H./ v. Buttlar, Julia: Die Führung von Insider-Verzeichnissen: Neue Compliance-Pflichten für Emittenten, in: ZIP 2004, S. 1621–1627.

Schneider, Uwe H./ Schneider, Sven H.: Konzern-Compliance als Aufgabe der Konzernleitung, in: ZIP 2007, S. 2061–2065.

Schneider, Uwe H.: Ausländisches Unternehmensstrafrecht und Compliance, in: CCZ 2008, S. 18–19.

Schneider, Uwe H.: Compliance im Konzern, in: NZG 2009, S. 1321–1326.

Schneider, Uwe H./ Nowak, Claudia: Sind die Einrichtung einer Whistleblowing-Stelle und der Schutz des Whistleblowers Teil guter Corporate Compliance? in: Hönn/ Oetker/ Raab (Hrsg.): Festschrift für Peter Kreutz, Köln 2010, S. 855–865.

Schneider, Uwe H.: Investigative Maßnahmen und Informationsweitergabe im konzernfreien Unternehmen und im Konzern, in: NZG 2010, S. 1201–1207.

Schneider, Uwe H.: Konflikte zwischen Unternehmensleitung und Aufsichtsrat über die Compliance, in: ZIP 2016, S. 70–73.

Schneider, Hendrik/ Gottschaldt, Peter: Offene Grundsatzfragen der strafrechtlichen Verantwortlichkeit von Compliance-Beauftragten in Unternehmen, in: ZIS 2011, S. 573–577.

Schockenhoff, Martin: Haftung und Enthaftung von Geschäftsleitern bei Compliance-Verstößen in Konzernen mit Matrix-Strukturen, in: ZHR 2016, S. 197–232.

Schönke, Adolf/ Schröder, Horst (Hrsg.): Strafgesetzbuch Kommentar, 29. Auflage, München 2014.

Schöne, Wolfgang: Unterlassene Erfolgsabwendungen und Strafgesetz: Zur gesetzlichen Regelung „unechter" Unterlassungsdelikte, Köln, Berlin, Bonn, München 1974.

Schollmeyer, Mario: Selbstverantwortung und Geschäftsgrundlage – Zurechnung und Haftung bei Geschäftsgrundlagenstörung gemäß § 313 BGB, Tübingen 2014.

Scholz, Rupert: Strafbarkeit juristischer Personen? in: ZRP 2000, S. 435–440.

Scholz, Frank (Hrsg.): Kommentar zum GmbH-Gesetz, 10. Auflage, Köln 2007.

Scholz, Philipp: Die Haftung bei Verstößen gegen die Business Judgement Rule, in: AG 2015, S. 222–231.

Schoop, Christian/ Sidhu, Karl: Rechtstatsächliche Anmerkungen zum NRW-Entwurf, in: Jahn, Matthias/ Schmitt-Leonardy, Charlotte/ Schoop, Christian (Hrsg.): Das Unternehmensstrafrecht und seine Alternativen, Baden-Baden 2016, S. 137–159.

Schoppmann, Sebastian: Compliance als Organisationspflicht bei Kreditinstituten, Hamburg 2014.

Schramm, Edward: Anmerkung zu BGH, Urteil vom 20. Oktober 2011 – 4 StR 71/11 (LG Siegen), in: JZ 2012, S. 967–972.

Schreiber, Hans-Ludwig: Strafbarkeit des assistierten Suizides? in: Pawlik, Michael/ Zaczyk, Raniner (Hrsg.): Festschrift für Günther Jakobs zum 70. Geburtstag am 26. Juli 2006, Köln, Berlin, München 2007, S. 615–633.

Schröder, Christian: Handbuch Kapitalmarktstrafrecht, 2. Auflage, Köln 2010.

Schröder, Christian: Das erlaubte Risiko im Bankgeschäft am Beispiel der Pflichtwidrigkeit von ABS-Investitionen im Vorfeld der Finanzkrise, in: Kempf, Eberhard/ Lüderssen, Klaus/ Volk, Klaus (Hrsg.): Ökonomie versus Recht im Finanzmarkt, Berlin, Boston 2011, S. 59–74.

Schröder, Christian: Die strafrechtliche Bewältigung der Finanzkrise am Beispiel der Untreue, in: ZStW 2011, S. 771–790.

Schröder, Christian/ Bergmann, Marcus: „Strafbare Handlungen“ in Abgrenzung zu „betrügerischen Handlungen“: Begriffswandel in 25c Abs. 1 Satz 1 KWG, in: ZBB 2011, S. 255–265.

Schröder, Christian: Geldwäscheprävention und Compliance: Neue Aufgaben für Kreditinstitute infolge neuen Strafrechts, in: ZBB 2013, S. 312–318.

Schröpfer, Michael: Compliance im Aktienkonzern – Die Compliance-Verantwortung von Vorstand und Aufsichtsrat im Unterordnungskonzern, Jena 2014.

Schroeder, Christian-Friedrich: Die so genannte Risikoverringerung, in: Hefendehl, Roland (Hrsg.): Empirische und dogmatische Fundamente, kriminalpolitischer Impetus – Symposium für Bernd Schünemann zum 60. Geburtstag, Köln, Berlin, München 2005, S. 151–161.

Schroeder, Christian-Friedrich: Grundsätzliche Angriffe gegen die Lehre von der objektiven Zurechnung, in: Joerden, Jan C./ Scheffler, Uwe/ Sinn, Arndt/ Wolf, Gerhard (Hrsg.): Vergleichende Strafrechtswissenschaft – Frankfurter Festschrift für Andrzej J. Szwarc zu, 70. Geburtstag, Berlin 2009, S. 273–278.

Schroth, Hans-Jürgen: Der Regelungsgehalt des 2. Gesetzes zur Bekämpfung der Wirtschaftskriminalität im Bereich des Ordnungswidrigkeitenrechts, in: wistra 1986, S. 158–165.

Schroth, Hans-Jürgen: Unternehmen als Normadressaten und Sanktionssubjekte – Eine Studie zum Unternehmensstrafrecht, Gießen 1993.

Schrott, Timo: Unterlassungszurechnung bei drittvermittelten Rettungsgeschehen – Unter besonderer Berücksichtigung von Compliance-Systemen, Berlin 2014.

Schünemann, Bernd: Grund und Grenzen der unechten Unterlassungsdelikte – Zugleich ein Beitrag zur strafrechtlichen Methodenlehre, Göttingen 1971.

Schünemann, Bernd: Zur Kritik der Ingerenz-Garantenstellung, in: GA 1974, S. 231–242.

Schünemann, Bernd: Unternehmenskriminalität und Strafrecht – Eine Untersuchung der Verantwortlichkeit der Unternehmen und ihrer Führungskräfte nach geltendem und geplantem Straf- und Ordnungswidrigkeitenrecht, Köln, Berlin, Bonn, München 1979.

Schünemann, Bernd: Methodologische Prolegomena zur Rechtsfindung im Besonderen Teil des Strafrechts, in: Kaufmann, Arthur/ Bemmann, Günter/ Krauss, Detlef/ Volk, Klaus (Hrsg.): Festschrift für Paul Bockelmann zum 70. Geburtstag am 7. Dezember 1978, München 1979, S. 117–132.

Schünemann, Bernd: Unternehmenskriminalität und Strafrecht – eine Untersuchung der Verantwortlichkeit der Unternehmen und ihrer Führungskräfte nach geltendem u. geplantem Straf- und Ordnungswidrigkeitenrecht, Köln, Berlin, Bonn, München 1979.

Schünemann, Bernd: Strafrechtsdogmatische und kriminalpolitische Grundfragen der Unternehmenskriminalität, in: wistra 1982, S. 41–50.

Schünemann, Bernd: Die Unterlassungsdelikte und die strafrechtliche Verantwortlichkeit für Unterlassungen, in: ZStW 1984, S. 287–320.

Schünemann, Bernd: Einführung in das strafrechtliche Systemdenken, in: Schünemann, Bernd (Hrsg.): Grundfragen des modernen Strafrechtssystems, Berlin, New York 1984, S. 1–68.

Schünemann, Bernd: Die deutschsprachige Strafrechtswissenschaft nach der Strafrechtsreform im Spiegel des Leipziger Kommentars und des Wiener Kommentars – 1. Teil: Tatbestands- und Unrechtslehre, in: GA 1985, S. 341–380.

Schünemann, Bernd: Die deutschsprachige Strafrechtswissenschaft nach der Strafrechtsreform im Spiegel des Leipziger Kommentars und des Wiener Kommentars – 2. Teil: Schuld und Kriminalpolitik, in: GA 1986, S. 293–352.

Schünemann, Bernd: Die Strafbarkeit von Amtsträgern im Gewässerstrafrecht, in: wistra 1986, S. 235–246.

Schünemann, Bernd: Alternative Kontrolle der Wirtschaftskriminalität, in: Dornseifer, Gerhard/ Horn, Eckhard/ Schilling, Georg/ Schöne, Wolfgang/ Struensee, Eberhard/ Zielinski, Diethart (Hrsg.): Gedächtnisschrift für Armin Kaufmann, Köln, Berlin, Bonn, München 1989, S. 629–649.

Schünemann, Bernd: Die strafrechtliche Verantwortlichkeit der Unternehmensleitung im Bereich von Umweltschutz und technischer Sicherheit, in: Breuer, Rüdiger/ Kloepfer, Michael/ Marburger, Peter/ Schröder, Meinhard (Hrsg.): Umweltschutz und technische Sicherheit im Unternehmen – 9. Trierer Kolloquium zum Umwelt- und Technikrecht vom 19.–21. September 1993, Heidelberg 1994, S. 137–177.

Schünemann, Bernd: Kritische Anmerkungen zur geistigen Situation der deutschen Strafrechtswissenschaft, in: GA 1995, S. 201–229.

Schünemann, Bernd: Zum gegenwärtigen Stand der Dogmatik der Unterlassungsdelikte in Deutschland, in: Gimbernat, Enrique/ Schünemann, Bernd/ Wolter, Jürgen (Hrsg.): Internationale Dogmatik der objektiven Zurechnung und der Unterlassungsdelikte – Ein spanisch-deutsches Symposium zu Ehren von Claus Roxin, Heidelberg 1995, S. 49–82.

Schünemann, Bernd: Plädoyer zur Einführung einer Unternehmenskuratel, in: Schünemann, Bernd: Deutsche Wiedervereinigung – Die Rechtseinheit, Arbeitskreisstrafrecht, Band III, Unternehmenskriminalität, Köln, Berlin, Bonn, München 1996, S. 129–142.

Schünemann, Bernd: Zur Dogmatik und Kriminalpolitik des Umweltstrafrechts, in: Schmoller, Kurt (Hrsg.): Festschrift für Otto Triffterer zum 65. Geburtstag, Wien, New York 1996, S. 437–456.

Schünemann, Bernd: Unternehmenskriminalität, in: Roxin, Claus/ Widmaier, Gunter (Hrsg.): 50 Jahre Bundesgerichtshof – Festgabe aus der Wissenschaft, Band IV. Strafrecht, Strafprozeßrecht, München 2000, S. 621–646.

Schünemann, Bernd: Strafrechtsdogmatik als Wissenschaft, in: Schünemann, Bernd/ Achenbach, Hans/ Bottke, Wilfried/ Haffke, Bernhard/ Rudolphi, Hans-Joachim (Hrsg.): Festschrift für Claus Roxin zum 70. Geburtstag, Berlin, New York 2001, S. 1–32.

Schünemann, Bernd: Unzulänglichkeiten des Fahrlässigkeitsdelikts in der modernen Industriegesellschaft – Eine Bestandsaufnahme, in: Graul, Eva/ Wolf, Gerhard (Hrsg.): Gedächtnisschrift für Dieter Meurer, Berlin 2002, S. 37–63.

Schünemann, Bernd: Zur Regelung der unechten Unterlassung in den Europa-Delikten, in: Tiedemann, Klaus (Hrsg.): Wirtschaftsstrafrecht in der Europäischen Union – Rechtsdogmatik – Rechtsvergleich – Rechtspolitik – Freiburg-Symposium, Köln, Berlin, Bonn, München 2002, S. 103–123.

Schünemann, Bernd: Das System des strafrechtlichen Unrechts: Rechtsgutsbegriff und Viktimodogmatik als Brücke zwischen dem System des Allgemeinen Teils und dem Besonderen Teil, in: Tiedemann, Klaus/ Schünemann, Bernd (Hrsg.): Strafrechtssystem und Betrug, Herbolzheim 2002, S. 51–87.

Schünemann, Bernd: Das Rechtsgüterschutzprinzip als Fluchtpunkt der verfassungsrechtlichen Grenze der Straftatbestände und ihrer Interpretation, in: Hefendehl, Roland/ von Hirsch, Andrew/ Wohlers, Wolfgang (Hrsg.): Die Rechtsgutstheorie – Legitimationsbasis des Strafrechts oder dogmatisches Glasperlenspiel, Baden-Baden 2003, S. 133–154.

Schünemann, Bernd: Das Strafrecht im Zeichen der Globalisierung, in: GA 2003, S. 299–313.

Schünemann, Bernd: Die kriminalpolitischen und dogmatischen Grundfragen der Unternehmenskriminalität – am Beispiel des Arbeitsschutzstrafrechts in europäischer Perspektive, in: Rogall, Klaus/ Puppe, Ingeborg/ Stein, Ulrich/ Wolter, Jürgen (Hrsg.): Festschrift für Hans-Joachim Rudolphi zum 70. Geburtstag, München 2004, S. 297–314.

Schünemann, Bernd: Brennpunkte des Strafrechts in der entwickelten Industriegesellschaft – Reflexionen zu den Beiträgen des Symposiums, in: Hefendehl, Roland (Hrsg.): Empirische und dogmatische Fundamente, kriminalpolitischer Impetus – Symposium für Bernd Schünemann zum 60. Geburtstag, Köln, Berlin, München 2005, S. 349–377.

Schünemann, Bernd: Die Rechtsfigur des „Täters hinter dem Täter“ und das Prinzip der Tatherrschaftsstufen, in: Hoyer, Andreas/ Müller, Ernst Henning/ Pawlik, Michael/ Wolter, Jürgen: Festschrift für Friedrich-Christian Schroeder zum 70. Geburtstag, Heidelberg 2006, S. 401–413.

Schünemann, Bernd: Vom kriminalpolitischen Nutzen und Nachteil eigenhändiger Delikte – Ein Rehabilitierungsversuch, in: Müller-Dietz, Heinz/ Müller, Egon/ Kunz, Karl-Ludwig/ Radtke, Henning/ Britz, Guido/ Momsen, Carsten/ Koriath, Heinz (Hrsg.): Festschrift für Heike Jung zum 65. Geburtstag am 23. April 2007, Baden-Baden 2007, S. 881–891.

Schünemann, Bernd: Strafrechtliche Sanktionen gegen Wirtschaftsunternehmen, in: Sieber, Ulrich/ Dannecker, Gerhard/ Kindhäuser, Urs/ Vogel, Joachim/ Walter, Tonio (Hrsg.): Strafrecht und Wirtschaftsstrafrecht – Dogmatik, Rechtsvergleich, Rechtstatsachen – Festschrift für Klaus Tiedemann zum 70. Geburtstag, Köln 2008, S. 429–448.

Schünemann, Bernd: Aufgabe und Grenzen der Strafrechtswissenschaft im 21. Jahrhundert, in: Putzke, Holm/ Hardtung, Bernhard/ Tajana, Hörnle/ Merkel, Reinhard, Scheinfeld, Jörg/ Schlehofer, Horst/ Seier, Jürgen (Hrsg.): Strafrecht zwischen System und Telos – Festschrift für Rolf Herzberg zum siebzigsten Geburtstag am 14. Februar 2008, Tübingen 2008, S. 39–53.

Schünemann, Bernd: Zur Garantenstellung beim unechten Unterlassungsdelikt – Dogmenhistorische, rechtsvergleichende und sachlogische Auswegweiser aus einem Chaos, in: Böse, Martin/ Sternberg-Lieben, Detlev (Hrsg.): Grundlagen des Straf- und Strafverfahrensrechts – Festschrift für Knut Amelung zum 70. Geburtstag, Berlin 2009, S. 303–323.

Schünemann, Bernd: Die Kritik am strafrechtlichen Paternalismus – Eine Sisyphus-Arbeit? in: von Hirsch, Andrew/ Neumann, Ulfrid/ Seelmann, Kurt (Hrsg.): Paternalismus im Strafrecht – Die Kriminalisierung von selbstschädigendem Verhalten, Baden-Baden 2010, S. 221–240.

Schünemann, Bernd: Die sogenannte Finanzkrise – Systemversagen oder global organisierte Kriminalität, in: Schünemann, Bernd (Hrsg.): Die sogenannte Finanzkrise – Systemversagen oder global organisierte Kriminalität, Berlin 2010, S. 71–105.

Schünemann, Bernd: Ein neues Bild des Strafrechtssystems? Zugleich Rezension von Günther Jakobs, System der strafrechtlichen Zurechnung 2012, in: ZStW 2014, S. 1–26.

Schünemann, Bernd: Wider verbreitete Irrlehren zum Untreuetatbestand, in: ZIS 2012, S. 183–194.

Schünemann, Bernd: Die großen wirtschaftsstrafrechtlichen Fragen der Zeit – Eine Vorschau auf die Zürcher Strafrechtslehrertagung, in: GA 2013, S. 193–205.

Schünemann, Bernd: Die aktuelle Forderung eines Verbandsstrafrechts – Ein kriminalpolitischer Zombie, in: ZIS 2014, S. 1–18.

Schünemann, Bernd: Das Schuldprinzip und die Sanktionierung von juristischen Personen und Personenverbänden – Lehren aus dem deutsch-spanischen Strafrechtsdialog, in: GA 2015, S. 274–283.

Schünemann, Bernd: Überfordert die Komplexität der Wirklichkeit die Juristen? in: wistra 2015, S. 161–166.

Schürmann, Hannes: Unterlassungsstrafbarkeit und Gesetzlichkeitsgrundsatz, Berlin 1986.

Schürrle, Thomas/ Olbers, Lucie Anne Mary: Compliance-Verantwortung in der AG – Praktische Empfehlungen zur Haftungsbegrenzung an Vorstände und Aufsichtsräte, in: CCZ 2010, S. 102–107.

Schulz, Martin/ Renz, Hartmut: Der erfolgreiche Compliance-Beauftragte – Leitlinien eines branchenübergreifenden Berufsbildes, in: BB 2012, S. 2511–2517.

Schulz, Martin/ Muth, Thomas: Erfolgsfaktor Compliance-Kultur – Grundlagen und Hinweise zur Gestaltung durch die Unternehmensleitung, in: CB 2014, S. 265–271.

Schultz, Michael: Amtswalterunterlassen, Berlin 1984.

Schultz, Michael: Aufhebung von Garantenstellungen und Beteiligung durch Unterlassen – BGH NJW 1984, 2639, in: JuS 1985, S. 270–275.

Schulz, Lorenz: Der Verdacht im Strafrecht gegen Unternehmen, in: Lüderssen, Klaus/ Volk, Klaus/ Wahle, Eberhard (Hrsg.): Festschrift für Wolf Schiller zum 65. Geburtstag am 12. Januar 2014, Baden-Baden 2014, S. 573–588.

Schulz, Mike: Compliance – Internes Whistleblowing – Die Verpflichtung zur Meldung von Fehlverhalten Dritter aus den arbeitsvertraglichen Nebenpflichten, in: BB 2011, S. 629–634.

Schulze, Hans-Georg: Vermeidung von Haftung und Straftaten auf Führungsebene durch Delegation, in: NJW 2014, S. 3484–3488.

Schumann, Heribert: Strafrechtliches Handlungsunrecht und das Prinzip der Selbstverantwortung der Anderen, Tübingen 1986.

Schuster, Frank Peter: Das Verhältnis von Strafnormen und Bezugsnormen aus anderen Rechtsgebieten – Eine Untersuchung zum Allgemeinen Teil im Wirtschafts- und Steuerstrafrecht, Berlin 2012.

Schutzbach, Axel: Die strafrechtliche Verantwortung für Betriebsunfälle, Berlin 1983.

Schwab, Hans-Jörg: Täterschaft und Teilnahme bei Unterlassungen, Frankfurt am Main, Berlin, Bern, New York, Paris, Wien 1996.

Schwark, Eberhard/ Zimmer, Daniel (Hrsg.): Kapitalmarktrechts-Kommentar, 4. Auflage, München 2010.

Schwartz, Martina: Strafrechtliche Produkthaftung – Grundlagen, Grenzen und Alternativen, Frankfurt am Main, Berlin, Bern, New York, Paris, Wien 1999.

Schwarz, Alexandra: Die strafrechtliche Haftung des Compliance-Beauftragten, in: wistra 2012, S. 13–26.

Schwedhelm, Rolf: Tax Compliance – mehr als ein Trend? Im Spannungsfeld zwischen Haftungsvermeidung und Steueroptimierung, in: AnwBl 2009, S. 90–93.

Schweikert, Christian: Generische Compliance-Risiken in mittelständischen und Großunternehmen – Auswertung vorliegender Studien zu Compliance, Integrity und Wirtschaftskriminalität, Konstanz 2014.

Schweizer, Robert: Compliance im Medienkonzern zur Fussnote – Die erste Intensitätsstufe, in: ZUM 2012, S. 2–12.

Schwennicke, Andreas/ Auerbach, Dirk (Hrsg.): Kreditwesengesetz Kommentar, München 2009.

Schwind, Hans-Dieter: Kriminologie – Eine praxisorientierte Einführung mit Beispielen, 20. Auflage, 2010 Heidelberg, München; Landsberg, Frechen, Hamburg.

Schwintek, Sebastian: Die Anzeigepflicht bei Verdacht von Insidergeschäften und Marktmanipulation nach § 10 WpHG, in: WM 2005, S. 861–868.

Schwintowski, Hans-Peter: Die Zurechnung des Wissens von Mitgliedern des Aufsichtsrats in einem oder mehreren Unternehmen, in: ZIP 2015, S. 617–623.

Seebode, Manfred: Zur gesetzlichen Bestimmtheit des unechten Unterlassungsdelikts, in: Seebode, Manfred (Hrsg.): Festschrift für Günter Spendel zum 70. Geburtstag am 11. Juli 1992, Berlin, New York 1992, S. 317–346.

Seebode, Manfred: Zur Berechenbarkeit der strafrechtlichen Hilfspflicht (§ 323c StGB) in: Hirsch, Hans Joachim/ Wolter, Jürgen/ Brauns, Uwe (Hrsg.): Festschrift für Günter Kohlmann zum 70. Geburtstag, Köln 2003, S. 279–294.

Seebode, Manfred: Anmerkung zu BVerfG, Kammer-Beschluss vom 21.11.2002 – 2 BvR 2202/01, in: JZ 2004, S. 303–309.

Seelmann, Kurt: Opferinteressen und Handlungsverantwortung in der Garantenpflichtdogmatik, in: GA 1989, S. 241–256.

Seelmann, Kurt: Atypische Zurechnungsstrukturen im Umweltstrafrecht, in: NJW 1990, S. 1257–1262.

Seelmann, Kurt: Anmerkung zu BGH, Urteil vom 25.09.1991 – 3 StR 95/91, in: StV 1992, S. 416–417.

Seelmann, Kurt: Privatrechtlich begründete Garantenpflichten? in: Schmidt, Karsten (Hrsg.): Vielfalt des Rechts – Einheit der Rechtsordnung? Hamburger Ringvorlesung, Berlin 1994, S. 85–98.

Seelmann, Kurt: „Unterlassene Hilfeleistung" oder: Was darf Strafrecht? in: JuS 1995, S. 281–286.

Seelmann, Kurt: Anmerkung zu BGH, Beschluss vom 20.12.2002 – 2 StR 251/02, in: JR 2004, S. 160–163.

Seelmann, Kurt: Rechtsgutskonzept, „Harm Priniciple" und Anerkennungsmodell als Strafwürdigkeitskriterien, in: Hefendehl, Roland/ von Hirsch, Andrew/ Wohlers, Wolfgang (Hrsg.): Die Rechtsgutstheorie – Legitimationsbasis des Strafrechts oder dogmatisches Glasperlenspiel, Baden-Baden 2003, S. 261–267.

Seelmann, Kurt: Ideengeschichte des Solidaritätsbegriffs im Strafrecht, in: von Hirsch, Andreas/ Neumann, Ulfrid/ Seelmann, Kurt (Hrsg.): Solidarität im Strafrecht – Zur Funktion und Legitimation strafrechtlicher Solidaritätspflichten, Baden-Baden 2013, S. 35–47.

Seher, Gerhard: Prinzipiengestützte Strafnormlegitimation und der Rechtsgutsbegriff, in: Hefendehl, Roland/ von Hirsch, Andrew/ Wohlers, Wolfgang (Hrsg.): Die Rechtsgutstheorie – Legitimationsbasis des Strafrechts oder dogmatisches Glasperlenspiel, Baden-Baden 2003, S. 39–56.

Seher, Gerhard: Grundfälle zur Beihilfe, in: JuS 2009, S. 793–797.

Seibert, Thomas: Die Garantenpflichten beim Betrug, Hamburg 2007.

Seibt, Christoph/ Cziupka, Johannes: Rechtspflichten und Best Practices für Vorstands- und Aufsichtsratshandeln bei der Kapitalmarktrecht-Compliance, in: AG 2015, S. 93–109.

Seier, Jürgen: Der Einheitstäter im Strafrecht und im Gesetz über Ordnungswidrigkeiten (Teil 2) in: JA 1990, S. 382–385.

Selbmann, Marten: Einordnung des BGH-Urteils vom 20. Oktober 2011 – 4 StR 71/11= HRRS 2012 Nr. 74 in die Dogmatik zur Geschäftsherrenhaftung, in: HRRS 2014, S. 235–249.

Senderowitz, Stephen J./ Ugarte, Ricardo E./ Cortez, Marlén: Die Durchsetzung US-amerikanischer Wertpapiergesetze auf internationaler Ebene – Ausweitung auf deutsche Unternehmen, in: wistra 2008, S. 281–285.

Sengbusch, René: Die Subsidiarität der Notwehr – Zum Verhältnis von eigenhändiger Verteidigung und der Abwehr eines Angriffs durch staatliche oder private Helfer, Berlin 2008.

Senge, Lothar (Hrsg.): Karlsruher Kommentar zum Gesetz über Ordnungswidrigkeiten, 3. Auflage, München 2006.

Semler, Johannes: Die Rechte und Pflichten des Vorstands einer Holdinggesellschaft im Lichte der Corporate Governance-Diskussion, in: ZGR 2004, S. 631–668.

Sering, Christian: Beihilfe durch Unterlassen, Münster, Hamburg, London 2000.

Sieber, Ulrich: Die Abgrenzung von Tun und Unterlassen bei der „passiven" Gesprächsteilnahme – Zugleich eine Besprechung der Entscheidung BGH 3 StR 398/81 vom 10.2.1982, in: JZ 1983, S. 431–437.

Sieber, Ulrich: Compliance-Programme im Unternehmensstrafrecht – Ein neues Konzept zur Kontrolle von Wirtschaftskriminalität, in: Sieber, Ulrich/ Dannecker, Gerhard/ Kindhäuser, Urs/ Vogel, Joachim/ Walter, Tonio (Hrsg.): Strafrecht und Wirtschaftsstrafrecht – Dogmatik, Rechtsvergleichung, Rechtstatsachen – Festschrift für Klaus Tiedemann zum 70. Geburtstag, München 2008, S. 449–484.

Siebler, Björn: Criminal-Compliance im interdisziplinären Kontext – Die Legitimierung von Compliance-Tätigkeiten und Maßnahmen sowie deren Verwertbarkeit im deutschen Strafverfahren, Hamburg 2014.

Sieg, Rainer: Arbeitnehmer im Banne von Compliance-Programmen – zwischen Zivilcourage und Denunziantentum, in: Bauer, Jobst-Hubertus/ Kort, Michael/ Möllers, Thomas M. J./ Sandmann, Bernd (Hrsg.): Festschrift für Herbert Buchner zum 70. Geburtstag, München 2009, S. 859–874.

Simon, Oliver/ Schilling, Jan Moritz: Kündigung wegen Whistleblowing? in: BB 2011, S. 2421–2428.

Simon, Stefan/ Merkelbach, Matthias: Organisationspflichten des Vorstandes betreffend das Compliance-System – Der Neubürger-Fall – Kommentar zu LG München I v. 10.12.2013 - 5HK O 1387/10, AG 2014, 332, in: AG 2014, S. 318–321.

Simonet, Michael: Die Implementierung interner Whistlebowingsysteme im Rahmen der Corporate Governance, Berlin 2012.

Simonet, Michael: Notwendigkeit eines Gesetzes zum Schutz von Whistleblowern? in: RdA 2013, S. 236–240.

Sinn, Arndt: Straffreistellung aufgrund von Drittverhalten – Zurechnung und Freistellung durch Macht, Tübingen 2007.

Soergel, Hans Theodor (Begr.): Bürgerliches Gesetzbuch – mit Einführungsgesetz und Nebengesetzen, Band 12, Schuldrecht 10, §§ 823–853, ProdHG, UmweltHG, 13. Auflage, Stuttgart 2004.

Sommer, Ulrich: Das Märchen von der Funktionstüchtigkeit der Strafrechtspflege, in: StraFo 2014, S. 441–444.

Sonder, Nicolas: Compliance in der öffentlichen Verwaltung – Bestandsaufnahme und Optimierungspotenziale, in: VR 2014, S. 229–223.

Sonnen, Bernd-Rüdeger: Strafrechtliche Grenzen des Handels mit Optionen auf Warentermin-Kontrakte, in: wistra 1982, S. 123–129.

Sonnenberg, Sebastian: Verletzung der Aufsichtspflicht in Betrieben und Unternehmen (§ 130 OWiG) – unter besonderer Berücksichtigung der Notwendigkeit und Ausgestaltung eines kriminalitätspräventiven Compliance-Systems, Hamburg 2014.

Sowada, Christoph: Täterschaft und Teilnahme beim Unterlassungsdelikt, in: Jura 1986, S. 399–410.

Sowada, Christoph: Die Garantenstellung aus vorangegangenem Tun (Ingerenz), in: Jura 2003, S. 236–246.

Spangenberg, Ernst Peter Johann: Ueber Unterlassungsverbrechen und deren Strafbarkeit, in: Neues Archiv des Criminalstrafrechts Band 4, Halle 1820, S. 527–555.

Spehl, Stephan J./ Momsen, Carsten/ Grützner, Thomas: Unternehmensinterne Ermittlungen – Ein internationaler Überblick – Teil IV: Sanktionen gegen Mitarbeiter, in: CCZ 2015, S. 77–82.

Spendel, Günter: Zur Unterscheidung von Tun und Unterlassen, in: Bockelmann, Paul/ Gallas, Wilhelm (Hrsg.): Festschrift für Eberhard Schmidt zum 70. Geburtstag, Göttingen 1961, S. 183–199.

Spendel, Günter: Zur Dogmatik der unechten Unterlassungsdelikte, in: JZ 1973, S. 137–144.

Spendel, Günter: Kausalität und Unterlassung, in: Putzke, Holm/ Hardtung, Bernhard/ Tajana, Hörnle/ Merkel, Reinhard, Scheinfeld, Jörg/ Schlehofer, Horst/ Seier, Jürgen (Hrsg.): Strafrecht zwischen System und Telos – Festschrift für Rolf Herzberg zum siebzigsten Geburtstag am 14. Februar 2008, Tübingen 2008, S. 347–449.

Spendel, Günter: Zum Vergehen der unterlassenen Hilfeleistung, in: Schneider, Hendrik/ Kahlo, Michael/ Klesczewski, Diethelm/ Schumann, Heribert (Hrsg.): Feschrift für Manfred Seebode zum 70. Geburtstag am 15. September 2008, Berlin 2008, S. 377–386.

Spindler, Gerald: Unternehmensorganisationspflichten, Köln, Berlin, Bonn, München 2001.

Spindler, Gerald: Compliance in der multinationalen Bankengruppe, in: WM 2008, S. 905–918.

Spindler, Gerald/ Stilz, Eberhard (Hrsg.): Kommentar zum Aktiengesetz, 2. Auflage, München 2010.

Spindler, Gerald: Von der Früherkennung von Risiken zum umfassenden Risikomanagement – zum Wandel des § 91 AktG unter europäischem Einfluss, in: Kindler, Peter/ Koch, Jens/ Ulmer, Peter/ Winter, Martin (Hrsg.): Festschrift für Uwe Hüffer zum 70. Geburtstag, München 2010, S. 985–998.

Spindler, Gerald: Compliance und Gesellschaftsrecht, in: RW 2013, S. 292–325.

Spoerr, Wolfgang/ Gäde, Tilmann: Strafrechtliche Verantwortlichkeit von Compliance-Mitarbeitern von Banken und Zahlungsdienstleistern bei der Abwicklung und Kontrolle von Zahlungsverkehr und anderen Finanzdienstleistungen für Kunden der Bank – am Beispiel der Bereitstellungsverbote, in: CCZ 2016, S. 77–83.

Spring, Patrick: Die strafrechtliche Geschäftsherrenhaftung – Unterlassungshaftung betrieblich Vorgesetzter für Straftaten Untergebener, Hamburg 2009.

Spring, Patrick: Die Garantenstellung des Compliance Officers oder: Neues zur Geschäftsherrenhaftung – Zugleich Besprechung von BGH, Urteil vom 17.07.2009, in: GA 2010, S. 222–227.

Stahl, André: Notwehr gegen Unterlassen, Baden-Baden 2015.

Stanitzek, Rebekka: Die Bedeutung von Criminal Compliance für das Strafrecht bei der Bekämpfung von Wirtschaftskorruption, Hamburg 2013.

Stankewitz, Rolf Günter: Die dogmatischen Grundlagen und Voraussetzungen einer Überwachergarantenstellung aus Sachherrschaft, Würzburg 1991.

von Staudinger, Julius (Begr.): Kommentar zum Bürgerlichen Gesetzbuch mit Einführungsgesetz und Nebengesetz, Buch 2, Recht der Schuldverhältnisse, §§ 830–838 (Unerlaubte Handlungen 3) 16. Auflage, Berlin 2012.

Steffek, Marc: Bundesgerichtshof verschärft strafrechtliche Verantwortung von Compliance-Officern – Das Urteil, der Hintergrund und die Auswirkungen, in: ZRFC 2009, S. 249–251.

Stein, Peter: Die rechtsmissbräuchliche Strafanzeige – Zugleich Anmerkung zu BAG, 3.7.2003 – 2 AZR 235/02, in: BB 2004, S. 1961–1964.

Stein, Philipp: Straftat und/oder Ordnungswidrigkeit – § 21 I S. 1 OWiG und das gleichzeitige Zusammentreffen zweier Sanktionsnormen, Baden-Baden 2008.

Stein, Ulrich: Garantenpflichten aufgrund vorsätzlich-pflichtwidriger Ingerenz – Zugleich Besprechung des Urteils des BGH vom 24.10.1995 – 1 StR 465/95, in: JR 1999, S. 265–273.

Stein, Ulrich: Verhaltensnorm und Strafsanktionsnorm bei § 323c StGB, in: Hettinger, Michael/ Zopfs, Jan/ Hillenkamp, Thomas/ Köhler, Michael/ Rath, Jürgen/ Streng, Franz/ Wolter, Jürgen (Hrsg.): Festschrift für Wilfried Küper zum 70. Geburtstag, Heidelberg 2007, S. 607–628.

Steiner, Rolf: Die Begehung schlichter Tätigkeitsdelike durch Unterlassen, de lege lata et ferenda, in: MDR 1971, S. 260–262.

Sternberg-Lieben, Detlev: Die objektiven Schranken der Einwilligung im Strafrecht, Tübingen 1997.

Stiller, Tanja: Grenzen des Notwehrrechts bei der Verteidigung von Sachwerten, Frankfurt am Main, Berlin, Bern, Bruxelles, New York, Oxford, Wien 1999.

Stober, Rolf: Ist der Ehrbare Kaufmann der Schlüssel für Compliance Anforderungen? in: NJW 2010, S. 1573–1577.

Stober, Rolf: Compliance in der öffentlichen Verwaltung – Eine Anforderung zwischen moderner Governance und klassischem Verwaltungsethos, in: DVBl 2012, S. 391–401.

Stober, Rolf: Compliance in der öffentlichen Verwaltung und in öffentlichen Unternehmen, in: Curti, Henning/ Effertz, Tobias (Hrsg.): Die ökonomische Analyse des Rechts – Entwicklung und Perspektive einer interdisziplinären Wissenschaft – Festschrift für Michael Adams, Frankfurt am Main 2013, S. 85–121.

Stober, Rolf: Compliance – eine alternative Methode des Rechts, in: Ewer, Wolfgang (Hrsg.)/ Ramsauer, Ulrich/ Reese, Moritz/ Rubel, Rüdiger (Hrsg.): Methodik – Ordnung – Umwelt, Festschrift für Hans-Joachim Koch aus Anlass seines siebzigsten Geburtstags, Berlin 2014, S. 91–104.

Stoffers, Kristian: Die Rechtsfigur „Unterlassen durch Tun" (Teil 1) in: JA 1992, S. 138–141.

Stoffers, Kristian: Die vorrechtlich-ontologische Unterscheidung der Verhaltensformen positives Tun und Unterlassen, GA 1993, S. 262–275.

Stoffers, Kristian: Anmerkung zu BGH-Urteil vom 17.07.2009 – 5 StR 394/08, in: NJW 2009, S. 3173–3177.

Storr, Stefan: Der Staat als Unternehmer – Öffentliche Unternehmen in der Freiheits- und Gleichheitsdogmatik des nationalen Rechts und des Gemeinschaftsrechts, Tübingen 2001.

Strasser, Fedor: Die Zurechnung von Retter-, Flucht und Verfolgerverhalten im Strafrecht, Berlin 2008.

Stratenwerth, Günter: Arbeitsteilung und ärztliche Sorgfaltspflicht, in: Bockelmann, Paul/ Gallas, Wilhelm (Hrsg.): Festschrift für Eberhard Schmidt zum 70. Geburtstag, Göttingen 1961, S. 383–400.

Stratenwerth, Günter: Zur Individualisierung des Sorgfaltsmaßstabes beim Fahrlässigkeitsdelikt, in: Vogler, Theo/ Herrman, Joachim/ Krümpelmann, Justus/ Moos, Reinhard/ Triffterer, Otto/ Leibinger, Rudolf/ Schaffmeister, Dieter/ Meyer, Jürgen/ Hünerfeld, Peter/ Behrend, Hans-Joachim (Hrsg.): Festschrift für Hans-Heinrich Jescheck zum 70. Geburtstag, Berlin 1985, S. 285–302.

Stratenwerth, Günter: Strafrechtliche Unternehmenshaftung, in: Geppert, Klaus/ Bohnert, Joachim/ Rengier, Rudolf (Hrsg.): Festschrift für Rudolf Schmitt zum 70. Geburtstag, Tübingen 1992, S. 295–307.

Stratenwerth, Günter: Zukunftssicherung mit den Mitteln des Strafrechts? in: ZStW 1993, S. 679–696.

Stratenwerth, Günter/ Kuhlen, Lothar: Strafrecht Allgemeiner Teil – Die Straftat, 6. Auflage, München 2011.

Stree, Walter: Teilnahme am Unterlassungsdelikt, in: GA 1963, S. 1–14.

Stree, Walter: Garantenstellung kraft Übernahme, in: Geerds, Friedrich/ Naucke, Wolfgang (Hrsg.): Beiträge zur gesamten Strafrechtswissenschaft – Festschrift für Hellmuth Mayer zum 70. Geburtstag am 1. Mai 1965, Berlin 1966, S. 145–164.

Stree, Walter: Ingerenzprobleme, in: Kohlmann, Günter (Hrsg.): Festschrift für Ulrich Klug zum 70. Geburtstag – Band II, Strafrecht, Prozeßrecht, Kriminologie, Strafvollzugsrecht, Köln 1983, S. 395–404.

Stree, Walter: Zumutbarkeitsprobleme bei Unterlassungstaten, in: Eser, Albin/ Schittenhelm, Ulrike/ Schumann, Heribert (Hrsg.): Festschrift für Theodor Lenckner zum 70. Geburtstag, München 1998, S. 393–409.

Streng, Franz: „Passives Tun" als dritte Handlungsform – nicht nur beim Betrug Plädoyer für eine kausalitätsorientierte Abgrenzung von Tun und Unterlassen, in: ZStW 2010, S. 1–23.

Strieder, Thomas: Bilanzrecht – Erweiterung der Lageberichterstattung nach dem BilMoG, in: BB 2009, S. 1002–1006.

Struensee, Eberhard: Objektive Zurechnung und Fahrlässigkeit, in: GA 1987, S. 97–105.

Struensee, Eberhard: Handeln und Unterlassen. Begehungs- und Unterlassungsdelikt, in: Küper, Wilfried/ Welp, Jürgen (Hrsg.): Festschrift für Walter Stree und Johannes Wessels zum 70. Geburtstag, Heidelberg 1993, S. 133–157.

Stuckenberg, Carl-Friedrich: Grundrechtsdogmatik statt Rechtsgutslehre – Bemerkungen zum Verhältnis von Strafe und Staat, in: GA 2011, S. 653–661.

Stübel, Christoph Karl: Ueber die Theilnahme mehrerer Personen an einem Verbrechen – Ein Beitrag zur Criminalgesetzgebung und zur Berichtigung der in den Criminalgerichten geltenden Grundsätze, Dresden 1828.

Stübinger, Stephan: Das „idealisierte" Strafrecht – Über Freiheit und Wahrheit in der Straftheorie und Strafprozessrechtslehre, Frankfurt am Main 2008.

Sünner, Eckart: Das Berufsbild des Compliance Officers – Zugleich eine Antwort auf das gleichnamige Positionspapier des Bundesverbandes der Deutschen Compliance Officer e. V. in: CCZ 2014, S. 91–94.

Sünner, Eckart: Von der Sorge für gesetzeskonformes Verhalten – Zugleich eine Besprechung des ISO-Entwurfs 19600, in: CCZ 2015, S. 2–6.

Süße, Sascha/ Püschel, Carolin: UKBA 2010: Erste Verurteilung mit Unternehmensbezug – Potenzielle Haftungsrisiken für Unternehmen wieder stärker im Fokus, in: ZRFC 2015, S. 82–87.

Sutschet, Michaela: Die Erfolgszurechnung im Falle mittelbarer Rechtsgutsverletzung, Berlin 2010.

Szesny, André-M./ Kuthe, Thorsten (Hrsg.): Kapitalmarkt Compliance, Heidelberg, München, Landsberg, Frechen, Hamburg 2014.

Szesny, André-M.: Mindestanforderungen an Compliance aus Gesetzgebung und Rechtsprechung, in: Ahlbrecht, Heiko/ Dann, Matthias/ Wessing, Helga/ Frister, Helmut/ Bock, Dennis (Hrsg.): Unternehmensstrafrecht – Festschrift für Jürgen Wessing zum 65. Geburtstag, München 2015, S. 469–479.

Taschke, Jürgen: Verteidigung von Unternehmen – Die wirtschaftsstrafrechtliche Unternehmensberatung, in: StV 2007, S. 495–500.

Taschke, Jürgen: Die Verteidigung von Unternehmen – Ein neuer Typus von Strafverteidigung, in: Hassemer, Winfried/ Kempf, Eberhard/ Moccia, Sergio (Hrsg.): In dubio pro libertate – Festschrift für Klaus Volk zum 65. Geburtstag, München 2009, S. 801–811.

Taschke, Jürgen: Zur Entwicklung der Verfolgung von Wirtschaftsstrafsachen in der Bundesrepublik Deutschland – Bemerkungen aus der Praxis, in: NZWiSt 2012, S. 9–11.

Taschke, Jürgen: Zur Entwicklung der Verfolgung von Wirtschaftsstrafsachen in der Bundesrepublik Deutschland – Teil 3: Auf dem Weg zur Privatisierung der Strafverfolgung, in: NZWiSt 2012, S. 89–94.

Taschke, Jürgen: „Interne Untersuchungen" in internationalen Konzernen – rechtliche und tatsächliche Probleme, in: Thomas, Rotsch (Hrsg.): Criminal Compliance vor den Aufgaben der Zukunft, Baden-Baden 2013, S. 65–76.

Taschke, Jürgen: Rechtspraktische Analyse der Situation de lege lata, in: Jahn, Matthias/ Schmitt-Leonardy, Charlotte/ Schoop, Christian (Hrsg.): Das Unternehmensstrafrecht und seine Alternativen, Baden-Baden 2016, S. 41–52.

Teichmann, Christoph (Hrsg.): Compliance – Rechtliche Grundlagen für Studium und Unternehmenspraxis, München 2014.

Tenckhoff, Jörg: Zur Anwendbarkeit des § 13 StGB auf schlichte Tätigkeitsdelikte, in: Seebode, Manfred (Hrsg.): Festschrift für Günter Spendel zum 70. Geburtstag am 11. Juli 1992, Berlin, New York 1992, S. 347–362.

Theile, Hans: Unternehmensrichtlinien – Ein Beitrag zur Prävention von Wirtschaftskriminalität? in: ZIS 2008, S. 406–418.

Theile, Hans: Wirtschaftskriminalität und Strafverfahren – Systemtheoretische Überlegungen zum Regulierungspotential des Strafrechts, Tübingen 2009.

Theile, Hans: Das Verhältnis zwischen Zuschreibung und Fakten in einem Unternehmensstrafrecht, in: Kempf, Eberhard/ Lüderssen, Klaus/ Volk, Klaus (Hrsg.): Unternehmensstrafrecht, Berlin, Boston 2012, S. 175–192.

Theile, Hans: „Internal Investigations“ und Selbstbelastung – Zum Verantwortungstransfer bei Akkumulation privater und staatlicher Ermittlungen, in: StV 2011, S. 381–386.

Theile, Hans/ Petermann, Stefan: Die Sanktionierung von Unternehmen nach dem OWiG, in: JuS 2011, S. 496–501.

Theile, Hans: Die Herausbildung normativer Orientierungsmuster für Internal Investigations – am Beispiel selbstbelastender Aussagen, in: ZIS 2013, S. 378–384.

Theile, Hans: Die Herausbildung normativer Orientierungsmuster für Internal Investigations – am Beispiel selbstbelastender Aussagen, in: Esser, Robert/ Günther, Hans-Ludwig/ Jäger, Christian/ Mylonopoulos, Christos/ Öztürk, Bahri (Hrsg.): Festschrift für Hans-Heiner Kühne zum 70. Geburtstag am 21. August 2013, Heidelberg, München, Landsberg, Frechen, Hamburg, 2013, S. 489–500.

Theile, Hans: Die wirtschaftliche Betrachtungsweise als Ansatz zur Sanktionierung der Obergesellschaft im Unternehmensverbund nach § 130 OWiG – Empirische Ergänzung zu einem methodischen Problem, in: Eisele, Jörg/ Koch, Jens/ Theile, Hans (Hrsg.): Der Sanktionsdurchgriff im Unternehmensverbund, Tübingen 2014, S. 73–97.

Theile, Hans/ Gatter, Marcelle Janina/ Wiesenack, Tobias: Domestizierung von Internal Investigations? in: GA 2014, S. 803–843.

Thiel, Markus: Die „Entgrenzung“ der Gefahrenabwehr – Grundfragen von Freiheit und Sicherheit im Zeitalter der Globalisierung, Tübingen 2014.

Thiele, Alexander: Finanzaufsicht – Der Staat und die Finanzmärkte, Tübingen 2014.

Thiemann, Werner: Aufsichtspflichtverletzungen in Betrieben und Unternehmen nach § 130 OWiG – Probleme ihrer rechtlichen Struktur und des Normadressatenkreises, Bochum 1976.

Thieß, Uwe: Ordnungswidrigkeitenrecht, Neuwied 2002.

Thomas, Sven: Entscheidungsanmerkung zu BGH, Urteil vom 17.07. 2009 – 5 StR 394/08, in: CCZ 2009, S. 239–240.

Tiedemann, Klaus: Tatbestandsfunktionen im Nebenstrafrecht – Untersuchungen zu einem rechtsstaatlichen Tatbestandsbegriff, entwickelt am Problem des Wirtschaftsstrafrechts, Tübingen 1969.

Tiedemann, Klaus: Delinquenzverhalten und Machtmißbrauch multinationaler Unternehmen, in: Tiedemann, Klaus: Multinationale Unternehmen und Strafrecht – Beiträge zum Problem der Kriminalität im grenzüberschreitenden Geschäftsverkehr, Köln, Berlin, Bonn, München 1980, S. 1–67.

Tiedemann, Klaus: Handhabung und Kritik des neuen Wirtschaftsstrafrechts – Versuch einer Zwischenbilanz, in: Hanack, Ernst-Walter/ Rieß, Peter/ Wendisch, Günter (Hrsg.): Festschrift für Hanns Dünnebier zum 75. Geburtstag am 12. Juni 1982, Berlin, New York 1982, S. 519–540.

Tiedemann, Klaus: Die strafrechtliche Vertreter- und Unternehmenshaftung, in: NJW 1986, S. 1842–1846.

Tiedemann, Klaus: Die „Bebußung“ von Unternehmen nach dem 2. Gesetz zur Bekämpfung der Wirtschaftskriminalität, in: NJW 1988, S. 1169–1174.

Tiedemann, Klaus: Untreue bei Interessenkonflikten – Am Beispiel der Tätigkeit von Aufsichtsratsmitgliedern, in: Jescheck, Hans Heinrich/ Vogler, Theo: Festschrift für Herbert Tröndle zum 70. Geburtstag am 24. August 1989, Berlin, New York 1989, S. 319–335.

Tiedemann, Klaus: Zum Verhältnis von allgemeinem und besonderem Teil des Strafrechts, in: Arzt, Gunther/ Fezer, Gerhard/ Weber, Ulrich/ Schlüchter, Ellen/ Rössner, Dieter (Hrsg.): Festschrift für Jürgen Baumann zum 70. Geburtstag 22. Juni 1992, Bielefeld 1992, S. 7–20.

Tiedemann, Klaus: Grunderfordernisse einer Regelung des Allgemeinen Teils, in: Tiedemann, Klaus (Hrsg.): Wirtschaftsstrafrecht in der Europäischen Union – Rechtsdogmatik – Rechtsvergleich – Rechtspolitik – Freiburg-Symposium, Köln, Berlin, Bonn, München 2002, S. 3–21.

Tiedemann, Klaus: Wirtschaftsstrafrecht – Einführung und Allgemeiner Teil mit wichtigen Rechtstexten, 4. Auflage, Köln 2014.

Timpe, Gerhard: Strafmilderungen des Allgemeinen Teils des StGB und das Doppelverwertungsverbot, Berlin 1983.

Többens, Hans W.: Die Bekämpfung der Wirtschaftskriminalität durch die Troika der §§ 9, 130 und 30 des Gesetzes über Ordnungswidrigkeiten, in: NStZ 1999, S. 1–8.

Toepel, Friedrich: Kausalität und Pflichtwidrigkeitszusammenhang beim fahrlässigen Erfolgsdelikt, Berlin 1992.

Traeger, Ludwig: Das Problem der Unterlassungsdelikte im Straf- und im Zivilrecht, Marburg 1913.

Tröndle, Herbert: Verwaltungshandeln und Strafverfolgung – Konkurrierende Instrumente des Umweltrechts? in: NVWZ 1989, S. 918–927.

Trüg, Gerson: Zu den Folgen der Einführung eines Unternehmensstrafrechts, in: wistra 2010, S. 241–249.

Trüg, Gerson: Sozialkontrolle durch Strafrecht – Unternehmensstrafrecht, in: StraFO 2011, S. 471–485.

Trüg, Gerson: Die Verbandsgeldbuße gegen Unternehmen – Ist-Zustand und Reformüberlegungen, in: ZWH 2011, S. 6–13.

Tschierschke, Anja: Die Sanktionierung des Unternehmensverbundes – Bestandsaufnahme, Perspektiven und Europäisierung, Baden-Baden 2013.

Tschierschke, Anja: Ein Überblick über den Sanktionsdurchgriff in Unternehmensverbindungen de lege lata und de lege ferenda, in: Eisele, Jörg/ Koch, Jens/ Theile, Hans (Hrsg.): Der Sanktionsdurchgriff im Unternehmensverbund, Tübingen 2014, S. 137–151.

Ulber, Daniel: Whistleblowing und der EGMR, in: NZA 2011, S. 962–964.

Ule, Carl Hermann/ Laubinger, Hans-Werner/ Repkewitz, Ulrich: Bundes-Immissionsschutzgesetz, Kommentar, Loseblattsammlung, 186. Lieferung, Köln 2012.

Ulsenheimer, Klaus: Strafbarkeit des Garanten bei Nichtvornahme der einzig möglichen, aber riskanten Rettungshandlung, in: JuS 1972, S. 252–256.

Ulsenheimer, Klaus: Zumutbarkeit normgemäßen Verhaltens bei Gefahr eigener Strafverfolgung, in: GA 1972, S. 1–26.

Ulsenheimer, Klaus: Anmerkung zu BGH, Urteil vom 14.03.2003 – 2 StR 239/02, in: StV 2007, S. 76–80.

Ulrich, Patrick: Der Compliance-Officer im Mittelstand – Entwicklungsperspektiven und Handlungsempfehlungen, in: ZRFC 2013, S. 86–91.

Urban, Nele: Organhaftung begrenzen? Möglichkeiten der Pflichtendelegation, in: GWR 2013, S. 106–109.

Utz, Maximilian: Die Selbstanzeige im Unternehmenssanktionsrecht, in: NZWiSt 2015, S. 337–381.

Uwer, Dirk: Verwaltungsrechtliche Alternativen zum Wirtschaftsstrafrecht, in: Kempf, Eberhard/ Lüderssen, Klaus/ Volk, Klaus (Hrsg.): Die Handlungsfreiheit des Unternehmers – wirtschaftliche Perspektiven, strafrechtliche und ethische Schranken, Berlin 2009, S. 127–145.

Veil, Rüdiger: Compliance-Organisation in Wertpapierdienstleistungsunternehmen im Zeitalter der MiFiD – Regelungskonzepte und Rechtsprobleme, in: WM 2008, S. 1093–1098.

Verjans, Renate: Neue – strafbewehrte – Pflicht zur Verhinderung und Anzeige von Straftaten am Beispiel von Compliance, in: Kempf, Eberhard/ Lüderssen, Klaus/ Volk, Klaus (Hrsg.): Ökonomie versus Recht im Finanzmarkt, Berlin, Boston 2011, S. 145–155.

Verrel, Thorsten: Der Anstaltsleiter als Garant für die Verfolgung von Straftaten während des Strafvollzugs, in: GA 2003, S. 595–609.

Verse, Dirk A.: Compliance im Konzern – Zur Legalitätskontrolle der Geschäftsleiter einer Konzerngesellschaft, in: ZHR 2011, S. 401–424.

Vetter, Eberhard: Die Änderungen 2007 des Deutschen Corporate Governance Kodex, in: DB 2007, S. 1963–1968.

Vetter, Eberhard: Zur Compliance-Verantwortung des Vorstandes und zu den Compliance-Aufgaben des Aufsichtsrats, in: Genzow, Christian F./ Grunewald, Barbara/ Nölke-Schulte, Hans (Hrsg.): Zwischen Vertragsfreiheit und Verbraucherschutz – Festschrift für Friedrich Graf von Westphalen zum 70. Geburtstag, Köln 2010, S. 719–739.

Vierhaus, Hans-Peter: Die neue Gefahrgutbeauftragtenverordnung aus der Sicht des Straf-, Ordnungswidrigkeiten- und Umweltverwaltungsrechts, NStZ 1991, S. 466–469.

Vogel, Joachim: Norm und Pflicht bei den unechten Unterlassungsdelikten, Berlin 1993.

Vogel, Joachim: Wirtschaftskorruption und Strafrecht – Ein Beitrag zu Regelungsmodellen im Wirtschaftsstrafrecht, in: Heinrich, Bernd/ Hilgendorf, Eric/ Mitsch, Wolfgang/ Sternberg-Lieben, Detlev (Hrsg.): Festschrift für Ulrich Weber zum 70. Geburtstag am 18. September 2004, Bielefeld 2004, S. 395–411.

Vogel, Joachim: Wertpapierhandelsstrafrecht – Vorschein eines neuen Strafrechtsmodells, in: Pawlik, Michael/ Zaczyk, Raniner (Hrsg.): Festschrift für Günther Jakobs zum 70. Geburtstag am 26. Juli 2006, Köln, Berlin, München 2007, S. 731–746.

Vogel, Joachim: Unrecht und Schuld im Unternehmensstrafrecht, in: StV 2012, S. 427–432.

Vogelsang, Ute/ Nahrstedt, Winfried/ Fuhrmann, Stefan: Compliance-Systeme auf Bundes- und Kommunalebene – Ein Vergleich, in: CCZ 2014, S. 181–185.

Vogler, Theo: Zur Bedeutung des § 28 StGB für die Teilnahme am unechten Unterlassungsdelikt, in: Warda, Günter/ Waider, Heribert/ von Hippel, Reinhard/ Meurer, Dieter (Hrsg.): Festschrift für Richard Lange zum 70. Geburtstag, Berlin, New York 1976, S. 265–283.

Vogt, Alfons: Das Pflichtproblem der kommissiven Unterlassung, in: ZStW 1951, S. 381–411.

Vogt, Bianca: Die Verbandsgeldbuße gegen eine herrschende Konzerngesellschaft – Begehungs- und Unterlassungsbeteiligung an Ordnungswidrigkeiten im Unternehmensverbund, Baden-Baden 2009.

Vogt, Volker: Compliance und Investigations – Zehn Fragen aus Sicht der arbeitsrechtlichen Praxis, in: NJOZ 2009, S. 4206–4219.

Vogt, Volker: Arbeitsrecht im Konzern – Auslandsentsendung, Arbeitnehmerüberlassung, Kündigungsschutz, Betriebsübergang, Compliance, Baden-Baden 2014.

Voland, Thomas: Unternehmen und Menschenrechte – vom Soft Law zur Rechtspflicht, in: BB 2015, S. 67–75.

Volk, Klaus: Zur Abgrenzung von Tun und Unterlassen – Dogmatische Aspekte und kriminalpolitische Probleme, in: Jescheck, Hans Heinrich/ Vogler, Theo: Festschrift für Herbert Tröndle zum 70. Geburtstag am 24. August 1989, Berlin, New York 1989, S. 219–237.

Volk, Klaus: Zur Bestrafung von Unternehmen, in: JZ 1993, S. 429–435.

Volk, Klaus: Die ökonomische Analyse des Strafrechts, in: Schöch, Heinz/ Satzger, Helmut/ Schäfer, Gerhard/ Ignor, Alexander/ Knauer, Christoph (Hrsg.): Strafverteidigung, Revision und die gesamten Strafrechtswissenschaften – Festschrift für Gunter Widmaier zum 70. Geburtstag, Köln, München 2008, S. 987–994.

Volk, Klaus: Über strafrechtliche Kontrolle und Systemrelevanz, in: Kempf, Eberhard/ Lüderssen, Klaus/ Volk, Klaus (Hrsg.): Ökonomie versus Recht im Finanzmarkt, Berlin, Boston 2011, S. 177–181.

Volk, Klaus: Gefühlte Rechtsgüter? in: Heinrich, Manfred/ Jäger, Christian / Achenbach, Hans/ Amelung, Knut/ Bottke, Wilfried/ Haffke, Bernhard/ Schünemann, Bernd/ Wolter, Jürgen (Hrsg.): Strafrecht als Scientia Universalis – Festschrift für Claus Roxin zum 80. Geburtstag am 15. Mai 2011, Berlin, New York 2011, S. 215–225.

Volk, Klaus (Hrsg.): Münchener Anwalts Handbuch – Verteidigung in Wirtschafts- und Steuerstrafsachen, 2. Auflage, München 2014.

Volk, Klaus: Strafrecht ohne Grenzen im neuen Trennbankengesetz, in: Lüderssen, Klaus/ Volk, Klaus/ Wahle, Eberhard (Hrsg.): Festschrift für Wolf Schiller zum 65. Geburtstag am 12. Januar 2014, Baden-Baden 2014, S. 672–683.

Vorholt, André Große: Behördliche Stellungnahmen in der strafrechtlichen Produkthaftung – Zur Konkretisierung von Sorgfaltspflichten bei Risikoentscheidungen, Baden-Baden 1997.

Vormbaum, Moritz: Berliner Straßenreinigung, in: Jura 2010, S. 861–866.

Wabnitz, Heinz-Bernd/ Janovsky, Thomas (Hrsg.): Handbuch des Wirtschafts- und Steuerstrafrechts, 3. Auflage, München 2007.

Wachter, Thomas (Hrsg.): Kommentar zum Aktiengesetz, Köln 2012.

Wagner, Jens: „Internal Investigations" und ihre Verankerung im Recht der AG, in: CCZ 2009, S. 8–17.

Wagner, Markus: Entscheidungsbesprechung zu BGH, Urteil vom 20.10.2011 – 4 StR 71/11 – Zur strafrechtlichen Vorgesetztenverantwortlichkeit für innerbetriebliche Straftaten zwischen Mitarbeitern, in: ZIS 2012, S. 704–711.

Wagner, Markus: Die Akzessorietät des Wirtschaftsstrafrechts. Zugleich ein Beitrag zu Begriff und Wesen des Wirtschaftsstrafrechts, Heidelberg 2016.

Walker, Wolf-Dietrich: Die begrenzte Bedeutung des Falles „Emmely" für die Entwicklung der Rechtsprechung zur außerordentlichen Kündigung, in: NZA 2009, S. 921–925.

Walter, Stefan: Die Pflichten des Geschäftsherrn im Strafrecht, Frankfurt 2000.

Walter, Tonio: Der Kern des Strafrechts – Die allgemeinenen Lehre vom Verbrechen und die Lehre vom Irrtum, Tübingen 2006.

Walter, Tonio/ Schneider, Lisa: „Aus dem Leben eines Steuerberaters" in: JA 2008, S. 262–270.

Walther, Susanne: Eigenverantwortlichkeit und strafrechtliche Zurechnung – Zur Abgrenzung der Verantwortungsbereiche von Täter und „Opfer" bei riskantem Zusammenwirken, Freiburg 1991.

Walther, Susanne: Notwehr – und danach? Zur Hilfspflicht des Notwehrberechtigten, in: Putzke, Holm/ Hardtung, Bernhard/ Tajana, Hörnle/ Merkel, Reinhard, Scheinfeld, Jörg/ Schlehofer, Horst/ Seier, Jürgen (Hrsg.): Strafrecht zwischen System und Telos – Festschrift für Rolf Herzberg zum siebzigsten Geburtstag am 14. Februar 2008, Tübingen 2008, S. 503–513.

Warneke, Nikolai: Die Garantenstellung von Compliance-Beauftragten, in: NStZ 2010, S. 312–317.

Weber, Ellen/ Gundert-Remy, Ursula/ Schrey, Alfred (Hrsg.): Patienten Compliance Workshop am 14. Mai 1977 über Verbesserung der Arzt-Patienten-Beziehung in Frankfurt am Main – Mit 20 Abbildungen und 19 Tabellen, Baden-Baden 1977.

Weber, Joachim: Compliance und Arbeitsrecht, in: Holzhauser, Guido/ Sutter, Carolin (Hrsg.): Interdisziplinäre Aspekte von Compliance, Baden-Baden 2011, S. 67–102.

Weber, Ulrich: Die Überspannung der staatlichen Bußgeldgewalt – Kritische Bemerkungen zur neueren Entwicklung des materiellen Ordnungswidrigkeitenrechts, in: ZStW 1980, S. 313–345.

Weber, Ulrich: Konzeption und Grundsätze des Wirtschaftsstrafrechts (einschließlich Verbraucherschutz) – Dogmatischer Teil II: Das Wirtschaftsstrafrecht und die allgemeinen Lehren und Regeln des Strafrechts, in: ZStW 1984, S. 376–416.

Weber, Ulrich: Garantenstellung kraft Sachherrschaft? Zur strafrechtlichen Verantwortlichkeit für beleidigende Parolen auf Sachen, in: Herzberg, Rolf-Dietrich

(Hrsg.): Festschrift für Dietrich Oehler zum 70. Geburtstag, Köln, Berlin, Bonn, München 1985, S. 83–95.

Weber-Rey, Daniela: Whistleblowing zwischen Corporate Governance und Better Regulation, in: AG 2006, S. 406–411.

Weber-Rey, Daniela: Gesellschafts- du aufsichtsrechtliche Herausforderungen an die Unternehmensorganisation, in: AG 2008, S. 345–359.

Weber-Rey, Daniela: Festung Unternehmen oder System von Schlüsselfunktionen – ein Diskussionsbeitrag zum Thema Risiko, Haftung und Unternehmensstrafrecht, in: Kempf, Eberhard/ Lüderssen, Klaus/ Volk, Klaus (Hrsg.): Unternehmensstrafrecht, Berlin, Boston 2012, S. 321–311.

Weber-Rey, Daniela: Der Aufsichtsrat in der europäischen Perspektive – Vorschläge und Ideen für eine wirksame Corporate Governance, in: NZG 2013, S. 766–771.

Wecker, Georg/ van Laak, Hendrik (Hrsg.): Compliance in der Unternehmerpraxis, 2. Auflage, Wiesbaden 2009.

Weckert, Hans-Kurt: Bedeutung der Betriebskriminalität in der Wirtschaft, in: Deutsche Kriminologische Gesellschaft e. V. (Hrsg.): Betriebskriminalität, Hamburg 1976, S. 7–16.

Wegner, Carsten: Ist § OWIG § 30 OWiG tatsächlich der „Königsweg" in den Banken-Strafverfahren? in: NJW 2001, S. 1979–1984.

Wehnert, Anne: SEC: Kapitulation vor der (un)heimlichen Übermacht?, in: Jung, Heike/ Luxenburger, Bernd/ Wahle, Eberhard (Hrsg.): in: Festschrift für Egon Müller, Baden-Baden 2008, S. 729–738.

Wehnert, Anne: Die US-amerikanischen Richtlinien zur Strafverfolgung von Unternehmen – Ein importiertes Schrecknis auf dem Rückmarsch, NJW 2009, S. 1190–1192.

Weidemann, Jürgen/ Weidemann, Anja: Handeln und Unterlassen im Steuerstrafrecht – Warum der Begehungstatbestand der Steuerhinterziehung (§ 370 Abs. 1 Nr. 1 AO) fast leer läuft, in: wistra 2005, S. 207–211.

Weiß, Matthias M.: Haftungsfalle Korruption – Unternehmensstrafbarkeit, Sanktionen und Best Practice gemäß UK-Bribery Act 2010, in: ZWH 2014, S. 289–294.

Weiß, Matthias M.: Compliance der Compliance – Strafbarkeitsrisiken bei Internal Investigations, in: CCZ 2014, S. 136–139.

Weiß, Matthias M.: Haftungsfalle Korruption – Unternehmensstrafbarkeit, Sanktionen und Best Practice gemäß UK-Bribery Act 2010, S. 289–294.

Weißer, Bettina: „Die Nöte eines Lehrers", JA 2010, S. 433–438.

Weitbrecht, Monika: Die Organisation des Rechts im Unternehmen, in: WiB 1995, S. 855–861.

Welp, Jürgen: Vorangegangenes Tun als Grundlage einer Handlungsäquivalenz der Unterlassung, Berlin 1968.

Welzel, Hans: Zur Dogmatik der echten Unterlassungsdelikte insbesondere des § 330c StGB, in: NJW 1953, S. 327–329.

Welzel, Hans: Zur Problematik der Unterlassungsdelikte, in: JZ 1958, S. 494–497.

Welzel, Hans: Das Deutsche Strafrecht, 11. Auflage, Berlin 1969.

Welzel, Hans: Abhandlungen zum Strafrecht und zur Rechtsphilosophie, Berlin, New York 1975.

Wendeling-Schröder, Ulrike/ Stein, Alex: Allgemeines Gleichbehandlungsgesetz – Kommentar, München 2008.

Wessels, Johannes/ Beulke, Werner/ Satzger, Helmut: Strafrecht Allgemeiner Teil – Die Straftat und ihr Aufbau, 44. Auflage, Heidelberg, München, Landsberg, Frechen, Hamburg 2015.

Wessing, Jürgen: Compliance – oder wie sich der Staat aus der Kriminalprävention stiehlt, in: Hassemer, Winfried/ Kempf, Eberhard/ Moccia, Sergio (Hrsg.): In dubio pro libertate – Festschrift für Klaus Volk zum 65. Geburtstag, München 2009, S. 867–883.

Wessing, Jürgen: Der Einfluss von Compliance, Revision und firmeninternen Ermittlungen auf die Strafverteidigung, in: Arbeitsgemeinschaft des Deutschen Anwaltsvereins (Hrsg.): Strafverteidigung im Rechtsstaat – 25 Jahre Arbeitsgemeinschaft Strafrecht des Deutschen Anwaltsvereins, Baden-Baden 2009, S. 907–929.

Wessing, Jürgen: Braucht Deutschland ein Unternehmensstrafrecht? in: ZWH 2012, S. 301–305.

Weth, Stephan/ Herberger, Maximilian/ Wächter, Michael (Hrsg.): Daten- und Persönlichkeitsschutz im Arbeitsverhältnis – Praxishandbuch zum Arbeitnehmerdatenschutz, München 2014.

Wettner, Florian/ Mann, Marius: Informationsrechte und Informationspflichten bei Internen Untersuchungen, in: DStR 2014, S. 655–661.

Wiedemann, Herbert: Verantwortung in der Gesellschaft – Gedanken zur Haftung der Geschäftsleiter und der Gesellschafter in der Kapitalgesellschaft, in: ZGR 2011, S. 183–217.

Wiederholt, Norbert/ Walter, Andreas: Compliance – Anforderungen an die Unternehmensorganisationspflichten, in: BB 2011, S. 968–972.

Wieland, Josef: Unternehmensethik und Compliance Management – Zwei Seiten einer Medaille, in: CCZ 2008, S. 15–17.

Wieland, Josef/ Steinmeyer, Roland/ Grüninger, Stephan (Hrsg.): Handbuch Compliance-Management, 2. Auflage, Berlin 2014.

Wiese, Günther: Zur innerbetrieblichen und außerbetrieblichen Kommunikation von Arbeitnehmern, in: Krause, Rüdiger/ Schwarze, Roland (Hrsg.): Festschrift für Hansjörg Otto zum 70. Geburtstag, Berlin 2008, S. 621–645.

Wiesenack, Tobias/ Klein, Nico C.: Rechtspraktische Entwicklungen bei der Strukturierung und Organisation von Unternehmensverbünden – Eine Darstellzung und Würdigung aktueller empirischer Daten, erhoben vor dem Hintergrund der Diskussion um den ordnungswidrigkeitenrechtlichen Sanktionsdurchgriff, in: Eisele, Jörg/ Koch, Jens/ Theile, Hans (Hrsg.): Der Sanktionsdurchgriff im Unternehmensverbund, Tübingen 2014, S. 5–72.

Wieser, Raimund: Gesetz über Ordnungswidrigkeiten – OWiG, Kommentar mit Vollzugsbestimmungen und sonstigen einschlägigen Vorschriften des Bußgeldverfahrens, Loseblattsammlung, 120. Lieferung, Heidelberg 2012.

Wilhelm, Barbara: Das Ausmaß der erforderlichen Aufsichtsmaßnahmen iSd. § 130 OWiG, Hamburg 2013.

Wilhelm, Barbara: Compliance und seine Auswirkung auf § 130 OWiG – Können sich Unternehmen durch die Einführung von Compliance-Verfahren in den Safe Harbor retten? in: ZRFC 2013, S. 133–137.

Will, Günter: Die strafrechtliche Verantwortlichkeit für die Verletzung von Aufsichtspflichten – eine Darstellung gesetzlicher Einzelregelungen und Überlegungen zur übergreifenden strafrechtlichen Erfassung, Aschaffenburg 1998.

Willems, Heiko: Der NRW-Entwurf für ein Verbandsstrafgesetzbuch – die Perspektive der Wirtschaft, in: ZIS 2015, S. 40–45.

Winkelbauer, Wolfgang: Anmerkung zu BGH, Beschluss vom 15.07.1986 – 4 StR 301/86, in: JZ 1986, S. 1119–1121.

Winkelbauer, Wolfgang: Die strafrechtliche Verantwortung von Amtsträgern im Umweltstrafrecht, in: NStZ 1986, S. 149–153.

Winter, Johannes: Vorstandsorganisation und Compliance, Frankfurt am Main, Berlin, Bern, Bruxelles, New York, Oxford, Wien 2011.

Winter, Martin: Die Verantwortlichkeit des Aufsichtsrats für „Corporate Compliance", in: Kindler, Peter/ Koch, Jens/ Ulmer, Peter/ Winter, Martin (Hrsg.): Festschrift für Uwe Hüffer zum 70. Geburtstag, München 2010, S. 1103–1127.

Wirth, Andreas/ Krause, Rebekka: Whistleblowing – Universelles Instrument der Compliance? In: CB 2015, S. 27–31.

Wirtz, Markus M.: Die Aufsichtspflichten des Vorstandes nach OWiG und KonTraG, in: WuW 2001, S. 342–356.

Wisskirchen, Gerlind/ Jordan, Christopher/ Bissels, Alexander: Arbeitsrechtliche Probleme bei der Einführung internationaler Verhaltens- und Ethikrichtlinien (Codes of Conduct/Codes of Ethics) in: DB 2005, S. 2190–2195.

Withus, Karl-Heinz: Strafbare Handlungen durch Unterlassen – Gefahren für Compliance-Beauftragte – Betriebswirtschaftliche Anmerkungen zum BGH-Urteil vom 17.7.2009, in: ZCG 2010, S. 71–77.

Witte, Jürgen Johannes/ Wagner, Marco: Die Gesetzesinitiative Nordrhein-Westfalens zur Einführung eines Unternehmensstrafrechts, in: BB 2014, S. 643–648.

Witteck, Lars: Der Betreiber im Umweltstrafrecht – Zugleich ein Beitrag zur Lehre von den Pflichtdelikten, Baden-Baden 2004.

Wittig, Peter: Der übergesetzliche Schuldausschließungsgrund der Unzumutbarkeit in verfassungsrechtlicher Sicht, in: JZ 1969, S. 546–548.

Wittig, Petra: Rechtsgutstheorie, „Harm Principle" und die Abgrenzung von Verantwortungsbereichen, in: Hefendehl, Roland/ von Hirsch, Andrew/ Wohlers, Wolfgang (Hrsg.): Die Rechtsgutstheorie – Legitimationsbasis des Strafrechts oder dogmatisches Glasperlenspiel, Baden-Baden 2003, S. 239–244.

Wittig, Petra: Das tatbestandsmäßige Verhalten des Betrugs – Ein normanalytischer Ansatz, Frankfurt am Main 2005.

Wittig, Petra: Wirtschaftsstrafrecht, 2. Auflage, München 2011.

Wlotzke, Otfried: Öffentlich-rechtliche Arbeitsschutznormen und privat-rechtliche Rechte und Pflichten des einzelnen Arbeitnehmers, in: Dieterich, Thomas/ Gamillscheg, Franz/ Wiedemann/ Herbert (Hrsg.): Festschrift für Marie Luise Hilger und Herman Stumpf, München 1983, S. 723–769.

Wohlers, Wolfgang: Rechtsgutstheorie und Deliktsstruktur, in: GA 2002, S. 15–20.

Wohlers, Wolfgang: Die strafrechtliche Bewältigung der Finanzkrise am Beispiel der Strafbarkeit wegen Untreue, in: ZStW 2011, S. 791–815.

Wohlers, Wolfgang: Strafzwecke und Sanktionsarten in einem Unternehmensstrafrecht, in: Kempf, Eberhard/ Lüderssen, Klaus/ Volk, Klaus (Hrsg.): Unternehmensstrafrecht, Berlin, Boston 2012, S. 231–251.

Wolf, Klaus: Corporate Compliance – ein neues Schlagwort? Ansatzpunkte zur Umsetzung der Compliance in der Finanzberichterstattung, in: DStR 2006, S. 1995–2000.

Wolf, Martin: Der Compliance-Officer – Garant, hoheitlicher Beauftragter oder Berater im Unternehmensinteresse zwischen Zivil-, Straf- und Aufsichtsrecht? in: BB 2011, S. 1353–1360.

Wolff, Ernst Amadeus: Kausalität von Tun und Unterlassen – Eine strafrechtliche Untersuchung, Heidelberg 1965.

Wortmann, Lars: Inhalt und Bedeutung der „Unzumutbarkeit normgemäßen Verhaltens" im Strafrecht, Baden-Baden 2002.

Wundenberg, Malte: Compliance und die prinzipiengeleitete Aufsicht über Bankengruppen, Tübingen 2012.

Wurmnest, Wolfgang: Marktmacht und Verdrängungsmissbrauch – Eine rechtsvergleichende Neubestimmung des Verhältnisses von Recht und Ökonomik in der Missbrauchsaufsicht über marktbeherrschende Unternehmen, 2. Auflage, Tübingen 2012.

Wuttke, Inken: Straftäter im Betrieb, München 2010.

Wybitul, Tim: Strafbarkeitsrisiken für Compliance-Verantwortliche, in: BB 2009, S. 2590–2593.

Wybitul, Tim: „Strafrechtliche Verpflichtung von Compliance-Beauftragten", in: BB 2009, S. 2263–2264.

Wybitul, Tim: Compliance und Betriebsrat – typische Konfliktfelder und praktische Lösungen, in: CB 2015, S. 77–84.

Zabel, Benno: Rechtssicherheit und Prävention – Über ein Dilemma des modernen Strafrechts, in: Schuhr, Jan C. (Hrsg.): Rechtssicherheit durch Rechtswissenschaft, Tübingen 2014, S. 219–241.

Zapfe, Henrik: Compliance und Strafverfahren – Das Spannungsverhältnis zwischen Unternehmensinteressen und Beschuldigtenrechten, Frankfurt am Main 2013.

Zaczyk, Rainer: Das Unrecht der versuchten Tat, Berlin 1989.

Zaczyk, Rainer: Strafrechtliches Unrecht und die Selbstverantwortung des Verletzten, Heidelberg 1993.

Zaczyk, Rainer: Zur Garantenstellung von Amtsträgern, in: Rogall, Klaus/ Puppe, Ingeborg/ Stein, Ulrich/ Wolter, Jürgen (Hrsg.): Festschrift für Hans-Joachim Rudolphi zum 70. Geburtstag, München 2004, S. 361–370.

Zaczyk, Rainer: Die „Taherrschaft kraft organisatorischer Machtapparate", GA 2006, S. 411–415.

Zaczyk, Rainer: Kritische Bemerkungen zum Begriff der Verhaltensnorm, in: GA 2014, S. 73–90.

Zaczyk, Rainer: Strafjustiz oder Präventivjustiz? in: Fahl, Christian/ Müller, Eckhart/ Satzger, Helmut/ Swoboda, Sabine (Hrsg.): Ein menschengerechtes Strafrecht als Lebensaufgabe – Festschrift für Werner Beulke zum 70. Geburtstag, Heidelberg 2015, S. 69–78.

Zeitler, Stefan: Anmerkung zu GenStA Hamm, Bescheid vom 23.08.1983 – 2 Zs 1636/83, in: NStZ 1984, S. 219–220.

Zenke, Ines/ Schäfer, Ralf/ Brocke, Holger: Compliance in Energieversorgungsunternehmen – Ein Praxishandbuch, Frankfurt 2011.

Zentes, Uta/ Wybitul, Tim: Interne Sicherungsmaßnahmen und datenschutzrechtliche Grenzen bei Kreditinstituten sowie bei anderen Instituten des Finanzwesens – Neue Anforderungen zur Verhinderung von Geldwäsche, Terrorismusfinanzierung und sonstigen strafbaren Handlungen, in: CCZ 2011, S. 90–96.

Zielinski, Diethart: Handlungs- und Erfolgsunwert im Unrechtsbegriff – Untersuchungen zur Struktur von Unrechtsbegründung und Unrechtsausschluß, Berlin 1973.

Ziemann, Sascha: Neukantianisches Strafrechtsdenken – Die Philosophie des Südwestdeutschen Neukantianismus und ihre Rezeption in der Strafrechtswissenschaft des frühen 20. Jahrhunderts, Baden-Baden 2009.

Zieschang, Frank: Anforderungen an die Vollendungshinderung beim beendeten Versuch gemäß § 24 I 1, 2. Alt. StGB, in: GA 2003, S. 353–362.

Zieschang, Frank: Das Verbandsstrafgesetzbuch – Kritische Anmerkung zu dem Entwurf eines Gesetzes zur Einführung der strafrechtlichen Verantwortlichkeit von Unternehmen und sonstigen Verbänden, in: GA 2014, S. 91–106.

Zieglmeier, Christian: Die sozialversicherungsrechtliche Statusbeurteilung – ein unterschätztes Compliancerisiko, in: NJW 2015, S. 1914–1920.

Zimmer, Mark/ Seebacher, Krikor R.: Whistleblowing – Wichtige Erkenntnisquelle oder gefährliches Pflaster? in: CCZ 2013, S. 31–33.

Zimmermann, Gernot: Die straf- und zivilrechtliche Verantwortlichkeit des Compliance Officers – Im Spannungsfeld zwischen Aufgabenerfüllung und persönlicher Verantwortlichkeit, in: BB 2011, S. 634–637.

Zimmermann, Jochen/ Goncharov, Igor/ Werner, Jörg-Richard: Does Compliance with the German Corporate Governance Code have an Impact on Stock Valuation? An Empirical Analysis, Working Paper, Bremen 2004.

Zimmermann, Martin: Kartellrechtliche Bußgelder gegen Aktiengesellschaft und Vorstand: Rückgriffmöglichkeiten, Schadensumfang und Verjährung, in: WM 2008, S. 433–442.

Zimmermann, Susanne Annette: Strafbarkeitsrisiken durch Compliance – Auswirkungen von Compliance-Regelungen auf das Wirtschaftsstrafrecht, Berlin 2014.

Zimmermann, Theo: Zur Problematik der unechten Unterlassungsdelikte, in: NJW 1952, S. 1321–1322.

Zippelius, Reinhold: Juristische Methodenlehre, 11. Auflage, München 2012.

Zöllner, Wolfgang/ Noack, Ulrich: Kölner Kommentar zum Aktiengesetz, 3. Auflage, Köln 2010.

www.ingramcontent.com/pod-product-compliance
Ingram Content Group UK Ltd.
Pitfield, Milton Keynes, MK11 3LW, UK
UKHW041120041026
8980IPUK00024B/137

9 783631 675113